第2版 外国人の入国・在留資格案内

実務のポイントと立証資料

出入国管理法令研究会 編

日本加除出版株式会社

第2版 はしがき

　1990（平成2）年に刊行された『ひと目で分かる入国・在留案内』の後継書である本書の初版の刊行は昨年の10月のことで、まだそれから約1年にしか経ちませんが、このたび予告どおり初版の改訂を行いました。それは、初版が説明対象としていた法令及びその運用の重要な改正が行われたためです。したがって、本書は、初版と同じく、入管制度の概要把握のための第2章、必要な箇所のみの参照用としての第1章からなります。第1章においては、立証資料の提出根拠と趣旨が簡単に説明してありますので、申請の際参考にしてみてください。

　本書に関連する初版以降の主な改正としては、「特定技能2号」の在留資格の対象産業分野の大幅拡大（令和5年8月31日法務省令第35号。同日施行）、国際的なリモートワーク等を目的として本邦に滞在する者（いわゆるデジタルノマド）及びその配偶者・子に対する「特定活動」の在留資格を付与（令和6年3月29日法務省告示第80号。同31日施行）及び「留学」の在留資格における日本語教育を受ける場合の要件の整備（令和6年4月26日法務省令第33号及び第34号。同日施行）が挙げられます。その他の改正された点も含めて、本改訂版にはこれらの改正点を必要に応じて反映させました。

　しかし、去る6月に公布された永住許可及びその取消し要件並びに在留カード及び個人番号カードの統合を内容とした出入国管理及び難民認定法等の一部を改正する法律（令和6年6月21日法律第59号）及び在留資格「技能実習」の廃止と「育成就労」の創設を内容とした出入国管理及び難民認定法及び技能実習の適正な実施及び技能実習生の保護に関する法律の一部を改正する法律（同第60号）は、その施行日が前者においては一部の規定を除いて交付日から2年以内、後者においては同じく3年以内とのことであるので、今回は一部関連部分に触れる程度に留めました。

　ところで、本来、単純明快なものであるべき入国・在留手続は、年を経るごとに細分化・複雑化しています。入管関係の各種手続に関して、総論にお

第2版はしがき

いては，近年世界的流行語の観すらある「ブラックボックス」という批判が繰り返されています。しかし，具体的な内容を欠いた批判は，制度改革の端緒にならないだけでなく，予期せぬ副作用をもたらすことにもなりかねません。各論においても，個別事案における不許可・不交付処分に対してしばしば繰り返される例外的な許可・交付処分の要求の過程において本来個別・具体的であったはずの議論が一般化・抽象化し，全体に波及するおそれが出てくれば，例外を例外として留めておくために，その原則は更に細分化され，過度に技術的なものへと変容せざるを得なくなります。さらに，手続の濫用・悪用が後を絶たないという状況も存在します。現在の手続の細分化・複雑化・技術化は，以上のような状況が複合的に作用した結果であるのかも知れません。より良い手続，より良い行政の実現のためには建設的な議論が必要であることはいうまでもありませんが，それに見合った現実がなければ単なる空理空論で終わってしまいます。実際に，状況の改善が基準の緩和及び手続の合理化に至った例が過去において決して少なくないことは，皆様も既にお気づきのとおりです。

　本改訂版が，初版同様，短期的・長期的に皆様の入管関係法令上の入国・在留手続の一助となることを心より願っております。

出入国管理法令研究会

初版　はしがき

　出入国管理及び難民認定法（入管法）の定める在留資格とそれに係る諸手続をわかりやすく説明し，これまで多数の方にご愛読いただいた「ひと目でわかる外国人の入国・在留案内」が，最初に刊行されたのは，1990（平成2）年でした。

　同書は，同年6月の改正入管法の施行を機に発刊されたものですが，入管法は，その後も幾度となく改正され，それに伴って，同書も版を重ね，2020（令和2）年には17訂版が刊行されています。しかし，改訂を重ねるにしたがって，複雑な在留資格制度と入国・在留手続をわかりやすく簡潔に説明するという本来の発刊趣旨からやや離れたものとなってきてしまっているのも事実です。

　そこで，同書の内容だけではなく構成も見直すこととし，同書に代わる新たな案内書として本書を刊行することとしました。

　今回の改訂方針として，第2章において，入管制度全体の重要部分を端的に分かりやすくまとめる一方，第1章においては，各種申請に必要な立証資料を，在留資格ごと，申請の種類ごとに区分したうえで列挙し，更に，それらの立証資料の提出が求められている趣旨及び根拠と共に説明することにしました。その狙いは，本書が『ひと目でわかる』の後継書であるという趣旨から，第2章は入管制度の全体像を把握していただくために是非通読していただく，これに対して，第1章は必要に応じて必要な箇所だけを参照してお使いいただけるようにするというところにあります。同じ又は類似した記述が本書内各所において繰り返されているのは，そのためです。

　17訂版が刊行された直後の2020（令和2）年2月以降，日本も世界的に大勢の死者を出したコロナ禍に見舞われたため，法務省出入国在留管理庁は，このような例外状態における緊急措置として同年1月31日の閣議了解に基づいて翌日入管法5条1項14号（いわゆる利益公安条項）という一般条項を発動することによって感染拡大国・地域からの外国人の上陸を制限することに

初版はしがき

よって感染防止に努める一方，航空機の著しい減便などの影響による帰国困難外国人に対する救済措置を講じました。しかし，それと同時に，コロナ禍対応以外においても『興行』の在留資格のいわゆる基準省令の改正のように，一部大幅な緩和措置を採ることにしたほか，「特定技能1号」の在留資格において閣議決定に基づいて14分野であった当該在留資格の対象産業分野を12分野に統合し，受入れ枠を合理化するなどの実質的な内容をもった省令改正を実施してきました。このように，国外及び国内の動向及び人々の行動の活発化に伴って，入管関係法令も次々と内容を新たにしているところです。

その中で，去る6月16日に入管法改正法（同日法律第56号）が公布されました。本書は，2023（令和5）年8月31日を説明内容の基準日としているため，来年の施行が予定されているこの改正法については，第1章では触れておりません。ただ，在留資格制度の説明を内容とする第2章は，この改正法の施行を前提に，改正法施行後の制度の説明としました。また，在留資格制度との関連で難民やこの改正で新たに規定された補完的保護対象者に関しても，若干の説明を加えることとしました。

本書が，手に取られた皆様にとって有用なものとなることを切に願っております。

出入国管理法令研究会

凡　例

[法令等の略称等]	（注１）
入管法 （法）	出入国管理及び難民認定法（昭和26年10月４日政令第319号）
入管法施行令 （施行令）	出入国管理及び難民認定法施行令（平成10年５月22日政令第178号）
入管法施行規則 （施行規則又は規則）	出入国管理及び難民認定法施行規則（昭和56年10月28日法務省令第54号）
上陸許可基準省令	出入国管理及び難民認定法第７条第１項第２号の基準を定める省令（平成２年５月24日法務省令第16号）
特定活動の告示	出入国管理及び難民認定法第７条第１項第２号の規定に基づき同法別表第１の５の表の下欄に掲げる活動を定める件（平成２年５月24日法務省告示第131号）
定住者の告示	出入国管理及び難民認定法第７条第１項第２号の規定に基づき同法別表第２の定住者の項の下欄に掲げる地位を定める件（平成２年５月24日法務省告示第132号）
高度専門職基準省令	出入国管理及び難民認定法別表第一の二の表の高度専門職の項の下欄の基準を定める省令（平成26年12月26日法務省令第37号）
特定技能基準省令	特定技能雇用契約及び１号特定技能外国人支援計画の基準等を定める省令（平成31年３月15日法務省令第５号）
介護分野基準	出入国管理及び難民認定法第７条第１項第２号の基準を定める省令及び特定技能雇用契約及び１号特定技能外国人支援計画の基準等を定める省令の規定に基づき介護分野について特定の産業上の分野に特有の事情に鑑みて当該分野を所管する関係行政機関の長が定める基準（平成31年３月15日厚生労働省告示第66号）
ビルクリーニング分野基準	出入国管理及び難民認定法第７条第１項第２号の基準を定める省令及び特定技能雇用契約及び１号特定技能外国人支援計画の基準等を定める省令の規定に基づきビルクリーニング分野について特定の産業上の分野に特有の事情に鑑みて当該分野を所管する関係行政機関の長が定める基準（平成31年３月15日厚生労働省告示第67号）
素産電分野基準	出入国管理及び難民認定法第７条第１項第２号の基準を定める省令及び特定技能雇用契約及び１号特定技能外国人支援計画の基準等を定める省令の規定に基づき素形材・産業機械・電気電子情報関連製造業分野分野について特定の産業上の分野に特有の事情に鑑みて当該分野を

凡 例

	所管する関係行政機関の長が定める基準（令和4年5月25日経済産業省告示第127号）
建設分野基準	出入国管理及び難民認定法第7条第1項第2号の基準を定める省令及び特定技能雇用契約及び1号特定技能外国人支援計画の基準等を定める省令の規定に基づき建設分野について特定の産業上の分野に特有の事情に鑑みて当該分野を所管する関係行政機関の長が定める基準（平成31年3月15日国土交通省告示第357号）
造船・舶用工業分野基準	出入国管理及び難民認定法第7条第1項第2号の基準を定める省令及び特定技能雇用契約及び1号特定技能外国人支援計画の基準等を定める省令の規定に基づき造船・舶用工業分野について特定の産業上の分野に特有の事情に鑑みて当該分野を所管する関係行政機関の長が定める基準（平成31年3月15日国土交通省告示第359号）
自動車整備分野基準	出入国管理及び難民認定法第7条第1項第2号の基準を定める省令及び特定技能雇用契約及び1号特定技能外国人支援計画の基準等を定める省令の規定に基づき自動車整備分野について特定の産業上の分野に特有の事情に鑑みて当該分野を所管する関係行政機関の長が定める基準（平成31年3月15日国土交通省告示第358号）
航空分野基準	出入国管理及び難民認定法第7条第1項第2号の基準を定める省令及び特定技能雇用契約及び1号特定技能外国人支援計画の基準等を定める省令の規定に基づき航空分野について特定の産業上の分野に特有の事情に鑑みて当該分野を所管する関係行政機関の長が定める基準（平成31年3月15日国土交通省告示第360号）
宿泊分野基準	出入国管理及び難民認定法第7条第1項第2号の基準を定める省令及び特定技能雇用契約及び1号特定技能外国人支援計画の基準等を定める省令の規定に基づき宿泊分野について特定の産業上の分野に特有の事情に鑑みて当該分野を所管する関係行政機関の長が定める基準（平成31年3月15日国土交通省告示第361号）
農業分野基準	出入国管理及び難民認定法第7条第1項第2号の基準を定める省令及び特定技能雇用契約及び1号特定技能外国人支援計画の基準等を定める省令の規定に基づき農業分野について特定の産業上の分野に特有の事情に鑑みて当該分野を所管する関係行政機関の長が定める基準（平成31年3月15日農林水産省告示第524号）
漁業分野基準	出入国管理及び難民認定法第7条第1項第2号の基準を定める省令及び特定技能雇用契約及び1号特定技能外国人支援計画の基準等を定める省令の規定に基づき漁業分野について特定の産業上の分野に特有の事情に鑑みて当該分野を所管する関係行政機関の長が定める基準（平成31年3月15日農林水産省告示第525号）

飲食料品製造行分野基準	出入国管理及び難民認定法第7条第1項第2号の基準を定める省令及び特定技能雇用契約及び1号特定技能外国人支援計画の基準等を定める省令の規定に基づき飲食料品製造分野について特定の産業上の分野に特有の事情に鑑みて当該分野を所管する関係行政機関の長が定める基準（平成31年3月15日の農林水産省告示第526号）
外食業分野基準	出入国管理及び難民認定法第7条第1項第2号の基準を定める省令及び特定技能雇用契約及び1号特定技能外国人支援計画の基準等を定める省令の規定に基づき外食業分野について特定の産業上の分野に特有の事情に鑑みて当該分野を所管する関係行政機関の長が定める基準（平成31年3月15日農林水産告示第527号）
技能実習法	外国人の技能実習の適正な実施及び技能実習生の保護に関する法律（平成28年11月28日法律第89号）
技能実習法施行規則	外国人の技能実習の適正な実施及び技能実習生の保護に関する法律施行規則（平成28年11月28日法務省・厚生労働省令第3号）
入管特例法	日本国との平和条約に基づき日本の国籍を離脱した者等の出入国管理に関する特例法（平成3年5月10日法律第71号）
入管特例法施行令	日本国との平和条約に基づき日本の国籍を離脱した者等の出入国管理に関する特例法施行令（平成23年12月26日政令第420号）
入管特例法施行規則	日本国との平和条約に基づき日本の国籍を離脱した者等の出入国管理に関する特例法施行規則（平成23年12月26日法務省令第44号）
入管庁	法務省出入国在留管理庁
地方出入国在留管理局	法務省設置法（平成11年法律第93号）31条の地方出入国在留管理局とは異なり，入管庁の地方出先機関である全ての地方出入国在留管理官署のうち，地方出入国在留管理局，その支局，それらの出張所で入国・在留関係の審査を担当する官署を指すものとする。即ち，地方出入国在留管理官署から入国者収容所（東日本入国管理センター及び大村入国管理センター），空港支局（成田空港，羽田空港及び関西空港）及び空港出張所（仙台空港，広島空港，福岡空港，那覇空港）出張所（新宿，博多港）で在留資格審査を行わない官署を除外した官署を指す。具体的に，どの官署でいずれの申請を受け付けるのか，管轄区域などの詳細は，各種申請を提出しようと予定する官署又は入管庁のホームページにおいて確認することができる。
入管法別表1の2「高度専門職」1号ロ	「出入国管理及び難民認定法別表第一の二の表の高度専門職の項の下欄の活動第1号ロ」を指す。他の在留資格

凡　例

においても同様に表記する。なお，どの在留資格に関する記述であるのか前後の文脈から明らかな場合は，当該在留資格には触れずに「入管法別表1の2第1号ロ」のように表記する。
規則及び基準省令についても，同様の表記方法を使う。例えば，在留資格「技術・人文知識・国際業務」の在留資格認定証明書交付申請の際に提出を要する書類に関する説明の箇所における「規則別表3第2号」との表記は「規則別表3の表の技術・人文知識・国際業務の下欄に掲げる資料の2号」を指す。また，基準省令の引用に際して，在留資格「興行」に関する説明の箇所における「基準省令1号ロ(2)」との表記は，「基準省令の入管法別表1の2の表の興業の項の下欄に掲げる基準の1号ロ(2)」を指す。

労基法	労働基準法
学教法	学校教育法

［入管法における略語等］（注2）（注3）

船舶等	船舶又は航空機（第2条第3号）
上陸の許可等	上陸許可の証印若しくは第9条第4項の規定による記録又は上陸の許可（第3条第1項第2号）
国際競技会等	国際的規模若しくはこれに準ずる規模で開催される競技会若しくは国際的規模で開催される会議（第5条第1項第5号の2）
第26条第1項の規定により再入国の許可を受けている者	入管法第26条1項の規定による再入国許可を受けている者をいうが，第26条の2第1項又は第26条の3第1項の規定により再入国の許可を受けたものとみなされる者を含む（第6条第1項）
電磁的方式	電子的方式，磁気的方式その他人の知覚によっては認識することができない方式（第6条第3項）
個人識別情報	指紋，写真その他の個人を識別することができる情報として法務省令で定めるもの（第6条第3項）
特別永住者	入管特例法に定める特別永住者（第6条第3項第1号）
第5条第1項各号のいずれにも該当しないこと	本邦に上陸しようとする外国人が入管法5条1項の各号に定められている者がいずれにも該当しないことをいうが，第5条の2の規定の適用を受ける外国人にあっては，当該外国人が同条に規定する特定の事由によって第5条第1項第4号，第5号，第7号，第9号又は第9号の2に該当する場合であって，当該事由以外の事由によっては同項各号のいずれにも該当しないこと（第7条第1項第4号）をいう。
第5条第1項各号のいずれかに該当する	本邦に上陸しようとする外国人が，入管法5条1項の各号に定められている者のいずれかに該当することをいう

者	が，第5条の2の規定の適用を受ける者にあっては，同条に規定する特定の事由のみによって第5条第1項各号のいずれかに該当する場合を除く（第14条第1項）
報　酬	役務の給付の対価としての反対給付をいうが，業として行うものではない講演に対する謝金，日常生活に伴う臨時の報酬その他の法務省令で定めるものを除く（第19条第1項第1号）
中長期在留者	本邦に在留資格をもって在留する外国人のうち，第19条の3の各号に掲げる者以外の者（第19条の3）
住居地	本邦における主たる住居の所在地（第19条の4第1項第2号）
永住者等	「永住者」の在留資格をもって在留する者又は特別永住者（第19条の16第3号）
特別養子	民法（明治29年法律第89号）第817条の2の規定による特別養子（第22条の4第1項第7号）
不法就労活動	第19条第1項の規定に違反する活動又は第70条第1項第1号，第2号，第3号から第3号の3まで，第5号，第7号から第7号の3まで若しくは第8号の2から第8号の4までに掲げる者が行う活動であって報酬その他の収入を伴うもの（第24条第3号の4イ）
特別永住者証明書	入管特例法第7条第1項に規定する特別永住者証明書（第24条第3号の5イ）
出国命令対象者	第24条第2号の4，第4号ロ又は第6号から第7号までのいずれかに該当する外国人で第24条の3の各号のいずれにも該当するもの（第24条の3）
退去強制対象者	第24条各号のいずれかに該当し，かつ，出国命令対象者に該当しない外国人（第45条第1項）
在留資格未取得外国人	別表第一又は別表第二の上欄の在留資格をもって本邦に在留する者，一時庇護のための上陸の許可を受けた者で当該許可書に記載された期間を経過していないもの及び特別永住者以外の外国人（第61条の2の2第1項）
入国者収容所等	入国者収容所又は収容場（第61条の7第1項）
被収容者	入国者収容所等に収容されている者（第61条の7第1項）
入国者収容所長等	入国者収容所長又は地方出入国在留管理局長（第61条の7第4項）
委員会	入国者収容所等視察委員会（第61条の7の2第1項）
信書便	民間事業者による信書の送達に関する法律（平成14年法律第99号）第2条第6項に規定する一般信書便事業者若しくは同条第9項に規定する特定信書便事業者による同条第2項に規定する信書便（第61条の9の2第1項）

凡　例

出入国在留管理基本計画	外国人の入国及び在留の管理に関する施策の基本となるべき計画（第61条の10第1項）
集団密航者	入国審査官から上陸の許可等を受けないで，又は偽りその他不正の手段により入国審査官から上陸の許可等を受けて本邦に上陸する目的を有する集合した外国人（第74条第1項）
不法入国等	第70条第1項第1号若しくは第2号に規定する行為（第74条の6）
技能等	技能，技術又は知識（別表第一の二の表の技能実習の項の下欄第1号イ及び技能実習法1条）

（注）　1　入管法，入管法施行令及び入管法施行規則については，前後の文脈からこれらの法令であることが明らかである場合は，それぞれ「法」「施行令」及び「施行規則」又は「規則」と表記する。
　　　　2　入管法の条項等において括弧書の規定によりこれらの法令において使用される場合の意味について定められている用語で，「以下同じ」又は「以下「○○」という。」のように定められているもののうち本文の記述との関係で重要なものを掲載した。ただし，当該用語の意味を定める規定の適用が一回限り又は特定の条項等に限られるものは，原則として掲載していない。また，法令の略称もここには掲載していない。
　　　　　なお，上記の意味での用語の使用は当該条項等において括弧書により「以下同じ」又は「以下「○○」という。」のように規定されているものでは，当該規定以降に使用された場合に適用される。
　　　　3　右欄の末尾の括弧書内は，当該規定の置かれている条項等を意味する。

☆　本書の記載内容は，2024年9月30日現在の状況を基準としたものである。

目 次

第1章　在留資格の認定要件と立証資料 ……………… 1
執筆者：福 山　　宏

序 章

1　提出資料 ——————————————————— 3
2　立証資料提出に当たっての留意事項 ——————— 12
3　法律用語に関する留意点 ———————————— 13

留 学

1　概　要 ——————————————————— 19
2　在留資格該当性 —————————————— 19
3　基準（上陸許可基準）———————————— 23
4　立証資料 ————————————————— 32
5　在留期間（規則別表2）—————————— 59
6　その他の立証資料とその趣旨 ———————— 59
7　その他の注意事項 ————————————— 65

文化活動

1　概　要 ——————————————————— 66
2　在留資格該当性 —————————————— 67
3　基準（上陸許可基準）———————————— 68
4　立証資料 ————————————————— 68
5　在留期間（規則別表2）—————————— 72
6　その他の注意事項 ————————————— 72

目　次

技術・人文知識・国際業務

1　概　要 ……………………………………………………… 73
2　在留資格該当性 …………………………………………… 73
3　基準（上陸許可基準） …………………………………… 75
4　立証資料 …………………………………………………… 77
5　在留期間（規則別表2） ………………………………… 87
6　その他の注意事項 ………………………………………… 87

企業内転勤

1　概　要 ……………………………………………………… 88
2　在留資格該当性 …………………………………………… 88
3　基準（上陸許可基準） …………………………………… 90
4　立証資料 …………………………………………………… 91
5　在留期間（規則別表2） ………………………………… 98
6　その他の注意事項 ………………………………………… 98

研　修

1　概　要 ……………………………………………………… 99
2　在留資格該当性 …………………………………………… 99
3　基準（上陸許可基準） …………………………………… 100
4　立証資料 …………………………………………………… 103
5　在留期間（規則別表2） ………………………………… 107
6　その他の注意事項 ………………………………………… 107

技能実習

1　概　要 ……………………………………………………… 108
2　在留資格該当性 …………………………………………… 109
3　基準（上陸許可基準） …………………………………… 111
4　立証資料 …………………………………………………… 111
5　在留期間（規則別表2） ………………………………… 114

| 6 | その他の注意事項 | 114 |

特定技能

1	概　要	115
2	在留資格該当性	116
3	基準（上陸許可基準）	117
4	立証資料	122
5	在留期間（規則別表2）	210
6	その他の注意事項	210

高度専門職

1	概　要	211
2	在留資格該当性	213
3	基準（上陸許可基準，変更許可基準）	216
4	立証資料	217
5	在留期間（規則別表2）	226
6	その他の注意事項	227
7	特別高度人材（J-Skip）制度の新設	227

技　能

1	概　要	230
2	在留資格該当性	230
3	基準（上陸許可基準）	231
4	立証資料	235
5	在留期間（規則別表2）	247
6	その他の注意事項	247

経営・管理

| 1 | 概　要 | 248 |
| 2 | 在留資格該当性 | 248 |

3	基準（上陸許可基準）	249
4	立証資料	251
5	在留期間（規則別表2）	258
6	その他の注意事項	259

法律・会計業務

1	概　要	260
2	在留資格該当性	261
3	基準（上陸許可基準）	261
4	立証資料	262
5	在留期間（規則別表2）	263
6	その他の注意事項	263

教　授

1	概　要	265
2	在留資格該当性	265
3	基準（上陸許可基準）	266
4	立証資料	266
5	在留期間（規則別表2）	269
6	その他の注意事項	269

研　究

1	概　要	270
2	在留資格該当性	270
3	基準（上陸許可基準）	271
4	立証資料	274
5	在留期間（規則別表2）	283
6	その他の注意事項	283

教　育

1. 概　要 —————————————————————— 284
2. 在留資格該当性 ——————————————————— 284
3. 基準（上陸許可基準）————————————————— 286
4. 立証資料 —————————————————————— 288
5. 在留期間（規則別表2）———————————————— 293
6. その他の注意事項 —————————————————— 293

芸　術

1. 概　要 —————————————————————— 295
2. 在留資格該当性 ——————————————————— 295
3. 基準（上陸許可基準）————————————————— 296
4. 立証資料 —————————————————————— 296
5. 在留期間（規則別表2）———————————————— 299
6. その他の注意事項 —————————————————— 299

宗　教

1. 概　要 —————————————————————— 300
2. 在留資格該当性 ——————————————————— 300
3. 基準（上陸許可基準）————————————————— 302
4. 立証資料 —————————————————————— 302
5. 在留期間（規則別表2）———————————————— 305
6. その他の注意事項 —————————————————— 305

報　道

1. 概　要 —————————————————————— 306
2. 在留資格該当性 ——————————————————— 306
3. 基準（上陸許可基準）————————————————— 307
4. 立証資料 —————————————————————— 308
5. 在留期間（規則別表2）———————————————— 311

6　その他の注意事項 ──────────────────── 312

医　療

1　概　要 ───────────────────────── 313
2　在留資格該当性 ─────────────────── 313
3　基準（上陸許可基準） ──────────────── 314
4　立証資料 ──────────────────────── 316
5　在留期間（規則別表2） ────────────── 319
6　その他の注意事項 ──────────────── 319

介　護

1　概　要 ───────────────────────── 320
2　在留資格該当性 ─────────────────── 320
3　基準（上陸許可基準） ──────────────── 322
4　立証資料 ──────────────────────── 323
5　在留期間（規則別表2） ────────────── 326
6　その他の注意事項 ──────────────── 326

興　行

1　概　要 ───────────────────────── 327
2　在留資格該当性 ─────────────────── 327
3　基準（上陸許可基準） ──────────────── 328
4　立証資料 ──────────────────────── 343
5　在留期間（規則別表2） ────────────── 360
6　その他の注意事項 ──────────────── 360

外　交

1　概　要 ───────────────────────── 361
2　在留資格該当性 ─────────────────── 363
3　基準（上陸許可基準） ──────────────── 366

4	立証資料	366
5	在留期間（規則別表２）	367
6	その他の注意事項	368

公　用

1	概　要	369
2	在留資格該当性	370
3	基準（上陸許可基準）	372
4	立証資料	372
5	在留期間	373
6	その他の注意事項	375

日本人の配偶者等

1	概　要	376
2	在留資格該当性	376
3	基準（上陸許可基準）	379
4	立証資料	379
5	在留期間（規則別表２）	393
6	その他の注意事項	393

永住者の配偶者等

1	概　要	394
2	在留資格該当性	394
3	基準（上陸許可基準）	396
4	立証資料	396
5	在留期間（規則別表２）	403
6	その他の注意事項	403

定住者

| 1 | 概　要 | 404 |

2	在留資格該当性	405
3	基準（上陸許可基準）	405
4	立証資料	405
5	在留期間（規則別表2）	464
6	その他の注意事項	464

永住者

1	概　要	465
2	在留資格該当性	465
3	基準（上陸許可基準）	469
4	立証資料	469
5	在留期間（規則別表2）	516
6	その他の注意事項	516

特別永住者

1	概　要	521
2	在留の資格該当性	521
3	基準（上陸許可基準）	524
4	立証資料	524
5	在留期間（入管特例法3条柱書）	526
6	その他の注意事項	527

短期滞在

1	概　要	528
2	在留資格該当性	529
3	基準（上陸許可基準）	530
4	立証資料	530
5	在留期間（規則別表2）	532
6	その他の注意事項	533

家族滞在

1 概　要 ……………………………………………………… 534
2 在留資格該当性 ………………………………………… 534
3 基準（上陸許可基準）………………………………… 536
4 立証資料 ………………………………………………… 537
5 在留期間（規則別表２）……………………………… 539
6 その他の注意事項 ……………………………………… 539

特定活動

1 概　要 ……………………………………………………… 541
2 在留資格該当性 ………………………………………… 541
3 基準（上陸許可基準）………………………………… 543
4 指定内容 ………………………………………………… 544

資格外活動許可

1 概　要 ……………………………………………………… 645
2 法令上の根拠 …………………………………………… 646
3 許可要件（一般原則）………………………………… 653
4 許可の種類 ……………………………………………… 653
5 立証資料 ………………………………………………… 654
6 その他 …………………………………………………… 662

第2章　入管制度の概要 ……………………… 665

執筆者：髙宅　　茂

1 出入国在留管理行政 …………………………………… 667
 (1) 入管法の目的と出入国在留管理庁の任務及び所掌事務 ……… 667
 (2) 出入国管理 …………………………………………… 668
　① 外国人の入国の管理 ……………………………… 668

目　次

　　②　外国人の上陸の管理 ··· *671*
　　③　日本人の帰国の管理 ··· *682*
　　④　外国人の出国の管理 ··· *682*
　　⑤　日本人の出国の管理 ··· *684*
　(3)　外国人の在留の管理 ·· *685*
　　①　在留の原則 ·· *685*
　　②　在留の開始と継続 ·· *685*
2　在留資格制度 ─────────────────────── *689*
　(1)　外国人の受入れ政策と在留資格 ··· *689*
　　①　在留資格と在留資格による外国人の受入れ ························ *689*
　　②　在留資格の役割 ··· *690*
　(2)　在留資格の種類 ··· *693*
　　①　入管法別表 ·· *693*
　　②　区分在留資格 ·· *694*
　(3)　在留資格に対応する活動と活動の規制 ······························· *695*
　　①　行うことができる活動 ·· *695*
　　②　行ってはならない活動 ·· *700*
　　③　資格外活動の許可 ·· *701*
3　在留資格制度に基づく外国人の受入れ ─────────── *703*
　(1)　在留資格に基づく在留の開始及び継続を認める許可 ············ *703*
　　①　在留資格に基づく在留の開始を認める許可 ························ *703*
　　②　在留資格に基づく在留の継続を認める許可 ························ *704*
　(2)　在留資格に基づく在留の開始又は継続を認める許可の要件 ··· *704*
　　①　共通の要件 ·· *704*
　　②　それぞれの許可の要件 ·· *706*
　(3)　在留資格制度による外国人の受入れの基本的考え方 ············ *723*
　　①　一般上陸許可と在留関係許可の関係 ································· *724*
　　②　難民及び補完的保護対象者等の庇護 ································· *734*

第1章細目次 ·· *737*
出入国管理法令研究会会員紹介 ··· *761*

第1章
在留資格の認定要件と立証資料

執筆者 福山 宏

序　章

1　提出資料

(1)　提出資料の概要

　概括的に言うと，外国人を本邦に受け入れるに際して入管法又はその関係法令が要件を定める対象は，当該外国人本人，当該外国人を受け入れる者・機関及びその役職員，そして，受け入れる者・受け入れる機関及びその役職員を何らかの形で管理・監督する者・機関が介在する場合にあっては，これら三者である。したがって，各種申請に際しては，その各々について要件に適合していること，さらに，将来も適合し続けるであろうことを確認するための手段としての文書が提出資料として定められることになる。

　まず，日本に入国・在留しようとし，又は現に入国・在留している外国人が，付与される又は付与された在留資格に該当する活動に適正に従事する意思，及び，実際その在留資格に該当する活動を行うために必要な能力を有すること，そのことがそれに見合った学歴，職歴，経験など客観的事実により裏付けられていること，以上すべてを満たしていたとして，実際に将来に向かってそのような活動に従事し，法違反に至ることがないと判断できることが必要とされる。これら以外にも，当該外国人がその希望する在留資格による在留の目的・動機，即ち，将来何をしようと考えているのかも，その希望する在留資格で在留する意思と能力があるかどうかの重要な判断材料になることから，その目的・動機を裏付ける客観的立証資料も重要な役割りを果たすことになる。しかし，これだけではなく，就労活動であれば，実際の審査に当たっては，低賃金・低コストの労働力の参入により国内労働市場に悪影響を及ぼさないかとの観点が重要となる。また，非就労活動であれば，本邦滞在中の生活費支弁能力の有無という点が重要になる。もし，かかる能力がなければ，場合により，その入国・在留の目的は，在留資格に該当する活動

への従事ではなく，不法就労目的であるとの疑いも出てくるであろう。

　次に，そのような外国人を何らかの形で受け入れる者・機関が当該外国人に対してその在留資格に該当する活動を行わせる意思があること，さらに，意思があるとしてその客観的裏付け，即ち，過去実際にそのようにしてきたという事実，及び，将来に向かってそうすることができるだけの十分な環境を提供するだけの能力を備えていることが必要である。そうでなければ，受け入れた外国人を本来の在留資格に該当した活動に従事させる代わりに，不法就労に従事させ，又はかかる活動に従事することを黙認し，若しくは制止することができずに，不法就労を助長することにつながるのではないかとの疑念をもたらすことになる。外国人を受け入れる個人・機関に関しても様々な立証資料の提出が求められているのは，そのようなところに理由がある。

　一見受け入れられる外国人の在留とは関係なさそうに見えるものであっても，外国人を受け入れるからにはその静的存在（現に組織・機関として存在していること。）及び動的存在（形式的に存在しているだけでなく，組織・機関として活動し，その本来的機能を果たしていること。）が前提となっているので，その確認が必要なのである。実在しないか，又は本来の活動をしていない個人・機関によって外国人が受け入れられるようなことになれば，その外国人の入国目的は実現不可能になる。ということから，機関については，静的存在を立証する資料として登記事項証明書，場合により，沿革，役員，組織及び事業内容に関する資料などの提出が求められるだけではなく，動的存在，即ち，機関として，形式的に存在するのみならず，実際に登記事項証明書に記載された目的に従って活動していること（活動実体の存在）を示すために（貸借対照表）損益計算書，納税関係の文書などの提出が求められることになっているのである。個人については，静的存在の証明として戸籍事項記載証明書，住民票の写し，旅券，在留カード，特別永住者証明書が，活動実体の存在（動的存在）の証明として職業関係の証明書，給与，納税，健康保険関係の証明書が求められることになる。

　次に，受け入れる者・受け入れる機関を管理・監督する立場にある者・機関については，将来に向かっては外国人を受け入れようとする者・機関が外国人本人に対して在留資格に該当する活動を適正に行わせ，そのための環境

を準備するよう管理・監督する意思を有していること，また，過去においてそのように管理・監督してきた事実・実績（能力）があることが必要とされている。この個人・機関も外国人を受け入れる個人・機関と同様に，静的及び動的に存在することが求められているのである。そうでなければ，管理・監督の役目を担うことは不可能であるからである。

申請ごとに提出を要するものとして定められている資料は，以上の要件が備わっていることを可能な限りの客観性をもって立証するための手段として定められたものである。

ところで，申請が不交付又は不許可となった関係者から「必要書類を提出したのに不許可となった。」との声をしばしば耳にする。しかし，立証資料とは交付・許可となるための要件が満たされていることを確認するという目的のための手段であるということを忘れてはならない。交付又は許可のためには，単に立証資料の提出という形式要件のみならず，提出された資料が正当な手続を経たうえで作成・交付・使用され，さらに，その内容が客観的事実に合致し，かつ，それが交付又は許可のための要件を満たしていることを立証するとの実質的要件も具備していることが必要不可欠である。

また，申請前後から交付・許可に至る過程において担当官から様々な質問を受け，又は追加資料の提出を求められることがあるかもしれない。このような場合，担当官は，発問及び追加資料を求める趣旨・目的を明示的，少なくとも黙示的には説明するものなのである。したがって，質問や求めを受けた場合，求められている内容，提出した申請に足りないものとして指摘を受けた内容を正確に理解したうえでそれらに一つ一つ丁寧に対応していくことが自らが望む結果にたどり着くための最短の道である。また，このような些細なやり取りのなかにも次回の申請を円滑に進める貴重な情報が数多く含まれているので，決して無駄にすることなく，自らその内容を理解できるよう努めることが必要である。

以上のことは，在外日本国大使館・総領事館における査証申請手続においても基本的に変わるところはない。しかし，査証申請においては，国内における各種申請の場合と異なり，言葉や風俗習慣の違い，時差及び地理的な距離があることから，査証官，査証申請人・その代理人，日本側関係者の三者

間において意思疎通に困難を来すことがある。したがって，査証官との接触は，申請内容を把握し，査証官の意図を正確に理解して対応する意思と能力及び責任感のある査証申請人本人又は代理人に委ねるのが賢明である。

(2) 各許可に対応した提出資料の考え方

新たな又は新たに在留資格を取得しようとする申請，即ち，上陸許可，在留資格認定証明書交付，在留資格変更許可及び在留資格取得許可の各種申請の場合は，これまでなかった状態又は他の異なる状態からある新規の状態を創出することになるので，いわば無からの出発である(注)。そのため，上記(1)において述べた申請人，申請人を受け入れる機関，在留資格によっては，受入機関を管理・監督する機関に関する情報は入管庁及び地方出入国在留管理局（以下「入管当局」という。）にとって，理論上は，皆無の状態にあるといえる。したがって，申請人はこれらの情報をすべて入管当局に提供しなければ，各申請の審査は開始されるには至らない。しかし，一部の情報は，過去の申請や別途求めている報告に基づいて，既に入管当局側が何らかの形において蓄積している場合もあるので，それが定型的に実施されている場合には，例外的に当該情報に関連した資料の提出が免除・省略されることがある。

これに対して，在留期間更新許可申請の場合は，申請人がそれまで行ってきた活動を将来に向かって継続するためのものであることから，活動内容，受入れ機関及び，管理・監督機関が存在する場合にあっては，当該機関が同一である以上，申請人の過去の活動実績と将来に向かっての活動継続の見込みに重点を置いて審査を行うことになる。このことから，在留期間更新許可申請の場合は，新たな在留資格を取得しようとするときと異なって，ある程度提出資料が縮減される場合が多くなる。

例えば，基準省令上学歴や職歴が要件とされている在留資格において，一旦その要件に該当するものと認められ，その在留資格を付与されて在留し，その活動に従事している以上，その者が同じ機関において同じ活動を継続するために在留期間更新許可申請を行った場合は，特段の事情がない限り，改めて申請人の学歴や職歴の立証資料を提出させる意味は相当程度低下しているといえるであろう。

入管法施行規則別表3と同3の6に掲げられた立証資料の相違も以上のような考え方から生じているのである。
　ただし，基準省令の定める上陸許可基準は，入管庁「在留資格の変更，在留期間の更新許可のガイドライン」（平成20年3月策定，最近改正令和2年2月）2によれば，在留資格変更及び同期間更新許可申請の際にも準用される（原則として適合していることが求められる。）ものとされている点に注意が必要である。

（注）　以上の点は，次のように考えることができる。
　　　理論上，在留期間更新許可においても上陸，在留資格変更及び同取得の各許可と同様，在留期間のみならず在留資格の決定も許可の都度なされているところ，外見上その認識が困難ということに過ぎないということである。
　　　在留資格及び在留期間の決定を伴う上記いずれの許可も，在留期間の経過によって許可全体がその効力を失うので，それに伴って在留資格も消滅することになる。とするならば，在留期間更新許可は，既存の在留資格該当性が今後も引き続き存在するのかどうかの審査の結果，それが存在すると判断されたときに，その判断を前提として在留期間の更新許可処分がなされるのであるから，その許可処分の一部として在留資格の決定も行われているということになる。そのように解さなければ，在留資格の決定を伴わない在留期間単独の許可が存在するという背理を生じる。
　　　したがって，理論上は，在留期間更新許可においても在留資格の決定はなされていると解さざるを得ない。
　　　このような認識を困難にしている事実として，次のような運用の存在がある。
　　　まず，在留期間の付与の仕方が，上陸許可，在留資格取得許可及び在留資格変更許可の場合にあっては許可日を起算日（ただし初日不算入）とするのに対して，在留期間更新許可は，申請人が有していた元の許可の在留期間に接続する形で付与される。
　　　次に，「更新」という用語自体に，元から存在していた許可のうち在留期間のみを許可の対象とし，在留期間だけを許可しているかのような語感がある。
　　　その次に，既に述べたとおり，在留期間更新許可の申請の場合の立証資料が運用（入管法施行規則）上，上陸，在留資格取得及び同変更許可の申請の

場合と比較して，相当程度削減されている点である。確かに，理論的一貫性及び正確性を期すのであれば，在留期間更新許可の申請においても在留資格認定証明書の交付上陸，在留資格変更及び同資格取得許可の申請と同一の立証資料の提出を求めるべきであろう。しかし，それは，申請人のみならず審査をする側にとっても無用な負担を生じさせるだけで，本末転倒である。

さらに，在留期間更新許可がある程度の回数を重ねるにつれて，申請人の日本との関係が深まるなどその在留歴から，同許可が付与されるという事実に対する信頼が生じ，法務大臣としては，信頼保護の原則により，特段の事情がない限り，同許可申請を不許可とすることができなくなる場合も想定し得る。実際，昭和の末頃に，特定の在留者に対して，申請書の提出のみをもって在留期間更新許可を行っていた時期もあった。これらの場合，更に在留期間更新許可が恰も自動的・機械的になされているかのように認識されがちである。しかし，これも法的効力ではなく，単なる事実の認識であり，外国人の在留許可付与に際しての法務大臣の自由裁量の一つの現れ方であると解すべきである。

以上から，在留期間更新許可においても在留資格の決定が行われているものと解すべきである。本章において，便宜的に，以上のような運用に従って簡易な表現の下に場合分けをして申請の形式ごとに立証資料を説明しているが，正確には以上のとおり解するべきである。

(3) 受入れ機関及び管理・監督機関に対応した立証資料の考え方

上記(1)で述べたとおり，外国人の受入れ機関及び管理・監督機関は，受け入れた外国人に在留資格に対応する活動を行わせるための環境を自ら整え，又は整えさせることをその重要な役目としている。とするならば，各種申請を受け付けた入管当局側は，それらの機関にその役目を果たすうえで十分な人的・物的態勢が整っているかどうかを見極めたうえで許否判断をしなければならないこととなる。しかし，各機関の規模，社会的信頼性，過去における入管法令上の義務履行状況の相違を無視して，すべて同様の立証資料を求め，すべて同様に審査を実施することは，（形式的）平等原則の観点からは好ましいとしても，必ずしもそれが合理的であるとは限らない。機関として，それなりの規模，社会的信用，入管法令上の問題発生防止という成果獲得の

ためには，それに応じた機関としての努力が必要であるのが通常であろう。とするならば，過去の審査に際して示されたかかる成果の活用は，これら機関の努力に応じるものとして，平等原則に反するものではなく，実質的な観点からは，平等原則にかなうものであるとさえいえるところであり，合理的かつ効率的な審査でもある。

(4)　国・地域又は国籍に対応した立証資料の考え方

　一例をあげるならば，在留資格「留学」においては，特定の国・地域の出身者とそれ以外の者との間において，各種申請に際して提出を要するとされる立証資料に差が設けられている。このような国籍・地域により外国人の間に差を設けることについて疑義が呈されることがあるかもしれないが，合理的な差異（区別）と解すべきである。

　特に近年，日本において大型旅客機や大型客船などの大量輸送手段が実際の使用に供されるようになってから，入管法が大量の出入（帰）国者及び在留者に対応し，出入国在留管理行政の円滑な執行ということが相対的に重要性を増してきている。国家の限られた人的・物的資源のなかにおいてかかる目的を効率的に達成するためには，過去に生じた事象から，規制方法及び内容そのものを定型化し，合理化していくことは，やむを得ないことであると同時に，当然のことなのである。実際，近代立憲主義国家であり民主主義国家でもある主要先進国を含む多くの国々において，さらに，欧州連合のような超国家的機関においても，そのような対応が採られていることは周知の事実である。特定の国・地域の出身者に対する査証免除措置はその筆頭として挙げることのできる典型例の一つである。そのほか，例えば，ドイツ連邦共和国では，憲法改正により新設された基本法（事実上の憲法）16 a 条において，安全な第三国経由で入国した難民認定申請者に対しては難民認定審査手続を行わずに即時退去強制をもって臨み，安全な国の出身者に対する難民認定申請の審査を大幅に簡略化することを定め，立法によりこれを具体化している。かかる憲法改正は合憲である旨の連邦憲法裁判所の確定判決も存在する。

　以上のとおり，外国人の国籍・地域による出入国在留管理行政上の対応の差異は，多くの国・地域において一般的であり，このような差異を否定した

場合，健全な出入国在留管理行政は逆に不可能となる。

なお，この点に関して特に強調すべきことは，国・地域に対するこのような評価が優劣（垂直的関係）の評価ではなく，単なる差異（水平的関係）の評価に過ぎないということ，さらに，これまでの数々の実例が示すとおり，事情の変更により，この評価自体が変化するものであり，以上の差異（区別）が必ずしも固定的であるわけではないということである。この点は，どのような立場であれ，外国人の各種申請に関与する者として決して忘れてはならないことである。

(5) 規則に定める立証資料の意義

外国人が本邦での入国・在留を許可されるためには，その本邦において行おうとする活動が在留資格に対応する活動に該当することから始まり，外国人自身，その受入れ機関及び管理・監督機関に関する基準省令などの定める各種の要件を満たす必要がある。立証資料は，それらの要件に適合することを確認する客観的資料であることから，それぞれの要件に合わせてその内容が定められている。その定め方としては，端的に「雇用契約書」，「卒業証明書」というように資料の具体的名称を掲げたほうが申請人側にとって分かりやすいのか，それとも，「活動の内容，期間，地位，報酬を証する文書」，「学歴を証する」というように立証する項目を詳細に掲げたほうが良いのか，様々な考え方があるところ，現行法令では，比較的後者に重点を置いた定め方になっている。前者だけにした場合，資料の名称に囚われる余り肝心の証明すべき内容に目が向かなくなり，申請の現場において混乱が生じることへの懸念があるためである。

このように，規定上では，資料の具体的名称が掲げられている箇所はそれほど多くはないが，社会状況の変化，業務遂行の過程において明らかになった事項，関係機関との連携が進展したことにより，新たに適用を受けるようになった入管法令以外の関係法令に係る要件や運用上の要件も飛躍的に増大し，そのために，各要件が詳細になり，かつ，細分化される傾向にあることは間違いない。このような状況を踏まえたうえで公表されている入管庁のホームページにおいては，具体的名称と共にそこに記載されている内容につ

いての詳細な言及もあるので，入管法施行規則等の規定だけではなく，ホームページ上の説明も常に参照することが必要である。

　以上のとおり，一部の在留資格に関する各種申請の際に提出を求められる立証資料が細分化・複雑化し，一時期と比較すると，量的にかなり増加しつつある傾向は否めない。その原因として，過去にそれぞれの在留資格が不正に利用され，そのたびごとに防止策が講じられてきたという事情もある。制度運用上，好ましくない事例が繰り返し発生すれば，その再発を防止するための方策が採られ，基準が厳格化されることがあることは当然である。確かに，書類の提出のみをもってかかる問題の発生を完全に防止することはできないかも知れない。しかし，抑止力の一つにはなるであろう。

　なお，以下の説明においては，立証資料にはその提出根拠となる法令の関連条項をできるだけ引用することとしているが，運用上提出が求められている立証資料もあること，さらに，いずれの条項を根拠とすべきか判断が難しいものもあるので，そのような場合には，必要に応じて，注記した。例えば納税事実は，納税者が個人である場合には，その者が，要件どおりの報酬を勤務先から得ているかどうか，即ち，在留資格該当性及び基準省令適合性などを維持している事実を確認する手段であり，機関である場合には，納税事実がその活動実体の存在（動的存在）の確認手段であるほか，受け入れている外国人に在留資格に該当し及び基準省令に適合する活動をさせているかどうかの判断材料ともなり得る。さらに，納税事実は，個人にとっても機関にとっても，素行要件の一つとして評価する余地もある。他に根拠法令が見当たらないとき，注記したうえで敢えて素行に関連した条項を引用することとしてある。

　なお，入管庁のホームページ上に掲載されている各種申請関連事項（https://www.moj.go.jp/isa/applications/index.html）は，
　　ア　在留資格ごと，申請ごとに提出を要する立証資料
　　イ　様式，参考様式その他の名称の様式類及びこれらの一部の記載例
であるので，各在留資格に係る各申請のために必要な立証資料に関する本書の説明は，入管庁ホームページに記載された内容に準拠している。

(6) 在留資格認定証明書の返信用封筒

　この返信用封筒を各在留資格の立証資料部分に掲げている箇所があるが，それは飽くまで便宜上のためであって，この返信用封筒が立証資料ではないことはいうまでもない。参考までに，貼付すべき郵便切手の額は，2024（令和6）年10月1日現在，50g以下の定型郵便物料金が110円，簡易書留料金が350円（いずれも必須）であるので，各申請人において，重量に合わせて正確な額を確認し，必要額を貼付願いたい。また，速達料金は，250g以下で300円である。なお，郵便料金は随時改定されるので，正確な額は，その都度各申請人において確認願いたい。

2　立証資料提出に当たっての留意事項

① 　申請書及び添付書類は，片面印刷でA4規格とする。
　　なお，本書解説中の立証資料の中に○○号様式，別記様式，参考書式，経歴書，滞在予定表その他の様式・書式類の中には入管庁ホームページ上PDFその他の形式で取得可能なものが大半を占めているので，必要に応じて確認し，活用することを勧める。
② 　原本の提出が求められる場合は，発行（作成）後3か月以内のものに限る。
③ 　提出書類一覧表にある申請書類を提出することができない場合は，その理由を説明するとともに，代わりとなる資料を提出する。
④ 　審査の過程で，提出書類一覧表に記載されていない書類の提出を求められることがある。
⑤ 　一度提出された資料は返却されない。
⑥ 　外国語の資料に関して，訳文の添付を注記している箇所とそうでない箇所とが存在するが，規則62条の規定では，「資料が外国語により作成されているときは，その資料に訳文を添付しなければならない。」とされているので，注記がない場合にあっても訳文は添付するのが原則である。また，そうすることが審査の迅速化にもつながることは間違いない。

3 法律用語に関する留意点

(1) 「活動」

　入管法が在留資格について定めた2条の2，別表1及び別表2が「活動」という用語を繰り返し使用していることからも分かるとおり，外国人が本邦において行おうとする活動及び実際に行っている活動を中心に規制が行われている。したがって，どのような活動が本邦において行われようとしているのか，又は実際に行われているのかが問題となる。

　他の法分野同様，実行行為及びその結果発生のいずれもが本邦内であることを要するのか，それとも，いずれか一方のみで十分とするのか議論が分かれそうなところである。通信手段が発達した現代社会においては，例えば，語学教育の形態として様々なものが考えられる。本邦から海外の学生に対して教育を行う場合は「本邦に入国し，又は本邦から出国する全ての人の出入国及び本邦に在留する全ての外国人の在留の公正な管理を図る」（入管法1条）ことを目的とした入管法の属地主義的性格から本邦に入国し在留している外国人に対して入管法が適用されることになり，その点に不合理な点はないであろう。反対に，外国人が海外から本邦の生徒に対して教育を行う場合は，同じく入管法の属地主義的性格から，当該外国人自身が本邦にいない以上，通常は，入管法の適用はないことになる。ただし，再入国許可をもって出国中の者をかかる規制の対象とすることは必ずしも不合理とはいえないであろう。というのは，再入国許可をもって出国中の者は，本邦に在留している外国人であるからである。一応以上のように考えられるところ，実際は，実例に合わせてそれぞれ検討していく必要があると考える。

(2) 「収入」，「報酬」

　入管法上，「活動」を律するうえで重要視されているのが，「収入」及び「報酬」といった経済的，金銭的利益の授受又は発生である。この考え方は，入管法19条及び別表1に掲げられた在留資格において見ることができる。特に，入管法19条1項1号の括弧書きでは「報酬」の有無が重要であり，給付された経済的，金銭的利益が法上の「報酬」に該当するか否かに関しては，

同号の括弧書きの規定に基づいて入管法施行規則19条の3にも規定が存在するところ，どこまでが「業として行うもの」に含まれ，どこまでが「日常生活に伴う臨時の報酬」と解釈できるのか，実際上のその線引きは難しい面もある。したがって，そのような場合にあっては，申請予定先の地方出入国在留管理局に確認すべきであり，その際には誠実に事実関係を説明することが不可欠である。

(3) 雇用契約

入管法では，例えば2条の5第1項において，文字どおりの雇用契約という意味とは多少異なる意味を有するものではあるものの，「特定技能雇用契約」という略語が用いられている。しかし，入管法別表1の，「研究」，「技術・人文知識・国際業務」，「介護」，「技能」においては，「契約」という用語が使用されている。これは，主として雇用契約を指すものではあっても，その他の契約の形態を排除する趣旨ではないことから，敢えて雇用契約であるとはしなかったものである。

ところで，労基法（例：2条2項）及び労働契約法などの労働法規においては，「労働契約」という用語が使用されている。

確かに両者において使用されている用語は異なっているが，その意味は大半が共通しているほか，労働者と使用者という労働関係の当事者間に締結された契約である限り，上記労基法及び労働契約法などの労働法規の適用を受けることに変わりはないので，両者の相違について深く議論をすることに実益はないものと考える。

ということから，両者の多少の相違は認識しつつも，ほぼ同義であることを前提に説明することにする。

なお，入管庁のサイト上の説明においては「労働契約」という用語も多く使用されている。

(4) 入管法における「許可」

入管法上，上陸許可，特例上陸許可，上陸特別許可，在留資格変更許可，在留資格取得許可，在留期間更新許可，資格外活動許可，仮放免許可，在留

特別許可など様々な箇所において「許可」という用語が用いられている。

　この「許可」は、行政法学上、以下の理由により、「特許」に該当するものと考えられる。

　「許可」及び「認可」と共に行政行為（形成行為）の一つとされている「特許」とは、私人に特定の権利を付与し、又は包括的な法律関係を設定する行政行為（設権行為）とされているところ、入管法上の上記許可は、そもそも入国・在留の権利のない外国人に対して入国・在留を認め、そのための法的地位又は法的関係を設定するものであるからである。日独の行政法の教科書にはこの点に関する直接的な説明はないが、両者において「特許」の典型例として挙げられている帰化許可（行政行為としての国籍付与処分）との近似性から、入国・在留に関する許可も行政法学上の「特許」と考えることができる。即ち、ドイツ連邦共和国基本法（事実上の憲法）116条及びその実施のための立法措置に基づく旧東欧諸国から政府又は私人による迫害その他の理由により移住目的で入国したドイツ系住民に対する特例制度など一部の例外を除いて、外国人に帰化許可請求権又は国籍請求権のような権利は一般的には存在しないことを前提として、公権力（行政権）が私人との関係において国籍という新たな法的地位又は法的関係を設定するという点において、入国・在留に関する許可との共通性が認められるためである。

　さらに、入管法の解釈・運用は、各許可が「特許」であることを前提として進められている。

　なお、入管法においては、以上の許可においては、一人の外国人が継続する1回の在留につき唯一の在留資格・在留期間から成る唯一の許可が付与されることになっており、この点、例えば、自動車運転免許のように複数の種類の許可（免許）の取得が可能である道路交通法とは異なっており、行政行為としては珍しい例とされることもある。

(5) **退去強制**

　本書においては、退去強制手続は扱わないが、入国・在留手続との関係において多少触れておく。

　退去強制処分は、本邦に出入国し、在留する全ての外国人の在留の公正な

管理（法1条）という法律に定められた行政目的を達成するために，社会の安全・安定を害するおそれが生じた外国人の入国を阻止し，また，在留を打ち切ることによってその当事者である外国人により生じた不法な入国及び在留という違法状態を解消する役割を担い（特別予防），また，そのことによって他の全ての外国人が違法状態に陥ることを抑止する機能を果たす制度（一般予防）である。行政法学上，法律上の義務履行確保手段としての直接強制とする少数説も一部にないではないが，以上のとおり，退去強制処分は，相手に義務を課すことなく行政機関が直接に実力を行使し，そのことによって行政目的の実現を図る制度であり，即時執行（即時強制から行政調査を除いたもの）として位置づけるのが判例・通説の立場である。

　ところで，行政法学上，行政活動の展開過程を法律→行政処分→強制行為と説明するする三段階構造モデルというものが存在する。これは，その過程を，まず，行政活動の根拠となる法律が一般的・抽象的規範として制定され，次に法律を個別・具体的に適用し，私人の法律・権利関係を変動させる行政処分が行われ，最後に行政処分を強制的に実現するための強制行為が行われるものと捉え，これが行政過程の骨格をなすものと考えるものであり，行政活動の展開を理論的に分かりやすく説明するための一つの道具概念である。

　したがって，実在するすべての個別法の仕組み及びその運用実態がこの理論によって説明可能というわけではないものの，上陸及び在留関係の許可，退去命令，在留資格の取消し，退去強制という一連の行政行為及びそれらに至る手続を定めた入管法も，他の多くの行政行為及び手続を定めた法律と同じく，この理論によって説明することは十分に可能であり，むしろその典型例であるとさえいえるところである。したがって，このような入管法制が，様々な許可ではなく，恰も各種申請に対する不許可，退去強制及び退去命令を中心とした制度，又はそれだけの制度であるかのような論じ方は，他の殆どすべての法律の仕組みと実体までも歪めて解釈するものであり，正鵠を射たものとは到底いえない。このことは，入管法の運用実態においても該当するところであり，実際の上陸及び在留の場面における許可数，即ち，入国者数と在留外国人数と不許可数及び退去強制手続により実際に国外に退去された者の数など実際の数値を比較すれば，一目瞭然である。恐らく，このよう

な誤解は，実際，裁判や報道などの形で人々の目に触れる事案が，数千万件に及ぶ許可ではなく僅かな件数の例外的事案に限定されていることから生じる錯覚によるものと考えられる。

さらに，退去強制が刑事罰に該当しないことは日欧米で定着した判例・通説となっており，その結果，在留外国人をその処罰されたことを理由として，又は処罰理由と同じ理由により退去を強制することは，各立憲主義国家の憲法上の原則となっている一事不再理，二重処罰の禁止及び二重の危険の禁止の原則（例：日本国憲法39条）には該当しないものとされている。

(6) 家族統合（家族の呼寄せ）

家族統合（若しくは家族再統合又は家族結合）とは，広く捉えるならば，法律上及び事実上の婚姻関係又は親子関係にある者，即ち，家族が同じ場所で生活することで，これを権利として認める考え方が有力である。しかし，これは日本の国内法上の用語ではなく，国際法においては，市民的及び政治的権利に関する国際規約17条，児童の権利に関する条約（B規約）10条，欧州法においては人権及び基本的自由の保護のための条約（欧州人権条約）8条，欧州連合基本権憲章8条及び9条，憲法においては，ドイツの基本法（事実上の憲法）6条，フランスの1958年憲法が引用する1946年憲法前文第10段落に根拠があるとされている。日本国憲法には，この点に関する直接的な規定はないが，13条の幸福追求の自由及び24条の婚姻の自由と関連しているものと考えられる。

このようなことから，入管法においても，以上の趣旨にのっとり，在留資格として「家族滞在」「日本人の配偶者等」「永住者の配偶者等」「特定活動」が設けられ，その運用により対応がなされている。

しかし，家族統合と一国の出入国管理法制・政策との関係に関しては，例えば，児童の権利に関する条約批准に当たって日本国政府が行った宣言からも明らかなとおり，国家主権の発露である外国人の入国・在留に関する許可権限との関係において後者に重きが置かれることになる。それは，日欧米のいずれにおいても同じことである。例えば，独仏英の入管法の教科書において偽装婚問題が採り上げられていることは当然としても，フランスの入管法

の教科書は，家族統合への対応において人道と入管政策を混同することに警鐘を鳴らしているほか，子（未成年者）の統合が様々な種類の偽装防止という入管政策と女性，障害者，高齢者と並んで子という脆弱な立場にある者の優越的利益の保護という矛盾の核心をなしており，困難な問題を含んでいることに言及している。この点，日本とは異なり，一定の広さと居住に適した環境の住居の確保を家族呼寄せの要件とする国もある（例：ドイツ滞在法29条，フランス入国・在留・難民法L.434-7条）。

留　学

1　概　要

(1)　本邦において行うことができる活動

> 本邦の大学，高等専門学校，高等学校（中等教育学校の後期課程を含む。）若しくは特別支援学校の高等部，中学校（義務教育学校の後期課程及び中等教育学校の前期課程を含む。）若しくは特別支援学校の中学部，小学校（義務教育学校の前期課程を含む。）若しくは特別支援学校の小学部，専修学校若しくは各種学校又は設備及び編制に関してこれらに準ずる機関において教育を受ける活動

(2)　対象となる主な者

列挙された機関又はそのなかに設けられた課程に所属して学ぶ児童，生徒，学生（聴講生及び研究生を含む。）

2　在留資格該当性

(1)　「大学」

ポイント

学教法上の大学（同法83条）及び放送大学学園法上の放送大学（同法2条）をいう。大学の別科，専攻科，短期大学，大学院及び大学付属研究所も含まれる。

(2) 「高等専門学校」
🔹 ポイント

　学教法105条以下の規定に定められた「深く専門の学芸を教授し，職業に必要な能力を育成することを目的と」した学校で（同法105条1項），卒業者は「準学士」と称することができる（同法121条）。

(3) 「高等学校」
🔹 ポイント

　学教法50条以下の規定に定められた「中学校における教育の基礎の上に，心身の発達及び進路に応じて，高度な普通教育及び専門教育を施すことを目的と」した学校である（同法50条）。

(4) 「中等教育学校の後期課程」
🔹 ポイント

　「中等教育学校」とは，学教法63条以下の規定に定められた「小学校における教育の基礎の上に，心身の発達及び進路に応じて，義務教育として行われる普通教育並びに高度な普通教育及び専門教育を一貫して施すことを目的と」したいわゆる中高一貫校を指す（同法63条）。

　その「後期課程」とは，中学教育学校の修業年限6年中後期3年の課程を指し（同法67条2項），高等学校に相当する（参照：同法50条）。

(5) 「特別支援学校の高等部」
🔹 ポイント

　「特別支援学校」とは「視覚障害者，聴覚障害者，知的障害者，肢体不自由者又は病弱者（身体虚弱者を含む。以下同じ。）に対して，幼稚園，小学校，中学校又は高等学校に準ずる教育を施すとともに，障害による学習上又は生活上の困難を克服し自立を図るために必要な知識技能を授けることを目的と」した学校である（学教法72条）。

　その「高等部」とは同法76条2項の規定により特別支援学校に置くことが許された「高等学校（中略）に準じた教育を施す」ための部である（同法72条）。

(6) 「中学校」
　●ポイント●
　「小学校における教育の基礎の上に，心身の発達に応じて，義務教育として行われる普通教育を施すことを目的と」した学校である（学教法45条）。

(7) 「義務教育学校の後期課程」
　●ポイント●
　「義務教育学校」とは「心身の発達に応じて，義務教育として行われる普通教育を基礎的なものから一貫して施すことを目的と」した，いわゆる小中一貫校を指す（学教法49条の2）。
　その「後期課程」とは9年の修業年限中（同法49条の4）後期課程3年を指し（同法49条の5），中学校に相当する（同法49条の6第2項，その引用する同法49条の2及び参照：同法45条）。

(8) 「中等教育学校の前期課程」
　●ポイント●
　中等教育学校（上記(4)を参照）の6年の修業年限中（学教法65条）前期課程3年を指し（同法66条），中学校に相当する（参照：同法45条）。
　その「前期課程」とは6年の修業年限中（同法65条）前期課程3年を指し（同法66条），「小学校における教育の基礎の上に，心身の発達に応じて，義務教育として行われる普通教育を施すことを実現する」ことを目的としており，中学校に相当する（参照：同法45条）。

(9) 「特別支援学校の中学部」
　●ポイント●
　学教法76条1項の規定により特別支援学校（上記(5)の解説を参照）に置かれた「中学校（中略）に準ずる教育を施す」ための部（同法72条）で，義務教育の一環である（同法17条）。

(10) 「小学校」
　●ポイント●
　「心身の発達に応じて，義務教育として行われる普通教育のうち基礎的なものを施すことを目的と」した学校である（学教法29条）。

⑾ 「義務教育学校の前期課程」
ポイント

義務教育学校（上記⑺の解説を参照）の9年の修業年限中（学教法49条の4）前期課程6年を指し（同法49条の5），「心身の発達に応じて，義務教育として行われる普通教育のうち基礎的なものを施すことを実現する」ことを目的とした学校で（同法49条の6第1項），小学校に相当する（参照：同法29条）。

⑿ 「特別支援学校の小学部」
ポイント

学教法76条1項の規定により特別支援学校（上記⑸の解説を参照）に置かれた「小学校（中略）に準ずる教育を施す」ための部で（同法72条），義務教育の一環である（同法17条）。

⒀ 「専修学校」
ポイント

学教法1条で定められた「幼稚園，小学校，中学校，義務教育学校，高等学校，中等教育学校，特別支援学校，大学及び高等専門学校」「以外の教育施設で，職業若しくは実際生活に必要な能力を育成し，又は教養の向上を図ることを目的とし」，修業年限が1年以上，授業時数が文部科学大臣の定める授業時数以上，教育を受ける者が常時40人以上という要件に「該当する組織的な教育を行うもの（当該教育を行うにつき他の法律に特別の規定があるもの及び我が国に居住する外国人を専ら対象とするものを除く。）」をいう（同法124条）。

⒁ 「各種学校」
ポイント

「第1条に掲げるもの以外のもので，学校教育に類する教育を行うもの（当該教育を行うにつき他の法律に特別の規定があるもの及び第124条に規定する専修学校の教育を行うものを除く。）」を指す（学教法134条1項）。

⒂ 「設備及び編制に関して大学に準ずる機関」
ポイント

「大学校」の名称が付されたものが多く，学教法以外の法令に基づいて設置された機関を指す。例えば，「防衛大学校」及び「防衛医科大学校」はそ

れぞれ防衛省設置法15条及び16条に基づく。そのほかには，独立行政法人海技教育機構法に基づいて設置された独立行政法人に属する海技大学校，海上技術短期大学校のような例もある。

在留資格「教授」でいう「大学に（中略）準ずる機関」とほぼ重なるが，「留学」の場合は入学を許可された学生が当該学校で直接何らかの教育を受けるという関係が前提であるので，「教授」における所属機関に含まれる大学共同利用機関法人，大学入試センター及び大学改革支援・学位授与機構は，直接学生を受け入れて教育を施しているわけではなく，そこに以上のような関係は発生しないので，ここには含まれない。ただし，大学共同利用機関法人の場合にあっては，同法人を基盤とした総合研究大学院大学が別途設立されており，同大学の外国人学生は在留資格「留学」の対象となっている。

⒃ **「設備及び編制に関して各種学校に準ずる機関」**
　ポイント

学教法3条に規定する学校の設置基準としての設備及び編制において同法134条に規定する各種学校とおおむね同様である教育機関をいう。

「設備」とは「校地，校舎等の施設と校具・教具を合わせたもの」を，「編制」とは「学校を組織する学級数，学校を組織する児童・生徒数，学校に配置すべき職員の組織」をいう。

⒄ **「教育を受ける活動」**
　ポイント

児童，生徒，学生，聴講生又は研究生として在学し，学習する活動を指す。留学が公費によるものであるか，私費によるものであるかは問わず，また，学費支弁者の住所・居所も問わない。

3　基準（上陸許可基準）

Ⅰ　最近の上陸許可基準省令及び入管法施行規則の改正（令和6年4月26日法務省令第33号及び第34号）

これらの改正は，「留学生の在籍管理の徹底に関する新たな対応方針」（令和元年6月11日）において，留学生の在籍管理の徹底について政府，大学等が

第1章　在留資格の認定要件と立証資料

一体となって対策を講じる旨決定され，さらに，日本語教育の適正かつ確実な実施を図るための日本語教育機関の認定等に関する法律（令和5年6月2日法律第41号）の施行に伴い，所要の措置を講じるものとして行われたものである。

その概要は，次のとおりである。

1　大学における聴講生として専ら日本語教育を受けようとする活動は「留学」の在留資格の許可の対象外（上陸許可基準該当性なし）とすること。
2　専ら日本語教育を受ける者として「留学」の在留資格の決定を受けた者の配偶者及び子は，「家族滞在」の在留資格の許可の対象外（上陸許可基準該当性なし）とすること。
3　「留学」の在留資格をもって在留する外国人を受け入れる教育機関に対してこれら外国人の適正な管理（在籍管理）体制（態勢）の整備を義務付けること。
4　「留学」の在留資格をもって専修学校・各種学校において教育を受けようとする外国人が文部科学大臣の認定を受けた日本語教育機関又は法務大臣告示により定められた日本語教育機関で日本語教育を受ける期間を「6か月以上」から「1年以上」に伸長すること。
5　専ら日本語教育を受けるために「留学」の在留資格を取得できる教育機関を認定日本語教育機関に限定すること。（以上第33号）
6　専ら日本語教育を受けるものとして「留学」の在留資格の決定を受けた者を入管法19条1項1号で容認された報酬受領者から除外すること（第34号）。

本件改正は，「留学生受入れ10万人計画」「同30万人計画」といった政府の方針に藉口した一部の教育機関による在籍管理の懈怠による在校生の行方不明者大量発生並びに教育機関としての適正性を否定するような不祥事及びその放置を始めとする「留学」の在留資格の不適正事例を契機としたもので，それらの問題の再発防止のために実施された厳格化措置である。一部の不適正事例が負の形で全体に波及した例といえよう。

Ⅱ 上陸許可基準省令の説明

> 一 申請人が次のいずれかに該当していること。
> イ 申請人が本邦の大学若しくはこれに準ずる機関，高等専門学校又は専修学校の専門課程に入学して教育を受けること（専ら日本語教育（日本語教育の適正かつ確実な実施を図るための日本語教育機関の認定等に関する法律（令和五年法律第四十一号。以下「日本語教育機関認定法」という。）第一条に規定する日本語教育をいう。以下この項において同じ。）を受ける場合又は専ら夜間通学して若しくは又は通信により教育を受ける場合を除く。）。

(1) 「専修学校の専門課程」

ポイント

　学教法125条3項に定められた「高等学校若しくはこれに準ずる学校若しくは中等教育学校を卒業した者又は文部科学大臣の定めるところによりこれに準ずる学力があると認められた者に対して，高等学校における教育の基礎の上に，」同法124条の規定に適合する教育を行う課程を指す。なお，「専門課程を置く専修学校は，専門学校と称することができる」（同法126条2項）。

(2) 「外国において十二年の学校教育を修了」（現在削除）

ポイント

　日本においては12年間の初等・中等教育（小学校，義務教育学校，中学校，中等教育学校，高等学校，特別支援学校における教育。参照：学教法90条）に修了することにより大学などにおいて高等教育を受ける資格が得られる。これに相当する教育を修了していることを指すものとする規定の該当部分は，2024（令和6）年4月26日の上陸許可基準省令改正により削除された。学教法施行規則150条1号の規定による外国において学校教育における12年の課程を修了した者に準ずる者を指定する件（昭和56年10月3日文部省告示第153号）及び大学入学のための準備教育課程の指定等に関する規程（平成11年9月3日文部省告示第165号）における運用に応じた手続の合理化によるものである。

(3) 「専ら夜間通学して教育を受ける場合」
▶ポイント

学教法4条柱書で認められた「夜間その他特別の時間又は時期において授業を行う課程」＝「定時制の課程」で教育を受ける場合を指すが，ここでは除外されている。

(4) 「専ら通信により教育を受ける場合」
▶ポイント

学教法4条柱書の規定で認められた「通信制の課程」で教育を受ける場合を指すが，ここでは除外されている。

> ロ　申請人が本邦の大学に入学して，当該大学の夜間において授業を行う大学院の研究科において専ら夜間通学して教育を受けること。

(5) 「夜間において授業を行う大学院の研究科」
▶ポイント

学教法101条の規定に定められている研究科を指す。

> ハ　申請人が本邦の大学若しくはこれに準ずる機関，高等専門学校若しくは専修学校の専門課程に入学して専ら日本語教育を受けること又は高等学校（定時制を除き，中等教育学校の後期課程を含む。以下この項において同じ。）若しくは特別支援学校の高等部，中学校（義務教育学校の後期課程及び中等教育学校の前期課程を含む。以下この項において同じ。）若しくは特別支援学校の中学部，小学校（義務教育学校の前期課程を含む。以下この項において同じ。）若しくは特別支援学校の小学部，専修学校の高等課程若しくは一般課程若しくは各種学校若しくは設備及び編制に関してこれに準ずる教育機関に入学して教育を受けること（専ら夜間通学して又は通信により教育を受ける場合を除く。）。

⑹　「高等学校（定時制（以下略））」
　▶ポイント
　　高等学校の場合，定時制（学教法4条柱書及び53条以下）は除外されるということである。3⑷の説明参照。
⑺　「中等教育学校の後期課程」
　▶ポイント
　　中等教育学校とは，学教法63条に定める「小学校における教育の基礎の上に，心身の発達及び進路に応じて，義務教育として行われる普通教育並びに高度な普通教育及び専門教育を一貫して施すことを目的と」したいわゆる中高一貫教育校を指し，その後期課程とは6年の修業年限中（同法65条），後期3年の後期課程，即ち高等学校に相当する課程である（参照：同法50条）。
⑻　「専修学校の高等課程」
　▶ポイント
　　学教法125条2項の規定に定める「中学校若しくはこれに準ずる学校若しくは義務教育学校を卒業した者若しくは中等教育学校の前期課程を修了した者又は文部科学大臣の定めるところによりこれと同等以上の学力があると認められた者に対して，中学校における教育の基礎の上に，心身の発達に応じて前条の教育を行う」課程を指す。当該課程を置いた専修学校は，「高等専修学校」と称することができるとされている（同法126条1項）。
⑼　「専修学校の一般課程」
　▶ポイント
　　「専修学校には，高等課程，専門課程又は一般課程を置く」こととされているところ（学教法125条1項），そのうちの高等課程及び高校等卒業以上の者に入学が許される専門課程を除いた教育を行う課程を指す（同法124条4項）。

> 二　申請人がその本邦に在留する期間中の生活に要する費用を支弁する十分な資産，奨学金その他の手段を有すること。ただし，申請人以外の者が申請人の生活費用を支弁する場合は，この限りでない。
> 二の二　申請人が教育を受けようとする教育機関が，当該教育機関において教育を受ける外国人の出席状況，法第十九条第一項の規定の遵守

状況，学習の状況等を適正に管理する体制を整備していること。

⑽　2024年4月の上陸許可基準省令改正による付加（2号の2）
　■ポイント■
　本号は，改正前に夜間において授業を行う大学院の研究科に限定されていた明文規定が「留学」の在留資格に係る教育機関全体に拡大されたものである。

> 三　申請人が専ら聴講による教育を受ける研究生又は聴講生として教育を受ける場合は，第一号イ又はロに該当し，当該教育を受ける教育機関が行う入学選考に基づいて入学の許可を受け，かつ，当該教育機関において一週間につき十時間以上聴講をすること。

⑾　「研究生」
　■ポイント■
　研究生制度は，正規の学生の勉学に支障のない場合にそれ以外の者に受講を認めるもので，学教法施行以前から，特段の法令上の根拠なく各大学の学則等に基づき認められてきた事実上の制度であり，研究生は，大学の正規学生とは別に，1学期又は1学年の期間，特定の専門事項の研究等に従事することを許可された者をいうとされる。成績評価や単位の取得とは直接結び付かず，検定料，入学料，授業料は，正規の学生より低額に設定されている。「大学院正規課程の入学への準備期間として在籍している者（主に学部を修了した者）」と説明される場合もある。こうした学生を「研究生」と総称しているところ，各大学の学則により，その名称や入学資格は必ずしも一様ではない。
　このようなことから，大学及び大学院によっては，その入学資格を十分に整備せず，無計画な受入れの結果，在籍管理が不十分となり，受け入れられた外国人学生が「留学」に該当する活動に従事していなかった，又は従事することができなかったことにより，在留管理上の問題に至った例や不法就労目的の外国人により濫用された例も存在する。

⑿ 「聴講生」

> **ポイント**

「科目等履修生」を指すものとされることが多く，「研究生」との相違は，成績評価や単位の取得を伴うという点である。ただし，この点も各大学及び大学院の学則に委ねられていることから，「聴講生」という用語が大学・大学院により「科目等履修生」ではなく「研究生」を指す場合も多い。「研究生」と同様の問題が発生した例も存在する。

> 四　申請人が高等学校において教育を受けようとする場合は，年齢が二十歳以下であり，かつ，教育機関において一年以上の日本語教育又は日本語による教育を受けていること。ただし，我が国の国若しくは地方公共団体の機関，独立行政法人，国立大学法人，学校法人，公益社団法人又は公益財団法人の策定した学生交換計画その他これに準ずる国際交流計画に基づき生徒として受け入れられて教育を受けようとする場合は，この限りでない。
>
> 四の二　申請人が中学校若しくは特別支援学校の中学部又は小学校若しくは特別支援学校の小学部において教育を受けようとする場合は，次のいずれにも該当していること。ただし，我が国の国若しくは地方公共団体の機関，独立行政法人，国立大学法人，学校法人，公益社団法人又は公益財団法人の策定した学生交換計画その他これに準ずる国際交流計画に基づき生徒又は児童として受け入れられて教育を受けようとする場合は，イ及びロに該当することを要しない。
>
> 　イ　申請人が中学校において教育を受けようとする場合は，年齢が十七歳以下であること。
> 　ロ　申請人が小学校において教育を受けようとする場合は，年齢が十四歳以下であること。
> 　ハ　本邦において申請人を監護する者がいること。
> 　ニ　申請人が教育を受けようとする教育機関に外国人生徒又は児童の生活の指導を担当する常勤の職員が置かれていること。
> 　ホ　常駐の職員が置かれている寄宿舎その他の申請人が日常生活を支

留学

障なく営むことができる宿泊施設が確保されていること。
五　申請人が専修学校又は各種学校において教育を受けようとする場合（専ら日本語教育を受けようとする場合を除く。）は，次のいずれにも該当していること。ただし，申請人が外国から相当数の外国人を入学させて初等教育又は中等教育を外国語により施すことを目的として設立された教育機関において教育を受ける活動に従事する場合は，イに該当することを要しない。
　イ　申請人が外国人に対する日本語教育を行う教育機関で法務大臣が文部科学大臣の意見を聴いて告示をもって定めるもの（以下この項において「告示日本語教育機関」という。）若しくは認定日本語教育機関（日本語教育機関認定法第三条第一項に規定する認定日本語教育機関をいう。）に置かれた留学のための課程（認定日本語教育機関認定基準（令和五年文部科学省令第四十号）第二条第一項に規定する留学のための課程をいう。以下この項において同じ。）において一年以上の日本語教育を受けた者，専修学校若しくは各種学校において教育を受けるに足りる日本語能力を試験により証明された者又は学教法第一条に規定する学校（幼稚園を除く。）において一年以上の教育を受けた者であること。
　ロ　申請人が教育を受けようとする教育機関に外国人学生の生活の指導を担当する常勤の職員が置かれていること。

⒀　「告示」（5号）

ポイント

　出入国管理及び難民認定法第七条第一項第二号の基準を定める省令の留学の在留資格に係る基準の規定に基づき日本語教育機関等を定める件（平成2年法務省告示第145号）（随時改定）を指す。この告示に関しては，入管庁「日本語教育機関の告示基準（最近改定令和6年4月26日）」及び「日本語教育機関の告示基準解釈指針（令和4年4月1日一部改定）」が公表されている。
　なお，この告示には，次の6号及び8号の規定にある「告示」の内容も併せて掲載されている。

留 学

⑭ **日本語教育機関認定法**（日本語教育の適正かつ確実な実施を図るための日本語教育機関の認定等に関する法律）

▎ポイント▎

　2024（令和6）年4月から施行されているこの法律は,「日本語に通じない外国人が我が国において生活するために必要な日本語を理解し,使用する能力を習得させるための教育（以下「日本語教育」という。）を行うことを目的とした課程（以下「日本語教育課程」という。）を置く教育機関（以下「日本語教育機関」という。）のうち一定の要件を満たすものを認定する制度を創設し,かつ,当該認定を受けた日本語教育機関において日本語教育を行う者の資格について定めることにより,日本語教育の適正かつ確実な実施を図り,もって我が国に居住する外国人が日常生活及び社会生活を国民と共に円滑に営むことができる環境の整備に寄与することを目的と」したものである（同法1条）。その結果,文部科学大臣の認定を受けた日本語教育機関（以下「認定日本語教育機関」という。）であることを,在留資格「留学」による生徒の受け入れを認める要件とするものである。

> 六　申請人が本邦の大学若しくはこれに準ずる機関,高等専門学校,専修学校,各種学校又は設備及び編制に関して各種学校に準ずる教育機関において専ら日本語教育を受けようとする場合は,当該教育機関が告示日本語教育機関又は認定日本語教育機関であること（当該教育機関が認定日本語教育機関である場合にあっては,留学のための課程において日本語教育を受けるものに限る。）。
> 七　（削除）
> 八　申請人が設備及び編制に関して各種学校に準ずる教育機関において教育を受けようとする場合（専ら日本語教育を受けようとする場合を除く。）は,当該教育機関が法務大臣が告示をもって定めるものであること。

⒂　告示日本語教育機関と認定日本語教育機関との併存

　日本語教育機関認定法の施行の結果，大学，それに準ずる教育機関及び高等専門学校（以下「大学等」という。）が専ら日本語教育を受けようとする外国人を受け入れようとする場合には，後者の認定対象となるところ，2024（令和６）年４月26日の改正上陸許可基準省令施行日（同日）の１年前から施行日前日までの間に既に「留学」の在留資格をもって専ら日本語教育を受ける者を受け入れているときは，同施行日から2029（令和11）年３月31日までの間は，改正上陸許可基準省令６号は適用しないとして，認定を猶予している（改正上陸許可基準省令附則４条）ことから，その認定を受けた大学等と認定を受けていない大学等が併存することになる。さらに，前項の法務省告示に掲載された「告示日本語教育機関」と上記「認定日本語教育機関」が併存することにもなるところ，その併存期間は，現在のところ，同施行日2024（令和６）年４月26日から約５年間と想定されているところである。

　なお，以下「告示・認定日本語教育機関」は，上記「告示日本語教育機関」及び「認定日本語教育機関」を指すものとする。

4　立証資料

⑴　学校の分類とその趣旨

　学校全体を４種類に分け，さらに，それらのうちの高等学校，中学校及び小学校を除く各種類のなかで学校を適正校と非適正校に分類し，適正校のなかでも在籍管理優良校を特に抽出するなど，それぞれの分類に従って提出を要する立証資料に差を設けている。さらに，運用上，これらの区分が許可時の在留期間決定にも影響することになっている。

　これは，学問の自由及び大学の自治に配慮しつつ（憲法23条），児童，生徒及び学生を受け入れる教育機関を，過去に発生した入管法違反事案その他の不適切事案を主として出入国在留管理の観点から評価しつつ，区分したものである。

　同様の観点から外国人を受け入れる機関を区分して，類似の対応をしている例として，在留資格「経営・管理」「技術・人文知識・国際業務」及び

「企業内転勤」などのいくつかの就労資格があるところ、「留学」とこれら就労資格における考え方の相違は、就労活動の場合が必ずしも入管法令違反の多寡といった入管制度と密接に関係した基準に依拠しているわけではないこと、受け入れられる外国人が行う在留資格認定証明書交付申請などの各種申請ごとに判断されるという建前を採っているのに対して、(注)適正校と非適正校の分類は、外国人受入機関である学校において入管法令違反など入管制度上好ましくない事案の発生数の多寡、発生率の高低といった入管制度と直接的関係のある基準によって判断されること、さらに、それが受け入れられる外国人の各種申請とは独立して判断されるという点である。即ち、後者にあっては、入管庁「教育機関の選定について（最近更新令和6年4月1日）」にあるとおり、各教育機関における学生の在籍管理（参考：入管庁「日本語教育機関の告示基準」1条36項以下）状況の報告を踏まえて入管庁が在籍管理優良校を含む適正校であると認めた教育機関に対してその旨の通知をすることとなっている。

（注）　ここに述べたことは飽くまで基本的考え方であって、運用上業務合理化の観点から、別の対応がなされる場合がある。

(2)　通学先の区分

① **大学**（短期大学、大学院を含む。），**大学に準ずる機関，高等専門学校**（認定日本語教育機関を除く。）

さらに、適正（クラスⅠ及びクラスⅡの区分なし）と非適正校に区分される。

（注1）　認定日本語教育機関の留学生、正科生、交換留学生、国費留学生を除いて、2030（令和12）年4月以降に入学予定の場合は、下記②を確認のこと
　　※　正科生とは、学位・称号等の取得を目的として入学する者を指す。

（注2）　認定日本語教育機関の留学生については、下記③を確認のこと。

（注3）　入管庁の区分は「適正校（クラスⅠ又はⅡ）である旨の通知を受けた（教育機関）」と「適正校である旨の通知を受けていない（教育機関）」であるが、以下、便宜上、前者を「適正校」「適正校（クラスⅠ）」「適正校（クラスⅡ）」、後者を「非適正校」とする。

② 専修学校，各種学校，設備及び編制に関して各種学校に準ずる機関
（告示・認定日本語教育機関を除く。）
さらに，適正校（クラスⅠ），適正校（クラスⅡ）及び非適正校に区分される。
③ 告示又は認定日本語教育機関
さらに，適正校（クラスⅠ），適正校（クラスⅡ）及び非適正校に区分される。
④ 高等学校，中学校，小学校
区分なし。

(3) 申請人の所属する国・地域による区分

　入管庁ホームページの「留学」の頁に別表として118の国・地域が掲載されている（https://www.moj.go.jp/isa/content/001363332.pdf）。ここに掲載されている国・地域の人が申請人である場合とそうでない国・地域の人が申請人である場合との間においては，特に，申請人の経歴及び滞在費支弁能力に関係した立証資料の提出の要否において差が設けられている。これは，過去に発生した学校ごとの入管法違反事案その他の不適切事案の多寡に従って設けられた審査上の合理的な差異（区別）であるということができる（参照：序章(4)）。

(4) 立証資料

　4-(1)に述べたとおり，適正校（クラスⅠ及びⅡ）・非適正校の判断は各教育機関が外国人学生の各種申請とは別に行う報告を元に入管庁がその策定した基準に基づいて別途独立して実施するので，「経営・管理」，「企業内転勤」などの就労資格とは異なり，いずれの区分に属するかに関する立証資料の提出は各種申請の際には求められない。
　それは，「留学」の在留資格に係る各種申請が特定の時期に相当の数をもって同時になされ，さらに，それらの申請が外国人の所属機関，即ち，学校（の職員）を通した代理申請又は申請の取次（規則6条の2第3項並びに入管法61条の8の3及び規則59条の3）がなされることが多いという他の在留資格とは異なる状況に鑑み，合理的かつ可能なものとして現状に合わせた対応がなされているということである。

留　学

① 大学（短期大学，大学院を含む。），大学に準ずる機関，高等専門学校
ア　新たに「留学」の在留資格を取得しようとする者の場合（上陸許可，在留資格認定証明書の交付，在留資格変更許可及び在留資格取得許可の申請）

すべての区分共通の立証資料

㋐　申請書（規則別記６号の３様式（交付），30号様式（変更），36号様式（取得））
㋑　写真１葉（規則６条の２第２項，20条２項（例外同３項））
　　写真の規格は規則別表３の２にあるとおりである（縦40㎜横30㎜）。
　　16歳未満の者は不要

ポイント

申請人と申請書上に記載された人物が同一であることの確認のためのものである。

㋒　提出書類一覧表及び各種確認書（入管庁ホームページから取得可能）
㋓－１　在留資格認定証明書交付申請の場合
　①　返信用封筒（定形封筒に宛先を明記の上，必要な額の郵便切手（簡易書留用）を貼付したもの）　１通
　②　旅券の身分事項の記載された頁の写し及び追記欄に記載がある旅券においては，追記欄のある頁の写し

ポイント

申請人の国籍の属する国の確認，その国が把握している申請人の身分事項の確認のためのものである。

㋓－２　在留資格変更許可申請の場合には旅券及び在留カードなど（規則20条４項），同取得許可申請の場合には旅券など（規則24条４項）

ポイント

申請人の国籍の属する国の確認，その国が把握している申請人の身分事項の確認，それらに基づく許可証印及び在留カードの交付のためのものである（入管法20条４項）。

㋓－３　在留資格変更及び同取得許可の申請の場合には，申請時の在留資格に該当する活動に関する資料
　　例：就労資格の場合は給与明細の写し，源泉徴収票など

第1章　在留資格の認定要件と立証資料

> ポイント

　過去の在留状況から申請人が将来に向かって申請に係る在留資格に該当する活動に適正に従事する意思と能力を有するかどうかを確認するためのものである。この点に関しては，申請に係る在留資格該当性及び在留資格に応じて準用される上陸許可基準省令に定められた基準該当性その他の要件が備わっていれば，過去の在留状況を問う必要はないとの考え方もあり得るところであるが，入管庁としては，そのような考え方は採らないことを間接的に示したものである。

> ポイント

　次の(オ)と併せて，過去の経歴と将来の予定の一貫性及び在留資格該当性，特に，当該活動に従事する意思と能力の有無の確認するためのものである。

(オ)　研究内容を証する文書
　　※大学等において，専ら聴講によらない研究生として受け入れられる場合に必要

(カ)　履修届けの写し又は聴講科目及び聴講時間を証する文書（基準省令3号が準用する同1号，規則別表3第3号）
　　※大学等において，聴講生，科目等履修生，専ら聴講による研究生として受け入れられる場合で，申請時に決定している場合に必要

> ポイント

　勉学に費やす時間による在留資格該当性の確認のためのものである。

(キ)　大学の管理体制を説明した文書（基準省令1号ロ，3(7)参照）
　　※大学の夜間において授業を行う大学院の研究科において，専ら夜間通学して教育を受ける場合に必要

> ポイント

　当該大学が外国人に「留学」の在留資格に該当した活動を行わせることができるだけの態勢及び不法就労活動の防止のための態勢を整えていることの確認のためのものである。

(ク)　認定不交付処分又は在留不許可処分について，処分理由を払拭する説明及び資料
　　※在留資格認定証明書交付申請の不交付処分，在留期間更新許可申請又

は在留資格変更許可申請の不許可処分を受けたことがある場合に必要

ポイント

過去の不交付・不許可理由が除去されていることの確認のためのものである。

非適正校の場合は更に次の資料

(ケ) 日本語能力に係る資料

　※外国の大学，短期大学又は大学院を卒業し，その卒業証明書を提出する場合は不要。

ポイント

在留資格に該当する活動に従事する申請人の意思と能力の確認のためのものである。

以下(コ)から(タ)までは，在留資格「留学」に該当する活動を行うために必要な学費及び生活費支弁能力の存在確認のためのものである。

(コ) 経費支弁書（参考様式は入管庁ホームページから取得可能。基準省令2号，規則別表3第2号）

(サ) 預金残高証明書（原本）（基準省令2号，規則別表3第2号）

(シ) 過去1年間の資金形成経緯を明らかにする資料（基準省令2号，規則別表3第2号）

滞在費を他人支弁とする場合

(ス) 経費支弁者と申請人の関係を立証する資料（基準省令2号，規則別表3第2号）

(セ) 経費支弁者の職業を立証する資料（基準省令2号，規則別表3第2号）

(ソ) 過去1年間の経費支弁者の収入を立証する資料（基準省令2号，規則別表3第2号）

(タ) 奨学金の給付に関する証明書（参考様式は入管庁ホームページから取得可能。基準省令2号，規則別表3第2号）

　※奨学金の給付を受ける場合

　※参照：6の(2)奨学金の給付に関する証明書一覧

第1章　在留資格の認定要件と立証資料

🔹ポイント

　在留資格に該当する活動を継続して行うために必要な学費及び生活費の確保状況の確認のためのものである。

　なお，この提出資料は，最近適正校に関して免除されることとなったものである。

(チ)　在留資格取得許可申請の場合には，以上の他に，以下の区分によりそれぞれ定める書類1通（規則24条2項）

①　日本国内で日本の国籍を離脱した者：国籍を証する書類

②　①以外の者で在留資格の取得を必要とするもの：その事由を証する書類

🔹ポイント

　いずれも在留資格の取得許可の対象となる者であることを確認するためのものである。

イ　「留学」の在留資格をもって在留する外国人が，在留期間経過後も引き続き在留しようとする場合（在留期間更新許可申請）

(ア)　申請書（規則別記30号の2様式）

(イ)　写真1葉（規則21条2項（例外同3項））

　※写真の規格は規則別表3の2にあるとおりである（縦40㎜横30㎜）。
　16歳未満の者は不要

🔹ポイント

　申請人と申請書上に記載された人物が同一であることの確認のためのものである。

(ウ)　旅券及び在留カードなど（規則21条4項が準用する同20条4項）

🔹ポイント

　申請人の国籍の属する国の確認，その国が把握している申請人の身分事項の確認，それらに基づく許可証印及び在留カードの交付のためのものである（入管法21条4項が準用する同20条4項）。

(エ)　提出書類一覧表及び各種確認書（入管庁ホームページから取得可能）

(オ)　出席証明書（発行可能な場合），成績証明書及び卒業証明書（直近の在留

許可の申請時以降に在籍したすべての教育機関に係る証明書）（規則別表3の6第1号）

- ポイント

申請人の過去における在留資格に該当した活動への従事状況及び将来において在留資格に該当する活動を継続する意思と能力の確認のためのものである。

(カ) 研究内容を証する文書

※大学等において，専ら聴講によらない研究生として受け入れられる場合に必要

- ポイント

過去の研究状況と将来の予定の一貫性及び在留資格該当性並びに申請人の活動を継続する意思と能力の確認のためのものである。

(キ) 履修届けの写し又は聴講科目及び聴講時間を証する文書（基準省令3号）

※大学等において，聴講生，科目等履修生，専ら聴講による研究生として受け入れられる場合で，申請時に上記のことが決定しているときに必要

- ポイント

勉学に費やす時間による在留資格該当性の確認のためのものである。

(ク) 大学の管理体制を説明した文書（4(4)①ア(キ)参照）

※大学の夜間において授業を行う大学院の研究科において，専ら夜間通学して教育を受ける場合に必要

- ポイント

当該大学が外国人に「留学」の在留資格に該当した活動を行わせることができるだけの態勢及び不法就労活動の防止のための態勢を整えていることの確認のためのものである。

(ケ) 在学証明書（入学前に申請する場合は入学許可書）（規則別表3の6第1号）

- ポイント

教育機関に受け入れられ，当該機関において「留学」の在留資格に該当する活動に従事する申請人の意思と能力を確認するためのものである。

第1章　在留資格の認定要件と立証資料

以下㋙から㋡までは，在留資格「留学」に該当する活動を行うために必要な学費及び生活費支弁能力の確認のためのものである。
　㋙　滞在費支弁に関する申告書（参考様式は入管庁ホームページから取得可能。規則別表3の6第2号）
　　※適正校（クラスⅡ）及び非適正校の別表非掲載国・地域においては常に必要。適正校（クラスⅠ）並びに適正校（クラスⅡ）及び非適正校の別表掲載国・地域出身者においては，直近の在留期間更新許可申請時において，資格外活動許可に係る指導を受けている場合に限り必要
（注）「資格外活動許可に係る指導」とは，運用上の措置の一つである。入管法19条2項の規定に基づいて付された条件への違反その他その者に許可を与えておくことが適当でないと認める場合の同許可の取消しが定められている（同条3項）。しかし，同項に関しては意見聴取などの事前手続が定められていない。これを適正手続の保障の観点から補完するための措置として実行上行われているのがこの「指導」である。即ち，取消し事由の発生が予見される場合，発生したとしても軽微である場合には，その許可を受けている当事者に対して入管当局側がしかるべき在留活動に復するようにとの警告的な意味を含めて行政指導を行うものである。

滞在費を本人が支弁する場合　（基準省令2号，規則別表3の6第2号）
　　※下記㋚及び㋛に関しては，直近の在留期間更新許可申請時において，資格外活動許可に係る指導を受けている場合で，本邦での資格外活動許可により得た収入や報酬を滞在費（申請人が本邦に在留する期間中の生活に要する費用）支弁に充てているときに必要
　　ただし，非適正校の別表非掲載国・地域の出身者においては，本邦での資格外活動許可により得た収入や報酬を滞在費支弁に充てている場合に必要
　　●ポイント
　　資格外活動許可の濫用，「留学」の在留資格の濫用による許可を得ずに行われる資格外活動防止のためのものである。
　㋚　直近の住民税の課税（又は非課税）証明書及び納税証明書（アルバイトを1年以上行っている場合）
　　※1年間の総収入及び納税状況の両方が記載されていればアルバイトに

　　　　よる収入等に係る記載がある預金通帳の写し，Web通帳の画面の写
　　　　し等（取引履歴が分かるもの）でも可
　(シ)　給与明細書の写し（アルバイトを行ったのが１年未満である場合）
　　　※アルバイトによる収入等に係る記載がある預金通帳の写し，Web通
　　　　帳の画面の写し等（取引履歴が分かるもの）でも可
　(ス)　本国での収入又は資産の額を証明する資料
　　　※直近の在留期間更新許可申請時において，資格外活動許可に係る指導
　　　　を受けている場合に限り必要。ただし，非適正校で別表非掲載国・地
　　　　域出身者においては指導事実の有無に関わらず必要。

滞在費を他人が支弁する場合　（基準省令３号，規則別表３の６第２号）

　　　※下記(セ)及び(ソ)に関しては，直近の在留期間更新許可申請時において，
　　　　資格外活動許可に係る指導を受けている場合に限り必要。ただし，非
　　　　適正校で別表非掲載国・地域の出身者においては指導事実の有無にか
　　　　かわらず必要。「資格外活動許可に係る指導」とは，運用上の措置の
　　　　一つである。入管法19条２項の規定に基づいて付された条件への違反
　　　　その他その者に許可を与えておくことが適当でないと認める場合につ
　　　　いて同許可の取消しが定められている（同条３項）。しかし，同項の規
　　　　定による取消しに関しては意見聴取などの事前手続が定められていな
　　　　い。これを適正手続の保障の観点から補完するための措置として実行
　　　　上行われているのがこの「指導」である。即ち，取消し事由の発生が
　　　　予見される場合や発生したとしても軽微である場合には，その許可を
　　　　受けている当事者に対して入管当局側が資格活動の許可の範囲内の活
　　　　動をするようにとの警告的な意味を含めた行政指導を行うものである。
　(セ)　送金証明書
　　　※経費（学費及び生活費等留学生として在留するために必要な経費をいう。以下
　　　　「留学」の在留資格に係る説明において同じ。）を送金により受け取る場合に
　　　　必要
　(ソ)　携行者の身分を証する資料
　　　※経費を携行して持参した者から受け取る場合に必要
　(タ)　経費支弁者との関係を明らかにする資料

※直近の在留諸申請時から変更が生じている場合に必要
(チ) 経費支弁者の収入を証明する資料
　※本邦に居住するものが経費支弁者となる場合で，直近の在留期間更新許可申請時において，資格外活動許可に係る指導を受けているときに必要。ただし，非適正校で別表非掲載国・地域は，本邦に居住する者が経費支弁者となる場合に必要
(注)「資格外活動許可に係る指導」とは，運用上の措置の一つである。入管法19条2項の規定に基づいて付された条件への違反その他その者に許可を与えておくことが適当でないと認める場合の同許可の取消しが定められている（同条3項）。しかし，同項に関しては意見聴取などの事前手続が定められていない。これを適正手続の保障の観点から補完するための措置として実行上行われているのがこの「指導」である。即ち，取消し事由の発生が予見される場合，発生したとしても軽微である場合には，その許可を受けている当事者に対して入管当局側がしかるべき在留活動に復するようにとの警告的な意味を含めて行政指導を行うものである。

(ツ) 奨学金の給付に関する証明書（参考様式は入管庁ホームページから取得可能）
　※直近の在留諸申請以降，新たに奨学金の給付を受ける場合に必要。ただし，国費留学生度によるものを除く。
　※参照：6の(2)奨学金の給付に関する証明書一覧

② **専修学校，各種学校，設備及び編制に関して各種学校に準ずる教育機関**（告示・認定日本語教育機関を除く。）
ア 新たに「留学」の在留資格を取得しようとする者の場合（上陸許可，在留資格認定証明書の交付，在留資格変更許可及び在留資格取得許可の申請）

共通の立証資料

(ア) 申請書（規則別記6号の3様式（交付），30号様式（変更），36号様式（取得））
(イ) 写真1葉（規則6条の2第2項，20条2項（例外同3項））
　写真の規格は規則別表3の2にあるとおりである（縦40㎜横30㎜）。
　16歳未満の者は不要

ポイント

申請人と申請書上に記載された人物が同一であることの確認のためのも

のである。
(ウ) 提出書類一覧表及び各種確認書（入管庁ホームページから取得可能）
※所属機関が申請書を提出する場合は任意
(エ)－1　在留資格認定証明書交付申請の場合
　① 返信用封筒（定形封筒に宛先を明記の上，必要な額の郵便切手（簡易書留用）を貼付したもの）1通
　② 旅券の身分事項の頁の写し及び追記欄に記載がある旅券においては，追記欄の頁の写し

ポイント

申請人の国籍の属する国の確認，その国が把握している申請人の身分事項の確認のためのものである。

(エ)－2　在留資格変更許可申請の場合には旅券及び在留カードなど（規則20条4項），同取得許可申請の場合には旅券など（規則24条4項）

ポイント

申請人の国籍の属する国の確認，その国が把握している申請人の身分事項の確認，並びにそれらに許可証印及び在留カードの交付のためのものである（入管法20条4項）。

(エ)－3　在留資格変更及び同取得許可の申請の場合には申請時の在留資格に該当する活動に関する資料
　例：就労資格の場合は給与明細の写し，源泉徴収票など

ポイント

過去の在留状況から申請人が将来に向かって申請に係る在留資格に該当する活動に適正に従事する意思と能力を有するかどうかを確認するためのものである。この点に関しては，申請に係る在留資格該当性及び在留資格に応じて準用される上陸許可基準省令に定められた基準該当性その他の要件が備わっていれば，過去の在留状況を問う必要はないとの考え方もあり得るところであるが，入管庁としては，そのような考え方は採らないことを間接的に示したものである。

ポイント

次の(キ)と併せて，過去の経歴と将来の予定の一貫性を判断し，在留資格

該当性，特に，当該活動に従事する意思と能力の有無を確認するためのものである。
(オ) 日本語能力に係る資料（基準省令5号イ）
(カ) 認定不交付処分又は在留不許可処分について，処分理由を払拭する説明及び資料
※在留資格認定証明書交付申請の不交付処分，在留期間更新許可申請又は在留資格変更許可申請の不許可処分を受けたことがある場合に必要

> **ポイント**

過去の不交付・不許可理由となった問題が解決されていることの確認のためのものである。

(キ) 在留資格変更許可申請の場合には申請時の在留資格に該当する活動に関する資料
例：就労資格の場合は，給与明細の写し，源泉徴収票など

> **ポイント**

過去の在留状況から将来の在留資格に該当する活動に従事する申請人の意思と能力を確認するためのものである。

(ク) 在留資格取得許可の申請の場合には，以上の他に，以下の区分によりそれぞれ定める書類1通（規則24条2項）
① 日本国内で日本の国籍を離脱した者：国籍を証する書類
② ①以外の者で在留資格の取得を必要とするもの：その事由を証する書類

> **ポイント**

いずれも在留資格の取得許可の対象となる者であることを確認するためのものである。

適正校（クラスⅡ）及び非適正校の場合は更に次の資料

(ケ) 経費支弁書（参考様式は入管庁ホームページから取得可能。基準省令2号，規則別表3第2号）

> **ポイント**

以下は在留資格に該当した活動の継続に必要な学費及び生活費の確保状況の確認のためのものである。

留　学

㋙　預金残高証明書（原本）（基準省令2号，規則別表3第2号）

㋚　奨学金の給付に関する証明書（参考様式は入管庁ホームページから取得可能。基準省令2号，規則別表3第2号）

※奨学金の給付を受ける場合

※参照：6の(2)奨学金の給付に関する証明書一覧

● ポイント

在留資格に該当する活動の継続に必要な学費及び生活費の確保状況の確認のためのものである。

■ 非適正校の場合は更に次の資料

㋛　最終学校の卒業証明書（基準省令1号イ及び5号イ，規則別表3第1号）

㋜　経費支弁者と申請人の関係を立証する資料（基準省令2号，規則別表3第2号。以下㋟まで同じ）

㋝　過去1年間の資金形成経緯を明らかにする資料

㋞　過去1年間の資金形成経緯を明らかにする資料

㋟　経費支弁者の職業を立証する資料

㋠　過去1年間の経費支弁者の収入を立証する資料

イ　「留学」の在留資格をもって在留する外国人が，在留期間経過後も引き続き在留しようとする場合（在留期間更新許可申請）

（注）　適正校及び非適正校において共通点が多いので，まとめて説明することとする。

㋐　申請書（規則別記30号の2様式）

㋑　写真1葉（規則21条2項（例外同3項））

写真の規格は規則別表3の2にあるとおりである（縦40㎜横30㎜）。

16歳未満の者は不要

● ポイント

申請人と申請書上に記載された人物が同一であることの確認のためのものである。

㋒　旅券及び在留カードなど（規則21条4項が準用する同20条4項）

第1章　在留資格の認定要件と立証資料

> **ポイント**

申請人の国籍の属する国の確認，その国が把握している申請人の身分事項の確認，並びにそれらに基づく許可証印及び在留カードの交付のためのものである（入管法21条4項が準用する同20条4項）。

(エ)　提出資料一覧表及び各種確認書（入管庁ホームページから取得可能）

(オ)　在学証明書（進学予定の場合は入学許可書）（基準省令1号イ及び5号イ，規則別表3の6第1号）

> **ポイント**

教育機関に在籍し，当該機関において「留学」の在留資格に該当する活動を継続する申請人の意思と能力の確認のためのものである。

(カ)　出席証明書，成績証明書及び卒業証明書（直近の在留諸申請時以降に在籍したすべての教育機関に係る証明書）（規則別表3の6第1号）

> **ポイント**

申請人の過去における在留資格に該当した活動への従事状況及び将来において当該在留資格に該当する活動を継続する意思と能力の確認のためのものである。

(キ)　日本語能力に係る資料

> **ポイント**

在留資格に該当する活動に従事する申請人の意思と能力の確認のためのものである。

以下(ク)から(タ)までの資料は，在留資格に該当した活動の継続に必要な学費及び生活費の確保状況の確認のためのものである。

(ク)　滞在費支弁に関する申告書（参考様式は入管庁ホームページより取得可能。基準省令2号，規則別表3の6第2号）

　※適正校（クラスⅡ）及び非適正校の別表非掲載国・地域の出身者においては常に必要。適正校（クラスⅠ）並びに適正校（クラスⅡ）の及び非適正校の別表掲載国・地域出身者においては，直近の在留期間更新許可申請時において，資格外活動許可に係る指導を受けている場合に限り必要

(注)「資格外活動許可に係る指導」とは，運用上の措置の一つである。入管法19条2項の規定に基づいて付された条件への違反その他その者に許可を与えておくことが適当でないと認める場合の同許可の取消しが定められている（同条3項）。しかし，同項に関しては意見聴取などの事前手続が定められていない。これを適正手続の保障の観点から補完するための措置として実行上行われているのがこの「指導」である。即ち，取消し事由の発生が予見される場合，発生したとしても軽微である場合には，その許可を受けている当事者に対して入管当局側がしかるべき在留活動に復するようにとの警告的な意味を含めて行政指導を行うものである。

滞在費を本人が支弁する場合 （基準省令2号，規則別表3の6第2号）

※下記(ケ)及び(コ)に関しては，直近の在留期間更新許可申請時において，資格外活動許可に係る指導を受けている場合で，本邦での資格外活動許可により得た収入や報酬を滞在費支弁に充てているときに必要

(ケ) 直近の住民税の課税（又は非課税）証明書及び納税証明書（アルバイトを1年以上行っている場合）

※1年間の総収入及び納税状況の両方が記載されていればアルバイトによる収入等に係る記載がある預金通帳の写し，Web通帳の画面の写し等（取引履歴が分かるもの）でも可

(コ) 給与明細書の写し（アルバイトを行ったのが1年未満である場合）

※アルバイトによる収入等に係る記載がある預金通帳の写し，Web通帳の画面の写し等（取引履歴が分かるもの）でも可

(サ) 本国での収入又は資産の額を証明する資料

※非適正校で別表非掲載国・地域の出身者においては常に必要。それ以外の場合は，直近の在留期間更新許可申請時において資格外活動許可に係る指導を受けているときのみ必要。

滞在費を他人支弁とする場合 （基準省令2号，規則別表3の6第2号）

※下記(シ)及び(ス)に関しては，非適正校で別表非掲載国・地域の出身者においては常に必要。それ以外の場合は，直近の在留期間更新許可申請時において資格外活動許可に係る指導を受けているときに限り必要

(シ) 送金証明書

(ス) 携行者の身分を証する資料
(セ) 経費支弁者との関係を明らかにする資料
　※直近の在留諸申請時から変更が生じている場合に限り必要
(ソ) 経費支弁者の収入を証明する資料
　※適正校（クラスⅠ）並びに適正校（クラスⅡ）及び非適正校の別表掲載国・地域の出身者においては，本邦に居住するものが経費支弁者となる場合，かつ，資格外活動許可に係る指導を受けているときに限り必要。それ以外においては，本邦に居住するものが経費支弁者となるときに必要
(タ) 奨学金の給付に関する証明書（参考様式は入管庁ホームページから取得可能）
　※直近の在留諸申請時以降に，新たに奨学金の給付を受けるときに必要（国費留学生によるものを除く）
　※参照：6の(2)奨学金の給付に関する証明書一覧

③　**日本語教育機関，準備教育機関**
ア　新たに「留学」の在留資格を取得しようとする者の場合（上陸許可，在留資格認定証明書の交付及び在留資格変更許可の申請）

共通の立証資料
(ア) 申請書（規則別記6号の3様式（交付），30号様式（変更））
(イ) 写真1葉（規則6条の2第2項，20条2項（例外同3項））
　写真の規格は規則別表3の2にあるとおりである（縦40㎜横30㎜）。
　16歳未満の者は不要

ポイント
　申請人と申請書に記載された人物が同一であることの確認のためのものである。

(ウ) 提出書類一覧表及び各種確認書（入管庁ホームページから取得可能）
(エ)－1　在留資格認定証明書交付申請の場合
　①　返信用封筒（定形封筒に宛先を明記の上，必要な額の郵便切手（簡易書留用）を貼付したもの）　1通
　②　旅券の身分事項頁の写し及び追記欄に記載がある旅券においては，

追記欄の頁の写し
> ポイント

　申請人の国籍の属する国の及びその国が把握している申請人の身分事項の確認のためのものである。

㈐－2　在留資格変更許可申請の場合には旅券及び在留カードなど（規則20条4項），同取得許可申請の場合には旅券など（規則24条4項）

> ポイント

　申請人の国籍の属する国及びその国が把握している申請人の身分事項の確認，それらに基づく許可証印及び在留カードの交付のためのである（入管法20条4項）。

㈐－3　在留資格変更及び同取得許可の申請の場合には申請時の在留資格に該当する活動に関する資料
　　例：就労資格の場合は給与明細の写し，源泉徴収票など

> ポイント

　過去の在留状況から申請人が将来に向かって申請に係る在留資格に該当する活動に適正に従事する意思と能力を有するかどうかを確認するためのものである。この点に関しては，申請に係る在留資格該当性及び在留資格に応じて準用される上陸許可基準省令に定められた基準該当性その他の要件が備わっていれば，過去の在留状況を問う必要はないとの考え方もあり得るところであるが，入管庁としては，そのような考え方は採らないことを間接的に示したものである。

㈺　不交付処分又は在留資格不許可処分について，処分理由を払拭する説明及び資料
　　※過去に在留資格認定証明書交付申請に対する不交付処分，在留期間更新許可申請又は在留資格変更許可申請に対する不許可処分を受けたことがある場合に必要

> ポイント

　過去の不交付・不許可理由となった問題が解決されていることの確認のためのものである。

㈻　在留資格取得許可の申請の場合には，以上の他に，以下の区分により

第1章　在留資格の認定要件と立証資料

それぞれ定める書類1通（規則24条2項）
① 日本国内で日本の国籍を離脱した者：国籍を証する書類
② ①以外の者で在留資格の取得を必要とするもの：その事由を証する書類

▶ポイント

いずれも在留資格の取得許可の対象となる者であることを確認するためのものである。

適正校（クラスⅡ）で別表非掲載国・地域の出身者の場合及び非適正校の場合は更に次の資料

(キ)　日本語能力に係る資料
　　※外国の大学，短期大学又は大学院を卒業し，その卒業証書等を提出する場合は不要

▶ポイント

申請人の過去の経歴と将来の予定の一貫性を判断し，在留資格該当性，特に，当該活動に従事する意思と能力を確認するためのものである。

以下は，在留資格に該当した活動の継続に必要な学費及び生活費の確保状況の確認のためのものである（基準省令2号，規則別表3第2号）。

(ク)　経費支弁書（参考様式は，入管庁ホームページから取得可能）
(ケ)　経費支弁者と申請人の関係を立証する資料
(コ)　預金残高証明書（原本）
(サ)　過去1年間の資金形成経緯を明らかにする資料
(シ)　奨学金の給付に関する証明書（参考様式は入管庁ホームページから取得可能）
　　※奨学金の給付を受ける場合に必要
　　※参照：6の(2)奨学金の給付に関する証明書一覧

▶ポイント

在留資格に該当する活動の継続に必要な学費及び生活費の確保状況の確認のためのものである。

非適正校の場合は更に次の立証資料

(ス)　最終学校の卒業証明書

ポイント

申請人の過去の経歴と将来の予定の一貫性を判断し，在留資格該当性，特に，当該活動に従事する意思と能力を確認するためのものである。

(セ) 経費支弁者の職業を立証する資料（基準省令2号，規則別表3第2号）

(ソ) 過去1年間の経費支弁者の収入を立証する資料（基準省令2号，規則別表3第2号）

イ 「留学」の在留資格をもって在留する外国人が，在留期間経過後も引き続き在留しようとする場合（在留期間更新許可申請）

(注) 適正校及び非適正校において，共通点が多いので，まとめて説明することとする。

(ア) 申請書（規則別記30号の2様式）

(イ) 写真1葉（規則21条2項（例外同3項））

写真の規格は規則別表3の2にあるとおりである（縦40mm横30mm）。

16歳未満の者は不要

ポイント

申請人と申請書に記載された人物が同一であることの確認のためのものである。

(ウ) 旅券及び在留カードなど（規則21条4項が準用する同20条4項）

ポイント

申請人の国籍の属する国の確認，その国が把握している申請人の身分事項の確認，それらに基づく許可証印及び在留カードの交付のためのものである（入管法21条4項が準用する同20条4項）。

(エ) 提出資料一覧表及び各種確認書（入管庁ホームページから取得可能）

(オ) 在学証明書（進学予定の場合は入学許可書）（基準省令6号）

ポイント

教育機関に受け入れられ，当該機関において「留学」の在留資格に該当する活動を継続する申請人の意思と能力の確認のためのものである。

(カ) 出席証明書，成績証明書及び卒業証明書（直近の在留諸申請時以降に在籍したすべての教育機関に係るこれらの証明書）（規則別表3の6第1号）

第1章　在留資格の認定要件と立証資料

> **ポイント**

　申請人の過去における在留資格に該当する活動への従事状況の確認及び将来において当該在留資格に該当する活動を継続する意思と能力の確認のためのものである。

(キ)　滞在費支弁に関する申告書（参考様式は入管庁ホームページから取得可能。
　　基準省令2号，規則別表3の6第2号）

　　※適正校（クラスⅡ）及び非適正校の別表非掲載国・地域の出身者においては常に必要。適正校（クラスⅠ）並びに適正校（クラスⅡ）の及び非適正校の別表掲載国・地域の出身者においては，直近の在留期間更新許可申請時において，資格外活動許可に係る指導を受けている場合に限り必要

(注)　「資格外活動許可に係る指導」とは，運用上の措置の一つである。入管法19条2項の規定に基づいて付された条件への違反その他その者に許可を与えておくことが適当でないと認める場合の同許可の取消しが定められている（同条3項）。しかし，同項に関しては意見聴取などの事前手続が定められていない。これを適正手続の保障の観点から補完するための措置として実行上行われているのがこの「指導」である。即ち，取消し事由の発生が予見される場合，発生したとしても軽微である場合には，その許可を受けている当事者に対して入管当局側がしかるべき在留活動に復するようにとの警告的な意味を含めて行政指導を行うものである。

> **ポイント**

　以下(ソ)まで在留資格に該当した活動の継続に必要な学費及び生活費の確保状況の確認のためのものである。

滞在費を本人が支弁する場合　（基準省令2号，規則別表3の6第2号）

　　※下記(ク)及び(ケ)に関しては，本邦での資格外活動許可により得た収入や報酬を滞在費の支弁に充てている場合で，直近の在留期間更新許可申請時において，資格外活動許可に係る指導を受けているときに限り必要

　　　ただし，適正校（クラスⅡ）及び非適正校の別表非掲載国・地域の出身者においては，本邦での資格外活動により得た収入や報酬を滞在

費支弁に充てているときに必要
- (ク) 直近の住民税の課税（又は非課税）証明書及び納税証明書（アルバイトを1年以上行っている場合）
    - ※1年間の総収入及び納税状況の両方が記載されていればアルバイトによる収入等に係る記載がある預金通帳の写し，Web通帳の画面の写し等（取引履歴が分かるもの）でも可
- (ケ) 給与明細書の写し（アルバイトを行ったのが1年未満である場合）
    - ※アルバイトによる収入等に係る記載がある預金通帳の写し，Web通帳の画面の写し等（取引履歴が分かるもの）でも可
- (コ) 本国での収入又は資産の額を証明する資料
    - ※適正校（クラスⅡ）及び非適正校の別表非掲載国・地域の出身者においては常に必要。適正校（クラスⅠ）並びに適正校（クラスⅡ）の及び非適正校の別表掲載国・地域の出身者においては，直近の在留期間更新許可申請時において，資格外活動許可に係る指導を受けている場合に限り必要

滞在費を他人支弁とする場合（基準省令2号，規則別表3の6第2号）

※下記(サ)及び(シ)に関しては，上記(コ)※に同じ
- (サ) 送金証明書
- (シ) 携行者の身分を証する資料
- (ス) 経費支弁者との関係を明らかにする資料
    - ※直近の在留諸申請時から変更が生じている場合
- (セ) 経費支弁者の収入を証明する資料
    - ※適正校（クラスⅠ）並びに適正校（クラスⅡ）及び非適正校の別表掲載国・地域の出身者においては，本邦に居住するものが経費支弁者となる場合で，資格外活動許可に係る指導を受けているときに限り必要。それ以外においては，本邦に居住するものが経費支弁者となるときに必要
- (注) 上記(キ)（注）参照
- (ソ) 奨学金の給付に関する証明書（参考様式は入管庁ホームページから取得可能）
    - ※直近の在留諸申請以降，新たに奨学金の給付を受ける場合に必要

※参照：6の(2)奨学金の給付に関する証明書一覧

④ 高等学校，中学校，小学校

ア 新たに「留学」の在留資格を取得しようとする者の場合（上陸許可，在留資格認定証明書の交付，在留資格変更許可及び在留資格取得許可の申請）

(ア) 申請書（規則別記6号の3様式（交付），30号様式（変更），36号様式（取得））

(イ) 写真1葉（規則6条の2第2項，20条2項（例外同3項））

写真の規格は規則別表3の2にあるとおりである（縦40㎜横30㎜）。

16歳未満の者は不要

●ポイント●

申請人と申請書に記載された人物が同一であることの確認のためのものである。

(ウ) 提出書類一覧表（入管庁ホームページから取得可能）

※所属機関が申請提出の場合は提出するかどうかは任意

(エ)－1 在留資格認定証明書交付申請の場合

① 返信用封筒（定形封筒に宛先を明記の上，必要な額の郵便切手（簡易書留用）を貼付したもの） 1通

② 旅券の身分事項の頁の写し及び追記欄に記載がある旅券においては，追記欄の頁の写し

●ポイント●

申請人の国籍の属する国の確認，その国が把握している申請人の身分事項の確認のためのものである。

(エ)－2 在留資格変更許可申請の場合には旅券及び在留カードなど（規則20条4項），同取得許可申請の場合には旅券など（規則24条4項）

●ポイント●

申請人の国籍の属する国の確認，その国が把握している申請人の身分事項の確認，それらに基づく許可証印及び在留カードの交付のためのものである（入管法20条4項）。

(エ)－3 在留資格取得許可の申請の場合には，以上の他に，以下の区分によりそれぞれ定める書類1通（規則24条2項）

① 日本国内で日本の国籍を離脱した者：国籍を証する書類
② ①以外の者で在留資格の取得を必要とするもの：その事由を証する書類

ポイント

いずれも在留資格の取得許可の対象となる者であることを確認するためのものである。

(オ) 戸籍謄本又はこれに代わる証明書（基準省令4号並びに4号の2イ及びロ）

ポイント

基準省令上の年齢条件適合事実の確認のためのものである。

(カ) 最終学校の卒業証明書（基準省令4号）
※高等学校に入学する場合に必要

ポイント

基準省令上の学歴要件該当事実の確認のためのものである。

(キ) 日本語学習歴を証明する資料（本国政府等から認可を受けた施設で学習したもの。オンライン学習が含まれている場合はその時間数を明記したもの。）（基準省令4号）

※高校に入学し、かつ、教育機関において1年以上の日本語学習歴を有している場合に必要

ポイント

基準省令上の日本語学習歴要件該当事実の確認のためのものである。

(ク) 学生交換計画その他これに準ずる国際交流計画に関する資料（基準省令4号及び4号の2）

※学生交換計画又はこれに準ずる国際交流計画を策定している場合に必要

ポイント

基準省令上の要件に該当することの確認のためのものである。

以下(ケ)から(セ)までは、在留資格に該当した活動の継続に必要な学費及び生活費の確保状況の確認のためのものである。

(ケ) 経費支弁書（参考様式は入管庁ホームページから取得可能。基準省令2号、規

則別表3第2号)

㈤ 経費支弁者と申請人の関係を立証する資料（基準省令2号，規則別表3第2号）

※下記㈽から㈺までに関しては，高校に入学し，学生交換計画又はこれに準ずる国際交流計画を策定していない場合に必要

㈷ 預金残高証明書（原本）（基準省令2号，規則別表3第2号）

㈽ 過去1年間の資金形成経緯を明らかにする資料（基準省令2号，規則別表3第2号）

㈾ 経費支弁者の職業を立証する資料（基準省令2号，規則別表3第2号）

㈻ 過去1年間の経費支弁者の収入を立証する資料（基準省令2号，規則別表3第2号）

※下記㈹から㈾までに関しては，中学校又は小学校に入学する場合に必要

㈺ 監護するに至った経緯，監護計画を説明する資料（基準省令4号の2ハ）

▶ポイント

基準省令上の要件の実質的該当性の確認のためのものである。

㈹ 監護人と申請人の関係を立証する資料（基準省令4号の2ハ）

▶ポイント

基準省令上の要件の実質的該当性の確認のためのものである。

㈱ 宿泊施設の概要を明らかにする資料（基準省令4号の2ホ）

▶ポイント

基準省令上の要件該当性の確認のためのものである。

㈻ 生活指導担当者の在職証明書（基準省令4号の2ニ）

▶ポイント

基準省令上の要件該当性の確認のためのものである。

㈾ 特待生受入れに関する資料（待遇や選抜方法等について）（基準省令4号）

※高校に特待生として入学する場合に必要

▶ポイント

基準省令上の要件該当性の確認のためのものである。

㈠ 親権者の同意書

申請人が留学をすることについて親権者が同意したことを疎明する任意の様式

本国において申請人が未成年である場合に必要。ただし，学生交換計画を策定している場合は不要

🔷 ポイント

子の福祉のため，すなわち，申請人が子の誘拐，人身取引，奪取などの犯罪行為の被害者ではなく，正当な手続を経て留学に至っていることの確認手段である。

欧州各国では，さらに，この数十年来苦慮している「同行者のいない子（又は未成年者）（独仏英では，法令その他の公的文書おいて，unbegleitete Kinder (oder Minderjährige，enfants (ou mineurs) non accongagnés又はunaccompanied children (or minors) といった定型句で表現される）」の大量流入の問題は，棄児（捨て子）及び児童を利用した不法移民，即ち，その親と称する成人による入国・在留画策の防止並びにそれらに伴う各種給付の不正受給などの問題としても認識されている。

(ケ) 認定不交付処分又は在留不許可処分について，処分理由を払拭する説明及び資料

※在留資格認定証明書交付申請の不交付処分，在留期間更新許可申請又は在留資格変更許可申請に対して不許可処分を受けたことがある場合に必要

🔷 ポイント

過去の不交付・不許可理由となった問題が除去されていることの確認のためのものである。

イ 「留学」の在留資格をもって在留する外国人が，在留期間経過後も引き続き在留しようとする場合（在留期間更新許可申請）

(ア) 申請書（規則別記30号の2様式）

(イ) 写真1葉（規則21条2項（例外同3項））

写真の規格は規則別表3の2にあるとおりである（縦40㎜横30㎜）。

16歳未満の者は不要

第1章　在留資格の認定要件と立証資料

> ポイント

申請人と申請書上に記載された人物が同一であることの確認のためのものである。

㈦　旅券及び在留カードなど（規則21条4項が準用する同20条4項）

> ポイント

申請人の国籍の属する国の確認，その国が把握している申請人の身分事項の確認，それらに基づく許可証印及び在留カードの交付のためのものである（入管法21条4項が準用する同20条4項）。

㈢　提出書類一覧表及び各種確認書（入管ホームページから取得可能）

㈣　出席証明書及び成績証明書（直近の在留に関する許可申請時以降に在籍したすべての教育機関に係る証明書）（規則別表3の6第1号）

> ポイント

申請人の過去における在留資格に該当する活動への従事状況及び将来において当該在留資格に該当する活動を継続する意思と能力の確認のためのものである。

㈥　在学証明書（在学前に申請する場合は入学許可書）（規則別表3の6第1号）

> ポイント

教育機関に在籍して，当該機関において「留学」の在留資格に該当する活動に従事する申請人の意思と能力の確認のためのものである。

以下は，直近の在留諸申請時から変更が生じている場合に必要。

以下㈭から㈨までは，在留資格に該当する活動の継続に必要な学費及び生活費の確保状況の確認のためのものである（基準省令2号，規則別表3の6第2号。以下㈨まで同じ）。

㈭　経費支弁書（参考資料は入管庁ホームページから取得可能）

㈮　経費支弁者と申請人の関係を立証する資料

㈯　預金残高証明書（原本）

㈰　経費支弁者の職業を立証する資料

㈱　過去1年間の経費支弁者の収入を立証する資料

㈲　監護するに至った経緯，監護計画を説明する資料（基準省令4号の2ハ）

> ポイント

基準省令上の条件の実質的適合性の確認のためのものである。

(ス) 監護人と申請人の関係を立証する資料（基準省令4号の2ハ）

> ポイント

基準省令上の要件の実質的該当性の裏付けのためのものである。

(セ) 宿泊施設の概要を明らかにする資料（基準省令4号の2ホ）

> ポイント

基準省令上の要件に該当することの確認のためのものである。

(ソ) 生活指導担当者の在職証明書（基準省令4号の2ニ）

> ポイント

基準省令上の要件に該当することの確認のためのものである。

5　在留期間（規則別表2）

4年3か月を超えない範囲内で法務大臣が個々の外国人について指定する期間

6　その他の立証資料とその趣旨

(1)　日本語能力に係る資料

入学する教育機関に応じて提出を要する資料は，次のとおりである。

> ポイント

これは，規則別表3及び3の6ではなく規則6条，6条の2第2項，20条2項（24条5項で準用される場合を含む。）及び21条2項の「その他参考となるべき資料」として提出を求められている立証資料である。教育を受ける活動をするに当たって必要な日本語能力について，勉学の開始に当たってある程度の日本語能力を要求し，その後の勉学を順調に進めることができるよう基準を設けたものである。申請人本人の本邦における勉学の意思と能力の確認のためのものである。

ア　大学（短期大学及び大学院を含み，日本語別科を除く。）又は高等専門学校に入学する場合

日本語能力試験Ｎ２（２級）相当（授業時間600時間）以上の日本語能力を有していることを証する資料が必要。なお，当該日本語能力を有することを試験により証明する場合には，下記のいずれかに該当することが必要。
- 公益財団法人日本国際教育支援協会及び国際交流基金が実施する日本語能力試験Ｎ２（２級）以上の認定を受けていること。
- 独立行政法人日本学生支援機構が実施する日本留学試験（日本語（読解，聴解及び聴読解の合計））の200点以上を取得していること。
- 公益財団法人日本漢字能力検定協会が実施するBJTビジネス日本語能力テストを400点以上取得していること。

イ　専修学校又は各種学校（外国から相当数の外国人を入学させて初等教育又は中等教育を外国語により施すことを目的として設立された教育機関において教育を受ける活動に従事する場合を除く。）に入学する場合

次のいずれかに該当することを証する資料が必要。
- 法務省告示をもって定める日本語教育機関において１年以上の教育を受けていること。
- 専修学校又は各種学校において教育を受けるに足りる日本語能力を試験により証明されていること（※試験については，大学に入学する場合と同様）。
- 学教法第１条に規定する学校（幼稚園を除く。）において１年以上の教育を受けていること。

ウ　各種学校に準ずる機関（専ら日本語教育を受ける場合を除く。）に入学する場合

専修学校等に入学する場合の日本語能力に係る資料を準用。

エ　日本語教育機関，準備教育機関又は大学の日本語別科に入学する場合

「日本語教育の参照枠」におけるＡ１相当（授業時間150時間）以上の日本語

能力を有していることを証する資料が必要（ただし，外国の高等教育機関を卒業し，その卒業証明書を提出する場合は不要）。

　なお，試験により証明する場合には，今後，入管庁においては，「日本語教育の参照枠」における日本語能力の熟達度と日本語の能力判定に係る各種試験による能力評価との対応付け等を行う予定であるところ，当分の間，従前より日本語能力の確認に用いていた次のいずれかに該当するものについて，「日本語教育の参照枠」におけるＡ１相当以上の日本語能力を有するとみなすこととする。地方出入国在留管理局提出用の証明書を作成している試験については，当該証明書を提出のこと。

- 公益財団法人日本国際教育支援協会及び国際交流基金が実施する日本語能力試験Ｎ５（４級）以上の認定を受けていること。
- 公益財団法人日本漢字能力検定協会が実施するBJTビジネス日本語能力テストを300点以上取得していること。
- 日本語検定協会・J. TEST事務局が実施するJ. TEST実用日本語検定のＦ級以上の認定を受け又はFGレベル試験において250点以上取得していること。
- 専門教育出版が実施する日本語NAT−TESTの５級（旧４級）以上の認定を受けていること。
- 一般社団法人応用日本語教育協会が実施する標準ビジネス日本語テストを350点以上取得していること。
- TOPJ実用日本語運用能力試験実施委員会が実施するTOPJ実用日本語運用能力試験の初級Ａ以上の認定を受けていること。
- 公益財団法人国際人財開発機構が実施するＪ−cert生活・職能日本語検定の初級以上の認定を受けていること。
- 一般社団法人外国人日本語能力検定機構が実施するJLCT外国人日本語能力検定の「JCT5」以上の認定を受けていること。
- 株式会社サーティファイが実施する実践日本語コミュニケーション検定・ブリッジ（PJC Bridge）の「Ｃ−」以上の認定を受けていること。
- 一般社団法人日本語能力試験実施委員会が実施するJPT日本語能力試験において315点以上の認定を受け又はJPT Elementaryにおいて68点以上

取得していること。

(2) 経費支弁能力に係る資料の内容

入管庁の考え方は，次のとおりである。

日本で安定した留学生活を送るためには，十分な資金計画を立てる必要がある。入管庁では，入国後に生活困難となることを防止するため，経費支弁能力の確認を重視している。

ア 残高証明書は，各国政府・中央銀行等において認められた銀行の口座のものである必要がある。

イ 送金が困難である国の出身者においては，資産の持ち出し方法を説明する書類も提出のこと。

ウ 資金形成経緯を明らかにする資料として，出入金明細書，預貯金通帳の写し，公的機関の発行した年間の収入証明等を提出のこと。発行国の銀行・金融業において当該公的機関が国等の認可を受ける必要がある場合は，認可を受けている機関の証明書を提出のこと。

エ 日本で住むのに必要な生活費に関しては，日本学生支援機構が実施している『私費外国人留学生生活実態調査』を参照のこと。

オ 証明書等を偽造したり，一時的に口座に高額を振り込んだりすることは，今後の在留諸申請においても適正な在留を行うことに疑義がある者としてみなす可能性があるので，注意のこと。

カ 留学の在留資格をもって在留する者は原則として収入を伴う事業を運営する活動又は報酬を受ける活動を行ってはならず，本来活動の遂行を阻害しない範囲内で許可を受けて例外的に以上のような就労活動を行うことが認められているものであり，学費・生活費の全額を就労活動で賄うということは認められない。留学生が従事する就労活動の時給においても，最低賃金法が適用され，時給は地域により異なるものの，一般的に，1週につき28時間以内の就労活動に従事した場合に得られる収入は，（税引き前で）月8万円から11万円程度である点に留意する必要がある。

◆ポイント

以上は，過去に生じた「留学」の在留資格及びそれに付随して取得した資

格外活動許可を就労目的で濫用・悪用し，また，そのために生活費及び学費の支弁能力を偽るために各種証明書を偽変造し，また，いわゆる見せ金を準備するなどの事例が発生したほか，そのような留学生から利益を搾取する教育機関や反社会的勢力などが健全な国際交流を阻害し，勉学後の正当な就労活動など人生設計の可能性の芽を摘み取るような事例や留学生が犯罪に手を染める事例が少なからず存在したことから，留学生（申請人本人）がそのような状態に陥らない周囲の状況が整っていることを確認するための手段であり，ある意味においては，そのような状態に陥ることを防止するためのものともいうことができる。

(3) **奨学金の給付に関する証明書一覧**

　入管庁は，各種申請に際して，奨学金(注1)受給者・被貸与者に次のような資料の提出を求めている。なお，各資料の名称は様々あると考えられるので，正確にそのような名称の資料の提出を求めているわけではない。
1　奨学金受給決定通知書の写し
　奨学金給付・貸与団体により作成された受給対象者の名簿等でも可
2　奨学金の貸与・給付条件（及び返済条件）を規定している資料
　奨学金貸与・給付規程，「奨学金の貸与・給付に係る契約書の写し」等に記載のない場合に限り必要
3　奨学金の貸与・給付に係る契約書の写し
　貸与・給付を受ける留学生が自筆で署名したもの。貸与型奨学金の場合は，留学生の母国語及び日本語で作成されたものが必要
4　奨学金の支給回数等具体的な貸与・給付方法を説明する資料
　貸与する法人から授業料として直接教育機関へ年2回支給，貸与する法人から留学生の銀行口座へ毎月支給など。「奨学金の貸与・給付に係る契約書の写し」等に記載のない場合に限り必要
5　奨学金を貸与・給付する法人の登記事項証明書
　全部事項証明書及び直近の決算書（損益計算書，貸借対照表）。相応の給付実績があるものを除く。
6　奨学金を受給した実績の分かる資料

第1章　在留資格の認定要件と立証資料

　　前回在留資格諸申請時以降に新たに奨学金の給付を受け始めた場合に必要
7　留学生が稼動することとなった場合の勤務時間や給与等の雇用条件が分かる資料及び留学生が当該条件について理解している旨を申告する資料
　　貸与型で奨学金貸与期間中の資格外活動先があらかじめ決められている場合に限る。留学生が自筆で署名したもの。[注2]
8　当該雇用条件が留学生と同等の経歴を持つ者が稼動する場合の雇用条件と同等であることを説明する資料及び留学生が当該条件について理解している旨を申告する資料
　　貸与型で教育機関卒業後の就労先があらかじめ決められている場合に限る。就業規則の写し等。留学生が自筆で署名したもの。
9　奨学金の貸与又は給付が終了する場合の条件及び終了した場合の返済ルールについて示す資料
　　貸与型で「奨学金の貸与・給付に係る契約書の写し」等に記載のない場合に限り必要
10　奨学金を給付する法人名義が記載された預貯金残高明細書
　　給付型に限り必要
11　奨学金を給付する法人の給付計画の分かる資料
　　給付型に限り必要。例えば，支給実績や今後の受入計画人数・支給予定金額が確認できるパンフレット等
12　特待生の学則等への記載の有無，特待生の選考基準及び試験結果等の資料
　　給付型で，特待生として奨学金を支給する場合に限る。

（注1）　給付型奨学金とは，一切の返済義務がないものをいう。（一定の条件を満たさない場合の返済義務や将来も含めた労働の約束等，実質的な返済義務が生じるものは，貸与型奨学金に該当する。）

（注2）　在留資格「留学」で在留する者においては，本来活動である「教育を受ける活動」に支障を来さない範囲での資格外活動が認められているに過ぎず，また，在学中の返済を目的とするものでもない。当該活動が資格外活動の条件の範囲内で行われることが分かるものが必要。

> **ポイント**

　以上の資料は，奨学金の給付・貸与が実体を伴い，「留学」の在留資格に該当する活動に従事するに十分なものであることを確認すると共に，その確実な給付・貸与により，留学生（申請人本人）が，「留学」の在留資格に該当する活動に安んじて従事し，所期の目的を達成する状況を確認する手段となるものである。そのために，奨学金が客観的に存在すること，それが継続的なものであること，その給付・貸与条件などの内容が客観的に定められていること，そのことを給付・貸与者のみならず受給者・被貸与者が十分に理解していること，さらに，前者による後者に対する十分な説明，後者の理解・同意，両者の自由意思による合意に至ることが必要不可欠であること，給付・貸与が定期的に実施されており，実効性を伴うものであること，天引き，不当利息により留学生（申請人本人）に過剰な債務を課すことによって，留学前後を通して，事実上その本人のみならず家族などの関係者の行動を制約し，人身取引に至るようなことがないこと，留学生を安価な労働力として搾取しないこと，反対に，留学生（申請人本人）も，「留学」の在留資格及び資格外活動許可を就労目的のために濫用しないことが必要不可欠であり，以上の資料は，留学生（申請人本人）そのような状態に陥らないための周囲の状況が整っている事実を確認するとともに，ある意味において，そのような状態に陥ることを防止するためのものであるともいうことができる。

7　その他の注意事項

手数料
　在留資格認定証明書の交付及び在留資格取得許可の場合は発生しない。
　在留資格変更許可及び在留期間更新許可の場合は4,000円（入管法67条1号及び2号並びに施行令9条1号及び2号）

文化活動

1 概　要

(1) 本邦において行うことができる活動

> 収入を伴わない学術上若しくは芸術上の活動又は我が国特有の文化若しくは技芸について専門的な研究を行い若しくは専門家の指導を受けてこれを修得する活動（在留資格「留学」又は「研修」に該当する活動を除く。）

この活動は、大きく次の3つに分けられる。
① 収入を伴わない学術上又は芸術上の活動を行う場合
② 我が国特有の文化又は技芸について専門的な研究を行う場合
③ 専門家の指導を受けて我が国特有の文化又は技芸を修得する場合

(2) 対象となる主な者

・外国の大学の教員（教授，准教授，講師，助教）で，本邦で収入を伴わない調査研究活動を行う者
・外国の研究機関その他の公私の機関から派遣され，本邦で収入を伴わない調査研究活動を行う者
・華道及び茶道，柔道，剣道及び長刀を含む武道などの日本特有の文化，技芸を専門的に研究しようとする者
・日本特有の文化，技芸を専門家から個人指導を受け，修得しようとする者

2 在留資格該当性

(1)「収入を伴わない」
ポイント

この場合の「収入」は,「文化活動」の在留資格に該当する学術上又は芸術上の活動を行うことに伴って,当該活動を行った者が受け取る金銭などの財産上の利益を指す。学術上又は芸術上の活動が「文化活動」の在留資格に該当するためには,このような意味での収入を伴わないことが要件となる。同じ内容の活動であっても収入を伴う場合には,「芸術」又は「研究」などの在留資格を取得する必要がある。

(2)「我が国固有の文化若しくは技芸」
ポイント

「我が国固有」の厳密な定義は困難であるが,例としては,華道,茶道,柔道,空手,剣道,長刀,日本建築,日本画,日本舞踊,邦楽など日本の伝統的な文化,芸術,芸能,技術が挙げられる。外国由来のものであっても,日本国内におけるその発展の過程において相当程度の日本的変容を経たもの,例えば,禅も含まれる。

立証資料の項において「適宜」という用語が多用されているとおり,定義の困難さゆえに,その特定は難しく,個別判断が必要になる場合が多い。

(3)「専門的な研究」
ポイント

専門性の高い内容の研究することをいう。

(4)「専門家の指導を受けてこれを修得する」
ポイント

日本固有の文化又は技芸は,時代と共に移り変わりつつあるとはいえ,伝統的に,これらに精通した専門家から個人指導を受けながら修得する場合が多いことから(例:徒弟制度,家元制度,道場,私塾,教室),教育機関に在籍することを必要としないこととしたものである。

この個人指導は,「文化活動」の在留資格への該当性の要件であることから,同じ内容の活動であっても,このような個人指導によらない場合は,短

期間のものであれば,「短期滞在」,教育機関に在籍する場合は「留学」等の在留資格の取得を検討すべきである。

3 基準（上陸許可基準）

なし。

4 立証資料

(1) 収入を伴わない学術上若しくは芸術上の活動又は我が国特有の文化若しくは技芸について専門的な研究を行おうとする場合（1－(1)①又は②）

　ア　新たに「文化活動」の在留資格を取得しようとする者の場合（上陸許可，在留資格認定証明書の交付，在留資格変更許可及び在留資格取得許可の申請）

　(ア)　申請書（規則別記6号の3様式（交付），30号様式（変更），36号様式（取得））

　(イ)　写真1葉（規則6条の2第2項，20条2項（例外同3項），24条2項（例外同3項））

　写真の規格は規則別表3の2にあるとおりである（縦40mm横30mm）。

　16歳未満の者は不要

　●ポイント

　申請人と申請書上に記載された人物が同一であることの確認のためのものである。

　(ウ)　活動の内容及び期間並びに当該活動を行おうとする機関の概要を明らかにする資料（入管法別表1の3，規則別表3第1号イ）

　・申請人又は受入れ機関が作成した日本での活動内容及びその期間を明らかにする文書　1通

　・申請人が当該活動を行おうとする機関の概要を明らかにする資料（パンフレット等）　適宜

　(エ)　学歴，職歴及び活動に係る経歴を証する書類（規則別表3第2号ロ）

　次のいずれかで，学術上又は芸術上の業績を明らかにする資料

・関係団体からの推薦状　1通
・過去の活動に関する報道　適宜
・入賞，入選等の実績　適宜
・過去の論文，作品等の目録　適宜
・上記に準ずる文書　適宜

> ポイント

学歴，職歴及び経歴と今後従事しようとする活動との間の連続性・関連性を確認し，従事する活動が在留資格に該当するか否かを判断するためのものである。

(オ)　在留中の一切の経費の支弁能力を証する書類（入管法別表1の3，規則別表3第1号ハ）

①　申請人本人が経費を支弁する場合は，次のいずれかの資料
・給付金額及び給付期間を明示した奨学金給付に関する証明書　1通
・申請人本人名義の銀行等における預金残高証明書　適宜
・上記に準ずる文書　適宜

②　申請人以外の者が経費を支弁する場合は，経費負担者に係る次の資料
・住民税の課税（又は非課税）証明書及び納税証明書（1年間の総所得及び納税状況が記載されたもの）　各1通
　※1月1日現在の住所地の市区町村役場から発行される。
　※1年間の総所得及び納税状況（納税の有無）の両方が記載されている証明書であれば，いずれか一方で良い
　※転居等により，住所地の市区町村役場から発行されない場合は，最寄りの地方出入国在留管理局に相談のこと
・経費支弁者が外国にいる場合は，経費支弁者名義の銀行等における預金残高証明書　適宜
・上記に準ずる文書　適宜

> ポイント

本邦において在留資格に該当する活動に継続的に従事することが可能なだけの資力の有無を確認するためのものである。

第1章　在留資格の認定要件と立証資料

(カ)　在留資格認定証明書交付申請の場合には返信用封筒（定形封筒に宛先を明記のうえ，必要な額の郵便切手（簡易書留用）を貼付したもの）　1通
(キ)　在留資格変更許可申請の場合には旅券及び在留カードなど（規則20条4項），同取得許可申請の場合には旅券など（規則24条4項）

🔵ポイント

申請人の国籍の属する国の確認，その国が把握している申請人の身分事項の確認，それらに基づく許可証印及び在留カードの交付のためのものである（入管法20条4項。同22条の2第3項による準用の場合を含む。）。

(ク)　在留資格取得許可申請の場合は，以上のほかに，以下の区分によりそれぞれ定める書類　1通（規則24条2項）。
　　①　日本の国籍を離脱した者：国籍を証する書類
　　②　①以外の者で在留資格の取得を必要とするもの：その事由を証する書類

🔵ポイント

①及び②は，在留資格の取得許可の対象となる者であることを確認するためのものである。

イ　「文化活動」の在留資格をもって在留する外国人が，在留期間経過後も引き続き在留しようとする場合（在留期間更新許可申請）
(ア)　申請書（規則別記30号の2様式）
(イ)　写真1葉（規則21条2項（例外同3項））
　　写真の規格は規則別表3の2にあるとおりである（縦40mm横30mm）。
　　16歳未満の者は不要

🔵ポイント

申請人と申請書に記載された人物が同一であることの確認のためのものである。

(ウ)　旅券及び在留カードなど（規則21条4項が準用する同20条4項）

🔵ポイント

申請人の国籍の属する国の確認，その国が把握している申請人の身分事項の確認，それらに基づく許可証印及び在留カードの交付のためのもので

ある（入管法21条4項が準用する同20条4項）。

㈍ 活動の内容及び期間並びに活動を行おうとする機関の概要を明らかにする資料（入管法別表1の3，規則別表3の6第1号）
・申請人本人又は受入れ機関が作成した日本での活動内容及びその活動を行う期間を明らかにする文書　1通
・申請人本人が当該活動を行おうとする機関の概要を明らかにする資料（パンフレット等）　適宜

㈎ 在留中の一切の経費の支弁能力を証する文書（入管法別表1の3，規則別表3の6第2号）
　① 申請人本人が経費を支弁する場合は，次のいずれかの資料
・給付金額及び給付期間を明示した奨学金の給付に関する証明書　1通
・申請人本人名義の銀行等における預金残高証明書　適宜
・上記に準ずる文書　適宜
　② 申請人本人以外の者が経費を支弁する場合は，経費負担者に係る次の資料
・住民税の課税（又は非課税）証明書及び納税証明書（1年間の総所得及び納税状況が記載されたもの）　各1通
　※1月1日現在の住所地の市区町村役場から発行される。
　※1年間の総所得及び納税状況（納税事実の有無）の両方が記載されている証明書であれば，いずれか一方で可
　※入国後間もない場合や転居等により，住所地の市区町村役場から発行を受けることができない場合は，最寄りの地方出入国在留管理局に相談のこと
・経費支弁者が外国にいる場合は，経費支弁者名義の銀行等における預金残高証明書　適宜
・上記に準ずる文書　適宜

◀ポイント▶
　本邦において在留資格に該当する活動を行って在留を継続することが可能な資力の有無を確認するためのものである。

第1章　在留資格の認定要件と立証資料

(2) 専門家の指導を受けて我が国特有の文化又は技芸を修得しようとする場合（1 −(1)③）（入管法別表1の3）

　ア　新たに「文化活動」の在留資格を取得しようとする者の場合（上陸許可，在留資格認定証明書の交付，在留資格変更許可及び在留資格取得許可の申請）

　規則別表3第2号によれば，((1)ア)に記載されている資料に加えて，指導を受ける「専門家の経歴及び業績を明らかにする資料」の提出が必要とされている。

　具体的には，以下のとおりである。
・免許等の写し　1通
・過去の論文，作品集等　適宜
・履歴書　1通

　イ　「文化活動」の在留資格をもって在留する外国人が，在留期間経過後も引き続き在留しようとする場合（在留期間更新許可申請）
((1)イ)と同じ。

5　在留期間（規則別表2）

3年，1年，6か月又は3か月

6　その他の注意事項

手数料

在留資格認定証明書交付及び在留資格取得許可の場合は発生しない。

在留資格変更許可及び在留期間更新の場合は4,000円（入管法67条1号及び2号並びに施行令9条1号及び2号）

技術・人文知識・国際業務

1　概　要

(1)　本邦において行うことができる活動

> 本邦の公私の機関との契約に基づいて行う理学，工学その他の自然科学の分野若しくは法律学，経済学，社会学その他の人文科学の分野に属する技術若しくは知識を要する業務又は外国の文化に基盤を有する思考若しくは感受性を必要とする業務に従事する活動（在留資格「教授」，「芸術」，「報道」，「経営・管理」，「法律・会計業務」，「医療」，「研究」，「教育」，「企業内転勤」，「介護」又は「興行」に該当する活動を除く。）

(2)　対象となる主な者

電子機器，生命技術などの技師，事務職員，通訳・翻訳者，語学指導者，広報，宣伝，販売，海外取引，服飾又は室内装飾に係るデザイン，商品開発などの業務の従事者

2　在留資格該当性

(1)　「本邦の公私の機関」

▶ポイント

会社，国，地方公共団体，独立行政法人，公益法人等の法人のほか，任意団体（ただし，契約当事者としての権利能力のないものは含まれない。）も含まれる。また，本邦に事務所，事業所等を有する外国の国，地方公共団体（地方政府を含む。），外国の法人等も含まれ，さらに，個人であっても，本邦に事務所，

事業所等を有する場合は含まれる。いずれの場合においても，外国人を受け入れ，在留資格に該当する活動を行わせるだけの態勢を整えていることが必要である。

(2) 「契約」

> ポイント

雇用のほか，委任，委託，嘱託等が含まれるが，特定の機関との継続的なものでなければならない。また，契約に基づく活動は，本邦において適法に行われるものであること，在留活動として継続して行われることが見込まれることが必要である。

(3) 業務分野

この在留資格は，3つの分野の業務に従事する活動から成り立っている。順に説明する。

① 「理学，工学その他の自然科学の分野」

> ポイント

「理学」及び「工学」は，その直後の「その他の」の「の」が示すとおり，「自然科学」の例示列挙である。自然科学とは自然現象を一定の方法で研究して一般的法則を見出そうとする科学で，数学，物理学，化学，天文学，地球科学，生物学，農学及び医学などが含まれる。いわゆる理科系の学問分野である。

② 「法律学，経済学，社会学その他の人文科学の分野」

> ポイント

「法律学」，「経済学」及び「社会学」は，その直後の「その他の」が示すとおり，「人文科学」の例示列挙である。

人文科学とは文化科学と同義であり，歴史的・精神的な文化現象を研究する科学で，哲学，言語学，文芸学，歴史学が含まれるとされる。しかし，ここでいう人文科学は，むしろ社会学，政治学，法学，政治学などの社会科学が分化する19世紀以前の意味における人文科学（文化科学）を指すものと解すべきである。したがって，狭い意味の人文科学だけではなく，社会科学を含むものでいわゆる文科系の学問分野である。

③ 「外国の文化に基盤を有する思考若しくは感受性を必要とする業務」
> ポイント

物事に対する思考及び感受性が日本の社会・文化的風俗習慣を背景としたものとは異なり，「外国の文化に基盤を有する」ことが必要であるということである。いわゆる異文化，多文化，多様性と関連したものであるともいえよう。そのためには，当事者が外国人であるというだけでは足りず，日本国内の文化のなかでは育てられないような思考又は感受性に基づく一定水準以上の専門能力をもっていない者では従事することができないような業務を意味する。この意味で非代替性を要する業務である。

(4) 括弧内にある在留資格
> ポイント

これは，本在留資格に該当する活動が他の在留資格に重複して該当するのを避けるための規定である。

3　基準（上陸許可基準）

申請人が次のいずれにも該当していること。ただし，申請人が，外国弁護士による法律事務の取扱い等に関する法律（昭和六十一年法律第六十六号）第九十八条に規定する国際仲裁事件の手続等及び国際調停事件の手続についての代理に係る業務に従事しようとする場合は，この限りでない。
一　申請人が自然科学又は人文科学の分野に属する技術又は知識を必要とする業務に従事しようとする場合は，従事しようとする業務について，次のいずれかに該当し，これに必要な技術又は知識を修得していること。ただし，申請人が情報処理に関する技術又は知識を要する業務に従事しようとする場合で，法務大臣が告示をもって定める情報処理技術に関する試験に合格し又は法務大臣が告示をもって定める情報処理技術に関する資格を有しているときは，この限りでない。
*　イ　当該技術若しくは知識に関連する科目を専攻して大学を卒業し，*

> 又はこれと同等以上の教育を受けたこと。
> ロ　当該技術又は知識に関連する科目を専攻して本邦の専修学校の専門課程を修了（当該修了に関し法務大臣が告示をもって定める要件に該当する場合に限る。）したこと。
> ハ　十年以上の実務経験（大学，高等専門学校，高等学校，中等教育学校の後期課程又は専修学校の専門課程において当該技術又は知識に関連する科目を専攻した期間を含む。）を有すること。

「専修学校の専門課程」

▶ポイント◀

　学教法125条3項規定に定められた「高等学校若しくはこれに準ずる学校若しくは中等教育学校を卒業した者又は文部科学大臣の定めるところによりこれに準ずる学力があると認められた者に対して，高等学校における教育の基礎の上に，」同法124条の教育を行う課程を指す。なお，「専門課程を置く専修学校は，専門学校と称することができる」（同法126条2項）。

　一定の要件を満たし，文部科学大臣が認めた専門学校（専門課程を有する専修学校）の修了者うち，2年から3年の課程を修了した者には専門士，4年の課程を修了した者には高度専門士の称号が付与される（それぞれ専修学校の専門課程の修了者に対する専門士及び高度専門士の称号の付与に関する規程（平成6年6月21日文部省告示第84号）2条及び3条）。なお，これらはいずれも文部省告示によって定められた称号であり，法律上の根拠を有する学士，修士及び博士などの学位（学教法104条）とは区別されている。

> 二　申請人が外国の文化に基盤を有する思考又は感受性を必要とする業務に従事しようとする場合は，次のいずれにも該当していること。
> イ　翻訳，通訳，語学の指導，広報，宣伝又は海外取引業務，服飾若しくは室内装飾に係るデザイン，商品開発その他これらに類似する業務に従事すること。
> ロ　従事しようとする業務に関連する業務について三年以上の実務経験を有すること。ただし，大学を卒業した者が翻訳，通訳又は語学

> の指導に係る業務に従事する場合は，この限りでない。
> 三　日本人が従事する場合に受ける報酬と同等額以上の報酬を受けること。

ポイント

　3号は，安価な労働力算入防止による国内労働市場保護のため，低賃金での業務従事を認めないことを意味する。上記の業務に従事する者は，同様の業務に従事する日本人が受ける平均的な報酬以上の報酬を受けることが必要である。さらに，同じ職場で同様の業務に従事する日本人が受ける報酬以上であることも要する。

　「報酬」とは，「一定の役務の給付の対価として与えられる反対給付」をいい，通勤手当，扶養手当，住宅手当等の実費弁償の性格を有するもの（課税対象となるものを除く。）は含まない。

4　立証資料

(1) 所属機関（契約を締結し当該契約に基づいて業務に従事する機関）の分類とその趣旨

　所属機関は，「技術・人文知識・国際業務」の在留資格の場合は，契約を締結し当該契約に基づいて業務に従事する活動を行う本邦の公私の機関であるが，運用上，所属機関となる本邦の公私の機関をカテゴリー1から4に分類し，それに応じて各種申請の際に提出を要する立証資料に差を設けている。分類の基準は，当該機関の存在と活動状況の確認の方法に基づく。1が立証資料の提出の免除が最も大きく，2，3と少なくなり，1から3までのいずれかのカテゴリーに該当することの立証がなければカテゴリー4に該当するものとして免除は受けられず，すべての立証資料の提出が必要となる。

　したがって，立証資料について論じる前に，活動母体となる所属機関がいずれのカテゴリーに属するのかを決定することが先決問題として必要となる。そのため，まず，分類基準，次に，各カテゴリーに該当することを立証するための資料について説明を加えることにする。

(2) 所属機関の分類

> カテゴリー1

次のいずれかに該当する機関
- 日本の証券取引所に上場している企業
- 保険業を営む相互会社
- 日本又は外国の国・地方公共団体
- 独立行政法人
- 特殊法人・認可法人
- 日本の国・地方公共団体の認可した公益法人
- 法人税法別表第1に掲げる公共法人
- 高度専門職基準省令1条1項各号の表の特別加算の項の中欄イ又はロの対象企業（イノベーション創出企業）

※対象は「イノベーション促進支援措置一覧」（入管庁ホームページ参照。https://www.moj.go.jp/isa/content/930001665.pdf）を確認のこと

- その他，「一定の条件を満たす企業等」（入管庁ホームページ参照。https://www.moj.go.jp/isa/content/930004712.pdf）

> カテゴリー2

次のいずれかに該当する機関
- 前年分の給与所得の源泉徴収票等の法定調書合計表中，給与所得の源泉徴収合計表の源泉徴収税額が1,000万円以上ある団体・個人
- カテゴリー3への該当性を立証する資料を提出し，かつ，在留申請オンラインシステムの利用申出が承認された機関

> カテゴリー3

前年分の職員の給与所得の源泉徴収票等の法定調書合計表が提出された団体・個人（カテゴリー2を除く。）

> カテゴリー4

カテゴリー1から3までのいずれにも該当しない団体・個人

以上から，カテゴリー1から3のいずれかに該当することの立証のない団体・個人もカテゴリー4として含まれることになる。

(3) カテゴリー該当性に関する立証資料（規則別表3第1号及び2号）

カテゴリー1
・会社四季報の写し又は日本の証券取引所に上場していることを証明する文書（写し）
・主務官庁から設立の許可又は認可を受けたことを証明する文書（写し）
・高度専門職基準省令1条1項各号の表の特別加算の項の中欄イ又はロの対象企業（上記イノベーション創出企業）であることを証明する文書（例：補助金交付決定通知書の写し）
・上記「一定の条件を満たす企業等」であることを証明する文書（例：認定証等の写し）

カテゴリー2
・前年分の職員の給与所得の源泉徴収票等の法定調書合計表（税務署の受付印のあるものの写し）
・在留申請オンラインシステムに係る利用申出の承認を受けていることを証明する文書（利用申出に係る承認のお知らせメール等）（上記(2)「カテゴリー2」記載のとおり。）

カテゴリー3
・前年分の職員の給与所得の源泉徴収票等の法定調書合計表（税務署の受付印のあるものの写し）

カテゴリー4
以上のカテゴリーに該当する旨立証することができない団体・個人は、カテゴリー4に該当することになるので、特段の立証手段は必要ない。

(4) 申請の際に提出を要する立証資料
　ア　新たに「技術・人文知識・国際業務」の在留資格を取得しようとする者の場合（上陸許可、在留資格認定証明書の交付、在留資格変更許可及び在留資格取得許可の申請）

全カテゴリー共通
　(ｱ)　申請書（規則別記6号の3様式（交付）、30号様式（変更）、36号様式（取得））
　(ｲ)　写真1葉（規則6条の2第2項、20条2項（例外同3項）、24条2項（例外同3

項)）

写真の規格は規則別表3の2にあるとおりである（縦40㎜横30㎜）。
16歳未満の者は不要

◆ポイント◆
申請人と申請書上に記載された人物とが同一であることの確認のためのものである。

㈦　専門学校を卒業し，専門士又は高度専門士の称号を付与された者
　　当該称号を授与されたことを証明する文書　1通（基準省令1号ロ）
　　そのうち，外国人留学生キャリア形成促進プログラムとして認定を受けた学科を修了した者については，認定学科修了証明書　1通

◆ポイント◆
基準省令上の学歴要件該当性の確認のためのものである（参照：3の「専修学校」の専門課程の◆ポイント◆）。

㈡　派遣契約に基づいて就労する場合（申請人が被派遣者の場合）（入管法別表1の2）
　　申請人の派遣先での活動内容を明らかにする資料（労働条件通知書（雇用契約書）等）　1通（入管法別表1の3，基準省令1号又は2号及び3号，規則別表3第4号）

◆ポイント◆
活動内容の在留資格該当性及び待遇の基準適合性の確認のためのものである。

㈣　在留資格認定証明書交付申請の場合には返信用封筒（定形封筒に宛先を明記のうえ，必要な額の郵便切手（簡易書留用）を貼付したもの）　1通

㈥　在留資格変更許可申請の場合には旅券及び在留カードの提示など，同取得許可申請の場合には旅券の提示など（規則24条4項が準用する同20条4項）

◆ポイント◆
申請人の国籍の属する国の確認，その国が把握している申請人の身分事項の確認，それらに基づく許可証印及び在留カードの交付のためのものである（入管法20条4項。同22条の2第3項による準用の場合を含む。）。

㋖　在留資格取得許可申請の場合には，以上のほかに，以下の区分によりそれぞれに定める書類1通（規則24条2項）
　　① 　日本国内で日本の国籍を離脱した者：国籍を証する書類
　　② 　①以外の者で在留資格の取得を必要とするもの：その事由を証する書類

> ポイント

①及び②は，在留資格の取得許可の対象となる者であることを確認するための文書である。

カテゴリー共通資料に加えてカテゴリー3及び4において提出を要する資料

㋗　申請人の活動の内容等を明らかにする次のいずれかの資料（入管法別表1の3，規則別表3第4号）

> ポイント

いずれも活動内容の在留資格該当性及び待遇の基準適合性の確認のためのものである。

　　① 　労働契約を締結する場合
　　　　労基法15条1項及び同法施行規則5条に基づき，労働者に交付される労働条件を明示する文書　1通

> ポイント

労契法4条において労働契約の内容の理解促進のため，労働者と使用者は，労働契約の内容について，できる限り書面により確認するものとする（同法同条2項）とされていることを踏まえたものである。

　　② 　日本法人である会社の役員に就任する場合
　　　　役員報酬を定める定款の写し又は役員報酬を決議した株主総会の議事録（報酬委員会が設置されている会社にあっては同委員会の議事録）の写し1通
　　③ 　外国法人の日本支店に転勤する場合及び会社以外の団体の役員に就任する場合
　　　　地位（担当業務），期間及び支払われる報酬額を明らかにする所属団体の文書　1通

第1章　在留資格の認定要件と立証資料

(ケ)　申請人の学歴及び職歴その他経歴等を証明する文書（入管法別表1の3，規則別表3第3号）

🔹ポイント
いずれも基準省令上の学歴，職歴，経歴要件に適合することの確認のためのものである。
① 申請に係る技術又は知識を要する職務に従事した機関及び内容並びに期間を明示した履歴書　1通
② 学歴又は職歴等を証明する次のいずれかの文書
　　i　大学等の卒業証明書又は大学を卒業したことと同等以上の教育を受けたことを証明する文書。なお，DOEACC制度（インド電子省／IT省認定資格制度）の資格保有者の場合は，DOEACC資格の認定証（レベル「A」，「B」又は「C」に限る。）　1通（基準省令1号イ）
　　ii　在職証明書等で，関連する業務に従事した期間を証明する文書（大学，高等専門学校，高等学校又は専修学校の専門課程において当該技術又は知識に係る科目を専攻した期間の記載された当該学校の証明書を含む。）　1通（基準省令1号ロ又はハ）
　　iii　IT技術者の場合は，法務大臣が特例告示をもって定める「情報処理技術」に関する試験又は資格の合格証書又は資格証書　1通（基準省令1号ただし書）
　　※【全カテゴリー共通】の専門士又は高度専門士の称号授与証明資料を提出している場合は不要
　　iv　外国の文化に基盤を有する思考又は感受性を必要とする業務に従事する場合（大学を卒業した者が翻訳・通訳又は語学の指導に従事する場合を除く。）は，関連する業務について3年以上の実務経験を有することを証明する文書　1通（基準省令2号，規則別表3第3号）

🔹ポイント
基準省令上の要件の確認のためのものである。

(コ)　登記事項証明書　1通（規則別表3第1号）

🔹ポイント
申請人の受入れ機関の法律上の存在（静的存在）の確認のためのもので

ある。

(サ) 事業内容を明らかにする次のいずれかの資料（規則別表3第2号）

> **ポイント**

下記(シ)と併せて，申請人の受入れ機関の活動実体の存在（動的存在）の確認のためのものである。

① 勤務先等の沿革，役員，組織，事業内容（主要取引先と取引実績を含む。）等が詳細に記載された案内書　1通

② その他の勤務先等の作成した上記①に準ずる文書　1通

(シ) 直近の年度の決算文書の写し。新規事業の場合は事業計画書　1通

（規則別表3第2号）

以上に加えてカテゴリー4の機関を所属機関とする場合に提出を要する資料

(ス) 前年分の職員の給与所得の源泉徴収票等の法定調書合計表を提出できない理由を明らかにする次のいずれかの資料（基準省令3号）

① 源泉徴収の免除を受ける機関の場合

外国法人の源泉徴収に対する免除証明書その他の源泉徴収を要しないことを明らかにする資料　1通

② 上記①を除く機関の場合

ⅰ 給与支払事務所等の開設届出書の写し　1通

ⅱ 次のいずれかの資料

・直近3か月分の給与所得・退職所得等の所得税徴収高計算書（領収日付印のあるものの写し）　1通

・源泉所得後の納期の特定制度の適用を受けている場合は，その旨を明らかにする資料　1通

> **ポイント**

上記(サ)及び(シ)同様，申請人の所属機関の存在と活動実体の存在（動的存在）を確認するための資料であるが，同時に，当該機関における申請人の待遇の基準省令上の要件の確認のためのものでもある。

イ 「技術・人文知識・国際業務」の在留資格をもって在留する外国人が，在留期間経過後も引き続き在留しようとする場合（在留期間更新許可申請）

全カテゴリー共通

(ア) 申請書（規則別記30号の2様式）

(イ) 写真1葉（規則21条2項（例外同3項））

写真の規格は規則別表3の2にあるとおりである（縦40㎜横30㎜）。16歳未満の者は不要

●ポイント●

申請人と申請書に記載された人物が同一であることの確認のためのものである。

(ウ) 旅券及び在留カードなど（規則21条4項が準用する同20条4項）

●ポイント●

申請人の国籍の属する国の確認，その国が把握している申請人の身分事項の確認，それらに基づく許可証印及び在留カードの交付のためのものである（入管法21条4項が準用する同20条4項）。

(エ) 派遣契約に基づいて就労する場合（申請人が被派遣者の場合）

申請人の派遣先での活動内容を明らかにする資料（労働条件通知書（雇用契約書）等） 1通（入管法別表1の3）

●ポイント●

活動内容の在留資格該当性及び待遇の基準省令上の要件の確認のためのものである。

カテゴリー共通資料に加えて所属機関がカテゴリー3又は4に属する機関である場合に提出を要する資料

(オ) 住民税の課税（又は非課税）証明書及び納税証明書（1年間の総所得及び納税状況が記載されたもの） 各1通（規則別表3の6第2号）

※1月1日現在の住所地の市区町村役場から発行される。

※1年間の総所得及び納税状況（納税事実の有無）の両方が記載されている証明書であれば，いずれか一方で可

※入国後間もない場合や転居等により，住所地の市区町村役場から発行を受けることができない場合は，最寄りの地方出入国在留管理局に相

談のこと

> **ポイント**

申請人の過去における在留資格に該当する活動への従事状況及び将来において当該活動に該当する活動を継続する意思と能力の確認のためのものである。

カテゴリー3又は4に属する企業等に転職後の初回の在留期間更新許可申請の場合は，上記資料に加え，以下の資料も併せて提出のこと（所属機関がカテゴリー3に属する機関である場合は，提出書類㋙は不要）。

> **ポイント**

外形的には在留期間更新許可申請ではあるが，実質的には在留資格変更許可申請と同じであると考えられるところから，後者の申請に準ずるものとして，立証資料を求めることとしたものである。根拠規定も当該申請関連部分を参考準用する。

㋕ 申請人の活動の内容等を明らかにする次のいずれかの資料（参照：規則別表3第4号）

> **ポイント**

いずれも活動内容の在留資格該当性及び待遇の基準省令上の要件適合性の確認のためのものである。

① 労働契約を締結する場合

労基法15条1項及び同法施行規則5条に基づき，労働者に交付される労働条件を明示する文書　1通

> **ポイント**

基準省令3号の「日本人が従事する場合に受ける報酬と同等額以上の報酬を受けること」という基準に適合することを確認するための資料である。労契法4条において労働契約の内容の理解促進のため，労働者と使用者は，労働契約の内容について，できる限り事由により確認するものとする（同法同条2項）とされていることを踏まえたものである。

② 日本法人である会社の役員に就任する場合

役員報酬を定める定款の写し又は役員報酬を決議した株主総会の議事録（報酬委員会が設置されている会社にあっては同委員会の議事録）の写し

1通
　③　外国法人内の日本支店に転勤する場合及び会社以外の団体の役員に就任する場合
　　　地位（担当業務），期間及び支払われる報酬額を明らかにする所属団体の文書　1通
(キ)　登記事項証明書（参照：規則別表3第1号）
- ポイント -
　申請人の所属機関の法律上の存在（静的存在）の確認のためのものである。
(ク)　事業内容を明らかにする次のいずれかの資料（参照：規則別表3第2号）
　①　勤務先等の沿革，役員，組織，事業内容（主要取引先と取引実績を含む。）等が詳細に記載された案内書　1通
　②　その他の勤務先等の作成した上記①に準ずる文書　1通
- ポイント -
　下記(ケ)と併せて，申請人の受入れ機関の活動実体の存在（動的存在）の確認のためのものである。
(ケ)　直近の年度の決算文書の写し。新規事業の場合は事業計画書　1通

カテゴリー4に属する機関への転職の場合は，さらに，次の資料

- ポイント -
　外形的には在留期間更新許可申請ではあるが，実質的には在留資格変更許可申請と同じであると考えられるところから，後者の申請に準ずるものとして相応の立証資料を求めることとしたものである。
(ロ)　前年分の職員の給与所得の源泉徴収票等の法定調書合計表を提出できない理由を明らかにする次のいずれかの資料（基準省令3号）
　①　源泉徴収の免除を受ける機関の場合
　　　外国法人の源泉徴収に対する免除証明書その他の源泉徴収を要しないことを明らかにする資料　1通
　②　上記①を除く機関の場合
　　ⅰ　給与支払事務所等の開設届出書の写し　1通
　　ⅱ　次のいずれかの資料
　　　・直近3か月分の給与所得・退職所得等の所得税徴収高計算書（領収

日付印のあるものの写し) 1通
・源泉所得税の納期の特例制度の適用を受けている場合は，その旨を明らかにする資料 1通

> **ポイント**
>
> 上記(ク)及び(ケ)同様，申請人の所属機関の活動実体の存在（動的存在）を示すための資料であるが，当該機関における申請人の待遇の基準省令上の基準適合性の確認のためのものでもある。

5 在留期間（規則別表2）

5年，3年，1年又は3か月

6 その他の注意事項

手数料

在留資格認定証明書交付及び在留資格取得許可の場合発生せず。

在留資格変更許可及び在留期間更新許可の場合4,000円（入管法67条1号及び2号並びに施行令9条1号及び2号）

第1章　在留資格の認定要件と立証資料

企業内転勤

1　概　要

(1)　本邦において行うことができる活動

> 本邦に本店，支店その他の事業所のある公私の機関の外国にある事業所の職員が本邦にある事業所に期間を定めて転勤して当該事業所において行う在留資格「技術・人文知識・国際業務」に該当する活動

(2)　対象となる主な者

同じ企業又は企業グループ内における日本支社・支店，日本現地法人などへの転勤者

2　在留資格該当性

(1)　「本邦に本店，支店その他の事業所のある公私の機関」

ポイント

「公私の機関」は，民間企業のみならず，公社，公団をはじめとする各種団体（JETRO，経団連など）を含む。本邦に本社，本店などの本拠を置くものに限らず，外国の本拠を置く機関も本邦内に事業所を有していれば含まれる。

「本邦に本店，支店その他の事業所を有する」ことが要件とされているが，その外国にある事業所からの転勤が要件となるので，「企業内転勤」における「本邦の公私の機関」は，本邦と外国の双方に事業所を有する機関でなければならない。本邦及び外国にそれぞれ複数の事業所を有する場合，及び，本邦と複数の外国に事業所を有する場合も含まれる。

88

なお、「技術・人文知識・国際業務」等の在留資格において「本邦の公私の機関との契約に基づいて」行うという要件が規定されているが、この場合の「本邦の公私の機関」は、単一の法人又は自然人であるが、「企業内転勤」の場合には、複数の法人の集合体である場合がある（下記(3)の解説を参照）。

(2) 「外国にある事業所の職員」

▶ポイント

本邦と外国の双方に事業所を有する公私の機関の外国の所在する事業所に所属する職員をいう。

(3) 「転勤」

▶ポイント

企業の指揮・命令により同一期間内における外国の事業所から本邦の事業所へと勤務地を変更することであるが、現在における親会社・子会社、関連会社との一体性を考慮すると、系列企業内（財務諸表等の用語、様式及び作成方法に関する規則8条の規定において定義されている「親会社」及び「子会社」（3項）並びに「関連会社」（5項））の出向等も親会社の指揮・命令によるものであれば、含まれる。

(4) 「期間を定めて転勤して」

▶ポイント

本件在留資格自体が、本邦での勤務が一定期間に限られた活動を前提としているということである。この点に関しては、かつては、基準省令の定める要件として「本邦にある事業所の業務に従事しようとする期間が五年を超えないこと」が規定されていたが、現在は、法令上具体的な年数に関する定めがなく、事実上制限のない状態となっている。

(5) 「当該事業所において」

▶ポイント

転勤してきた特定の事業所を基盤として業務を行うことを意味し、入国後更に勤務先の事業所を変更することはできない。しかし、地理的に離れた事業所への異動であっても、異動元と異動先が人事、経営・管理上それぞれ独立の事業所であるとはいえない場合や一時的な性質のものである場合、異動先の事業所が臨時的性質の高いもので継続性を欠く場合などは、事業所の変

第1章　在留資格の認定要件と立証資料

更に該当しないとされる。

(6)「在留資格『技術・人文知識・国際業務』に該当する活動」

> ポイント

活動内容を専門的業務等に限定するものである。この点で,「企業内転勤」の在留資格は「技術・人文知識・国際業務」の在留資格の特別形態となっている。

3　基準（上陸許可基準）

> 申請人が次のいずれにも該当していること。
> 一　申請に係る転勤の直前に外国にある本店, 支店その他の事業所において法別表第一の二の表の技術・人文知識・国際業務の項の下欄に掲げる業務に従事している場合で, その期間（企業内転勤の在留資格をもって外国に当該事業所のある公私の機関の本邦にある事業所において業務に従事していた期間がある場合には, 当該期間を合算した期間）が継続して一年以上あること。

> ポイント

「企業内転勤」である以上, 転勤元である事業所に雇用などの形式により継続的に所属している職員を転勤させるのであるから, 新規採用職員を直ちに本邦に転勤させることは認めず, その所属期間を1年以上とし, 企業内における転勤であるとの実体を求めたものである。

> 二　日本人が従事する場合に受ける報酬と同等額以上の報酬を受けること。

> ポイント

安価な労働力算入防止による国内労働市場保護のため, 低賃金での業務従事を認めないことを意味する。上記の業務に従事する者は, 同様の業務に従

事する日本人が受ける平均的な報酬以上の報酬を受けることが必要である。さらに，同じ職場で同様の業務に従事する日本人が受ける報酬以上であることも要する。

「報酬」とは，「一定の役務の給付の対価として与えられる反対給付」をいい，通勤手当，扶養手当，住宅手当等の実費弁償の性格を有するもの（課税対象となるものを除く。）は含まない。

4 立証資料

(1) 所属機関の分類とその趣旨

運用上，所属機関となる本邦の公私の機関は，カテゴリー1から4に分類され，所属機関がいずれのカテゴリーに属するかに応じて各種申請の際に提出を要する立証資料に差が設けられている。1が立証資料の提出の免除が最も大きく，2，3と少なくなり，1から3までのいずれかのカテゴリーに該当することの立証がなければカテゴリー4に該当するものとして免除は受けられず，すべての立証資料の提出が必要となる。

カテゴリーについては，「技術・人文知識・国際業務」の4(1)の説明を参照。

したがって，立証資料について論じる前に，所属機関がいずれのカテゴリーに属するのか決定することが先決問題となる。そのためには，まず，分類基準，次に，各カテゴリーに該当することを確認するための資料について説明を加えることにする。

(2) 分類基準

カテゴリー1

次のいずれかに該当する機関
・日本の証券取引所に上場している企業
・保険業を営む相互会社
・日本又は外国の国・地方公共団体
・独立行政法人

第1章　在留資格の認定要件と立証資料

- 特殊法人・認可法人
- 日本の国・地方公共団体認可の公益法人
- 法人税法別表第1に掲げる公共法人
- 高度専門職基準省令1条1項各号の表の特別加算の項の中欄イ又はロの対象企業（イノベーション創出企業）

  ※対象は入管庁ホームページ参照。https://www.moj.go.jp/isa/content/930001665.pdfを確認のこと。

- 「一定の条件を満たす企業等」（入管庁ホームページ参照。https://www.moj.go.jp/isa/content/930004712.pdf）

カテゴリー2

次のいずれかに該当する機関

- 前年分の給与所得の源泉徴収票等の法定調書合計表中，給与所得の源泉徴収合計表の源泉徴収税額が1,000万円以上ある団体・個人
- カテゴリー3に該当することを立証する資料を提出した上で，在留申請オンラインシステムの利用申出が承認された機関

カテゴリー3

前年分の職員の給与所得の源泉徴収票等の法定調書合計表が提出された団体・個人（カテゴリー2を除く。）

カテゴリー4

上記のいずれにも該当しない団体・個人

以上から，カテゴリー1から3のいずれかに該当することの立証のない団体・個人も含まれることになる。

(3)　カテゴリー該当性に関する立証資料（規則別表3第2号）

カテゴリー1

- 四季報の写し又は日本の証券取引所に上場していることを証明する文書（写し）
- 主務官庁から設立の許可を受けたことを証明する文書（写し）
- 高度専門職基準省令第1条第1項各号の表の特別加算の項の中欄イ又はロの対象企業（イノベーション創出企業）であることを証明する文書（例：

補助金交付決定通知書の写し）
・上記「一定の条件を満たす企業等」であることを証明する文書（例：認定証等の写し）

カテゴリー2
・前年分の職員の給与所得の源泉徴収票等の法定調書合計表（税務署の受付印のあるものの写し）
・在留申請オンラインシステムに係る利用申出の承認を受けていることを証明する文書（利用申出に係る承認のお知らせメール等）

カテゴリー3
前年分の職員の給与所得の源泉徴収票等の法定調書合計表（税務署の受付印のあるものの写し）

カテゴリー4
以上の1から3までに該当しない団体・個人が4に該当することになるので，特段の立証手段は必要ない。

(4) 申請の際に提出を要する立証資料
ア　新たに「企業内転勤」の在留資格を取得しようとする者の場合（上陸許可，在留資格認定証明書の交付，在留資格変更許可及び在留資格取得許可の申請）

全カテゴリー共通
(ア)　申請書（規則別記6号の3様式（交付），30号様式（変更），36号様式（取得））
(イ)　写真1葉（規則6条の2第2項，20条2項（例外同3項），24条2項（例外同3項））
写真の規格は規則別表3の2にあるとおりである（縦40㎜横30㎜）。
16歳未満の者は不要

ポイント
申請人と申請書に記載された人物が同一であることの確認のためのものである。

(ウ)　在留資格認定証明書交付申請の場合には，返信用封筒（定形封筒に宛先を明記のうえ，必要な額の郵便切手（簡易書留用）を貼付したもの）　1通
(エ)　在留資格変更許可申請の場合には旅券及び在留カードなど（規則20条

4項），同取得許可申請の場合には旅券など（規則24条4項が準用する同20条4項）

> **ポイント**

申請人の国籍の属する国の確認，その国が把握している申請人の身分事項の確認，それらに基づく許可証印及び在留カードの交付のためのものである（入管法20条4項。同22条の2第3項による準用の場合を含む。）。

(オ) 在留資格取得許可申請の場合は，以上のほかに，以下の区分によりそれぞれに定める書類1通（規則24条2項）

① 日本国内で日本の国籍を離脱した者：国籍を証する書類
② ①以外の者で在留資格の取得を必要とするもの：その事由を証する書類

> **ポイント**

いずれも在留資格の取得許可の対象となる者であることを確認するためのものである。

カテゴリー共通資料に加えて所属予定機関が3又は4のカテゴリーの機関である場合に提出を要する資料

(カ) 申請人の活動の内容等を明らかにする次のいずれかの資料（活動内容，期間，地位及び報酬を含む。）（規則別表1第1号から3号）

① 法人を異にしない転勤の場合
　転勤命令書の写し　1通
　辞令等の写し　1通
② 法人を異にする転勤の場合
　労基法15条1項及び同法施行規則5条に基づき，労働者に交付される労働条件を明示する文書　1通
③ 役員等労働者に該当しない者については次のとおりとする。
　会社の場合は，役員報酬を定める定款の写し又は役員報酬を決議した株主総会の議事録（報酬委員会が設置されている会社にあっては同委員会の議事録）の写し　1通
　会社以外の団体の場合は，地位（担当業務），期間及び支払われる報酬額を明らかにする所属団体の文書　1通

> **ポイント**

入管法別表1の2に定める本邦の事業所及び公私の機関の法律上の存在（静的存在）の確認とともに活動実体の存在（動的存在）及び基準省令2号の「日本人が従事する場合に受ける報酬と同等額以上の報酬を受けること。」という要件該当性の確認のためのものである。

②においては，労契法4条において労働契約の内容の理解促進のため，労働者と使用者は，労働契約の内容について，できる限り書面により確認するものとする（同法同条2項）とされていることを踏まえたものである。

(キ) 転勤前に勤務していた事業所と転勤後の事業所の関係を示す次のいずれかの資料（入管法別表1の2，規則別表1第1号）

① 同一の法人内の転勤の場合

外国法人の支店の登記事項証明書等当該法人が日本に事業所を有することを明らかにする資料　1通

② 日本法人への出向の場合

当該日本法人と出向元の外国法人との出資関係を明らかにする資料　1通

③ 日本に事務所を有する外国法人への出向の場合

ⅰ 当該外国法人の支店の登記事項証明書等当該外国法人が日本に事務所を有することを明らかにする資料　1通

ⅱ 当該外国法人と出向元の法人との資本関係を明らかにする資料　1通

> **ポイント**

同一企業又は企業グループ等の内部内における転勤であるという事実の存在，即ち，在留資格該当性の確認のためのものである。

(ク) 申請人の経歴を証明する文書（基準省令1号，規則別表3第3号）

① 関連する業務に従事した機関及び内容並びに期間を明示した履歴書　1通

② 過去1年間に従事した業務内容及び地位，報酬を明示した転勤の直前に勤務した外国の機関（転勤の直前1年以内に申請人が企業内転勤の在留資格をもって本邦に在留していた期間がある場合には，当該期間に勤務していた

第1章　在留資格の認定要件と立証資料

本邦の機関を含む。）の文書　1通

ポイント

在留資格該当性と基準適合性の確認のためのものである。

(ケ)　事業内容を明らかにする次のいずれかの資料（入管法別表1の2，規則別表3第2号）

①　勤務先等の沿革，役員，組織，事業内容（主要取引先と取引実績を含む。）等が詳細に記載された案内書　1通

②　その他の勤務先等の作成した上記①に準ずる文書　1通

③　登記事項証明書　1通

ポイント

入管法別表1の2に定める本邦の事業所及び公私の機関の存在（静的存在）の確認のためのものである。

(コ)　直近の年度の決算文書の写し。新規事業の場合は事業計画書　1通（規則別表3第2号）

ポイント

申請人の受入れ機関の活動実体の存在（動的存在）の確認のためのものである。

カテゴリー4に属する機関である場合は更に次の資料の提出を要する。

(サ)　前年分の職員の給与所得の源泉徴収票等の法定調書合計表を提出することができない理由を明らかにする次のいずれかの資料（基準省令2号）

①　源泉徴収の免除を受ける機関の場合
　　外国法人の源泉徴収に対する免除証明書その他の源泉徴収を要しないことを明らかにする資料　1通

②　上記①を除く機関の場合
　ⅰ　給与支払事務所等の開設届出書の写し　1通
　ⅱ　次のいずれかの資料
　　・直近3か月分の給与所得・退職所得等の所得税徴収高計算書（税務署の領収日付印のあるものの写し）　1通
　　・源泉所得税の納期の特例制度の適用を受けている場合は，その旨を明らかにする資料　1通

> ポイント

　上記㈱及び㈻同様，申請人の受入れ機関の活動実体の存在（動的存在）の確認と当該機関における申請人の待遇の基準省令上の条件適合性の確認のためのものでもある。

イ　「企業内転勤」の在留資格をもって在留する外国人が，在留期間経過後も引き続き在留しようとする場合（在留期間更新許可申請）

全カテゴリー共通

㈰　申請書（規則別記30号の2様式）

㈪　写真1葉（規則21条2項（例外同3項））

　写真の規格は規則別表3の2にあるとおりである（縦40㎜横30㎜）。

　16歳未満の者は不要

> ポイント

　申請人と申請書に記載された人物が同一であることの確認のためのものである。

㈫　旅券及び在留カードなど（規則21条4項が準用する同20条4項）

> ポイント

　申請人の国籍の属する国の確認，その国が把握している申請人の身分事項の確認，それらに基づく許可証印及び在留カードの交付のためのものである（入管法21条4項が準用する同20条4項）。

所属機関がカテゴリー3又は4に属する機関である場合に全カテゴリー共通の資料に加えて提出を要する資料

㈬　住民税の課税（又は非課税）証明書及び納税証明書（1年間の総所得及び納税状況が記載されたもの）　各1通（基準省令2号）

　※1月1日現在の住所地の市区町村役場から発行される。

　※1年間の総所得及び納税状況（納税事実の有無）の両方が記載されている証明書であれば，いずれか一方で可

　※入国後間もない場合や転居等により住所地の市区町村役場から発行されない場合は，最寄りの地方出入国在留管理局に相談のこと

第1章 在留資格の認定要件と立証資料

> **ポイント**
>
> 申請人が過去において在留資格に該当する活動に従事してきた事実を確認し，また，許可を受けた後に当該活動に該当する活動に従事することの可能性の確認のためのものである。

5 在留期間（規則別表2）

5年，3年，1年又は3か月

6 その他の注意事項

手数料

在留資格認定証明書交付及び在留資格取得許可の場合は発生せず。

在留資格変更及び在留期間更新の場合は4,000円（入管法67条1号及び2号並びに施行令9条1号及び2号）

研 修

1 概 要

(1) 本邦において行うことができる活動

> 本邦の公私の機関により受け入れられて行う技能等の修得をする活動
> (在留資格「技能実習2号」又は「留学」に該当する活動を除く。)

(2) 対象となる主な者
　企業などの研修生

2 在留資格該当性

(1) 「本邦の公私の機関に受け入れられて」
　ポイント
　公私の機関が必要性を認め，積極的な態勢が整っている場合に限定することとしたためのものである。他の機関への研修生のあっせん及び研修の依頼のみではここにいう「受け入れ」たことにはならない。「研修」の在留資格をもって在留する外国人を受け入れた本邦の公私の機関は，当該外国人の技能等の修得という目的を達成できるよう指導する責任を有し，そのための態勢を整えている必要がある。

(2) 「本邦の公私の機関」
　ポイント
　外国人に対して技能等を修得させる態勢を整えて，その直接の指導の下に自ら研修を実施する本邦に所在する機関(受入れ機関)である。

(3) 「技能等の修得」

> **ポイント**

「技能等」は在留資格「技能実習」の入管法別表1の2第1号イにおいて「技能，技術又は知識」を意味するものとして定義されている。

「技能」は一定事項について主として個人が自己の経験の集積によって具有している能力，

「技術」は一定事項について学術上の素養等の条件を含めて理論を実際に応用して処理するための能力，

「知識」は一定事項に関して知っている内容，又は理解している内容を指す。

各産業分野技能等のみならず行政上の知識もここに含まれる。

3 基準（上陸許可基準）

一　申請人が修得しようとする技能等が同一の作業の反復のみによって修得できるものではないこと。

二　申請人が十八歳以上であり，かつ，国籍又は住所を有する国に帰国後本邦において修得した技能等を要する業務に従事することが予定されていること。

三　申請人が住所を有する地域において修得することが不可能又は困難である技能等を修得しようとすること。

四　申請人が受けようとする研修が研修生を受け入れる本邦の公私の機関（以下「受入れ機関」という。）の常勤の職員で修得しようとする技能等について五年以上の経験を有するものの指導の下に行われること。

五　申請人が本邦において受けようとする研修の中に実務研修（商品の生産若しくは販売をする業務又は対価を得て役務の提供を行う業務に従事することにより技能等を修得する研修（商品の生産をする業務に係るものにあっては，生産機器の操作に係る実習（商品を生産する場

所とあらかじめ区分された場所又は商品を生産する時間とあらかじめ区分された時間において行われるものを除く。）を含む。）をいう。第八号において同じ。）が含まれている場合は，次のいずれかに該当していること。
イ　申請人が，我が国の国若しくは地方公共団体の機関又は独立行政法人が自ら実施する研修を受ける場合
ロ　申請人が独立行政法人国際観光振興機構の事業として行われる研修を受ける場合
ハ　申請人が独立行政法人国際協力機構の事業として行われる研修を受ける場合
ニ　申請人が独立行政法人エネルギー・金属鉱物資源機構技術センターの事業として行われる研修を受ける場合
ホ　申請人が国際機関の事業として行われる研修を受ける場合
ヘ　イからニに掲げるもののほか，申請人が我が国の国，地方公共団体又は我が国の法律により直接に設立された法人若しくは我が国の特別の法律により特別の設立行為をもって設立された法人若しくは独立行政法人の資金により主として運営される事業として行われる研修を受ける場合で受入れ機関が次のいずれにも該当するとき。
(1)　研修生用の宿泊施設を確保していること（申請人が受けようとする研修の実施についてあっせんを行う機関（以下この号及び次号において「あっせん機関」という。）が宿泊施設を確保していることを含む。）。
(2)　研修生用の研修施設を確保していること。
(3)　申請人の生活の指導を担当する職員を置いていること。
(4)　申請人が研修中に死亡し，負傷し，又は疾病に罹患した場合における保険（労働者災害補償保険を除く。）への加入その他の保障措置を講じていること（あっせん機関が当該保障措置を講じていることを含む。）。
(5)　研修施設について労働安全衛生法（昭和四十七年法律第五十七号）の規定する安全衛生上必要な措置に準じた措置を講じている

こと。
　ト　申請人が外国の国若しくは地方公共団体又はこれらに準ずる機関の常勤の職員である場合で受入れ機関がへの(1)から(5)までのいずれにも該当するとき。
　チ　申請人が外国の国又は地方公共団体の指名に基づき，我が国の国の援助及び指導を受けて行う研修を受ける場合で次のいずれにも該当するとき。
　　(1)　申請人が外国の住所を有する地域において技能等を広く普及する業務に従事していること。
　　(2)　受入れ機関がへの(1)から(5)までのいずれにも該当すること。
六　受入れ機関又はあっせん機関が研修生の帰国旅費の確保その他の帰国担保措置を講じていること。
七　受入れ機関が研修の実施状況に係る文書を作成し，研修を実施する事業所に備え付け，当該研修の終了の日から一年以上保存することとされていること。
八　申請人が本邦において受けようとする研修の中に実務研修が含まれている場合は，当該実務研修を受ける時間（二以上の受入れ機関が申請人に対して実務研修を実施する場合にあっては，これらの機関が実施する実務研修を受ける時間を合計した時間）が，本邦において研修を受ける時間全体の三分の二以下であること。ただし，申請人が，次のいずれかに該当し，かつ，実務研修の時間が本邦において研修を受ける時間全体の四分の三以下であるとき又は次のいずれにも該当し，かつ，実務研修の時間が本邦において研修を受ける時間全体の五分の四以下であるときは，この限りでない。
　イ　申請人が，本邦において当該申請に係る実務研修を四月以上行うことが予定されている場合
　ロ　申請人が，過去六月以内に外国の公的機関又は教育機関が申請人の本邦において受けようとする研修に資する目的で本邦外において実施した当該研修と直接に関係のある研修（実務研修を除く。）で，一月以上の期間を有し，かつ，百六十時間以上の課程を有するもの

研　修

> *（受入れ機関においてその内容が本邦における研修と同等以上であることを確認したものに限る。）を受けた場合*

4　立証資料

ア　新たに「研修」の在留資格を取得しようとする者の場合（上陸許可，在留資格認定証明書の交付の申請）

　入管庁ホームページにはこの在留資格の変更及び同取得許可申請に関する説明はない。したがって，これらの申請を要する具体的な事例が発生したときの対応は，最寄りの地方出入国在留管理局に相談のこと。

(ア)　申請書（規則別記6号の3様式（交付），30号様式（変更），36号様式（取得））

(イ)　写真1葉（規則6条の2第2項，20条2項（例外同3項），24条2項（例外同3項））

　写真の規格は規則別表3の2にあるとおりである（縦40㎜横30㎜）。

　16歳未満の者は不要

▶ポイント

　申請人と申請書に記載された人物が同一であることの確認のためのものである。

(ウ)　研修の内容，必要性，実施場所，期間及び待遇を明らかにする次の文書（入管法別表1の4，基準省令1から4号，規則別表3第1号）

　①　招へい理由書（修得する技能等，招へいの経緯，研修の必要性等について記載した文書，書式自由）　1通

　②　研修実施予定表（別記様式あり。）　1通

　③　研修生処遇概要書（参考書式あり。）　1通

　④　本邦外で研修を実施した場合は，当該研修に関する次の資料

　　ⅰ　本邦において実施する研修との関係を立証する資料　1通

　　ⅱ　機関の名称，所在地，研修施設等本邦外で事前に研修を実施した機関の概要を明らかにする資料　1通

　　ⅲ　研修内容，研修時間，研修期間，研修指導員等実施した研修の内

容を明らかにする資料　1通

※当該研修は，入国予定日前6か月以内に1か月以上の期間を有し，かつ，160時間以上実施された非実務研修が該当する。

ポイント

従事することを予定している活動の在留資格及び基準省適合性の確認のためのものである。

㈡　帰国後本邦において修得した技能等を要する業務に従事することを証する次のいずれかの文書（基準省令2号，規則別表3第2号）

①　研修生派遣状（本国の所属機関が作成した，帰国後の申請人の地位，職種に関する記載があるもの，書式自由）　1通

②　復職予定証明書（本国の所属機関が作成した，申請人の現在の地位，職種に関する記載があり，帰国後に復職する予定であることについての証明書，書式自由）　1通

ポイント

基準省令適合性の確認のためのものである。

㈢　申請人の職歴を証する文書（基準省令2号及び3号，規則別表3第3号）

履歴書（職務経歴を含む。書式自由）　1通

ポイント

基準に適合するために必要な研修の必要性及び合理性の確認のためのものである。

㈣　研修指導員の当該研修において修得しようとする技能等に係る職歴を証する文書（基準省令4号，規則別表3第4号）

研修指導員履歴書（職務経歴を含む。書式自由）　1通

※研修指導員とは，申請人の技能等の修得のための活動を指導する者で申請人を受け入れる本邦の公私の機関の常勤の職員で修得しようとする技能等について5年以上の経験を有するものでなければならない。

ポイント

基準省令上の条件適合性の確認のためのものである。

㈤　送出し機関（準備機関）の概要を明らかにする次の資料（基準省令5号，規則別表3第5号）

① 送出し機関（準備機関）の概要書（別記様式あり。） 1通
② 送出し機関（準備機関）の案内書又は会社を登記・登録していることを証する公的な資料　1通
※最新の内容（登記事項）が反映されたもの
※送出し機関（準備機関）とは，申請人が国籍又は住所を有する国の所属機関その他申請人が本邦において行おうとする活動の準備に関与する外国の機関をいう

ポイント
送出し機関の法律上の存在（静的存在）の確認のためのものである。

(ク)　受入れ機関の登記事項証明書，損益計算書の写し（規則別表3第6号）
① 受入れ機関の概要書（受入れ機関の状況，研修事業の実績等について記載した文書，参考書式あり。） 1通
② 登記事項証明書（履歴全部事項証明書）又は受入れ機関の概要が分かるパンフレット等　1通
③ 損益計算書，貸借対照表等　適宜

ポイント
受入れ機関の法律上の存在（静的存在）及び活動実体の存在（動的存在）の確認のためのものである。

(ケ)　あっせん機関がある場合は，その概要を明らかにする次の資料（基準省令5号ヘ(1)及び6号，規則別表3第5号）
① あっせん機関の概要書（あっせん機関の状況，研修あっせん事業の実績等について記載した文書。参考書式あり。） 1通
② 登記事項証明書（履歴全部事項証明書）又はあっせん機関の概要が分かるパンフレット等　1通
③ 損益計算書，貸借対照表等　適宜

ポイント
あっせん機関の法律上の存在（静的存在）及び活動実体の存在（動的存在）の確認のためのものである。

(コ)　在留資格認定証明書交付申請の場合には返信用封筒（定形封筒に宛先を明記のうえ，必要な額の郵便切手（簡易書留用）を貼付したもの）　1通

イ 「研修」の在留資格をもって在留する外国人が，在留期間経過後も引き続き在留しようとする場合（在留期間更新許可申請）
(ア) 申請書（規則別記30号の2様式）
(イ) 写真1葉（規則21条2項（例外同3項））
写真の規格は規則別表3の2にあるとおりである（縦40mm横30mm）。
16歳未満の者は不要

●ポイント●
申請人と申請書に記載された人物が同一であることの確認のためのものである。

(ウ) 旅券及び在留カードなど（規則21条4項が準用する同20条4項）

●ポイント●
申請人の国籍の属する国の確認，その国が把握している申請人の身分事項の確認，それらに基づく許可証印及び在留カードの交付のためのものである（入管法21条4項が準用する同20条4項）。

(エ) 研修の内容，必要性，実施場所，期間及び待遇を明らかにする次の文書（入管法別表1の4，基準省令1から4号，規則別表3の6）
研修実施予定表（別記様式あり。）　1通
※在留資格認定証明書交付申請の際に提出したものの写しを提出のこと。
なお，計画の変更がある場合は，その内容を朱書すること。

●ポイント●
現在従事している活動の在留資格及び基準省令上の要件該当性の確認のためのものである。

(オ) 研修の進ちょく状況を明らかにする文書（規則別表3の6）
研修・生活状況等報告書（別記様式あり。）　1通

●ポイント●
申請人の過去における在留資格に該当する活動への従事状況及び将来において当該在留資格に該当する活動を継続する意思と能力の確認のためのものである。

5　在留期間（規則別表2）

1年，6か月又は3か月

6　その他の注意事項

手数料

在留資格認定証明書交付及び在留資格取得許可の場合は発生せず。

在留資格変更許可及び在留期間更新許可の場合は4,000円（入管法67条1号及び2号並びに施行令9条1号及び2号）

技能実習

1 概　要

(1) 本邦において行うことができる活動

一　次のイ又はロのいずれかに該当する活動
　イ　技能実習法第八条第一項の認定（技能実習法第十一条第一項の規定による変更の認定があつたときは，その変更後のもの。以下同じ。）を受けた技能実習法第八条第一項に規定する技能実習計画（技能実習法第二条第二項第一号に規定する第一号企業単独型技能実習に係るものに限る。）に基づいて，講習を受け，及び技能，技術又は知識（以下「技能等」という。）に係る業務に従事する活動
　ロ　技能実習法第八条第一項の認定を受けた同項に規定する技能実習計画（技能実習法第二条第四項第一号に規定する第一号団体監理型技能実習に係るものに限る。）に基づいて，講習を受け，及び技能等に係る業務に従事する活動
二　次のイ又はロのいずれかに該当する活動
　イ　技能実習法第八条第一項の認定を受けた同項に規定する技能実習計画（技能実習法第二条第二項第二号に規定する第二号企業単独型技能実習に係るものに限る。）に基づいて技能等を要する業務に従事する活動
　ロ　技能実習法第八条第一項の認定を受けた同項に規定する技能実習計画（技能実習法第二条第四項第二号に規定する第二号団体監理型技能実習に係るものに限る。）に基づいて技能等を要する業務に従事する活動
三　次のイ又はロのいずれかに該当する活動

イ　技能実習法第八条第一項の認定を受けた同項に規定する技能実習計画（技能実習法第二条第二項第三号に規定する第三号企業単独型技能実習に係るものに限る。）に基づいて技能等を要する業務に従事する活動

　　ロ　技能実習法第八条第一項の認定を受けた同項に規定する技能実習計画（技能実習法第二条第四項第三号に規定する第三号団体監理型技能実習に係るものに限る。）に基づいて技能等を要する業務に従事する活動

(2)　**対象となる主な者**

　「人材育成を通じた開発途上地域等への技能，技術又は知識の移転による国際協力推進」（技能実習法１条）の目的で受け入れられた技能実習生

2　在留資格該当性

▎ポイント

　「技能実習」の在留資格に対応する入管法別表１の２の表の下欄は，１号から３号までに分けられ，さらに，それぞれの号がイとロに区分されている。「技能実習」の在留資格については，これらの区分のそれぞれが在留資格として扱われる。したがって，技能実習の在留資格は合計６種類あることになる。

　入国１年目の技能実習生は，１号（イ又はロ）に該当する者として入管庁長官及び厚生労働大臣（実際は外国人技能実習機構）の認定を受けた技能実習計画に基づいて，講習を受け，技能，技術を修得するための活動を行う。２号（イ又はロ）においては，２年目及び３年目の技能実習生として１号において修得した技能等に習熟する活動を行う。３号（イ又はロ）においては，優良な監理団体及び実習実施者において２号を修了した後に一旦帰国して，１か月以上置いた後に再度入国し，最長で２年間，技能等に熟達する活動を行う（技能実習法９条10号）。

各号のイは海外支店等の従業員を受け入れるいわゆる企業単独型技能実習を，ロは商工会などの営利を目的としない団体の責任と監理の下に技能実習生を受け入れる団体監理型技能実習である（技能実習法2条2項及び4項）。

(1)　「技能等」

> **ポイント**

入管法別表1の2の表の「技能実習」の項の下欄において定義されているとおり，「技能，技術又は知識」をいう。第一次から第三次までの各産業分野及び行政上の知識を含む。

「技能」は，一定事項について主として個人が自己の経験の集積によって具えている能力，

「技術」は，一定事項について学術上の素養等の条件を含めて理論を実際に応用して処理するための能力，

「知識」は，一定事項に関して知っている内容，理解している内容を指す。

(2)　「技能実習法」

> **ポイント**

入管法19条の26第1項2号の規定にあるとおり，外国人の技能実習の適正な実施及び技能実習生の保護に関する法律（平成28年11月28日法律第89号）の略称である。

(3)　「技能実習計画」

> **ポイント**

技能実習は，入管法上，いずれの区分に属する在留資格をもって在留する場合であっても認定を受けた技能実習計画（技能実習を実施する計画）に基づいて実施しなければならないこととされている。この認定を受けていることは基準省令により上陸のための条件ともされている。他方，技能実習法においては，技能実習を実施しようとする者が技能実習生ごとに特定事項を内容とした技能実習計画（技能実習の実施に関する計画）を立て，その内容が適当であれば，認定を受けることができることとされている（8条）。その基準は法定され（9条），認定権者として入管庁長官及び厚生労働大臣が指定されているが（9条柱書），12条の規定に基づき，外国人技能実習機構に委任されている。

3 基準（上陸許可基準）

本邦において行おうとする活動に係る技能実習計画（外国人の技能実習の適正な実施及び技能実習生の保護に関する法律第八条第一項に規定する技能実習計画をいう。）について，同項の認定がされていること。

4 立証資料

ア　新たに「技能実習」の在留資格を取得しようとする者の場合（上陸許可，在留資格認定証明書の交付，在留資格変更許可及び在留資格取得許可の申請）

※在留変更許可として想定されているのは，「技能実習１号」から「同２号」，「同２号」から「同３号」への変更許可申請のみ。

(ｱ)　申請書（規則別記６号の３様式（交付），30号様式（変更），36号様式（取得））

(ｲ)　写真１葉（規則６条の２第２項，20条２項（例外同３項），24条２項（例外同３項））

写真の規格は規則別表３の２にあるとおりである（縦40㎜横30㎜）。

16歳未満の者は不要

（ポイント）

申請人と申請書に記載された人物が同一であることの確認のためのものである。

(ｳ)　技能実習法８条１項の認定（技能実習法11条１項の規定による変更の認定があったときは，その変更後のもの。）を受けた技能実習計画に係る技能実習計画認定通知書及び認定の申請書の写し　１通（入管法別表１の３第１から３号，規則別表３第１号，２号，３号から６号のイ）

※申請に係る在留資格は，技能実習法２条２項及び４項各号に規定する技能実習の区分に対応するものでなければならない（技能実習１号イの申請の場合は１号企業単独型技能実習の技能実習計画に係る技能実習計画認定通知書及び認定の申請書の写しが必要）

第1章　在留資格の認定要件と立証資料

ポイント

予定されている活動の在留資格及び基準省令上の条件適合性の確認のためのものである。

㈐　在留資格変更許可申請及び同取得許可申請の場合には，住民税の課税（又は非課税）証明書及び納税証明書（1年間の総所得及び納税状況が記載されたもの）　各1通（規則別表3第3から6号のロ）

※1月1日現在の住所地の市区町村役場から発行される。

※1年間の総所得及び納税状況（納税事実の有無）の両方が記載されている証明書であれば，いずれか一方で可

※入国後間もない場合や転居等により，住所地の市区町村役場から発行されない場合は，最寄りの地方出入国在留管理局に相談のこと

ポイント

申請人の過去における在留資格に該当する活動への従事状況及び将来において当該在留資格に該当する活動を継続する意思と能力の確認のためのものである。

㈑　在留資格認定証明書交付申請の場合には返信用封筒（定形封筒に宛先を明記のうえ，必要な額の郵便切手（簡易書留用）を貼付したもの）　1通

㈒　在留資格変更許可申請の場合には旅券及び在留カードなど（規則20条4項），同取得許可申請の場合には旅券など（規則24条4項）

ポイント

申請人の国籍の属する国の確認，その国が把握している申請人の身分事項の確認，それらに基づく許可証印及び在留カードの交付のためのものである（入管法20条4項。同22条の2第3項による準用の場合を含む。）。

㈓　在留資格取得許可申請の場合は，以上のほかに，以下の区分によりそれぞれに定める書類1通（規則24条2項）

①　日本国内で日本の国籍を離脱した者：国籍を証する書類

②　①以外の者で在留資格の取得を必要とするもの：その事由を証する書類

ポイント

いずれも在留資格の取得許可の対象となる者であることを確認するため

のものである。

イ 「技能実習」の在留資格をもって在留する外国人が，在留期間経過後も引き続き在留しようとする場合（在留期間更新許可申請）

(ｱ) 申請書（規則別記30号の２様式）

(ｲ) 写真１葉（規則21条２項（例外同３項））

写真の規格は規則別表３の２にあるとおりである（縦40㎜横30㎜）。

16歳未満の者は不要

● ポイント

申請人と申請書に記載された人物が同一であることの確認のためのものである。

(ｳ) 旅券及び在留カードなど（規則21条４項が準用する同20条４項）

● ポイント

申請人の国籍の属する国の確認，その国が把握している申請人の身分事項の確認，それらに基づく許可証印及び在留カードの交付のためのものである（入管法21条４項が準用する同20条４項）。

(ｴ) 住民税の課税（又は非課税）証明書及び納税証明書（１年間の総所得及び納税状況が記載されたもの）　各１通（入管法別表１の３第１から３号，規則別表３の６）

※１月１日現在の住所地の市区町村役場から発行される。

※１年間の総所得及び納税状況（納税事実の有無）の両方が記載されている証明書であれば，いずれか一方でも可

※入国後間もない場合や転居等により，住所地の市区町村役場から発行されない場合は，最寄りの地方出入国在留管理局に相談のこと

● ポイント

申請人の過去における在留資格に該当する活動への従事状況及び将来において当該在留資格に該当する活動を継続する意思と能力の確認のためのものである。

5 在留期間（規則別表2）

ア 「技能実習1号」の場合にあっては，1年を超えない範囲内で法務大臣が個々の外国人について指定する期間

イ 「技能実習2号」又は「技能実習3号」の場合にあっては，2年を超えない範囲内で法務大臣が個々の外国人について指定する期間

6 その他の注意事項

手数料

在留資格認定証明書交付及び在留資格取得許可の場合は発生せず。

在留資格変更許可及び在留期間更新許可の場合は4,000円（入管法67条1号及び2号並びに施行令9条1号及び2号）

特定技能

1 概要

(1) 本邦において行うことができる活動

> 一 法務大臣が指定する本邦の公私の機関との雇用に関する契約（第二条の五第一項から第四項までの規定に適合するものに限る。次号において同じ。）に基づいて行う特定産業分野（人材を確保することが困難な状況にあるため外国人により不足する人材の確保を図るべき産業上の分野として法務省令で定めるものをいう。同号において同じ。）であつて法務大臣が指定するものに属する法務省令で定める相当程度の知識又は経験を必要とする技能を要する業務に従事する活動
> 二 法務大臣が指定する本邦の公私の機関との雇用に関する契約に基づいて行う特定産業分野であつて法務大臣が指定するものに属する法務省令で定める熟練した技能を要する業務に従事する活動

(2) 対象となる主な者

「特定技能」は区分在留資格である（「区分在留資格については，第2章の2の(2)の①を参照）ので，上記本邦において行うことができる活動の1号及び2号の区分が在留資格に含まれる。このうち1号の区分に対応するのが「特定技能1号」であり，2号の区分に対応するのが「特定技能2号」である。「特定技能1号」においては，介護，ビルクリーニング，素形材・産業機械・電気電子情報関連製造，建設，造船・舶用工業，自動車整備，航空，宿泊，農業，漁業，飲食料品製造業及び外食業の所定の業種に従事する者。

「特定技能2号」においては，介護を除き「特定技能1号」と同じである

(出入国管理及び難民認定法別表第1の2の表の特定技能の項の下欄に規定する産業上の分野等を定める省令（平成31年3月15日法務省令第6号））。

2 在留資格該当性

(1) 「法務省令で定める」

ポイント

この文言は，1号及び2号の両方で使用されているところ，具体的には出入国管理及び難民認定法別表第1の2の表の特定技能の項の下欄に規定する産業上の分野等を定める省令（平成31年3月15日法務省令第6号）を指す。同省令においては，特定技能の在留資格に係る制度の運用に関する方針（平成30年12月25日閣議決定）において定められた対象産業分野がそのまま限定列挙されている。

(2) 「特定技能1号」

ポイント

本邦の公私の機関との間の雇用契約に基づき，特定産業分野に属する。相当程度の知識又は経験を必要とする技能を要する業務に従事する活動を指す。

(3) 「相当程度の知識又は経験を必要とする技能」

ポイント

特定産業分野における相当期間の実務経験等を要する技能をいい，当該分野に係る分野別運用方針及び分野別運用要領で定める水準を満たすものをいう。他の就労資格で前提とされている専門的・技術的分野の技能水準より「やや低い技能水準の専門性」で，相当期間の実務経験等を要する技能であって特段の育成・訓練を受けることなく直ちに一定程度の業務を遂行できる水準のものをいう。

(4) 「法務大臣が指定する本邦の公私の機関」

ポイント

法務大臣が指定することとされている。ゆえに，この在留資格は，個別の公私の機関を指定して付与されるものである。したがって，所属機関を変更する場合には在留資格の変更を要する。

(5) 「雇用に関する契約」
　ポイント

　その後に続く括弧書きに「第二条の五第一項から第四項までの規定に適合するものに限る。」とあるとおり，雇用に関する契約内容及び契約当事者となる「公私の機関」が，法務省令で定める基準に適合しなければならない。
　これは，「特定技能2号」の場合も同じである。

(6) 「特定技能2号」
　ポイント

　本邦の公私の機関との間の雇用契約に基づき，かつ，それが特定産業分野に属し，熟練した技能を要する業務に従事する活動を指す。

(7) 「熟練した技能」
　ポイント

　特定産業分野における長年の実務経験等により身に付けた熟達した技能をいい，当該分野に係る分野別運用方針及び分野別運用要領で定める水準を満たすものをいう。
　在留資格「技能」でも同じ用語が使用されているところ，「特定技能1号」及び「技能実習」を除く就労資格で求められる水準と同等以上の高い専門性を要する技能である。

3　基準（上陸許可基準）

　ポイント

　「特定技能」の在留資格を設けるに当たっては，技能実習制度との連続性が強いことから，過去に技能実習制度において問題となった事例への対応が，技能実習制度同様，「特定技能」の在留資格においても採られている。例えば，「特定技能1号」「特定技能2号」のいずれにおいても，保証金など名目に関係なく特定技能外国人本人のみならずその近親者に費用を負担させ，又は特定技能外国人の金銭その他の財産の保管や特定技能外国人に違約金を課すことによって日本における活動及び行動の自由を拘束することの禁止，外国人が食費，居住費その他の費用を負担するときには，その額及び内訳につ

いて，費用負担を課した側が課される側（外国人）に十分に説明し，後者が理解し，納得し，同意した結果合意に至っていることを前提としている。いずれの内容も，法令に基づいて定められている各種要領と併せて，雇用主側の被用者側への契約内容，労働条件，待遇，生活一般に関する十分な説明，被用者側のそれに対する理解・納得及び同意並びに双方の合意，即ち，特に被用者側の自由意思（自己決定権）を重視した内容となっている。

　さらに，この入管政策上の見地から，対象者を被退去強制者の引取りを拒否しない国・地域の旅券所持者に限定している。(注)これは，外国により退去強制された自国民の引取りを拒否するという行為が単に相手国の主権を侵害する国際法違反行為であるとされているだけでなく，実際にその引取り拒否により，日本国内に特定の国籍の入管法違反者が多数滞留し，国内の治安に悪影響を及ぼしている状況に鑑み，採られている対応ということができる。

　また，「特定技能1号」においては，通算在留期間が5年以下とされており，「特定技能2号」においては，「本邦において修得，習熟又は熟達した技能等の本国への移転に努めるものと認められること」が要件となっている。

（注）　現在，出入国管理及び難民認定法第7条第1項第2号の基準を定める省令の特定技能の在留資格に係る基準の規定に基づき退去強制令書の円滑な執行に協力する外国政府又は出入国管理及び難民認定法施行令第1条に定める地域の機関を定める件（平成31年4月1日法務省告示第85号）によりイラン・イスラム共和国以外の国・地域とされている。

「特定技能1号」

> 　申請人に係る特定技能雇用契約が法第二条の五第一項及び第二項の規定に適合すること及び特定技能雇用契約の相手方となる本邦の公私の機関が同条第三項及び第四項の規定に適合すること並びに申請人に係る一号特定技能外国人支援計画が同条第六項及び第七項の規定に適合することのほか，申請人が次のいずれにも該当していること。
> 　一　申請人が次のいずれにも該当していること。ただし，申請人が外国人の技能実習の適正な実施及び技能実習生の保護に関する法律（平成

二十八年法律第八十九号）第二条第二項第二号に規定する第二号企業単独型技能実習又は同条第四項第二号に規定する第二号団体監理型技能実習のいずれかを良好に修了している者であり，かつ，当該修了している技能実習において修得した技能が，従事しようとする業務において要する技能と関連性が認められる場合にあっては，ハ及びニに該当することを要しない。
　イ　十八歳以上であること。
　ロ　健康状態が良好であること。
　ハ　従事しようとする業務に必要な相当程度の知識又は経験を必要とする技能を有していることが試験その他の評価方法により証明されていること。
　ニ　本邦での生活に必要な日本語能力及び従事しようとする業務に必要な日本語能力を有していることが試験その他の評価方法により証明されていること。
　ホ　退去強制令書の円滑な執行に協力するとして法務大臣が告示で定める外国政府又は地域（出入国管理及び難民認定法施行令（平成十年政令第百七十八号）第一条に定める地域をいう。以下同じ。）の権限ある機関の発行した旅券を所持していること。
　ヘ　特定技能（法別表第一の二の表の特定技能の項の下欄第一号に係るものに限る。）の在留資格をもって本邦に在留したことがある者にあっては，当該在留資格をもって在留した期間が通算して五年に達していないこと。
二　申請人又はその配偶者，直系若しくは同居の親族その他申請人と社会生活において密接な関係を有する者が，特定技能雇用契約に基づく申請人の本邦における活動に関連して，保証金の徴収その他名目のいかんを問わず，金銭その他の財産を管理されず，かつ，特定技能雇用契約の不履行について違約金を定める契約その他の不当に金銭その他の財産の移転を予定する契約が締結されておらず，かつ，締結されないことが見込まれること。
三　申請人が特定技能雇用契約の申込みの取次ぎ又は外国における法別

表第一の二の表の特定技能の項の下欄第一号に掲げる活動の準備に関して外国の機関に費用を支払っている場合にあっては、その額及び内訳を十分に理解して当該機関との間で合意していること。
四　申請人が国籍又は住所を有する国又は地域において、申請人が本邦で行う活動に関連して当該国又は地域において遵守すべき手続が定められている場合にあっては、当該手続を経ていること。
五　食費、居住費その他名目のいかんを問わず申請人が定期に負担する費用について、当該申請人が、当該費用の対価として供与される食事、住居その他の利益の内容を十分に理解した上で合意しており、かつ、当該費用の額が実費に相当する額その他の適正な額であり、当該費用の明細書その他の書面が提示されること。
六　前各号に掲げるもののほか、法務大臣が告示で定める特定の産業上の分野に係るものにあっては、当該産業上の分野を所管する関係行政機関の長が、法務大臣と協議の上、当該産業上の分野に特有の事情に鑑みて告示で定める基準に適合すること。

「特定技能2号」

申請人に係る特定技能雇用契約が法第二条の五第一項及び第二項の規定に適合すること及び特定技能雇用契約の相手方となる本邦の公私の機関が同条第三項（第二号を除く。）及び第四項の規定に適合することのほか、申請人が次のいずれにも該当していること。
一　申請人が次のいずれにも該当していること。
　イ　十八歳以上であること。
　ロ　健康状態が良好であること。
　ハ　従事しようとする業務に必要な熟練した技能を有していることが試験その他の評価方法により証明されていること。
　ニ　退去強制令書の円滑な執行に協力するとして法務大臣が告示で定める外国政府又は地域の権限ある機関の発行した旅券を所持してい

ること。
二　申請人又はその配偶者，直系若しくは同居の親族その他申請人と社会生活において密接な関係を有する者が，特定技能雇用契約に基づく申請人の本邦における活動に関連して，保証金の徴収その他名目のいかんを問わず，金銭その他の財産を管理されず，かつ，特定技能雇用契約の不履行について違約金を定める契約その他の不当に金銭その他の財産の移転を予定する契約が締結されておらず，かつ，締結されないことが見込まれること。
三　申請人が特定技能雇用契約の申込みの取次ぎ又は外国における法別表第一の二の表の特定技能の項の下欄第二号に掲げる活動の準備に関して外国の機関に費用を支払っている場合にあっては，その額及び内訳を十分に理解して当該機関との間で合意していること。
四　申請人が国籍又は住所を有する国又は地域において，申請人が本邦で行う活動に関連して当該国又は地域において遵守すべき手続が定められている場合にあっては，当該手続を経ていること。
五　食費，居住費その他名目のいかんを問わず申請人が定期に負担する費用について，当該申請人が，当該費用の対価として供与される食事，住居その他の利益の内容を十分に理解した上で合意しており，かつ，当該費用の額が実費に相当する額その他の適正な額であり，当該費用の明細書その他の書面が提示されること。
六　技能実習の在留資格をもって本邦に在留していたことがある者にあっては，当該在留資格に基づく活動により本邦において修得，習熟又は熟達した技能等の本国への移転に努めるものと認められること。
七　前各号に掲げるもののほか，法務大臣が告示で定める特定の産業上の分野に係るものにあっては，当該産業上の分野を所管する関係行政機関の長が，法務大臣と協議の上，当該産業上の分野に特有の事情に鑑みて告示で定める基準に適合すること。

第1章　在留資格の認定要件と立証資料

4　立証資料

　入管庁ホームページには、「特定技能1号」及び「特定技能2号」の在留資格取得許可申請に関する説明はない。したがって、これらの申請を要する具体的な事例が発生したときの対応は、最寄りの地方出入国在留管理局に確認のこと。

　また、本在留資格に関する申請のための立証資料には法令外の参考様式類が多いので、本文中に註記したものの、実際の使用に当たっては、入管庁ホームページ（https://www.moj.go.jp/isa/applications/status/specifiedskilledworker.html）を参照のこと。

　「特定技能」の在留資格の立証資料は、次の順番で説明することにする。

① 　在留資格認定証明書交付及び在留資格変更許可の申請
　 ⅰ 　申請人に関する提出資料（「特定技能1号」及び「特定技能2号」共通）
　 ⅱ 　所属機関に関する提出資料（「特定技能1号」及び「特定技能2号」共通）
　　（ⅰ）　法人の場合
　　（ⅱ）　個人事業主の場合
　 ⅲ 　分野に関する提出資料
　　　　それぞれの分野において「特定技能1号」の次に「特定技能2号」の順
　　　　ただし、「介護」においては「特定技能1号」のみ
② 　在留期間更新許可申請
　 ⅰ 　申請人に関する提出資料（「特定技能1号」及び「特定技能2号」共通）
　 ⅱ 　所属機関に関する提出資料（「特定技能1号」及び「特定技能2号」共通）
　　（ⅰ）　法人の場合
　　（ⅱ）　個人事業主の場合
　 ⅲ 　分野に関する提出資料
　　　　それぞれの分野において「特定技能1号」の次に「特定技能2号」の順
　なお、各種書類の後に付されたローマ数字は次のことを意味するが、付されていない資料は原則的に提出を要するものである。
Ⅰ 　申請人に係る過去の在留関係諸申請（在留資格認定証明書交付申請、在留資格変更許可申請、在留期間更新許可申請。以下同じ。）において提出済み（現在もそ

の内容に変更がなく，有効期限があるものは期限内の場合に限る。）の場合に提出を省略できるもの。
Ⅱ 申請人に係る過去1年以内の在留関係諸申請において提出済み（現在もその内容に変更がなく，有効期限があるものは期限内の場合に限る。）の場合は提出を省略できるもの。
Ⅲ 受け入れている他の外国人に係る過去の在留関係諸申請において提出済み（現在もその内容に変更がなく，有効期限があるものは期限内の場合に限る。）の場合は提出を省略できるもの。
Ⅳ 受け入れている他の外国人に係る過去1年以内の在留関係諸申請において提出済み（現在もその内容に変更がなく，有効期限があるものは期限内の場合に限る。）の場合は提出を省略できるもの。
Ⅴ 受け入れている他の外国人に係る過去2年以内の在留関係諸申請において提出済みの場合は提出を省略できるもの。ただし，現在も労働保険料等及び社会保険料（健康保険・厚生年金保険料，国民健康保険料（税），国民年金保険料），税（国税，住民税）のいずれについても滞納がない場合に限る。
Ⅵ 受け入れている他の外国人に係る過去3年以内の在留関係諸申請において提出済みで（現在もその内容に変更がなく，有効期限があるものは期限内の場合に限る。），提出を省略できるもの。
Ⅶ 次のすべての条件に該当する場合には，受け入れている他の外国人に係る過去の在留関係諸申請において提出済みの内容と変更がない限り，提出を省略できるもの。
　① 申請日までの過去2年にわたって継続して特定技能外国人（「特定技能1号」又は「特定技能2号」の在留資格をもって在留する外国人をいう。以下同じ。）の受入れを行っていること
　② 申請日の前日から起算して1年以内に特定技能外国人の行方不明（受入れ機関の帰責性の有無を問わない。）を発生させていないこと
　③ 申請日の前日から起算して1年以内に地方出入国在留管理局から指導勧告書の交付を受けていないこと
　④ 申請日の前日から起算して3年以内に出入国管理及び難民認定法第19条の21第1項により改善命令を受けていないこと

第1章　在留資格の認定要件と立証資料

⑤　申請日の前日から起算して１年以内に特定技能を受け入れている特定技能外国人などに係る定期又は随時の届出（入管法19条の18に定めるもの。）を怠ったことがないこと

ア　新たに「特定技能１号」又は「特定技能２号」の在留資格を取得しようとする者の場合（在留資格認定証明書の交付申請及び在留資格変更許可申請）
㋐　申請書（規則別記６号の３様式（交付），30号様式（変更））
　※申請取次者を介して複数の申請人について同時申請する場合には申請人名簿（参考様式は入管庁ホームページから取得可能）
㋑　写真１葉（規則６条の２第２項，20条２項（例外同３項），24条２項（例外同３項））
　写真の規格は規則別表３の２にあるとおりである（縦40㎜横30㎜）。
▶ポイント
　申請人と申請書に記載された人物が同一であることの確認のためのものである。
㋒　在留資格認定証明書交付申請の場合には返信用封筒（定形封筒に宛先を明記のうえ，必要な額の郵便切手（簡易書留用）を貼付したもの）　１通
㋓　在留資格変更許可申請の場合には旅券及び在留カードなど（規則20条４項）
▶ポイント
　申請人の国籍の属する国の確認，その国が把握している申請人の身分事項の確認，それらに基づく許可証印及び在留カードの交付のためのものである（入管法20条４項）。

ア－１　申請人に関する提出書類
▶共通の立証資料
㋐　表紙（特定技能外国人の在留諸申請に係る提出書類一覧表）（１表）
㋑　特定技能外国人の報酬に関する説明書（参考様式１－４号）（入管法２条の５第１項１号及び別表１の３各号，基準省令「特定技能１号」本文及び３号，「特定技能２号」本文及び３号，特定技能基準省令１条１項３号，規則別表３第１号ロ及び２号ロ）

※「一定の実績があり適正な受入れが見込まれる機関」の場合提出不要
　（下記ア－２－１参照）
（注）　賃金規定に基づき報酬を決定した場合には賃金規定を添付のこと。

▶ポイント◀
　この説明書は，申請人（１号特定技能外国人）の身分事項のほか，雇用主（特定技能所属機関）の被用者の中に比較対象となる日本人の労働者がいる場合には当該労働者の，いない場合は申請人が従事することとなる業務に最も近い業務を担当している日本人労働者の年齢，性別，経験年数，賃金などの待遇を明らかにし，申請人の待遇が日本人と同等であるか否かを確認するための資料である。
　当該参考様式は，入管庁ホームページから取得可能である。
　特定技能基準省令１条１項３号は，「外国人に対する報酬の額が日本人が従事する場合の報酬の額と同等以上であること。」を基準として定めている。これは，以下のことを求めるものであるところ，ここで求められている立証資料は，そこに定められた要件に適合することを確認するためのものである。
　安価な労働力導入防止による国内労働市場保護のため，低賃金での業務従事を認めないこと。上記の業務に従事する者は，同様の業務に従事する日本人が受ける平均的な報酬以上の報酬を受けることが必要である。さらに，同じ職場で同様の業務に従事する日本人が受ける報酬以上であることも要する。
　「報酬」とは，「一定の役務の給付の対価として与えられる反対給付」をいい，通勤手当，扶養手当，住宅手当等の実費弁償の性格を有するもの（課税対象となるものを除く。）は含まない。

㈬　特定技能雇用契約書の写し（参考様式１－５号）（入管法２条の５第１項，第３項及び別表１の３各号，基準省令「特定技能１号」本文及び３号，「特定技能２号」本文及び３号，特定技能基準省令２条１項１号，規則別表３第１号ロ及び２号ロ）
※申請人が十分に理解できる言語での記載も必要

第1章　在留資格の認定要件と立証資料

> ポイント

　以下㈱までは、入管法2条の5第1項及び2項の要件に該当することの確認のためのものである。また、※における注記は、労契法4条の規定を踏まえたものである。

㈡　雇用条件書の写し（参考様式1－6号）（入管法2条の5第1項、第3項及び別表1の3各号、基準省令「特定技能1号」本文及び3号、「特定技能2号」本文及び3号、特定技能基準省令2条1項1号、規則別表3第1号ロ及び2号ロ）

　※申請人が十分に理解できる言語での記載も必要

（注）　1年単位の変形労働時間制を採用している場合は次のものも添付のこと。
　　　・申請人が十分に理解できる言語が併記された年間カレンダーの写し
　　　・1年単位の変形労働時間制に関する協定書の写し

> ポイント

　これは、申請人（1号特定技能外国人）と雇用主（特定技能所属機関）の間に締結された雇用契約機関、就業場所、労働時間、業務内容、賃金退職関係その他の雇用条件の詳細を記載した資料であり、雇用条件を確認するための資料である。

　当該参考様式は、入管庁ホームページから取得可能である。

㈹　賃金の支払（参考様式1－6号別紙）（入管法2条の5第1項、第3項及び別表1の3各号、基準省令「特定技能1号」及び「特定技能2号」それぞれの本文及び3号、特定技能基準省令2条1項1号、規則別表3第1号ロ及び2号ロ）

　※申請人が十分に理解できる言語での記載も必要

> ポイント

　これは、上記雇用条件書（参考様式1－6号）の別紙であり、雇用主（特定技能所属機関）が申請人（1号特定技能外国人）に対して支払う賃金に関して、基本賃金、諸手当の額・計算方法、1か月当たりの賃金支払い概算額、控除項目・額、手取り支給額を詳細に記載した資料であり、申請人に支払われる賃金の詳細を確認するための資料である。

　当該別紙は、上記参考様式1－6号別紙として、入管庁ホームページから取得可能である。

㈺　雇用の経緯に係る説明書（参考様式1－16号）（基準省令「特定技能1号」3

号及び「特定技能2号」3号,規則別表3第1号ヘ及び2号ニ)

(注) 雇用契約の成立をあっせんする者がある場合には,職業紹介事業者に関する「人材サービス総合サイト」(厚生労働省職業安定局ホームページ)の画面を印刷したものを添付のこと。

　　※「一定の実績があり適正な受入れが見込まれる機関」の場合提出不要（下記ア－2－1を参照）

　　※雇用契約の成立そのものがあっせんに基づかない場合においても,あっせんを受けようとしたが適切な人材を獲得できなかったことなど,特定技能外国人の募集に係る状況を明らかにする資料の提出が必要

ポイント

この説明書は,申請人（1号特定技能外国人）の雇用に関連して国内における職業紹介事業者のあっせんの有無,有りの場合の当該事業者の許可・受理番号,区分,氏名,所在地,当該事業者に対して申請人の雇用主が支払った費用,国外の取次機関による取次の有無,有りの場合の名称・氏名,所在地,当該機関に対して申請人の雇用主（特定技能所属機関）が支払った費用を詳細に記載した資料であり,申請人の雇用主が申請人の雇用に関連して第三者に支払った費用の詳細を確認するための資料である。

当該参考様式は,入管庁ホームページから取得可能である。

雇用契約締結に際してあっせん者が介在しているか否かを明らかにするとともに,介在している場合の要件確認の端緒とするため。

(キ) 徴収費用の説明書（参考様式1－9号）（基準省令「特定技能1号」5号及び「特定技能2号」5号）

　　※「一定の実績があり適正な受入れが見込まれる機関」の場合提出不要（下記ア－2－1参照）

　　※申請人から家賃を徴収する場合には,関係資料の提出が必要（参考様式の注意書き参照）

ポイント

この説明書は,雇用主（特定技能所属機関）が申請人（1号特定技能外国人）から徴収する諸費用を,食費,居住費,水道光熱費,申請人が定期的に負担する費用の詳細を記載した資料であり,申請人の負担費用の詳細を報酬の1か月当たりの概算額との比較において確認するための資料である。

第1章　在留資格の認定要件と立証資料

　当該参考様式は，入管庁ホームページから取得可能である。
　費用徴収の有無，有りの場合，申請人がその内容を十分に理解していること，費用の額が適正であること，その明細が書面として申請人に提示されていることを確認するためのものである。

(ク)　健康診断個人票（参考様式1-3号）（基準省令「特定技能1号」1号ロ及び「特定技能2号」1号ロ，規則別表3第1号ト及び2号ホ）

　※病院発行の様式のものでも差し支えないが，受診項目は参考様式に記載のものが含まれていることが必要
　※外国語で作成されている場合は，日本語訳を添付のこと

◆ポイント◆

　次の(ケ)と共に，基準省令上の条件に適合することの確認のためのものである。
　業務歴，既往歴，自覚症状，他覚症状，身長，体重，BMI，視力，聴力，結核との検査など申請人（特定技能外国人）の健康状況に関する数値を記載した資料であり，申請人が特定技能の活動に従事するに耐えうる健康状態であることを確認するための資料である。
　当該参考様式は，入管庁ホームページから取得可能である。

(ケ)　受診者の申告書（参考様式1-3号別紙）（基準省令「特定技能1号」1号ロ及び「特定技能2号」1号ロ，規則別表3第1号ト及び2号ホ）

◆ポイント◆

　この申告書は，上記健康診断個人票（参考様式1-3号）の別紙であり，申請人（特定技能外国人）が「通院歴，入院歴，手術歴，投薬歴の全てを医師に申告した上で，医師の診断を受け」た旨申告するものである。いわば，宣誓書のようなもので，上記健康診断個人票の記載内容の真正性及び真実性が担保されていることを確認するための資料である。
　当該参考様式は，入管庁ホームページから取得可能である。

「特定技能1号」の在留資格認定証明書交付及び同資格への在留資格変更許可の申請の場合に共通資料に加えて必要な資料

(ロ)　二国間取決において定められた遵守すべき手続に係る書類（基準省令「特定技能1号」4号，「特定技能2号」4号）

(注) 特定の国籍のみ提出が必要。
　　※対象の国籍は，カンボジア，タイ，ベトナム（2024（令和6）年10月現在）
　　※詳細は入管庁ホームページ参照

🔸ポイント
基準省令上の条件に適合することの確認のためのものである。

㈥　1号特定技能外国人支援計画書（参考様式1－17号）（入管法2条の5第6項及び19条の22第1項，基準省令「特定技能1号」柱書）
※申請人が十分に理解できる言語での記載も必要

🔸ポイント
当該計画書は，雇用主（特定技能所属機関）が申請人（1号特定技能外国人）に対して行う支援内容を詳細に記載した資料で，登録支援機関及び支援内容を詳細に記載し，雇用主及び申請人双方が署名する形式となっている資料である。当該計画書の内容を雇用主及び申請人双方に明らかにし，双方が理解していることを確認するための資料である。また，この作成により，支援計画が一層確実なものとなるものと考えられる。
　当該参考様式は，入管庁ホームページから取得可能である。

㈦　登録支援機関との支援委託契約に関する説明書（参考様式1－25号）（入管法19条の22第2項）
(注)　支援計画の実施の全部を登録支援機関に委託する場合に限り提出が必要。

🔸ポイント
全部委託契約の締結の有無を確認するためのものである。
　当該説明書は，雇用主（特定技能所属機関）が登録支援機関との間において締結した申請人の支援の全部の委託契約の契約年月日，委託料及び契約期間などの概要を記載した資料である。申請人（1号特定技能外国人）の支援の委託契約の概要を確認するための資料である。
　当該参考様式は，入管庁ホームページから取得可能である。

「特定技能1号」及び「特定技能2号」への在留資格変更許可の申請の場合に共通資料に加えて必要な資料

㈧　納税関係（入管法2条の5第1項及び3項，特定技能基準省令1条1項柱書，

第 1 章　在留資格の認定要件と立証資料

2号及び3号並びに2条1項1号，規則別表3第1号ロ及び2号ロ）
① 　申請人の個人住民税の課税証明書(Ⅱ)
（注）　直近1年分が必要。
② 　申請人の住民税の納税証明書(Ⅱ)
（注）　すべての納期が経過している直近1年度のものが必要。課税証明書と同一年度でない場合もあり発行手続の際に注意。
　　①及び②に関しては次のとおり。
　　※1年間の総所得額，課税額，納税額が記載されているものが必要
　　※名称は地方公共団体により異なる
　　※納税緩和措置（換価の猶予，納税の猶予又は納付受託）の適用を受けている場合に，当該適用を受けていることが納税証明書に記載されていないときは，当該適用に係る通知書の写しの提出が必要
③ 　申請人の給与所得の源泉徴収票の写し(Ⅱ)
（注）　①で証明されている内容に対応する年度のもの。
　　※複数枚の源泉徴収票がある場合は，確定申告のうえ，税務署発行の納税証明書（その3）（税目：「①源泉所得税及び復興特別所得税」「②申告所得税及び復興特別所得税」「③消費税及び地方消費税」「④相続税」「⑤贈与税」）の提出も必要
　　※納税の猶予又は納付受託の適用を受けている場合は，当該適用がある旨の記載がある納税証明書及び未納のある税目についての納税証明書（その1）の提出が必要

▶ポイント

　申請人の報酬に関する要件に適合することの確認及び申請人がこれまで在留資格に該当する活動に従事していたか否かの確認のためのものである。

　以下(セ)から(チ)まで，申請人の雇用契約の相手方となる本邦の公私の機関が特定技能基準省令2条1項1号を遵守しているか否かの確認のためのものである。

(セ)　国民健康保険関係（入管法2条の5第1項及び第3項，特定技能基準省令1条

1項柱書，2号及び3号並びに2条1項1号，規則別表3第1号ロ及び2号ロ）

※申請時点で申請人が国民健康保険の被保険者である場合に提出が必要

※納付や換価の猶予を受けている場合であって，国民健康保険料（税）納付証明書にその旨の記載がない場合には，これらに係る通知書の写しの提出が必要

① 申請人の国民健康保険被保険者証の写し(Ⅱ)

（注） 保険者番号及び被保険者等記号・番号を申請人側でマスキング（黒塗り）のこと。

② 申請人の国民健康保険料（税）納付証明書(Ⅱ)

（注1） 直近1年分が必要。

（注2） 保険者番号及び被保険者等記号・番号を申請人側でマスキング（黒塗り）のこと。

(ソ) 次の①又は②のいずれか（入管法2条の5第1項及び第3項，特定技能基準省令1条1項柱書，2号及び3号並びに2条1項1号，規則別表3第1号ロ及び2号ロ）

※申請時点で申請人が国民年金の被保険者である場合に提出が必要

① 申請人の国民年金保険料領収証書の写し(Ⅱ)

（注1） 申請の日の属する月の前々月までの24か月分が必要。

（注2） 基礎年金番号を申請人側でマスキング（黒塗り）のこと。

② 申請人の被保険者記録照会（納付Ⅱ）（被保険者記録照会回答票を含む。）(Ⅱ)

（注） 基礎年金番号を申請人側でマスキング（黒塗り）のこと。

(タ) 前回申請時に履行すべきであった公的義務に係る書類（入管法2条の5第1項及び第3項，特定技能基準省令1条1項柱書，2号及び3号並びに2条1項1号，規則別表3第1号ロ及び2号ロ）

（注） 前回申請時，次の(チ)の参考様式1－26号等の提出により，納税義務の履行を誓約した場合に提出が必要。

※前回申請時に提出すべきであった納税証明書や納税緩和措置の適用に係る通知書の写しなど

(チ) 公的義務履行に関する誓約書（入管法2条の5第1項及び第3項，特定技能

第1章 在留資格の認定要件と立証資料

基準省令1条1項柱書，2号及び3号並びに2条1項1号，規則別表3第1号ロ及び2号ロ）

（注）(ス)から(ソ)までのいずれかに滞納がある場合にのみ提出。

「特定技能2号」に係る申請の場合に共通資料に加えて必要な資料

(ツ) 技術移転に係る申告書（参考様式1－10号）（基準省令「特定技能2号」6号）
　　※「特定技能2号」への在留資格変更許可の申請人が技能実習の活動に従事していたことがあるときに必要

▶ ポイント

基準省令上の条件に適合することの確認のためのものである。

ア－2　所属機関に関する提出書類

ア－2－1　過去3年間に指導勧告書（入管法19条の19）の交付を受けていない機関であって，かつ以下のいずれかに該当する場合（一定の実績があり適正な受入れが見込まれる機関）

① 日本の証券取引所に上場している企業
② 保険業を営む相互会社
③ 高度専門職省令1条1項各号の表の特別加算の項の中欄イ又はロの対象企業（イノベーション創出企業。入管庁ホームページ参照。https://www.moj.go.jp/isa/content/930001665.pdf）

　※どのような企業が対象となるのかについては出入国管理及び難民認定法別表第1の2の表の高度専門職の項の下欄の基準を定める省令第1条各号の表の特別加算の項の規定に基づき法務大臣が定める法律の規定等を定める件（平成26年12月26日法務省告示第578号）参照

④ 「一定の条件を満たす企業等」（入管庁ホームページ参照。https://www.moj.go.jp/isa/content/930004712.pdf）
⑤ 前年分の給与所得の源泉徴収票等の法定調書合計表中，給与所得の源泉徴収票合計表の源泉徴収税額が1,000万円以上ある団体・個人
⑥ 入管庁電子届出システムの利用者登録をしている

(ア) 次のAからEまでのいずれかの場合に応じた書類
　A　日本の証券取引所に上場している企業（①）又は保険業を営む相互会社（②）の場合

四季報の写し又は日本の証券取引所に上場していることを証明する文書（写し）
  B　高度専門職省令1条1項各号の表の特別加算の項の中欄イ又はロの対象企業（上記イノベーション創出企業）（③）の場合

  　　高度専門職省令1条1項各号の表の特別加算の項の中欄イ又はロの対象企業（上記イノベーション創出企業）であることを証明する文書（例えば，補助金交付決定通知書の写し）

  C　「一定の条件を満たす企業等」（④）の場合

  　　「一定の条件を満た企業等」であることを証明する文書（例えば，認定証等の写し）

  D　前年分の給与所得の源泉徴収票等の法定調書合計表中，給与所得の源泉徴収票合計表の源泉徴収税額が1,000万円以上ある団体・個人（⑤）の場合

  　　前年分の職員の給与所得の源泉徴収票等の法定調書合計表（受付印のあるものの写し）

  E　入管庁電子届出システムの届出をしていること

  　　出入国在留管理庁電子届出システムに関する誓約書（参考様式1－30）

(ｲ)　書類の省略に当たっての誓約書（参考様式1－29号）

> ポイント

　この誓約書は，申請書及び立証資料に記載された内容に虚偽がないこと，労働関係法令，社会保険関係法令及び租税関係法令を遵守すること，入管法上必要とされている届出を励行すること並びに地方出入国在留管理局が行う関係書類の提出指導，事情聴取，実地調査等の調査に応じることを雇用主（特定技能所属機関）が地方出入国在留管理局に対して誓約するものである。特に入管法，そしてその関連法令の遵守する意思と能力が雇用主にあることを確認する資料である。

　当該参考様式は，入管庁ホームページから取得可能である。

ア－2－2　法人の場合（一定の実績があり適正な受入れが見込まれる機関）

　※下記(ｱ)から(ｴ)に関しては，「Ⅶ」に該当する場合には，「提出確認欄」

第1章　在留資格の認定要件と立証資料

に「注7」と記載のこと

(ｱ)　特定技能所属機関概要書（Ⅵ又はⅦ）（入管法2条の5第1項，特定技能基準省令2条）

（注）　「特定技能1号」の申請にあっては，記載内容に応じて，「受け入れた中長期在留者リスト（参考様式第1−11−2号）」，「生活相談業務を行った中長期在留者リスト（参考様式第1−11−3号）」，「支援責任者の履歴書（参考様式1−20号）」及び「支援担当者の履歴書（参考様式1−22号）」の添付が必要な場合がある。

いずれの参考様式も，入管庁ホームページから取得可能である。

◆ポイント◆
特定技能所属機関の概要の確認のためのものである。

(ｲ)　登記事項証明書（Ⅵ又はⅦ）（入管法2条の5第1項，特定技能基準省令2条）

◆ポイント◆
特定技能所属機関の法律上の存在（静的存在）の確認のためのものである。

(ｳ)　業務執行に関与する役員の住民票の写し（Ⅵ又はⅦ）（入管法2条の5第1項，特定技能基準省令2条）

（注）　マイナンバーの記載がなく，本籍地の記載があるものに限る。

◆ポイント◆
特定技能所属機関の実体的存在の確認のためのものである。

(ｴ)　特定技能所属機関の役員に関する誓約書（Ⅵ又はⅦ）（入管法2条の5第3項，特定技能基準省令2条1項4号）

（注）　特定技能外国人の受入れに関する業務執行に関与しない役員がいる場合のみ。

◆ポイント◆
入管法2条の5第3項及び特定技能基準省令2条1項の遵守について確認するためのものである。

◆ポイント◆
以下(ｵ)から(ｹ)までは入管法2条の5第3項及び特定技能基準省令2条1項1号の遵守状況の確認のためのものである。

特定技能

(オ) 次のAからCまでのいずれかの場合に応じた書類（入管法2条の5第1項及び第3項，特定技能基準省令1条1項柱書，2号及び3号並びに2条1項1号，規則別表3第1号ロ及び2号ロ）
　※労働保険の適用事業所でない場合には，労災保険に代わる民間保険の加入を証明する書類の提出が必要
　※口座振替結果通知ハガキを紛失した場合には，都道府県労働局発行の「労働保険料等口座振替結果のお知らせ」でも可
　　A　初めての受入れの場合
　　　　労働保険料等納付証明書（未納なし証明）(V)
　　B　受入れ中の場合　※労働保険事務組合に事務委託していない場合
　　　　労働保険概算・増加概算・確定保険料申告書（事業主控）の写し及び申告書に対応する領収証書（口座振替結果通知ハガキ）の写し(V)
（注）　直近2年分が必要。
　　C　受入れ中の場合　※労働保険事務組合に事務委託している場合
　　　　労働保険事務組合が発行した直近2年分の労働保険料等納入通知書の写し及び通知書に対応する領収証書（口座振替結果通知ハガキ）の写し(V)
（注）　直近2年分が必要。

(カ) 社会保険料納入状況回答票又は健康保険・厚生年金保険料領収証書の写し(V)（入管法2条の5第1項及び第3項，特定技能基準省令1条1項柱書，2号及び3号並びに2条1項1号，規則別表3第1号ロ及び2号ロ）
（注）　申請の日の属する月の前々月までの24か月分が必要。
　※納付や換価の猶予を受けている場合に，社会保険料納付状況照会回答票にその旨の記載がないときは納付の猶予許可通知書又は換価の猶予許可通知書の写しの提出が必要

(キ) 税務署発行の納税証明書（その3）(V)（入管法2条の5第1項及び第3項，特定技能基準省令1条1項柱書，2号及び3号並びに2条1項1号，規則別表3第1号ロ及び2号ロ）
（注1）　税目は「①源泉所得税及び復興特別所得税」「②法人税」「③消費税及び地方消費税」

第1章　在留資格の認定要件と立証資料

（注2）　①について，「申告所得税」ではなく「源泉所得税」
※納税の猶予又は納付受託の適用を受けている場合は，当該適用がある旨の記載がある納税証明書及び未納がある税目についての納税証明書（その1）の提出が必要

(ｸ)　次のA又はBのいずれかの場合に応じた書類（入管法2条の5第1項及び第3項，特定技能基準省令1条1項柱書，2号及び3号並びに2条1項1号，規則別表3第1号ロ及び2号ロ）

※納税緩和措置（換価の猶予，納税の猶予又は納付受託）の適用を受けている場合に，当該適用を受けていることが納税証明書に記載されていないときは，当該適用に係る通知書の写しの提出が必要

　　A　初めての受入れの場合
　　　法人住民税の市区町村発行の納税証明書(Ⅴ)
（注）　直近1年度分が必要。
　　B　受入れ中の場合
　　　法人住民税の市区町村発行の納税証明書(Ⅴ)
（注）　直近2年度分が必要。

(ｹ)　公的義務履行に関する説明書（参考様式1－27号）（入管法2条の5第1項及び第3項，特定技能基準省令1条1項柱書，2号及び3号並びに2条1項1号，規則別表3第1号ロ及び2号ロ）
（注）　上記(ｵ)から(ｸ)までに関し，「Ⅴ」の適用により，提出不要の適用を受ける場合に必要。

ア－2－3　個人事業主の場合

※下記(ｱ)及び(ｲ)に関しては，「Ⅶ」に該当する場合には，「提出確認欄」に「注7」と記載のこと

(ｱ)　特定技能所属機関概要書（参考様式1－11号）（Ⅵ又はⅦ）（入管法2条の5第1項，特定技能基準省令2条）
（注）　「特定技能1号」の申請にあっては，記載内容に応じて，「受け入れた中長期在留者リスト（参考様式第1－11－2号）」，「生活相談業務を行った中長期在留者リスト（参考様式第1－11－3号）」，「支援責任者の履歴書（参考様式1－20号）」及び「支援担当者の履歴書（参考様式1－22号）」

の添付が必要な場合がある。

> **ポイント**
特定技能所属機関の概要の確認のためのものである。

(イ) 個人事業主の住民票の写し（Ⅵ又はⅦ）（入管法2条の5第1項，特定技能基準省令2条）

（注） マイナンバーの記載がなく，本籍地の記載があるものに限る。

> **ポイント**
特定技能所属機関の実体的存在の確認のためのものである。

以下(ウ)から(キ)までは入管法2条の5第3項及び特定技能基準省令2条1項1号を遵守していることの確認のためのものである。

(ウ) 次のAからCまでのいずれかの場合に応じた書類（入管法2条の5第1項及び第3項，特定技能基準省令1条1項柱書，2号及び3号並びに2条1項1号，規則別表3第1号ロ及び2号ロ）

※労働保険の適用事業所でない場合には，労災保険に代わる民間保険の加入を証明する書類の提出が必要

※口座振替結果通知ハガキを紛失した場合には，都道府県労働局発行の「労働保険料等口座振替結果のお知らせ」でも可

  A　初めての受入れの場合

   労働保険料等納付証明書（未納なし証明）(Ⅴ)

  B　受入れ中の場合

※労働保険事務組合に事務委託していない場合に必要

   労働保険概算・増加概算・確定保険料申告書（事業主控）の写し及び申告書に対応する領収証書（口座振替結果通知ハガキ）の写し(Ⅴ)

（注） 直近2年分が必要。

  C　受入れ中の場合

※労働保険事務組合に事務委託している場合に必要

   労働保険事務組合が発行した直近2年分の労働保険料等納入通知書の写し及び通知書に対応する領収証書（口座振替結果通知ハガキ）の写し(Ⅴ)

第1章　在留資格の認定要件と立証資料

（注）　直近２年分が必要。

㈐　次のＡ又はＢのいずれかの場合に応じた書類（入管法２条の５第１項及び第３項，特定技能基準省令１条１項柱書，２号及び３号並びに２条１項１号，規則別表３第１号ロ及び２号ロ）

　　Ａ　健康保険・厚生年金保険の適用事業所の場合

※納付や換価の猶予を受けている場合に，社会保険料納入状況照会回答票にその旨の記載がないときは，納付の猶予許可通知書又は換価の猶予許可通知書の写しの提出が必要

　　　　社会保険料納入状況回答票又は健康保険・厚生年金保険料領収証書の写し(V)

（注）　申請の日の属する月の前々月までの24か月分が必要。

　　Ｂ　健康保険・厚生年金保険の適用事業所でない場合
　　　ⅰ　個人事業主の国民健康保険被保険者証の写し(V)

（注）　保険者番号及び被保険者等記号・番号を申請人側でマスキング（黒塗り）のこと。

　　　ⅱ　個人事業主の国民健康保険料（税）納付証明書(V)

（注１）　初めて受け入れる場合には直近１年分，受入れ中の場合には直近２年分が必要。

（注２）　保険者番号及び被保険者等記号・番号を申請人側でマスキング（黒塗り）のこと。

※納付や換価の猶予を受けている場合であって，国民健康保険料（税）納付証明書にその旨の記載がない場合には，これらに係る通知書の写しの提出が必要

　　　ⅲ　個人事業主の国民年金保険料領収証書の写し又は被保険者記録照会（納付Ⅱ）（被保険者記録照会回答票含む。）(V)

（注１）　申請の日の属する月の前々月までの24か月分が必要。

（注２）　基礎年金番号を申請人側でマスキング（黒塗り）のこと。

㈑　個人事業主の税務署発行の納税証明書（その３）(V)（入管法２条の５第１項及び第３項，特定技能基準省令１条１項柱書，２号及び３号並びに２条１項１号，規則別表３第１号ロ及び２号ロ）

（注）　税目は「①源泉所得税及び復興特別所得税」「②申告所得税及び復興特別所得税」「③消費税及び地方消費税」「④相続税」「⑤贈与税」

　※納税の猶予又は納付受託の適用を受けている場合は，当該適用がある旨の記載がある納税証明書及び未納がある税目についての納税証明書（その１）の提出が必要

㈹　次のＡ又はＢのいずれかの場合に応じた書類（入管法２条の５第１項及び第３項，特定技能基準省令１条１項柱書，２号及び３号並びに２条１項１号，規則別表３第１号ロ及び２号ロ）

　※納税緩和措置（換価の猶予，納税の猶予又は納付受託）の適用を受けている場合に，当該適用を受けていることが納税証明書に記載されていないときは，当該適用に係る通知書の写しの提出が必要

　　Ａ　初めての受入れの場合
　　　個人事業主の個人住民税の市区町村発行の納税証明書(V)
　（注）　直近１年分が必要。
　　Ｂ　受入れ中の場合
　　　個人事業主の個人住民税の市区町村発行の納税証明書(V)
　（注）　直近２年分が必要。

㈭　公的義務履行に関する説明書（参考様式１－27号）（入管法２条の５第１項及び第３項，特定技能基準省令１条１項柱書，２号及び３号並びに２条１項１号，規則別表３第１号ロ及び２号ロ）

　（注）　上記㈨から㈹までに関し，「Ｖ」の適用により，提出不要の適用を受ける場合に必要。

　※上記㈨から㈹までのいずれについても滞納がない場合に限る。

ア－３　分野に関する提出書類

▶ポイント

　在留資格「特定技能」においては，１号においても２号においても，その在留資格で外国人を受け入れることのできる産業分野が特定技能の在留資格に係る制度の運用に関する方針（平成30年12月25日閣議決定）において定められ，出入国管理及び難民認定法別表第１の２の表の特定技能の項の下欄に規定する産業上の分野等を定める省令（平成31年３月15日法務省令第６号）

により確認的に定められている。その結果，提出書類についても分野ごとに異なるものが求められる。

ア－3－1　介護（「特定技能1号」の場合に限る。）

(ア)　次のAからDまでのいずれかの場合に応じた書類（規則別表3第1号ニ及びホ）

A　申請人が介護福祉士養成施設修了者の場合
　　介護福祉士養成施設の卒業証明書の写し(I)

B　申請人がEPA介護福祉士候補者として通算4年間の在留期間を満了した者の場合
　　直近の介護福祉士国家試験の結果通知書の写し(I)

※EPA介護福祉士候補者としての就労・研修を3年10か月以上修了
※合格基準点の5割以上の得点
※すべての試験科目で得点

C　申請人が技能実習2号良好修了者（2年10か月以上）の場合
　　次の①又は②のいずれか(I)
　　①　介護技能実習評価試験（専門級）の実技試験の合格証明書の写し
　　②　技能実習生に関する評価調書（参考様式1－2号）

(注)　上記Cはいずれも省略できる場合あり（次の※参照）。

※希望する業務区分について試験免除となる職種・作業の技能実習は，介護職種・介護作業
※技能実習生に関する評価調書の発行が受けられない場合には申請前に地方出入国在留管理局に相談のこと
※今回の所属機関が申請人を技能実習生として受け入れたことがある場合であって，所属機関が技能実習法の「改善命令」や旧制度の「改善指導」を過去1年以内に受けていないときに限り提出省略可

D　申請人が上記のいずれにも該当しない場合
　　①　介護技能評価試験の合格証明書の写し
　　②　介護日本語評価試験の合格証明書の写し
　　③　次のi又はiiのいずれか
　　　　i　日本語能力試験（N4以上）の合格証明書の写し

ⅱ　国際交流基金日本語基礎テストの合格証明書（判定結果通知書）の写し
　※③は職種・作業にかかわらず技能実習2号良好修了者の場合には提出不要。ただし，技能実習2号良好修了者であることを証明する書類の提出が必要。
㈦　介護分野における特定技能外国人の受入れに関する誓約書（分野参考様式1-1号）
㈨　介護分野における業務を行わせる事業所の概要書（分野参考様式1-2号）（規則別表3第1号イ）
㈩　協議会の構成員であることの証明書（介護分野基準2条3号）
　※一律必要。介護分野での初回の受入れの場合には申請前の加入手続が必要。

ア-3-2　ビルクリーニング

ア-3-2-1　「特定技能1号」

㈦　次のA又はBのいずれかの場合に応じた書類（規則別表3第1号ニ及びホ）
　A　申請人が技能実習2号良好修了者（2年10か月以上）の場合（I）
　　次のⅰ又はⅱのいずれか
　　ⅰ　ビルクリーニング技能検定（3級）の実技試験の合格証明書の写し
　　ⅱ　技能実習生に関する評価調書（参考様式1-2号）
　（注）　上記Aはいずれも省略できる場合あり（次の※参照）。
　※希望する業務区分について試験免除となる職種・作業の技能実習は，ビルクリーニング職種・ビルクリーニング作業
　※技能実習生に関する評価調書の発行が受けられない場合には申請前に地方出入国在留管理局に相談のこと
　※今回の所属機関が申請人を技能実習生として受け入れたことがある場合であって，所属機関が技能実習法の「改善命令」や旧制度の「改善指導」を過去1年以内に受けていないときに限り提出省略可
　B　申請人が上記に該当しない場合（規則別表3第1号ホ）

① ビルクリーニング分野特定技能1号評価試験の合格証明書の写し
② 次のi又はiiのいずれか
　　i　日本語能力試験（N4以上）の合格証明書の写し
　　ii　国際交流基金日本語基礎テストの合格証明書（判定結果通知書）の写し
　　※上記②は職種・作業にかかわらず技能実習2号良好修了者の場合には提出不要。ただし，技能実習2号良好修了者であることを証明する書類の提出が必要。
(イ)　ビルクリーニング分野における特定技能外国人の受入れに関する誓約書（分野参考様式2-1号）
(ウ)　次の①又は②のいずれか(Ⅵ)（規則別表3第1号イ）
　①　建築物清掃業登録証明書
　②　建築物環境衛生総合管理業登録証明書
(エ)　協議会の構成員であることの証明書（特定技能所属機関）（ビルクリーニング分野基準2条2号）
　※一律必要。ビルクリーニング分野での初回の受入れの場合には申請前の加入手続が必要。

ア-3-2-2　「特定技能2号」

(ア)　次のA又はBのいずれかの場合に応じた書類（規則別表3第2号ハ）
　A　ビルクリーニング分野特定技能2号評価試験合格者の場合
　　　ビルクリーニング分野特定技能2号評価試験の合格証明書の写し
　B　技能検定1級（ビルクリーニング）合格者の場合
　　①　技能検定1級（ビルクリーニング）の合格証明書の写し
　　②　試験実施機関の発行する「特定技能2号移行要件に係る実務経験適合証明書」の写し
(イ)　ビルクリーニング分野における特定技能外国人の受入れに関する誓約書（分野参考様式2-1号）
(ウ)　次の①又は②のいずれか(Ⅵ)
　※当該登録を受けていることが記載された「ビルクリーニング分野特定技能協議会構成員資格証明書」（当該登録の有効期限が切れていないものに

限る。）を提出している場合は提出不要
　① 建築物清掃業登録証明書
　② 建築物環境衛生総合管理業登録証明書
(エ) 協議会の構成員であることの証明書（特定技能所属機関）（ビルクリーニング分野基準2条2号）
　※一律必要。ビルクリーニング分野での初回の受入れの場合には申請前の加入手続が必要。

ア－3－3　素形材・産業機械・電気電子情報関連製造業分野
ア－3－3－1　「特定技能1号」
(ア) 次のA又はBのいずれかの場合に応じた書類（規則別表3第1号ニ及びホ）
　A　申請人が技能実習2号良好修了者（2年10か月以上）の場合
　　次の①から③までのいずれか(I)（規則別表3第1号ニ及びホ）
　　① 技能検定3級の実技試験の合格証明書の写し
　　② 技能実習評価試験（専門級）の実技試験の合格証明書の写し
　　③ 技能実習生に関する評価調書（参考様式1－2号）
　(注)　上記Aはいずれも省略できる場合あり（次の※参照）。
※希望する業務区分について試験免除となる職種・作業の技能実習は，「特定の分野に係る特定技能外国人受入れに関する運用要領―素形材・産業機械・電気電子情報関連製造業分野の基準について―」の別表を参照
※技能実習生に関する評価調書の発行が受けられない場合には，申請前に最寄りの地方出入国在留管理局に相談のこと
※今回の所属機関が申請人を技能実習生として受け入れたことがある場合であって，所属機関が技能実習法の「改善命令」や旧制度の「改善指導」を過去1年以内に受けていないときに限り提出省略可
　B　申請人が上記Aに該当しない場合
　　① 製造分野特定技能1号評価試験の合格証明書の写し（規則別表3第1号ニ及びホ）
※希望する業務区分に応じたものに限る

② 次のⅰ又はⅱのいずれか
　ⅰ　日本語能力試験（N4以上）の合格証明書の写し
　ⅱ　国際交流基金日本語基礎テストの合格証明書（判定結果通知書）の写し

※②は職種・作業にかかわらず技能実習2号良好修了者の場合には提出不要。ただし，技能実習2号良好修了者であることを証明する書類の提出が必要。

(イ)　素形材・産業機械・電気電子情報関連製造業分野における特定技能外国人の受入れに関する誓約書（分野参考様式3－1号）

※申請前の加入手続が必要

(ウ)　協議会の構成員であることの証明書（特定技能所属機関）（素産電分野基準3条1号）

※一律必要。素形材・産業機械・電気電子情報関連製造分野での初回受入れの場合には申請前の加入手続が必要。

ア－3－3－2　「特定技能2号」

(ア)　次のA又はBのいずれかの場合に応じた書類（規則別表3第2号ハ）

A　製造分野特定技能2号評価試験及びビジネス・キャリア検定合格者の場合

① 製造分野特定技能2号評価試験の合格証明書写し

※希望する業務区分に応じたものに限る。

② ビジネス・キャリア検定3級（生産管理プランニング又は生産管理オペレーション）の合格証明書写し

B　技能検定1級合格者の場合

① 技能検定1級の合格証明書の写し

※希望する業務区分に応じたものに限る

② 素形材・産業機械・電気電子情報関連製造業分野2号特定技能外国人に求められる実務経験に係る証明書（分野参考様式3－2号）

(イ)　素形材・産業機械・電気電子情報関連製造業分野における特定技能外国人の受入れに関する誓約書（分野参考様式3－1）

(ウ)　協議の構成員であることの証明書（特定技能所属機関）（素産電分野基準3

条1号)

※一律必要。素形材・産業機械・電気電子情報関連分野での初回受入れの場合には申請前の加入手続が必要。

ア－３－４　建　設

ア－３－４－１　「特定技能１号」

(ア)　次のＡ又はＢのいずれかの場合に応じた書類（規則別表３第１号ニ及びホ）

　Ａ　申請人が技能実習２号良好修了者（２年10か月以上）の場合(I)
　　次の①から③までのいずれか
　　①　技能検定３級の実技試験の合格証明書の写し
　　②　技能実習評価試験（専門級）の実技試験の合格証明書の写し
　　③　技能実習生に関する評価調書（参考様式１－２号）

（注）　上記のいずれも省略できる場合あり（次の※参照）。
　　※希望する業務区分に試験免除となる職種・作業の技能実習は，「特定の分野に係る特定技能外国人受入れに関する運用要領―建設分野の基準について―」の別表を参照
　　※技能実習生に関する評価調書の発行が受けられない場合には申請前に地方出入国在留管理局に相談のこと
　　※今回の所属機関が申請人を技能実習生として受け入れたことがある場合であって，所属機関が技能実習法の「改善命令」や旧制度の「改善指導」を過去１年以内に受けていないときに限り提出省略可

　Ｂ　申請人が上記Ａに該当しない場合
　　①　次のⅰ又はⅱのいずれか
　　　ⅰ　希望する業務区分に応じた建設分野特定技能１号評価試験の合格証明書の写し
　　　ⅱ　希望する業務区分に応じた技能検定３級の合格証明書の写し
　　②　次のⅰ又はⅱのいずれか
　　※職種・作業にかかわらず技能実習２号良好修了者の場合には提出不要。ただし，技能実習２号良好修了者であることを証明する書類の提出が必要。

第1章　在留資格の認定要件と立証資料

　　　　ⅰ　日本語能力試験（Ｎ４以上）の合格証明書の写し
　　　　ⅱ　国際交流基金日本語基礎テストの合格証明書（判定結果通知書）の写し
　(イ)　設特定技能受入計画の認定証の写し
　　※申請前に国土交通省地方整備局での手続が必要
　(ウ)　建設分野における特定技能外国人の受入れに関する誓約書（分野参考様式６−１号）

ア−３−４−２　「特定技能２号」

(ア)　次の①又は②のいずれか（規則別表３第２号ハ）
　①　希望する業務区分に応じた建設分野特定技能２号評価試験の合格証明書の写し
　②　希望する業務区分に応じた技能検定１級の合格証明書の写し
(イ)　次のＡからＣまでのいずれかの場合に応じた書類
　Ａ　２号特定技能外国人の業務区分に対応する職種が建設キャリアアップシステムの能力評価基準にある場合
　　次の①又は②のいずれか。
　①　希望する業務区分に応じた建設キャリアアップシステムにおけるレベル３の能力評価（レベル判定）結果通知書の写し
　②　２号特定技能外国人に求められる実務経験に係る申告書（分野参考様式６−３号）
　※希望する業務区分に応じた建設キャリアアップシステムにおける技能者情報の表示画面の写しの添付も必要
　※詳細は国土交通省ＨＰを参照：https://www.mlit.go.jp/tochi_fudousan_kensetsugyo/tochi_fudousan_ken setsugyo_tk3_000001_00003.html
　Ｂ　２号特定技能外国人の業務区分に対応する職種が，建設キャリアアップシステムの能力評価基準にない場合
　　２号特定技能外国人に求められる実務経験に係る申告書（分野参考様式６−３号）
　※希望する業務区分に応じた建設キャリアアップシステムにおける技能

者情報の表示画面の写しの添付も必要
※詳細は国土交通省HPを参照：https://www.mlit.go.jp/tochi_fudousan_kensetsugyo/tochi_fudousan_ken setsugyo_tk3_000001_00003.html

C 建設キャリアアップシステムに就業日数及び就業履歴数が蓄積されていない場合
　① ２号特定技能外国人に求められる実務経験に係る申告書（分野参考様式６－３号）
　② 経歴証明書（分野参考様式６－３号別紙）

(ウ) 建設分野における特定技能外国人の受入れに関する誓約書（分野参考様式６－１号）

(エ) 建設分野における２号特定技能外国人特定技能雇用契約の相手方となる本邦の公私の機関に関する誓約書（分野参考様式６－２号）

(オ) 建設業法（昭和24年法律第100号）第３条第１項の許可を受けていることを証する書類

(カ) 特定技能所属機関になろうとする者の建設キャリアアップシステム申請番号又は事業者IDを明らかにする書類（登録後に送付されるハガキ又はメールの写し）

ア－３－５　造船・舶用工業

ア－３－５－１　「特定技能１号」

(ア) 次のＡ又はＢのいずれかの場合に応じた書類（規則別表３第１号ニ及びホ）

　Ａ　申請人が技能実習２号良好修了者（２年10か月以上）の場合
　　次の①から③までのいずれか（Ⅰ）
　　① 技能検定３級の実技試験の合格証明書の写し
　　② 技能実習評価試験（専門級）の実技試験の合格証明書の写し
　　③ 技能実習生に関する評価調書（参考様式１－２号）

（注）上記Ａはいずれも省略できる場合あり（次の※参照）。

※希望する業務区分について試験免除となる職種・作業の技能実習は，「特定の分野に係る特定技能外国人受入れに関する運用要領―造船・

舶用工業分野の基準について―」の別表を参照
※技能実習生に関する評価調書の発行が受けられない場合には申請前に最寄りの地方出入国在留管理局に相談のこと
※今回の所属機関が申請人を技能実習生として受け入れたことがある場合であって，所属機関が技能実習法の「改善命令」や旧制度の「改善指導」を過去1年以内に受けていないときに限り提出省略可

 B 申請人が上記Aに該当しない場合
  ① 次のi又はiiのいずれか
   i 希望する業務区分に応じた造船・舶用工業分野特定技能1号試験の合格証明書の写し
   ii 希望する業務区分に応じた技能検定3級の合格証明書の写し
  ② 次のi又はiiのいずれか
   i 日本語能力試験（N4以上）の合格証明書の写し
   ii 国際交流基金日本語基礎テストの合格証明書（判定結果通知書）の写し
※上記iiは職種・作業にかかわらず技能実習2号良好修了者の場合には提出不要。ただし，技能実習2号良好修了者であることを証明する書類の提出が必要。

(イ) 造船・舶用工業事業者の確認通知書(Ⅲ)
※造船・舶用工業分野での初回受入れの場合には，申請前に国土交通省の手続が必要

(ウ) 造船・舶用工業分野における特定技能外国人の受入れに関する誓約書（特定技能所属機関）（分野参考様式7－1号）

(エ) 協議会の構成員であることの証明書（特定技能所属機関）（造船舶用工業分野基準2条2号）
 （注） 特定技能外国人の初回の受入れから4か月以上経過している場合に必要。
 ※一律必要。造船・舶用工業分野における初回受入れの場合には申請前の加入手続が必要。

以下は，登録支援機関に，1号特定技能外国人支援計画の実施の全部を委託する場合に必要な書類（登録支援機関の関係書類）

(オ) 造船・舶用工業分野における特定技能外国人の受入れに関する誓約書（登録支援機関）（分野参考様式7－2号）

(カ) 協議会の構成員であることの証明書（登録支援機関）（造船舶用工業分野基準2条5号）

（注） 造船・舶用工業分野に関し，初めて1号特定技能外国人支援計画の実施の委託を受けて支援を開始してから4か月以上経過している場合に必要。

※一律必要。造船・舶用工業分野における初回受入れの場合には申請前の加入手続が必要。

ア－3－5－2　「特定活動2号」

(ア) 次のA又はBのいずれかに応じた書類（規則別表3第2号ハ）

A　造船・舶用工業分野特定技能2号試験合格者の場合
希望する業務区分に応じた造船・舶用工業分野特定技能2号試験の合格証明書写し

B　技能検定1級合格者の場合
① 希望する業務区分に応じた技能検定1級の合格証明書の写し
② 造船・舶用工業分野2号特定技能外国人に求められる実務経験に係る証明書（分野参考様式7-3号）

(イ) 造船・舶用工業事業者の確認通知書(Ⅲ)

※造船・舶用工業分野での初回受入れの場合には申請前に国土交通省の手続が必要

(ウ) 造船・舶用工業分野における特定技能外国人の受入れに関する誓約書（特定技能所属機関）（分野参考様式7－1号）

(エ) 協議会の構成員であることの証明書（特定技能所属機関）造船・舶用工業分野基準2条2号）

（注） 特定技能外国人の初回の受入れから4か月以上経過している場合に必要。
※一律必要。造船・舶用工業分野での初回受入れの場合には申請前の加入手続が必要。

ア－3－6　自動車整備

ア－3－6－1　「特定技能1号」

(ア) 次のA又はBのいずれかの場合に応じた書類（規則別表3第1号ニ及び

ホ)
A 申請人が技能実習2号良好修了者（2年10か月以上）の場合
次の①又は②のいずれか(Ⅰ)
① 外国人自動車整備技能実習評価試験（専門級）の合格証明書又は実技試験の結果通知書の写し
② 技能実習生に関する評価調書（参考様式1－2号）
（注） 上記Aはいずれも省略可能な場合あり（次の※参照）。
※希望する業務区分に試験免除となる職種・作業の技能実習は，自動車整備職種・自動車整備作業
※技能実習生に関する評価調書の発行が受けられない場合には申請前に最寄りの地方出入国在留管理局に相談のこと
※今回の所属機関が申請人を技能実習生として受け入れたことがある場合であって，所属機関が技能実習法の「改善命令」や旧制度の「改善指導」を過去1年以内に受けていないときに限り提出省略可
B 申請人が上記に該当しない場合
① 次のⅰ又はⅱのいずれか
ⅰ 自動車整備分野特定技能評価試験の合格証明書の写し
ⅱ 自動車整備士技能検定3級の合格証明書の写し
② 次のⅰ又はⅱのいずれか
ⅰ 日本語能力試験（N4以上）の合格証明書の写し
ⅱ 国際交流基金日本語基礎テストの合格証明書（判定結果通知書）の写し
※上記②は職種・作業にかかわらず技能実習2号良好修了者の場合には提出不要。ただし，技能実習2号良好修了者であることを証明する書類の提出が必要。
(イ) 自動車整備分野における特定技能外国人の受入れに関する誓約書（分野参考様式8－1号）
(ウ) 次のA又はBのいずれかの場合に応じた書類（自動車整備分野基準2条2号）
A 自動車整備分野に関し，特定技能外国人の初回受入れの場合

自動車整備分野特定技能協議会入会届兼構成員資格証明書（受付印のあるもの）
　Ｂ　特定技能外国人の初回の受入れから４か月以上経過している場合
　　次の①又は②のいずれか
　　①　自動車整備分野特定技能協議会入会届出書兼構成員資格証明書（受付印があるもの）
　　②　自動車整備分野特定技能協議会構成員資格証明書発行申請書（受付印があるもの）
　※Ａ及びＢいずれの場合においても，一律必要。自動車整備分野での初回受入れの場合には申請前の加入手続が必要

以下，登録支援機関に，１号特定技能外国人支援計画の実施の全部を委託する場合に必要な書類（登録支援機関の関係書類）

(エ)　自動車整備分野における特定技能外国人の受入れに関する誓約書（登録支援機関）（分野参考様式８－２号）

(オ)　次のＡ又はＢのいずれかの場合に応じた書類（自動車整備分野基準２条２号及び５号イ）
　Ａ　初めて自動車整備分野の１号特定技能外国人支援計画の実施の委託を受ける場合
　　自動車整備分野特定技能協議会入会届出書兼構成員資格証明書（受付印があるもの）
　Ｂ　初めて１号特定技能外国人支援計画の実施の委託を受けて支援を開始してから４か月以上経過している場合
　　次の①又は②のいずれか
　　①　自動車整備分野特定技能協議会入会届出書兼構成員資格証明書（受付印があるもの）
　　②　自動車整備分野特定技能協議会構成員資格証明書発行申請書（受付印があるもの）
　※一律必要。自動車整備分野での初回受入れの場合には申請前の加入手続が必要

(カ)　外国人の支援を行う者(注)に関し，次の①又は②のいずれか(Ⅲ)

第1章　在留資格の認定要件と立証資料

　(注)　支援責任者，支援担当者などの外国人の支援を行う者。
　　①　自動車整備士技能検定1級又は2級の合格証の写し
　　②　実務経験証明書（分野参考様式8－3号）
※過去の在留諸申請において提出済みの者とは，別の者を置いた場合には提出が必要
(キ)　外国人の支援を行う者^(注)に関し，次の①又は②のいずれか(皿)（自動車整備分野基準2条5号ロ）
　(注)　支援責任者，支援担当者などの外国人の支援を行う者。
　自動車整備分野特定技能協議会入会届出書兼構成員資格証明書（受付印があるもの）
　　①　自動車整備士技能検定1級又は2級の合格証の写し
　　②　実務経験証明書（分野参考様式8－3号）

ア－3－6－2　「特定技能2号」
(ア)　次のA又はBのいずれかの場合に応じた書類（規則別表3第2号ハ）
　A　自動車整備分野特定技能2号評価試験合格者の場合
　　自動車整備分野特定技能2号評価試験の合格証明書写し
　B　自動車整備士技能検定2級合格者の場合
　　自動車整備士技能検定2級の合格証明書の写し
(イ)　自動車整備分野における特定技能外国人の受入れに関する誓約書（分野参考様式8－1号）
(ウ)　次のA又はBのいずれかの場合に応じた書類（自動車整備分野基準2条2号）
　A　初めて，自動車整備分野に関し，特定技能外国人を受け入れる場合に必要
　　自動車整備分野特定技能協議会入会届出書兼構成員資格証明書（受付印があるもの）
　B　特定技能外国人の初回の受入れから4か月以上経過している場合に必要
　　次の①又は②のいずれか
　　①　自動車整備分野特定技能協議会入会届出書兼構成員資格証明

② 自動車整備分野特定技能協議会構成員資格証明書発行申請書（受付印があるもの）

※A及びBのいずれの場合においても，一律必要。自動車整備分野での初回受入れの場合には申請前の加入手続が必要。

ア－3－7　航　空

ア－3－7－1　「特定技能1号」

(ア) 次のA又はBのいずれかの場合に応じた書類（規則別表3第1号ニ及びホ）

　A　申請人が技能実習2号良好修了者（2年10か月以上）の場合
　　　次の①又は②のいずれか(I)
　　① 空港グランドハンドリング技能実習評価試験（専門級）の合格証明書の写し
　　② 技能実習生に関する評価調書（参考様式1－2号）

(注) 上記Aはいずれも省略可能な場合あり（次の※参照）。

※希望する業務区分に試験免除となる職種・作業の技能実習は，「特定の分野に係る特定技能外国人受入れに関する運用要領―航空分野―」の別表を参照

※技能実習生に関する評価調書の発行が受けられない場合には申請前に最寄りの地方出入国在留管理局に相談のこと

※今回の所属機関が申請人を技能実習生として受け入れたことがある場合であって，所属機関が技能実習法の「改善命令」や旧制度の「改善指導」を過去1年以内に受けていないときに限り提出省略可

　B　申請人が上記Aに該当しない場合
　　① 業務区分に応じて次のi又はiiのいずれか
　　　i　特定技能評価試験（航空分野：空港グランドハンドリング）の合格証明書の写し
　　　ii　特定技能評価試験（航空分野：航空機整備）の合格証明書の写し
　　② 次のi又はiiのいずれか
　　　i　日本語能力試験（N4以上）の合格証明書の写し

ⅱ 国際交流基金日本語基礎テストの合格証明書（判定結果通知書）の写し

※上記②は職種・作業にかかわらず技能実習2号良好修了者の場合には提出不要。ただし，技能実習2号良好修了者であることを証明する書類の提出が必要。

(イ) 航空分野における特定技能外国人の受入れに関する誓約書（特定技能所属機関）（分野参考様式9－1号）

(ウ) 協議会の構成員であることの証明書（特定技能所属機関）（航空分野基準2条2号）

（注）特定技能外国人の初回の受入れから4か月以上経過している場合に必要
※一律必要。航空分野での初回受入れの場合には申請前の加入手続が必要。

以下，登録支援機関に，1号特定技能外国人支援計画の実施の全部を委託する場合に必要な書類（登録支援機関の関係書類）

(エ) 航空分野における特定技能外国人の受入れに関する誓約書（登録支援機関）（分野参考様式9－2号）

(オ) 協議会の構成員であることの証明書（登録支援機関）（航空分野基準2条2号及び5号）

（注）航空分野に関し，1号特定技能外国人支援計画の実施の委託を受けて支援を開始してから4か月以上経過している場合に必要。

※一律必要。航空分野での初回受入れの場合には申請前の加入手続が必要。

ア－3－7－2 「特定技能2号」

(ア) 次のA又はBのいずれかの場合に応じた書類（規則別表3第2号ハ）

　A　航空分野特定技能2号評価試験合格者の場合

　　①　航空分野特定技能2号評価試験（空港グランドハンドリング）の合格証明書写し

　　②　航空分野特定技能2号評価試験（航空機整備）の合格証明書写し

　B　航空従事者技能証明取得者の場合

　※航空機整備の業務区分に限る

① 航空従事者技能証明の写し
　　　② 航空分野2号特定技能外国人に求められる実務経験に係る証明書
　　　　（分野参考様式9-3号）
(ｲ) 航空分野における特定技能外国人の受入れに関する誓約書（特定技能所属機関）（分野参考様式9-1号）
(ｳ) 協議会の構成員であることの証明書（特定技能所属機関）（航空分野基準2条2号）
　（注）　特定技能外国人の初回の受入れから4か月以上経過している場合に必要。
　※一律必要。航空分野での初回受入れの場合には申請前の加入手続が必要。

ア-3-8　宿　泊

ア-3-8-1　「特定技能1号」

(ｱ) 次のA又はBのいずれかの場合に応じた書類（規則別表3第1号ニ及びホ）
　A　申請人が技能実習2号良好修了者（2年10か月以上）の場合
　　次の①又は②のいずれか(I)
　　① 宿泊技能実習評価試験（専門級）の合格証明書の写し
　　② 技能実習生に関する評価調書（参考様式1-2号）
　（注）上記Aはいずれも省略できる場合あり（次の※参照）。
　※希望する業務区分に試験免除となる職種及び作業の技能実習は、宿泊職種及び接客・衛生管理作業
　※技能実習生に関する評価調書の発行が受けられない場合には申請前に最寄りの地方出入国在留管理局に相談のこと
　※今回の所属機関が申請人を技能実習生として受け入れたことがある場合であって、所属機関が技能実習法の「改善命令」や旧制度の「改善指導」を過去1年以内に受けていないときに限り提出省略可
　B　申請人が上記Aに該当しない場合
　　① 宿泊業技能測定試験の合格証明書の写し
　　② 次のi又はiiのいずれか
　　　i　日本語能力試験（N4以上）の合格証明書の写し

第1章　在留資格の認定要件と立証資料

　　　ⅱ　国際交流基金日本語基礎テストの合格証明書（判定結果通知書）の写し
※上記②は職種・作業にかかわらず技能実習2号良好修了者の場合には提出不要。ただし，技能実習2号良好修了者であることを証明する書類の提出が必要。
㈦　旅館業許可証（旅館・ホテル営業許可書）の写し(Ⅵ)（規則別表3第1号イ，宿泊分野基準2条1号イ）
㈦　宿泊分野における特定技能外国人の受入れに関する誓約書（特定技能所属機関）（分野参考様式10－1号）
㈢　協議会の構成員であることの証明書（特定技能所属機関）（宿泊分野基準2条2号）
　（注）　特定技能外国人の初回の受入れから4か月以上経過している場合に必要
※一律必要。宿泊分野での初回受入れの場合は申請前の加入手続が必要。
以下，登録支援機関に，1号特定技能外国人支援計画の実施の全部を委託する場合に必要な書類（登録支援機関の関係書類）
㈣　宿泊分野における特定技能外国人の受入れに関する誓約書（登録支援機関）（分野参考様式10－2号）
㈤　協議会の構成員であることの証明書（登録支援機関）（宿泊分野基準2条2号及び5号）
　（注）　宿泊分野に関し，1号特定技能外国人支援計画の実施の委託を受けて支援を開始してから4か月以上経過している場合に必要。
※一律必要。宿泊分野での初回受入れの場合は申請前の加入手続が必要。

ア－3－8－2　「特定技能2号」
㈠　宿泊分野特定技能2号評価試験の合格証明書写し（規則別表3第2号ハ）
㈦　旅館業許可証（旅館・ホテル営業許可書）の写し(Ⅵ)
㈦　宿泊分野における特定技能外国人の受入れに関する誓約書（特定技能所属機関）（分野参考様式10－1号）
㈢　協議会の構成員であることの証明書（特定技能所属機関）（宿泊分野基準2条2号）
　（注）　特定技能外国人の初回の受入れから4か月以上経過している場合に必要。

※一律必要。宿泊分野での初回受入れの場合は申請前の加入手続が必要。

アー3－9　農　業

アー3－9－1　「特定技能1号」

㈠　次のA又はBのいずれかの場合に応じた書類（規則別表3第1号ニ及びホ）

　A　申請人が技能実習2号良好修了者（2年10か月以上）の場合
　　①　次のⅰ又はⅱのいずれか(I)
　　　ⅰ　農業技能評価試験（専門級）の実技試験の合格証明書の写し
　　　ⅱ　技能実習生に関する評価調書（参考様式1－2号）
（注）　上記①のいずれも省略できる場合あり（次の※参照）。
※希望する業務区分について試験免除となる職種・作業の技能実習は，「特定の分野に係る特定技能外国人受入れに関する運用要領―農業分野の基準について―」の別表を参照
※技能実習生に関する評価調書の発行が受けられない場合には申請前に最寄りの地方出入国在留管理局に相談のこと
※今回の所属機関が申請人を技能実習生として受け入れたことがある場合であって，所属機関が技能実習法の「改善命令」や旧制度の「改善指導」を過去1年以内に受けていないときに限り提出省略可

　B　申請人が上記Aに該当しない場合
　　①　業務区分に応じて次のⅰ又はⅱのいずれか
　　　ⅰ　1号農業技能測定試験（耕種農業全般）の合格証明書の写し
　　　ⅱ　1号農業技能測定試験（畜産農業全般）の合格証明書の写し
　　②　次のⅰ又はⅱのいずれか
　　　ⅰ　日本語能力試験（N4以上）の合格証明書の写し
　　　ⅱ　国際交流基金日本語基礎テストの合格証明書（判定結果通知書）の写し
※上記②は職種・作業にかかわらず技能実習2号良好修了者の場合には提出不要。ただし，技能実習2号良好修了者であることを証明する書類の提出が必要。

㈡　農業分野における特定技能外国人の受入れに関する誓約書（特定技能

所属機関)(分野参考様式11－1号)
　（注）　派遣形態の場合には提出不要。
㈬　協議会の構成員であることの証明書（特定技能所属機関）（農業分野基準3号）
　（注）　特定技能外国人の初回の受入れから4か月以上経過している場合に必要。
　※一律必要。農業分野での初回受入れの場合には申請前の加入手続が必要。
㈭　農業分野における特定技能外国人の受入れに関する誓約書（登録支援機関）（分野参考様式11－4号）
　※登録支援機関に，1号特定技能外国人支援計画の実施の全部を委託する場合に必要な書類（登録支援機関の関係書類）

派遣形態の場合に更に必要な書類

下記㈸から㈺までは派遣先が法人，㈻から㈼までは派遣先が個人事業主の場合

㈵　派遣元の要件に応じた次のAからEまでのいずれかの資料（規則別表3第1号イ）

　A　農業又は農業に関連する業務を行っている場合
　　農業又は農業に関連する業務を行っていることが確認できる書類(Ⅳ)
　　例）定款，登記事項証明書，有価証券報告書，営農証明書，決算関係書類等

　B　地方公共団体等が出資（資本金の過半数）している機関である場合
　　資本金の出資者を明らかにする書類(Ⅳ)
　　例）有価証券報告書，株主名簿の写し等
　※農業を行っている者などが出資（資本金の過半数）している場合も含む。

　C　地方公共団体の職員等が役員として在籍している場合
　　地方公共団体の職員等が役員として在籍していることが確認できる書類(Ⅳ)
　　例）役員名簿等
　※農業を行っている者などが役員である場合も含む。

　D　地方公共団体等が実質的に業務執行に関与している場合

業務執行に実質的に関与していることが確認できる書類(Ⅳ)
　　例）業務方法書，組織体制図等
※農業を行っている者などが実質的に業務執行に関与している場合も含む。
　E　国家戦略特別区域法16条の5第1項に規定する国家戦略特別区域農業支援外国人受入れ事業に係る特定機関である場合
　　①　特定機関基準適合通知書の写し(Ⅳ)
　　②　適正に外国人農業支援人材を派遣したことがあることが確認できる書類(Ⅳ)
　　例）派遣契約書の写し，巡回指導・監査の結果報告書の写し等
(イ)　農業分野において派遣形態で特定技能外国人の受入れを行う特定技能所属機関に係る誓約書（分野参考様式11－3号）（規則別表3第1号イ）
　※派遣元のものが必要
(ウ)　労働者派遣事業許可証の写し(Ⅳ)（規則別表3第1号イ，農業分野基準2号）
(エ)　派遣計画書（参考様式1－12号）（規則別表3第1号ロ，農業分野基準2号）
(オ)　労働者派遣契約書の写し（規則別表3第1号ロ，農業分野基準2号）
(カ)　就業条件明示書の写し（参考様式1－13号）（規則別表3第1号イ，農業分野基準2号）
(キ)　派遣先の概要書（農業分野）（参考様式1－14号）（農業分野基準2号）
　（注）農業分野において受け入れる場合。
(ク)　派遣先事業者誓約書（分野参考様式11－2号）（規則別表3第1号イ，農業分野基準2号）
　※派遣先のものが必要
(ケ)　労働保険の適用事業所の場合
　次のAからCまでのいずれかの場合に応じた書類（入管法2条の5第1項及び第3項，特定技能基準省令1条1項柱書，2号及び3号並びに2条1項1号，規則別表3第1号ロ及び2号ロ）
※労働保険の適用事業所でない場合には，「認定・変更用・第3表の9の2」の9のD）の該当欄に印を付け，その旨明らかにする必要あり。この場合，関連の提出資料（AからC）はなし。

※口座振替結果通知ハガキを紛失した場合には，都道府県労働局発行の「労働保険料等口座振替結果のお知らせ」でも可
　A　初めての受入れの場合
　　労働保険料等納付証明書（未納なし証明）(V)
　B　受入れ中の場合
※労働保険事務組合に事務委託していない場合に必要
　　労働保険概算・増加概算・確定保険料申告書（事業主控）の写し及び申告書に対応する領収証書（口座振替結果通知ハガキ）の写し(V)
（注）　直近2年分が必要。
　C　受入れ中の場合
※労働保険事務組合に事務委託している場合に必要
　　労働保険事務組合が発行した直近2年分の労働保険料等納入通知書の写し及び通知書に対応する領収証書（口座振替結果通知ハガキ）の写し(V)
（注）　直近2年分が必要。

㈡　社会保険料納入状況回答票又は健康保険・厚生年金保険料領収証書の写し(V)（入管法2条の5第1項及び第3項，特定技能基準省令1条1項柱書，2号及び3号並びに2条1項1号，規則別表3第1号ロ及び2号ロ）
（注）　申請の日の属する月の前々月までの24か月分が必要。
※納付や換価の猶予を受けている場合には「納付の猶予許可通知書」又は「換価の猶予許可通知書」の写しの提出が必要

㈣　税務署発行の納税証明書（その3）(V)（入管法2条の5第1項及び第3項，特定技能基準省令1条1項柱書，2号及び3号並びに2条1項1号，規則別表3第1号ロ及び2号ロ）
　（注1）　税目は「①源泉所得税及び復興特別所得税」「②法人税」「③消費税及び地方消費税」
　（注2）　①について，「申告所得税」ではなく「源泉所得税」
※納税の猶予又は納付受託の適用を受けている場合は，当該適用がある旨の記載がある納税証明書及び未納がある項目について未納額のみの納税証明書（その1）の提出が必要

㈤　次のA又はBのいずれかの場合に応じた書類（入管法2条の5第1項及び

第3項，特定技能基準省令1条1項柱書，2号及び3号並びに2条1項1号，規則別表3第1号ロ及び2号ロ）

※納税緩和措置（換価の猶予，納税の猶予又は納付受託）の適用を受けている場合に，当該適用を受けていることが納税証明書に記載されていないときは，当該適用に係る通知書の写しの提出が必要

 A 初めての受入れの場合

  法人住民税の市区町村発行の納税証明書(V)

（注）直近1年度分が必要。

 B 受入れ中の場合

  法人住民税の市区町村発行の納税証明書(V)

（注）直近2年度分が必要。

(ス)　公的義務履行に関する説明書（参考様式1－27号）（入管法2条の5第1項及び第3項，特定技能基準省令1条1項柱書，2号及び3号並びに2条1項1号，規則別表3第1号ロ及び2号ロ）

（注）上記(ケ)から(シ)までに関し，「V」の適用により，提出不要の適用を受ける場合に必要。ただし，いずれについても滞納がない場合に限る。

(セ)　派遣先の概要書（農業分野）（参考様式1－14号）（規則別表3第1号イ，農業分野基準2号）

（注）農業分野において受け入れる場合。

(ソ)　派遣先事業者誓約書（分野参考様式11－2号）

※派遣先のものが必要

(タ)　次のAからCまでのいずれかの場合に応じた書類（入管法2条の5第1項及び第3項，特定技能基準省令1条1項柱書，2号及び3号並びに2条1項1号，規則別表3第1号ロ及び2号ロ）

※労働保険の適用事業所でない場合には，「認定・変更用・第3表の9の2」の16のD）の該当欄に印を付け，その旨明らかにする必要あり。この場合関連の提出資料（AからC）はなし。

※口座振替結果通知ハガキを紛失した場合には，都道府県労働局発行の「労働保険料等口座振替結果のお知らせ」でも可

 A 初めての受入れの場合

労働保険料等納付証明書（未納なし証明）(V)

B　受入れ中の場合

※労働保険事務組合に事務委託していない場合に必要

労働保険概算・増加概算・確定保険料申告書（事業主控）の写し及び申告書に対応する領収証書（口座振替結果通知ハガキ）の写し(V)

（注）　直近2年分が必要。

C　受入れ中の場合

※労働保険事務組合に事務委託している場合に必要

労働保険事務組合が発行した直近2年分の労働保険料等納入通知書の写し及び通知書に対応する領収証書（口座振替結果通知ハガキ）の写し(V)

（注）　直近2年分が必要。

㈏　次のA又はBのいずれかの場合に応じた書類（入管法2条の5第1項及び第3項，特定技能基準省令1条1項柱書，2号及び3号並びに2条1項1号，規則別表3第1号ロ及び2号ロ）

A　健康保険・厚生年金保険の適用事業所の場合

社会保険料納入状況回答票又は健康保険・厚生年金保険料領収証書の写し(V)

（注）　申請の日の属する月の前々月までの24か月分が必要。

※納付や換価の猶予を受けている場合に，社会保険料納入状況照会回答票にその旨の記載がないときは，納付の猶予許可通知書又は換価の猶予許可通知書の写しの提出が必要

B　健康保険・厚生年金保険の適用事業所でない場合

※納付や換価の猶予を受けている場合には「納付の猶予許可通知書」又は「換価の猶予許可通知書」の写しの提出が必要

①　個人事業主の国民健康保険被保険者証の写し(V)

（注）　保険者番号及び被保険者等記号・番号を申請人側でマスキング（黒塗り）のこと。

②　個人事業主の国民健康保険料（税）納付証明書(V)

（注1）　初回の受入れの場合は直近1年分，受入れ中の場合は直近2年分が必要。

（注２）　保険者番号及び被保険者等記号・番号を申請人側でマスキング（黒塗り）のこと。

　　　③　個人事業主の国民年金保険料領収証書の写し又は被保険者記録照会（納付Ⅱ）(V)

（注１）　申請の日の属する月の前々月までの24か月分が必要。

（注２）　基礎年金番号を申請人側でマスキング（黒塗り）のこと。

(ツ)　個人事業主の税務署発行の納税証明書（その３）(V)（入管法２条の５第１項及び第３項，特定技能基準省令１条１項柱書，２号及び３号並びに２条１項１号，規則別表３第１号ロ及び２号ロ）

　（注）　税目は「①源泉所得税及び復興特別所得税」「②申告所得税及び復興特別所得税」「③消費税及び地方消費税」「④相続税」「⑤贈与税」

※納税の猶予又は納付受託の適用を受けている場合は，当該適用がある旨の記載がある納税証明書及び未納がある項目については未納額のみの納税証明書（その１）の提出が必要

(テ)　次のＡ又はＢのいずれかの場合に応じた書類（入管法２条の５第１項及び第３項，特定技能基準省令１条１項柱書，２号及び３号並びに２条１項１号，規則別表３第１号ロ及び２号ロ）

※納税緩和措置（換価の猶予，納税の猶予又は納付受託）の適用を受けている場合に，当該適用を受けていることが納税証明書に記載されていないときは，当該適用に係る通知書の写しの提出が必要

　Ａ　初めての受入れの場合
　　　個人事業主の個人住民税の市区町村発行の納税証明書(V)

　（注）　直近１年分が必要。

　Ｂ　受入れ中の場合
　　　個人事業主の個人住民税の市区町村発行の納税証明書(V)

　（注）　直近２年分が必要。

(ト)　公的義務履行に関する説明書（参考様式１－27号）（入管法２条の５第１項及び第３項，特定技能基準省令１条１項柱書，２号及び３号並びに２条１項１号，規則別表３第１号ロ及び２号ロ）

　（注）　上記(タ)から(テ)までに関し，「V」の適用により，提出不要の適用を受け

第1章　在留資格の認定要件と立証資料

る場合に必要。

※上記(タ)から(テ)までのいずれについても滞納がない場合に限る。

ア－3－9－2　「特定技能2号」

(ア)　業務区分に応じて次の①又は②のいずれか（規則別表3第2号ハ）
　　①　2号農業技能測定試験（耕種農業全般）の合格証明書の写し
　　②　2号農業技能測定試験（畜産農業全般）の合格証明書の写し
(イ)　農業分野における特定技能外国人の受入れに関する誓約書（特定技能所属機関）（分野参考様式11－1号）
　（注）　派遣形態の場合には提出不要。
(ウ)　協議会の構成員であることの証明書（特定技能所属機関）
　（注）　特定技能外国人の初回の受入れから4か月以上経過している場合に必要。
　※一律必要。農業分野での初回受入れの場合には申請前の加入手続が必要。

派遣形態の場合に更に必要な書類（「特定技能1号」の場合と同じ。）

下記(キ)から(ス)までは派遣先が法人，(セ)から(ト)までは派遣先が個人事業主の場合

(ア)　派遣元の要件に応じた次のAからEまでのいずれかの資料
　A　農業又は農業に関連する業務を行っている場合
　　　農業又は農業に関連する業務を行っていることが確認できる書類(Ⅳ)
　　例）定款，登記事項証明書，有価証券報告書，営農証明書，耕作証明書，農畜産物の出荷に係る伝票や納品書の写し，決算関係書類等
　B　地方公共団体等が出資（資本金の過半数）している機関である場合
　　　資本金の出資者を明らかにする書類例）有価証券報告書，株主名簿の写し等(Ⅳ)
　※農業を行っている者などが出資（資本金の過半数）している場合も含む。
　C　地方公共団体の職員等が役員として在籍している場合
　　　地方公共団体の職員等が役員として在籍していることが確認できる書類例）役員名簿等(Ⅳ)
　※農業を行っている者などが役員である場合も含む。
　D　地方公共団体等が実質的に業務執行に関与している場合

業務執行に実質的に関与していることが確認できる書類例）業務方法書，組織体制図等(Ⅳ)
※農業を行っている者などが実質的に業務執行関与している場合も含む。
　E　国家戦略特別区域法に規定する特定機関である場合
　　①　特定機関基準適合通知書の写し(Ⅳ)
　　②　適正に外国人農業支援人材を派遣したことがあることが確認できる書類(Ⅳ)
　　　例）派遣契約書の写し，巡回指導・監査の結果報告書の写し等
(イ)　農業分野において派遣形態で特定技能外国人の受入れを行う特定技能所属機関に係る派遣元からの誓約書（分野参考様式11－3号）
(ウ)　労働者派遣事業許可証の写し(Ⅳ)
(エ)　派遣計画書（参考様式1－12号）
(オ)　労働者派遣契約書の写し
(カ)　就業条件明示書の写し（参考様式1－13号）
(キ)　派遣先の概要書（農業分野）（参考様式1－14号）
　（注）　農業分野において受け入れる場合。
(ク)　派遣先からの事業者誓約書（分野参考様式11－2号）
　※特定技能外国人が従事する活動を認識していること及び特定技能外国人の派遣先機関が特定技能基準省令（平成31年3月15日法務省令第5号）2条の規定に定められた要件を満たしていることを理解し，誓約した旨の文書である。
(ケ)　労働保険の適用事業所の場合
　　　次のAからCまでのいずれかの書類
　※労働保険の適用事業所でない場合には，「認定・変更用・第3表の9の2」の9のD）の該当欄に印を付け，その旨明らかにする必要あり。この場合，関連の提出資料（AからC）なし。
　　A　初めての受入れの場合
　　　労働保険料等納付証明書（未納なし証明）(V)
　　B　受入れ中の場合
　※労働保険事務組合に事務委託していない場合

労働保険概算・増加概算・確定保険料申告書（事業主控）の写し及び申告書に対応する領収証書（口座振替結果通知ハガキ）の写し
（注）　直近2年分が必要。
C　受入れ中の場合
※労働保険事務組合に事務委託している場合
労働保険事務組合が発行した直近2年分の労働保険料等納入通知書の写し及び通知書に対応する領収証書（口座振替結果通知ハガキ）の写し
（注）　直近2年分が必要。
㈡　社会保険料納入状況回答票又は健康保険・厚生年金保険料領収証書の写し(V)
（注）　申請の日の属する月の前々月までの24か月分が必要。
※納付や換価の猶予を受けている場合に，社会保険料納入状況照会回答票にその旨の記載がないときは，納付の猶予許可通知書又は換価の猶予許可通知書の写しの提出が必要
㈣　税務署発行の納税証明書（その3）(V)
（注1）　税目は「①源泉所得税及び復興特別所得税」「②法人税」「③消費税及び地方消費税」
（注2）　①について，「申告所得税」ではなく「源泉所得税」
※納税の猶予又は納付受託の適用を受けている場合は，当該適用がある旨の記載がある納税証明書及び未納がある項目について未納額のみの納税証明書（その1）の提出が必要
㈤　次のA又はBのいずれかの場合に応じた書類(V)
※納税緩和措置（換価の猶予，納税の猶予又は納付受託）の適用を受けている場合に，当該適用を受けていることが納税証明書に記載されていないときは，当該適用に係る通知書の写しの提出が必要
A　初めての受入れの場合
法人住民税の市町村発行の納税証明書(V)
（注）　直近1年度分が必要。
B　受入れ中の場合
法人住民税の市町村発行の納税証明書(V)

(注) 直近２年度分が必要。
(ス) 公的義務履行に関する説明書（参考様式１－27号）
　(注) 上記(ケ)から(シ)までに関し、「Ｖ」の適用により、提出不要の適用を受ける場合に必要。ただし、いずれについても滞納がない場合に限る。
(セ) 派遣先の概要書（農業分野）（参考様式１－14号）
　(注) 農業分野において受け入れる場合
(ソ) 派遣先からの事業者誓約書（分野参考様式11－２号）
　※特定技能外国人が従事する活動を認識していること及び特定技能外国人の派遣先機関が特定技能基準省令（平成31年３月15日法務省令第５号）２条の規定に定められた要件を満たしていることを理解し、誓約した旨の文書である。
(タ) 労働保険の適用事業所の場合は次のＡからＣまでのいずれかの書類
　※口座振替結果通知ハガキを紛失した場合には、都道府県労働局発行の「労働保険料等口座振替結果のお知らせ」でも可
　※労働保険の適用事業所でない場合には、「認定・変更用・第３表の８の２」の16のＤ）の該当欄に印を付け、その旨明らかにする必要あり。この場合、関連の提出資料（ＡからＣ）なし。
　　Ａ　初めての受入れの場合
　　　労働保険料等納付証明書（未納なし証明）(Ｖ)
　　Ｂ　受入れ中の場合※労働保険事務組合に事務委託していない場合
　　　労働保険概算・増加概算・確定保険料申告書（事業主控）の写し及び申告書に対応する領収証書（口座振替結果通知ハガキ）の写し(Ｖ)
　(注) 直近２年分が必要。
　　Ｃ　受入れ中の場合※労働保険事務組合に事務委託している場合労働保険事務組合が発行した直近２年分の労働保険料等納入通知書の写し及び通知書に対応する領収証書（口座振替結果通知ハガキ）の写し(Ｖ)
　(注) 直近２年分が必要。
(チ) 次のＡからＢまでのいずれかの場合に応じた書類
　　Ａ　健康保険・厚生年金保険の適用事業所の場合
　　　社会保険料納入状況回答票又は健康保険・厚生年金保険料領収証書

の写し（V）
　（注）　申請の日の属する月の前々月までの24か月分が必要。
　※納付や換価の猶予を受けている場合に，社会保険料納入状況照会回答票にその旨の記載がないときは，納付の猶予許可通知書又は換価の猶予許可通知書の写しの提出が必要
　　B　健康保険・厚生年金保険の適用事業所でない場合(V)
　※納付や換価の猶予を受けている場合には「納付の猶予許可通知書」又は「換価の猶予許可通知書」の写しの提出が必要
　　①　個人事業主の国民健康保険被保険者証の写し(V)
　（注）　保険者番号及び被保険者等記号・番号を申請人側でマスキング（黒塗り）すること。
　　②　個人事業主の国民健康保険料（税）納付証明書(V)
　（注1）　初めて受け入れる場合には直近1年分，受入れ中の場合には直近2年分が必要。
　（注2）　保険者番号及び被保険者等記号・番号を申請人側でマスキング（黒塗り）すること。
　　③　個人事業主の国民年金保険料領収証書の写し又は被保険者記録照会（納付Ⅱ）(V)
　（注1）　申請の日の属する月の前々月までの24か月分が必要。
　（注2）　基礎年金番号を申請人側でマスキング（黒塗り）すること。
㋡　個人事業主の税務署発行の納税証明書（その3）(V)
　（注）　税目は「①源泉所得税及び復興特別所得税」「②申告所得税及び復興特別所得税」「③消費税及び地方消費税」「④相続税」「⑤贈与税」
　※納税の猶予又は納付受託の適用を受けている場合は，当該適用がある旨の記載がある納税証明書及び未納がある項目について未納額のみの納税証明書（その1）の提出が必要
㋢　次のA又はBのいずれかの場合に応じた書類
　※納税緩和措置（換価の猶予，納税の猶予又は納付受託）の適用を受けている場合に，当該適用を受けていることが納税証明書に記載されていないときは，当該適用に係る通知書の写しの提出が必要

A　初めての受入れの場合
　　　個人事業主の個人住民税の市町村発行の納税証明書(Ⅴ)
　(注)　直近1年分が必要。
　　B　受入れ中の場合
　　　個人事業主の個人住民税の市町村発行の納税証明書(Ⅴ)
　(注)　直近2年分が必要。
(ト)　公的義務履行に関する説明書
　(注)　上記(タ)から(テ)までに関し,「Ⅴ」の適用により,提出不要の適用を受ける場合に必要。ただし,いずれも滞納がない場合に限る。

ア－3－10　漁　業
ア－3－10－1　「特定技能1号」
(ア)　次のA又はBのいずれかの場合に応じた書類（規則別表3第1号ニ及びホ）
　　A　申請人が技能実習2号良好修了者の場合
　　　次の①から③までのいずれか(Ⅰ)
　　①　漁船漁業技能評価試験（専門級）の実技試験の合格証明書の写し
　　②　養殖業技能評価試験（専門級）の実技試験の合格証明書の写し
　　③　技能実習生に関する評価調書（参考様式1－2号）
　(注)　上記Aのいずれも省略できる場合あり（次の※参照）。
　※希望する業務区分について試験免除となる職種・作業の技能実習は,「特定の分野に係る特定技能外国人受入れに関する運用要領—漁業分野の基準について—」の別表を参照
　※技能実習生に関する評価調書の発行が受けられない場合には申請前に最寄りの地方出入国在留管理局に相談のこと
　※今回の所属機関が申請人を技能実習生として受け入れたことがある場合であって,所属機関が技能実習法の「改善命令」や旧制度の「改善指導」を過去1年以内に受けていないときに限り提出省略可
　　B　申請人が上記Aに該当しない場合
　　①　業務区分に応じて次のⅰ又はⅱのいずれか
　　　ⅰ　漁業技能測定試験（漁業）の合格証明書の写し

ⅱ　漁業技能測定試験（養殖業）の合格証明書の写し
　②　次のⅰ又はⅱのいずれか
　　　ⅰ　日本語能力試験（N4以上）の合格証明書の写し
　　　ⅱ　国際交流基金日本語基礎テストの合格証明書（判定結果通知書）の写し
※上記②は職種・作業にかかわらず技能実習2号良好修了者の場合には提出不要。ただし，技能実習2号良好修了者であることを証明する書類の提出が必要。

(イ)－1　所属機関が許可又は免許を受けて漁業又は養殖業を営んでいる場合（規則別表3第1号イ）
　次の①から③のいずれか(Ⅲ)
　　①　許可証の写し
　　②　免許の指令書の写し
　　③　その他許可又は免許を受け漁業又は養殖業を営んでいることが確認できる公的な書類の写し

(イ)－2　所属機関が漁業協同組合に所属して漁業又は養殖業を営んでいる場合（規則別表3第1号イ）
　次の①又は②のいずれか(Ⅲ)
　　①　当該組合の漁業権の内容たる漁業又は養殖業を営むことを確認できる当該組合が発行した書類の写し
　　②　その他当該組合に所属して漁業又は養殖業を営んでいることが確認できる書類の写し

(ウ)　漁船を用いて漁業又は養殖業を営んでいる場合（規則別表3第1号イ）
　次の①又は②のいずれか(Ⅲ)
　　①　漁船原簿謄本の写し
　　②　漁船登録票の写し

(エ)　漁業分野における特定技能外国人の受入れに関する誓約書（特定技能所属機関）（分野参考様式12－1号）

(オ)　協議会の構成員であることの証明書（特定技能所属機関）（漁業分野基準1号）

特定技能

(注) 特定技能外国人の初回の受入れから４か月以上経過している場合に必要。
※一律に必要。漁業分野での初回の受入れの場合には申請前の加入手続が必要。
(カ) 漁業分野における特定技能外国人の受入れに関する誓約書（登録支援機関）（分野参考様式12－２号）
※登録支援機関に，１号特定技能外国人支援計画の実施の全部を委託する場合に必要な書類（登録支援機関の関係書類）

派遣形態の場合に更に必要な書類

下記(カ)から(サ)は派遣先が法人，(シ)から(チ)は派遣先が個人事業主の場合
(ア) 派遣元の要件に応じた次のＡからＤまでのいずれかの資料（規則別表３第１号イ）
　Ａ　漁業又は漁業に関連する業務を行っている場合
　　漁業又は漁業に関連する業務を行っていることが確認できる書類(Ⅳ)
　　例）定款，登記事項証明書，有価証券報告書，決算関係書類等
　Ｂ　地方公共団体等が出資（資本金の過半数）している機関である場合
　　資本金の出資者を明らかにする書類(Ⅳ)
　　例）有価証券報告書，株主名簿の写し等
　※漁業を行っている者などが出資（資本金の過半数）している場合も含む。
　Ｃ　地方公共団体の職員等が役員として在籍している場合
　　地方公共団体の職員等が役員として在籍していることが確認できる書類(Ⅳ)
　　例）役員名簿等
　※漁業を行っている者などが役員である場合も含む。
　Ｄ　地方公共団体等が実質的に業務執行関与している場合
　　業務執行に実質的に関与していることが確認できる書類(Ⅳ)
　　例）業務方法書，組織体制図等
　※漁業を行っている者などが実質的に業務執行関与している場合も含む。
(イ) 労働者派遣事業許可証の写し(Ⅳ)（規則別表３第１号イ，漁業分野基準４号）
(ウ) 派遣計画書（参考様式１－12号）（規則別表３第１号イ，漁業分野基準４号）
(エ) 労働者派遣契約書の写し（規則別表３第１号イ，漁業分野基準４号）

第1章　在留資格の認定要件と立証資料

(オ)　就業条件明示書の写し（参考様式1－13号）（規則別表3第1号イ及びロ，漁業分野基準4号）

(カ)　派遣先の概要書（漁業分野）（参考様式1－15号）（規則別表3第1号イ，漁業分野基準4号）

　（注）　漁業分野において受け入れる場合。

(キ)　次のAからCまでのいずれかの場合に応じた書類（入管法2条の5第1項及び第3項，特定技能基準省令1条1項柱書，2号及び3号並びに2条1項1号，規則別表3第1号ロ及び2号ロ）

　※労働保険の適用事業所でない場合には，「認定・変更用・第3表の10の2」の7のD）の該当欄に印を付け，その旨明らかにする必要あり。この場合，関連の提出資料（AからC）はなし。

　※口座振替結果通知ハガキを紛失した場合には，都道府県労働局発行の「労働保険料等口座振替結果のお知らせ」でも可

　A　初めての受入れの場合
　　　労働保険料等納付証明書（未納なし証明）(V)

　B　受入れ中の場合
　※労働保険事務組合に事務委託していない場合に必要
　　　労働保険概算・増加概算・確定保険料申告書（事業主控）の写し及び申告書に対応する領収証書（口座振替結果通知ハガキ）の写し(V)
　（注）　直近2年分が必要。

　C　受入れ中の場合
　※労働保険事務組合に事務委託している場合に必要
　　　労働保険事務組合が発行した直近2年分の労働保険料等納入通知書の写し及び通知書に対応する領収証書（口座振替結果通知ハガキ）の写し(V)
　（注）　直近2年分が必要。

(ク)　社会保険料納入状況回答票又は健康保険・厚生年金保険料領収証書の写し(V)（入管法2条の5第1項及び第3項，特定技能基準省令1条1項柱書，2号及び3号並びに2条1項1号，規則別表3第1号ロ及び2号ロ）

　（注）　申請の日の属する月の前々月までの24か月分が必要。
　※納付や換価の猶予を受けている場合には「納付の猶予許可通知書」又

は「換価の猶予許可通知書」の写しの提出が必要
 ㈰ 税務署発行の納税証明書（その３）(V)（入管法２条の５第１項及び第３項，特定技能基準省令１条１項柱書，２号及び３号並びに２条１項１号，規則別表３第１号ロ及び２号ロ）

（注１） 税目は「①源泉所得税及び復興特別所得税」「②法人税」「③消費税及び地方消費税」

（注２） ①について，「申告所得税」ではなく「源泉所得税」

※納税の猶予又は納付受託の適用を受けている場合は，当該適用がある旨の記載がある納税証明書及び未納がある税目についての納税証明書（その１）の提出が必要

㈩ 次のＡ又はＢのいずれかの場合に応じた書類（入管法２条の５第１項及び第３項，特定技能基準省令１条１項柱書，２号及び３号並びに２条１項１号，規則別表３第１号ロ及び２号ロ）

※納税緩和措置（換価の猶予，納税の猶予又は納付受託）の適用を受けている場合に，当該適用を受けていることが納税証明書に記載されていないときは，当該適用に係る通知書の写しの提出が必要

Ａ 初めての受入れの場合
法人住民税の市区町村発行の納税証明書(V)

（注） 直近１年度分が必要。

Ｂ 受入れ中の場合
法人住民税の市区町村発行の納税証明書(V)

（注） 直近２年度分が必要。

㈹ 公的義務履行に関する説明書（参考様式１－27号）（入管法２条の５第１項及び第３項，特定技能基準省令１条１項柱書，２号及び３号並びに２条１項１号，規則別表３第１号ロ及び２号ロ）

（注） 上記㈯から㈩までに関し，「Ｖ」の適用により，提出不要の適用を受ける場合に必要。ただし，いずれについても滞納がない場合に限る。

㈺ 派遣先の概要書（漁業分野）（参考様式１－15号）（漁業分野基準４号）

（注） 漁業分野において受け入れる場合。

㈻ 次のＡからＣまでのいずれかの場合に応じた書類（入管法２条の５第１

項及び第3項,特定技能基準省令1条1項柱書,2号及び3号並びに2条1項1号,規則別表3第1号ロ及び2号ロ)

※労働保険の適用事業所でない場合には,「認定・変更用・第3表の10の2」の13のD)の該当欄に印を付け,その旨明らかにする必要あり。この場合,関連の提出資料(AからC)はなし。

※口座振替結果通知ハガキを紛失した場合には,都道府県労働局発行の「労働保険料等口座振替結果のお知らせ」でも可

　A　初めての受入れの場合

　　労働保険料等納付証明書(未納なし証明)(V)

　B　受入れ中の場合

※労働保険事務組合に事務委託していない場合に必要

　労働保険概算・増加概算・確定保険料申告書(事業主控)の写し及び申告書に対応する領収証書(口座振替結果通知ハガキ)の写し(V)

(注)　直近2年分が必要。

　C　受入れ中の場合

※労働保険事務組合に事務委託している場合に必要

　労働保険事務組合が発行した直近2年分の労働保険料等納入通知書の写し及び通知書に対応する領収証書(口座振替結果通知ハガキ)の写し(V)

(注)　直近2年分が必要。

㈦　次のA又はBのいずれかの場合に応じた書類(入管法2条の5第1項及び第3項,特定技能基準省令1条1項柱書,2号及び3号並びに2条1項1号,規則別表3第1号ロ及び2号ロ)

　A　健康保険・厚生年金保険の適用事業所の場合

　　社会保険料納入状況回答票又は健康保険・厚生年金保険料領収証書の写し(V)

(注)　申請の日の属する月の前々月までの24か月分が必要。

※納付や換価の猶予を受けている場合に,社会保険料納入状況照会回答票にその旨の記載がないときは,納付の猶予許可通知書又は換価の猶予許可通知書の写しの提出が必要

　B　健康保険・厚生年金保険の適用事業所でない場合

※納付や換価の猶予を受けている場合には「納付の猶予許可通知書」又は「換価の猶予許可通知書」の写しの提出が必要

　① 個人事業主の国民健康保険被保険者証の写し(V)

（注）　保険者番号及び被保険者等記号・番号を申請人側でマスキング（黒塗り）のこと。

　② 個人事業主の国民健康保険料（税）納付証明書(V)

（注1）　初めて受け入れる場合には直近1年分，受入れ中の場合には直近2年分が必要。

（注2）　保険者番号及び被保険者等記号・番号を申請人側でマスキング（黒塗り）のこと。

　③ 個人事業主の国民年金保険料領収証書の写し又は被保険者記録照会（納付Ⅱ）(V)

（注1）　申請の日の属する月の前々月までの24か月分が必要。

（注2）　基礎年金番号を申請人側でマスキング（黒塗り）のこと。

(ソ) 個人事業主の税務署発行の納税証明書（その3）(V)（入管法2条の5第1項及び第3項，特定技能基準省令1条1項柱書，2号及び3号並びに2条1項1号，規則別表3第1号ロ及び2号ロ）

（注）　税目は「①源泉所得税及び復興特別所得税」「②申告所得税及び復興特別所得税」「③消費税及び地方消費税」「④相続税」「⑤贈与税」

※納税の猶予又は納付受託の適用を受けている場合は，当該適用がある旨の記載がある納税証明書及び未納がある税目についての納税証明書（その1）の提出が必要

(タ) 次のA又はBのいずれかの場合に応じた書類（入管法2条の5第1項及び第3項，特定技能基準省令1条1項柱書，2号及び3号並びに2条1項1号，規則別表3第1号ロ及び2号ロ）

※納税緩和措置（換価の猶予，納税の猶予又は納付受託）の適用を受けている場合に，当該適用を受けていることが納税証明書に記載されていないときは，当該適用に係る通知書の写しの提出が必要

A　初めての受入れの場合

　　個人事業主の個人住民税の市区町村発行の納税証明書(V)

(注)　直近1年分が必要。
　　B　受入れ中の場合
　　　個人事業主の個人住民税の市区町村発行の納税証明書(V)
　(注)　直近2年分が必要。
(チ)　公的義務履行に関する説明書（参考様式1－27号）（入管法2条の5第1項及び第3項，特定技能基準省令1条1項柱書，2号及び3号並びに2条1項1号，規則別表3第1号ロ及び2号ロ）
　(注)　上記(ス)から(タ)までに関し，「Ⅴ」の適用により，提出不要の適用を受ける場合に必要。ただし，いずれについても滞納がない場合に限る。

ア－3－10－2　「特定技能2号」

(ア)－1　業務区分に応じて次の①又は②のいずれか（規則別表3第2号ハ）
　①　2号漁業技能測定試験（漁業）の合格証明書の写し
　②　2号漁業技能測定試験（養殖業）の合格証明書の写し
(ア)－2　日本語能力試験（N3以上）の合格証明書の写し（規則別表3第2号ハ）
(イ)　次のA又はBのいずれかの営業形態に応じた書類
　A　所属機関が許可又は免許を受けて漁業又は養殖業を営んでいる場合
　　次の①から③のいずれか(Ⅲ)
　　①　許可証の写し
　　②　免許の指令書の写し
　　③　その他許可または免許を受け漁業又は養殖業を営んでいることが確認できる公的な書類の写し
　B　所属機関が漁業協同組合に所属して漁業又は養殖業を営んでいる場合
　　次の①又は②のいずれか(Ⅲ)
　　①　当該組合の漁業権の内容たる漁業又は養殖業を営むことを確認できる当該組合が発行した書類の写し
　　②　その他当該組合に所属して漁業又は養殖業を営んでいることが確認できる書類の写し
(ウ)　漁船を用いて漁業又は養殖業を営んでいる場合

次の①又は②のいずれか(Ⅲ)
① 漁船原簿謄本の写し
② 漁船登録票の写し
(エ) 漁業分野における特定技能外国人の受入れに関する誓約書（特定技能所属機関）（分野参考様式12－1号）
(オ) 協議会の構成員であることの証明書（特定技能所属機関）
　（注）　特定技能外国人の初回の受入れから4か月以上経過している場合に必要。
　※一律必要。漁業分野での初回受入れの場合は申請前の加入手続が必要。

派遣形態の場合更に必要な書類　（「特定技能1号」の場合と同じ。）
　(カ)から(サ)は派遣先が法人，(シ)から(チ)は派遣先が個人事業主の場合
(ア) 派遣元の要件に応じた次のAからDまでのいずれかの資料
　A　漁業又は漁業に関連する業務を行っている場合
　　　漁業又は漁業に関連する業務を行っていることが確認できる書類(Ⅳ)
　　例）定款，登記事項証明書，有価証券報告書，決算関係書類等
　B　地方公共団体等が出資（資本金の過半数）している機関である場合
　　　資本金の出資者を明らかにする書類(Ⅳ)
　　例）有価証券報告書，株主名簿の写し等
　※漁業を行っている者などが出資（資本金の過半数）している場合も含む。
　C　地方公共団体の職員等が役員として在籍している場合
　　　地方公共団体の職員等が役員として在籍していることが確認できる書類(Ⅳ)
　　例）役員名簿等
　※漁業を行っている者などが役員である場合も含む。
　D　地方公共団体等が実質的に業務執行関与している場合
　　　業務執行に実質的に関与していることが確認できる書類(Ⅳ)
　　例）業務方法書，組織体制図等
　※漁業を行っている者などが実質的に業務執行関与している場合も含む。
(イ) 労働者派遣事業許可証の写し(Ⅳ)
(ウ) 派遣計画書（参考様式1－12号）
(エ) 労働者派遣契約書の写し

第1章　在留資格の認定要件と立証資料

(オ)　就業条件明示書の写し（参考様式1－13号）
(カ)　派遣先の概要書（漁業分野）（参考様式1－15号）
　（注）　漁業分野において受け入れる場合。
(キ)　労働保険の適用事業所の場合は次のAからCまでのいずれかの書類
　※労働保険の適用時調書でない場合には，「認定・変更用・第3表の9の2」の7のD）の該当欄に印を付け，その旨明らかにする必要あり。この場合，関連の提出資料（AからC）なし。
　※口座振替結果通知ハガキを紛失した場合には，都道府県労働局発行の「労働保険料等口座振替結果のお知らせ」でも可
　　A　初めての受入れの場合
　　　労働保険料等納付証明書（未納なし証明）(V)
　　B　受入れ中の場合
　　　※労働保険事務組合に事務委託していない場合
　　　労働保険概算・増加概算・確定保険料申告書（事業主控）の写し及び申告書に対応する領収証書（口座振替結果通知ハガキ）の写し(V)
　（注）　直近2年分が必要。
　　C　受入れ中の場合
　　　※労働保険事務組合に事務委託している場合
　　　労働保険事務組合が発行した直近2年分の労働保険料等納入通知書の写し及び通知書に対応する領収証書（口座振替結果通知ハガキ）の写し(V)
　（注）　直近2年分が必要。
(ク)　社会保険料納入状況回答票又は健康保険・厚生年金保険料領収証書の写し(V)
　（注）　申請の日の属する月の前々月までの24か月分が必要。
　※納付や換価の猶予を受けている場合に，社会保険料納入状況照会回答票にその旨の記載がないときは，納付の猶予許可通知書又は換価の猶予許可通知書の写しの提出が必要
(ケ)　税務署発行の納税証明書（その3）(V)
　（注1）　税目は「①源泉所得税及び復興特別所得税」「②法人税」「③消費税及

び地方消費税」
- （注2）　①について、「申告所得税」ではなく「源泉所得税」
  - ※納税の猶予又は納付受託の適用を受けている場合は、当該適用がある旨の記載がある納税証明書及び未納がある項目について未納額のみの納税証明書（その1）の提出が必要
- ㈰　次のA又はBのいずれかの場合に応じた書類
  - ※納税緩和措置（換価の猶予，納税の猶予又は納付受託）の適用を受けている場合に，当該適用を受けていることが納税証明書に記載されていないときは，当該適用に係る通知書の写しの提出が必要
  - A　初めての受入れの場合
    法人住民税の市町村発行の納税証明書(V)
  - （注）　直近1年度分が必要。
  - B　受入れ中の場合
    法人住民税の市町村発行の納税証明書(V)
  - （注）　直近2年度分が必要。
- ㈱　公的義務履行に関する説明書（参考様式1－27号）(V)
  - （注）　上記㈭から㈰までに関し，「V」の適用により，提出不要の適用を受ける場合に必要。ただし，いずれも滞納がない場合に限る。
- ㈲　派遣先の概要書（漁業分野）（参考様式1－15号）
  - （注）　漁業分野において受け入れる場合。
- ㈹　労働保険の適用事業所の場合は次のAからCまでのいずれかの書類
  - ※労働保険の適用事業所でない場合には，「認定・変更用・第3表の9の2」の13のD）の該当欄に印を付け，その旨明らかにする必要あり。この場合，関連の提出資料（AからC）なし。
  - ※口座振替結果通知ハガキを紛失した場合には，都道府県労働局発行の「労働保険料等口座振替結果のお知らせ」でも可
  - A　初めての受入れの場合
    労働保険料等納付証明書（未納なし証明）(V)
  - B　受入れ中の場合
  - ※労働保険事務組合に事務委託していない場合

労働保険概算・増加概算・確定保険料申告書（事業主控）の写し及び申告書に対応する領収証書（口座振替結果通知ハガキ）の写し(V)

（注）　直近2年分が必要。

　C　受入れ中の場合

※労働保険事務組合に事務委託している場合

労働保険事務組合が発行した直近2年分の労働保険料等納入通知書の写し及び通知書に対応する領収証書（口座振替結果通知ハガキ）の写し(V)

（注）　直近2年分が必要。

㈦　次のA又はBのいずれかの場合に応じた書類

　A　健康保険・厚生年金保険の適用事業所の場合

社会保険料納入状況回答票又は健康保険・厚生年金保険料領収証書の写し(V)

（注）　申請の日の属する月の前々月までの24か月分が必要。

※納付や換価の猶予を受けている場合に，社会保険料納入状況照会回答票にその旨の記載がないときは，納付の猶予許可通知書又は換価の猶予許可通知書の写しの提出が必要

　B　健康保険・厚生年金保険の適用事業所でない場合

※納付や換価の猶予を受けている場合には「納付の猶予許可通知書」又は「換価の猶予許可通知書」の写しの提出が必要

　　①　個人事業主の国民健康保険被保険者証の写し(V)

（注）　保険者番号及び被保険者等記号・番号を申請人側でマスキング（黒塗り）すること。

　　②　個人事業主の国民健康保険料（税）納付証明書(V)

（注1）　初めて受け入れる場合には直近1年分，受入れ中の場合には直近2年分が必要。

（注2）　保険者番号及び被保険者等記号・番号を申請人側でマスキング（黒塗り）すること。

　　③　個人事業主の国民年金保険料領収証書の写し又は被保険者記録照会（納付Ⅱ）(V)

（注1）　申請の日の属する月の前々月までの24か月分が必要。

特定技能

(注2) 基礎年金番号を申請人側でマスキング（黒塗り）すること。
(ソ) 個人事業主の税務署発行の納税証明書（その３）(V)
　(注) 税目は「①源泉所得税及び復興特別所得税」「②申告所得税及び復興特別所得税」「③消費税及び地方消費税」「④相続税」「⑤贈与税」
　※納税の猶予又は納付受託の適用を受けている場合は，当該適用がある旨の記載がある納税証明書及び未納がある項目について未納額のみの納税証明書（その１）の提出が必要
(タ) 次のＡ又はＢのいずれかの場合に応じた書類
　※納税緩和措置（換価の猶予，納税の猶予又は納付受託）の適用を受けている場合に，当該適用を受けていることが納税証明書に記載されていないときは，当該適用に係る通知書の写しの提出が必要
　Ａ　初めての受入れの場合
　　個人事業主の個人住民税の市町村発行の納税証明書(V)
　(注) 直近１年分が必要。
　Ｂ　受入れ中の場合
　　個人事業主の個人住民税の市町村発行の納税証明書(V)
　(注) 直近２年分が必要。
(チ) 公的義務履行に関する説明書（参考様式１－27号）
　(注) 上記(ス)から(タ)までに関し，「Ｖ」の適用により，提出不要の適用を受ける場合に必要。ただし，いずれも滞納がない場合に限る。

アー３－11　飲食料品製造業
アー３－11－１　「特定技能１号」
(ア) 次のＡ又はＢのいずれかの場合に応じた書類（規則別表３第１号ニ及びホ）
　Ａ　申請人が技能実習２号良好修了者の場合
　　次の①から③までのいずれか(Ⅰ)
　　①　技能検定３級の実技試験の合格証明書の写し
　　②　技能実習評価試験（専門級）の実技試験の合格証明書の写し
　　③　技能実習生に関する評価調書（参考様式１－２号）
　(注) 上記Ａのいずれも省略できる場合あり（次の※参照）。

※希望する業務区分について試験免除となる職種・作業の技能実習は，「特定の分野に係る特定技能外国人受入れに関する運用要領―飲食料品製造業分野の基準について―」の別表を参照
※技能実習生に関する評価調書の発行が受けられない場合には申請前に最寄りの地方出入国在留管理局に相談のこと
※今回の所属機関が申請人を技能実習生として受け入れたことがある場合であって，所属機関が技能実習法の「改善命令」や旧制度の「改善指導」を過去1年以内に受けていないときに限り提出省略可

　　B　申請人が上記に該当しない場合
　　① 飲食料品製造業特定技能1号技能測定試験の合格証明書の写し
　　② 次のⅰ又はⅱのいずれか
　　　ⅰ 日本語能力試験（N4以上）の合格証明書の写し
　　　ⅱ 国際交流基金日本語基礎テストの合格証明書（判定結果通知書）の写し
※上記②は職種・作業にかかわらず技能実習2号良好修了者の場合には提出不要。ただし，技能実習2号良好修了者であることを証明する書類の提出が必要。

(イ) 飲食料品製造業分野における特定技能外国人の受入れに関する誓約書（特定技能所属機関）（分野参考様式13－1号）

(ウ) 協議会の構成員であることの証明書（特定技能所属機関）（飲食料品製造業分野基準3条1号）
　（注） 特定技能外国人の初回の受入れから4か月以上経過している場合に必要。
※一律必要。飲食料品製造業分野での初回申請の場合には申請前の加入手続が必要。

以下，登録支援機関に，1号特定技能外国人支援計画の実施の全部を委託する場合に必要な書類（登録支援機関の関係書類）

(エ) 飲食料品製造業分野における特定技能外国人の受入れに関する誓約書（登録支援機関）（分野参考様式13－2号）

(オ) 協議会の構成員であることの証明書（登録支援機関）（飲食料品製造業分野基準3条1号及び4号）

(注) 飲食料品製造業分野に関し，１号特定技能外国人支援計画の実施の委託を受けて支援を開始してから４か月以上経過している場合に必要。

※一律必要。飲食料品製造業分野での初回申請の場合には申請前の加入手続が必要。

ア－３－11－２ 「特定技能２号」

(ｱ) 飲食料品製造業特定技能２号技能測定試験の合格証明書の写し

(ｲ) 飲食料品製造業分野における特定技能外国人の受入れに関する誓約書（特定技能所属機関）（分野参考様式13－１号）

(ｳ) 協議会の構成員であることの証明書（特定技能所属機関）（飲食料品製造業分野基準３条１号）

(注) 特定技能外国人の初回の受入れから４か月以上経過している場合に必要。

※一律必要。飲食料品製造業分野での初回申請の場合には申請前の加入手続が必要。

ア－３－12 外食業

ア－３－12－１ 「特定技能１号」

(ｱ) 次のＡ又はＢのいずれかの場合に応じた書類（規則別表３第１号ニ及びホ）

　Ａ　申請人が技能実習２号良好修了者の場合
　　　次の①又は②のいずれか(Ｉ)
　　①　医療・福祉施設給食製造技能実習評価試験（専門級）の実技試験の合格証明書の写し
　　②　技能実習生に関する評価調書（参考様式１－２号）

(注) 上記Ａはいずれも省略できる場合あり（次の※参照）。

※希望する業務区分について試験免除となる職種・作業の技能実習は，医療・福祉施設給食製造職種・医療・福祉施設給食製造作業

※技能実習生に関する評価調書の発行が受けられない場合には申請前に最寄りの地方出入国在留管理局に相談のこと

※今回の所属機関が申請人を技能実習生として受け入れたことがある場合であって，所属機関が技能実習法の「改善命令」や旧制度の「改善指導」を過去１年以内に受けていないときに限り提出省略可

B　申請人が上記に該当しない場合
　① 外食業特定技能１号技能測定試験の合格証明書の写し
　② 次のi又はⅱのいずれか
　　i 日本語能力試験（N４以上）の合格証明書の写し
　　ⅱ 国際交流基金日本語基礎テストの合格証明書（判定結果通知書）の写し
※上記②は職種・作業にかかわらず技能実習２号良好修了者の場合には提出不要。ただし，技能実習２号良好修了者であることを証明する書類の提出が必要。

(イ) 保健所長の営業許可証又は届出書の写し(Ⅲ)
※保健所長の営業許可の名宛人が特定技能所属機関と異なる場合（営業許可書の営業場所は特定技能外国人が業務に従事することとなる特定技能所属機関が運営している事業所に限る。）には，
　① 名宛人が異なることに関する理由書
　② 特定技能外国人業務に従事することとなる事業所たる物件を所有又は管理する者との当該事業所における飲食サービス営業に関する契約書の写し等
　が必要

(ウ) 外食業分野における特定技能外国人の受入れに関する誓約書（特定技能所属機関）（分野参考様式14－１号）

(エ) 協議会の構成員であることの証明書（特定技能所属機関）（外食業分野基準２条３号）
　(注) 特定技能外国人の初回の受入れから４か月以上経過している場合に必要。
　※一律必要。外食業分野での初回の受入れの場合には申請前に加入手続が必要。

以下，登録支援機関に，１号特定技能外国人支援計画の実施の全部を委託する場合に必要な書類（登録支援機関の関係書類）

(オ) 外食業分野における特定技能外国人の受入れに関する誓約書（登録支援機関）（分野参考様式14－２号）

(カ) 協議会の構成員であることの証明書（登録支援機関）（外食業分野基準２条

3号及び6号)

(注) 外食業分野に関し，1号特定技能外国人支援計画の実施の委託を受けて支援を開始してから4か月以上経過している場合に必要。

※一律必要。外食業分野での初回の受入れの場合には申請前に加入手続が必要。

ア－3－12－2 「特定技能2号」

㋐ 外食業特定技能2号技能測定試験の合格証明書の写し（規則別表3第2号ハ）

日本語能力試験（Ｎ3以上）の合格証明書の写し

㋑ 保健所長の営業許可証又は届出書の写し(Ⅲ)

※保健所長の営業許可の名宛人が特定技能所属機関と異なる場合（営業許可書の営業場所は特定技能外国人が業務に従事することとなる特定技能所属機関が運営している事業所に限る。）には、①名宛人が異なることに関する理由書、②特定技能外国人業務に従事することとなる事業所たる物件を所有又は管理する者との当該事業所における飲食サービス営業に関する契約書の写し等が必要

㋒ 外食業分野における特定技能外国人の受入れに関する誓約書（特定技能所属機関）分野参考様式14－1号）

㋓ 協議会の構成員であることの証明書（特定技能所属機関）（外食業分野基準2条3号）

(注) 特定技能外国人の初回の受入れから4か月以上経過している場合に必要。

※一律必要。外食業分野での初回の受入れの場合には申請前に加入手続が必要。

イ 「特定技能1号」又は「在留資格2号」の在留資格をもって在留する外国人が、在留期間経過後も引き続き在留しようとする場合（在留期間更新許可申請）

イ－1 申請人に関する必要書類

㋐ 申請書（規則別記30号の2様式）

㋑ 写真1葉（規則21条2項（例外同3項））

第1章　在留資格の認定要件と立証資料

写真の規格は規則別表3の2にあるとおりである（縦40㎜横30㎜）。

●ポイント●

申請人と申請書に記載された人物が同一であることの確認のためのものである。

㈼　旅券及び在留カードなど（規則21条4項が準用する同20条4項）

●ポイント●

申請人の国籍の属する国の確認，その国が把握している申請人の身分事項の確認，それらに基づく許可証印及び在留カードの交付のためのものである（入管法21条4項が準用する同20条4項）。

㈍　特定技能外国人の在留諸申請に係る提出書類一覧表（入管庁ホームページ別途掲載）

※複数の外国人について同時に申請する場合は，「申請する特定技能外国人の名簿」（入管庁ホームページ別途掲載）を添付

※同一の受入れ機関に受け入れられる場合に限る。

㈎　特定技能外国人の報酬に関する説明書（参考様式1－4号）（入管法2条の5第1項及び第3項，特定技能基準省令1条1項柱書，2号及び3号並びに2条1項1号，規則別表3の6第1号及び第2号）

（注）賃金規定に基づき報酬を決定した場合には賃金規定を添付。

※イ－2－1に該当する「一定の実績があり適正な受入れが見込まれる機関」については提出省略可

㈑　特定技能雇用契約書の写し（参考様式1－5号）（入管法2条の5第1項及び第3項，特定技能基準省令1条1項柱書，2号及び3号並びに2条1項1号，規則別表3の6第1号及び第2号）

※申請人が十分に理解できる言語での記載も必要

㈒　雇用条件書の写し（参考様式1－6号）（入管法2条の5第1項及び第3項，特定技能基準省令1条1項柱書，2号及び3号並びに2条1項1号，規則別表3の6第1号及び第2号）

（注）1年単位の変形労働時間制を採用している場合は次のものも添付することが必要。

・申請人が十分に理解できる言語が併記された年間カレンダーの写し

・1年単位の変形労働時間制に関する協定書の写し

※申請人が十分に理解できる言語での記載も必要（雇用条件書（参考様式1－6号）の写しのみ）

(ク) 賃金の支払（参考様式1－6号別紙）（入管法2条の5第1項及び第3項，特定技能基準省令1条1項柱書，2号及び3号並びに2条1項1号，規則別表3の6第1号及び第2号）

※申請人が十分に理解できる言語での記載も必要

(ケ) 納税関係（入管法2条の5第1項及び第3項，特定技能基準省令1条1項柱書，2号及び3号並びに2条1項1号，規則別表3の6第1号及び第2号）

① 申請人の個人住民税の課税証明書(Ⅱ)

（注） 直近1年分が必要。

② 申請人の個人住民税の納税証明書(Ⅱ)

（注） すべての納期が経過している直近1年度のものが必要。課税証明書と同一年度でない場合もあり発行手続の際に注意。

上記①及び②に関して，

※1年間の総所得額，課税額，納税額が記載されているものが必要

※名称は地方公共団体により異なる

※納税緩和措置（換価の猶予，納税の猶予又は納付受託）の適用を受けている場合に，当該適用を受けていることが納税証明書に記載されていないときは，当該適用に係る通知書の写しの提出が必要

③ 申請人の給与所得の源泉徴収票の写し(Ⅱ)

（注） 上記①で証明されている内容に対応する年度のもの。

※複数枚の源泉徴収票がある場合は，確定申告のうえ，税務署発行の納税証明書（その3）（税目：「①源泉所得税及び復興特別所得税」「②申告所得税及び復興特別所得税」「③消費税及び地方消費税」「④相続税」「⑤贈与税」）の提出も必要

※納税緩和措置（換価の猶予，納税の猶予又は納付受託）の適用を受けている場合に，当該適用を受けていることが納税証明書に記載されていないときは，当該適用に係る通知書の写しの提出が必要

(コ) 国民健康保険関係（入管法2条の5第1項及び第3項，特定技能基準省令1条

第1章　在留資格の認定要件と立証資料

1項柱書，2号及び3号並びに2条1項1号，規則別表3の6第1号及び第2号）

※申請の時点で申請人が国民健康保険の被保険者である場合に提出が必要

※納付や換価の猶予を受けている場合であって，国民健康保険料（税）納付証明書にその旨の記載がない場合には，これらに係る通知書の写しの提出が必要

① 　申請人の国民健康保険被保険者証の写し(Ⅱ)

（注）　保険者番号及び被保険者等記号・番号を申請人側でマスキング（黒塗り）のこと。

② 　申請人の国民健康保険料（税）納付証明書(Ⅱ)

（注1）　保険者番号及び被保険者等記号・番号を申請人側でマスキング（黒塗り）のこと。

（注2）　直近1年分が必要。

㈯　国民年金関係

次の①又は②のいずれか(Ⅱ)（入管法2条の5第1項及び第3項，特定技能基準省令1条1項柱書，2号及び3号並びに2条1項1号，規則別表3の6第1号及び第2号）

※申請の時点で申請人が国民年金の被保険者である場合に提出が必要

① 　申請人の国民年金保険料領収証書の写し

（注1）　申請の日の属する月の前々月までの24か月分が必要。

（注2）　基礎年金番号を申請人側でマスキング（黒塗り）のこと。

② 　申請人の被保険者記録照会（納付Ⅱ）（被保険者記録照会回答票を含む。）

（注）　基礎年金番号を申請人側でマスキング（黒塗り）のこと。

㈲　前回申請時に履行すべきであった公的義務に係る書類（入管法2条の5第1項及び第3項，特定技能基準省令1条1項柱書，2号及び3号並びに2条1項1号，規則別表3の6第1号及び第2号）

（注）　前回申請時，下記㈵の参考様式1－26号等を提出し，納税義務の履行等を誓約した場合に提出が必要。

㈵　公的義務履行に関する誓約書（参考様式1－26号）（入管法2条の5第1項及び第3項，特定技能基準省令1条1項柱書，2号及び3号並びに2条1項1号，

規則別表3の6第1号及び第2号）

(注) 上記(ケ)から(サ)までのいずれかに滞納がある場合にのみ提出。

イ－2　所属機関に関する必要書類

イ－2－1　過去3年間に指導勧告書の交付を受けていない機関であって，かつ以下のいずれかに該当する場合（一定の実績があり適正な受入れが見込まれる機関）

① 日本の証券取引所に上場している企業

② 保険業を営む相互会社

③ 高度専門職基準省令1条1項各号の表の特別加算の項の中欄イ又はロの対象企業（イノベーション創出企業）

※対象は入管庁ホームページ参照。https://www.moj.go.jp/isa/content/930001665.pdf

④ 「一定の条件を満たす企業等」（入管庁ホームページ参照。https://www.moj.go.jp/isa/content/930004712.pdf）

⑤ 前年分の給与所得の源泉徴収票等の法定調書合計表中，給与所得の源泉徴収票合計表の源泉徴収税額が1,000万円以上ある団体・個人

(ア)　次のAからEまでのいずれかの場合に応じた書類

A　日本の証券取引所に上場している企業（①）又は保険業を営む相互会社（②）の場合

四季報の写し又は日本の証券取引所に上場していることを証明する文書（写し）

B　高度専門職基準省令1条1項各号の表の特別加算の項の中欄イ又はロの対象企業（上記イノベーション創出企業）（③）の場合

高度専門職基準省令1条1項各号の表の特別加算の項の中欄イ又はロの対象企業（上記イノベーション創出企業）であることを証明する文書（例えば，補助金交付決定通知書の写し）

C　「一定の条件を満たす企業等」（④）の場合

「一定の条件を満た企業等」であることを証明する文書（例えば，認定証等の写し）

D　前年分の給与所得の源泉徴収票等の法定調書合計表中，給与所得の

第1章　在留資格の認定要件と立証資料

　　　源泉徴収票合計表の源泉徴収税額が1,000万円以上ある団体・個人（⑤）
　　の場合
　　　前年分の職員の給与所得の源泉徴収票等の法定調書合計表（受付印
　　のあるものの写し）
　　E　電子届出システムの利用者登録をしている場合
　　　入管庁電子届出システムに関する誓約書（参考様式1－30号）
(ｲ)　書類の省略に当たっての誓約書（参考様式1－29号）

イ－2－2　法人の場合
　※下記(ｱ)から(ｴ)に関しては，「Ⅶ」に該当する場合には，「提出確認欄」
　　に「注7」と記載のこと
(ｱ)　特定技能所属機関概要書（参考様式1－11－1号）（Ⅵ又はⅦ）（規則別表
　3の6第1号）
　（注）　記載内容に応じて，「受け入れた中長期在留者リスト（参考様式1－11
　　　－2号）」，「生活相談業務を行った中長期在留者リスト（参考様式1－11
　　　－3号）」，「支援責任者の履歴書（参考様式1－20号）」及び「支援担当者
　　　の履歴書（参考様式1－22号）」の添付が必要な場合がある。
(ｲ)　登記事項証明書（Ⅵ又はⅦ）（規則別表3の6第1号）
(ｳ)　業務執行に関与する役員の住民票の写し（Ⅵ又はⅦ）（規則別表3の6
　第1号）
　（注）　マイナンバーの記載がなく，本籍地の記載があるものに限る。
(ｴ)　特定技能所属機関の役員に関する誓約書（参考様式1－23号）（Ⅵ又は
　Ⅶ）
　（注）　特定技能外国人の受入れに関する業務執行に関与しない役員がいる場合
　　　のみ。
(ｵ)　次のＡ又はＢのいずれかの場合に応じた書類（入管法2条の5第1項及び
　第3項，特定技能基準省令1条1項柱書，2号及び3号並びに2条1項1号，規則
　別表3の6第1号及び第2号）
　※労働保険の適用事業所でない場合には，労災保険に代わる民間保険の
　　加入を証明する書類の提出が必要
　※口座振替結果通知ハガキを紛失した場合には，都道府県労働局発行の

「労働保険料等口座振替結果のお知らせ」でも可
　A　労働保険事務組合に事務委託していない場合
　　労働保険概算・増加概算・確定保険料申告書（事業主控）の写し及び申告書に対応する領収証書（口座振替結果通知ハガキ）の写し(V)
（注）　直近2年分が必要。
　B　労働保険事務組合に事務委託している場合
　　労働保険事務組合が発行した直近2年分の労働保険料等納入通知書の写し及び通知書に対応する領収証書（口座振替結果通知ハガキ）の写し(V)
（注）　直近2年分が必要。

(カ)　社会保険料納入状況回答票又は健康保険・厚生年金保険料領収証書の写し(V)（入管法2条の5第1項及び第3項，特定技能基準省令1条1項柱書，2号及び3号並びに2条1項1号，規則別表3の6第1号及び第2号）
（注）　申請の日の属する月の前々月までの24か月分が必要。
※納付や換価の猶予を受けている場合に，社会保険納入状況照会回答票にその旨の記載がないときは納付の猶予許可通知書又は換価の猶予許可通知書の写しの提出が必要

(キ)　税務署発行の納税証明書（その3）(V)（入管法2条の5第1項及び第3項，特定技能基準省令1条1項柱書，2号及び3号並びに2条1項1号，規則別表3の6第1号及び第2号）
（注1）　税目は「①源泉所得税及び復興特別所得税」「②法人税」「③消費税及び地方消費税」
（注2）　①について，「申告所得税」ではなく「源泉所得税」
※納税の猶予又は納付受託の適用を受けている場合は，当該適用がある旨の記載がある納税証明書及び未納がある税目についての納税証明書（その1）の提出が必要

(ク)　法人住民税の市区町村発行の納税証明書(V)（入管法2条の5第1項及び第3項，特定技能基準省令1条1項柱書，2号及び3号並びに2条1項1号，規則別表3の6第1号及び第2号）
（注）　直近2年度分が必要。

第1章　在留資格の認定要件と立証資料

　　　※納税緩和措置（換価の猶予，納税の猶予又は納付受託）の適用を受けている場合に，当該適用を受けていることが納税証明書に記載されていないときは，当該適用に係る通知書の写しの提出が必要
(ケ)　公的義務履行に関する説明書（参考様式1－27号）（入管法2条の5第1項及び第3項，特定技能基準省令1条1項柱書，2号及び3号並びに2条1項1号，規則別表3の6第1号及び第2号）

　（注）　上記(オ)から(ク)までに関し，「Ⅴ」の適用により，提出不要の適用を受ける場合に必要。ただし，いずれも滞納がない場合に限る。

イ－2－3　個人事業主の場合

(ア)　特定技能所属機関概要書（参考様式1－11－1号）（Ⅵ又はⅦ）（規則別表3の6第1号）

　（注）　記載内容に応じて，「受け入れた中長期在留者リスト（参考様式1－11－2号）」，「生活相談業務を行った中長期在留者リスト（参考様式1－11－3号）」，「支援責任者の履歴書（参考様式1－20号）」及び「支援担当者の履歴書（参考様式1－22号）」の添付が必要な場合がある。

(イ)　個人事業主の住民票の写し（Ⅵ又はⅦ）（規則別表3の6第1号，特定技能基準省令2条1項4号）

　（注）　マイナンバーの記載がなく，本籍地の記載があるものに限る。

(ウ)　次のA又はBのいずれかの場合に応じた書類（入管法2条の5第1項及び第3項，特定技能基準省令1条1項柱書，2号及び3号並びに2条1項1号，規則別表3の6第1号及び第2号）

　　　※労働保険の適用事業所でない場合には，労災保険に代わる民間保険の加入を証明する書類の提出が必要
　　　※口座振替結果通知ハガキを紛失した場合には，都道府県労働局発行の「労働保険料等口座振替結果のお知らせ」でも可

　A　労働保険事務組合に事務委託していない場合
　　　労働保険概算・増加概算・確定保険料申告書（事業主控）の写し及び申告書に対応する領収証書（口座振替結果通知ハガキ）の写し(Ⅴ)

　（注）　直近2年分が必要。

　B　労働保険事務組合に事務委託している場合（入管法2条の5第1項及び

第3項，特定技能基準省令1条1項柱書，2号及び3号並びに2条1項1号，規則別表3の6第1号及び第2号）

　労働保険事務組合が発行した直近2年分の労働保険料等納入通知書の写し及び通知書に対応する領収証書（口座振替結果通知ハガキ）の写し(V)

（注）　直近2年分が必要。

㈡　次のA又はBのいずれかの場合に応じた書類（入管法2条の5第1項及び第3項，特定技能基準省令1条1項柱書，2号及び3号並びに2条1項1号，規則別表3の6第1号及び第2号）

　A　健康保険・厚生年金保険の適用事業所の場合

　　社会保険料納入状況回答票又は健康保険・厚生年金保険料領収証書の写し(V)

（注）　申請の日の属する月の前々月までの24か月分が必要。

※納付や換価の猶予を受けている場合，社会保険料納入状況照会回答票にその旨の記載がないときには，納付の猶予許可通知書又は換価の猶予許可通知書の写しの提出が必要

　B　健康保険・厚生年金保険の適用事業所でない場合

　　① 個人事業主の国民健康保険被保険者証の写し(V)

（注）　保険者番号及び被保険者等記号・番号を申請人側でマスキング（黒塗り）のこと。

　　② 個人事業主の国民健康保険料（税）納付証明書(V)

（注1）　初めて受け入れる場合には直近1年分，受入れ中の場合には直近2年分が必要。

（注2）　保険者番号及び被保険者等記号・番号を申請人側でマスキング（黒塗り）のこと。

※納付や換価の猶予を受けている場合であって，国民健康保険料（税）納付証明書にその旨の記載がない場合には，これらに係る通知書の写しの提出が必要

　　③ 個人事業主の国民年金保険料領収証書の写し又は被保険者記録照会（納付Ⅱ）(V)

(注1) 申請の日の属する月の前々月までの24か月分が必要。
(注2) 基礎年金番号を申請人側でマスキング（黒塗り）のこと。
(オ) 個人事業主の税務署発行の納税証明書（その3）(V)
  (注) 税目は「①源泉所得税及び復興特別所得税」「②申告所得税及び復興特別所得税」「③消費税及び地方　消費税」「④相続税」「⑤贈与税」
 ※納税の猶予又は納付受託の適用を受けている場合は，当該適用がある旨の記載がある納税証明書及び未納がある税目についての納税証明書（その1）の提出が必要
(カ) 個人事業主の個人住民税の市区町村発行の納税証明書(V)
  (注) 直近2年分が必要。
 ※納税緩和措置（換価の猶予，納税の猶予又は納付受託）の適用を受けている場合に，当該適用を受けていることが納税証明書に記載されていないときは，当該適用に係る通知書の写しの提出が必要
(キ) 公的義務履行に関する説明書（参考様式1-27号）
  (注) 上記(ウ)から(カ)までに関し，「V」の適用により，提出不要の適用を受ける場合に必要。
 ※(ウ)から(カ)までのいずれについても滞納がない場合に限る。

イー3　分野に関する必要資料

イー3-1　介　護

※「特定技能1号」に限る。「同2号」は対象外。

(ア) 介護分野における業務を行わせる事業所の概要書（分野参考様式1-2号）（規則別表3の6第1号）

(イ) 協議会の構成員であることの証明書（介護分野基準2条3号）

イー3-2　ビルクリーニング

※「特定技能1号」「同2号」共通

(ア) 次の①又は②のいずれか(VI)（規則別表3の6第1号）
 ※当該登録を受けていることが記載された「ビルクリーニング分野特定技能協議会構成員資格証明書」（当該登録の有効期限が切れていないものに限る。）を提出している場合は提出不要
 ① 建築物清掃業登録証明書

② 建築物環境衛生総合管理業登録証明書
(イ) 協議会の構成員であることの証明書（ビルクリーニング分野基準2条2号）

イー3－3　素形材・産業機械・電気電子情報関連製造業
※「特定技能1号」「同2号」共通
(ア) 協議会の構成員であることの証明書（素産電分野基準3条1号）

イー3－4　建　設
「特定技能1号」及び「同2号」のいずれの場合も不要

イー3－5　造船・舶用工業
※「特定技能2号」の場合は，(ア)と(イ)のみ
(ア) 造船・舶用工業事業者の確認通知書(Ⅲ)（規則別表3の6第1号，造船舶用工業分野基準2条1号）
(イ) 協議会の構成員であることの証明書（造船舶用工業分野基準2条2号）
　以下，登録支援機関に，1号特定技能外国人支援計画の実施の全部を委託する場合に必要な書類（登録支援機関の関係書類）
(ウ) 造船・舶用工業分野における特定技能外国人の受入れに関する誓約書（登録支援機関）（分野参考様式7－2号）（Ⅰ）（造船舶用工業分野基準2条2号及び5号）
(エ) 協議会の構成員であることの証明書（登録支援機関）（造船舶用工業分野基準2条5号）
　（注）造船・舶用工業分野に関し，初めて1号特定技能外国人支援計画の実施の委託を受けて支援を開始してから4か月以上経過している場合に必要。

イー3－6　自動車整備
イー3－6－1　「特定技能1号」
(ア) 自動車整備分野協議会の構成員であることの証明書（特定技能所属機関）（自動車整備分野基準2条2号）
　以下，登録支援機関に，1号特定技能外国人支援計画の実施の全部を委託する場合に必要な書類（登録支援機関の関係書類）
(イ) 自動車整備分野における特定技能外国人の受入れに関する誓約書（登録支援機関）（Ⅰ）（自動車整備分野基準2条5号イ）
(ウ) 次のA又はBのいずれかの場合に応じた書類（自動車整備分野基準2条5

第1章　在留資格の認定要件と立証資料

　　号イ)
　　A　初めて自動車整備分野の1号特定技能外国人支援計画の実施の委託を受ける場合
　　　　自動車整備分野に係る特定技能外国人の受入れに関する協議会の構成員となることの証明書（登録支援機関）
　　B　初めて1号特定技能外国人支援計画の実施の委託を受けて支援を開始してから4か月以上経過している場合
　　　　自動車整備分野に係る協議会の構成員であることの証明書（登録支援機関）
㈎　外国人の支援を行う者(注)に関し，次の①又は②のいずれか(Ⅲ)（自動車整備分野基準2条5号ロ）
　※過去の在留諸申請において提出済みの者とは，別の者を配置した場合には提出が必要
　①　自動車整備士技能検定1級又は2級の合格証の写し(Ⅲ)
　②　実務経験証明書（分野参考様式8－3号）(Ⅲ)
　(注)　支援責任者，支援担当者などの外国人の支援を行う者。

イ－3－6－2　「特定技能2号」
㈅　次の①又は②のいずれか（規則別表3第2号ハ，自動車整備分野基準2条2号）
　①　自動車整備分野特定技能協議会入会届出書兼構成員資格証明書（受付印があるもの）
　②　自動車整備分野特定技能協議会構成員資格証明書発行申請書（受付印があるもの）

イ－3－7　航　空
　※「特定技能2号」の場合は，㈅のみ
㈅　協議会の構成員であることの証明書（特定技能所属機関）（規則別表3の6第1号，航空分野基準2条2号）
　以下，登録支援機関に，1号特定技能外国人支援計画の実施の全部を委託する場合に必要な書類（登録支援機関の関係書類）
㈎　航空分野における特定技能外国人の受入れに関する誓約書（登録支援

機関）（分野参考様式9－2号）(I)（規則別表3の6第1号）

(ｳ) 協議会の構成員であることの証明書（登録支援機関）（航空分野基準2条2号）

イ－3－8 宿 泊

※「特定技能2号」の場合は，(ｱ)と(ｲ)のみ

(ｱ) 旅館業許可証（旅館・ホテル営業許可書）の写し(Ⅵ)（宿泊分野基準1号イ）

(ｲ) 協議会の構成員であることの証明書（特定技能所属機関）（宿泊分野基準2号）

以下，登録支援機関に，1号特定技能外国人支援計画の実施の全部を委託する場合に必要な書類（登録支援機関の関係書類）

(ｳ) 宿泊分野における特定技能外国人の受入れに関する誓約書（登録支援機関）（分野参考様式10－2号）(I)

(ｴ) 協議会の構成員であることの証明書（登録支援機関）（宿泊分野基準2号及び5号）

(注) 宿泊分野に関し，1号特定技能外国人支援計画の実施の委託を受けて支援を開始してから4か月以上経過している場合に必要。

イ－3－9 農 業

※以下，「特定技能1号」と「同2号」で次の(ｲ)を除き，共通

(ｱ) 協議会の構成員であることの証明書（特定技能所属機関）（農業分野基準3号）

(ｲ)は，登録支援機関に，1号特定技能外国人支援計画の実施の全部を委託する場合に必要な書類（登録支援機関の関係書類）

(ｲ) 農業分野における特定技能外国人の受入れに関する誓約書（登録支援機関）（分野参考様式11－4号）(I)（農業分野基準2号）（「特定技能1号」の場合に限る。）

派遣形態の場合に更に必要な書類

下記(ｷ)から(ｽ)は派遣先が法人，(ｾ)から(ﾄ)は派遣先が個人事業主の場合

(ｱ) 派遣元の要件に応じた次のAからEまでのいずれかの資料（規則別表3の6第1号，農業分野基準2号）

　A 農業又は農業に関連する業務を行っている場合

農業又は農業に関連する業務を行っていることが確認できる書類(Ⅳ)
例) 定款，登記事項証明書，有価証券報告書，営農証明書，決算関係書類等

B 地方公共団体等が出資（資本金の過半数）している機関である場合
資本金の出資者を明らかにする書類(Ⅳ)
例) 有価証券報告書，株主名簿の写し等
※農業を行っている者などが出資（資本金の過半数）している場合も含む。

C 地方公共団体の職員等が役員として在籍している場合
地方公共団体の職員等が役員として在籍していることが確認できる書類(Ⅳ)
例) 役員名簿等
※農業を行っている者などが役員である場合も含む。

D 地方公共団体等が実質的に業務執行に関与している場合
業務執行に実質的に関与していることが確認できる書類(Ⅳ)
例) 業務方法書，組織体制図等
※農業を行っている者などが実質的に業務執行関与している場合も含む。

E 国家戦略特別区域法16条の5第1項に規定する国家戦略特別区域農業支援外国人受入事業に係る特定機関である場合
① 特定機関基準適合通知書の写し(Ⅳ)
② 適正に外国人農業支援人材を派遣したことがあることが確認できる書類(Ⅳ)
例) 派遣契約書の写し，巡回指導・監査の結果報告書の写し等

(イ) 農業分野において派遣形態で特定技能外国人の受入れを行う特定技能所属機関に係る誓約書（分野参考様式11－3号）（農業分野基準2号）
※派遣元のものが必要
(ウ) 労働者派遣事業許可証の写し(Ⅳ)（農業分野基準2号）
(エ) 派遣計画書（参考様式1－12号）（農業分野基準2号）
(オ) 労働者派遣契約書の写し（農業分野基準2号）
(カ) 就業条件明示書の写し（参考様式1－13号）（入管法2条の5第1項1号，労基法15条1項，労働契約法4条，農業分野基準2号）

㈔　派遣先の概要書（農業分野）（参考様式１－14号）（農業分野基準２号）
　（注）　農業分野において受け入れる場合。
㈕　派遣先事業者誓約書（分野参考様式11－２号）（農業分野基準２号）
　※派遣先のものが必要
㈖　次のＡからＣまでのいずれかの場合に応じた書類（入管法２条の５第１項及び第３項，特定技能基準省令１条１項柱書，２号及び３号並びに２条１項１号，規則別表３の６第１号及び第２号）
　※労働保険の適用事業所でない場合には，「更新用・第３表の２の２」の９のＤ）の該当欄に印を付け，その旨明らかにする必要あり。この場合関連の提出資料（ＡからＣ）はなし。
　※口座振替結果通知ハガキを紛失した場合には，都道府県労働局発行の「労働保険料等口座振替結果のお知らせ」でも可
　　Ａ　初めての受入れの場合
　　　　労働保険料等納付証明書（未納なし証明）(V)
　　Ｂ　受入れ中の場合
　※労働保険事務組合に事務委託していない場合に必要
　　　　労働保険概算・増加概算・確定保険料申告書（事業主控）の写し及び申告書に対応する領収証書（口座振替結果通知ハガキ）の写し(V)
　（注）　直近２年分が必要。
　　Ｃ　受入れ中の場合
　※労働保険事務組合に事務委託している場合に必要
　　　　労働保険事務組合が発行した直近２年分の労働保険料等納入通知書の写し及び通知書に対応する領収証書（口座振替結果通知ハガキ）の写し(V)
　（注）　直近２年分が必要。
㈗　社会保険料納入状況回答票又は健康保険・厚生年金保険料領収証書の写し(V)（入管法２条の５第１項及び第３項，特定技能基準省令１条１項柱書，２号及び３号並びに２条１項１号，規則別表３の６第１号及び第２号）
　（注）　申請の日の属する月の前々月までの24か月分が必要。
　※納付や換価の猶予を受けている場合に，社会保険料納入状況照会回答

票にその旨の記載がないときは「納付の猶予許可通知書」又は「換価の猶予許可通知書」の写しの提出が必要
(サ)　税務署発行の納税証明書（その３）(V)（入管法２条の５第１項及び第３項，特定技能基準省令１条１項柱書，２号及び３号並びに２条１項１号，規則別表３の６第１号及び第２号）
　（注１）　税目は「①源泉所得税及び復興特別所得税」「②法人税」「③消費税及び地方消費税」
　（注２）　①について，「申告所得税」ではなく「源泉所得税」
　※納税の猶予又は納付受託の適用を受けている場合は，当該適用がある旨の記載がある納税証明書及び未納がある項目について未納額のみの納税証明書（その１）の提出が必要
(シ)　次のＡ又はＢのいずれかの場合に応じた書類（入管法２条の５第１項及び第３項，特定技能基準省令１条１項柱書，２号及び３号並びに２条１項１号，規則別表３の６第１号及び第２号）
　※納税緩和措置（換価の猶予，納税の猶予又は納付受託）の適用を受けている場合に，当該適用を受けていることが納税証明書に記載されていないときは，当該適用に係る通知書の写しの提出が必要
　　Ａ　初めての受入れの場合
　　　法人住民税の市区町村発行の納税証明書(V)
　（注）　直近１年度分が必要。
　　Ｂ　受入れ中の場合
　　　法人住民税の市区町村発行の納税証明書(V)
　（注）　直近２年度分が必要。
(ス)　公的義務履行に関する説明書（参考様式１－27号）（入管法２条の５第１項及び第３項，特定技能基準省令１条１項柱書，２号及び３号並びに２条１項１号，規則別表３の６第１号及び第２号）
　（注）　上記(ケ)から(シ)までに関し，「Ｖ」の適用により，提出不要の適用を受ける場合に必要。ただし，いずれも滞納がない場合に限る。
(セ)　派遣先の概要書（農業分野）（参考様式１－14号）（農業分野基準２号）
　（注）　農業分野において受け入れる場合。

(ソ) 派遣先事業者誓約書（分野参考様式11－2号）（農業分野基準2号）
　　※派遣先のものが必要
(タ) 次のAからCまでのいずれかの場合に応じた書類（入管法2条の5第1項及び第3項，特定技能基準省令1条1項柱書，2号及び3号並びに2条1項1号，規則別表3の6第1号及び第2号）
　　※労働保険の適用事業所でない場合には，「更新用・第3表の2の2」の16のD）の該当欄に印を付け，その旨明らかにする必要あり。この場合関連の提出資料（AからC）はなし。
　　※口座振替結果通知ハガキを紛失した場合には，都道府県労働局発行の「労働保険料等口座振替結果のお知らせ」でも可
　A　初めての受入れの場合
　　　労働保険料等納付証明書（未納なし証明）(V)
　B　受入れ中の場合
　　※労働保険事務組合に事務委託していない場合に必要
　　　労働保険概算・増加概算・確定保険料申告書（事業主控）の写し及び申告書に対応する領収証書（口座振替結果通知ハガキ）の写し(V)
　（注）直近2年分が必要。
　C　受入れ中の場合
　　※労働保険事務組合に事務委託している場合に必要
　　　労働保険事務組合が発行した直近2年分の労働保険料等納入通知書の写し及び通知書に対応する領収証書（口座振替結果通知ハガキ）の写し(V)
　（注）直近2年分が必要。
(チ) 次のA又はBのいずれかの場合に応じた書類（入管法2条の5第1項及び第3項，特定技能基準省令1条1項柱書，2号及び3号並びに2条1項1号，規則別表3の6第1号及び第2号）
　A　健康保険・厚生年金保険の適用事業所の場合
　　　社会保険料納入状況回答票又は健康保険・厚生年金保険料領収証書の写し(V)
　（注）申請の日の属する月の前々月までの24か月分が必要。

第1章　在留資格の認定要件と立証資料

　　※納付や換価の猶予を受けている場合に，社会保険料納入状況照会回答票にその旨の記載がないときは，納付の猶予許可通知書又は換価の猶予許可通知書の写しの提出が必要
　　B　健康保険・厚生年金保険の適用事業所でない場合
　　※納付や換価の猶予を受けている場合には「納付の猶予許可通知書」又は「換価の猶予許可通知書」の写しの提出が必要
　　　①　個人事業主の国民健康保険被保険者証の写し(V)
　（注）　保険者番号及び被保険者等記号・番号を申請人側でマスキング（黒塗り）のこと。
　　　②　個人事業主の国民健康保険料（税）納付証明書(V)
　（注１）　初回の受入れの場合は直近１年分，受入れ中の場合は直近２年分が必要。
　（注２）　保険者番号及び被保険者等記号・番号を申請人側でマスキング（黒塗り）のこと。
　　　③　個人事業主の国民年金保険料領収証書の写し又は被保険者記録照会（納付Ⅱ）(V)
　（注１）　申請の日の属する月の前々月までの24か月分が必要。
　（注２）　基礎年金番号を申請人側でマスキング（黒塗り）のこと。
　㈥　個人事業主の税務署発行の納税証明書（その３）(V)（入管法２条の５第１項及び第３項，特定技能基準省令１条１項柱書，２号及び３号並びに２条１項１号，規則別表３の６第１号及び第２号）
　　（注）　税目は「①源泉所得税及び復興特別所得税」「②申告所得税及び復興特別所得税」「③消費税及び地方消費税」「④相続税」「⑤贈与税」
　　※納税の猶予又は納付受託の適用を受けている場合は，当該適用がある旨の記載がある納税証明書及び未納がある項目について未納額のみの納税証明書（その１）の提出が必要
　㈦　次のＡ又はＢのいずれかの場合に応じた書類（入管法２条の５第１項及び第３項，特定技能基準省令１条１項柱書，２号及び３号並びに２条１項１号，規則別表３の６第１号及び第２号）
　　※納税緩和措置（換価の猶予，納税の猶予又は納付受託）の適用を受けてい

る場合に，当該適用を受けていることが納税証明書に記載されていないときは，当該適用に係る通知書の写しの提出が必要
　　A　初めての受入れの場合
　　　個人事業主の個人住民税の市区町村発行の納税証明書(Ⅴ)
（注）　直近1年分が必要。
　　B　受入れ中の場合
　　　個人事業主の個人住民税の市区町村発行の納税証明書(Ⅴ)
（注）　直近2年分が必要。
(ト)　公的義務履行に関する説明書（参考様式1－27号）（入管法2条の5第1項及び第3項，特定技能基準省令1条1項柱書，2号及び3号並びに2条1項1号，規則別表3の6第1号及び第2号）
（注）　上記(タ)から(テ)までに関し，「Ⅴ」の適用により，提出不要の適用を受ける場合に必要。ただし，いずれについても滞納がない場合に限る。

イ－3－10　漁　業

※以下，「特定技能1号」と「同2号」で，次の(エ)を除き，共通
(ア)－1　所属機関が許可又は免許を受けて漁業又は養殖業を営んでいる場合
　　次の①から③のいずれか(Ⅲ)
　　①　許可証の写し
　　②　免許の指令書の写し
　　③　その他許可又は免許を受け漁業若しくは養殖業を営んでいることが確認できる公的な書類の写し
(ア)－2　所属機関が漁業協同組合に所属して漁業又は養殖業を営んでいる場合
　　次の①又は②のいずれか(Ⅲ)
　　①　当該組合の漁業権の内容たる漁業又は養殖業を営むことを確認できる当該組合が発行した書類の写し
　　②　その他当該組合に所属して漁業又は養殖業を営んでいることが確認できる書類の写し
(イ)　漁船を用いて漁業又は養殖業を営んでいる場合

第1章　在留資格の認定要件と立証資料

次の①又は②のいずれか(Ⅲ)
① 漁船原簿謄本の写し
② 漁船登録票の写し

(ウ) 協議会の構成員であることの証明書（特定技能所属機関）（漁業分野基準1号）

次の(エ)は，登録支援機関に，1号特定技能外国人支援計画の実施の全部を委託する場合に必要な書類（登録支援機関の関係書類）

(エ) 漁業分野における特定技能外国人の受入れに関する誓約書（登録支援機関）（分野参考様式12－2）(Ⅰ)（「特定技能1号」の場合に限る。）

派遣形態の場合に更に必要な書類

下記(カ)から(サ)は派遣先が法人，(シ)から(チ)は派遣先が個人事業主の場合

(ア) 派遣元の要件に応じた次のAからDまでのいずれかの資料（漁業分野基準4号）

A 漁業又は漁業に関連する業務を行っている場合
漁業又は漁業に関連する業務を行っていることが確認できる書類(Ⅳ)
例）定款，登記事項証明書，有価証券報告書，決算関係書類等

B 地方公共団体等が出資（資本金の過半数）している機関である場合
資本金の出資者を明らかにする書類(Ⅳ)
例）有価証券報告書，株主名簿の写し等
※漁業を行っている者などが出資（資本金の過半数）している場合も含む。

C 地方公共団体の職員等が役員として在籍している場合
地方公共団体の職員等が役員として在籍していることが確認できる書類(Ⅳ)
例）役員名簿等
※漁業を行っている者などが役員である場合も含む。

D 地方公共団体等が実質的に業務執行に関与している場合
業務執行に実質的に関与していることが確認できる書類(Ⅳ)
例）業務方法書，組織体制図等
※漁業を行っている者などが実質的に業務執行に関与している場合も含

む。
(イ) 労働者派遣事業許可証の写し(Ⅳ)（漁業分野基準4号）
(ウ) 派遣計画書（参考様式1－12号）（漁業分野基準4号）
(エ) 労働者派遣契約書の写し（漁業分野基準4号）
(オ) 就業条件明示書の写し（参考様式1－13号）（入管法2条の5第1項1号，労基法15条1項，労働契約法4条，漁業分野基準4号）
(カ) 派遣先の概要書（漁業分野）（参考様式1－15号）（漁業分野基準4号）
　（注）　漁業分野において受け入れる場合。
(キ) 次のAからCまでのいずれかの場合に応じた書類（入管法2条の5第1項及び第3項，特定技能基準省令1条1項柱書，2号及び3号並びに2条1項1号，規則別表3の6第1号及び第2号）
　※労働保険の適用事業所でない場合には，「更新用・第3表の3の2」の7のD）の該当欄に印を付け，その旨明らかにする必要あり。この場合関連の提出資料（AからC）はなし。
　※口座振替結果通知ハガキを紛失した場合には，都道府県労働局発行の「労働保険料等口座振替結果のお知らせ」でも可
　A　初めての受入れの場合
　　労働保険料等納付証明書（未納なし証明）(Ⅴ)
　B　受入れ中の場合
　※労働保険事務組合に事務委託していない場合に必要
　　労働保険概算・増加概算・確定保険料申告書（事業主控）の写し及び申告書に対応する領収証書（口座振替結果通知ハガキ）の写し(Ⅴ)
　（注）　直近2年分が必要。
　C　受入れ中の場合
　※労働保険事務組合に事務委託している場合に必要
　　労働保険事務組合が発行した直近2年分の労働保険料等納入通知書の写し及び通知書に対応する領収証書（口座振替結果通知ハガキ）の写し(Ⅴ)
　（注）　直近2年分が必要。
(ク) 社会保険料納入状況回答票又は健康保険・厚生年金保険料領収証書の写し(Ⅴ)（入管法2条の5第1項及び第3項，特定技能基準省令1条1項柱書，2号

及び3号並びに2条1項1号,規則別表3の6第1号及び第2号)

（注） 申請の日の属する月の前々月までの24か月分が必要。

※納付や換価の猶予を受けている場合に，社会保険料納入状況照会回答票にその旨の記載がないときは，納付の猶予許可通知書又は換価の猶予許可通知書の写しの提出が必要

(ケ) 税務署発行の納税証明書（その3）(V)（入管法2条の5第1項及び第3項，特定技能基準省令1条1項柱書，2号及び3号並びに2条1項1号，規則別表3の6第1号及び第2号）

（注1） 税目は「①源泉所得税及び復興特別所得税」「②法人税」「③消費税及び地方消費税」

（注2） ①について,「申告所得税」ではなく「源泉所得税」

※納税の猶予又は納付受託の適用を受けている場合は，当該適用がある旨の記載がある納税証明書及び未納がある税目についての納税証明書（その1）の提出が必要

※納税緩和措置（換価の猶予，納税の猶予又は納付受託）の適用を受けている場合に，当該適用を受けていることが納税証明書に記載されていないときは，当該適用に係る通知書の写しの提出が必要

(コ) 次のA又はBのいずれかの場合に応じた書類（入管法2条の5第1項及び第3項，特定技能基準省令1条1項柱書，2号及び3号並びに2条1項1号，規則別表3の6第1号及び第2号）

　A　初めての受入れの場合

　　法人住民税の市区町村発行の納税証明書(V)

（注） 直近1年度分が必要。

　B　受入れ中の場合

　　法人住民税の市区町村発行の納税証明書(V)

（注） 直近2年度分が必要。

(サ) 公的義務履行に関する説明書（参考様式1－27号）（入管法2条の5第1項及び第3項，特定技能基準省令1条1項柱書，2号及び3号並びに2条1項1号，規則別表3の6第1号及び第2号）

（注） 上記(キ)から(コ)までに関し,「V」の適用により，提出不要の適用を受け

る場合に必要。ただし，いずれについても滞納がない場合に限る。
(シ) 派遣先の概要書（漁業分野）（参考様式１－15号）（漁業分野基準４号）
　（注）　漁業分野において受け入れる場合。
(ス) 次のＡからＣまでのいずれかの場合に応じた書類（入管法２条の５第１項及び第３項，特定技能基準省令１条１項柱書，２号及び３号並びに２条１項１号，規則別表３の６第１号及び第２号）
　※労働保険の適用事業所でない場合には，「更新用・第３表の３の２」の16のＤ）の該当欄に印を付け，その旨明らかにする必要あり。この場合関連の提出資料（ＡからＣ）はなし。
　※口座振替結果通知ハガキを紛失した場合には，都道府県労働局発行の「労働保険料等口座振替結果のお知らせ」でも可
　Ａ　初めての受入れの場合
　　労働保険料等納付証明書（未納なし証明）(V)
　Ｂ　受入れ中の場合
　※労働保険事務組合に事務委託していない場合に必要
　　労働保険概算・増加概算・確定保険料申告書（事業主控）の写し及び申告書に対応する領収証書（口座振替結果通知ハガキ）の写し(V)
　（注）　直近２年分が必要。
　Ｃ　受入れ中の場合
　※労働保険事務組合に事務委託している場合に必要
　　労働保険事務組合が発行した直近２年分の労働保険料等納入通知書の写し及び通知書に対応する領収証書（口座振替結果通知ハガキ）の写し(V)
　（注）　直近２年分が必要。
(セ) 次のＡ又はＢのいずれかの場合に応じた書類（入管法２条の５第１項及び第３項，特定技能基準省令１条１項柱書，２号及び３号並びに２条１項１号，規則別表３の６第１号及び第２号）
　Ａ　健康保険・厚生年金保険の適用事業所の場合
　　社会保険料納入状況回答票又は健康保険・厚生年金保険料領収証書の写し(V)
　（注）　申請の日の属する月の前々月までの24か月分が必要。

※納付や換価の猶予を受けている場合に、社会保険料納入状況照会回答票にその旨の記載がないときは、納付の猶予許可通知書又は換価の猶予許可通知書の写しの提出が必要

B　健康保険・厚生年金保険の適用事業所でない場合

※納付や換価の猶予を受けている場合には「納付の猶予許可通知書」又は「換価の猶予許可通知書」の写しの提出が必要

① 個人事業主の国民健康保険被保険者証の写し(V)

（注）　保険者番号及び被保険者等記号・番号を申請人側でマスキング（黒塗り）のこと。

② 個人事業主の国民健康保険料（税）納付証明書(V)

（注１）　初めて受け入れる場合には直近１年分、受入れ中の場合には直近２年分が必要。

（注２）　保険者番号及び被保険者等記号・番号を申請人側でマスキング（黒塗り）のこと。

③ 個人事業主の国民年金保険料領収証書の写し又は被保険者記録照会（納付Ⅱ）(V)

（注１）　申請の日の属する月の前々月までの24か月分が必要。

（注２）　基礎年金番号を申請人側でマスキング（黒塗り）のこと。

(ソ)　個人事業主の税務署発行の納税証明書（その３）(V)（入管法２条の５第１項及び第３項、特定技能基準省令１条１項柱書、２号及び３号並びに２条１項１号、規則別表３の６第１号及び第２号）

（注）　税目は「①源泉所得税及び復興特別所得税」「②申告所得税及び復興特別所得税」「③消費税及び地方消費税」「④相続税」「⑤贈与税」

※納税の猶予又は納付受託の適用を受けている場合は、当該適用がある旨の記載がある納税証明書及び未納がある税目についての納税証明書（その１）の提出が必要

(タ)　次のＡ又はＢのいずれかの場合に応じた書類（入管法２条の５第１項及び第３項、特定技能基準省令１条１項柱書、２号及び３号並びに２条１項１号、規則別表３の６第１号及び第２号）

※納税緩和措置（換価の猶予、納税の猶予又は納付受託）の適用を受けてい

る場合に，当該適用を受けていることが納税証明書に記載されていないときは，当該適用に係る通知書の写しの提出が必要
　　A　初めての受入れの場合
　　　個人事業主の個人住民税の市区町村発行の納税証明書(Ｖ)
　(注)　直近１年分が必要。
　　B　受入れ中の場合
　　　個人事業主の個人住民税の市区町村発行の納税証明書(Ｖ)
　(注)　直近２年分が必要。
(ﾁ)　公的義務履行に関する説明書（参考様式１－27号）（入管法２条の５第１項及び第３項，特定技能基準省令１条１項柱書，２号及び３号並びに２条１項１号，規則別表３の６第１号及び第２号）
　(注)　上記(ｽ)から(ﾀ)までに関し，「Ｖ」の適用により，提出不要の適用を受ける場合に必要。ただし，いずれについても滞納がない場合に限る。

イー３－11　飲食料品製造業

※「特定技能２号」の場合は，(ｱ)のみ

(ｱ)　協議会の構成員であることの証明書（特定技能所属機関）（飲食料製造業分野基準２条１号）

以下，登録支援機関に，１号特定技能外国人支援計画の実施の全部を委託する場合に必要な書類（登録支援機関の関係書類）

(ｲ)　飲食料品製造業分野における特定技能外国人の受入れに関する誓約書（登録支援機関）（分野参考資料13－２号）（Ｉ）（飲食料品製造分野基準２条４号）

(ｳ)　協議会の構成員であることの証明書（登録支援機関）（飲食料製造業分野基準２条１号及び４号）

イー３－12　外食業

※「特定技能２号」の場合は，(ｱ)と(ｲ)のみ

(ｱ)　保健所長の営業許可証又は届出書の写し(Ⅲ)（規則別表３の６第１号イ）
　　※保健所長の営業許可の名宛人が特定技能所属機関と異なる場合（営業許可書の営業場所は特定技能外国人が業務に従事することとなる特定技能所属機関が運営している事業所でなければならない。）には，①名宛人が異なることに関する理由書，②特定技能外国人が業務に従事することとなる事

業所たる物件を所有又は管理する者との当該事業所における飲食サービス営業に関する契約書の写し等が必要
(イ) 協議会の構成員であることの証明書（特定技能所属機関）（外食業分野基準2条3号）

以下，登録支援機関に，1号特定技能外国人支援計画の実施の全部を委託する場合に必要な書類（登録支援機関の関係書類）
(ウ) 外食業分野における特定技能外国人の受入れに関する誓約書（登録支援機関）（分野参考様式14－2号）(I)（外食業分野基準2条6号）
(エ) 協議会の構成員であることの証明書（登録支援機関）（外食業分野基準2条3号及び6号）
（注）外食業分野に関し，1号特定技能外国人支援計画の実施の委託を受けて支援を開始してから4か月以上経過している場合に必要。

5 在留期間（規則別表2）

(1)「特定技能1号」の場合にあっては，1年，6か月又は4か月
ただし，通算して5年未満（基準省令1号ヘ並びに規則20条の2及び21条の2）
(2)「特定技能2号」の場合にあっては，3年，1年又は6か月

6 その他の注意事項

手数料
在留資格認定証明書交付及び在留資格取得許可の場合は発生せず。
在留資格変更許可及び在留期間更新許可の場合4,000円（入管法67条1号及び2号並びに施行令9条1号及び2号）

高度専門職

1 概　要

(1) **高度専門職の区分**

　「高度専門職」の在留資格は区分在留資格であり，対応する別表下欄の区分1号イ，1号ロ，1号ハ及び2号が在留資格として扱われる（区分在留資格については第2章の2の(2)の②を参照。）。

(2) **本邦において行うことができる活動**

　「**高度専門職1号イ**」　法務大臣が指定する機関と契約して行う高度学術研究活動。その活動を行う限りにおいて，関連事業の経営活動や他機関での研究などの活動に従事することも可能。具体的には，大学等の教育機関で教育をする活動や，民間企業の研究所で研究をする活動などが認められ，また，これらの活動と併せて，教育や研究の成果を生かして事業を起こし自ら経営することも可能。

　「**高度専門職1号ロ**」　法務大臣が指定する機関と契約して自然科学又は人文科学の分野に属する知識・技術を要する業務に従事する高度専門・技術活動。その活動を行う限りにおいて，関連事業の経営活動に従事することも可能。例えば，所属する企業において，技術者として製品開発業務に携わる一方，販売促進などの企画立案業務を行う活動などが認められる。また，これらの活動と併せて，これらの活動と関連する事業を起こし自ら経営することも可能。

　「**高度専門職1号ハ**」　法務大臣が指定する機関において行う高度経営・管理活動。その活動を行う限りにおいて，関連事業の経営活動に従事することも可能。会社の経営や，弁護士事務所・監査法人事務所などを経営・管理する活動が認められる。また，これらの活動と併せて，これらの会社・事務所

の事業と関連のある事業を起こし，自ら経営することも可能。

「高度専門職2号」 1号の活動に併せて在留資格「教授」「芸術」「宗教」「報道」「法律・会計業務」「医療」「教育」「技術・人文知識・国際業務」「介護」「興行」「技能」又は「特定技能」に該当する活動に従事することが可能。

(3) **対象となる主な者**

「高度専門職1号イ」 相当程度の研究実績を有する研究者，科学者，大学教授など

「高度専門職1号ロ」 医師，弁護士，情報通信分野などの高度な専門資格を有する技術者

「高度専門職1号ハ」 相当規模の企業の経営者及び監理者などの上級幹部

「高度専門職2号」「高度専門職1号」のいずれか又は全て及び他の就労資格との事業者

(4) **優遇措置**

ア 「高度専門職1号」（以下「高度専門職1号イ」，「高度専門職1号ロ」，「高度専門職1号ハ」をいう。）
　(ｱ) 複合的な在留活動の許容
　(ｲ) 在留期間「5年」の付与
　(ｳ) 在留歴に係る永住許可要件の緩和
　(ｴ) 配偶者の就労
　(ｵ) 一定の条件の下での親の帯同の許容
　(ｶ) 一定の条件の下での家事使用人の帯同の許容
　(ｷ) 入国・在留手続の優先処理

イ 「高度専門職2号」
　(ｱ) 「高度専門職1号」の活動に併せて就労資格で認められるほぼすべての活動に従事することが可能
　(ｲ) 在留期間が「無期限」
　(ｳ) 上記アの(ｳ)から(ｶ)までの優遇措置

2 在留資格該当性

> 一 高度の専門的な能力を有する人材として法務省令で定める基準に適合する者が行う次のイからハまでのいずれかに該当する活動であつて、我が国の学術研究又は経済の発展に寄与することが見込まれるもの

「高度の専門的な能力」

ポイント

次の項の「法務省令で定める基準」において定められているとおり、単に専門的な能力ではなく、それが高度であることが要求されている。それが具体的にどの程度のものであるかは、同省令において、その能力を測る基準として、本人の学歴、職歴、研究実績及びその外国人の活動がいかに金銭的に評価されているか（報酬）などが挙げられていることから判断することが可能である。

「法務省令で定める基準」

ポイント

出入国管理及び難民認定法別表第1の2の表の高度専門職の項の下欄の基準を定める省令（平成26年12月26日法務省令第37号）で定められている基準を指す。

この省令においては、前の説明項目にあるとおりの評価項目が掲げられており、各項目における評価基準に応じた点数が定められ、その総合得点により基準適合の有無についての判断がなされることになっている。いずれの「高度専門職」においても、70点以上の点数が求められている。

> イ 法務大臣が指定する本邦の公私の機関との契約に基づいて研究、研究の指導若しくは教育をする活動又は当該活動と併せて当該活動と関連する事業を自ら経営し若しくは当該機関以外の本邦の公私の機関との契約に基づいて研究、研究の指導若しくは教育をする活動

「本邦の公私の機関」
ポイント

会社，国，地方公共団体，独立行政法人，公益法人等の法人をいう。また，本邦に事務所，事業所等を有する外国の国，地方公共団体（地方政府を含む。），外国の法人も含まれ，さらに，個人であっても，本邦で事務所，事業所等を有する場合は含まれる。いずれの場合にあっても，外国人を受け入れ，在留資格に該当する活動を行わせ得るだけの態勢を整えていることが必要である。

「契約」
ポイント

雇用のほか，委任，委託，嘱託等が含まれるが，特定の機関との継続的なものでなければならない。また，契約に基づく活動は，本邦において適法に行われるものであること，在留活動が継続して行われることが見込まれることが必要である。

> ロ　法務大臣が指定する本邦の公私の機関との契約に基づいて自然科学若しくは人文科学の分野に属する知識若しくは技術を要する業務に従事する活動又は当該活動と併せて当該活動と関連する事業を自ら経営する活動

「自然科学」
ポイント

自然現象を一定の方法で研究して一般的法則を見出そうとする科学で，数学，物理学，天文学，化学，生物学，地学，農学，医学，工学が含まれる。いわゆる理科系の学問分野である。

「人文科学」
ポイント

文化科学の異称であり，歴史的・精神的な文化現象を研究する科学で，特に，哲学，言語学，文芸学，歴史学が含まれるとされる。しかし，ここでいう人文科学は，むしろ社会学，政治学，法学などの社会科学が分化する19世紀以前の意味における人文科学（文化科学）を指すものと解すべきである。

いわゆる文科系の学問分野である。

> ハ　法務大臣が指定する本邦の公私の機関において貿易その他の事業の経営を行い若しくは当該事業の管理に従事する活動又は当該活動と併せて当該活動と関連する事業を自ら経営する活動

「経営」,「管理」
ポイント
　会社の経営に関する重要事項の決定，業務の執行，監査の業務に従事する役員，部に相当する以上の内部組織の管理的業務に従事する管理職員など，活動実態として会社の経営・管理活動を行う者が該当する。会社の規模や役員であるかどうかは直接の要件ではない。

> 二　前号に掲げる活動を行つた者であつて，その在留が我が国の利益に資するものとして法務省令で定める基準に適合するものが行う次に掲げる活動
> 　イ　本邦の公私の機関との契約に基づいて研究，研究の指導又は教育をする活動
> 　ロ　本邦の公私の機関との契約に基づいて自然科学又は人文科学の分野に属する知識又は技術を要する業務に従事する活動
> 　ハ　本邦の公私の機関において貿易その他の事業の経営を行い又は当該事業の管理に従事する活動
> 　ニ　イからハまでのいずれかの活動と併せて行う一の表の教授の項から報道の項までの下欄に掲げる活動又はこの表の法律・会計業務の項，医療の項，教育の項，技術・人文知識・国際業務の項，介護の項，興行の項若しくは技能の項の下欄若しくは特定技能の項の下欄第二号に掲げる活動（イからハまでのいずれかに該当する活動を除く。）

3 基準（上陸許可基準，変更許可基準）

　申請人が出入国管理及び難民認定法別表第一の二の表の高度専門職の項の下欄の基準を定める省令（平成二十六年法務省令第三十七号）第一条第一項に掲げる基準に適合することのほか，次の各号のいずれにも該当すること。
一　次のいずれかに該当すること。
　イ　本邦において行おうとする活動が法別表第一の一の表の教授の項から報道の項までの下欄に掲げる活動のいずれかに該当すること。
　ロ　本邦において行おうとする活動が法別表第一の二の表の経営・管理の項から技能の項までの下欄に掲げる活動のいずれかに該当し，かつ，この表の当該活動の項の下欄に掲げる基準に適合すること。

ポイント

　「高度専門職」の在留資格のうち「高度専門職2号ニ」は，入管法別表1の2の表において他の在留資格を引用することにより一定水準以上の専門知識，技術能力，熟練性を有することを要件としている。他の「高度専門職」，即ち，「高度専門職1号」（イ，ロ，ハ）及び「高度専門職2号」（イ，ロ，ハ）においても，これと同様の要件を同法別表1の2の表ではなく基準省令により課すこととしているものである。

　1の表の在留資格及び2の表の在留資格（「1の表の在留資格」及び「2の表の在留資格」については，2章の2の(2)の①を参照。）のいずれかへの在留資格該当性と，上陸許可基準制度の適用される2の表の在留資格については，当該在留資格への在留資格該当性に加えて基準適合性も要件とすることにより2の表の他の在留資格により入国・在留する外国人と同等の要件を課すものである。

二　本邦において行おうとする活動が我が国の産業及び国民生活に与える影響等の観点から相当でないと認める場合でないこと。

（注）「高度専門職」の在留資格に関しては，上陸審査基準省令以外に出入国管理及び難民認定法別表第一の二の表の高度専門職の項の下欄の基準を定める省令（平成26年12月26日法務省令第37号。以下「高度専門職基準省令」という。）が適用されることになっている。この同省令は，まず，「高度専門職1号」及び「同2号」の在留資格において採用されているいわゆるポイント制の内容を定めている。即ち，「高度専門職1号」においては，学歴，職歴，年収，年齢，研究実績，資格，地位，特別加算などの採点項目ごとの配点数を「高度専門職1号」のイ，ロ及びハ別に定めている。また，「高度専門職2号」の在留資格を取得するための条件に関しても，「高度専門職1号」の基準を基本としつつも，それに申請人の年齢に応じた変更を加えて独自の評価基準とするほか，新たに，「高度専門職1号」の在留資格での3年間以上の在留歴，素行が善良であること及び申請人の在留が日本国の利益に合すると認められることを条件として加えている。

4 立証資料

ア 新たに「高度専門職1号」の在留資格を取得しようとする者の場合（上陸許可，在留資格認定証明書の交付及び在留資格変更許可の申請）及び「高度専門職1号」の在留資格をもって在留する外国人が在留期間経過後も引き続き在留しようとする場合（在留期間更新許可申請）

現時点においては，「高度専門職1号」の取得方法として，在留資格認定証明書交付申請，在留資格変更許可申請及び在留期間更新許可申請のみが想定されているところ，そのために提出を要する立証資料の大半が共通しているので，[注]一括して説明する。

また，入管庁ホームページにはこの在留資格の取得許可申請に関する説明はない。したがって，この申請を要する具体的な事例が発生したときの対応は，最寄りの地方出入国在留管理局に相談のこと。

（注）本在留資格において各種優遇処置が採られているところ，当該優遇措置に見合っただけの在留資格該当性，基準省令上の基準適合性その他の要件も，在留資格認定証明書交付申請及び在留資格変更許可申請のみならず在留期間更新許可申請時においても満たされていることが要求されている結果である

第1章　在留資格の認定要件と立証資料

と推測される。

　なお，「高度専門職2号」への在留資格の変更は，入管法20条の2の規定により，原則として，申請時において「高度専門職1号」の在留資格をもって本邦に在留中の者のみが対象とされていることに注意を要する。したがって，この点に関しては，別途次のイにおいて説明することとする。

(ア)　申請書（規則別記6号の3様式（交付），30号様式（変更），30号の2様式（更新））

(イ)　写真1葉（規則6条の2第2項，20条2項（例外同3項），21条2項（例外同3項））

　　写真の規格は規則別表3の2にあるとおりである（縦40mm横30mm）。

▶ポイント

　申請人と申請書に記載された人物が同一であることの確認のためのものである（本人確認）。

(ウ)　本邦において行おうとする活動に応じて，入管法施行規則別表3の「教授」から「報道」で又は「経営・管理」から「技能」までのいずれかの在留資格の項の下欄に掲げる資料（高度省令1条）

　※本邦において行おうとする活動に応じた在留資格の提出資料が，カテゴリーにより分かれている場合は，当該カテゴリーに応じた資料

　以上から，各在留資格における各種申請の際に提出を要するとされている立証資料をそれぞれ参照願いたい。

(エ)　ポイント計算表

　（注）　高度専門職ポイント計算表とは，高度専門職基準省令1条に定められた内容に基づいて，申請人の学歴，職歴，年齢，加点事項その他の項目ごとの配点を明らかにした計算表のことで，その具体例は入管庁ホームページにおいて閲覧可能である（https://www.moj.go.jp/isa/content/930001657.pdf）。さらに，「高度専門職」に関する各申請に係る参考書式も同ホームページから閲覧・取得可能である（https://www.moj.go.jp/isa/publications/materials/newimmiact_3_evaluate_index.html）。

　　　　なお，このポイント制においては，70点以上で「高度専門職」に関する在留資格認定証明書交付並びに在留資格変更許可及び在留期間更新許可の

対象となるほか，在留資格の変更による永住許可においても同じく70点以上が許可基準とされている。この永住許可においては，80点以上の場合，許可基準及び申請の際に求められる立証資料の種類において運用上優遇措置が採られている。

活動の区分（高度専門職1号イ，ロ，ハ）に応じ，いずれかの分野のもの1通

> **ポイント**
> 高度省令1条の整理という趣旨である。

(オ) ポイント計算表の各項目に関する疎明資料（高度省令1条）

（注） 入管庁ホームページ参照（各申請共通）

https://www.moj.go.jp/isa/content/930001668.pdf（在留資格認定証明書交付申請）

https://www.moj.go.jp/isa/content/930001669.pdf（在留資格変更許可申請）

https://www.moj.go.jp/isa/content/930001670.pdf（在留期間更新許可申請）

因みに，「ポイント計算表の各項目に関する疎明資料（基本例）」に関する説明内容は，上記ホームページ上の資料とhttps://www.moj.go.jp/isa/applications/resources/newimmiact_3_evaluate_index.htmlにおいて閲覧・取得可能な「ポイント計算参考様式（Excel形式）」の該当頁において共通している。

※ポイントの合計が70点以上あることを確認できる資料を提出すれば足りる。該当する項目すべての疎明資料を提出する必要はない。

(カ) 在留資格認定証明書交付申請の場合には，返信用封筒（定形封筒に宛先を明記のうえ，必要な額の郵便切手（簡易書留用）を貼付したもの）1通

(キ) 在留資格変更許可申請及び在留期間更新許可申請の場合には旅券及び在留カードなど，同取得許可申請の場合には旅券など（規則20条4項，同21条4項が準用する同20条4項，同24条4項）

> **ポイント**
> 申請人の国籍の属する国の確認，その国が把握している申請人の身分事項の確認，それらに基づく許可証印及び在留カードの交付のためのもので

第1章　在留資格の認定要件と立証資料

ある（入管法20条4項。同22条の2第3項による準用の場合を含む。）。

イ　「高度専門職2号」の在留資格をもって在留しようとする場合（在留資格変更許可申請）

「高度専門職2号」は，「高度専門職1号」の活動に従事した者が取得し得る在留資格であることから（入管法20条の2），入管庁ホームページにはこの在留資格の在留資格認定証明書交付申請・上陸申請（上陸特別許可[注]）及び取得許可申請に関する説明はない。したがって，これらの申請を要する具体的な事例が発生したときの対応は，最寄りの地方出入国在留管理局に相談のこと。

因みに，「高度専門職2号」の在留資格の在留期間が「永住者」と同じく，「無期限」（規則別表2第2号）であることから，在留資格の変更許可申請によりこれらの在留資格を取得するための申請の際に提出を要するものとされている立証資料には両者共通点が多い。

（注）「高度専門職2号」に対応する活動を7条1項2号の「本邦において行おうとする活動」として上陸の申請を行っても，同号の上陸のための条件に適合しないが，上陸特別許可（第2章の3の(2)の②を参照。）を受けて「高度専門職2号」の在留資格を取得することは可能である。実際，高度専門職基準省令の2条も一定の在留歴のある外国人に対するみなし規定を置いており，上陸特別許可を受けて「高度専門職2号」の在留資格を取得することがあることを想定した規定となっている。このような申請を要する具体的な事例が発生したときの対応は，最寄りの地方出入国在留管理局に相談のこと。

㋐　申請書（規則別記30号の2様式）
㋑　写真1葉（規則21条2項（例外同3項））
写真の規格は規則別表3の2にあるとおりである（縦40㎜横30㎜）。

▶ポイント◀
申請人と申請書に記載された人物が同一であることの確認のためのものである（本人確認）。

㋒　旅券及び在留カードなど（規則20条4項）

> **ポイント**
> 申請人の国籍の属する国の確認，その国が把握している申請人の身分事項の確認，それらに基づく許可証印及び在留カードの交付のためのものである（入管法21条4項が準用する同20条4項）。

㈎ 提出資料がカテゴリーにより分かれている場合は，所属機関がいずれかのカテゴリーに該当することを証する文書　1通（高度省令2条）

㈏ 規則別表3の資料欄2号に掲げる文書（高度省令2条）

　※所属する企業がカテゴリー1又は2に該当する場合，申請書並びに以下の㈹及び㈺を提出資料とし，その他の資料の提出は原則不要

㈹ 直近（過去5年分）の申請人の所得及び納税状況を証明する資料（高度省令2条1号）

① 住民税の納付状況を証明する資料

　ⅰ　直近5年分の住民税の課税（又は非課税）証明書及び納税証明書（1年間の総所得及び納税状況が記載されたもの）　各1通

※住所地の市区町村役場から発行される。

※1年間の総所得及び納税状況（納税事実の有無）の両方が記載されている証明書であれば，いずれか一方でも可

※市区町村役場において，直近5年分の証明書が発行されない場合は，発行される最長期間分について提出のこと

※入国後間もない場合や転居等により，市区町村役場から発行されない場合は，最寄りの地方出入国在留管理局に相談のこと

　ⅱ　直近5年間において住民税を適正な時期に納めていることを証明する資料（通帳の写し，領収証書等）

※直近5年間において，住民税が特別徴収（給与から天引き）されていない期間がある場合は，当該期間分について提出のこと

② 国税の納付状況を証明する資料

　源泉所得税及び復興特別所得税，申告所得税及び復興特別所得税，消費税及び地方消費税，相続税，贈与税に係る納税証明書

※住所地を管轄する税務署から発行されるもの。税務署の所在地や請求方法など詳細は国税庁ホームページを参照のこと。

※納税証明書は，証明を受けようとする税目について，証明日現在において未納がないことを証明するものであるので，対象期間の指定は不要
※上記の税目すべてに係る納税証明書を提出のこと
③　その他　次のいずれかで，所得を証明するもの
　ⅰ　預貯金通帳の写し　適宜
　ⅱ　上記ⅰに準ずるもの　適宜

■ポイント■
下記㈮同様，申請人の受入れ機関の活動実体の存在（動的存在）を示すための資料ともいえるが，当該機関における申請人の待遇の基準省令上の該当性の確認のためのものである。
㈮　申請人の公的年金及び公的医療保険の保険料の納付状況を証明する資料
※過去2年間に加入した公的年金制度及び公的医療保険制度に応じ，次のうち該当する資料を提出のこと（複数の公的年金制度及び公的医療保険制度に加入していた場合は，それぞれの制度に係る資料が必要）
※基礎年金番号，医療保険の保険者番号及び被保険者等記号・番号が記載されている書類（写しを含む。）を提出する場合には，これらの番号の部分を黒塗りするなど，基礎年金番号，保険者番号及び被保険者等記号・番号を復元できない状態にしたうえで提出のこと
①　直近（過去2年間）の公的年金の保険料の納付状況を証明する資料
※基礎年金番号が記載されている書類について，当該番号の部分を黒塗りするなど，基礎年金番号を復元できない状態にしたうえで提出のこと
　次のⅰからⅲのうち，ⅰ又はⅱの資料及びⅲの資料を提出のこと。
　ⅰ　「ねんきん定期便」（全期間の年金記録情報が表示されているもの）
※日本年金機構から封書でねんきん定期便が送付されている場合（35，45，59歳の誕生月に送付される）は，同封されている書類のうち〈目次〉において，『○ねんきん定期便（必ずご確認ください）』欄の枠内に記載されているすべての書類を提出のこと

※毎年送付されるハガキ形式のねんきん定期便もあるが，すべての期間が確認できないため提出書類としては使用不可
※「ねんきん定期便」（全期間の年金記録情報が表示されているもの）は，日本年金機構の以下の問合せ先への連絡により交付申請を行うことが可能。交付申請の際は，『全期間分（封書）を交付希望』と明示すること（申請から交付までに２か月程度を要する。）。
【問合せ先電話番号】
　ねんきん定期便・ねんきんネット専用番号：0570-058-555（ナビダイヤル）
　050で始まる電話でかける場合：03-6700-1144
ⅱ　ねんきんネットの「各月の年金記録」の印刷画面
※「ねんきんネット」は日本語のみの対応
※日本年金機構のホームページ（以下のURLを参照）から，ねんきんネットに登録することが可能。なお，登録手続には最大５営業日程度かかる場合がある。
https://www.nenkin.go.jp/n_net/index.html
※申請時の直近２年間において，国民年金の被保険者であった期間がある場合は，「各月の年金記録」のなかにある，「国民年金の年金記録（各月の納付状況）」の印刷画面も併せて提出のこと
ⅲ　国民年金保険料領収証書（写し）
※直近２年間において国民年金に加入していた期間がある場合は，当該期間分の領収証書（写し）をすべて提出のこと。提出が困難な場合は，その理由を記載した理由書を提出のこと。
※直近２年間のすべての期間において国民年金に加入していて，かつ，直近２年間（24か月分）の国民年金保険料領収証書（写し）を提出できる場合は，上記ⅰ又はⅱの資料の提出は不要
②　直近（過去２年間）の公的医療保険の保険料の納付状況を証明する資料
※保険者番号及び被保険者等記号・番号が記載されている書類（写しを含む。）を提出する場合には，これらの番号の部分を黒塗りするなど，

保険者番号及び被保険者等記号・番号を復元できない状態にしたうえで提出のこと
　　ⅰ　国民健康保険被保険者証（写し）
※加入者は提出のこと
　　ⅱ　健康保険被保険者証（写し）
※加入者は提出のこと
　　ⅲ　国民健康保険料（税）納付証明書
※直近2年間において，国民健康保険に加入していた期間がある場合は，当該期間分について提出のこと
　　ⅳ　国民健康保険料（税）領収証書（写し）
※直近2年間において，国民健康保険に加入していた期間がある場合は，当該期間分の領収証書（写し）をすべて提出のこと。提出が困難な場合は，その理由を記載した理由書を提出のこと。
③　申請人が申請時に社会保険適用事業所の事業主である場合
　申請時に，社会保険適用事業所の事業主である場合は，上記の「公的年金の保険料の納付状況を証明する資料」及び「公的医療保険の保険料の納付状況を証明する資料」に加え，直近2年間のうち当該事業所で事業主である期間について，事業所における公的年金及び公的医療保険の保険料に係る次の資料ⅰ及びⅱのいずれかを提出のこと。
※健康保険組合管掌の適用事業所であって，ⅰの保険料領収証書（写し）の提供が困難である場合は，日本年金機構が発行するⅱの社会保険料納入証明書又は社会保険料納入確認（申請）書に加え，管轄の健康保険組合が発行する健康保険組合管掌健康保険料の納付状況を証明する書類を提出のこと
　　ⅰ　健康保険・厚生年金保険料領収証書（写し）
※申請人が事業主の場合は，保管している直近2年間のうち事業主である期間における，すべての期間の領収証書（写し）を提出のこと。すべての期間について領収証書（写し）が提出できない場合は，下記ⅱを提出のこと。
　　ⅱ　社会保険料納入証明書又は社会保険料納入確認（申請）書（いず

れも未納の有無を証明・確認する場合)

※申請書の様式や申請方法等は日本年金機構ホームページを参照のこと。社会保険料納入証明書については，以下の URL から，「1．社会保険料納入証明書」の申請様式「社会保険料納入証明申請書」により，出力区分「一括用のみ」及び証明範囲区分「延滞金含む」を選択して申請のこと。

また，「社会保険料納入確認（申請）書」については，以下のURLから，「2．社会保険料納入確認書」のうち，申請様式「社会保険料納入確認（申請）書（未納の有無を確認する場合）」により申請のこと。

https://www.nenkin.go.jp/service/kounen/jigyonushi/sonota/20140311.html

※日本年金機構ホームページトップ画面右上の「サイトマップ」＞「年金について（しくみや手続き全般）」＞「厚生年金保険」欄の「事業主向け情報」＞「事業主向け情報（その他）」＞「納入証明書・納入確認書」からアクセス可能

(ク) ポイント計算表

（注） 高度専門職ポイント計算表とは，高度専門職基準省令1条に定められた内容に基づいて，申請人の学歴，職歴，年齢，加点事項その他の項目ごとの配点を明らかにした計算表のことで，その具体例は入管庁ホームページにおいて閲覧可能である（https://www.moj.go.jp/isa/content/930001657.pdf）。さらに，「高度専門職」に関する各申請に係る参考書式も同ホームページから閲覧・取得可能である（https://www.moj.go.jp/isa/publications/materials/newimmiact_3_evaluate_index.html）。

なお，このポイント制においては，70点以上で「高度専門職」に関する在留資格認定証明書交付並びに在留資格変更許可及び在留期間更新許可の対象となるほか，在留資格の変更による永住許可においても同じく70点以上が許可基準とされている。この永住許可においては，80点以上の場合，許可基準及び申請の際に求められる立証資料の種類において運用上優遇措置が採られている。

行おうとする活動に応じ，いずれかの分野のもの　1通

第1章　在留資格の認定要件と立証資料

> **ポイント**

高度専門職基準省令2条1号の整理という趣旨である。

(ケ)　ポイント計算表の各項目に関する疎明資料（高度省令2条1号）

　（注）　入管庁ホームページ参照。
　　　　https://www.moj.go.jp/isa/content/930001671.pdf（変更申請）
　　　　因みに，「ポイント計算表の各項目に関する疎明資料（基本例）」に関する説明内容は，上記ホームページ上の資料とhttps://www.moj.go.jp/isa/publications/materials/newimmiact_3_evaluate_index.htmlにおいて閲覧・取得可能な「ポイント計算参考書式（Excel形式）」の該当頁において共通している。

※ポイントの合計が70点以上あることを確認できる資料の提出で足りる。該当する項目すべての疎明資料の提出は不要。

> **参考**

高度専門職基準省令2条2号の「高度専門職1号」による3年間以上の在留経歴，同3号の素行が善良であること及び同4号の申請人の在留が日本国の利益に合すると認められることという条件に関する立証資料に関しては，入管庁ホームページには特段の説明はない。疑問点があれば，地方出入国在留管理局に相談のこと。

5　在留期間（規則別表2）

(1)　「高度専門職1号」の場合にあっては，5年
(2)　「高度専門職2号」の場合にあっては，無期限
　　ただし，「永住者」との相違点は次のとおりである。
　①　一定の活動制限が存在している点（上記のとおり。）
　②　当該在留資格に該当する活動に継続して6か月以上従事していない場合，在留資格取消事由に該当することになる点（入管法22条の4第1項6号括弧書き。しかし，それでも他の在留資格において3か月とされているのと比較して，優遇されている点に注意を要する。）
　③　所属機関に関する届出義務が課されている点（入管法19条の16第1号及び

2号）

6 その他の注意事項

手数料

在留資格認定証明書交付及び在留資格取得許可の場合は発生せず。

在留資格変更許可及び在留期間更新の場合は4,000円（入管法67条1号及び2号並びに施行令9条1号及び2号）

7 特別高度人材（J-Skip）制度の新設

(1) 概　要

　この制度は，これまでの高度人材ポイント制とは別に，学歴，職歴及び年収に関する加重要件を満たせば「高度専門職」の在留資格を付与し，さらに，「特別高度人材」として一層の優遇措置を認めることとしたものである（特別高度人材の基準を定める省令（令和5年4月21日法務省令第25号））。

　特別高度人材と認められた場合，特別高度人材証明書が交付され，また，在留カード裏面欄外の余白に「特別高度人材」と記載されることとなる。

(2) 要　件

ア　「高度専門職1号」（類型ごとに異なる。）

㋐　「高度学術研究活動」及び「高度専門・技術活動」の場合
　次のいずれかを満たすこと。
・修士号以上取得かつ年収2,000万円以上であること。
・従事しようとする業務等に係る実務経験10年以上かつ年収2,000万円以上であること。

㋑　「高度経営・管理活動」の場合
・事業の経営又は管理に係る実務経験5年以上かつ年収4,000万円以上であること。

イ 「高度専門職2号」

「高度専門職2号」は，入管庁ホームページ上，「高度専門職1号」（特別高度人材）で1年以上活動を行っていた者が移行可能な在留資格であるとされている。その趣旨は，「高度専門職1号」（特別高度人材）で1年以上活動を行っていた者が「高度専門職2号」（特別高度人材）への在留資格変更の許可の対象となるという意味であると解されるところ，具体的な事例が発生した時の対応は，最寄りの地方出入国在留管理局に相談のこと。

(3) **優遇措置**

　ア　在留資格「高度専門職1号」の場合

　(ア)　複合的な在留活動の許容

　(イ)　在留期間「5年」の付与

　(ウ)　在留歴に係る永住許可要件の緩和

　　高度専門職省令の計算方法で80点以上の者と同等で，1年の在留実績で許可対象となる。

　(エ)　配偶者の就労

　(オ)　一定の条件の下での親の帯同

　(カ)　一定の条件の下での家事使用人の雇用

　(キ)　大規模空港等に設置されているプライオリティレーンの使用

　(ク)　入国・在留手続の優先処理

　▶ポイント

　　(ウ)及び(キ)は特別高度人材固有，その他は「高度専門職」と同じである。

　イ　在留資格「高度専門職2号」の場合

　(ア)　「高度専門職1号」の活動と併せてほぼ全ての就労資格の活動を行うことができる

　(イ)　在留期間が無期限となる

　(ウ)　上記アの(ウ)から(キ)までの優遇措置が受けられる

(4) **立証資料**

上陸，在留資格認定証明書交付，在留資格変更許可，在留資格取得許可及

び在留期間更新許可の各申請共通で、まず、上記「4　立証資料」のアの(ア)、(イ)、(カ)及び(キ)が、それ以外に「高度専門職1号」のイからハに応じた「特別高度人材」の基準に関するものとして以下の資料が基本例とされている。

(ア)　学　歴

該当する学歴の卒業証明書及び学位取得の証明書

(イ)　職　歴

入管法別表第1の2の表の高度専門職の在留資格をもって在留する外国人（以下「高度専門職外国人」という。）として従事しようとする業務に従事した期間及び業務の内容を明らかにする資料（所属していた機関作成のもの）

(ウ)　年　収

年収（契約機関及び外国所属機関から受ける報酬の年額）を証する文書

※ここにいう「年収」とは、（直前までの期間を含む）過去の在留における年収ではなく、申請に係る高度専門職外国人としての活動に本邦において従事することにより受ける（予定）年収を意味する。

第1章　在留資格の認定要件と立証資料

技　能

1　概　要

(1) **本邦において行うことができる活動**

> 本邦の公私の機関との契約に基づいて行う産業上の特殊な分野に属する熟練した技能を要する業務に従事する活動

(2) **対象となる主な者**
- 調理人（西洋料理，中華料理など外国料理の料理人），製菓技術者（パティシエ（ール），ショコラティエ（ール）など），ソムリエ（ール）（丸括弧内の「ール」は，フランス語の女性形。しかし，以下慣用に合わせ，男性形のみの表記とする。）
- 外国様式の建設技能者
- 外国に特有の製品の製造又は修理技能者
- 毛皮，宝石加工技術者
- 動物調教師
- 石油探査・地熱開発技能者
- 航空機操縦者
- スポーツ指導者

2　在留資格該当性

「本邦の公私の機関」

ポイント

　会社，国，地方公共団体，独立行政法人，公益法人等の法人のほか，本邦に事務所，事業所等を有する外国の国，地方公共団体（地方政府を含む。），外

国の法人も含まれ，さらに，個人であっても，本邦で事務所，事業所等を有する場合は含まれる。いずれの場合にあっても，外国人を受け入れ，在留資格に該当する活動を行わせ得るだけの態勢を整えていることが必要である。

「契約」

> **ポイント**

　雇用のほか，委任，委託，嘱託等が含まれるが，特定の機関との継続的なものでなければならない。また，契約に基づく活動は，本邦において適法に行われるものであること，在留活動が継続して行われることが見込まれることが必要である。

「産業上の特殊な分野」

> **ポイント**

　外国に特有の産業分野のほか，本邦におけるよりも外国のほうが技能水準が高い産業分野，本邦内において従事する技能者が僅かしかいない産業分野等をいう。

「熟練した技能」

> **ポイント**

　個人が自己の経験の集積によって具有することとなった技能が熟達の域にある能力をいう。同じ表現は，在留資格「特定技能2号」にもあり，熟練度に関してはほぼ同水準が要求されている。

3　基準（上陸許可基準）

　在留資格「技能」に関する基準省令の特徴的な点は，まず，具体的な職種が限定列挙され，それぞれに関して経験年数等の要件が定められている点，次に，いずれも経験等を年数や時間で規定している点である。特に，前者は，他の在留資格の基準省令では見られない「技能」独特の規定の仕方である。

> 　申請人が次のいずれかに該当し，かつ，日本人が従事する場合に受ける報酬と同等額以上の報酬を受けること。

第1章　在留資格の認定要件と立証資料

> **ポイント**

　国内労働市場保護のため，低賃金での業務従事を認めないことを意味する。上記の業務に従事する者は，同様の業務に従事する日本人が受ける平均的な報酬以上の報酬を受けることが必要である。さらに，同じ職場で同様の業務に従事する日本人が受ける報酬以上であることも要する。
　「報酬」とは，「一定の役務の給付の対価として与えられる反対給付」をいい，通勤手当，扶養手当，住宅手当等の実費弁償の性格を有するもの（課税対象となるものを除く。）は含まない。

一　料理の調理又は食品の製造に係る技能で外国において考案され我が国において特殊なものを要する業務に従事する者で，次のいずれかに該当するもの（第九号に掲げる者を除く。）
　イ　当該技能について十年以上の実務経験（外国の教育機関において当該料理の調理又は食品の製造に係る科目を専攻した期間を含む。）を有する者
　ロ　経済上の連携に関する日本国とタイ王国との間の協定附属書七第一部A第五節1(c)の規定の適用を受ける者

> **ポイント**

　ロの部分は，経験年数に関する言及がないが，ここで引用されている当該協定の該当条項において「5年以上の実務経験」が要件とされている。

二　外国に特有の建築又は土木に係る技能について十年（当該技能を要する業務に十年以上の実務経験を有する外国人の指揮監督を受けて従事する者の場合にあっては，五年）以上の実務経験（外国の教育機関において当該建築又は土木に係る科目を専攻した期間を含む。）を有する者で，当該技能を要する業務に従事するもの
三　外国に特有の製品の製造又は修理に係る技能について十年以上の実務経験（外国の教育機関において当該製品の製造又は修理に係る科目を専攻した期間を含む。）を有する者で，当該技能を要する業務に従

事するもの
四　宝石，貴金属又は毛皮の加工に係る技能について十年以上の実務経験（外国の教育機関において当該加工に係る科目を専攻した期間を含む。）を有する者で，当該技能を要する業務に従事するもの
五　動物の調教に係る技能について十年以上の実務経験（外国の教育機関において動物の調教に係る科目を専攻した期間を含む。）を有する者で，当該技能を要する業務に従事するもの
六　石油探査のための海底掘削，地熱開発のための掘削又は海底鉱物探査のための海底地質調査に係る技能について十年以上の実務経験（外国の教育機関において石油探査のための海底掘削，地熱開発のための掘削又は海底鉱物探査のための海底地質調査に係る科目を専攻した期間を含む。）を有する者で，当該技能を要する業務に従事するもの
七　航空機の操縦に係る技能について二百五十時間以上の飛行経歴を有する者で，航空法（昭和二十七年法律第二百三十一号）第二条第十八項に規定する航空運送事業の用に供する航空機に乗り組んで操縦者としての業務に従事するもの
八　スポーツの指導に係る技能について三年以上の実務経験（外国の教育機関において当該スポーツの指導に係る科目を専攻した期間及び報酬を受けて当該スポーツに従事していた期間を含む。）を有する者若しくはこれに準ずる者として法務大臣が告示をもって定める者で，当該技能を要する業務に従事するもの又はスポーツの選手としてオリンピック大会，世界選手権大会その他の国際的な競技会に出場したことがある者で，当該スポーツの指導に係る技能を要する業務に従事するもの

ポイント

　1994（平成6）年の基準省令の改正によりそれまで「興行」の在留資格に該当する場合のみ在留が認められていたスポーツの指導者が，「技能」の在留資格に該当する活動を行う場合にも在留が認められ得ることとなった。これに伴って，プロスポーツ選手の指導の場合，「興行」「技能」のいずれの在

第1章　在留資格の認定要件と立証資料

留資格で在留するかという問題が出てきた。

　例えば，プロスポーツチームの監督，コーチ及びトレーナーの場合，プロ野球やサッカーのチームの監督及びコーチは，「興行」で在留している。業界全体として一つの興行として行われているためである。また，「興行」で在留しているスポーツ選手の専属のコーチやトレーナーも「興行」で在留している。「興行」で在留している選手の活動の補助・支援に従事するということから，興行活動ではなくても「興行に係る活動」ではあるからである。

　以上のとおり，いずれの在留資格に該当するかは，当事者の個々のプレーや試合だけではなく，スポーツの各種目自体の興行的要素の強弱，即ち，当該種目を統括する競技団体（種目別の協会など）及びそれらの競技団体を統括する団体の方針，所属チームの経営母体の経営方針，チームに対する運営方針，その形態及び興行収入の規模と内容並びにチーム及びその経営母体において当事者が日常的に占める地位・役割，受け取る報酬の額と性質など全体的な状況を考慮に入れつつ，個別的に判断をせざるを得ないのである。

　興行的な要素より指導的な要素が強い場合にあっては「技能」が，さらに，職業的な要素よりアマチュア的要素が強ければ「特定活動（アマチュアスポーツ選手）」が付与されることになる。

　なお，公益社団法人日本プロスキー教師協会が認定した資格を保有するスキーインストラクターには「特定活動（スキーインストラクター）」が付与される。

> 九　ぶどう酒の品質の鑑定，評価及び保持並びにぶどう酒の提供（以下「ワイン鑑定等」という。）に係る技能について五年以上の実務経験（外国の教育機関においてワイン鑑定等に係る科目を専攻した期間を含む。）を有する次のいずれかに該当する者で，当該技能を要する業務に従事するもの
> 　イ　ワイン鑑定等に係る技能に関する国際的な規模で開催される競技会（以下「国際ソムリエコンクール」という。）において優秀な成績を収めたことがある者
> 　ロ　国際ソムリエコンクール（出場者が一国につき一名に制限されて

いるものに限る。）に出場したことがある者
ハ　ワイン鑑定等に係る技能に関して国（外国を含む。）若しくは地方公共団体（外国の地方公共団体を含む。）又はこれらに準ずる公私の機関が認定する資格で法務大臣が告示をもって定めるものを有する者

4　立証資料

(1)　受入れ機関の分類とその趣旨

　運用上，受入れ機関を入管法令上の信頼性に応じてカテゴリー1から4に分類し，それに応じて各種申請の際に提出を要する立証資料に差を設けている。1が立証資料の提出の免除が最も大きく，2，3と少なくなり，1から3までのいずれかのカテゴリーに該当することの立証がなければカテゴリー4に該当するものとして免除は受けられず，すべての立証資料の提出が必要となる。

　したがって，立証資料について論じる前に，活動母体がいずれのカテゴリーに属するのか決定することが先決問題となる。そのため，まず，分類基準，次に，各カテゴリーに該当することを立証するための資料について説明を加えることにする。

(2)　分類基準

カテゴリー1

次のいずれかに該当する機関
・日本の証券取引所に上場している企業
・保険業を営む相互会社
・日本又は外国の国・地方公共団体
・独立行政法人
・特殊法人・認可法人
・日本の国・地方公共団体認可の公益法人

- 法人税法別表第1に掲げる公共法人
- 高度専門職基準省令1条1項各号の表の特別加算の項の中欄イ又はロの対象企業（イノベーション創出企業）
  ※対象は入管庁ホームページ参照。https://www.moj.go.jp/isa/content/930001665.pdf
- 「一定の条件を満たす企業等」（入管庁ホームページ参照。https://www.moj.go.jp/isa/content/930004712.pdf）

カテゴリー2

次のいずれかに該当する機関
- 前年分の給与所得の源泉徴収票等の法定調書合計表中，給与所得の源泉徴収合計表の源泉徴収税額が1,000万円以上ある団体・個人
- カテゴリー3に該当することを立証する資料を提出した上で，在留申請オンラインシステムの利用申出が承認された機関

カテゴリー3

前年分の職員の給与所得の源泉徴収票等の法定調書合計表が提出された団体・個人（カテゴリー2の機関を除く。）

カテゴリー4

上記のいずれにも該当しない団体・個人

以上から，カテゴリー1から3のいずれかに該当することの立証のない団体・個人も含まれることになる。

(3) カテゴリー該当性に関する立証資料

カテゴリー1

- 四季報の写し又は日本の証券取引所に上場していることを証明する文書（写し）
- 主務官庁から設立の許可を受けたことを証明する文書（写し）
- 高度専門職基準省令第1条第1項各号の表の特別加算の項の中欄イ又はロの対象企業（上記イノベーション創出企業）であることを証明する文書（例：補助金交付決定通知書の写し）
- 上記「一定の条件を満たす企業等」（入管庁ホームページ参照。）であること

を証明する文書（例：認定証等の写し）

カテゴリー2
・前年分の職員の給与所得の源泉徴収票等の法定調書合計表（税務署の受付印のあるものの写し）
・在留申請オンラインシステムに係る利用申出の承認を受けていることを証明する文書（利用申出に係る承認のお知らせメール等）（カテゴリー3に該当することを立証する資料を提出した上で，在留申請オンラインシステムの利用申出が承認された機関に限る。）

カテゴリー3
前年分の職員の給与所得の源泉徴収票等の法定調書合計表（税務署の受付印のあるものの写し）

カテゴリー4
以上の1から3までに該当する旨の立証のない団体・個人が4に該当することになるので，特段の立証手段は必要ない。

(4) 申請の際に提出を要する立証資料

立証資料は，調理師を行おうとする場合と調理師以外の活動を行おうとする場合，さらに，カテゴリー別で異なるものの提出が必要とされている。しかし，職種及びカテゴリーの相違にもかかわらず共通した部分が存在するので，まずは，共通部分を説明し，その後に職種及びカテゴリーで異なる部分を説明することとする。

ア　新たに「技能」の在留資格を取得しようとする者の場合（上陸許可，在留資格認定証明書の交付，在留資格変更許可及び在留資格取得許可の申請）

ア-1　全職種及び全カテゴリー共通部分

(ア)　申請書（規則別記6号の3様式（交付），30号様式（変更），36号様式（取得））
(イ)　写真1葉（規則6条の2第2項，20条2項（例外同3項），24条2項（例外同3項））
写真の規格は規則別表3の2にあるとおりである（縦40㎜横30㎜）。
16歳未満の者は不要

第1章　在留資格の認定要件と立証資料

> ポイント

申請人と申請書に記載された人物が同一であることの確認のためのものである。

(ｳ)　従事する業務の内容を証明する所属機関の文書　1通（規則別表3第4号）

> ポイント

予定された活動の在留資格該当性及び基準省令上の基準適合性の確認のためのものである。

(ｴ)　申請に係る技能を要する業務に従事した機関及び内容並びに期間を明示した履歴書　1通（規則別表3第3号）

> ポイント

基準省令上の経験年数・期間に関する基準適合性の確認のためのものである。

(ｵ)　派遣契約に基づいて就労する場合（申請人が被派遣者の場合）

申請人の派遣先での活動内容を明らかにする資料（労働条件通知書（雇用契約書）等）　1通（規則別表3第3号）

> ポイント

予定された派遣先における活動の在留資格該当性及び基準適合性の確認のためのものである。

(ｶ)　在留資格認定証明書交付申請の場合には返信用封筒（定形封筒に宛先を明記のうえ，必要な額の郵便切手（簡易書留用）を貼付したもの）　1通

(ｷ)　在留資格変更許可申請の場合には旅券及び在留カードなど（規則20条4項），同取得許可申請の場合には旅券など（規則24条4項）

> ポイント

申請人の国籍の属する国の確認，その国が把握している申請人の身分事項の確認，それらに基づく許可証印及び在留カードの交付のためのものである（入管法20条4項。同22条の2第3項による準用の場合を含む。）。

(ｸ)　在留資格取得許可申請の場合は，以上のほかに，以下の区分によりそれぞれ定める書類1通（規則24条2項）

　①　日本の国籍を離脱した者：国籍を証する書類

② ①以外の者で在留資格の取得を必要とするもの：その事由を証する書類

ポイント

それぞれ，在留資格の取得許可の対象となる者であることを確認するためのものである。

アー2　調理師を行おうとする場合

カテゴリー共通資料に加えてカテゴリー3及び4において提出を要する資料

㋐　申請人の職歴を証明する文書（規則別表3第3号）
　①　料理人（タイを除く。）の場合（基準省令1号イ）
　　ⅰ　所属していた機関からの在職証明書（所属機関の名称，所在地及び電話番号が記載されているものに限る。）等で，申請に係る技能を要する業務に従事した期間を証明する文書（外国の教育機関において当該業務に係る科目を専攻した期間を含む。）　1通
　　ⅱ　公的機関が発行する証明書がある場合は，当該証明書の写し（中華料理人の場合は戸籍簿及び職業資格証明書）　1通
　②　タイ料理人の場合（基準省令1号ロ）
　　ⅰ　タイ料理人として5年以上の実務経験を証明する文書（タイ労働省が発行するタイ料理人としての技能水準に関する証明書を取得するための要件を満たすために教育機関において教育を受けた期間を含む。）　1通
　　ⅱ　初級以上のタイ料理人としての技能水準に関する証明書　1通
　　ⅲ　申請を行った日の直前の1年の期間に，タイにおいてタイ料理人として妥当な報酬を受けていたことを証明する文書　1通

ポイント

いずれも基準省令上の経験年数・期間に関する基準適合性の確認のためのものである。タイとの二国間取決めにおいては，通常10年の経験年数が5年間とされ，それに従って，基準に適合するための要件が緩和されている。

㋑　申請人の活動の内容等を明らかにする次のいずれかの資料（基準省令本文，規則別表3第4号）

① 労働契約を締結する場合
　労基法15条1項及び同法施行規則5条に基づき，労働者に交付される労働条件を明示する文書　1通
【ポイント】
　基準省令が定めている「技能」の在留資格に係る基準の柱書に規定されている「日本人が従事する場合に受ける報酬と同等額以上の報酬を受けること」という要件該当性を確認するためのものである。
　労契法4条において労働契約の内容の理解促進のため，労働者と使用者は，労働契約の内容について，できる限り書面により確認するものとする（同法同条2項）とされていることを踏まえたものである。
② 日本法人である会社の役員に就任する場合
　役員報酬を定める定款の写し又は役員報酬を決議した株主総会の議事録（報酬委員会が設置されている会社にあっては同委員会の議事録）の写し　1通
【ポイント】
在留資格該当性及び基準省令上の報酬に関する基準適合性の確認のためのものである。

(ウ) 事業内容を明らかにする次のいずれかの資料（基準省令各号，規則別表3第1号及び第2号）

① 勤務先等の沿革，役員，組織，事業内容（主要取引先と取引実績を含む。）等が詳細に記載された案内書　1通
② その他の勤務先等の作成した上記①に準ずる文書　1通
③ 登記事項証明書　1通

【ポイント】
　申請人の受入れ機関の法律上の存在（静的存在）又は活動実体の存在（動的存在）の確認のためのものである。

(エ) 直近の年度の決算文書の写し。新規事業の場合は事業計画書　1通
（規則別表3第1号）

【ポイント】
　申請人の受入れ機関の活動実体の存在（動的存在）の確認のためのもの

である。

> 以上に加えてカテゴリー4において提出を要する資料

(オ) 前年分の職員の給与所得の源泉徴収票等の法定調書合計表を提出できない理由を明らかにする次のいずれかの資料
  ① 源泉徴収の免除を受ける機関の場合
    外国法人の源泉徴収に対する免除証明書その他の源泉徴収を要しないことを明らかにする資料　1通
  ② 上記①を除く機関の場合
    ⅰ　給与支払事務所等の開設届出書の写し　1通
    ⅱ　次のいずれかの資料
      ・直近3か月分の給与所得・退職所得等の所得税徴収高計算書（税務署の領収日付印のあるものの写し）　1通
      ・納期の特例を受けている場合は、その承認を受けていることを明らかにする資料　1通

ポイント

間接的に、申請人の受入れ機関の活動実体の存在（動的存在）の確認のためのものである。

ア−3　調理師以外の活動（産業上の特殊な分野に属する熟練した技能を要する業務に従事する活動）を行おうとする場合

> カテゴリー共通資料に加えてカテゴリー3及び4において提出を要する資料

(ア) 申請人の職歴を証明する文書
  ① 外国特有の建築技術者（基準省令2号）、外国特有の製品製造者（同3号）、動物の調教師（同5号）、海底掘削・探査技術者（同6号）、宝石・貴金属・毛皮加工技能者（同4号）の場合
    所属していた機関からの在職証明書（所属機関の名称、所在地及び電話番号が記載されているものに限る。）等で、申請に係る技能を要する業務に従事した期間を証明する文書（外国の教育機関において当該業務に係る科目を専攻した期間を含む。）　1通
  ② パイロットの場合（基準省令7号）

250時間以上の飛行経歴を証明する所属機関の文書　1通
③　スポーツ指導者の場合（基準省令8号）
　ⅰ　スポーツの指導に係る実務に従事していたことを証明する文書（外国の教育機関において当該スポーツの指導に係る科目を専攻した期間及び報酬を受けて当該スポーツに従事していた期間を含む。）　1通
　ⅱ　選手としてオリンピック大会，世界選手権大会その他国際的な競技会に出場したことを証明する文書　1通
④　ソムリエの場合（基準省令9号）
　ⅰ　在職証明書（所属していた機関の名称，所在地及び電話番号が記載されているものに限る。）でぶどう酒の品質の鑑定，評価及び保持並びにぶどう酒の提供（以下「ワイン鑑定等」という。）についての実務経験を証明する文書（外国の教育機関においてワイン鑑定等に係る科目を専攻した期間を含む。）　1通
　ⅱ　次の(ⅰ)若しくは(ⅱ)の資料又は(ⅰ)若しくは(ⅱ)の資料を所持しない者は(ⅲ)の資料
　　（ⅰ）ワイン鑑定等に係る技能に関する国際的な規模で開催される競技会（以下「国際ソムリエコンクール」という。）において優秀な成績を収めたことを証明する文書　1通（基準省令9号イ）
　　（ⅱ）国際ソムリエコンクールにおいて国の代表となったことを証明する文書（出場者が1国につき1名に制限されているものに限る。）　1通（同ロ）
　　（ⅲ）ワイン鑑定等に係る技能に関して国（外国を含む。）若しくは地方公共団体（外国の地方公共団体を含む。）又はこれらに準ずる公私の機関が認定する資格で法務大臣が告示をもって定めるものを有することを証明する文書　1通（同ハ）

> ポイント

基準省令上の経験年数・期間に関する基準適合性の確認のためのものである。
(イ)　申請人の活動の内容等を明らかにする次のいずれかの資料（規則別表3第3号）

①　労働契約を締結する場合

　労基法15条１項及び同法施行規則５条に基づき，労働者に交付される労働条件を明示する文書　１通

ポイント

　基準省令が定めている「技能」の在留資格に係る基準の柱書に規定されている「日本人が従事する場合に受ける報酬と同等額以上の報酬を受けること」という要件該当性を確認するためのものである。

　労契法４条において労働契約の内容の理解促進のため，労働者と使用者は，労働契約の内容について，できる限り書面により確認するものとする（同法同条２項）とされていることを踏まえたものである。

②　日本法人である会社の役員に就任する場合

　役員報酬を定める定款の写し又は役員報酬を決議した株主総会の議事録（報酬委員会が設置されている会社にあっては同委員会の議事録）の写し　１通

ポイント

　在留資格及び報酬に関する基準省令上の基準適合性の確認のためのものである。

㈬　事業内容を明らかにする次のいずれかの資料（規則別表３第１号及び第２号）

①　勤務先等の沿革，役員，組織，事業内容（主要取引先と取引実績を含む。）等が詳細に記載された案内書　１通

②　その他の勤務先等の作成した上記①に準ずる文書　１通

③　登記事項証明書　１通

ポイント

　申請人の受入れ機関の法律上の存在（静的存在）又は活動実体の存在（動的存在）の確認のためのものである。

㈭　直近の年度の決算文書の写し。新規事業の場合は事業計画書　１通

（規則別表３第１号）

ポイント

　申請人の受入れ機関の活動実体の存在（動的存在）の確認のためのもの

である。

以上に加えてカテゴリー4において提出を要する資料

(オ) 前年分の職員の給与所得の源泉徴収票等の法定調書合計表を提出できない理由を明らかにする次のいずれかの資料

① 源泉徴収の免除を受ける機関の場合

外国法人の源泉徴収に対する免除証明書その他の源泉徴収を要しないことを明らかにする資料　1通

② 上記①を除く機関の場合

ⅰ 給与支払事務所等の開設届出書の写し　1通

ⅱ 次のいずれかの資料

・直近3か月分の給与所得・退職所得等の所得税徴収高計算書（税務署の領収日付印のあるものの写し）　1通

・納期の特例を受けている場合は，その承認を受けていることを明らかにする資料　1通

▶ ポイント

間接的には，申請人の受入れ機関の活動実体の存在（動的存在）の確認のためのものである。

イ 「技能」の在留資格をもって在留する外国人が，在留期間経過後も引き続き在留しようとする場合（在留期間更新許可申請）

この項目においては，提出を要する立証資料は，調理師（熟練した技能を要する業務に従事する活動）を行おうとする場合と調理師以外の活動（産業上の特殊な分野に属する熟練した技能を要する業務に従事する活動）を行おうとする場合とで共通している。

▶ 全カテゴリー共通

(ア) 申請書（規則別記30号の2様式）

(イ) 写真1葉（規則21条2項（例外同3項））

写真の規格は規則別表3の2にあるとおりである（縦40㎜横30㎜）。

16歳未満の者は不要

> **ポイント**

　申請人と申請書に記載された人物が同一であることの確認のためのものである。

(ウ)　旅券及び在留カードなど（規則21条4項が準用する同20条4項）

> **ポイント**

　申請人の国籍の属する国の確認，その国が把握している申請人の身分事項の確認，それらに基づく許可証印及び在留カードの交付のためのものである（入管法21条4項が準用する同20条4項）。

> カテゴリー共通資料に加えてカテゴリー3及び4において提出を要する資料

(エ)　住民税の課税（又は非課税）証明書及び納税証明書（1年間の総所得及び納税状況が記載されたもの）　各1通（規則別表3の6第2号）

　※1月1日現在の住所地の市区町村役場から発行される。

　※1年間の総所得及び納税状況（納税事実の有無）の両方が記載されている証明書であれば，いずれか一方で可

　※入国後間もない場合や転居等により住所地の市区町村役場から発行されない場合は，最寄りの地方出入国在留管理局に相談のこと

> **ポイント**

　申請人がこれまで在留資格に該当する活動に従事してきた事実を確認し，また，許可を受けた後に当該活動に該当する活動に従事することの確認のためのものである。

> カテゴリー3又は4への転職後初回の在留期間更新許可申請時には，次の資料も必要

> **ポイント**

　外形的には在留期間更新許可申請ではあるが，実質的には在留資格変更許可申請と同等であると考えられるところから，後者の申請に準ずるものとして相応の立証資料を求めることとしているものである。根拠規定も当該申請関連部分を参考引用する。

(オ)　申請人の活動の内容等を明らかにする次のいずれかの資料（規則別表3の6第1号）

① 労働契約を締結する場合
　労基法15条1項及び同法施行規則5条に基づき，労働者に交付される労働条件を明示する文書　1通
●ポイント●
在留資格及び報酬に関する基準省令上の基準適合性の確認のためのものである。
② 日本法人である会社の役員に就任する場合
　役員報酬を定める定款の写し又は役員報酬を決議した株主総会の議事録（報酬委員会が設置されている会社にあっては同委員会の議事録）の写し　1通
労契法4条において労働契約の内容の理解促進のため，労働者と使用者は，労働契約の内容について，できる限り書面により確認するものとする（同法同条2項）とされていることを踏まえたものである。
㈮ 事業内容を明らかにする次のいずれかの資料
　① 勤務先等の沿革，役員，組織，事業内容（主要取引先と取引実績を含む。）等が詳細に記載された案内書　1通
　② その他の勤務先等の作成した上記①に準ずる文書　1通
　③ 登記事項証明書　1通
●ポイント●
申請人の受入れ機関の法律上の存在（静的存在）又は活動実体の存在（動的存在）の確認のためのものである。
㈯ 直近の年度の決算文書の写し。新規事業の場合は事業計画書　1通
●ポイント●
申請人の受入れ機関の活動実体の存在（動的存在）の確認のためのものである。

以上に加えてカテゴリー4への転職後初回の在留期間更新許可申請の場合において提出を要する資料

●ポイント●
㈰ 前年分の職員の給与所得の源泉徴収票等の法定調書合計表を提出できない理由を明らかにする次のいずれかの資料

① 源泉徴収の免除を受ける機関の場合
　外国法人の源泉徴収に対する免除証明書その他の源泉徴収を要しないことを明らかにする資料　1通
② 上記①を除く機関の場合
　ⅰ　給与支払事務所等の開設届出書の写し　1通
　ⅱ　次のいずれかの資料
　　・直近3か月分の給与所得・退職所得等の所得税徴収高計算書（税務署の領収日付印のあるものの写し）　1通
　　・納期の特例の適用を受けている場合は，その承認を受けていることを明らかにする資料　1通

> ポイント

間接的に，申請人の受入れ機関の活動実体の存在（動的存在）の確認のためのものである。

5 在留期間（規則別表2）

5年，3年，1年又は3か月

6 その他の注意事項

手数料
在留資格認定証明書交付及び在留資格取得許可の場合は発生せず。
在留資格変更許可及び在留期間更新許可の場合は4,000円（入管法67条1号及び2号並びに施行令9条1号及び2号）

経営・管理

1　概　要

(1)　本邦において行うことができる活動

> 本邦において貿易その他の事業の経営を行い又は当該事業の管理に従事する活動（資格を有しなければ法律上行うことができないこととされている在留資格「法律・会計業務」に該当する事業の経営又は管理に従事する活動を除く。）

(2)　対象となる主な者

会社の執行役員，監査役員，部に相当する以上の内部組織の管理的業務に従事する管理職員，専門的知識をもって経営又は管理に従事する者（会社に雇用される外国弁護士，外国公認会計士も含む。）

2　在留資格該当性

「事業」
ポイント

外国資本であるか，日本資本であるかを問わないが，適正に実施され，安定性・継続性の認められる事業でなければならない。

「本邦において貿易その他の事業の経営を行い」
ポイント

「貿易」は「事業」の例示であり，「事業」の中には様々な業種のものが含まれる。既存の事業のみならず，これから開始する起業行為も含まれる。そ

のような意味で，会社におけるいわゆる開業準備行為及び設立行為もここに含まれることになる。

3 基準（上陸許可基準）

> 申請人が次のいずれにも該当していること。
> 一 申請に係る事業を営むための事業所が本邦に存在すること。ただし，当該事業が開始されていない場合にあっては，当該事業を営むための事業所として使用する施設が本邦に確保されていること。

「事業所が本邦に存在」，「事業所として使用する施設が本邦に確保」
ポイント
　形式的に単なる空間が存在すること，名義上存在することだけでは不十分であり，実質的に活動の拠点として位置付けられていることが必要である。この点に関する立証資料が多いのは，過去の実例から，以上の点について慎重に見極める必要があると認識されているためである。

> 二 申請に係る事業の規模が次のいずれかに該当していること。
> 　イ その経営又は管理に従事する者以外に本邦に居住する二人以上の常勤の職員（法別表第一の上欄の在留資格をもって在留する者を除く。）が従事して営まれるものであること。

「二人以上の常勤の職員」
ポイント
　単に名義上常勤の職員が２人存在するということでは基準を満たさないことは当然のことであり，常勤職員が２人以上従事する規模のものであることが不可欠である。この常勤職員に関する立証資料が各種求められているのは，この点を慎重に確認する必要性があるためである。

第1章　在留資格の認定要件と立証資料

「常勤の職員」とは，所定の勤務時間中，常時勤務を要する職員をいう。
（注）「常勤」は，労働関係の法律上の用語ではなく，したがって，労働関係の法律でその意義を定義したものも存在しないが，短時間労働者及び有期雇用労働者の雇用管理の改善等に関する法律2条1項の「1週間の所定労働時間が同一の事業主に雇用される通常の労働者（当該事業主に雇用される通常の労働者と同種の業務に従事する当該事業主に雇用される労働者にあっては，厚生労働省令で定める場合を除き，当該労働者と同種の業務に従事する当該通常の労働者）の1週間の所定労働時間に比し短い労働者をいう。」との「短時間労働者」の定義に依拠して，一般的にはフルタイム労働と同一視され，就業規則などに定められた事業所の所定労働時間に比較して，雇用契約などで定められた職員の労働時間が，それより少ないことを非常勤というなどとされているところである。

> ロ　資本金の額又は出資の総額が五百万円以上であること。

「資本金」，「出資」

ポイント

実質的な資本金又は出資の存在が必要とされている。判例上無効とされているいわゆる見せ金ではないことの確認のために各種立証資料の提出が求められているところである。

> ハ　イ又はロに準ずる規模であると認められるものであること。
> 三　申請人が事業の管理に従事しようとする場合は，事業の経営又は管理について三年以上の経験（大学院において経営又は管理に係る科目を専攻した期間を含む。）を有し，かつ，日本人が従事する場合に受ける報酬と同等額以上の報酬を受けること。

「大学院」
ポイント

学教法99条1項の「学術の理論及び応用を教授研究し，その深奥をきわめ，又は高度の専門性が求められる職業を担うための深い学識及び卓越した能力を培い，文化の進展に寄与することを目的とする」学校を指す。

「日本人が従事する場合に受ける報酬と同等額以上の報酬を受けること」
ポイント

国内労働市場保護のため，低賃金での業務従事を認めないことを意味する。上記の業務に従事する者は，同様の業務に従事する日本人が受ける平均的な報酬以上の報酬を受けることが必要である。さらに，同じ職場で同様の業務に従事する日本人が受ける報酬以上であることも要する。

「報酬」とは，「一定の役務の給付の対価として与えられる反対給付」をいい，通勤手当，扶養手当，住宅手当等の実費弁償の性格を有するもの（課税対象となるものを除く。）は含まない。

4 立証資料

(1) 活動母体の分類とその趣旨

運用上，所属機関をその存在及び活動の確認方法に応じてカテゴリー1から4に分類し，それに応じて各種申請の際に提出を要する立証資料に差を設けている。1が立証資料の提出の免除が最も大きく，2，3と少なくなり，1から3のいずれかのカテゴリーに該当することの立証がなければカテゴリー4に該当するものとして免除は受けられず，すべての立証資料の提出が必要となる。

したがって，立証資料について論じる前に，活動母体がいずれのカテゴリーに属するのか決定することが先決問題となる。そのためには，まず，分類基準，次に，各カテゴリーに該当することを立証するための資料について説明を加えることにする。

(2) 分類基準

カテゴリー1
次のいずれかに該当する機関
- 日本の証券取引所に上場している企業
- 保険業を営む相互会社
- 日本又は外国の国・地方公共団体
- 独立行政法人
- 特殊法人・認可法人
- 日本の国・地方公共団体認可の公益法人
- 法人税法別表第1に掲げる公共法人
- 高度専門職基準省令1条1項各号の表の特別加算の項の中欄イ又はロの対象企業（イノベーション創出企業）
  ※対象は入管庁ホームページ参照。https://www.moj.go.jp/isa/content/930001665.pdfを確認のこと
- 「一定の条件を満たす企業等」（入管庁ホームページ参照。https://www.moj.go.jp/isa/content/930004712.pdf）

カテゴリー2
次のいずれかに該当する機関
- 前年分の給与所得の源泉徴収票等の法定調書合計表中，給与所得の源泉徴収合計表の源泉徴収税額が1,000万円以上ある団体・個人
- カテゴリー3に該当することを立証する資料を提出したうえで，在留申請オンラインシステムの利用申出が承認された機関

カテゴリー3
前年分の職員の給与所得の源泉徴収票等の法定調書合計表が提出された団体・個人（カテゴリー2の機関を除く。）

カテゴリー4
上記いずれのカテゴリーにも該当しない団体・個人

以上から，カテゴリー1から3のいずれかに該当することの立証のない団体・個人も含まれることになる。

(3) カテゴリー該当性に関する立証資料

カテゴリー1
- 四季報の写し又は日本の証券取引所に上場していることを証明する文書（写し）
- 主務官庁から設立の許可を受けたことを証明する文書（写し）
- 高度専門職基準省令第1条第1項各号の表の特別加算の項の中欄イ又はロの対象企業（上記イノベーション創出企業）であることを証明する文書（例：補助金交付決定通知書の写し）
- 上記「一定の条件を満たす企業等」であることを証明する文書（例：認定証等の写し）

カテゴリー2
- 前年分の職員の給与所得の源泉徴収票等の法定調書合計表（税務署の受付印のあるものの写し）
- 在留申請オンラインシステムに係る利用申出の承認を受けていることを証明する文書（利用申出に係る承認のお知らせメール等）（カテゴリー3に該当することを立証する資料を提出した上で，在留申請オンラインシステムの利用申出が承認された機関に限る。）

カテゴリー3
前年分の職員の給与所得の源泉徴収票等の法定調書合計表（税務署の受付印のあるものの写し）

カテゴリー4
以上の1から3に該当する旨の立証のない団体・個人が4に該当することになるので，特段の立証手段は必要ない。

(4) 申請の際に提出を要する立証資料
　ア　新たに「経営・管理」の在留資格を取得しようとする者の場合（在留資格認定証明書の交付，在留資格変更許可及び在留資格取得許可の申請）

全カテゴリー共通
　(ｱ)　申請書（規則別記6号の3様式（交付），30号様式（変更），36号様式（取得））
　(ｲ)　写真1葉（規則6条の2第2項，20条2項（例外同3項），24条2項（例外同3

項))

写真の規格は規則別表3の2にあるとおりである（縦40㎜横30㎜）。
16歳未満の者は不要

● ポイント

申請人と申請書に記載された人物が同一であることの確認のためのものである。

㈦　在留資格認定証明書交付申請の場合には返信用封筒（定形封筒に宛先を明記のうえ，必要な額の郵便切手（簡易書留用）を貼付したもの）　1通

㈣　在留資格変更許可申請の場合には旅券及び在留カードなど（規則20条4項），同取得許可申請の場合には旅券など（規則24条4項）

● ポイント

申請人の国籍の属する国の確認，その国が把握している申請人の身分事項の確認，それらに基づく許可証印及び在留カードの交付のためのものである（入管法20条4項。同22条の2第3項による準用の場合を含む。）。

㈺　在留資格取得許可申請の場合は，以上のほかに，以下の区分によりそれぞれ定める書類1通（規則24条2項）

①　日本の国籍を離脱した者：国籍を証する書類

②　①以外の者で在留資格の取得を必要とするもの：その事由を証する書類

● ポイント

いずれも在留資格の取得許可の対象となる者であることを確認するためのものである。

以上に加えてカテゴリー3及び4において提出を要する資料

㈻　申請人の活動の内容等を明らかにする次のいずれかの資料（規則別表3第4号）

● ポイント

「経営・管理」に該当する活動には，様々な類型の活動が存在するところ，そのうちのいずれの類型に該当するものとしての申請であるかを確認するための資料の提出を求めたものである。

①　日本法人である会社等の役員に就任する場合

経営・管理

　　役員報酬を定める定款の写し又は役員報酬を決議した株主総会の議事録（報酬委員会が設置されている会社にあっては同委員会の議事録）の写し　1通
　②　外国法人内の日本支店に転勤する場合及び会社以外の団体の役員に就任する場合
　　地位（担当業務），期間及び支払われる報酬額を明らかにする所属団体の文書（派遣状，異動通知書等）　1通
　③　日本において管理者として雇用される場合
　　労基法15条1項及び同法施行規則5条に基づき，労働者に交付される労働条件を明示する文書（雇用契約書等）　1通

ポイント

　基準省令3号の定める「日本人が従事する場合に受ける報酬と同等額以上の報酬を受けること」という基準省令上の基準適合性の確認のためのものである。
　労契法4条において労働契約の内容の理解促進のため，労働者と使用者は，労働契約の内容について，できる限り書面により確認するものとする（同法同条2項）とされていることを踏まえたものである。

(ケ)　日本において管理者として雇用される場合，事業の経営又は管理について3年以上の経験（大学院において経営又は管理に係る科目を専攻した期間を含む。）を有することを証する文書（基準省令3号）
　①　関連する職務に従事した機関並びに活動の内容及び期間を明示した履歴書　1通
　②　関連する職務に従事した期間を証明する文書（大学院において経営又は管理に係る科目を専攻した期間の記載された当該学校からの証明書を含む。）　1通

ポイント

　基準省令上の基準適合性の確認のためのものである。

(コ)　事業内容を明らかにする次のいずれかの資料（基準省令別表1の2，規則別表3第2号ハ）
　①　当該事業を法人が営む場合には，当該法人の登記事項証明書の写し（法人の登記が完了していないときは，定款その他当該法人が当該事業を開始しよ

うとしていることを明らかにする書類の写し) 1通(規則別表3第1号ロ)

※本邦において法人を設立する場合と,外国法人の支店を本邦に設置する場合との別を問わない

② 勤務先等の沿革,役員,組織,事業内容(主要取引先と取引実績を含む。)等が詳細に記載された案内書 1通

③ その他の勤務先等の作成した上記②に準ずる文書 1通

- ポイント -

申請人の受入れ機関の法律上の存在(静的存在)又は活動実体の存在(動的存在)の確認のためのものである。

(サ) 事業規模を明らかにする次のいずれかの資料(基準省令2号,規則別表3第2号ハ)

① 常勤の職員が2人以上であることを明らかにする当該職員に係る賃金支払に関する文書及び住民票その他の資料(基準省令2号イ,規則別表3第2号イ)

② 登記事項証明書 1通(規則別表3第1号ロ)

※(コ)①で提出していれば提出不要

③ その他事業の規模を明らかにする資料 1通(規則別表3第2号ロ及びハ)

(シ) 事務所用施設の存在を明らかにする資料(基準省令1号,規則別表3第3号)

① 不動産登記簿謄本 1通

② 賃貸借契約書 1通

③ その他の資料 1通

- ポイント -

「経営・管理」を営むための事業所の存在など,経営・管理に従事する事業の主体の法律上又は事実上の存在(静的存在)の確認のためのものである。

(ス) 事業計画書の写し 1通(規則別表3第1号イ)

- ポイント -

予定された活動の在留資格該当性の確認のためのものである。

㈦ 直近の年度の決算文書の写し　1通（規則別表3第1号ハ）
- ポイント

経営・管理主体の活動実体（動的存在）の確認のためのものである。

以上に加えてカテゴリー4の場合に提出を要する資料

㈧ 前年分の職員の給与所得の源泉徴収票等の法定調書合計表を提出できない理由を明らかにする次のいずれかの資料
　① 源泉徴収の免除を受ける機関の場合
　　外国法人の源泉徴収に対する免除証明書その他の源泉徴収を要しないことを明らかにする資料　1通
　② 上記①を除く機関の場合
　　ⅰ 給与支払事務所等の開設届出書の写し　1通
　　ⅱ 次のいずれかの資料
　　　・直近3か月分の給与所得・退職所得等の所得税徴収高計算書（税務署の領収日付印のあるものの写し）　1通
　　　・納期の特例を受けている場合は，その承認を受けていることを明らかにする資料　1通
- ポイント

間接的には，申請人の受入れ機関の活動実体の存在（動的存在）の確認のためのものである。

イ 「経営・管理」の在留資格をもって在留する外国人が，在留期間経過後も引き続き在留しようとする場合（在留期間更新許可申請）

- 全カテゴリー共通

㈠ 申請書（規則別記30号の2様式）
㈡ 写真1葉（規則21条2項（例外同3項））
　写真の規格は規則別表3の2にあるとおりである（縦40mm横30mm）。
　16歳未満の者は不要
- ポイント

申請人と申請書に記載された人物が同一であることの確認のためのものである。

第1章　在留資格の認定要件と立証資料

㈦　旅券及び在留カードなど（規則21条4項が準用する同20条4項）
▶ポイント
　申請人の国籍の属する国の確認，その国が把握している申請人の身分事項の確認，それらに基づく許可証印及び在留カードの交付のためのものである（入管法21条4項が準用する同20条4項）。

┈以上に加えてカテゴリー3及び4において提出を要する資料┈

㈢　直近の年度の決算文書の写し　1通（規則別表3の6第1号）
▶ポイント
　経営・管理主体の活動実体（動的存在）の確認のためのものである。

㈣　住民税の課税（又は非課税）証明書及び納税証明書（1年間の総所得及び納税状況が記載されたもの）　各1通（規則別表3の6第4号）
　※1月1日現在の住所地の市区町村役場から発行される。
　※1年間の総所得及び納税状況（納税事実の有無）の両方が記載されている証明書であれば，いずれか一方で可
　※入国後間もない場合や転居等により，住所地の市区町村役場から発行されない場合は，最寄りの地方出入国在留管理局に相談のこと

▶ポイント
　申請人の過去における在留資格に該当する活動への従事状況及び将来において当該活動に該当する活動を継続する意思と能力の確認のためのものである。

┈以上に加えてカテゴリー4において提出を要する資料┈

㈥　外国法人の源泉徴収に対する免除証明書その他の源泉徴収を要しないことを明らかにする資料　1通
▶ポイント
　間接的には，申請人の受入れ機関の活動実体の存在（動的存在）の確認のためのものである。

5　在留期間（規則別表2）

5年，3年，1年，6か月，4か月又は3か月

6 その他の注意事項

手数料

在留資格認定証明書交付及び在留資格取得許可の場合は発生せず。

在留資格変更許可及び在留期間更新許可の場合は4,000円（入管法67条1号及び2号並びに施行令9条1号及び2号）

法律・会計業務

1 概　要

(1) 本邦において行うことができる活動

> 外国法事務弁護士，外国公認会計士その他法律上資格を有する者が行うこととされている法律又は会計に係る業務に従事する活動

(2) 対象となる主な者

外国法事務弁護士及び外国公認会計士

その他に，基準省令では，弁護士，司法書士，土地家屋調査士，公認会計士，税理士，社会保険労務士，弁理士，海事代理士又は行政書士の資格を有する者が定められている。

いずれも業務独占とされている職種であり，例えば弁護士であれば弁護士法というように，いずれの職種もそれぞれの名称を冠した法律によりその担当業務，資格要件などが定められている。

なお，業務独占とは，その資格がなければその業務を行うことができないことを指す。国民の生命・財産の安定を図るうえで重要な役割を果たす業務であることから，資格者に業務を独占させると共に業務上の一定の義務が課されている。

2　在留資格該当性

「外国法事務弁護士」

ポイント

　外国弁護士による法律事務の取扱いに関する特別措置法2条4号の規定は，「外国（括弧内略）において法律事務を行うことを職務とする者で弁護士に相当するもの」（同条3号）が法務大臣の承認を受け（同法9条），かつ，日本弁護士連合会に備える外国法事務弁護士名簿に氏名その他の日本弁護士連合会の会則で定める事項の登録を受けて初めてなることができると定めている（同法25条）。

「外国公認会計士」

ポイント

　公認会計士法16条の2の規定に基づき，日本の公認会計士と同一業務に従事することができるとされている。

「法律上資格を有する者が行うこととされている法律又は会計に係る業務」

ポイント

　法律上，業務独占の資格を有する者でなければ行うことができないこととされている法律又は会計に関する業務を意味する。

3　基準（上陸許可基準）

　申請人が弁護士，司法書士，土地家屋調査士，外国法事務弁護士，公認会計士，外国公認会計士，税理士，社会保険労務士，弁理士，海事代理士又は行政書士としての業務に従事すること。

ポイント

　いずれも，それぞれの名称を冠した法律にその業務内容，資格要件，資格試験に関連した定めが置かれている。

第1章　在留資格の認定要件と立証資料

4　立証資料

ア　新たに「法律・会計業務」の在留資格を取得しようとする者の場合
（上陸許可，在留資格認定証明書の交付，在留資格変更許可及び在留資格取得許可の申請）

(ア)　申請書（規則別記6号の3様式（交付），30号様式（変更），36号様式（取得））

(イ)　写真1葉（規則6条の2第2項，20条2項（例外同3項），24条2項（例外同3項））

写真の規格は規則別表3の2にあるとおりである（縦40㎜横30㎜）。

16歳未満の者は不要

▶ポイント

申請人と申請書に記載された人物が同一であることの確認のためのものである。

(ウ)　従事しようとする活動に見合った日本の資格（参照：3　基準（上陸許可基準））を有することを証する文書（免許書，証明書等の写し）（基準省令，規則別表3第1号）

▶ポイント

従事しようとする業務を行うことを可能とする業務独占の資格を有する者であることを証明するための文書ということであり，それぞれの資格に係る免状，証明書等を指す。実際は，その写しであることが多いであろう。

在留資格該当性及び基準適合性の確認のためのものである。

(エ)　在留資格認定証明書交付申請の場合には返信用封筒（定形封筒に宛先を明記のうえ，必要な額の郵便切手（簡易書留用）を貼付したもの）　1通

(オ)　在留資格変更許可申請の場合には旅券及び在留カードなど（規則20条4項），同取得許可申請の場合には旅券など（規則24条4項）

▶ポイント

申請人の国籍の属する国の確認，その国が把握している申請人の身分事項の確認，それらに基づく許可証印及び在留カードの交付のためのものである（入管法20条4項。同22条の2第3項による準用の場合を含む。）。

(カ)　在留資格取得許可申請の場合は，以上のほかに，以下の区分によりそ

れぞれ定める書類1通（規則24条2項）
① 日本の国籍を離脱した者：国籍を証する書類
② ①以外の者で在留資格の取得を必要とするもの：その事由を証する書類

 ポイント
いずれも，在留資格の取得許可の対象となる者であることを確認するためのものである。

イ 「法律・会計業務」の在留資格をもって在留する外国人が，在留期間経過後も引き続き在留しようとする場合（在留期間更新許可申請）
(ア) 申請書（規則別記30号の2様式）
(イ) 写真1葉（規則21条2項（例外同3項））
写真の規格は規則別表3の2にあるとおりである（縦40㎜横30㎜）。
16歳未満の者は不要

 ポイント
申請人と申請書に記載された人物が同一であることの確認のためのものである。

(ウ) 旅券及び在留カードなど（規則21条4項が準用する同20条4項）

 ポイント
申請人の国籍の属する国の確認，その国が把握している申請人の身分事項の確認，それらに基づく許可証印及び在留カードの交付のためのものである（入管法21条4項が準用する同20条4項）。

5 在留期間（規則別表2）

5年，3年，1年又は3か月

6 その他の注意事項

手数料

第1章　在留資格の認定要件と立証資料

在留資格認定証明書交付及び在留資格取得許可の場合は発生せず。
在留資格変更許可及び在留期間更新許可の場合は4,000円（入管法67条1号及び2号並びに施行令9条1号及び2号）

教 授

1 概要

(1) 本邦において行うことができる活動

> 本邦の大学若しくはこれに準ずる機関又は高等専門学校において研究,研究の指導又は教育をする活動

(2) 対象となる主な者

在留資格の名称は「教授」であるが,対象者はいわゆる「教授」に限定されるものではない。具体的には,次のような者が含まれる。

大学又はそれに準ずる機関の教授,准教授,講師,助教などの教員
高等専門学校の教員
大学に準ずる機関の研究指導担当上級研究者

2 在留資格該当性

「大学」

ポイント

学教法上の大学(同法83条)及び放送大学学園法上の放送大学(同法2条)をいう。大学の別科,専攻科,短期大学,大学院及び大学付属研究所も含まれる。

「本邦の大学に準ずる機関」

ポイント

「大学校」の名称が付されたものが多く,学教法以外の法令に基づいて設

置された学校を指す。例えば,「防衛大学校」及び「防衛医科大学校」はそれぞれ防衛省設置法15条及び16条に基づく。そのほかには,独立行政法人海技教育機構法に基づいて設置された独立行政法人に属する海技大学校及び海上技術短期大学校のような例もある。

「高等専門学校」

ポイント

学教法115条以下に定める学校を指す。

以上のとおり,在留資格「教授」での活動場所は,民間企業,民間研究所を含めて広範囲に及ぶ「研究」とは異なり,限定的である。

3 基準（上陸許可基準）

なし。

4 立証資料

大学等における勤務形態が常勤であるか非常勤であるかにより異なり,非常勤の場合にあっては,追加資料が必要となる。本来,いずれの職員にも必要とされる提出書類が（規則別表3及び3の6）,常勤職員に対する優遇措置として省略されたものである。

ア 新たに「教授」の在留資格を取得しようとする者の場合（上陸許可,在留資格認定証明書の交付,在留資格変更許可及び在留資格取得許可の申請）

(ア) 申請書（規則別記6号の3様式（交付）,30号様式（変更）,36号様式（取得））

(イ) 写真1葉（規則6条の2第2項,20条2項（例外同3項）,24条2項（例外同3項））

写真の規格は規則別表3の2にあるとおりである（縦40mm横30mm）。

16歳未満の者は不要

ポイント

申請人と申請書に記載された人物が同一であることの確認のためのもの

教　授

である。
(ウ)　在留資格認定証明書交付申請の場合には返信用封筒（定形封筒に宛先を明記のうえ，必要な額の郵便切手（簡易書留用）を貼付したもの）　1通
(エ)　在留資格変更許可申請の場合には旅券及び在留カードなど（規則20条4項1号），取得許可申請の場合には旅券など（規則24条4項）

▶ポイント
申請人の国籍の属する国の確認，その国が把握している申請人の身分事項の確認，それらに基づく許可証印及び在留カードの交付のためのものである（入管法20条4項。同22条の2第3項による準用の場合を含む。）。

(オ)　在留資格取得許可申請の場合は，以上のほかに，以下の区分によりそれぞれに定める書類1通（規則24条2項）
　①　日本の国籍を離脱した者：国籍を証する書類
　②　①以外の者で在留資格の取得を必要とするもの：その事由を証する書類

▶ポイント
いずれも在留資格の取得許可の対象となる者であることを確認するためのものである。

(カ)　非常勤職員の場合にあっては大学等又は大学等以外の機関が作成する，申請人の大学等における活動の内容，期間，地位及び報酬を証明する文書　1通（規則別表3）

▶ポイント
在留資格該当性の確認のためのものである。

イ　「教授」の在留資格をもって在留する外国人が，在留期間経過後も引き続き在留しようとする場合（在留期間更新許可申請）
(ア)　申請書（規則別記30号の2様式）
(イ)　写真1葉（規則6条の2第2項，20条2項（例外同3項），24条2項（例外同3項））
　　写真の規格は規則別表3の2にあるとおりである（縦40㎜横30㎜）。
　　16歳未満の者は不要

> **ポイント**

　申請人と申請書に記載された人物が同一であることの確認のためのものである。

㈦　旅券及び在留カードなど（規則21条4項が準用する同20条4項）

> **ポイント**

　申請人の国籍の属する国の確認，その国が把握している申請人の身分事項の確認，それらに基づく許可証印及び在留カードの交付のためのものである（入管法21条4項が準用する同20条4項）。

㈢　非常勤職員の場合にあっては，住民税の課税（又は非課税）証明書及び納税証明書（1年間の総所得及び納税状況が記載されたもの）　各1通（規則別表3の6）

　※1月1日現在の住所地の市区町村役場から発行される。

　※1年間の総所得及び納税状況（税金を納めているかどうか）の両方が記載されている証明書であれば，いずれか一方で可

　※入国後間もない場合や転居等により住所地の市区町村役場から発行されない場合は，最寄りの地方出入国在留管理局に相談のこと

> **ポイント**

　申請人が，これまで在留資格に該当する活動に従事してきたこと，また許可を受けた後に，当該活動に該当する活動に従事することが可能であることを確認するためのものである。

㈲　在留期間更新許可申請時点において，転職等により常勤職員が非常勤講師になる場合にあっては，大学等又は大学等以外の機関が作成する，申請人の大学等における活動の内容，期間，地位及び報酬を証明する文書　1通（参照：規則別表3）

> **ポイント**

　形式上は在留期間更新許可申請であるが，実質的には，実体的に大幅な変更であることから，在留資格変更許可申請に準じた扱いをするものである。

教　授

5　在留期間（規則別表２）

5年，3年，1年又は3か月

6　その他の注意事項

手数料

在留資格認定証明書交付及び在留資格取得許可の場合は発生せず。

在留資格変更許可及び在留期間更新許可の場合は4,000円（入管法67条1号及び2号並びに施行令9条1号及び2号）

研　究

1　概　要

(1)　本邦において行うことができる活動

> 本邦の公私の機関との契約に基づいて研究を行う業務に従事する活動（在留資格「教授」に該当する活動を除く。）

(2)　対象となる主な者

大学及びこれに準ずる機関以外の試験所，調査所，研究所等においてもっぱら試験，調査，研究棟に従事する者

2　在留資格該当性

「本邦の公私の機関との契約に基づいて」

▶ポイント

公私の機関と契約し研究活動に必要な人的・物的態勢が整備されている状況下で行う研究活動のみを認め，個人による本邦での研究を対象としない趣旨である。

「本邦の公私の機関」

▶ポイント

日本の政府・地方公共団体の関係機関，公社，公団，公益法人，民間企業のほか，日本に所在する外国の政府関係機関，国際機関，独立した機関として活動する外国法人の支店及び支社なども含まれる。

「契約に基づいて」
ポイント
　研究活動が雇用，委任，請負など契約に基づいて行われることを指す。特定の機関（複数でも可）との間の継続的なものであることを要する。

「研究を行う業務」
ポイント
　自然，人文及び社会科学系は当然であり，その以外でも専門的なものであれば該当する。

3　基準（上陸許可基準）

> 　申請人が次のいずれにも該当していること。ただし，我が国の国若しくは地方公共団体の機関，我が国の法律により直接に設立された法人若しくは我が国の特別の法律により特別の設立行為をもって設立された法人，我が国の特別の法律により設立され，かつ，その設立に関し行政官庁の認可を要する法人若しくは独立行政法人（独立行政法人通則法（平成十一年法律第百三号）第二条第一項に規定する独立行政法人をいう。以下同じ。）又は国，地方公共団体若しくは独立行政法人から交付された資金により運営されている法人で法務大臣が告示をもって定めるものとの契約に基づいて研究を行う業務に従事しようとする場合は，この限りでない。

ポイント
　ただし書においては，国又は地方公共団体の機関など公的な機関による受入れの場合についての例外措置が定められている。機関自体が公的なものであれば，ある程度国又は地方公共団体の活動又はその影響下にある活動としての研究活動となるので，入管法上の違反行為発生の可能性は低く，様々な要件を課す必要性は低いと考えられることによるものである。

第1章　在留資格の認定要件と立証資料

> 一　大学（短期大学を除く。）を卒業し若しくはこれと同等以上の教育を受け若しくは本邦の専修学校の専門課程を修了（当該修了に関し法務大臣が告示をもって定める要件に該当する場合に限る。）した後従事しようとする研究分野において修士の学位若しくは三年以上の研究の経験（大学院において研究した期間を含む。）を有し，又は従事しようとする研究分野において十年以上の研究の経験（大学において研究した期間を含む。）を有すること。ただし，本邦に本店，支店その他の事業所のある公私の機関の外国にある事業所の職員が本邦にある事業所に期間を定めて転勤して当該事業所において研究を行う業務に従事しようとする場合であって，申請に係る転勤の直前に外国にある本店，支店その他の事業所において法別表第一の二の表の研究の項の下欄に掲げる業務に従事している場合で，その期間（研究の在留資格をもって当該本邦にある事業所において業務に従事していた期間がある場合には，当該期間を合算した期間）が継続して一年以上あるときは，この限りでない。

「大学（短期大学を除く。）」

◆ポイント◆

　学教法上の大学（同法83条）及び放送大学学園法上の放送大学（同法2条）をいう。本来は，大学の別科，専攻科，短期大学，大学院及び大学付属研究所も含まれるが，本基準省令においては，括弧書きにおいて短期大学が除外されている。ただし，ここでは，「本邦の」とはされていないので，外国の学校であっても以上と同等の学校であれば，ここに含まれる。

「短期大学」

◆ポイント◆

　大学は，「第83条第1項に規定する目的に代えて，深く専門の学芸を教授研究し，職業又は実際生活に必要な能力を育成することを主な目的とする」ことができ（学教法108条1項），これを目的とする大学は，その修業年限を2年又は3年とし（同2項），短期大学と称するものとされる（同3項）。この短

期大学が除外されるということである。外国の同等の学校も含まれる。
「これと同等以上の教育を受け(た)」
> ポイント

「(短期大学を除く大学と) 同様以上の」とあることから,大学卒業 (学士取得) 以上の学歴が求められていることになる。

この部分の解釈に当たっては,大学院入学資格を有する者として大学を卒業した者と同等以上の学力があると認められる者と定め,その具体例を列挙している学教法施行規則155条1項の規定が参考となる。具体的には,同項は,「学士の学位を授与された者」,「外国において,学校教育における16年(医学を履修する博士課程,薬学を履修する博士課程又は獣医学を履修する博士課程への入学については18年)の課程を修了した者」などを大学(短期大学を除く)の専攻科又は大学院への入学に関し大学を卒業した者と同等の学力があると認められる者」としている。また,ここには「留学」及び「教授」の在留資格に対応する活動における大学に準ずる機関も,短期大学に準ずる機関を除き含まれる。

ここにも「本邦の」とはないことから,国内・国外の別を問わず,何らかの形において短期大学を除く大学と同等以上の教育を受け,修了した場合が含まれる。

「本邦の専修学校の専門課程」
> ポイント

「本邦の」とあることから,学教法124条の専門学校に置かれた課程のうち同法125条3項の規定に定められた「高等学校若しくはこれに準ずる学校若しくは中等教育学校を卒業した者又は文部科学大臣の定めるところによりこれに準ずる学力があると認められた者に対して,高等学校における教育の基礎の上に,(124)条の教育を行う」課程を指す。なお,「専門課程を置く専修学校は,専門学校と称することができる」(同法126条2項)。

この課程の修了に関する法務大臣告示とは,出入国管理及び難民認定法第7条第1項第2号の基準を定める省令の専修学校の専門課程の修了に関する要件を定める件 (平成23年7月1日法務省告示第330号) を指す。

> 二　日本人が従事する場合に受ける報酬と同等額以上の報酬を受けること。

ポイント

国内労働市場保護のため，低賃金での業務従事を認めないことを意味する。上記の業務に従事する者は，同様の業務に従事する日本人が受ける平均的な報酬以上の報酬を受けることが必要である。さらに，同じ職場で同様の業務に従事する日本人が受ける報酬以上であることも要する。

「報酬」とは，「一定の役務の給付の対価として与えられる反対給付」をいい，通勤手当，扶養手当，住宅手当等の実費弁償の性格を有するもの（課税対象となるものを除く。）は含まない。

4　立証資料

(1)　所属機関の分類とその趣旨

運用上，所属機関をその存在と活動実体の確認の方法に応じてカテゴリー1から4に分類し，それに応じて各種申請の際に提出を要する立証資料に差を設けている。1が立証資料の提出の免除が最も大きく，2，3と少なくなり，1から3のいずれかのカテゴリーに該当することの立証がなければカテゴリー4に該当するものとして免除は受けられず，すべての立証資料の提出が必要となる。

したがって，立証資料について論じる前に，所属機関がいずれのカテゴリーに属するのか決定することが先決問題となる。そのためには，まず，分類基準，次に，各カテゴリーに該当することを立証するための資料について説明を加えることにする。

(2)　分類基準

カテゴリー1

次のいずれかに該当する機関

- 日本の証券取引所に上場している企業
- 保険業を営む相互会社
- 日本又は外国の国・地方公共団体
- 独立行政法人
- 特殊法人・認可法人
- 日本の国・地方公共団体認可の公益法人
- 法人税法別表第1に掲げる公共法人
- 高度専門職基準省令1条1項各号の表の特別加算の項の中欄イ又はロの対象企業（イノベーション創出企業）
  ※対象は入管庁ホームページ参照。https://www.moj.go.jp/isa/content/930001665.pdfを確認のこと。
- 「一定の条件を満たす企業等」（入管庁ホームページ参照。https://www.moj.go.jp/isa/content/930004712.pdf）

カテゴリー2

次のいずれかに該当する機関
- 前年分の給与所得の源泉徴収票等の法定調書合計表中，給与所得の源泉徴収合計表の源泉徴収税額が1,000万円以上ある団体・個人
- カテゴリー3に該当することを立証する資料を提出したうえで，在留申請オンラインシステムの利用申出が承認された機関

カテゴリー3

前年分の職員の給与所得の源泉徴収票等の法定調書合計表が提出された団体・個人（カテゴリー2の機関を除く。）

カテゴリー4

上記いずれのカテゴリーにも該当しない団体・個人

以上から，カテゴリー1から3のいずれかに該当することの立証のない団体・個人も含まれることになる。

(3) カテゴリー該当性に関する立証資料

カテゴリー1

- 四季報の写し又は日本の証券取引所に上場していることを証明する文書

第1章　在留資格の認定要件と立証資料

　　（写し）
・主務官庁から設立の許可を受けたことを証明する文書（写し）
・高度専門職基準省令第1条第1項各号の表の特別加算の項の中欄イ又はロの対象企業（上記イノベーション創出企業）であることを証明する文書（例：補助金交付決定通知書の写し）
・上記「一定の条件を満たす企業等」（入管庁ホームページ参照。）であることを証明する文書（例：認定証等の写し）

カテゴリー2
・前年分の職員の給与所得の源泉徴収票等の法定調書合計表（税務署の受付印のあるものの写し）
・在留申請オンラインシステムに係る利用申出の承認を受けていることを証明する文書（利用申出に係る承認のお知らせメール等）（カテゴリー3に該当することを立証する資料を提出したうえで，在留申請オンラインシステムの利用申出が承認された機関に限る。）

カテゴリー3
前年分の職員の給与所得の源泉徴収票等の法定調書合計表（税務署の受付印のあるものの写し）

カテゴリー4
以上の1から3に該当する旨の立証のない団体・個人が4に該当することになるので，特段の立証手段は必要ない。

(4)　申請の際に提出を要する立証資料
　ア　新たに「研究」の在留資格を取得しようとする者の場合（上陸許可，在留資格認定証明書の交付，在留資格変更許可及び在留資格取得許可の申請）

全カテゴリー共通
　(ｱ)　申請書（規則別記6号の3様式（交付），30号様式（変更），36号様式（取得））
　　　交付及び変更においては，転勤の場合異なる様式を使用のこと。
　(ｲ)　写真1葉（規則6条の2第2項，20条2項（例外同3項），24条2項（例外同3項））
　　　写真の規格は規則別表3の2にあるとおりである（縦40㎜横30㎜）。

16歳未満の者は不要

◆ポイント◆
申請人と申請書に記載された人物が同一であることの確認のためのものである。

㈱　派遣契約に基づいて就労する場合（申請人が被派遣者の場合）
申請人の派遣先での活動内容を明らかにする資料（労働条件通知書（雇用契約書）等）　1通（労基法15条1項，労働契約法4条）

◆ポイント◆
在留資格該当性の確認のためのものである。

㈱　在留資格認定証明書交付申請の場合には返信用封筒（定形封筒に宛先を明記のうえ，必要な額の郵便切手（簡易書留用）を貼付したもの）　1通

㈱　在留資格変更許可申請の場合には旅券及び在留カードなど（規則20条4項），同取得許可申請の場合には旅券など（規則24条4項）

◆ポイント◆
申請人の国籍の属する国の確認，その国が把握している申請人の身分事項の確認，それらに基づく許可証印及び在留カードの交付のためのものである（入管法20条4項．同22条の2第3項による準用の場合を含む。）。

㈱　在留資格取得許可申請の場合は，以上のほかに，以下の区分によりそれぞれ定める書類1通（規則24条2項）
　①　日本の国籍を離脱した者：国籍を証する書類
　②　①以外の者で在留資格の取得を必要とするもの：その事由を証する書類

◆ポイント◆
いずれも在留資格取得許可の対象となる者であることを確認するためのものである。

以上に加えてカテゴリー3及び4において提出を要する資料

㈱　申請人の活動の内容等を明らかにする次のいずれかの資料（入管法別表1の2，規則別表3第1号ハ，第2号ホ）
　①　労働契約を締結する場合
　　労基法15条1項及び同法施行規則5条に基づき，労働者に交付される

労働条件を明示する文書　1通

● ポイント

基準省令2号に規定されている「日本人が従事する場合に受ける報酬と同額以上の報酬を受けること。」という条件適合性の確認のためのものである。

労契法4条において労働契約の内容の理解促進のため，労働者と使用者は，労働契約の内容について，できる限り書面により確認するものとする（同法同条2項）とされていることを踏まえたものである。

②　日本法人である会社の役員に就任する場合

役員報酬を定める定款の写し又は役員報酬を決議した株主総会の議事録（報酬委員会が設置されている会社にあっては同委員会の議事録）の写し　1通

③　外国法人内の日本支店に転勤する場合及び会社以外の団体の役員に就任する場合

地位（担当業務），期間及び支払われる報酬額を明らかにする所属団体の文書　1通

● ポイント

在留資格該当性の確認のためのものである。

(ク)　申請人の学歴，職歴及びその他経歴等を証明する文書（基準省令1号，規則別表3第1号ロ及び第2号ヘ）

①　関連する職務に従事した機関並びに活動の内容及び期間を明示した履歴書　1通

②　基準省令1号の適用を受ける者の場合は次のいずれかの文書

 ⅰ　大学等の卒業証明書，これと同等以上の教育を受けたことを証明する文書又は高度専門士の称号を付与されたことを証明する文書　1通

 ⅱ　研究の経験期間を証明するもの（大学院又は大学において研究した期間を含む。）　1通

③　基準省令ただし書の適用を受ける者の場合

 ⅰ　過去1年間に従事した業務内容及び地位，報酬を明示した転勤の直前に勤務した外国の機関（転勤の直前1年以内に申請人が研究の在留資格をもって本邦に在留していた期間がある場合には，当該期間に勤務していた

本邦の機関を含む。)の文書　１通
　ⅱ　転勤前に勤務していた事業所と転勤後の事業所の関係を示す次のいずれかの資料
　　・同一の法人内の転勤の場合
　　　外国法人の支店の登記事項証明書等当該外国法人が日本に事業所を有することを明らかにする資料　１通
　　・日本法人への出向の場合
　　　当該日本法人と出向元の外国法人との出資関係を明らかにする資料　１通
　　・日本に事業所を有する外国法人への出向の場合
　　　当該外国法人の支店の登記事項証明書等当該外国法人が日本に事業所を有することを明らかにする資料　１通
　　　当該外国法人と出向元の法人との資本関係を明らかにする資料　１通

●ポイント●
基準省令１号の規定する経験要件に適合することの確認のためのものである。

㈰　事業内容を明らかにする資料（規則別表３第１号イ並びに第２号イ及びロ)
　①　勤務先等の沿革，役員，組織，事業内容（主要取引先と取引実績を含む。）等が詳細に記載された案内書　１通
　②　その他の勤務先等の作成した上記①に準ずる文書　１通
　③　登記事項証明書　１通

●ポイント●
申請人の受入れ機関の法律上の存在（静的存在）又は活動実体の存在（動的存在）の確認のためのものである。

㈠　直近の年度の決算文書の写し。新規事業の場合は事業計画書　１通
　（規則別表３第２号ロ)
　※ただしカテゴリー３については転勤して研究を行う業務に従事する場合に限る。

第1章　在留資格の認定要件と立証資料

:::: 以上に加えてカテゴリー4において提出を要する資料 ::::

(サ)　前年分の職員の給与所得の源泉徴収票等の法定調書合計表を提出できない理由を明らかにする次のいずれかの資料
　①　源泉徴収の免除を受ける機関の場合
　　外国法人の源泉徴収に対する免除証明書その他の源泉徴収を要しないことを明らかにする資料　1通
　②　上記①を除く機関の場合
　　ⅰ　給与支払事務所等の開設届出書の写し　1通
　　ⅱ　次のいずれかの資料
　　　・直近3か月分の給与所得・退職所得等の所得税徴収高計算書（税務署の領収日付印のあるものの写し）　1通
　　　・納期の特例を受けている場合は，その承認を受けていることを明らかにする資料　1通

　●ポイント●
　間接的に，申請人の受入れ機関の活動実体の存在（動的存在）の確認のためのものである。

イ　「研究」の在留資格をもって在留する外国人が，在留期間経過後も引き続き在留しようとする場合（在留期間更新許可申請）

　●全カテゴリー共通●
(ア)　申請書（規則別記30号の2様式）
　転勤の場合異なる様式を使用のこと。
(イ)　写真1葉（規則21条2項（例外同3項））
　写真の規格は規則別表3の2にあるとおりである（縦40mm横30mm）。
　16歳未満の者は不要
　●ポイント●
　申請人と申請書に記載された人物が同一であることの確認のためのものである。
(ウ)　旅券及び在留カードなど（規則21条4項が準用する同20条4項）

> ポイント

　申請人の国籍の属する国の確認，その国が把握している申請人の身分事項の確認，それらに基づく許可証印及び在留カードの交付のためのものである（入管法21条4項が準用する同20条4項）。

㈣　派遣契約に基づいて就労する場合（申請人が被派遣者の場合）

　申請人の派遣先での活動内容を明らかにする資料（労働条件通知書（雇用契約書）等）　1通（労基法15条1項，労働契約法4条）

> ポイント

　基準省令2号に規定されている「日本人が従事する場合に受ける報酬と同額以上の報酬を受けること。」という条件適合性の確認のためのものである。

　労契法4条において労働契約の内容の理解促進のため，労働者と使用者は，労働契約の内容について，できる限り書面により確認するものとする（同法同条2項）とされていることを踏まえたものである。

> 以上に加えてカテゴリー3及び4において提出を要する資料

㈵　住民税の課税（又は非課税）証明書及び納税証明書（1年間の総所得及び納税状況が記載されたもの）　各1通（基準省令2号，規則別表3の6第2号）

　※1月1日現在の住所地の市区町村役場から発行される。

　※1年間の総所得及び納税状況（納税事実の有無）の両方が記載されている証明書であれば，いずれか一方で可

　※入国後間もない場合や転居等により，住所地の市区町村役場から発行されない場合は，最寄りの地方出入国在留管理局に相談のこと

> ポイント

　申請人の過去における在留資格に該当する活動への従事状況及び将来において当該在留資格に該当する活動を継続する意思と能力の確認のためのものである。

> カテゴリー3又は4への転職後の初回の在留期間更新許可申請時には，以下の㈻から㈼までの資料も必要

> ポイント

　外形的には在留期間更新許可申請ではあるが，実質的には在留資格変更

許可申請と同等であると考えられるところから，後者の申請に準ずるものとして相応の立証資料を求めることとしたものである。根拠規定も当該申請関連部分を参考引用する。

㈏ 申請人の活動の内容等を明らかにする次のいずれかの資料（参照：規則別表3第1号ハ及び第2号ホ）

① 労働契約を締結する場合

労基法15条1項及び同法施行規則5条に基づき，労働者に交付される労働条件を明示する文書　1通

▶ポイント

基準省令2号の定める「日本人が従事する場合に受ける報酬と同等額以上の報酬を受けること」という条件の適合性の確認のためのものである。

労契法4条において労働契約の内容の理解促進のため，労働者と使用者は，労働契約の内容について，できる限り書面により確認するものとする（同法同条2項）とされていることを踏まえたものである。

② 日本法人である会社の役員に就任する場合

役員報酬を定める定款の写し又は役員報酬を決議した株主総会の議事録（報酬委員会が設置されている会社にあっては同委員会の議事録）の写し　1通

③ 外国法人内の日本支店に転勤する場合及び会社以外の団体の役員に就任する場合

地位（担当業務），期間及び支払われる報酬額を明らかにする所属団体の文書　1通

▶ポイント

在留資格該当性の確認のためのものである。

㈑ 事業内容を明らかにする資料（参照：規則別表3第1号イ並びに第2号イ及びロ）

① 勤務先等の沿革，役員，組織，事業内容（主要取引先と取引実績を含む。）等が詳細に記載された案内書　1通

② その他の勤務先等の作成した上記①に準ずる文書　1通

③ 登記事項証明書　1通

㈒ 直近の年度の決算文書の写し。新規事業の場合は事業計画書　1通

※ただしカテゴリー3については転勤して研究を行う業務に従事する場合に限る。

> **ポイント**
> 申請人の受入れ機関の法律上の存在（静的存在）又は活動実体の存在（動的存在）の確認のためのものである。

以上に加えてカテゴリー4への転職後初回の在留期間更新許可申請において提出を要する資料

㈹　前年分の職員の給与所得の源泉徴収票等の法定調書合計表を提出できない理由を明らかにする次のいずれかの資料
①　源泉徴収の免除を受ける機関の場合
　外国法人の源泉徴収に対する免除証明書その他の源泉徴収を要しないことを明らかにする資料　1通
②　上記①を除く機関の場合
　ⅰ　給与支払事務所等の開設届出書の写し　1通
　ⅱ　次のいずれかの資料
　　・直近3か月分の給与所得・退職所得等の所得税徴収高計算書（領収日付印のあるものの写し）　1通
　　・納期の特例を受けている場合は，その承認を受けていることを明らかにする資料　1通

5　在留期間（規則別表2）

5年，3年，1年又は3か月

6　その他の注意事項

手数料
在留資格認定証明書交付及び在留資格取得許可の場合は発生せず。
在留資格変更許可及び在留期間更新許可の場合は4,000円（入管法67条1号及び2号並びに施行令9条1号及び2号）

第1章　在留資格の認定要件と立証資料

教　育

1　概　要

(1)　本邦において行うことができる活動

> 本邦の小学校，中学校，義務教育学校，高等学校，中等教育学校，特別支援学校，専修学校又は各種学校若しくは設備及び編制に関してこれに準ずる教育機関において語学教育その他の教育をする活動

(2)　対象となる主な者

小学校以下列挙されている学校における教師

2　在留資格該当性

「小学校」

【ポイント】

「心身の発達に応じて，義務教育として行われる普通教育のうち基礎的なものを施すことを目的と」した学校である（学教法29条）。

「中学校」

【ポイント】

「小学校における教育の基礎の上に，心身の発達に応じて，義務教育として行われる普通教育を施すことを目的と」した学校である（学教法45条）。

「義務教育学校」

【ポイント】

「心身の発達に応じて，義務教育として行われる普通教育を基礎的なもの

教 育

から一貫して施すことを目的と」した学校で（学教法49条の2），いわゆる小中一貫校を指す。

「高等学校」
■ポイント
　学教法50条以下の規定に定められた「中学校における教育の基礎の上に，心身の発達及び進路に応じて，高度な普通教育及び専門教育を施すことを目的と」する学校である。

「中等教育学校」
■ポイント
　「中学校における教育の基礎の上に，心身の発達及び進路に応じて，高度な普通教育及び専門教育を施すことを目的と」したいわゆる中高一貫校を指す（学教法63条）。

「特別支援学校」
■ポイント
　「視覚障害者，聴覚障害者，知的障害者，肢体不自由者又は病弱者（身体虚弱者を含む。以下同じ。）に対して，幼稚園，小学校，中学校又は高等学校に準ずる教育を施すとともに，障害による学習上又は生活上の困難を克服し自立を図るために必要な知識技能を授けることを目的と」した学校である（学教法72条）。

「専修学校」
■ポイント
　学教法1条の規定で定められた「幼稚園，小学校，中学校，義務教育学校，高等学校，中等教育学校，特別支援学校，大学及び高等専門学校」「以外の教育施設で，職業若しくは実際生活に必要な能力を育成し，又は教養の向上を図ることを目的とし」，修業年限が1年以上，授業時数が文部科学大臣の定める授業時数以上，教育を受ける者が常時四十人以上という要件に「該当する組織的な教育を行うもの（当該教育を行うにつき他の法律に特別の規定があるもの及び我が国に居住する外国人を専ら対象とするものを除く。）」をいう（同法124条）。

「各種学校」

ポイント

「（学教法）第1条に掲げるもの以外のもので，学校教育に類する教育を行うもの（当該教育を行うにつき他の法律に特別の規定があるもの及び第124条に規定する専修学校の教育を行うものを除く。）」を指す（同法134条1項）。

「設備及び編制に関してこれに準ずる教育機関」

ポイント

学教法3条に規定する学校の設置基準としての設備及び編制において同法134条に規定する各種学校とおおむね同様である教育機関をいう。

「設備」は「校地，校舎等の施設と校具・教具を合わせたもの」であり，「編制」とは「学校を組織する学級数，学校を組織する児童・生徒数，学校に配置すべき職員の組織」をいう。

日本語教育に関しては，入管庁の「日本語教育機関の告示基準（令和4年4月1日一部改定）」及び「日本語教育機関の告示基準解釈指針（令和4年4月1日一部改定）」を満たす日本語学校はこれに該当することとなる。

「語学教育その他の教育をする活動」

ポイント

教育は，語学教育だけに限定されない。

3 基準（上陸許可基準）

> 一　申請人が各種学校若しくは設備及び編制に関してこれに準ずる教育機関において教育をする活動に従事する場合又はこれら以外の教育機関において教員以外の職について教育をする活動に従事する場合は，次のいずれにも該当していること。ただし，申請人が各種学校又は設備及び編制に関してこれに準ずる教育機関であって，法別表第一の一の表の外交若しくは公用の在留資格又は四の表の家族滞在の在留資格をもって在留する子女に対して，初等教育又は中等教育を外国語により施すことを目的として設立された教育機関において教育をする活動

> に従事する場合は、イに該当すること。
> イ 次のいずれかに該当していること。
> 　(1) 大学を卒業し、又はこれと同等以上の教育を受けたこと。
> 　(2) 行おうとする教育に必要な技術又は知識に係る科目を専攻して本邦の専修学校の専門課程を修了（当該修了に関し法務大臣が告示をもって定める要件に該当する場合に限る。）したこと。

「専修学校の専門課程」

> ポイント

　学教法125条3項の規定に定められた「高等学校若しくはこれに準ずる学校若しくは中等教育学校を卒業した者又は文部科学大臣の定めるところによりこれに準ずる学力があると認められた者に対して、高等学校における教育の基礎の上に、(124)条の教育を行う」課程を指す。なお、「専門課程を置く専修学校は、専門学校と称することができる」（同法126条2項）。

> 　(3) 行おうとする教育に係る免許を有していること。
> ロ　外国語の教育をしようとする場合は当該外国語により十二年以上の教育を受けていること、それ以外の科目の教育をしようとする場合は教育機関において当該科目の教育について五年以上従事した実務経験を有していること。
> 二　日本人が従事する場合に受ける報酬と同等額以上の報酬を受けること。

> ポイント

　国内労働市場保護のため、低賃金での業務従事を認めないことを意味する。上記の業務に従事する者は、同様の業務に従事する日本人が受ける平均的な報酬以上の報酬を受けることが必要である。さらに、同じ職場で同様の業務に従事する日本人が受ける報酬以上であることも要する。
　「報酬」とは、「一定の役務の給付の対価として与えられる反対給付」を

いい，通勤手当，扶養手当，住宅手当等の実費弁償の性格を有するもの（課税対象となるものを除く。）は含まない。

4 立証資料

(1) 所属機関と勤務形態による分類とその趣旨

運用上，活動母体と勤務形態を基準としてその存在と活動実体の確認の方法に応じてカテゴリー1から3に分類し，それに応じて各種申請の際に提出を要する立証資料に差を設けている。1が立証資料の提出の免除が最も大きく，2においては免除が少なくなり，いずれかのカテゴリーに該当しなければカテゴリー3に該当するものとして免除は受けられず，すべての立証資料の提出が必要となる。

したがって，立証資料について論じる前に，本邦における所属機関がいずれのカテゴリーに属するのか決定することが先決問題となる。そのためには，まず，分類基準について説明を加えることにする。

(2) 分類基準

カテゴリー1

小学校，中学校，高等学校，中等教育学校，特別支援学校に常勤で勤務する場合

カテゴリー2

カテゴリー1以外の教育機関に常勤で勤務する場合

カテゴリー3

非常勤で勤務する場合

(3) カテゴリー該当性に関する立証資料

各申請書に勤務先及び勤務形態を記入する欄及びその内容を確認した旨の記載欄が設けられていることから，特段の立証資料は不要である。

(4) 申請の際に提出を要する立証資料
　ア　新たに「教育」の在留資格を取得しようとする者の場合（上陸許可，在留資格認定証明書の交付，在留資格変更許可及び在留資格取得許可の申請）

　全カテゴリー共通

　(ア)　申請書（規則別記6号の3様式（交付），30号様式（変更），36号様式（取得））

　(イ)　写真1葉（規則6条の2第2項，20条2項（例外同3項），24条2項（例外同3項））
　　写真の規格は規則別表3の2にあるとおりである（縦40㎜横30㎜）。
　　16歳未満の者は不要

　ポイント

　申請人と申請書に記載された人物が同一であることの確認のためのものである。

　(ウ)　在留資格認定証明書交付申請の場合には返信用封筒（定形封筒に宛先を明記のうえ，必要な額の郵便切手（簡易書留用）を貼付したもの）　1通

　(エ)　在留資格変更許可申請の場合には旅券及び在留カードなど（規則20条4項），同取得許可申請の場合には旅券など（規則24条4項）

　ポイント

　申請人の国籍の属する国の確認，その国が把握している申請人の身分事項の確認，それらに基づく許可証印及び在留カードの交付のためのものである（入管法20条4項。同22条の2第3項による準用の場合を含む。）。

　(オ)　在留資格取得許可申請の場合は，以上のほかに，以下の区分によりそれぞれ定める書類1通（規則24条2項）

　　①　日本の国籍を離脱した者：国籍を証する書類
　　②　①以外の者で在留資格の取得を必要とするもの：その事由を証する書類

　ポイント

　いずれも在留資格の取得許可の対象となる者であることを確認するためのものである。

> 全カテゴリー共通資料に加えてカテゴリー２及び３において提出を要する資料

㈹　申請人の活動の内容等を明らかにする次のいずれかの資料（規則別表3第4号）

　①　労働契約を締結する場合

　　労基法15条１項及び同法施行規則５条に基づき，労働者に交付される労働条件を明示する文書　１通

　②　雇用以外の契約に基づいて業務に従事する場合

　　業務従事に係る契約書（複数の機関との契約に基づいて業務に従事する場合は，そのすべての機関との間の契約書）の写し　１通

◆ポイント◆

在留資格該当性及び基準省令２号に規定されている「日本人が従事する場合に受ける報酬と同額以上の報酬を受けること。」という基準適合性の確認のためのものである。

労契法４条において労働契約の内容の理解促進のため，労働者と使用者は，労働契約の内容について，できる限り書面により確認するものとする（同法同条2項）とされていることを踏まえたものである。

㈸　申請人の履歴を証明する資料（規則別表3第2号及び第3号）

　①　関連する職務に従事した機関並びに活動の内容及び期間を明示した履歴書　１通

　②　学歴又は職歴等を証明する次のいずれかの文書

　　ⅰ　大学等の卒業証明書，これと同等以上の教育を受けたことを証明する文書又は専門士若しくは高度専門士の称号を付与されたことを証明する文書　１通

　　ⅱ　免許証等資格を有することを証明する文書の写し　１通

　　ⅲ　外国語の教育をしようとする者は，当該外国語により12年以上教育を受けたことを証明する文書　１通

　　ⅳ　外国語以外の科目の教育をしようとする者は，当該科目の教育について５年以上従事した実務経験を証明する文書　１通

㈹　事業内容を明らかにする資料（規則別表3第1号）

① 勤務先等の沿革，役員，組織，事業内容等が詳細に記載された案内書　1通
② その他の勤務先等の作成した上記①に準ずる文書　1通
③ 登記事項証明書　1通

　ポイント

申請人の所属機関の法律上の存在（静的存在）又は活動実体の存在（動的存在）の確認のためのものである。

　以上に加えてカテゴリー3において提出を要する資料

(ケ)　直近の年度の決算文書の写し。新規事業の場合は事業計画書　1通
（規則別表3第1号）

　ポイント

申請人の所属機関の活動実体の存在（動的存在）の確認のためのものである。

イ　「教育」の在留資格をもって在留する外国人が，在留期間経過後も引き続き在留しようとする場合（在留期間更新許可申請）

　全カテゴリー共通

(ア)　申請書（規則別記30号の2様式）
(イ)　写真1葉（規則6条の2第2項，20条2項（例外同3項），24条2項（例外同3項））

写真の規格は規則別表3の2にあるとおりである（縦40㎜横30㎜）。
16歳未満の者は不要

　ポイント

申請人と申請書に記載された人物が同一であることの確認のためのものである。

(ウ)　旅券及び在留カードなど（規則21条4項が準用する同20条4項）

　ポイント

申請人の国籍の属する国の確認，その国が把握している申請人の身分事項の確認，それらに基づく許可証印及び在留カードの交付のためのものである（入管法21条4項が準用する同20条4項）。

> 全カテゴリー共通資料に加えてカテゴリー2及び3において提出を要する資料

(エ)　住民税の課税（又は非課税）証明書及び納税証明書（1年間の総所得及び納税状況が記載されたもの）　各1通（規則別表3の6第2号）

※1月1日現在の住所地の市区町村役場から発行される。

※1年間の総所得及び納税状況（納税事実の有無）の両方が記載されている証明書であれば，いずれか一方で可

※入国後間もない場合や転居等により，居住地の市区町村役場から発行されない場合は，最寄りの地方出入国在留管理局に相談のこと

●ポイント

申請人がこれまで在留資格に該当する活動に従事してきたこと，また，許可を受けた後も当該在留資格に該当する活動に従事する意思と能力を有することを確認するためのものである。

(オ)　雇用以外の契約に基づいて業務に従事する場合

業務従事に係る契約書（複数の機関との契約に基づいて業務に従事する場合は，そのすべての機関との間の契約書）の写し　1通（規則別表3の6第1号）

> カテゴリー2又は3への転職後初回の在留期間更新許可申請時において提出を要する資料

●ポイント

外形的には在留期間更新許可申請ではあるが，実質的には在留資格変更許可申請と同等であると考えられるところから，後者の申請に準ずるものとして相応の立証資料を求めることとしたものである。根拠規定も当該申請関連部分を参考引用する。

(カ)　申請人の活動の内容等を明らかにする次のいずれかの資料（参照：規則別表3第4号）

　①　労働契約を締結する場合

　　労基法15条1項及び同法施行規則5条に基づき，労働者に交付される労働条件を明示する文書　1通

　②　雇用以外の契約に基づいて業務に従事する場合

　　業務従事に係る契約書（複数の機関との契約に基づいて業務に従事する場合は，

そのすべての機関との間の契約書）の写し　１通

> **ポイント**
>
> 在留資格該当性確認のためのものである。
>
> また，基準省令２号に規定されている「日本人が従事する場合に受ける報酬と同額以上の報酬を受けること。」という条件適合性の確認のためのものである。
>
> 労契法４条において労働契約の内容の理解促進のため，労働者と使用者は，労働契約の内容について，できる限り書面により確認するものとする（同法同条２項）とされていることを踏まえたものである。

(キ)　事業内容を明らかにする資料（参照：規則別表３第１号）
　①　勤務先等の沿革，役員，組織，事業内容等が詳細に記載された案内書　１通
　②　その他の勤務先等の作成した上記①に準ずる文書　１通
　③　登記事項証明書　１通

> **ポイント**
>
> 申請人の受入れ機関の法律上の存在（静的存在）又は活動実体の存在（動的存在）の確認のためのものである。

以上に加えてカテゴリー３への転職後初回の在留期間更新許可申請において提出を要する資料

(ク)　直近の年度の決算文書の写し。新規事業の場合は事業計画書　１通
（参照：規則別表３第１号）

5　在留期間（規則別表２）

５年，３年，１年又は３か月

6　その他の注意事項

手数料
在留資格認定証明書交付及び在留資格取得許可の場合は発生せず。

第1章　在留資格の認定要件と立証資料

　在留資格変更許可及び在留期間更新許可の場合は4,000円（入管法67条1号及び2号並びに施行令9条1号及び2号）

芸 術

芸　術

1　概　要

(1)　本邦において行うことができる活動

> 収入を伴う音楽，美術，文学その他の芸術上の活動（在留資格「興行」に該当する活動を除く。）

(2)　対象となる主な者

　日本において創作活動を行う作曲家，画家，彫刻家などの芸術家
　同じく日本において，音楽，美術，文学などの芸術上の活動について指導を行う者

2　在留資格該当性

「収入を伴う」
◆ポイント◆
　従事した活動の結果としての金銭等経済上の利益の収受を伴うこと。
　同じ活動に従事していても，収入を伴わなければ在留資格「文化活動」の取得を検討すべきである。

「音楽，美術，文学」
◆ポイント◆
　「音楽，美術，文学」は「芸術上の活動」の例示列挙である。
　「芸術上の活動」とは，造形（彫刻，塑像，陶芸，絵画，工作，写真），表現（舞踊，舞踏，演劇，歌劇），音響（音楽，器楽，声楽，作曲，指揮）及び言語（詩，小説，

295

戯曲，評論，随筆，紀行）などの活動を指す。

「芸術上の活動」には，在留資格「文化活動」における「我が国特有の」，また，「技術・人文知識・国際業務」における「外国の文化に基盤を有する思考若しくは感受性を必要とする」という限定が付されていないので，内外の特定の文化に根差した芸術である必要はないということになる。

なお，以上にみられるとおり，芸術の定義は，特に今日のように人々の価値観が多様化し，表現手段も著しく拡大する社会においては，以前にもまして困難になっているということがわかる。それに合わせて「芸術」の在留資格への該当性の判断も困難になっている。下記4の在留資格該当性の立証資料に「適宜」という表記が多いのもそのためである。

3 基準（上陸許可基準）

なし。

4 立証資料

ア　新たに「芸術」の在留資格を取得しようとする者の場合（在留資格認定証明書の交付，在留資格変更許可及び在留資格取得許可の申請）

(ｱ)　申請書（規則別記6号の3様式（交付），30号様式（変更），36号様式（取得））

(ｲ)　写真1葉（規則6条の2第2項，20条2項（例外同3項），24条2項（例外同3項））

写真の規格は規則別表3の2にあるとおりである（縦40mm横30mm）。

16歳未満の者は不要

　ポイント

申請人と申請書に記載された人物が同一であることの確認のためのものである。

(ｳ)　申請人の活動の内容等を明らかにする次のいずれかの資料

①　公私の機関又は個人との契約に基づいて活動を行う場合にあっては，活動の内容，期間，地位及び報酬を証明する文書　1通

② 公私の機関又は個人との契約に基づかないで活動を行う場合にあっては，申請人が作成する具体的な活動の内容，期間及び行おうとする活動から生じる収入の見込額を記載した文書（適宜の様式で可）　適宜

ポイント

在留資格該当性の確認のためのものである。

㈢　芸術活動上の業績を明らかにする資料（規則別表3第2号）
　①　芸術上の活動歴を詳細に記載した履歴書　1通
　②　次のいずれかで，芸術活動上の業績を明らかにすることができるもの
　・関係団体からの推薦状　1通
　・過去の活動に関する報道　適宜
　・入賞，入選等の実績　適宜
　・過去の作品等の目録　適宜
　・上記に準ずるもの　適宜

㈣　在留資格認定証明書交付申請の場合には返信用封筒（定形封筒に宛先を明記のうえ，必要な額の郵便切手（簡易書留用）を貼付したもの）　1通

㈤　在留資格変更許可申請の場合には旅券及び在留カードなど（規則20条4項），同取得許可申請の場合は旅券など（規則24条4項）

ポイント

申請人の国籍の属する国の確認，その国が把握している申請人の身分事項の確認，それらに基づく許可証印及び在留カードの交付のためのものである（入管法20条4項。同22条の2第3項による準用の場合を含む。）。

㈥　在留資格取得許可申請の場合は，以上のほかに，以下の区分によりそれぞれ定める書類1通（規則24条2項）
　①　日本の国籍を離脱した者：国籍を証する書類
　②　①以外の者で在留資格の取得を必要とするもの：その事由を証する書類

ポイント

いずれも在留資格の取得許可の対象となる者であることを確認するためのものである。

イ 「芸術」の在留資格をもって在留する外国人が，在留期間経過後も引き続き在留しようとする場合（在留期間更新許可申請）

(ア) 申請書（規則別記30号の2様式）

(イ) 写真1葉（規則21条の2項（例外同3項））

写真の規格は規則別表3の2にあるとおりである（縦40mm横30mm）。

16歳未満の者は不要

● ポイント

申請人と申請書に記載された人物が同一であることの確認のためのものである。

(ウ) 旅券及び在留カードなど（規則21条4項が準用する同20条4項）

● ポイント

申請人の国籍の属する国の確認，その国が把握している申請人の身分事項の確認，それらに基づく許可証印及び在留カードの交付のためのものである（入管法21条4項が準用する同20条4項）。

(エ) 申請人の活動の内容等を明らかにする次のいずれかの資料（規則別表3の6第1号）

公私の機関又は個人との契約に基づいて活動を行う場合にあっては，活動の内容，期間，地位及び報酬を証明する文書　1通

公私の機関又は個人との契約に基づかないで活動を行う場合にあっては，申請人が作成する具体的な活動の内容，期間及び行おうとする活動から生じる収入の見込額を記載した文書（適宜の様式で可）　適宜

● ポイント

在留資格該当性の確認のためのものである。

(オ) 住民税の課税（又は非課税）証明書及び納税証明書（1年間の総所得及び納税状況が記載されたもの）　各1通（規則別表3の6第2号）

※1月1日現在の住所地の市区町村役場から発行される。

※1年間の総所得及び納税状況（税金を納めているかどうか）の両方が記載されている証明書であれば，いずれか一方で可

※入国後間もない場合や転居等により住所地の市区町村役場から発行されない場合は，最寄りの地方出入国在留管理局に相談のこと

> **ポイント**
>
> 　提出を求めている趣旨は，上記2で説明したとおり，在留資格「芸術」は，収入を伴う活動であるから，申請人の過去における在留資格に該当する活動への従事状況及び将来において当該在留資格に該当する活動を継続する意思と能力の確認のためのものである。

5　在留期間（規則別表2）

5年，3年，1年又は3か月

6　その他の注意事項

手数料

在留資格認定証明書交付及び在留資格取得許可の場合，発生せず。

在留資格変更許可及び在留期間更新許可の場合，4,000円（入管法67条1号及び2号並びに施行令9条1号及び2号）

宗 教

1 概　要

(1) 本邦において行うことができる活動

> 外国の宗教団体により本邦に派遣された宗教家の行う布教その他の宗教上の活動

(2) 対象となる主な者

一般に聖職者と呼ばれる人々で，具体的には，神官，僧侶，司教，司祭，宣教師，伝道師，牧師，神父，祈祷師，修道士・女など

2 在留資格該当性

「外国の宗教団体」

▶ポイント

　外国に所在する宗教団体という意味である。当該宗教の団体の本拠地が日本国内，日本国外のいずれにあっても差し支えない。

　宗教の定義は，特に今日のように人々の価値観，人生観が多様化するなかにおいて宗教そのものも多様化する社会においては，以前にもまして困難になっており，それに合わせて「宗教」の在留資格への該当性の判断も困難になっている。下記4の在留資格該当性の立証資料に「適宜」という表記が多いのもそのためのものである。しかし，近年の状況から，本来の意味における宗教か否かの判断は，当局者のみならず，関係者も慎重にならざるを得ないであろう。

「本邦に派遣された」
ポイント
　自らが所属し，構成員となっている宗教団体の命により日本に派遣されてきたことを指す。宗教団体への「所属」，宗教団体の「構成員」の定義は，宗教がそもそも内心と関係する部分が大きく，外面に現れる行動も各人の内心に起因する一方的・片面的なものであることも多く，株式会社と個人の関係のように株主である又は雇用契約に基づく被用者であるというような明確な関係を認定することが難しいところである。しかし，「派遣」というからには，そこに一定の指揮命令関係が存在し，宗教団体としてその指揮命令的立場に基づいて被派遣者に対して日本に赴くよう命令したことが必要である。さらに，一定の財政的基盤に基づいて，即ち，派遣元の宗教団体の財政負担の下に当該被派遣者が日本に派遣されるという関係になるのである。

「宗教団体」
ポイント
　宗教法人法2条によれば，「この法律において」との留保が付けられてはいるものの，「宗教団体」とは，「宗教の教義をひろめ，儀式行事を行い，及び信者を教化育成することを主たる目的とする次に掲げる団体をいう。」とある。具体的には，次のとおりである。
① 礼拝の施設を備える神社，寺院，教会，修道院その他これらに類する団体
② 前号に掲げる団体を包括する教派，宗派，教団，教会，修道会，司教区その他これらに類する団体

「布教その他の宗教上の活動」
ポイント
　「布教」は，その直後に「その他の」とあることから，「宗教上の活動」の例示である。「宗教上の活動」とは，宗教法人法2条柱書にあるとおり，「宗教の協議をひろめ，儀式行事を行い，及び信者を強化育成すること」である。入管法上の「宗教」の解釈としては，次の2つからなる。
① 本来の宗教上の活動：布教，伝道及び法会，式典などの祭式の執行その他の宗教的活動

② その付随活動：宗教団体が本来の活動の一環と認めて行う語学教育，医療，社会事業，社会奉仕などの活動

　国内法令又は公序良俗（民法90条）に違反する言動など信教の自由（憲法20条）を逸脱するものが含まれないことは当然のことである。また，単なる信者としての活動，即ち，祈祷，参内，寄付など宗教又は宗教団体への単独行為も含まれない。

3　基準（上陸許可基準）

なし。

4　立証資料

ア　新たに「宗教」の在留資格を取得しようとする者の場合（上陸許可，在留資格認定証明書の交付，在留資格変更許可及び在留資格取得許可の申請）

(ア)　申請書（規則別記6号の3様式（交付），30号様式（変更），36号様式（取得））

(イ)　写真1葉（規則6条の2第2項，20条2項（例外同3項），24条2項（例外同3項））

写真の規格は規則別表3の2にあるとおりである（縦40mm横30mm）。

16歳未満の者は不要

● ポイント

申請人と申請書に記載された人物が同一であることの確認のためのものである。

(ウ)　外国の宗教団体からの派遣状等の写し等派遣機関からの派遣期間，地位及び報酬を証明する文書　適宜（規則別表3）

● ポイント

在留資格資格該当性の確認のためのものである。

(エ)　派遣機関及び受入れ機関の概要（宗派，沿革，代表者名，組織，施設，信者数等）を明らかにする資料　適宜（規則別表3）

> ポイント

　派遣元及び派遣先機関の存在を確認し，後者にあっては，申請人が本邦において在留資格に該当する活動を行うために必要な人的・物的態勢を整えていることを確認するためのものである。

㈲　宗教家としての地位及び職歴を証明する文書　適宜
　※派遣機関からの証明書等で，申請人の宗教家としての地位，職歴を証明する文書を提示のこと。なお，派遣状等（上記（ウ）の資料）に，申請人の宗教家としての地位，職歴が記載されている場合には提出不要。

> ポイント

　上記2で述べたとおり，宗教の定義そのものの困難化とそれに伴う在留資格該当性判断の困難化という状況の中において，この在留資格の濫用・悪用対策として，申請人本人の現在の地位及び過去の宗教に関する経歴を明らかにさせることにより，申請人の将来における宗教活動への従事の意思と能力並びに周囲の事情を確認しようとするものである。

㈹　在留資格認定証明書交付申請の場合には返信用封筒（定形封筒に宛先を明記のうえ，必要な額の郵便切手（簡易書留用）を貼付したもの）　1通
㈸　在留資格変更許可申請の場合には旅券及び在留カードなど（規則20条4項），同取得許可申請の場合には旅券など（規則24条4項）

> ポイント

　申請人の国籍の属する国の確認，その国が把握している申請人の身分事項の確認，それらに基づく許可証印及び在留カードの交付のためのものである（入管法20条4項。同22条の2第3項による準用の場合を含む。）。

㈻　在留資格取得許可申請の場合は，以上のほかに，以下の区分によりそれぞれ定める書類1通（規則24条2項）
　①　日本の国籍を離脱した者：国籍を証する書類
　②　①以外の者で在留資格の取得を必要とするもの：その事由を証する書類

> ポイント

　いずれも在留資格の取得許可の対象となる者であることを確認するためのものである。

イ 「宗教」の在留資格をもって在留する外国人が，在留期間経過後も引き続き在留しようとする場合（在留期間更新許可申請）

⑺ 申請書（規則別記30号の２様式）

⑷ 写真１葉（規則21条の２項（例外同３項））

写真の規格は規則別表３の２にあるとおりである（縦40㎜横30㎜）。

16歳未満の者は不要

・ポイント

申請人と申請書に記載された人物が同一であることの確認のためのものである。

⑼ 旅券及び在留カードなど（規則21条４項が準用する同20条４項）

・ポイント

申請人の国籍の属する国の確認，その国が把握している申請人の身分事項の確認，それらに基づく許可証印及び在留カードの交付のためのものである（入管法21条４項が準用する同20条４項）。

㈡ 外国の宗教団体からの派遣状等の写し等派遣機関からの派遣の継続を証明する文書（規則別表３の６第１号）　適宜

・ポイント

今後も同じ活動が継続されることを確認するためのものである。

㈥ 住民税の課税（又は非課税）証明書及び納税証明書（１年間の総所得及び納税状況が記載されたもの）（規則別表３の６第２号）　各１通

※１月１日現在の住所地の市区町村役場から発行される。

※１年間の総所得及び納税状況（納税事実の有無）の両方が記載されている証明書であれば，いずれか一方で可

※入国後間もない場合や転居等により住所地の市区町村役場から発行されない場合は，最寄りの地方出入国在留管理局に相談のこと

・ポイント

申請人の過去における在留資格に該当する活動への従事状況及び将来において当該在留資格に該当する活動を継続する意思と能力の確認のためのものである。

以上のほか，本邦における生活手段の立証という意味もあるので，非課

税ということであるならば，その理由を説明する必要がある。

5 在留期間（規則別表2）

5年，3年，1年又は3か月

6 その他の注意事項

手数料

在留資格認定証明書交付及び在留資格取得許可の場合は，発生せず。

在留資格変更許可及び在留期間更新許可の場合は，4,000円（入管法67条1号及び2号並びに施行令9条1号及び2号）

第1章　在留資格の認定要件と立証資料

報　道

1　概　要

(1)　本邦において行うことができる活動

外国の報道機関との契約に基づいて行う取材その他の報道上の活動

具体的には，次のとおりである。
- 外国の新聞社，通信社，放送局，ニュース映画会社その他の報道機関に雇用されている者で，当該報道機関から報道上の活動を行うために本邦に派遣される者が行う取材その他の報道上の活動
- 特定の報道機関に所属せず，委託その他の契約により，特定の外国の報道機関のために報道上の活動を行う独立自営のいわゆるフリーランスの記者が行う取材その他の報道上の活動

(2)　対象となる主な者

記者，報道カメラマン，特派員など取材及び報道に携わる者である。

2　在留資格該当性

「外国の報道機関」

▶ポイント

外国に本社を置く新聞社，通信社，放送局，ニュース映画会社など報道を目的とする機関をいい，国営，公営，私営などの経営形態を問わない。

「契約」
> ポイント

　雇用契約のほか，委任，請負契約などを含む。単数又は複数の特定の機関との継続的なものである必要がある。

「取材その他の報道上の活動」
> ポイント

　「取材」は，「報道上の活動」の例示である。ここには，社会の事象を広範一般に知らせるための取材のほか，報道を行ううえで必要な録音録画（撮影），編集，放送など一切の活動が含まれる。

　以上からすると，個人で録音録画した動画をインターネット上に掲示することによって広告収入を得るとの収益を伴う活動形態は，確かに取材と報道という活動は伴っており，広告会社との間に何らかの契約関係は存在するように見えるが，その活動に関する外国の報道機関との間に継続的な契約が伴っていない場合，在留資格該当性はないものと判断せざるを得ない。

　このように，各種媒体の発達により，報道とそうでないものとの区別は相対化しつつあり，判断に迷うところがあれば，最寄りの地方出入国在留管理局において確認すべきであろう。

　また，表現の自由に由来する報道の自由及び取材の自由（憲法21条）に裏付けられる本件在留資格は，日本人の場合同様，あくまでも国内法上適法なものでなければならず，盗撮，盗聴，脅迫（刑法222条），強要（同法223条）などの違法手段によるもの，わいせつ（同法175条及び176条並びに関連法），名誉毀損（同法230条，民法709条，710条及び723条），侮辱（同法231条）など内容そのものが違法なものまでを含むものではないことは当然のことである。

3　基準（上陸許可基準）

　なし。

4 立証資料

　外務省報道官から外国記者登録証を発行された者を雇用する外国の報道機関に雇用される場合とそれ以外の団体・個人との契約に基づく場合で異なるので，その部分は前者を「登録証の発行を受けている場合」，後者を「その他の場合」と注記して説明する。

　ア　新たに「報道」の在留資格を取得しようとする者の場合（上陸許可，在留資格認定証明書の交付，在留資格変更許可及び在留資格取得許可の申請）
　(ア)　申請書（規則別記6号の3様式（交付），30号様式（変更），36号様式（取得））
　(イ)　写真1葉（規則6条の2第2項，20条2項（例外同3項），24条2項（例外同3項））
　　写真の規格は規則別表3の2にあるとおりである（縦40㎜横30㎜）。
　　16歳未満の者は不要

　■ポイント
　　申請人と申請書に記載された人物が同一であることの確認のためのものである。
　(ウ)　登録証の発行を受けている場合と受けていない場合（規則別表3）
　　①　登録証の発行を受けている場合
　　　申請人を雇用する外国の報道機関が，外務省報道官から外国記者登録証を発行された社員を雇用していることを証明する文書　1通
　　②　その他の場合
　　　ⅰ　申請人の活動の内容等を明らかにする次のいずれかの資料
　　　　・外国の報道機関から派遣される者の場合
　　　　　当該機関の作成した活動の内容，派遣期間，地位及び報酬を証明する文書　1通
　　　　・外国の報道機関に日本で雇用されることとなる者の場合
　　　　　労基法15条第1項及び同法施行規則5条に基づき，労働者に交付される労働条件を明示する文書　1通
　　　　・外国の報道機関等との雇用以外の契約に基づいて活動する者（フ

リーランサー等）の場合

当該契約に関わる契約書。ただし，当該契約書に活動の内容，期間，地位及び報酬のいずれかが記載されていないときは，その事項を記載した当該外国の報道機関の作成した文書　1通
ⅱ　外国の報道機関の概要（代表者名，沿革，組織，施設，職員数，報道実績等）を明らかにする資料　1通

▶ポイント

在留資格該当性の確認のためのものである。

㈤　在留資格認定証明書交付申請の場合には返信用封筒（定形封筒に宛先を明記のうえ，必要な額の郵便切手（簡易書留用）を貼付したもの）　1通
㈥　在留資格変更許可申請の場合には旅券及び在留カードなど（規則20条4項），同取得許可申請の場合には旅券など（規則24条4項）

▶ポイント

申請人の国籍の属する国の確認，その国が把握している申請人の身分事項の確認，それらに基づく許可証印及び在留カードの交付のためのものである（入管法20条4項。同22条の2第3項による準用の場合を含む。）。

㈦　在留資格取得許可申請の場合は，以上のほかに，以下の区分によりそれぞれ定める書類1通（規則24条2項）
①　日本の国籍を離脱した者：国籍を証する書類
②　①以外の者で在留資格の取得を必要とするもの：その事由を証する書類

▶ポイント

いずれも在留資格の取得許可の対象となる者であることを確認するためのものである。

イ　「報道」の在留資格をもって在留する外国人が，在留期間経過後も引き続き在留しようとする場合（在留期間更新許可申請）

㈠　申請書（規則別記30号の2様式）
㈡　写真1葉（規則21条2項（例外同3項））
　写真の規格は規則別表3の2にあるとおりである（縦40㎜横30㎜）。

16歳未満の者は不要

ポイント

申請人と申請書に記載された人物が同一であることの確認のためのものである。

㈡　旅券及び在留カードなど（規則21条4項が準用する同20条4項）

ポイント

申請人の国籍の属する国の確認，その国が把握している申請人の身分事項の確認，それらに基づく許可証印及び在留カードの交付のためのものである（入管法21条4項が準用する同20条4項）。

㈢　申請人が登録証の発行を受けている場合とその他の場合（規則別表3の6第1号及び第2号）

ポイント

申請人の過去における在留資格に該当する活動への従事状況及び将来において当該在留資格に該当する活動を継続する意思と能力の確認のためのものである。

① 申請人が登録証の発行を受けている場合
ⅰ　外務省報道官が発行した外国記者登録証の写し　1通
ⅱ　さらに，転職後の初回申請の場合
　　申請人を雇用する外国の報道機関が，外務省報道官から外国記者登録証を発行された社員を雇用していることを証明する文書　1通

ポイント

外形的には在留期間更新許可申請ではあるが，実質的には在留資格変更許可申請と同等であると考えられるところから，後者の申請に準ずるものとして相応の立証資料を求めることとしたものである。

② その他の場合
ⅰ　外国の報道機関の作成した在職証明書（所属機関の名称，所在地及び電話番号が記載されているものに限る。）等引き続き外国の報道機関から派遣され，又は外国の報道機関に雇用され若しくは当該機関との契約により活動していることを証明する文書　1通
ⅱ　住民税の課税（又は非課税）証明書及び納税証明書（1年間の総所得

及び納税状況が記載されたもの) 各1通
※1月1日現在の住所地の市区町村役場から発行される。
※1年間の総所得及び納税状況(納税事実の有無)の両方が記載されている証明書であれば，いずれか一方で可
※入国後間もない場合や転居等により，住所地の市区町村役場から発行されない場合は，最寄りの地方出入国在留管理局に相談のこと

　ⅲ　さらに，転職後初回申請の場合

> **ポイント**

外形的には在留期間更新許可申請ではあるが，実質的には在留資格変更許可申請と同等であると考えられるところから，後者の申請に準ずるものとして相応の立証資料を求めることとしたものである。

　ⅲ-ⅰ　申請人の活動の内容等を明らかにする次のいずれかの資料
　・外国の報道機関から派遣される者の場合
　　当該機関の作成した活動の内容，派遣期間，地位及び報酬を証明する文書　1通
　・外国の報道機関に日本で雇用されることとなる者の場合
　　労基法第15条第1項及び同法施行規則第5条に基づき，労働者に交付される労働条件を明示する文書　1通
　・外国の報道機関等との雇用以外の契約に基づいて活動する者(フリーランサー等)の場合
　　当該契約に関わる契約書。ただし当該契約書に活動の内容，期間，地位及び報酬のいずれかが記載されていないときは，その事項を記載した当該外国の報道機関の作成した文書　1通
　ⅲ-ⅱ　外国の報道機関の概要(代表者名，沿革，組織，施設，職員数，報道実績等)を明らかにする資料　1通

5　在留期間(規則別表2)

5年，3年，1年又は3か月

第1章 在留資格の認定要件と立証資料

6 その他の注意事項

手数料

在留資格認定証明書交付及び在留資格取得許可の場合は，発生せず。

在留資格変更許可及び在留期間更新許可の場合は，4,000円（入管法67条1号及び2号並びに施行令9条1号及び2号）

医 療

1 概　要

(1) 本邦において行うことができる活動

> 医師，歯科医師その他法律上資格を有する者が行うこととされている医療に係る業務に従事する活動

(2) 対象となる主な者

日本の免許を有する医師（医師法），歯科医師（歯科医師法）

薬剤師（薬剤師法），保健師，助産師，看護師，准看護師（以上保健師助産師看護師法），歯科衛生士（歯科衛生士法。以下それぞれの職種名どおりの名称の法律が根拠法である。），診療放射線技師，理学療法士，作業療法士，視能訓練士，臨床工学技士，技師装具士など

なお，以上の医療関係資格のうち，准看護師資格だけは都道府県知事により付与される以外はすべて国家資格である。

2 在留資格該当性

「医師，歯科医師その他法律上資格を有する者が行うこととされている業務」

ポイント

「医師」，「歯科医師」等，各法律に定められた医療に従事するための法定の資格を有する者である。「法律上資格を有する者が行うこととされている」とは，「法律により，その資格を持たなければ，行ってはならないこととさ

れている」という意味である。したがって，業務独占資格を有する者が行うこととされていることを意味する。

「医療に係る業務」

◆ポイント◆

「医療」とは，「医学に基づいて，人の疾病の予防又は傷病の治療（助産を含む。）のために行われる給付又は給付内容をいい，これらの給付を行うために，又はこれらの給付に付随して必要なもの，例えば，診療，病院等への入院，看護等の給付を含む。」とされている。

「医療」の在留資格をもって在留する者は，このような意味における医療に従事するための資格を有し，その資格を有していなければ行うことが認められていない業務を行う者である。

3 基準（上陸許可基準）

> 一　申請人が医師，歯科医師，薬剤師，保健師，助産師，看護師，准看護師，歯科衛生士，診療放射線技師，理学療法士，作業療法士，視能訓練士，臨床工学技士又は義肢装具士としての業務に日本人が従事する場合に受ける報酬と同等額以上の報酬を受けて従事すること。

「申請人が医師，歯科医師，（略）又は義肢装具士としての業務に（略）従事すること。」

◆ポイント◆

1号は，医師，歯科医師等列挙された資格を有しなければ行うことができない業務に従事することが必要であることを意味する。

他に一定の資格を有しなければ行うことができない医療に係る業務があったとしても当該業務に従事する外国人は基準に適合しない。

なお，以上の医療関係資格のうち，都道府県知事によって付与される准看護師資格を除き，すべて国家資格である。

「日本人が従事する場合に受ける報酬と同等額以上の報酬を受けて従事すること」
> ポイント

　国内労働市場保護のため，低賃金での業務従事を認めないことを意味する。上記の業務に従事する者は，同様の業務に従事する日本人が受ける平均的な報酬以上の報酬を受けることが必要である。さらに，同じ職場で同様の業務に従事する日本人が受ける報酬以上であることも要する。

　「報酬」とは，「一定の役務の給付の対価として与えられる反対給付」をいい，通勤手当，扶養手当，住宅手当等の実費弁償の性格を有するもの（課税対象となるものを除く。）は含まない。

> 二　申請人が准看護師としての業務に従事しようとする場合は，本邦において准看護師の免許を受けた後四年以内の期間中に研修として業務を行うこと。

「申請人が准看護師としての業務に従事しようとする場合は，」
> ポイント

　2号は，准看護師としての業務に従事する場合に限って適合することを求められることを意味する。したがって，准看護師としての業務に従事する場合は，1号の定める要件（「日本人が従事する場合に受ける報酬と同等額以上の報酬を受けて従事すること」）に加えて，本号の定める要件にも適合しなければならない。

「本邦において准看護師の免許を受けた後四年以内の期間中に」
> ポイント

　准看護師としての業務に従事できる期間を制限するものである。

「研修として業務を行うこと」
> ポイント

　業務従事を，技術，技能，知識の修得目的で行うものに限定する趣旨である。いわゆるインターン的なもので業務ではない一般的な業務への従事は，基

準に適合しない。

> 三　申請人が薬剤師，歯科衛生士，診療放射線技師，理学療法士，作業療法士，視能訓練士，臨床工学技士又は義肢装具士としての業務に従事しようとする場合は，本邦の医療機関又は薬局に招へいされること。

「申請人が薬剤師，歯科衛生士……又は義肢装具士としての業務に従事しようとする場合は，」
● ポイント
　この基準（3号）は，薬剤師，歯科衛生士など列挙された資格を有する者でなければ行うことができない業務に従事する場合に限って適合することを求められることを意味する。
　換言すれば，1号で列挙された資格のうち医師，歯科医師，保健師，助産師，看護師，准看護師としての業務に従事する者の場合は，この基準に適合することを要しない。一方，本号に列挙された資格を有する者としての業務に従事する場合は，1号に加えて本号の定める要件にも適合することが必要である。

「本邦の医療機関又は薬局に招へいされること」
● ポイント
　本号に列挙された資格を有する者としての業務に従事する外国人については，日本国内にある医療機関又は薬局から招かれて来日し，業務に従事することを要件としたものである。

4　立証資料

　ア　新たに「医療」の在留資格を取得しようとする者の場合（上陸許可，在留資格認定証明書の交付，在留資格変更許可及び在留資格取得許可の申請）
　（注）　なお，従前と異なる資格を有する者としての活動に従事しようとする場合は，在留期間の更新許可を受けようとするときであっても，この新たに「医

療」の在留資格を取得しようとする場合と同様となる。

(ア) 申請書（規則別記6号の3様式（交付），30号様式（変更），36号様式（取得））

(イ) 写真1葉（規則6条の2第2項，20条2項（例外同3項），24条2項（例外同3項））

写真の規格は規則別表3の2にあるとおりである（縦40mm横30mm）。

16歳未満の者は不要

● ポイント

申請人と申請書に記載された人物が同一であることの確認のためのものである。

(ウ) 従事しようとする医療活動に見合った日本の資格（免許）を有することを証する文書（免状又は証明書等の写し）（規則別表3第2号）

● ポイント

在留資格のところで定められている「法律上資格を有する者」であることを証明するための文書ということであり，それぞれの免状，証明書等を指す。実際は，その写しであることが多いであろう。

(エ) 医師及び歯科医師以外の場合にあっては，勤務する機関の概要（病院，診療所等設立に許可を受けることを要する機関の場合は，当該許可を受けた年月日を明示したもの）を明らかにする資料　1通

● ポイント

これは，規則別表3第2号の規定において，医師及び歯科医師にも提出が求められている。その趣旨は，在留資格に該当した活動に従事するために必要な人的・物的施設を受入れ機関として有し，申請人が入国後に当該活動に従事する態勢が確保されていることを確認するためのものである。しかし，運用上，医師及び歯科医師においては，その提出が免除されている。

(オ) 在留資格認定証明書交付申請の場合には返信用封筒（定型封筒に宛先を明記のうえ，必要な額の郵便切手（簡易書留用）を貼付したもの）　1通

(カ) 在留資格変更許可申請の場合には旅券及び在留カードなど（規則20条4項），同取得許可申請の場合には旅券など（規則24条4項）

● ポイント

申請人の国籍の属する国の確認，その国が把握している申請人の身分事

第1章　在留資格の認定要件と立証資料

項の確認，それらに基づく許可証印及び在留カードの交付のためのものである（入管法20条4項。同22条の2第3項による準用の場合を含む。）。
(キ)　在留資格取得許可申請の場合は，以上のほかに，以下の区分によりそれぞれ定める書類1通（規則24条2項）
　　①　日本の国籍を離脱した者：国籍を証する書類
　　②　①以外の者で在留資格の取得を必要とするもの：その事由を証する書類

ポイント

いずれも在留資格の取得許可の対象となる者であることを確認するためのものである。

イ　「医療」の在留資格をもって在留する外国人が，在留期間経過後も引き続き在留しようとする場合（在留期間更新許可申請）
(ア)　申請書（規則別記30号の2様式）
(イ)　写真1葉（規則21条2項（例外同3項））
　写真の規格は規則別表3の2にあるとおりである（縦40㎜横30㎜）。
　16歳未満の者は不要

ポイント

申請人と申請書に記載された人物が同一であることの確認のためのものである。

(ウ)　旅券及び在留カードなど（規則21条4項が準用する同20条4項）

ポイント

申請人の国籍の属する国の確認，その国が把握している申請人の身分事項の確認，それらに基づく許可証印及び在留カードの交付のためのものである（入管法21条4項が準用する同20条4項）。
(エ)　住民税の課税（又は非課税）証明書及び納税証明書（1年間の総所得及び納税状況が記載されたもの）　各1通
　※1月1日現在の市区町村役場から発行される。
　※1年間の総所得及び納税状況（納税事実の有無）の両方が記載されている証明書であれば，いずれか一方で可

※入国後間もない場合や転居等により，住所地の市区町村役場から発行されない場合は，最寄りの地方出入国在留管理局に相談のこと

> **ポイント**

申請人の過去における在留資格に該当する活動への従事状況及び将来において当該在留資格に該当する活動を継続する意思と能力の確認のためのものである。

医師及び歯科医師以外の者にあっては，さらに，次の立証資料

(オ) 従事する職務の内容及び報酬を証明する在職証明書その他の所属機関の文書　1通

> **ポイント**

在留資格該当性の確認のためのものである。

(カ) 転職後の初回の申請の場合は，勤務する機関の概要（病院，診療所等設立に許可を受けることを要する機関の場合は，当該許可を受けた年月日を明示したもの）を明らかにする資料　1通

> **ポイント**

外形的には在留期間更新許可申請ではあるが，実質的には在留資格変更許可申請と同等であると考えられるところから，後者の申請に準ずるものとして相応の立証資料を求めることとしたものである。

5　在留期間（規則別表2）

5年，3年，1年又は3か月

6　その他の注意事項

手数料

在留資格認定証明書交付及び在留資格取得許可の場合，発生せず。

在留資格変更許可及び在留期間更新許可の場合，4,000円（入管法67条1号及び2号並びに施行令9条1号及び2号）

第1章　在留資格の認定要件と立証資料

介　護

1　概　要

(1)　本邦において行うことができる活動

> 本邦の公私の機関との契約に基づいて介護福祉士の資格を有する者が介護又は介護の指導を行う業務に従事する活動

(2)　対象となる主な者

　日本の介護福祉士の資格を有する者

2　在留資格該当性

「本邦の公私の機関」
▶ポイント

　日本国内に所在する国営，公営又は私営の病院，介護老人福祉施設などを指す。外国人介護福祉士の受入れが可能な態勢が整っていることは当然の前提である。

「契約」
▶ポイント

　一般的には雇用契約であると考えられるが，委任，請負契約等も排除されるわけではない。

「介護福祉士」
▶ポイント

　社会福祉士及び介護福祉士法2条2項の規定に次のとおり定められている。

「(同法)第四十二条第一項の登録を受け，介護福祉士の名称を用いて，専門的知識及び技術をもつて，身体上又は精神上の障害があることにより日常生活を営むのに支障がある者につき心身の状況に応じた介護(喀痰吸引その他のその者が日常生活を営むのに必要な行為であつて，医師の指示の下に行われるもの(厚生労働省令で定めるものに限る。以下「喀痰吸引等」という。)を含む。)を行い，並びにその者及びその介護者に対して介護に関する指導を行うこと(以下「介護等」という。)を業とする者をいう。」

外国人が介護福祉士の資格を取得するための試験を受験するための方法としては，在留資格「留学」で介護福祉養成施設(専門学校や大学の課程など)を卒業する方法，経済連携協定(EPA)に基づいて在留資格「特定活動(経済連携協定)」により入国し，介護施設・病院などで就労・研修を修了する方法，同協定に基づいて入国し，介護福祉養成施設を卒業する方法などが存在する。

「介護」

> ポイント

社会福祉士及び介護福祉士法2条2項によれば，「喀痰吸引その他のその者(身体又は精神上の障害があることにより日常生活を営むのに支障がある者—筆者)が日常生活を営むのに必要な行為であつて，医師の指示の下に行われるもの(厚生労働省令で定めるものに限る。(以下略))を含む。」を行うこととされている。さらに，同法施行規則1条において，次の事項が定められている。

① 口腔内の喀痰吸引
② 鼻腔内の喀痰吸引
③ 気管カニューレ内部の喀痰吸引
④ 胃ろう又は腸ろうによる経管栄養
⑤ 経鼻経管栄養

以上社会福祉士及び介護福祉士法及びその施行規則の該当条項のみをみると，介護の内容は特殊専門的な行為に限定されるようにみえるが，「日常生活を営むのに必要な行為」とあることから，実際は，以上に止まらず，かなりの広がりのある行為であることが看取される。

したがって，介護の在留資格に対応する活動における「介護」とは，医師

の指示の下に専門的知識及び技術をもって，日常生活に支障がある者＝要介護者に対し，食事，排泄，入浴，更衣などの身体的援助を行うことのほか，日常生活全般の支援を行うことを意味する。

「介護の指導」

ポイント

「介護」の在留資格をもって在留する外国人は，「介護」の業務にとどまらず「介護の指導」を行う業務に従事することができるが，「介護の指導」とは，社会福祉士及び介護福祉士法2条2項によれば，要介護「者及びその介護者に対して介護に関する指導を行うこと（括弧内略）」とされ，同法上，介護福祉士として行う業務に介護の指導も含まれている。

3 基準（上陸許可基準）

> 申請人が次のいずれにも該当していること。
> 一　申請人が社会福祉士及び介護福祉士法（昭和六十二年法律第三十号）第四十条第二項第五号又は社会福祉士及び介護福祉士法施行規則（昭和六十二年厚生省令第四十九号）第二十一条第三号に該当する場合で，法別表第一の二の表の技能実習の項の下欄に掲げる活動に従事していたときは，当該活動により本邦において修得，習熟又は熟達した技能等の本国への移転に努めるものと認められること。
> 二　日本人が従事する場合に受ける報酬と同等額以上の報酬を受けること。

ポイント

国内労働市場保護のため，低賃金での業務従事を認めないことを意味する。上記の業務に従事する者は，同様の業務に従事する日本人が受ける平均的な報酬以上の報酬を受けることが必要である。さらに，同じ職場で同様の業務に従事する日本人が受ける報酬以上であることも要する。

「報酬」とは，「一定の役務の給付の対価として与えられる反対給付」を

いい，通勤手当，扶養手当，住宅手当等の実費弁償の性格を有するもの（所得税の課税対象となるものを除く。）は含まない。

4 立証資料

ア　新たに「介護」の在留資格を取得しようとする者の場合（上陸許可，在留資格認定証明書の交付，在留資格変更許可及び在留資格取得許可の申請）

(ア)　申請書（規則別記6号の3様式（交付），30号様式（変更），36号様式（取得））

(イ)　写真1葉（規則6条の2第2項，20条2項（例外同3項），24条2項（例外同3項））

写真の規格は規則別表3の2にあるとおりである（縦40mm横30mm）。
16歳未満の者は不要

● ポイント

申請人と申請書に記載された人物が同一であることの確認のためのものである。

(ウ)　介護福祉士登録証（写し）　1通（入管法別表1の2，規則別表3第2号）

● ポイント

在留資格該当性の確認のためのものである。

(エ)　労基法15条第1項及び同法施行規則5条に基づき，労働者に交付される労働条件を明示する文書　1通

● ポイント

基準省令2号の「日本人が従事する場合に受ける報酬と同等額以上の報酬を受けること」という要件への適合性の確認のための資料である。

労契法4条において労働契約の内容の理解促進のため，労働者と使用者は，労働契約の内容について，できる限り書面により確認するものとする（同法同条2項）とされていることを踏まえたものである。

(オ)　派遣契約に基づいて就労する場合（申請人が被派遣者の場合）にあっては，申請人の派遣先での活動内容を明らかにする資料（労働条件通知書（雇用契約書）等）　1通（入管法別表1の2，規則別表3第4号）

第1章　在留資格の認定要件と立証資料

> ポイント

派遣先における活動の在留資格該当性の確認のためのものである。

㈔　招へい機関の概要を明らかにする次のいずれかの文書（規則別表3第1号）

　① 　勤務先等の沿革，役員，組織，事業内容等が詳細に記載された案内書　1通

　② 　その他の勤務先等の作成した上記①に準ずる文書　1通

㈕　「技能実習」の在留資格をもって在留していたことがある場合にあっては，技能移転に係る申告書（規則別表3第3号）

> ポイント

これは，「技能実習」の在留資格については，基準省令により「当該活動により本邦において修得，習熟又は熟達した技能等の本国への移転に努めるものと認められること」が基準として定められているためである。

㈗　在留資格認定証明書交付申請の場合には返信用封筒（定形封筒に宛先を明記のうえ，必要な額の郵便切手（簡易書留用）を貼付したもの）　1通

㈘　在留資格変更許可申請の場合には旅券及び在留カードなど（規則20条4項），同取得許可申請の場合には旅券など（規則24条4項）

> ポイント

申請人の国籍の属する国の確認，その国が把握している申請人の身分事項の確認，それらに基づく許可証印及び在留カードの交付のためのものである（入管法20条4項。同22条の2第3項による準用の場合を含む。）。

㈜　在留資格取得許可申請の場合は，以上のほかに，以下の区分によりそれぞれ定める書類1通（規則24条2項）

　① 　日本の国籍を離脱した者：国籍を証する書類

　② 　①以外の者で在留資格の取得を必要とするもの：その事由を証する書類

> ポイント

いずれも在留資格の取得許可の対象となる者であることを確認するためのものである。

介　護

イ　「介護」の在留資格をもって在留する外国人が，在留期間経過後も引き続き在留しようとする場合（在留期間更新許可申請）

⑺　申請書（規則別記30号の２様式）

⑻　写真１葉（規則21条２項（例外同３項））

写真の規格は規則別表３の２にあるとおりである（縦40㎜横30㎜）。

16歳未満の者は不要

ポイント

申請人と申請書に記載された人物が同一であることの確認のためのものである。

⑼　旅券及び在留カードなど（規則21条４項が準用する同20条４項）

ポイント

申請人の国籍の属する国の確認，その国が把握している申請人の身分事項の確認，それらに基づく許可証印及び在留カードの交付のためのものである（入管法21条４項が準用する同20条４項）。

⑽　住民税の課税（又は非課税）証明書及び納税証明書（１年間の総所得及び納税状況が記載されたもの）　各１通（規則別表３の６第２号）

※１月１日現在の住所地の市区町村役場から発行される。

※１年間の総所得及び納税状況（納税事実の有無）の両方が記載されている証明書であれば，いずれか一方で可

※入国後間もない場合や転居等により，住所地の市区町村役場から発行されない場合は，最寄りの地方出入国在留管理局に相談のこと

ポイント

申請人の過去における在留資格に該当する活動への従事状況及び将来において当該在留資格に該当する活動を継続する意思と能力の確認のためのものである。

転職後の初回申請の場合にあっては，以下の㋺及び㋬の資料も必要

ポイント

外形的には在留期間更新許可申請ではあるが，実質的には在留資格変更許可申請と同等であると考えられるところから，後者の申請に準ずるものとして相応の立証資料を求めることとしたものである。

325

(オ) 労基法15条1項及び同法施行規則5条に基づき，労働者に交付される労働条件を明示する文書　1通

> **ポイント**
>
> 基準省令2号に規定されている「日本人が従事する場合に受ける報酬と同等額以上の報酬を受けること」という条件に適合性の確認のための資料である。
>
> 労契法4条において労働契約の内容の理解促進のため，労働者と使用者は，労働契約の内容について，できる限り書面により確認するものとする（同法同条2項）とされていることを踏まえたものである。

(カ) 招へい機関の概要を明らかにする次のいずれかの文書
　　i　勤務先等の沿革，役員，組織，事業内容等が詳細に記載された案内書　1通
　　ii　その他の勤務先等の作成した上記iに準ずる文書　1通

5　在留期間（規則別表2）

5年，3年，1年又は3か月

6　その他の注意事項

手数料

在留資格認定証明書交付及び在留資格取得許可の場合，発生せず。

在留資格変更許可及び在留期間更新許可の場合，4,000円（入管法67条1号及び2号並びに施行令9条1号及び2号）

興 行

1 概要

(1) 本邦において行うことができる活動

> 演劇，演芸，演奏，スポーツ等の興行に係る活動又はその他の芸能活動（在留資格「経営・管理」に該当する活動を除く。）

(2) 対象となる主な者

演奏家，歌手，舞踊家，俳優，サーカス団員，演芸家，職業スポーツ選手，モデル及びこれらの者の随行者（専属のマネージャーや専属トレーナー）

2 在留資格該当性

「興行」

▶ポイント

　観客を集め，演劇，演芸，歌謡，演奏，サーカス，その他のショーやスポーツの競技会などを催すことを指す。バー，キャバレー，クラブなどの飲食店での歌唱及び踊りなどの活動も含まれる。なお，「興業」は，殖産興業という言葉もあるとおり，未発達の産業を奨励し，盛んにすることを指す。しかし，平成元年改正前の入管法4条1項9号で使用されていた「興業」は，興行という業種を指していたものである。

「興行に係る活動」

▶ポイント

　実際に観客，視聴者及び鑑賞者に対して芸を行う出演者だけではなく，そ

れと不可分な関係にある歌手，俳優，楽団，モデルのマネージャー，プロスポーツ選手の専属トレーナー，サーカスの動物飼育員の行う活動も含まれる。

なお，プロスポーツの選手を指導する活動等は「技能」の在留資格に該当するが，実際の活動が，いずれの在留資格に該当するかは，当事者の個々のプレーや試合だけではなく，スポーツの各種目自体の興行的要素の強弱，即ち，当該種目を統括する競技団体（種目別の協会など）及びそれらの競技団体を統括する団体の方針，所属チームの経営母体の経営方針，チームに対する運営方針，その形態及び興行収入の規模と内容並びにチーム及びその経営母体において当事者が日常的に占める地位・役割，受け取る報酬の額と性質など全体的な状況を考慮に入れつつ，個別的に判断せざるを得ない。

興行的な要素より指導的な要素が強い場合にあっては「技能」が，さらに，職業的な要素よりアマチュア的要素が強ければ「特定活動（アマチュアスポーツ選手）」が付与される可能性が高い。

「その他の芸能活動」

■ポイント

テレビやラジオなどの放送媒体を通じて行う演劇，演芸，歌謡などのほか，芸能活動として行われる。音声や動画の収録，宣伝活動などが含まれる。

3 基準（上陸許可基準）

Ⅰ 最近の基準省令の改正

今般，出入国管理及び難民認定法第7条第1項第2号の基準を定める省令の一部を改正する省令（令和5年5月31日法務省令第28号）が公布され，同年8月1日から施行されている。

その主な改正点は，次のとおりである。

1 形 式

改正前の基準省令（以下，この「興行」の項においては，「旧基準省令」という。）の1号を改正後の基準省令（以下，この「興行」の項においては，「新基準省令」又は単に「基準省令」という。）の1号ハに標準形態として残存させ，その緩和形態を新基準省令において1号イとして新設した。さらに，旧基準省令の2号

を新基準省令の1号ロとし，旧基準省令の3号及び4号をそれぞれ新基準省令の2号及び3号とした。その他は，字句の修正である。

2 実質

(1) 新基準省令1号イにおいては，旧基準省令1号≒新基準省令1号ハのうち，申請人に関する要件のほか興行契約機関の常勤職員5人という要件が免除されたほか，演劇等が行われる施設に関する要件が風俗営業等の規制及び業務の適正化等に関する法律2条1項1号から3号までに規定する営業を営む施設以外であるとの要件のみが課されることとなっている（ただし，新基準省令1号ハでは，同法2条1項1号のみの適用であるのに対して，ロでは同項1号から3号すべてが適用されるものとされ，条件が加重されている。）。

「興行」の在留資格により入国・在留する外国人の出演先の施設が，資格外活動，不法就労，人身取引などの事案の発生の頻度に応じて，差別化されたということである。この改正においては，厳格化だけでなく，規制緩和の部分も含まれている。このことは，後者において，過去様々な問題の温床となって来た「興行」の在留資格において，関係者の努力による状況の改善結果に対する当局側の対応であることを示すものである。

(2) 新基準省令1号ロにおいては，旧基準省令2号で15日とされていた在留期間が30日に伸長された。

(3) さらに，以上の改正に伴い，入管庁ホームページにおいて，新基準省令1号ロ≒旧基準省令2号に関して，後記のとおり，解釈基準が明らかにされている。

Ⅱ 活動区分とその趣旨

基準省令は，「興行」の在留資格に対応する活動を演劇，演芸，歌謡，舞踏又は演奏（以下「演奏等」という。）の興行に係る活動に従事しようとする場合（下記ア。基準省令1号），演劇等の興行に係る活動以外の興行に係る活動に従事しようとする場合（下記イ。基準省令2号）及び興行に係る活動以外の芸能活動に従事しようとする場合（下記ウ。基準省令3号）の3つに分けて基準を定めている。

特に，下記アのうち小規模な飲食店における歌謡，舞踊などの活動は，以前から，その濫用によるホステス，売春行為などの資格外活動につながり，

さらに，そのような者が出演する飲食店が不法滞在者や偽装滞在者による不法就労の実行場所になるほか，人身取引の手段として利用されてきたなど問題事例が多発してきたことから，特にかかる形態での興行に係る活動に対しては厳格な基準が定められ，それに応じて，入国・在留手続には相応の立証資料が求められ，一層慎重な入国・在留審査が行われることとなっている。基準省令は，下記ア，即ち，基準省令1号の中において，1号ハに対応する下記ア③を基本形態とする一方，過去法令遵守に努め，法令違反を効果的に防止してきた実績のある興行契約機関及び出演先機関を類型化し，まず同1号ハの直接的な緩和形態として下記ア①を同1号イの対象とし，これに一層の緩和形態であった下記ア②を同1号ロとして統合し，段階的に上陸審査基準を緩和した形式を採っている。これに応じて立証資料も，それぞれ，規則別表3第1号が基本形態である基準省令1号ハ（下記ア③）に，第一の緩和形態として規則別表3第2号が基準省令1号イ（下記ア①）に，第二の緩和形態として規則別表3第3号が基準省令1号ロ（下記ア②）に対応するものとして定められ，段階的に軽減されている。

以上の基準省令及び規則は，長年基本的な考え方とされてきた基準省令1号から3号（及び，時期により，独立していた1号ロ）という「興行」全体の枠組のみならず，その中の1号という枠内においても入管行政上の過去の問題の発生の多寡及び深刻度といった実状に合わせた当局側の対応，即ち，入管法違反事実が多ければ厳格化，少なければ緩和及び軽減するという一貫した姿勢の表れであるということができる。

ア　演劇，演芸，歌謡，舞踊又は演奏の場合（基準省令1号）
① 本邦の公私の機関と締結する契約に基づいて，風営法2条1項1号から3号までに規定する営業を行う施設以外の施設で行われるもの（基準省令1号イ。同1号ハの緩和形態）
② 次のいずれかに該当するもの（基準省令1号ロ。同1号イ及びハの緩和形態）
次のiからvのいずれかの場合
　i　我が国の国，地方公共団体の機関又は特殊法人が主催する演劇，演芸，歌謡，舞踊又は演奏の興行及び学教法に規定する学校，専修学校

又は各種学校において行われる演劇等の興行に係る活動を行おうとする場合
  ⅱ 文化交流に資する目的で，国，地方公共団体又は独立行政法人の援助を受けて設立された本邦の公私の機関が主催する演劇，演芸，歌謡，舞踊又は演奏の興行に係る活動を行おうとする場合
  ⅲ 外国の情景又は文化を主題として観光客を招致するために，外国人による演劇，演芸，歌謡，舞踊又は演奏の興行を常時行っている敷地面積10万㎡以上の施設において，興行活動を行おうとする場合
  ⅳ 客席において飲食物を有償で提供せず，かつ，客の接待をしない施設（営利を目的としない本邦の公私の機関が運営するもの又は客席の定員が100人以上であるものに限る。）において，演劇，演芸，歌謡，舞踊又は演奏の興行に係る活動を行おうとする場合
  ⅴ 当該興行により得られる報酬の額（団体で行う場合は，当該団体が受ける総額）が1日につき50万円以上であり，かつ，30日を超えない期間本邦に在留して，演劇，演芸，歌謡，舞踊又は演奏の興行に係る活動を行おうとする場合
③ 上記①及び②のいずれにも該当しないもの（基準省令1号ハ。同1号イ及びロの標準形態）

イ 演劇，演芸，歌謡，舞踊又は演奏の興行以外の興行（スポーツなど）の場合（基準省令2号）

ウ 次の①から④のいずれかに該当する芸能活動を行おうとする場合（基準省令3号）
① 商品又は事業の宣伝に係る活動
② 放送番組（有線放送番組を含む。）又は映画の製作に係る活動
③ 商業用写真の撮影に係る活動
④ 商業用のレコード，ビデオテープその他の記録媒体に録音又は録画を行う活動
  以上の考え方に基づき，基準省令の説明は，1号ハ，イ，ロ，2号，3

号の順に行うこととする。

> 一　申請人が演劇，演芸，歌謡，舞踏又は演奏（以下「演劇等」という。）の興行に係る活動に従事しようとする場合は，次のいずれかに該当していること。
> 　イ　（略）
> 　ロ　（略）
> 　ハ　申請人が従事しようとする活動が，次のいずれにも該当していること。
> 　　(1)　申請人が従事しようとする活動について次のいずれかに該当していること。ただし，当該興行を行うことにより得られる報酬の額（団体で行う興行の場合にあっては当該団体が受ける総額）が一日につき五百万円以上である場合は，この限りでない。

「一日につき五百万円以上」
▶ポイント

大規模な興行であれば，公開度が高く，資格外活動その他の入管法違反に結び付きにくいとの考え方から，その客観的基準として設けたものである。

> 　　　(i)　外国の教育機関において当該活動に係る科目を二年以上の期間専攻したこと。

「二年以上の期間専攻」
▶ポイント

興行に係る活動に従事するために相応しい能力を求めたものである。このことにより，このような水準の能力を有しない者が「興行」の在留資格で入国・在留し，不法就労に陥ることを回避しようとしたものである。

> 　　　(ii)　二年以上の外国における経験を有すること。

「二年以上の外国における経験」
ポイント

　興行に係る活動に従事するために相応しい能力・経験を求めたものである。なお，「外国における」とされているのは，外国において一定の実績を有する者の入国・在留を認めるという趣旨であり，日本における経験を有していてもこの基準における経過年数に含めることはできない。

> (2)　申請人が次のいずれにも該当する本邦の機関との契約（当該機関が申請人に対して月額二十万円以上の報酬を支払う義務を負うことが明示されているものに限る。以下この号において「興行契約」という。）に基づいて演劇等の興行に係る活動に従事しようとするものであること。ただし，主として外国の民族料理を提供する飲食店（風営法第二条第一項第一号に規定する営業を営む施設を除く。）を運営する機関との契約に基づいて月額二十万円以上の報酬を受けて当該飲食店において当該外国の民族音楽に関する歌謡，舞踊又は演奏に係る活動に従事しようとするときは，この限りでない。

「月額二十万円以上」
ポイント

　日本において興行に係る活動に従事するにふさわしい能力を有する者の入国を認めるという趣旨から，月額20万円以上の報酬を受けて興行に係る活動に従事することを要件とするとともに，そのことを申請人と興行契約を締結する本邦の公私の機関（以下「興行契約機関」という。）の義務として当該興行契約において明示することを求めたものである。

「外国の民族料理（略）民族音楽」
ポイント

　ある国又はある国の地域若しくは地方におけるその土地独特の料理又は音楽を指す。多くの場合，言語・宗教・生活習慣など文化的観点から見て共通意識を抱いているひとまとまりの人の集団である民族と結びついている。

民族料理店で同じ民族の音楽に関連した芸能活動について(i)から(iv)までの要件に適合することを要しないこととしたのは，民族料理店の営業の特別性に基づく非代替性を考慮したものである。

> (i) 外国人の興行に係る業務について通算して三年以上の経験を有する経営者又は管理者がいること。

「三年以上の経験」
ポイント

経営者又は管理者として必要最小限の能力・経験を求めたものである。このような者であれば「興行」に係る，法令上要件に精通しているであろうとの考え方に基づく。言い換えると，外国人が出演等する興行については，それだけ高度の能力及び順法精神が求められているということである。

新規の機関の設立の場合は，他の既存の機関での経験を指す。

> (ii) 五名以上の職員を常勤で雇用していること。

「五名以上」
ポイント

興行契約の当事者となる興行契約機関としての適正な業務遂行を期する観点から，最小限の客観的基準を設けたものである。形式的に5人の職員がいるだけではなく（静的存在），その5人が常勤職員として雇用されており，さらに，実際に業務に従事しているという動的存在をも求めたものである。この基準は，申請人たる外国人芸能人の出演に関する日程管理，出演店における労働条件管理などを実効的に実行するための必要最小限の態勢と考えられる。

「常勤」
ポイント

「常勤」とは，所定の勤務時間中，常時勤務することをいう。
（注）「常勤」は，労働関係の法律上の用語ではなく，したがって，労働関係の

法律でその意義を定義したものも存在しないが，短時間労働者及び有期雇用労働者の雇用管理の改善等に関する法律2条1項の「1週間の所定労働時間が同一の事業主に雇用される通常の労働者（当該事業主に雇用される通常の労働者と同種の業務に従事する当該事業主に雇用される労働者にあっては，厚生労働省令で定める場合を除き，当該労働者と同種の業務に従事する当該通常の労働者）の1週間の所定労働時間に比し短い労働者をいう。」との「短時間労働者」の定義に依拠して，一般的にはフルタイム労働と同一視され，就業規則などに定められた事業所の所定労働時間と比較して，雇用契約などで定めた職員の労働時間が，それより少ないことを非常勤というなどとされているところである。

> (iii) 当該機関の経営者又は常勤の職員が次のいずれにも該当しないこと。

▶ポイント

過去に発生した事例に鑑み，興行契約機関自体が，人身取引，売春その他の犯罪行為を行い又は反社会的勢力が関わるものとならないための要件を定めたものである。

> (a) 人身取引等を行い，唆し，又はこれを助けた者
> (b) 過去五年間に法第二十四条第三号の四イからハまでに掲げるいずれかの行為を行い，唆し，又はこれを助けた者
> (c) 過去五年間に当該機関の事業活動に関し，外国人に不正に法第三章第一節若しくは第二節の規定による証明書の交付，上陸許可の証印若しくは許可，同章第四節の規定による上陸の許可又は法第四章第一節，第二節若しくは法第五章第三節の二の規定による許可を受けさせる目的で，文書若しくは図画を偽造し，若しくは変造し，虚偽の文書若しくは図画を作成し，若しくは偽造若しくは変造された文書若しくは図画若しくは虚偽の文書若しくは図画を行使し，所持し，若しくは提供し，又はこれらの行為を唆し，若しくはこれを助けた者

> (d) 法第七十四条から第七十四条の八までの罪又は売春防止法第六条から第十三条までの罪により刑に処せられ，その執行を終わり，又は執行を受けることがなくなった日から五年を経過しない者
> (e) 暴力団員又は暴力団員でなくなった日から五年を経過しない者
> (iv) 過去三年間に締結した興行契約に基づいて興行の在留資格をもって在留する外国人に対して支払義務を負う報酬の全額を支払っていること。

ポイント

当然のことを定めた確認規定に過ぎないが，興行契約の実効性を確保するものである。

> (3) 申請に係る演劇等が行われる施設が次に掲げるいずれの要件にも適合すること。ただし，興行に係る活動に従事する興行の在留資格をもって在留する者が当該施設において申請人以外にいない場合は，(vi)に適合すること。
> (i) 不特定かつ多数の客を対象として外国人の興行を行う施設であること。
> (ii) 風営法第二条第一項第一号に規定する営業を営む施設である場合は，次に掲げるいずれの要件にも適合していること。

(注) 風営法２条１項１号は次のとおりである。
　一　キャバレー，待合，料理店，カフェーその他設備を設けて客の接待をして客に遊興又は飲食をさせる営業

> (a) 専ら客の接待（風営法第二条第三項に規定する接待をいう。以下同じ。）に従事する従業員が五名以上いること。

> **ポイント**

　出演先施設において外国人芸能人を接客に従事させることがないように，確保しておくべき接客担当従業員の最少人数を定めたものである。

> (b)　興行に係る活動に従事する興行の在留資格をもって在留する者が客の接待に従事するおそれがないと認められること。

> **ポイント**

　出演先施設において興行に係る活動には該当しない客の接待に従事することがないよう，その「おそれ」の存在もないことを求めたものである。

> (iii)　十三平方メートル以上の舞台があること。

> **ポイント**

　出演先施設が外国人芸能人に対して「興行」に該当する活動を行わせることのできるだけの客観的条件を確保していることを求めたものである。

> (iv)　九平方メートル（出演者が五名を超える場合は，九平方メートルに五名を超える人数の一名につき一・六平方メートルを加えた面積）以上の出演者用の控室があること。

> **ポイント**

　出演先施設が外国人芸能人に対して「興行」に該当する活動を行わせることができるだけの客観的条件を確保していることを求めたものである。

> (v)　当該施設の従業員の数が五名以上であること。

> **ポイント**

　出演先施設が一定以上の規定のものとして客観的に存在（静的存在）し，実際に運営されていること（動的存在）を求めたものである。

> (vi) 当該施設を運営する機関の経営者又は当該施設に係る業務に従事する常勤の職員が次のいずれにも該当しないこと。

▶ポイント

出演先施設自体が，人身取引，売春その他の犯罪行為を行い又は反社会的勢力が関わるものとならないための要件を定めたものである。

> (a) 人身取引等を行い，唆し，又はこれを助けた者
> (b) 過去五年間に法第二十四条第三号の四イからハまでに掲げるいずれかの行為を行い，唆し，又はこれを助けた者
> (c) 過去五年間に当該機関の事業活動に関し，外国人に不正に法第三章第一節若しくは第二節の規定による証明書の交付，上陸許可の証印若しくは許可，同章第四節の規定による上陸の許可又は法第四章第一節，第二節若しくは法第五章第三節の二の規定による許可を受けさせる目的で，文書若しくは図画を偽造し，若しくは変造し，虚偽の文書若しくは図画を作成し，若しくは偽造若しくは変造された文書若しくは図画若しくは虚偽の文書若しくは図画を行使し，所持し，若しくは提供し，又はこれらの行為を唆し，若しくはこれを助けた者
> (d) 法第七十四条から第七十四条の八までの罪又は売春防止法第六条から第十三条までの罪により刑に処せられ，その執行を終わり，又は執行を受けることがなくなった日から五年を経過しない者
> (e) 暴力団員又は暴力団員でなくなった日から五年を経過しない者

▶ポイント

暴力団員とは，暴力団による不当な行為の防止等に関する法律2条6号に規定する暴力団員を指す。

> 一　（略）
> 　イ　申請人が次のいずれにも該当する本邦の公私の機関と締結する契約に基づいて，風俗営業等の規制及び業務の適正化等に関する法律（昭和二十三年法律第百二十二号。以下「風営法」という。）第二条第一項第一号から第三号までに規定する営業を営む施設以外の施設において行われるものであること。

（注）　風営法2条1号1号から3号は次のとおりである。
　　一　キャバレー，待合，料理店，カフエーその他設備を設けて客の接待をして客に遊興又は飲食をさせる営業
　　二　喫茶店，バーその他設備を設けて客に飲食をさせる営業で，国家公安委員会規則で定めるところにより計つた営業所内の照度を十ルクス以下として営むもの（前号に該当する営業として営むものを除く。）
　　三　喫茶店，バーその他設備を設けて客に飲食をさせる営業で，他から見通すことが困難であり，かつ，その広さが五平方メートル以下である客席を設けて営むもの

🔵ポイント
風営法2条1項1号のみが除外されている1号ハ(2)と比較して，要件が加重されている。

> (1)　外国人の興行に係る業務について通算して三年以上の経験を有する経営者又は管理者がいること。

🔵ポイント
1号ハ(2)(i)と同じ要件である。なお，同(ii)の要件は，1号イでは課されていない。

> (2)　当該機関の経営者又は常勤の職員が次のいずれにも該当しないこと。

(i) 人身取引等を行い，唆し，又はこれを助けた者
(ii) 過去五年間に法第二十四条第三号のイからハまでに掲げるいずれかの行為を行い，唆し，又はこれを助けた者
(iii) 過去五年間に当該機関の事業活動に関し，外国人に不正に法第三章第一節若しくは第二節の規定による証明書の交付，上陸許可の証印（法第九条第四項の規定による記録を含む。以下同じ。）若しくは許可，同章第四節の規定による上陸の許可又は法第四章第一節，第二節若しくは法第五章第三節の二の規定による許可を受けさせる目的で，文書若しくは図画を偽造し，若しくは変造し，虚偽の文書若しくは図画を作成し，若しくは偽造若しくは変造された文書若しくは図画若しくは虚偽の文書若しくは図画を行使し，所持し，若しくは提供し，又はこれらの行為を唆し，若しくはこれを助けた者
(iv) 法第七十四条から第七十四条の八までの罪又は売春防止法（昭和三十一年法律第百十八号）第六条から第十三条までの罪により刑に処せられ，その執行を終わり，又は執行を受けることがなくなった日から五年を経過しない者
(v) 暴力団による不当な行為の防止等に関する法律（平成三年法律第七十七号）第二条第六号に規定する暴力団員（以下「暴力団員」という。）又は暴力団員でなくなった日から五年を経過しない者
(3) 過去三年間に締結した契約に基づいて興行の在留資格をもって在留する外国人に対して支払い義務を負う報酬の全額を支払っていること。

> **ポイント**
> 1号イ(2)及び(3)は，1号ハ(2)(iii)及び(iv)と同じである。

(4) (1)から(3)までに定めるもののほか，外国人の興行に係る業務を

適正に遂行する能力を有するものであること。

> **ポイント**

　一般的な表現であり，規則別表３及びそれに準拠した運用と直結して提出を求められる立証資料は特段存在しないものの，今後の運用状況によっては，個別的にこの規定にいう「外国人の興行に係る業務を適正に遂行する能力を有する」ことを立証する資料が求められることもあり得るものと考えられる。

> ロ　申請人が従事しようとする活動が，次のいずれかに該当していること。

> **ポイント**

　興行契約の当事者，出演先施設，興行活動の種類・内容・形態・規模によっては，過去において入管法令違反に至る例の少ない場合があることから，それらを定型化し，「興行」による入国・在留要件を緩和したものである。

> (1)　我が国の国若しくは地方公共団体の機関，我が国の法律により直接に設立された法人若しくは我が国の特別の法律により特別の設立行為をもって設立された法人が主催する演劇等の興行又は学校教育法（昭和二十二年法律第二十六号）に規定する学校，専修学校若しくは各種学校において行われるものであること。
> (2)　我が国と外国との文化交流に資する目的で国，地方公共団体又は独立行政法人の資金援助を受けて設立された本邦の公私の機関が主催するものであること。
> (3)　外国の情景又は文化を主題として観光客を招致するために外国人による演劇等の興行を常時行っている敷地面積十万平方メートル以上の施設において行われるものであること。
> (4)　客席において飲食物を有償で提供せず，かつ，客の接待（風営法第二条第三項に規定する接待をいう。以下同じ。）をしない施設（営利を目的としない本邦の公私の機関が運営するもの又は客

> 席の定員が百人以上であるものに限る。）において行われるものであること。

「客席で飲食物を有償で提供せず」
ポイント
入管庁ホームページによれば，客席と一体性のある場所に設置されているバーカウンター等で飲食物を提供する場合であっても，客がバーカウンターにおいて飲食物を受け取り，自ら運んで飲食する場合は，これに該当しないこととされている。

「括弧書き」
ポイント
入管庁ホームページによれば，客席が設置されていないライブハウス等において，立見（スタンディング）で100人以上収容できる施設も認められることとなっている。

> (5) 当該興行により得られる報酬の額（団体で行う興行の場合にあっては当該団体が受ける総額）が一日につき五十万円以上であり，かつ，三十日を超えない期間本邦に在留して行われるものであること。
> 二　申請人が演劇等の興行に係る活動以外の興行に係る活動に従事しようとする場合は，日本人が従事する場合に受ける報酬と同等額以上の報酬を受けて従事すること。

「演劇等の興行に係る活動以外の興行に係る活動」
ポイント
演劇，演芸，歌謡，舞踊又は演奏以外の活動ということであり，具体的には，スポーツ関係が多い。

「日本人が従事する場合に受ける報酬と同等額以上の報酬」
ポイント
低賃金での活動従事を認めないことを意味する。上記の活動に従事する者

は，同様の活動に従事する日本人が受ける平均的な報酬以上の報酬を受けることが必要である。さらに，同じチームにおいて同様の活動に従事し，あるいは同じ競技会に出場する日本人などの日本人が受ける報酬以上であることも要する。

「報酬」とは，「一定の役務の給付の対価として与えられる反対給付」をいい，通勤手当，扶養手当，住宅手当等の実費弁償の性格を有するもの（課税対象となるものを除く。）は含まない。

> 三 申請人が興行に係る活動以外の芸能活動に従事しようとする場合は，申請人が次のいずれかに該当する活動に従事し，かつ，日本人が従事する場合に受ける報酬と同等額以上の報酬を受けること。
> 　イ　商品又は事業の宣伝に係る活動
> 　ロ　放送番組（有線放送番組を含む。）又は映画の製作に係る活動
> 　ハ　商業用写真の撮影に係る活動
> 　ニ　商業用のレコード，ビデオテープその他の記録媒体に録音又は録画を行う活動

4 立証資料

(1) 区分別提出資料

特徴点は，次の2点である。

　ア　いずれの区分においても，在留期間更新許可申請のための提出を要するものとして規則(注)上及び入管庁ホームページに掲げられている資料は共通である。

これは，上陸審査，在留資格認定証明書交付申請に対する審査の時点で，区分ごとの必要性に応じて厳格な審査を実施し，本件在留資格を濫用しようと企図する者を阻止するとの考え方によるものと考えられる。

　(注)　規則においても在留資格ごと及び申請ごとに立証資料が定められており，旧基準省令に合わせて上陸，在留資格認定証明書交付，在留資格の変更及び

取得の各申請に適用される規則別表3においては上記(1)のアからエまでの4類型ごとに，他方，在留期間更新許可申請に適用される別表3の6においては4類型共通の立証資料が定められていた。これが基準省令改正に合わせて実施された規則の改正（令和5年5月31日法務省令第29号）により，別表3が5類型に分類され，その類型ごとに，また，別表3の6においては5類型共通の立証資料が定められている。

イ　いずれの区分においても，入管法施行規則別表3において提出資料が列挙されているものの，入管庁ホームページにおいては，他の就労資格に見られるような在留資格変更及び同取得許可申請のための提出資料に関する説明はない。したがって，これらの申請を要する具体的な事例が発生したときの対応は，最寄りの地方出入国在留管理局に相談のこと。

⑴－1　演劇，演芸，歌謡，舞踊又は演奏の場合で，本邦の公私の機関と締結する契約に基づいて，風営法2条1項1号から3号までに規定する営業を営む施設以外の施設で行われるもの

　ア　新たに「興行」の在留資格を取得しようとする者の場合（上陸許可，在留資格認定証明書の交付の申請）

入管庁ホームページには，この在留資格の変更及び同取得許可申請に関する説明はない。したがって，これらの申請を要する具体的な事例が発生したときの対応は，最寄りの地方出入国在留管理局に相談のこと。

この申請においては，興行契約機関（申請人と興行契約を締結する本邦の公私の機関を指す。以下同じ。）が次の2つのカテゴリーに分類され，それぞれに応じた立証資料が指定されている。したがって，その分類により，立証資料の要否を必要に応じて各資料において摘示することとする。

　①　カテゴリー1

過去に基準1号イに適合するとして在留資格認定証明書の交付を受けたことがある機関

　②　カテゴリー2

上記①に該当しない機関

　㋐　申請書（規則別記6号の3様式（交付））

(イ) 写真１葉（規則６条の２第２項，20条２項（例外同３項），24条２項（例外同３項））

写真の規格は規則別表３の２にあるとおりである（縦40mm横30mm）。

16歳未満の者は不要

🔸ポイント

申請人と申請書に記載された人物が同一であることの確認のためのものである。

(ウ) 返信用封筒（定形封筒に宛先を明記の上，必要な額の郵便切手（簡易書留用）を貼付したもの）　１通

(エ) 興行契約機関の概要を明らかにする次の資料（カテゴリー１については，前回から変更がない場合は省略可）（規則別表３第２号イ）

① 登記事項証明書　１通
② 直近の決算書（損益計算書，貸借対照表など）の写し　１通
③ その他興行契約機関の概要を明らかにする資料　適宜

(オ) 申立書（興行を行う施設が風営法第２条第１項第１号から第３号までに規定する営業を営む施設以外の施設であることを申し立てる文書）　１通（基準省令１号イ柱書及び規則６条の２本文）

※参考様式は入管庁ホームページから取得可能。また，同用紙は地方出入国在留管理局においても用意あり。

(カ) 興行契約機関に係る次の資料（基準省令１号イ及び規則別表３第２号）

① 興行契約機関の経営者（又は管理者）及び常勤の職員の名簿　１通（規則別表３第２号ロ）

※興行契約機関が複数の事業を行っている場合，経営者及び外国人の興行に係る業務に従事している常勤職員のみの記載で可

② 興行契約機関の経営者（又は管理者）が興行に係る業務を通算して３年以上経験していることを証する資料　適宜（カテゴリー１については，前回から変更がない場合は省略可）（基準省令１号イ(1)）

※他の提出資料で確認できる場合は提出不要

③ 申立書（興行契約機関の経営者及び常勤の職員が入管法第７条第１項第２号の基準を定める省令の「興行」の項の下欄第１号イ(2)に掲げる者のいずれにも該

当せず，興行契約機関が過去3年間に締結した契約に基づいて興行の在留資格をもって在留する外国人に対して支払義務を負う報酬の全額を支払っていることを申し立てる文書）　1通（基準省令1号イ(2)及び規則6条の2第1項本文）

※参考様式は入管庁ホームページから取得可能。また，同用紙は地方出入国在留管理局においても用意あり。

(キ)　その他参考となる資料（規則6条の2第1項本文）

滞在日程表・公演日程表，公演内容を知らせる広告・チラシ等，公演内容がわかる資料　適宜

以上に加えてカテゴリー2において提出を要する資料

(ク)　申請人の経歴書及び活動に係る経歴を証する文書　適宜（規則別表3第2号及び1号イ）

(ケ)　興行を行う施設の概要を明らかにする資料（営業許可書の写し，施設の図面，施設の写真など）　適宜（規則別表3第2号及び1号ハ）

(コ)　興行に係る契約書の写し　1通（基準省令1号イ柱書並びに規則別表第2号及び1号ニ）

※上記資料には，興行契約書のほか，興行契約機関と出演施設を運営する機関との出演に関する契約書等も含む。

(サ)　申請人の日本での具体的な活動の内容，期間，地位及び報酬を証する文書　1通（基準省令1号イ柱書並びに規則別表3第2号及び1号ホ）

※雇用契約書又は出演承諾書等の写し若しくはこれに準ずる文書の写しを提出のこと

イ　「興行」の在留資格をもって在留する外国人が，在留期間経過後も引き続き在留しようとする場合（在留期間更新許可申請）

(1)-1から4において共通

(ア)　申請書（規則別記30号の2様式）

(イ)　写真1葉（規則21条2項（例外同3項））

写真の規格は規則別表3の2にあるとおりである（縦40mm横30mm）。16歳未満の者は不要

> ポイント

　申請人と申請書に記載された人物が同一であることの確認のためのものである。

㈦　旅券及び在留カードなど（規則21条4項が準用する同20条4項）

> ポイント

　申請人の国籍の属する国の確認，その国が把握している申請人の身分事項の確認，それらに基づく許可証印及び在留カードの交付のためのものである（入管法21条4項が準用する同20条4項）。

㈢　次の①から③のいずれかで，具体的な活動の内容，期間を証する文書（基準省令1号イ柱書，規則別表3の6第1号及び2号）

　①　在職証明書　　1通
　②　雇用契約書の写し　　1通
　③　上記①又は②に準ずる文書　　適宜

㈣　興行に係る契約書の写し　1通（基準省令1号イ柱書，規則別表3の6第2号）

　※興行契約書のほか，契約機関と出演施設を運営する機関との出演に関する契約書等も含む。

㈤　住民税の課税（又は非課税）証明書及び納税証明書（1年間の総所得及び納税状況が記載されたもの）　各1通（規則別表3の6第3号）

　※1月1日現在の住所地の市区町村役場から発行される。
　※1年間の総所得及び納税状況（納税事実の有無）の両方が記載されている証明書であれば，いずれか一方で可
　※入国後間もない場合や転居等により住所地の市区町村役場から発行されない場合は，最寄りの地方出入国在留管理局に相談のこと
　※非居住者扱いの場合は，上記㈤に代わって，非居住者用の国内源泉所得にかかる納税証明（非居住者・外国法人の所得についての所得税徴収高計算書，非領収済通知書等）及び収入を証する文書を提出のこと

> ポイント

　申請人の過去における在留資格に該当する活動への従事状況及び将来において当該在留資格に該当する活動を継続する意思と能力の確認のための

ものである。
(キ) 前回の申請時から出演施設等に変更が生じた場合は，在留資格変更許可申請に準じ，変更後の出演施設等の概要を明らかにする資料　適宜
（規則別表3第1号）
(ク)　活動日程表　1通（規則別表3の6第1号）

(1)－2　次の①から⑤のいずれかの場合
※在留期間が15日から30日となった点を除いて新旧基準省令・規則において変更なし
① 　我が国の国，地方公共団体の機関又は特殊法人が主催する演劇，演芸，歌謡，舞踊又は演奏の興行及び学教法に規定する学校，専修学校又は各種学校において行われる演劇等の興行に係る活動を行おうとする場合
② 　文化交流に資する目的で，国，地方公共団体又は独立行政法人の援助を受けて設立された本邦の公私の機関が主催する演劇，演芸，歌謡，舞踊又は演奏の興行に係る活動を行おうとする場合
③ 　外国の情景又は文化を主題として観光客を招致するために，外国人による演劇，演芸，歌謡，舞踊又は演奏の興行を常時行っている敷地面積10万㎡以上の施設において，興行活動を行おうとする場合
④ 　客席において飲食物を有償で提供せず，かつ，客の接待をしない施設（営利を目的としない本邦の公私の機関が運営するもの又は客席の定員が100人以上であるものに限る。）において，演劇，演芸，歌謡，舞踊又は演奏の興行に係る活動を行おうとする場合
⑤ 　当該興行により得られる報酬の額（団体で行う場合は，当該団体が受ける総額）が1日につき50万円以上であり，かつ，15日を超えない期間本邦に在留して，演劇，演芸，歌謡，舞踊又は演奏の興行に係る活動を行おうとする場合

ア　新たに「興行」の在留資格を取得しようとする者の場合（上陸許可，在留資格認定証明書の交付の申請）
　　入管庁ホームページには，この在留資格の変更許可及び同取得許可申請

興行

に関する説明はない。したがって，これらの申請を要する具体的な事例が発生したときの対応は，最寄りの地方出入国在留管理局に相談のこと。

(ア)　申請書（規則別記6号の3様式（交付））

(イ)　写真1葉（規則6条の2第2項，20条2項（例外同3項），24条2項（例外同3項））

写真の規格は規則別表3の2にあるとおりである（縦40㎜横30㎜）。
16歳未満の者は不要

▶ポイント

申請人と申請書に記載された人物が同一であることの確認のためのものである。

(ウ)　返信用封筒（定形封筒に宛先を明記のうえ，必要な額の郵便切手（簡易書留用）を貼付したもの）　1通

(エ)　申請人の経歴書及び活動に係る経歴を証する文書（規則別表3第3号及び1号イ）　適宜

(オ)　招へい機関(注)に係る次の資料（規則別表3第3号並びに1号ロ及びヘ(1)）

（注）「招へい機関」とは，興行に係る活動に従事しようとする外国人を外国から招いて雇用するなどして，日本において，当該外国人に「興行」の在留資格に係る基準の1号イの(1)から(5)までに規定する演劇，演芸，歌謡，舞踏，又は演奏の興業に係る活動や同2号の規定する演劇，演芸，歌謡，舞踏，又は演奏の興業に係る活動以外の興行に係る活動を行わせる機関をいう。以下，興行の3号において同じ。

① 登記事項証明書　1通
② 直近の決算書（損益計算書，貸借対照表など）の写し　1通
③ その他招へい機関の概要を明らかにする資料　適宜
④ 従業員名簿　1通

(カ)　興行を行う施設の概要を明らかにする資料（基準省令1号ロ(3)及び(4)並びに規則別表3第3号及び1号ハ）

① 営業許可書の写し　1通
② 施設の図面（間取りなどが記載されているもの）　1通
③ 施設の写真（客席，控室，外観など）　適宜

(キ) 興行に係る契約書の写し（基準省令1号ロ，規則別表3第3号並びに1号ニ及びホ）　1通
　※興行契約書のほか，契約機関と出演施設を運営する機関との出演に関する契約書等も含む。招へい機関が当該興行を請け負っている際は，請負契約書の写しを，また，興行場法（昭和23年法律第137号）上の施設を利用する場合には使用承諾書等の写しを提出のこと。

(ク) 申請人の日本での具体的な活動の内容，期間，地位及び報酬を証する文書　1通（基準省令1号ロ並びに規則別表3第3号，1号ニ及びホ）
　※雇用契約書又は出演承諾書等の写し若しくはこれに準ずる文書の写しを提出のこと

(ケ) その他参考となる資料（規則6条の2第1項本文）
　滞在日程表・興行日程表・興行内容を知らせる広告・チラシ等　適宜

イ　「興行」の在留資格をもって在留する外国人が，在留期間経過後も引き続き在留しようとする場合（在留期間更新許可申請）

(1)-1から4において共通。

(ア) 申請書（規則別記30号の2様式）

(イ) 写真1葉（規則21条2項（例外同3項））
　写真の規格は規則別表3の2にあるとおりである（縦40mm横30mm）。
　16歳未満の者は不要

　ポイント
　申請人と申請書に記載された人物が同一であることの確認のためのものである。

(ウ) 旅券及び在留カードなど（規則21条4項が準用する同20条4項）

　ポイント
　申請人の国籍の属する国の確認，その国が把握している申請人の身分事項の確認，それらに基づく許可証印及び在留カードの交付のためのものである（入管法21条4項が準用する同20条4項）。

(エ) 次の①から③のいずれかで，具体的な活動の内容，期間を証する文書（基準省令1号ロ並びに規則別表3の6，1号及び2号）

① 在職証明書　1通
② 雇用契約書の写し　1通
③ 上記①又は②に準ずる文書　適宜
㈵　興行に係る契約書の写し　1通（基準省令1号ロ，規則別表3の6第2号）
※興行契約書のほか，契約機関と出演施設を運営する機関との出演に関する契約書等も含む。
㈻　住民税の課税（又は非課税）証明書及び納税証明書（1年間の総所得及び納税状況が記載されたもの）　各1通（基準省令1号ロ(5)及び規則別表3の6第3号）
※1月1日現在の住所地の市区町村役場から発行される。
※1年間の総所得及び納税状況（納税事実の有無）の両方が記載されている証明書であれば，いずれか一方で可
※入国後間もない場合や転居等により住所地の市区町村役場から発行されない場合は，最寄りの地方出入国在留管理局に相談のこと
※非居住者扱いの場合は，上記㈻に代わって，非居住者用の国内源泉所得にかかる納税証明（非居住者・外国法人の所得についての所得税徴収高計算書，非領収済通知書等）及び収入を証する文書を提出のこと

▶ポイント

申請人の過去における在留資格に該当する活動への従事状況及び将来において当該在留資格に該当する活動を継続する意思と能力の確認のためのものである。

㈼　前回の申請時から出演施設等に変更が生じた場合は，在留資格変更許可申請に準じ，変更後の出演施設等の概要を明らかにする資料　適宜
（規則別表3第3号及び1号ハ）

㈽　活動日程表　1通（規則別表3の6第1号）

⑴−3　演劇，演芸，歌謡，舞踊又は演奏の興行に係る活動を行おうとする場合（基準省令1号ハ＝「基準1号イ及びロ」に該当しないもの，即ち，「上記⑴−1及び⑴−2」以外のもの）

新たに在留資格「興行」の在留資格を取得しようとする者の場合（上陸

第1章　在留資格の認定要件と立証資料

許可，在留資格認定証明書の交付の申請）

　入管庁ホームページには，この在留資格の変更及び同取得許可申請に関する説明はない。したがって，これらの申請を要する具体的な事例が発生したときの対応は，最寄りの地方出入国在留管理局に相談のこと。

(ア)　申請書（規則別記6号の3様式（交付））

(イ)　写真1葉（規則6条の2第2項）

　　写真の規格は規則別表3の2にあるとおりである（縦40mm横40mm）。16歳未満の者は不要

🔶 ポイント

　申請人と申請書に記載された人物が同一であることの確認のためのものである。

(ウ)　返信用封筒（定形封筒に宛先を明記の上，必要な額の郵便切手（簡易書留用）を貼付したもの）　1通

(エ)　申請人の経歴書及び活動に係る経歴を証する文書　適宜（基準省令1号ハ(1)及び規則別表3第4号イ）

(オ)　興行契約機関に係る次の資料（基準省令1号ハ(2)柱書及び規則別表3第4号ロ）

　①　登記事項証明書　1通

　②　直近の決算書（損益計算書，貸借対照表など）の写し　1通

　③　その他興行契約機関の概要を明らかにする資料　適宜

(カ)　興行を行う施設の概要を明らかにする資料（基準省令1号ハ(3)及び規則別表3第4号ハ）

　①　営業許可書の写し　1通

　②　施設の図面（間取りなどが記載されているもの）　1通

　③　施設の写真（客席，控室，外観など）　適宜

(キ)　興行に係る契約書の写し　1通（基準省令1号ハ(2)本文及び規則別表3第4号ニ）

　　※上記資料には，興行契約書のほか，興行契約機関と出演施設を運営する機関との出演に関する契約書等も含む。

(ク)　申請人の日本での具体的な活動の内容，期間，地位及び報酬を証する

文書　1通（基準省令1号ハ(2)本文及び規則別表3第4号ホ）

※特に報酬を証する文書については，報酬の支払時期や支払い方法を明示し，また，報酬から控除される費用や報酬受領後に支払うべき費用が予定されている場合には，その額及び算定根拠を明示した文書を提出のこと

㈹　興行契約に基づいて演劇等の興行に係る活動を行おうとするときは，次に掲げる資料（基準省令1号ハ(2)及び規則別表3第4号ロ）

① 興行契約機関の経営者（又は管理者）及び常勤の職員（5名以上雇用していることが必要）の名簿　1通（基準省令1号ハ(2)（ⅰ））

② 興行契約機関の経営者（又は管理者）が興行に係る業務を通算して3年以上経験していることを証する資料　適宜（基準省令1号ハ(2)（ⅱ））

③ 申立書（興行契約機関の経営者及び常勤の職員が入管法第7条第1項第2号の基準を定める省令の「興行」の項の下欄第1号ハ(2)（ⅲ）に掲げる者のいずれにも該当していないことを申し立てる文書）　1通（基準省令1号ハ(2)（ⅲ））

※参考様式は入管庁ホームページから入手可能。また，同用紙は地方出入国在留管理局においても用意あり。

④ 興行契約機関が過去3年間に締結した興行契約に基づいて興行の在留資格をもって在留する外国人に対して支払義務を負う報酬の全額を支払っていることを証する次のいずれかの文書（基準省令1号ハ(2)（ⅳ））

　ⅰ　興行契約に係る契約書の写し　適宜

　ⅱ　上記外国人が報酬を受けたことを証する領収書，銀行口座への振込記録（写し）　適宜

　ⅲ　給与台帳等報酬を支払ったことを証する会計帳票（写し）　適宜

　ⅳ　非居住者・外国法人の所得についての所得税徴収高計算書（納付書）等の納税関係書類　適宜

　ⅴ　決算書及び法人税申告書（写し）　適宜

㈡　出演施設を運営する機関の次に掲げる資料（基準省令1号ハ(3)及び規則別表4号ハ）

① 登記事項証明書　1通

② 直近の決算書（損益計算書，貸借対照表など）の写し　1通

③　その他運営機関の概要を明らかにする資料　適宜
④　運営機関の経営者及び出演施設に係る業務に従事する常勤の職員（5名以上雇用していることが必要）の名簿　1通（基準省令1号ハ(3)(ii)(a)）
⑤　申立書（運営機関の経営者及び常勤の職員が入管法第7条第1項第2号の基準を定める省令の「興行」の項の下欄第1号ハ(3)(vi)に掲げる者のいずれにも該当していないことを申し立てる文書）　1通（基準省令1号ハ(3)(vi)）

※参考様式は入管庁ホームページから取得可能。また、同用紙は地方出入国在留管理局においても用意あり。

(サ)　その他参考となる資料（規則6条の2第1項本文）
滞在日程表・公演日程表・公演内容を知らせる広告・チラシ等　適宜

(2)　演劇，演芸，歌謡，舞踊又は演奏の興行以外の興行（スポーツなど）の場合（基準省令2号）

ア　新たに「興行」の在留資格を取得しようとする者の場合（上陸許可，在留資格認定証明書の交付の申請）

入管庁ホームページには，この在留資格の変更及び同取得許可申請に関する説明はない。したがって，これらの申請を要する具体的な事例が発生したときの対応は，最寄りの地方出入国在留管理局に相談のこと。

(ア)　申請書（規則別記6号の3様式（交付））
(イ)　写真1葉（規則6条の2第2項）
写真の規格は規則別表3の2にあるとおりである（縦40㎜横30㎜）。
16歳未満の者は不要

　ポイント

申請人と申請書に記載された人物が同一であることの確認のためのものである。

(ウ)　返信用封筒（定形封筒に宛先を明記のうえ，必要な額の郵便切手（簡易書留用）を貼付したもの）　1通
(エ)　申請人の経歴書及び活動に係る経歴を証する文書　適宜（規則別表3第4号イ）
(オ)　招へい機関(注)の概要を明らかにする次の資料（規則別表3第4号ロ）

(注)　「招へい機関」とは，興行に係る活動に従事しようとする外国人を外国から招いて雇用するなどして，日本において，当該外国人に「興行」の在留資格に係る基準の１号イの(1)から(5)までに規定する演劇，演芸，歌謡，舞踏，又は演奏の興業に係る活動や同２号の規定する演劇，演芸，歌謡，舞踏，又は演奏の興業に係る活動以外の興行に係る活動を行わせる機関をいう。以下，興行の３号において同じ。

　　①　登記事項証明書　１通
　　②　直近の決算書（損益計算書，貸借対照表など）の写し　１通
　　③　従業員名簿　１通
(カ)　興行を行う施設の概要を明らかにする資料（規則別表３第３号ハ）
　　①　営業許可書の写し　１通
　　②　施設の図面　１通
　　③　施設の写真　適宜
　　④　従業員名簿　１通
　　⑤　登記事項証明書　１通
　　⑥　直近の決算書（損益計算書，貸借対照表など）の写し　１通
(キ)　招へい機関が興行を請け負っているときは，請負契約書の写し　１通
　　（規則別表３第４号ニ）
(ク)　次の①から③のいずれかで，申請人の日本での具体的な活動の内容，期間，地位及び報酬を証する文書（基準省令２号及び規則別表３第４号ホ）
　　①　雇用契約書の写し　１通
　　②　出演承諾書の写し　１通
　　③　上記①又は②に準ずる文書　適宜
(ケ)　その他参考となる資料（規則６条の２第１項本文）
　　滞在日程表・興行日程表・興行内容を知らせる広告・チラシ等　適宜

イ　「興行」の在留資格をもって在留する外国人が，在留期間経過後も引き続き在留しようとする場合（在留期間更新許可申請）
　　(1)－１から４において共通。
(ア)　申請書（規則別記30号の２様式）

(イ)　写真1葉（規則21条2項（例外同3項））

写真の規格は規則別表3の2にあるとおりである（縦40㎜横30㎜）。16歳未満の者は不要

> ポイント

申請人と申請書に記載された人物が同一であることの確認のためのものである。

(ウ)　旅券及び在留カードなど（規則21条4項が準用する同20条4項）

> ポイント

申請人の国籍の属する国の確認，その国が把握している申請人の身分事項の確認，それらに基づく許可証印及び在留カードの交付のためのものである（入管法21条4項が準用する同20条4項）。

(エ)　次の①から③のいずれかで，具体的な活動の内容，期間を証する文書（規則別表3の6第1号）

①　在職証明書　1通
②　雇用契約書の写し　1通
③　上記①又は②に準ずる文書　適宜

(オ)　興行に係る契約書の写し　1通（規則別表3の6第2号）

※興行契約書のほか，契約機関と出演施設を運営する機関との出演に関する契約書等も含む。

(カ)　住民税の課税（又は非課税）証明書及び納税証明書（1年間の総所得及び納税状況が記載されたもの）　各1通（規則別表3の6第3号）

※1月1日現在の住所地の市区町村役場から発行される。

※1年間の総所得及び納税状況（納税事実の有無）の両方が記載されている証明書であれば，いずれか一方で可

※入国後間もない場合や転居等により住所地の市区町村役場から発行されない場合は，最寄りの地方出入国在留管理局に相談のこと

※非居住者扱いの場合は，上記(カ)に代わって，非居住者用の国内源泉所得にかかる納税証明（非居住者・外国法人の所得についての所得税徴収高計算書，非領収済通知書等）及び収入を証する文書を提出のこと

> ポイント

　申請人の過去における在留資格に該当する活動への従事状況及び将来における当該在留資格に該当する活動を継続する意思と能力の確認のためのものである。

(キ)　前回の申請時から出演施設等に変更が生じた場合は，在留資格変更許可申請に準じて，変更後の出演施設等の概要を明らかにする資料　適宜
（規則別表3第3号）

(ク)　活動日程表　1通（規則別表3の6第1号）

(3) 次の①から④までのいずれかに該当する興行に係る活動に該当しない芸能活動を行おうとする場合

①　商品又は事業の宣伝に係る活動

②　放送番組（有線放送番組を含む。）又は映画の製作に係る活動

③　商業用写真の撮影に係る活動

④　商業用のレコード，ビデオテープその他の記録媒体に録音又は録画を行う活動

ア　新たに「興行」の在留資格を取得しようとする者の場合（上陸許可，在留資格認定証明書の交付の申請）

　入管庁ホームページには，この在留資格の変更及び同取得許可申請に関する説明はない。したがって，これらの申請を要する具体的な事例が発生したときの対応は，最寄りの地方出入国在留管理局に相談のこと。

(ア)　申請書（規則別記6号の3様式（交付））

(イ)　写真1葉（規則6条の2第2項，20条2項（例外同3項），24条2項（例外同3項））

　写真の規格は規則別表3の2にあるとおりである（縦40mm横30mm）。

　16歳未満の者は不要

> ポイント

　申請人と申請書に記載された人物が同一であることの確認のためのものである。

㈦　返信用封筒（定形封筒に宛先を明記のうえ，必要な額の郵便切手（簡易書留用）を貼付したもの）　1通
㈣　申請人の芸能活動上の実績を証する資料　適宜（規則別表3第5号イ）
　※所属機関の発行する資格証明書又は経歴証明書，CDジャケット，ポスター，雑誌，新聞の切り抜き等で，芸能活動上の実績を証するもの
㈺　次の①から③のいずれかで，申請人の日本での具体的な活動の内容，期間，地位及び報酬を証する文書（基準省令3号柱書及び規則別表3第5号ロ）
　①　雇用契約書の写し　1通
　②　出演承諾書の写し　1通
　③　上記①又は②に準ずる文書　適宜
㈻　受入れ機関の概要を明らかにする次の資料（規則6条の2第2項本文後段）
　①　登記事項証明書　1通
　②　直近の決算書（損益計算書，貸借対照表など）の写し　1通
　③　従業員名簿　1通
　④　案内書（パンフレット等）　1通
　⑤　上記①から④までに準ずる文書　適宜
㈭　その他参考となる資料（規則6条の2第2項本文後段）
　滞在日程表・活動日程表，活動内容を知らせる広告・チラシ等　適宜

イ　「興行」の在留資格をもって在留する外国人が，在留期間経過後も引き続き在留しようとする場合（在留期間更新許可申請）
　(1)-1から4において共通。
㈲　申請書（規則別記30号の2様式）
㈰　写真1葉（規則21条2項（例外同3項））
　写真の規格は規則別表3の2にあるとおりである（縦40mm横30mm）。
　16歳未満の者は不要

🔷ポイント
　申請人と申請書に記載された人物が同一であることの確認のためのものである。

㈦　旅券及び在留カードなど（規則21条4項が準用する同20条4項）
> **ポイント**

　申請人の国籍の属する国の確認，その国が把握している申請人の身分事項の確認，それらに基づく許可証印及び在留カードの交付のためのものである（入管法21条4項が準用する同20条4項）。

㈢　次の①から③のいずれかで，具体的な活動の内容，期間を証する文書（基準省令3号柱書及び規則別表3の6第1号）
　①　在職証明書　1通
　②　雇用契約書の写し　1通
　③　上記①又は②に準ずる文書　適宜

㈤　興行に係る契約書の写し　1通（規則別表3の6第2号）
　※興行契約書のほか，契約機関と出演施設を運営する機関との出演に関する契約書等も含む。

㈥　住民税の課税（又は非課税）証明書及び納税証明書（1年間の総所得及び納税状況が記載されたもの）　各1通（規則別表3の6第3号）
　※1月1日現在の住所地の市区町村役場から発行される。
　※1年間の総所得及び納税状況（納税事実の有無）の両方が記載されている証明書であれば，いずれか一方で可
　※入国後間もない場合や転居等により住所地の市区町村役場から発行されない場合は，最寄りの地方出入国在留管理局に相談のこと
　※非居住者扱いの場合は，上記㈥に代わって，非居住者用の国内源泉所得にかかる納税証明（非居住者・外国法人の所得についての所得税徴収高計算書，非領収済通知書等）及び収入を証する文書を提出のこと

> **ポイント**

　申請人の過去における在留資格に該当する活動への従事状況及び将来における当該在留資格に該当する活動を継続する意思と能力の確認のためのものである。

㈦　前回の申請時から出演施設等に変更が生じた場合は，在留資格変更許可申請に準じ，変更後の出演施設等の概要を明らかにする資料　適宜（規則6条の2第2項本文後段）

第1章　在留資格の認定要件と立証資料

(ク)　活動日程表　1通（規則6条の2第2項本文後段）

5　在留期間（規則別表2）

3年，1年，6か月，3か月又は30日

6　その他の注意事項

手数料

在留資格認定証明書交付及び在留資格取得許可の場合は，発生せず。

在留資格変更許可及び在留期間更新許可の場合は，4,000円（入管法67条1号及び2号並びに施行令9条1号及び2号）

外　交

1　概　要

(1) 本邦において行うことができる活動

> 日本国政府が接受する外国政府の外交使節団若しくは領事機関の構成員，条約若しくは国際慣行により外交使節と同様の特権及び免除を受ける者又はこれらの者と同一の世帯に属する家族の構成員としての活動

(2) 対象となる主な者
  ・日本国政府が接受する外国政府の常駐外交使節団の構成員
　　大使，公使，参事官，書記官，理事官など
  ・日本政府が接受する外国政府の領事機関の構成員
　　総領事，領事，副領事，代理領事など本務領事（反対に，名誉（総）領事は含まれない。）
  ・条約又は国際慣行により外交使節と同様の特権及び免除を受ける者
　　（条約によるもの）国際連合の事務総長，事務次長，専門機関の事務局長及び国際連合大学長
　　（国際慣行によるもの）二国間又は多国間の日本政府主催の会議などに出席する国家元首，閣僚，中央議会の議長，外国政府の代表団の構成員
  ・以上のうちいずれかの者と同一の世帯に属する家族の構成員

◆ポイント◆
　具体的な手続は，駐日外国公館・国際機関から外務省（儀典官室）を通じて行われる場合が多い。
　外交・公用旅券を所持していることは，「外交」の在留資格を決定する要

第1章　在留資格の認定要件と立証資料

件ではない。反対に，外交・公用旅券を所持していてもその外国人の活動が「外交」又は「公用」の在留資格に該当するということでもない。しかし，「外交」の在留資格に該当する活動を行う外国人は，外交・公用旅券を所持している場合が多いのも事実である。この点，日本国の旅券法では，日本国旅券は，公用旅券（外交旅券を含む。）及び一般旅券は日本国籍者にのみ発給されるところ（旅券法4条1項3号及び3条1項2号），国によっては，自国民ではない者に対しても自国の外交・公用旅券を発給する国（例：ドイツ旅券法1条4項2号。誤発給の慣行の2007年改正法による追認的明文化）もあるので，注意を要する。

「外交」の在留資格に該当する活動を行う者のなかには，日本国籍を有する者，外国籍者で「永住者」その他の在留資格又は在留の資格「特別永住者」を有する者がいる可能性もあるところ，このような者が「外交」の在留資格を取得すると，現に有する法的地位を喪失することになるので特に注意を要する。

なお，本邦を出入国する国際連合及びアメリカ合衆国の軍関係者に関しては，日本国における国際連合の軍隊の地位に関する協定（昭和29年6月1日条約第12号）3条2項及び日本国とアメリカ合衆国との間の相互協力及び安全保障条約第6条に基づく施設及び区域並びに日本国における合衆国軍隊の地位に関する協定（昭和35年6月23日条約第7号）9条2項の規定により，軍隊の構成員が旅券及び査証に関する日本国の法令の適用から除外されていることから，そもそも入管法の適用はなく，在留資格「外交」や「公用」が決定されることはない。

なお，入管法2条5号ロの規定にいう「政令で定める地域」として規定されている「台湾並びにヨルダン川西岸地区及びガザ地区」（施行令1条）に係る本邦の事務所又は代表部の職員及びその同一の世帯に属する家族は「外交」に該当せず，したがって，これらの者に決定される在留資格は「特定活動」である（特定活動告示3号及び4号）。

2 在留資格該当性

「日本国政府が接受する」
ポイント

「接受」とは，外国から派遣された外交使節を公式に受け入れることで，一般的には，外交使節は派遣国の元首の発する信任状を被派遣国（後の接受国）の元首に提出し，受理されることで正式に接受されたものとみなされ，職務を開始する。これが施設の長である場合にあっては，「アグレマン」と呼ばれる（外交関係に関するウィーン条約4条）。

「外国政府の」
ポイント

在留資格「公用」に関する入管法別表1の1の表の定めと異なり，「日本国政府の承認した」という文言が見当たらないが，それはこの「外交」の入管法別表1の1の表の定めにおいては「日本国政府が接受した」とあるからである。即ち，「接受」とは外交使節を公式に受け入れることを指すものである以上，その派遣元である政府を日本国政府として承認していることが前提とされているのである。実際，国際慣習法上も，外交使節の交換は黙示の国家承認の典型とされているところである。したがって，ここにいう「外国政府」とは，日本国政府が承認した外国政府のみを意味するということになる。

「外交使節団の構成員」
ポイント

外交使節団は，接受国において派遣国を代表し，国際法が認める範囲内で派遣国及びその国民の利益を保護すること，接受国の政府と交渉すること，接受国の諸事情をすべての適法な手段によって確認し，かつ，これらについて派遣国の政府に報告することなどを任務とし（外交関係に関するウィーン条約3条1項），その長及び職員（外交職員，事務及び技術職員，役務職員）により構成され（同1条），接受国において外交特権を享受する。

「領事機関の構成員」

ポイント

　領事機関は，接受国において，国際法の認める範囲内で派遣国及びその国民（自然人であるか法人であるかを問わない。）の利益を保護すること，派遣国の国民（自然人であるか法人であるかを問わない。）を援助すること，派遣国の国民に対し旅券又は渡航文書を発給し及び派遣国への渡航を希望する者に対し査証又は適当な文書を発給することなどの領事任務を遂行する機関であり（領事関係に関するウィーン条約5条），その構成員は，総領事，領事，副領事及び代理領事（同9条1項）などの本務領事のみを指し，多くは接受国の国籍者が任命される名誉（総）領事は含まれない。

「条約若しくは国際慣行により外交使節と同様の特権及び免除を受ける者」

ポイント

　例えば，国際連合の事務総長，事務次長，専門機関の事務局長があげられる（国際連合の特権及び免除に関する条約4条11項d号）。また，日本国内には国際連合大学が所在しているところ，その外国人学長もここに含まれる（国際連合大学本部に関する国際連合と日本国との協定）。その他にも，個別の条約によるものとして，世界貿易連合（W.T.O.），経済協力開発機構（O.E.C.D.），欧州共同体委員会代表部などの職員及びその家族の例がある。

　なお，国際連合職員の場合にあっては，その所持する通行証（レッセ・パッセ）をその用務の一応の判断基準とすることができる。具体的には，赤い表紙の通行証は「外交」，空色の表紙の通行証は「公用」となる（国際連合の特権及び免除に関する条約5条及び7条）。

「これらの者」

ポイント

　以上の者に該当する者すべてを指す。

　なお，これらの者に該当する者たり得る要件は，日本国内における外交用務を帯びた者であるという実質的要件及びそれが日本国政府によって承認又は認知されているという形式的要件からなる。外国政府・国際機関の関係者，外交官，領事，外交旅券所持者であることなどの形式は，日本国内における

外交用務の存在という実質要件の具備を推定させるものであっても，それのみをもって実質要件の具備を結論付けることはできない。因みに，国際連合の特権及び免除に関する条約においても，特権及び免除を締約国に求めているのは，同４条11項において「任務の遂行中及び会合地への往復の旅行中」であり，さらに，同26条の規定においては，国際連合通行証を所持しない者でもその用務を帯びることがあるので一定の便益を供与することが接受国に求められている。

「同一の世帯に属する」

● ポイント

共同生活をしている，即ち，同じ場所に居住し，生計を一にしていることを指す。

「家族の構成員」

● ポイント

2011（平成23）年に当時の駐大阪・神戸アメリカ合衆国総領事の同性婚の相手（米国人）に在留資格「外交」での入国・在留を許可したのは，「同一の世帯に属する家族の構成員」の解釈並びに外国関係に関するウィーン条約及び領事関係に関するウィーン条約の趣旨による限定的措置であった（参照：2013（平成25）年３月15日谷垣法務大臣答弁（183回衆法２号25頁））。

「としての活動」

● ポイント

「外交」の在留資格は，別表２の在留資格と同様，身分又は地位に着目した在留資格であり，対応する活動は，「としての活動」の前に列挙された身分又は地位を有する者としての活動である。

また，外交官等の特権・免除については，用務中の者に関し，外交関係に関するウィーン条約29条及び37条１項の規定において外交官と日本国籍を有しないその同居家族，領事関係に関するウィーン条約41条の規定においては領事官の身体の不可侵が定められている。しかしその一方，前者の条約42条及び後者の条約57条１項の規定においては，一定の範囲の館員には接受国内における個人的利得を目的とした職業活動又は商業活動が禁止されているだけでなく，後者においてはその条約57条２項において，一定の場合，領事官

の家族には条約上の特権・免除が認められていない。

3 基準（上陸許可基準）

なし。

4 立証資料

ア　新たに「外交」の在留資格を取得しようとする者の場合（上陸許可，在留資格認定証明書の交付，在留資格変更許可及び在留資格取得許可の申請）

　なお，例えば，今まで外交官の家族として在留していた者が，外交官の地位を取得して在留を継続しようとする場合など，今までとは異なる地位や身分を有する者としての活動を行おうとする場合も同様である。

(ア)　申請書（規則別記6号の3様式（交付），30号様式（変更），36号様式（取得））

(イ)　口上書その他外国政府又は国際機関が発行した身分及び用務を証する文書（規則別表3）

ポイント

　これらの文書は，申請人の地位という形式的要件及び用務の存在という実質的要件の存在を確認するための文書である。

　別表1の在留資格の場合と異なり，活動の期間及び報酬並びに申請人本人の経歴に関する証明などが求められていないのは，日本国政府が承認した外国政府又は国際機関に対するひとつの礼譲（敬譲）の現れと考えられる。

(ウ)　在留資格認定証明書交付申請の場合

①　写真1葉（規則6条の2第2項，20条2項（例外同3項），24条2項（例外同3項））

　写真の規格は規則別表3の2にあるとおりである（縦40㎜横30㎜）。

ポイント

　申請人と申請書に記載された人物が同一であることの確認のためのものである。

②　返信用封筒（定型封筒に宛先を明記のうえ，必要な額の郵便切手（簡易書留用）

を貼付したもの）　1通
(エ)　在留資格変更許可申請の場合には旅券及び在留カードなどの提示（規則20条4項），同取得許可申請の場合には旅券などの提示（規則24条4項）
◆ポイント◆
　申請人の国籍の属する国の確認，その国が把握している申請人の地位及び身分事項の確認，それらに基づく許可証印のためのものである（入管法20条4項。同22条の2第3項による準用の場合を含む。）。
　在留資格変更許可申請以外において在留カードの提示が要件とされていないのは，「外交」の在留資格をもって在留する者は在留カードの交付の対象ではないからである（入管法19条の3第3号）。
(オ)　在留資格取得許可申請の場合は，以上のほかに，以下の区分によりそれぞれ定める書類1通（規則24条2項）
①　日本の国籍を離脱した者：国籍を証する書類
②　①以外の者で在留資格の取得を必要とするもの：その事由を証する書類
◆ポイント◆
　いずれも申請人が在留資格の取得許可の対象となる者であることを確認するための文書である。

イ　在留期間更新許可申請
◆ポイント◆
　下記5にあるとおり，在留資格「外交」では在留期間が「外交活動を行う期間」とされていることから，在留期間更新許可申請は不要であり，そのための手続も存在しない。

5　在留期間（規則別表2）

外交活動（「外交」の在留資格に対応する活動）を行う期間

6 その他の注意事項

手数料は，免除（外交関係に関するウィーン条約34条，領事関係に関するウィーン条約49条）

公 用

1 概　要

(1) 本邦において行うことができる活動

> 日本国政府の承認した外国政府若しくは国際機関の公務に従事する者又はその者と同一の世帯に属する家族の構成員としての活動（在留資格「外交」に該当する活動を除く。）

(2) 対象となる主な者

具体的な対象者は次のとおりであり，単に，外国政府若しくは国際機関の職員，公用旅券所持者であるなどの形式ではなく，日本国内における公務の遂行という実質的な要件が満たされていることが必要である。

- 日本国政府との公の用務のため外国政府又は国際機関から派遣される者（「外交」該当者を除く。）
- 外交使節団の事務及び技術職員並びに役務職員（外交関係に関するウィーン条約1条(f)及び(g)）
- 領事機関の事務技術職員及び役務職員（領事関係に関するウィーン条約1条(e)及び(f)）
- 本邦に本部の置かれている国際機関の職員（「外交」の在留資格に該当する者を除く。）
- 外国政府又は国際機関の駐日出先機関に日本国政府との公務のため駐在する当該外国政府又は国際機関の職員
- 以上のいずれかの者と同一の世帯に属する家族の構成員としての活動

第1章　在留資格の認定要件と立証資料

> ポイント

　公用旅券を所持していることは，「公用」の在留資格を決定する要件ではない。反対に公用旅券を所持しているからといって，その外国人の活動が「公用」の在留資格に該当するということでもないが，「公用」の在留資格に該当する活動を行う外国人は，公用旅券を所持している場合が多いのも事実である。しかし，日本の旅券法では，日本国旅券は，公用旅券（外交旅券を含む。）及び一般旅券は日本国籍者にのみ発給されるところ（旅券法4条1項3号及び3条1項2号），国によっては，自国民ではない者に対しても自国の外交・公用旅券を発給する国（例：ドイツ旅券法1条4項2号。誤発給の慣行の2007年改正法による追認の明文化）もあるので，注意を要する。

　「公用」の在留資格に該当する活動を行う者のなかには，日本国籍を有する者，外国籍者で「永住者」その他の在留資格又は在留の資格「特別永住者」を有するものがいる可能性もあるところ，このような者が「公用」の在留資格を取得すると現に有する在留するための法的地位を喪失することになるので，特に注意を要する。

　なお，入管法2条5号ロの規定にいう「政令で定める地域」として「台湾並びにヨルダン川西岸及びガザ地区」が規定されているところ（施行令1条）に係る，これらの本邦の事務所又は代表部の職員及びその同一の世帯に属する家族はここに該当せず，したがって，これらの者に対して決定される在留資格は「特定活動」となる（特定活動告示3号及び4号）。

2　在留資格該当性

「日本国政府の承認した外国政府」

> ポイント

　「公用」の在留資格は，「外交」と同じく，日本国政府が承認した外国政府により派遣された者がその外国政府の公務に従事する場合に限定されるということである。

「日本国政府の承認した国際機関」
ポイント

国際連合，国際連合大学，世界貿易機関（W.T.O.），経済協力開発機構（O.E.C.D.），欧州共同体委員会代表部（欧州連合代表部）などがある。日本が加盟している国際条約に基づく機関の執行機関のみならず，日本が加盟国ではなくとも日本が承認した国際機関も含まれる。

国際連合職員の場合にあっては，その所持する通行証（レッセ・パッセ）をその用務の一応の判断基準とすることができる。具体的には，赤い表紙の通行証は「外交」，空色の表紙の通行証は「公用」となる（国際連合の特権及び免除に関する条約5条及び7条）。

「公務」
ポイント

外国政府又は国際機関にとっての公の用務ということであり，日本国政府にとっての公務である必要はない。何が公務であるかは，日本に入国しようとする者の所持する旅券の種類や派遣国・機関の一方的な意思により形式的に決まるものではなく，一般社会通念上公務に属するものと認められるものでなければならない。

「としての活動」
ポイント

「公用」の在留資格は，別表2の在留資格と同様，身分又は地位に着目した在留資格であり，対応する活動は，「としての活動」の前に列挙された身分又は地位を有する者としての活動である。

また，外交使節団及び領事機関の事務・技術職員，役務職員及びその同一世帯に属する家族等の特権・免除については，外交関係に関するウィーン条約37条2項以下の規定及び領事関係に関するウィーン条約41条以下の規定において認められているものの，外交官及び領事官の場合と比較して，制限的であり，特に役務職員の家族はその対象外である。また，前者の条約42条及び後者の条約57条1項の規定においては，一定の範囲の職員には接受国内における個人的利得を目的とした職業活動又は商業活動が禁止されているだけでなく，後者においてはその条約57条2項において，上記職員の同一世帯に

属する家族には，一定の場合，条約上の特権・免除が認められていない。

3 基準（上陸許可基準）

なし。

4 立証資料

ア　新たに「公用」の在留資格を取得しようとする者の場合（上陸許可，在留資格認定証明書の交付，在留資格変更許可及び在留資格取得許可の申請）

また，例えば，従前「公用」の家族として在留していた者を行う者として在留を継続しようとする場合など従前と異なる地位や身分を有する者としての活動を行おうとする場合も同様である。

(ア)　申請書（規則別記6号の3様式（交付），30号様式（変更），36号様式（取得））

(イ)　口上書その他外国政府又は国際機関が発行した身分及び用務を証する文書（規則別表3）

▶ポイント

これらの文書は，申請人の地位という形式的要件及び用務の存在という実質的要件の確認のためのものである。

他の活動資格の場合と異なり，活動の期間及び報酬並びに申請人本人の経歴に関する証明などが求められていないのは，外国政府に対するひとつの礼譲（敬譲）の現れと考えられる。

(ウ)　在留資格認定証明書交付申請の場合

①　写真1葉（規則6条の2第2項，20条2項（例外同3項に該当），24条2項（例外同3項に該当））

写真の規格は規則別表3の2にあるとおりである（縦40㎜横30㎜）。

▶ポイント

申請人と申請書に記載された人物が同一であることの確認のためのものである。

②　返信用封筒（定型封筒に宛先を明記のうえ，必要な額の郵便切手（簡易書留用）

を貼付したもの） 1通
(エ) 在留資格変更許可申請の場合には旅券及び在留カードなどの提示（規則20条4項）

🔷ポイント
　申請人の国籍の属する国の確認，その国が把握している申請人の地位及び身分事項の確認，それらに基づく許可証印のためのものである（入管法20条4項。同22条の2第3項による準用の場合を含む。）。
　在留資格変更許可の申請以外において在留カードの提示が要件とされていないのは，在留資格「公用」をもって在留する者は在留カードの交付対象ではないからである（入管法19条の3第3号）。

(オ) 在留資格取得許可申請の場合は，以上のほかに，以下の区分によりそれぞれ定める書類1通（規則24条2項）
　① 日本の国籍を離脱した者：国籍を証する書類
　② ①以外の者で在留資格の取得を必要とするもの：その事由を証する書類

🔷ポイント
　上記①から③までは，在留資格の取得許可の対象となる者であることを確認するための文書である。

イ 「公用」の在留資格をもって在留する外国人が，在留期間経過後も引き続き在留しようとする場合（在留期間更新許可申請）
　在留資格「外交」と異なり，有期の在留期間が法定されるので，現に有する在留期間より長期に在留するためには在留期間の更新許可を申請して受けなければならない。
　必要書類は，申請書（規則別記30号の2様式）のほか，上記アの(イ)及び(ウ)①である。

5 在留期間（規則別表2）

5年，3年，1年又は3か月

2012（平成24）年4月1日から施行された平成23年12月26日法務省令第43号により，在留資格「公用」の在留期間が「公用活動を行う期間」から上記のとおり改められたところ，法務省入国管理局（当時）において，以上の在留期間の運用に関して，次の方針が公表されている。
　⑴　本邦に駐在する者には，公用活動を行う予定滞在期間に応じて1年又は3年の期間
　⑵　予定滞在期間が3月以内の出張者には，予定滞在期間に応じて3月，30日又は15日の期間
　⑶　本国政府からの派遣でない現地職員（いわゆるローカル・スタッフ）には，1年の期間
　⑷　本邦において在留期間の更新を受ける際には，5年，3年，1年，3月，30日又は15日のいずれかの期間
　以上のような措置が採られた背景には，「公用」の用務を帯びていた者がその用務を終了したにもかかわらずその本人若しくはその家族構成員がそのまま在留を継続し，又は「公用」の用務を帯びたままその本人若しくはその家族構成員が，本来の用務とは関係のない就労活動に従事するという事例への対策であるものと推測される。用務終了後に係る前者の場合においては，外交関係に関するウィーン条約39条2項本文並びに領事関係に関するウィーン条約53条3項1文及び46条の特権・免除の終了に関する規定が適用される。その結果，入管法24条4号ロ（不法残留）の退去強制事由に該当する可能性が発生する。これに対して，後者の場合は，それぞれ外交関係に関するウィーン条約38条1項本文及び領事関係に関するウィーン条約43条1項の「その任務の遂行に当たつて行つた行為に関し」という限定条項が問題となる。その結果，入管法24条4号イ（資格外活動）の退去強制事由に該当する可能性が発生する。条約上の規定にもかかわらず，日本国政府においては，以上のような事例において，接受国として派遣国に対する外交的礼譲の観点から刑事手続及び退去強制手続を差し控えているものと考えられるところ，派遣国側としてもそれをそのまま当然視するのではなく，自国が外交又は公用の目的で派遣した者が犯した接受国の法律違反に対する派遣国としての責任として，接受国側への外交的礼譲の観点から，就労活動に従事していた者に

対する措置及び以後の同種事例の発生を防止するための措置を執ることにより派遣国としての誠意を示すことが必要であると考えられる。

6 その他の注意事項

　手数料は，免除（外交関係に関するウィーン条約34条，領事関係に関するウィーン条約49条）

第1章　在留資格の認定要件と立証資料

日本人の配偶者等

1　概要

(1)　本邦において行うことができる活動

> 日本人の配偶者若しくは特別養子又は日本人の子として出生した者

(2)　対象となる主な者

日本人の配偶者，日本人の特別養子，日本人の子として出生した者

2　在留資格該当性

「日本人」

▶ポイント

　日本の国籍法に則って日本国籍者を有する者を指す。あくまでも，この判断は法律上のものであって，当事者の意識や生まれ育った場所とは関係がない。

　戸籍法に基づく戸籍への記載事実は，当事者が日本国籍を有することを一応推認させるものではあるが，必ずしも日本国籍を有することを証明しないことに注意を要する。例えば，「自己の志望によつて外国の国籍を取得したときは」国籍法11条1項の規定により，「外国の国籍を有する日本国民」が「その外国の法令によりその国の国籍を選択したときは」同条2項の規定により，日本国籍を喪失したことになるので，その旨届け出なければならない（戸籍法103条）。この国籍喪失届をしなかった場合，戸籍の記載は残ったままとなるが，それは形骸に過ぎず，(注)戸籍に記載があるからといって日本国籍

を有しているということにはならない。国によっては，日本国籍者とその国の国籍者が婚姻後出生した子について，当該国の駐日公館において当該国籍を留保する手続をした場合，これが国籍法11条の対象となり，日本国籍を喪失するに至るという例もあるので，注意を要する。

　また，反対の事例として，日本人夫婦の子として出生したものの，何らかの理由により出生届をしなかった場合，国籍法上は，当該出生子は国籍法2条1号の規定により日本国籍者であるものの，戸籍に記載されていないという状態が続くことになる。したがって，戸籍に記載がないからといって必ずしも日本国籍者でないとは言い切れないので，注意を要する。

（注）　そのほかの例として，「（日本国籍の）選択の宣言をした日本国民で外国の国籍を失つていないものが自己の志望によりその外国の公務員（括弧内略）に就任した場合において，その就任が日本の国籍を選択した趣旨に著しく反すると認めるとき」に法務大臣が日本の国籍の喪失の宣告をしたとき（国籍法16条2項）があげられる。なお，実際に，国籍法及び戸籍法の一部を改正する法律（昭和59年5月25日法律第45号）附則3条の規定により日本国籍の選択の宣言をしたとみなされた者に関し，実際に選択の宣言をしたわけではないので，国籍法16条2項の規定の適用はないとの政府見解（昭和59年4月13日衆議院法務委員会枇杷田民事局長答弁（101回衆法9号5頁））が示された例があるが，まれな事例である。

「配偶者」

ポイント

　法律上有効な婚姻状態にある配偶者を指す。したがって，内縁の配偶者はここには含まれない。さらに，現に婚姻中であることを指すので，死亡した配偶者及び離婚した配偶者は，ここにいう「配偶者」には該当しない。

　また，日本人との婚姻関係により「日本人の配偶者等」の在留資格該当性が存在すると認められるためには，日本人と当該外国人が法律上有効な婚姻状態にあるという形式的要件のほかに，夫婦として「同居し，互いに協力し扶助」し合って社会通念上の夫婦共同生活を営むという婚姻の実体を伴うものでなければならない（参照：法の適用に関する通則法25条，民法752条）。というのは，入管法2条の2第2項の規定に「別表第二の上欄の在留資格をもつ

在留する者は当該在留資格に応じそれぞれ本邦において同表の下欄に掲げる身分若しくは地位を有する者としての活動を行うことができる。」とあり，さらに，入管法7条1項2号の規定には「別表第二の下欄に掲げる身分若しくは地位（括弧内略）を有する者としての活動のいずれかに該当し」とあるように，法自体が外国人の本邦における活動に着目して在留資格制度を構築しているので，この活動が行われないか，又はかつては行われていたとしても現に行われていない状況にあるのであれば，在留資格該当性は存在しないということになるからである。

なお，婚姻年齢に関しては，日本民法はもとより，各国の法令によりそれぞれの定めが置かれている。場合により，いわゆる「児童婚」として刑事上・民事上の責任を惹起することもあり得るので，婚姻の成立，方式及び効力に関しては，日本の市区町村役場及び相手国の関係官署に確認しておくべきであろう。

「特別養子」

ポイント

民法817条の2の規定による養子縁組を指す。これは，日本の家庭裁判所の審判により，実方の父母及びその血族との親続関係を終了させる（同法817条の9）という特別な養子縁組である特別養子制度の趣旨に鑑み，一般の養子と異なり，本件在留資格の対象としたものである。

「日本人の子として出生した」

ポイント

「子」とは実子をいう。嫡出子のほか，認知された非嫡出子も子である。「出生の時に父又は母が日本国民であるとき。」又は「出生前に死亡した父が死亡の時に日本国民であったとき。」を指す。しかし，いずれの場合にあっても，現行国籍法では2条の1号及び2号の規定により「日本国民とする。」とされているので，日本国民ではないということは，国籍法11条の規定により日本国籍を喪失した，同12条の規定により「日本の国籍を留保する意思表示」をせずに，「出生の時にさかのぼつて日本の国籍を失」った，同13条の規定により「外国の国籍を有する日本国民」として国籍離脱届を行った（いわゆる日本国籍の放棄），又は1985（昭和60）年1月1日の国籍法改正法施行前

の父系血統主義が採られていた時代に外国人父と日本人母との間に出生したため，日本国民とはならなかったという事情があると考えられる。

なお，本人出生後の父又は母の日本国籍離脱若しくは喪失は，「日本人の子として出生した」という事実に影響を与えるものではない。

出生とは，分娩の事実を捉え，そこに法律上の実親子関係を見出すという考え方で，日本法もこの考え方を採用したものである。いわゆる代理出産の場合，日本法では，実際に出産した者，及び，その出産した者に配偶者がいる場合当該配偶者が当該出生子の実親との扱いになるので，当該実親が共に日本国籍を有しないとき，その出生子は日本国籍を有しないということになる。

3 基準（上陸許可基準）

なし。

4 立証資料

1(1)にあるとおり，「日本人の配偶者等」の在留資格には外国人（申請人）が日本人の配偶者（夫又は妻）である場合と外国人（申請人）が日本人の実子又は特別養子である場合という相互に異なる2つの場合を含んでいる。したがって，これらを分けて説明することとする。

(1) **外国人（申請人）が日本人の配偶者（夫又は妻）である場合**

ア 新たに「日本人の配偶者等」の在留資格を取得しようとする者の場合
（上陸許可，在留資格認定証明書の交付，在留資格変更許可及び在留資格取得許可の申請）

(ア) 申請書（規則別記6号の3様式（交付），30号様式（変更），36号様式（取得））

(イ) 写真1葉（規則6条の2第2項，20条2項（例外同3項），24条2項（例外同3項））

写真の規格は規則別表3の2にあるとおりである（縦40㎜横30㎜）。

第1章　在留資格の認定要件と立証資料

16歳未満の者は不要（2の「配偶者」の項の説明の最終段落参照。）
🔴 ポイント
申請人と申請書に記載された人物が同一であることの確認のためのものである。

㈦　配偶者（日本人）の戸籍謄本（全部事項証明書）　1通（規則別表3第1号イ）
※申請人との婚姻事実の記載があるもの。婚姻事実の記載がない場合には，戸籍謄本に加え婚姻届出受理証明書を提出のこと。
🔴 ポイント
在留資格該当性の確認のためのものである。しかし，2の「配偶者」の箇所で説明したとおり，法律上の婚姻成立が即在留資格該当性ありということになるわけではない。

㈢　申請人の国籍国（外国）の機関から発行された結婚証明書　1通（規則別表3第1号イ）
※申請人とその日本人の配偶者との婚姻が記載された外国機関発行の戸籍謄本の提出でも可
🔴 ポイント
当事者双方の本国において法律上婚姻が成立している事実が公的に把握されていることが必要であるという意味である。理論上は法律上の婚姻の成立で十分なところであるが，法律上成立した婚姻を自国又は配偶者の本国に届け出ず，事実上重婚に至り，渉外的に身分関係を混乱させ，好ましくない結果につながる例も考えられることから，このような事例を防止するための方策のひとつとしてあげられているものである。

㈣　日本での滞在費用を証明する資料（規則別表3第1号ロ）
①　申請人の滞在費用を支弁する者の直近1年分の住民税の課税（又は非課税）証明書及び納税証明書（1年間の総所得及び納税状況が記載されたもの）　各1通
※1月1日現在の住所地の市区町村役場から発行される。
※1年間の総所得及び納税状況（納税事実の有無）の両方が記載されている証明書であれば，いずれか一方で可
②　その他

380

※入国後間もない場合や転居等により，①の資料で滞在費用を証明できない場合は，以下の資料を提出のこと
　　ⅰ　預貯金通帳の写し　　適宜
※Web通帳の画面の写し等（取引履歴が分かるもの）であっても可。ただし，加工等できない状態で印刷されたものに限る（Excelファイル等は不可）。
　　ⅱ　雇用予定証明書又は採用内定通知書（日本の会社発行のもの）　適宜
　　ⅲ　上記ⅰ又はⅱに準ずるもの　　適宜
㈡　配偶者（日本人）の身元保証書　１通（規則別表３第１号ハ）
※英語版あり。入管庁ホームページから取得可能。
※身元保証人には日本に居住する配偶者（日本人）がなること

▶ポイント

　一般的には，この場合の身元保証に民事上の責任負担を定めた「身元保証ニ関スル法律」（昭和８年法律42号）が適用されるとは解されていない。また，同法上の身元保証人の責任は相当限定されているところ，「日本人の配偶者等」の在留資格の決定を受ける場合に求められているのは，外国人配偶者の（本邦における）滞在費及び（自発的意思によるか，退去強制によるかなどを問わず）帰国旅費の負担並びに法令の遵守に限定されているので，身元保証人の負担すべき責任はさらに限定されていると解すべきである。
　規則22条１項３号，別表３及び３の６において身元保証書の提出が明確に求められているのは入管法別表２の在留資格に限定されている。これは，入管法別表２の在留資格は本邦において有する身分又は地位に着目した在留資格であり，本邦において行うことが可能な活動に制限がないこと，将来的に長期間にわたって在留することが想定されているのが通常であること，したがって，本邦への定着性が強いのが通常であることから，本邦における生活面において，経済的側面のみならず，法令遵守という側面においても，関係者に，入管法別表２の在留資格をもって在留する外国人の支援を求めるべきであるという考え方による。
　そして，特に「日本人の配偶者等」の在留資格の場合については，当該在留資格の決定を受けようとする外国人が日本人の配偶者であるときは，当該外国人と日本人との婚姻関係が真摯で継続性のあるものであれば，当

該外国人の配偶者である日本人が身元保証人になるのが通常であり，当然であると考えられることから，身元保証人には日本に居住する配偶者（日本人）がなることが求められていると考えられる。

　因みに，これら以外の在留資格において，就労資格にあっては受入れ機関が報酬という形で，非就労資格にあっては本人又は扶養者などの生活費負担者の存在という形で滞在費及び帰国旅費が保証されているとの前提の下に，身元保証人は求められていない。

(キ)　配偶者（日本人）の世帯全員の記載のある住民票の写し　１通（規則別表３第１号イ）

　　※個人番号（マイナンバー）は省略，他の事項については省略のないもの

▶ポイント

　第一次的には申請人とその日本人である配偶者が同居し，相互に協力し，扶助しあっており（参考：民法752条），在留資格「日本人の配偶者等」に定める身分又は地位を有する者としての活動に継続的に従事すること（入管法２条の２第２項及び７条１項２号）の確認のためである。同居していない場合にあっては，相互協力・扶助関係がどのように維持され，所定の在留活動がなされるのかについての説明が求められることがある。

(ク)　質問書（各国語版あり。入管庁ホームページから取得可能。）　１通

　　※質問書とは，日本人若しくは「永住者」（特別永住者を含む。）又は日系２世若しくは日系３世である「定住者」の在留資格を有する者のいずれかの配偶者としての在留資格の決定を受けようとするときに提出を求められる書類で，申請人の身分事項から始まり，結婚に至った経緯，配偶者間における使用言語，日本における婚姻届出時の証人の氏名，結婚式（披露宴）の開催日時・場所，婚姻歴，夫婦双方の本国への渡航歴，婚姻前の申請人の退去強制歴の有無，夫婦の親族一覧など詳細な質問が記載されているので，それに回答し，提出するものとされている。

▶ポイント

　婚姻の継続性の確認のためのものである。

(ケ)　夫婦間の交流が確認できる資料（入管法別表２）

① スナップ写真（申請人及びその日本人配偶者が二人で写っており，容姿がはっきりと確認できるもの。アプリ加工したものは不可。） 2〜3葉
② その他（以下で提出できるもの）
・SNS記録
・通話記録

▶ポイント
婚姻の継続性・真摯性の確認のためのものである。

㈰ 在留資格認定証明書交付申請の場合には返信用封筒（定形封筒に宛先を明記のうえ，必要な額の郵便切手（簡易書留用）を貼付したもの） 1通

㈵ 在留資格変更許可申請の場合には旅券及び在留カードなど（規則20条4項），同取得許可申請の場合には旅券など（規則24条4項）

▶ポイント
申請人が現に外国籍者であることの確認，その国籍の属する国の特定，その国が把握している申請人の身分事項の確認，それらに基づく許可証印及び在留カードの交付のためのものである（入管法20条4項。同22条の2第3項による準用の場合を含む。）。

㈻ 在留資格取得許可申請の場合は，以上のほかに，以下の区分によりそれぞれ定める書類1通（規則24条2項）。
① 日本の国籍を離脱した者：国籍を証する書類
② 出生した者：出生したことを証する書類
③ ①及び②以外の者で在留資格の取得を必要とするもの：その事由を証する書類

▶ポイント
いずれも在留資格の取得許可の対象となる者であることを確認するための文書である。

出生により「日本人の配偶者等」の在留資格のうち「日本人の配偶者」に相当するものとしての同在留資格を取得するということは想定されていない。「日本人の子」という意味における「日本人の配偶者等」であることから，次の(2)を参照のこと。

第1章　在留資格の認定要件と立証資料

イ　「日本人の配偶者等」の在留資格をもって在留する外国人が，在留期間経過後も引き続き在留しようとする場合（在留期間更新許可申請）
(ア)　申請書（規則別記30号の2様式）
(イ)　写真1葉（規則6条の2第2項，20条2項（例外同3項），24条2項（例外同3項））

写真の規格は規則別表3の2にあるとおりである（縦40mm横30mm）。

16歳未満の者は不要（2の「配偶者」の項の説明の最終段落参照。）

●ポイント●

申請人と申請書に記載された人物が同一であることの確認のためのものである。

(ウ)　旅券及び在留カードなど（規則21条4項が準用する同20条4項）

●ポイント●

申請人の国籍の属する国の確認，その国が把握している申請人の身分事項の確認，それらに基づく許可証印及び在留カードの交付のためのものである（入管法21条4項が準用する同20条4項）。

申請人以外の者が申請書類を提出する場合であっても，提示が必要

(エ)　配偶者（日本人）の戸籍謄本（全部事項証明書）　1通（規則別表3の6第1号）

※申請人との婚姻事実の記載があるもの

●ポイント●

在留資格該当性の確認のためのものである。また，このことによって，婚姻の継続性をある程度推認することができる。

(オ)　日本での滞在費用を証明する資料（規則別表3の6第2号）
　①　申請人の滞在費用を支弁する者の直近1年分の住民税の課税（又は非課税）証明書及び納税証明書（1年間の総所得及び納税状況が記載されたもの）　各1通

※1月1日現在の住所地の市区町村役場から発行される。

※1年間の総所得及び納税状況（納税事実の有無）の両方が記載されている証明書であれば，いずれか一方で可

※申請人が自ら滞在費用を支弁する場合は，申請人の住民税の課税（又

は非課税）証明書及び納税証明書（1年間の総所得及び納税状況が記載されたもの）を提出のこと
　② その他
※入国後間もない場合や転居等により，①の資料で滞在費用を証明できない場合は，以下の資料を提出のこと
　　ⅰ　預貯金通帳の写し　適宜
※Web通帳の画面の写し等（取引履歴が分かるもの）でも可。ただし，加工等できない状態で印刷されたものに限る（Excelファイル等は不可）。
　　ⅱ　雇用予定証明書又は採用内定通知書（日本の会社発行のもの）　適宜
　　ⅲ　上記ⅰ又はⅱに準ずるもの　適宜
㈹　配偶者（日本人）の身元保証書　1通（規則別表3の6第3号）
※英語版あり。入管庁ホームページから取得可能。
※身元保証人には日本に居住する配偶者（日本人）がなること

▶ポイント

　一般的には，この場合の身元保証に民事上の責任負担を定めた「身元保証ニ関スル法律」（昭和8年法律42号）が適用されるとは解されていない。また，同法上の身元保証人の責任は相当限定されているところ，「日本人の配偶者等」の在留資格の決定の場合に求められているのは，外国人配偶者の（本邦における）滞在費及び（自発的意思によるか，退去強制によるかなどを問わず）帰国旅費の負担並びに法令の遵守に限定されているので，身元保証人の負担すべき責任はさらに限定されていると解すべきである。
　規則22条1項3号，別表3及び3の6において身元保証書の提出が明確に求められているのは入管法別表2の在留資格に限定されている。これは，入管法別表2の在留資格は本邦において有する身分又は地位に着目した在留資格であり，本邦において行うことが可能な活動に制限がないこと，将来的に長期間にわたって在留することが想定されているのが通常であること，したがって，本邦への定着性が強いのが通常であることから，本邦における生活面において，経済的側面のみならず，法令遵守という側面においても，関係者に，入管法別表2の在留資格をもって在留する外国人の支援を求めるべきであるという考え方による。

第1章　在留資格の認定要件と立証資料

　　そして，特に「日本人の配偶者等」の在留資格の場合については，当該在留資格の決定を受けようとする外国人が日本人の配偶者であるときは，当該外国人と日本人との婚姻関係が真摯で継続性のあるものであれば，当該外国人の配偶者である日本人が身元保証人になるのが通常であり，当然であると考えられることから，身元保証人には日本に居住する配偶者（日本人）がなることが求められていると考えられる。

　　因みに，これら以外の在留資格においては，就労資格にあっては受入れ機関が報酬という形で，非就労資格にあっては本人又は扶養者などの生活費負担者の存在という形で滞在費及び帰国旅費が保証されているとの前提の下に，身元保証人は求められていない。

　㈲　配偶者（日本人）の世帯全員の記載のある住民票の写し　1通（規則別表3の6第1号）

　　※個人番号（マイナンバー）は省略，他の事項については省略のないもの

　●ポイント●

　　第一次的には申請人とその日本人である配偶者が同居し，相互に協力し，扶助しあっており（参考：民法752条），在留資格「日本人の配偶者等」に定める身分又は地位を有する者としての活動に継続的に従事すること（入管法2条の2第2項及び7条1項2号）の確認のためである。同居していない場合にあっては，相互協力・扶助関係がどのように維持され，所定の在留活動がなされるのかについての説明が求められることがある。

(2) 外国人（申請人）が日本人の子として出生した実子・特別養子である場合

　ア　新たに「日本人の配偶者等」の在留資格を取得しようとする者の場合
　　（上陸許可，在留資格認定証明書の交付，在留資格変更許可及び在留資格取得許可の申請）

　㈦　申請書（規則別記6号の3様式（交付），30号様式（変更），36号様式（取得））

　㈣　写真1葉（規則6条の2第2項，20条2項（例外同3項），24条2項（例外同3項））

　　写真の規格は規則別表3の2にあるとおりである（縦40㎜横30㎜）。

16歳未満の者は不要

ポイント

申請人と申請書に記載された人物が同一であることの確認のためのものである。

(ウ) 申請人の親の戸籍謄本又は除籍謄本（全部事項証明書） 1通（規則別表3第2号イ）

ポイント

日本人との身分関係の確認のためのものである。

(エ) 日本で出生した場合は次の①又は②のいずれかの文書 1通（規則別表3第2号イ）

① 出生届受理証明書

② 認知届受理証明書

※発行日から3か月以内のもの

※上記②については，日本の市区町村役場に届出をしている場合のみ提出のこと

ポイント

日本人との親子関係の確認のためのものである。なお，日本人母から出生した者は，分娩の事実により母子関係が発生するものとされており，国籍法の一部を改正する法律（昭和59年5月25日法律第45号）の施行日（1980（昭和60）年1月1日）以降に出生した者の場合は，国籍法2条2号の規定により，出生により日本国民ということになるので，本件の対象とはならない。したがって，認知が問題となるのは，日本人父との親子関係（父子関係）のみである。

(オ) 海外で出生した場合は次の①又は②のいずれかの文書 1通（規則別表6第2号イ）

① 出生国の機関から発行された出生証明書

② 出生国の機関から発行された申請人の認知に係る証明書（認知に係る証明書がある場合のみ）

ポイント

これは，国籍法12条の規定により日本国籍を喪失した者も対象としてい

る。即ち、「出生により外国の国籍を取得した日本国民で国外で生まれたもの」の、戸籍法104条の規定により出生日から3か月以内に国籍の留保の届出をしなかったために出生時に遡って日本国籍を喪失した者である。

なお、この規定は、1984（昭和59）年の国籍法の一部を改正する法律（昭和59年5月25日法律第45号）により改正されており、それ以前は生地主義国で出生した日外重国籍者に限定されていたものが、生地主義、血統主義のいかんを問わず、出生時に日外重国籍となったこと、出生地が国外であることのみを要件とすることとなったものであるので、注意を要する。

㈍　特別養子の場合は次の①又は②のいずれかの文書　1通（規則別表3第2号イ）
　①　特別養子縁組届出受理証明書
　②　日本の家庭裁判所発行の養子縁組に係る審判書謄本及び確定証明書

●ポイント
特別養子縁組の成立の確認のためのものである。

㈎　日本での滞在費用を証明する資料（規則別表3第2号ロ）
　①　申請人の滞在費用を支弁する者（複数の人が扶養する場合は収入の多い方）の直近1年分の住民税の課税（又は非課税）証明書及び納税証明書（1年間の総所得及び納税状況が記載されたもの）　各1通
　※1月1日現在の住所地の市区町村役場から発行される。
　※1年間の総所得及び納税状況（納税事実の有無）の両方が記載されている証明書であれば、いずれか一方で可
　②　その他
　※入国後間もない場合や転居等により、①の資料で滞在費用を証明できない場合は、以下の資料を提出のこと
　　　ⅰ　預貯金通帳の写し　適宜
　※Web通帳の画面の写し等（取引履歴が分かるもの）でも可。ただし、加工等できない状態で印刷されたものに限る（Excelファイル等は不可）。
　　　ⅱ　雇用予定証明書又は採用内定通知書（日本の会社発行のもの）　適宜
　　　ⅲ　上記ⅰ又はⅱに準ずるもの　適宜

> **ポイント**

滞在費支弁能力の確認のためのものである。

(ク) 身元保証書　1通（規則別表3第2号ハ）

※英語版あり。入管庁ホームページから取得可能

※身元保証人には日本に居住する日本人（子の実親又は養親）等がなること

> **ポイント**

　一般的には，この場合の身元保証に民事上の責任負担を定めた「身元保証ニ関スル法律」（昭和8年法律42号）が適用されるとは解されていない。また，同法上の身元保証人の責任は相当限定されているところ，「日本人の配偶者等」の在留資格の決定を受ける場合に求められているのは，外国人配偶者の（本邦における）滞在費及び（自発的意思によるか，退去強制などによるかを問わず）帰国旅費の負担並びに法令の遵守に限定されているので，身元保証人の負担すべき責任はさらに限定されていると解すべきである。

　規則22条1項3号，別表3及び3の6において身元保証書の提出が明確に求められているのは入管法別表2の在留資格に限定されている。これは，入管法別表2の在留資格は本邦において有する身分又は地位に着目した在留資格であり，本邦において行うことが可能な活動に制限がないこと，将来的に長期間にわたって在留することが想定されているのが通常であること，したがって，本邦への定着性が強いのが通常であることから，本邦における生活面において，経済的側面のみならず，法令遵守という側面においても，関係者に，入管法別表2の在留資格をもって在留する外国人の支援を求めるべきであるという考え方による。

　そして，特に「日本人の配偶者等」の在留資格の場合については，当該在留資格の決定を受けようとする外国人が日本人の配偶者であるときは，当該外国人と日本人との婚姻関係が真摯で継続性のあるものであれば，当該外国人の配偶者である日本人が身元保証人になるのが通常であり，当然であると考えられることから，身元保証人には日本に居住する配偶者（日本人）がなることが求められていると考えられる。

　因みに，これら以外の在留資格においては，就労資格にあっては受入れ

機関が報酬という形で，非就労資格にあっては本人又は扶養者などの生活費負担者の存在という形で滞在費及び帰国旅費が保証されているとの前提の下に，身元保証人は求められていない。

(ケ)　在留資格認定証明書交付申請の場合には返信用封筒（定形封筒に宛先を明記のうえ，必要な額の郵便切手（簡易書留用）を貼付したもの）　1通

(コ)　在留資格変更許可申請の場合には旅券及び在留カードなど（規則20条4項），同取得許可申請の場合には旅券など（規則24条4項）。

● ポイント ●

申請人が現に外国籍者であることの確認，その国籍の属する国の特定，その国が把握している申請人の身分事項の確認，それらに基づく許可証印及び在留カードの交付のためのものである（入管法20条4項。同22条の2第3項による準用の場合を含む。）。

申請人以外の者が申請書類を提出する場合であっても，提示が必要

(サ)　在留資格取得許可申請の場合は，以上のほかに，以下の区分によりそれぞれ定める書類1通（規則24条2項）

① 日本の国籍を離脱した者：国籍を証する書類
② 出生した者：出生したことを証する書類
③ ①及び②以外の者で在留資格の取得を必要とするもの：その事由を証する書類

● ポイント ●

上記①から③までは，在留資格の取得許可の対象となる者であることを確認するための文書である。

イ　「日本人の配偶者等」の在留資格をもって在留する外国人が，在留期間経過後も引き続き在留しようとする場合（在留期間更新許可申請）

(ア)　申請書（規則別記30号の2様式）

(イ)　写真1葉（規則6条の2第2項，20条2項（例外同3項），24条2項（例外同3項））

写真の規格は規則別表3の2にあるとおりである（縦40mm横30mm）。
16歳未満の者は不要

> ポイント

　申請人と申請書に記載された人物が同一であることの確認のためのものである。

㈦　旅券及び在留カードなど（規則21条4項が準用する同20条4項）

> ポイント

　申請人の国籍の属する国の確認，その国が把握している申請人の身分事項の確認，それらに基づく許可証印及び在留カードの交付のためのものである（入管法21条4項が準用する同20条4項）。

　申請人以外の者が申請書類を提出する場合であっても，提示が必要

㈣　日本での滞在費用を証明する資料（規則別表3の6第2号）

① 　申請人の滞在費用を支弁す者の直近1年分の住民税の課税（又は非課税）証明書及び納税証明書（1年間の総所得及び納税状況が記載されたもの）　各1通

※1月1日現在の住所地の市区町村役場から発行される。

※1年間の総所得及び納税状況（納税事実の有無）の両方が記載されている証明書であれば，いずれか一方で可

※申請人が自ら滞在費用を支弁する場合は，申請人の住民税の課税（又は非課税）証明書及び納税証明書（1年間の総所得及び納税状況が記載されたもの）を提出のこと

② 　その他

※入国後間もない場合や転居等により，①の資料で滞在費用を証明できない場合は，以下の資料を提出のこと

　　ⅰ　預貯金通帳の写し　適宜

※Web通帳の画面の写し等（取引履歴が分かるもの）でも可。ただし，加工等できない状態で印刷されたものに限る（Excelファイル等は不可）。

　　ⅱ　雇用予定証明書又は採用内定通知書（日本の会社発行のもの）　適宜
　　ⅲ　上記ⅰ又はⅱに準ずるもの　適宜

> ポイント

　過去の滞在費支弁能力を確認することにより，将来に向けての滞在費支弁能力を判断しようとするものである。

(オ)　身元保証書　1通（規則別表3の6第3号）
　※英語版あり。入管庁ホームページから取得可能。
　※身元保証人には日本に居住する日本人（申請人の実親又は養親）等がなること

🔷ポイント

　一般的には，この場合の身元保証に民事上の責任負担を定めた「身元保証ニ関スル法律」（昭和8年法律42号）が適用されるとは解されていない。また，同法上の身元保証人の責任は相当限定されているところ，「日本人の配偶者等」の在留資格の決定を受ける場合に求められているのは，外国人配偶者の（本邦における）滞在費及び（自発的意思によるか，退去強制によるかなどを問わず）帰国旅費の負担並びに法令の遵守に限定されているので，身元保証人の負担すべき責任はさらに限定されていると解すべきである。

　規則22条1項3号，別表3及び3の6において身元保証書の提出が明確に求められているのは入管法別表2の在留資格に限定されている。これは，入管法別表2の在留資格は本邦において有する身分又は地位に着目した在留資格であり，本邦において行うことが可能な活動に制限がないこと，将来的に長期間にわたって在留することが想定されているのが通常であること，したがって，本邦への定着性が強いのが通常であることから，本邦における生活面において，経済的側面のみならず，法令遵守という側面においても，関係者に，入管法別表2の在留資格をもって在留する外国人の支援を求めるべきであるという考え方による。

　そして，特に「日本人の配偶者等」の在留資格の場合については，当該在留資格の決定を受けようとする外国人が日本人の配偶者であるときは，当該外国人と日本人との婚姻関係が真摯で継続性のあるものであれば，当該外国人の配偶者である日本人が身元保証人になるのが通常であり，当然であると考えられることから，身元保証人には日本に居住する配偶者（日本人）がなることが求められていると考えられる。

　因みに，これら以外の在留資格においては，就労資格にあっては受入れ機関が報酬という形で，非就労資格にあっては本人又は扶養者などの生活費負担者の存在という形で滞在費及び帰国旅費が保証されているとの前提

の下に，身元保証人は求められていない。
㊍　申請人の親又は養親である日本人の世帯全員の記載のある住民票の写し　1通
　　※個人番号（マイナンバー）は省略，他の事項については省略のないもの

> **ポイント**

在留資格「日本人の配偶者等」に定める身分又は地位を有する者としての活動に継続的に従事すること（入管法2条の2第2項及び7条1項2号）の確認のためである。同居していない場合にあっては，相互の関係がどのように維持され，所定の在留活動がなされるのかについての説明が求められることがある。

5　在留期間（規則別表2）

5年，3年，1年又は3か月

6　その他の注意事項

手数料
在留資格認定証明書交付及び在留資格取得許可の場合，発生せず。
在留資格変更許可及び在留期間更新許可の場合，4,000円（入管法67条1号及び2号並びに施行令9条1号及び2号）

永住者の配偶者等

1 概要

(1) 本邦において行うことができる活動

> 永住者等の配偶者又は永住者等の子として本邦で出生しその後引き続き本邦に在留している者

(2) 対象となる主な者

永住者及び特別永住者の配偶者，永住者及び特別永住者の子として本邦で出生し，その後も引き続いて本邦に在留している者

2 在留資格該当性

「永住者等」

ポイント

入管法別表2の在留資格「永住者」及び入管特例法上の在留の資格「特別永住者」を指す。

「配偶者」

ポイント

法律上有効な婚姻状態にある配偶者を指す。したがって，内縁の配偶者はここには含まれない。さらに，現に婚姻中であることを指すので，死亡した配偶者及び離婚した配偶者は該当しない。

また，永住者等との婚姻関係により「永住者の配偶者等」の在留資格該当性が存在すると認められるためには，永住者等と当該外国人が法律上有効な

婚姻状態にあるという形式的要件のほかに，夫婦として「同居し，互いに協力し扶助」し合って社会通念上の共同生活を営むという婚姻の実体を伴うものでなければならない（参照：法の適用に関する通則法25条，民法752条）。というのは，入管法2条の2第2項の規定に「別表第二の上欄の在留資格をもって在留する者は当該在留資格に応じそれぞれ本邦において同表の下欄に掲げる身分若しくは地位を有する者としての活動を行うことができる。」とあり，さらに，入管法7条1項2号の規定には「別表第二の下欄に掲げる身分若しくは地位（括弧内略）を有する者としての活動のいずれかに該当し」とあることから，入管法自体が外国人の本邦における活動に着目して在留資格制度を構築しており，この活動が行われないか，又は現に行われていない状況にあるのであれば，在留資格該当性は存在しないということになるからである。

なお，婚姻年齢に関しては，日本民法はもとより，各国の法令によりそれぞれの定めが置かれている。場合により，いわゆる「児童婚」として刑事上・民事上の責任を惹起することもあり得るので，婚姻の成立，方式及び効力に関しては，日本の市区町村役場及び相手国の関係官署に確認しておくべきであろう。

「子として出生」

ポイント

通常，子には養子も含まれるが子として出生した者の場合の子は，実子をいう。嫡出子及び認知された非嫡出子をいうが，特別養子及び（一般の）養子は含まれない。この点が，在留資格「日本人の配偶者等」の場合と異なる点である。

なお，「子として出生した」とは，出生の時に父又は母が永住者又は特別永住者であるとき又は出生前に死亡した父が死亡の時に永住者又は特別永住者であったときを指す。なお，本人出生後の父及び母の「永住者」の在留資格や特別永住者の地位の喪失は，「永住者等の子として出生」という事実に影響を与えるものではない。

「本邦で出生しその後引き続き本邦に在留している」

ポイント

本邦で出生し，その後引き続いて本邦に在留しているということである。

したがって，本邦外で出生し，その後本邦に入国した者は，本件在留資格に該当しない。これらの者は，「定住者」の在留資格に該当するものとされ，当該在留資格をもって入国・在留することになる（出入国管理及び難民認定法第7条第1項第2号の規定に基づき同法別表第2の定住者の項の下欄に掲げる地位を定める件（平成2年5月24日法務省告示第132号）6号以下）。

以上から，「永住者の配偶者等」における子は，在留資格取得許可申請を怠って不法残留をする者を別とすれば，在留資格取得許可により当該在留資格を取得した者及びその後在留期間更新許可を得た者以外には，存在しないということになる。

3 基準（上陸許可基準）

なし。

4 立証資料

入管庁ホームページには，在留資格取得の許可申請を除いて永住者の実子に関する諸申請の説明はない。したがって，永住者の実子に関する申請を要する事例が発生したときの対応は，最寄りの地方出入国在留管理局に相談のこと。

　ア　新たに「永住者の配偶者等」の在留資格を取得しようとする者の場合
　　（上陸許可，在留資格認定証明書の交付，在留資格変更許可及び在留資格取得許可の申請）
　(ｱ)　申請書（規則別記6号の3様式（交付），30号様式（変更），36号様式（取得））
　(ｲ)　写真1葉（規則6条の2第2項，20条2項（例外同3項），24条2項（例外同3項））
　　写真の規格は規則別表3の2にあるとおりである（縦40㎜横30㎜）。
　　16歳未満の者は不要（2の「配偶者」の項の説明の最終段落参照。）。
　　◆ポイント◆
　　申請人と申請書に記載された人物が同一であることの確認のためのもの

である。
㈦　配偶者（永住者）及び申請人の国籍国（外国）の機関から発行された結婚証明書　1通（規則別表3第1号イ）
　※申請人及びその配偶者の婚姻事実が記載された外国の機関の発行した戸籍謄本の提出でも可
　※日本の市区町村役場に届出している場合には，婚姻届出受理証明書を提出のこと
　▶ポイント
　在留資格該当性の確認のためのものである。
㈡　日本での滞在費用を証明する資料（規則別表3第1号ハ）
　①　申請人の滞在費用を支弁する者の直近1年分の住民税の課税（又は非課税）証明書及び納税証明書（1年間の総所得及び納税状況が記載されたもの）　各1通
　※1月1日現在の住所地の市区町村役場から発行される。
　※1年間の総所得及び納税状況（納税事実の有無）の両方が記載されている証明書であれば，いずれか一方で可
　※発行日から3か月以内のものを提出のこと
　②　その他
　※入国後間もない場合や転居等により，①の資料で滞在費用を証明できない場合は，以下の資料を提出のこと
　　ⅰ　預貯金通帳の写し　適宜
　※Web通帳の画面の写し等（取引履歴が分かるもの）でも可。ただし，加工等できない状態で印刷されたものに限る（Excelファイル等不可）。
　　ⅱ　雇用予定証明書又は採用内定通知書（日本の会社発行のもの）　適宜
　　ⅲ　上記ⅰ又はⅱに準ずるもの　適宜
　▶ポイント
　滞在費支弁能力の確認のためのものである。
㈥　配偶者（永住者）の身元保証書　1通（規則別表3第1号ニ）
　※英語版あり。入管庁ホームページから取得可能。
　※身元保証人には，日本に居住する配偶者（永住者等）がなること

第1章　在留資格の認定要件と立証資料

> **ポイント**

　一般的には，この場合の身元保証に民事上の責任負担を定めた「身元保証ニ関スル法律」（昭和8年法律42号）が適用されるとは解されていない。また，同法上の身元保証人の責任は相当限定されているところ，「永住者の配偶者等」の在留資格の決定を受ける場合に求められているのは，外国人配偶者の（本邦における）滞在費及び（自発的意思によるか，退去強制によるかなどを問わず）帰国旅費の負担並びに法令の遵守に限定されているので，身元保証人の負担すべき責任はさらに限定されていると解すべきである。

　規則22条1項3号，別表3及び3の6において身元保証書の提出が明確に求められているのは入管法別表2の在留資格に限定されている。これは，入管法別表2の在留資格は本邦において有する身分又は地位に着目した在留資格であり，本邦において行うことが可能な活動に制限がないこと，将来的に長期間にわたって在留することが想定されているのが通常であること，したがって，本邦への定着性が強いのが通常であることから，本邦における生活面において，経済的側面のみならず，法令遵守という側面においても，関係者に，入管法別表2の在留資格をもって在留する外国人の支援を求めるべきであるという考え方による。

　そして，特に「永住者の配偶者等」の在留資格の場合については，当該在留資格の決定を受けようとする外国人が永住者等の配偶者であるときは，当該永住者等との婚姻関係が真摯で継続性のあるものであれば，当該外国人の配偶者である永住者等が身元保証人になるのが通常であり，当然であると考えられることから，身元保証人には日本に居住する配偶者（永住者等）がなることが求められていると考えられる。

　因みに，これら以外の在留資格においては，就労資格にあっては受入れ機関が報酬という形で，非就労資格にあっては本人又は扶養者などの生活費負担者の存在という形で滞在費及び帰国旅費が保証されているとの前提の下に，身元保証人は求められていない。

(カ)　配偶者（永住者）の世帯全員の記載のある住民票　1通（規則別表3第1号ロ）

　※個人番号（マイナンバー）は省略，他の事項については省略のないもの

> **ポイント**

「日本人の配偶者等」の在留資格中，日本人の配偶者の場合にあっては，第一次的には申請人とその日本人である配偶者が同居し，相互に協力し，扶助しあっており（参考：民法752条），在留資格「日本人の配偶者等」に定める身分又は地位を有する者としての活動に継続的に従事すること（入管法2条の2第2項及び7条1項2号）の確認のために配偶者（日本人）の世帯全員の記載のある住民票の写しの提出が求められている。また，同居していない場合にあっては，相互協力・扶助関係がどのように維持され，所定の在留活動がなされるのかについての説明が求められることがあるとされているところである。

「永住者の配偶者等」の在留資格のうち，永住者の配偶者の場合にあっても，「日本人の配偶者等」の在留資格と同様，本邦において行うことが可能な活動に制限がないこと，将来的に長期間にわたって在留することが想定されているのが通常であること，したがって，本邦への定着性が強いのが通常であるという共通点から，以上のような考え方が類推適用されている。

(キ) 質問書（日本語版以外にも各国語版あり。入管庁ホームページから取得可能。）

　1通

　※質問書とは，日本人若しくは「永住者」（特別永住者を含む。）又は日系2世若しくは日系3世である「定住者」の在留資格を有する者のいずれかの配偶者としての在留資格の決定を受けようとするときに提出を求められる書類で，申請人の身分事項から始まり，結婚に至った経緯，配偶者間における使用言語，日本における婚姻届出時の証人の氏名，結婚式（披露宴）の開催日時・場所，婚姻歴，夫婦双方の本国への渡航歴，婚姻前の申請人の退去強制歴の有無，夫婦の親族一覧など詳細な質問が記載されているので，それに回答し，提出するものとされている。

(ク) 夫婦間の交流が確認できる資料

　① スナップ写真（申請人及びその配偶者の二人で写っており，容姿がはっきりと確認できるもの。アプリ加工したものは不可。）　2〜3葉

　② その他（以下で提出できるもの）

　　i　SNS記録

第1章　在留資格の認定要件と立証資料

　　ⅱ　通話記録
- ポイント -
　婚姻の継続性・真摯性の確認のためのものである。
㈹　在留資格認定証明書交付申請の場合には返信用封筒（定形封筒に宛先を明記のうえ，必要な額の郵便切手（簡易書留用）を貼付したもの）　1通
㈺　在留資格変更許可申請の場合には旅券及び在留カードなど（規則20条4項1号），同取得許可申請の場合には旅券など（規則24条4項）
- ポイント -
　申請人が現に外国籍者であることの確認，その国籍の属する国の特定，その国が把握している申請人の身分事項の確認，それらに基づく許可証印及び在留カードの交付のためのものである（入管法20条4項。同22条の2第3項による準用の場合を含む。）。
㈹　在留資格取得許可申請の場合は，以上のほかに，以下の区分によりそれぞれ定める書類1通（規則24条2項）
　①　日本の国籍を離脱した者：国籍を証する書類
　②　出生した者：出生したことを証する書類
　③　①及び②以外の者で在留資格の取得を必要とするもの：その事由を証する書類
- ポイント -
　上記①から③までは，在留資格の取得許可の対象となる者であることを確認するための文書である。

イ　「永住者の配偶者等」の在留資格をもって在留する外国人が，在留期間経過後も引き続き在留しようとする場合（在留期間更新許可申請）
㈅　申請書（規則別記30号の2様式）
㈄　写真1葉（規則6条の2第2項，20条2項（例外同3項），24条2項（例外同3項））
　写真の規格は規則別表3の2にあるとおりである（縦40㎜横30㎜）。
　16歳未満の者は不要（2の「配偶者」の項の説明の最終段落参照。）
- ポイント -
　申請人と申請書に記載された人物が同一であることの確認のためのもの

400

である。
㈦　旅券及び在留カードなど（規則21条4項が準用する同20条4項）
▶ポイント
　申請人の国籍の属する国の確認，その国が把握している申請人の身分事項の確認，それらに基づく許可証印及び在留カードの交付のためのものである（入管法21条4項が準用する同20条4項）。
㈡　申請人に係る婚姻が継続していることを証明する文書　1通（規則別表3の6第1号）
▶ポイント
　在留資格該当性の確認のためのものである。
㈤　日本での滞在費用を証明する資料（規則別表3の6第3号）
　①　申請人の滞在費用を支弁する者の直近1年分の住民税の課税（又は非課税）証明書及び納税証明書（1年間の総所得及び納税状況が記載されたもの）　各1通
　※1月1日現在の住所地の市区町村役場から発行される。
　※1年間の総所得及び納税状況（納税事実の有無）の両方が記載されている証明書であれば，いずれか一方で可
　※申請人自らが滞在費用を支弁する場合は，申請人の住民税の課税（又は非課税）証明書及び納税証明書（1年間の総所得及び納税状況が記載されたもの）を提出のこと
　※発行日から3か月以内のものを提出のこと
　②　その他
　※入国後間もない場合や転居等により，①の資料で滞在費用を証明できない場合は，以下の資料を提出のこと
　　ⅰ　預貯金通帳の写し　適宜
　※Web通帳の画面の写し等（取引履歴が分かるもの）でも可。ただし，加工等できない状態で印刷されたものに限る（Excelファイル等は不可）。
　　ⅱ　雇用予定証明書又は採用内定通知書（日本の会社発行のもの）　適宜
　　ⅲ　上記ⅰ又はⅱに準ずるもの　適宜
㈥　配偶者（永住者）の身元保証書　1通（規則別表3の6第4号）

※英語版あり。入管庁ホームページから取得可能。
※身元保証人には，日本に居住する配偶者（永住者）がなること

> ポイント

　一般的には，この場合の身元保証に民事上の責任負担を定めた「身元保証ニ関スル法律」（昭和8年法律42号）が適用されるとは解されていない。また，同法上の身元保証人の責任は相当限定されているところ，「永住者の配偶者等」の在留資格の決定を受ける場合に求められているのは，外国人配偶者の（本邦における）滞在費及び（自発的意思によるか，退去強制によるかなどを問わず）帰国旅費の負担並びに法令の遵守に限定されているので，身元保証人の負担すべき責任はさらに限定されていると解すべきである。

　規則22条1項3号，別表3及び3の6において身元保証書の提出が明確に求められているのは入管法別表2の在留資格に限定されている。これは，入管法別表2の在留資格は本邦において有する身分又は地位に着目した在留資格であり，本邦において行うことが可能な活動に制限がないこと，将来的に長期間にわたって在留することが想定されているのが通常であること，したがって，本邦への定着性が強いのが通常であることから，本邦における生活面において，経済的側面のみならず，法令遵守という側面においても，関係者に，入管法別表2の在留資格をもって在留する外国人の支援を求めるべきであるという考え方による。

　そして，特に「永住者の配偶者等」の在留資格の場合については，当該在留資格の決定を受けようとする外国人が永住者等の配偶者であるときは，当該永住者等との婚姻関係が真摯で継続性のあるものであれば，当該外国人の配偶者である永住者等が身元保証人になるのが通常であり，当然であると考えられることから，身元保証人には日本に居住する配偶者（永住者等）がなることが求められていると考えられる。

　因みに，これら以外の在留資格においては，就労資格にあっては受入れ機関が報酬という形で，非就労資格にあっては本人又は扶養者などの生活費負担者の存在という形で滞在費及び帰国旅費が保証されているとの前提の下に，身元保証人は求められていない。

㈥　配偶者（永住者）の世帯全員の記載のある住民票　1通（規則別表3の6第1号）

※個人番号（マイナンバー）は省略，他の事項については省略のないもの

▶ポイント

「日本人の配偶者等」の在留資格中，日本人の配偶者の場合にあっては，第一次的には申請人とその日本人である配偶者が同居し，相互に協力し，扶助しあっており（参考：民法752条），在留資格「日本人の配偶者等」に定める身分又は地位を有する者としての活動に継続的に従事すること（入管法2条の2第2項及び7条1項2号）の確認のために配偶者（日本人）の世帯全員の記載のある住民票の写しの提出が求められている。また，同居していない場合にあっては，相互協力・扶助関係がどのように維持され，所定の在留活動がなされるのかについての説明が求められることがあるとされているところである。

「永住者の配偶者等」の在留資格のうち，永住者の配偶者の場合にあっても，「日本人の配偶者等」の在留資格と同様，本邦において行うことが可能な活動に制限がないこと，将来的に長期間にわたって在留することが想定されているのが通常であること，したがって，本邦への定着性が強いのが通常であるという共通点から，以上のような考え方が類推適用されている。

5　在留期間（規則別表2）

5年，3年，1年又は3か月

6　その他の注意事項

手数料

在留資格認定証明書交付及び在留資格取得許可の場合，発生せず。

在留資格変更許可及び在留期間更新許可の場合，4,000円（入管法67条1号及び2号並びに施行令9条1号及び2号）

定住者

1 概要

(1) 本邦において行うことができる活動

> 法務大臣が特別な理由を考慮し一定の在留期間を指定して居住を認める者

(2) 対象となる主な者

出入国管理及び難民認定法第7条第1項第2号の規定に基づき同法別表第2の定住者の項の下欄に掲げる地位を定める件（平成2年5月24日法務省告示第132号。以下「定住者告示」という。）に規定されている地位を有する者のほか，法務大臣が行う個別の許可でこの在留資格による在留が認められる者もいる。このうち定住者告示に定められている地位を有する者は，具体的には次のとおり。

① 閣議了解に基づいて実施される第三国定住による難民の受入れの対象者（定住者告示1号及び2号）
② 日系3世（定住者告示3号及び4号）
③ 日系2世，日系3世又は1年以上の在留期間を指定されている「定住者」の配偶者（定住者告示5号）
④ 日本人又は特別永住者を含む一定の外国人の未成年で未婚の実子（定住者告示6号）
⑤ 日本人又は一定の外国人の6歳未満の養子（定住者告示7号）
⑥ 中国残留邦人等と一定範囲のその家族（定住者告示8号）
（注）「日系」という言葉は法律上定義がなされていないが，説明の簡易化のた

め「日本人の血統を引いていること又は引いている人」という日常用語をそのまま使うこととする。また、「1世」、「2世」などの定義の仕方も様々あるところ、定住者告示の趣旨に鑑み、まず日本国籍者又は日本国籍離脱・喪失者を1世、その実子を2世、さらにその実子を3世、さらにその実子を4世とする。

2 在留資格該当性

「法務大臣が（中略）居住を認める者」

ポイント

定住者告示に類型化して定められている。ただし、定住者告示は、上陸申請及び在留資格認定証明書交付申請の際の審査の在留資格該当要件として定められている。しかし、在留資格変更及び同取得許可申請の場合にも「原則」という形で適用されることとされている（入管庁「在留資格の変更、在留期間の更新許可のガイドライン」（令和2年2月改正））。しかし、同時に、このガイドラインも「入国後の事情の変更により、適合しなくなることがありますが、このことにより直ちに在留期間更新が不許可となるものでは」ないとされており、この他、在留資格変更許可及び同取得許可の申請の場合にも、この告示に該当しない事例であっても当該申請人の過去の在留歴、生活費支弁能力、素行などから「定住者」の在留資格の決定を伴って許可される例は少なくないので、詳細は地方出入国在留管理局に相談のこと。

3 基準（上陸許可基準）

なし。

4 立証資料

入管庁は、そのホームページ上「定住者」を申請人の法的地位に従って次の5つに分類してそれぞれの場合に該当するときに提出を要する資料につい

第1章　在留資格の認定要件と立証資料

て説明しているので，それに従って説明することにする。

なお，定住者告示1号（第三国定住難民に係る規定）及び同8号（いわゆる中国残留邦人等に係る規定）は，特定の事象に関連した地位を定めたものであるので，本書での説明は省略する。

① 日系3世の場合
② 日系2世の配偶者（夫又は妻）の場合
③ 日系3世の配偶者（夫又は妻）の場合
④ 「永住者」，「定住者」，「日本人の配偶者等」，「永住者の配偶者等」又は「特別永住者」のいずれかの扶養を受けて生活する，未成年で未婚の実子の場合
⑤ 「日本人」，「永住者」，「定住者」又は「特別永住者」のいずれかの扶養を受けて生活する，6歳未満の養子の場合
⑥ 「特定活動（日系4世）」から「定住者」への在留資格変更の場合
　「特定活動（日系4世）」の在留資格で5年間在留した者に対する固有の対応であることから，「特定活動（日系4世）」の項で説明する（参照：「特定活動」4(6)-4ウ）。

4-(1)　日系3世の場合

ア　新たに「定住者」の在留資格を取得しようとする者の場合（上陸許可，在留資格認定証明書の交付，在留資格変更許可及び在留資格取得許可の申請）

(ｱ)　申請書（規則別記6号の3様式（交付），30号様式（変更），36号様式（取得））

(ｲ)　写真1葉（規則6条の2第2項，20条2項（例外同3項），24条2項（例外同3項））
　写真の規格は規則別表3の2にあるとおりである（縦40㎜横30㎜）。
　16歳未満の者は不要

●ポイント●
　申請人と申請書に記載された人物が同一であることの確認のためのものである。

(ｳ)　市区町村役場から発行されるもの（規則別表3第1号）

> **ポイント**

　下記①から④までは，親子関係及び婚姻関係などの身分関係を証明する文書で，「日系３世」という血統（身分関係）により在留資格の決定を受けようとすることから，それに該当することを確認するための資料として必要とされるものである。

　①　祖父母（日本人）の戸籍謄本又は除籍謄本（全部事項証明書）　１通
　②　婚姻届出受理証明書（祖父母と両親のもの）　各１通
　③　出生届出受理証明書（申請人のもの）　１通
　④　死亡届出受理証明書（祖父母と両親のもの）　各１通
　⑤　在留資格認定証明書交付申請の場合には本邦における同居者の，在留資格変更及び取得許可申請の場合には申請人の住民票（世帯全員の記載があるもの）　１通

　⑤については次のとおり。
　※本邦における居住者と同居する場合のみ提出のこと
　※個人番号（マイナンバー）は省略，他の事項については省略のないもの

> **ポイント**

　申請人の居住実態及び扶養実態の確認のためのものである。同居していない場合にあっては，相互協力・扶助関係がどのように維持され，所定の在留活動がなされるのかについての説明が求められることがある。
　※上記②から④までは，日本の市区町村役場に届出をしている場合にのみ提出のこと

(エ)　職業・収入・日本での滞在費用支払い能力を証明するもの（規則別表３第３号）
　①　申請人が自ら証明する場合
　　 i 　預貯金通帳残高証明書（申請人名義のもの）　１通
　　 ii　雇用予定証明書又は採用内定通知書（日本の会社発行のもの）　１通
　②　申請人に代わって申請人の滞在費用を支弁する者が日本にいる場合
　　申請人の滞在費用を支弁する者の直近１年分の住民税の課税（又は非課税）証明書及び納税証明書（１年間の総所得及び納税状況が記載されたもの）　各１通

第1章　在留資格の認定要件と立証資料

※1月1日現在の住所地の市区町村役場から発行される。
※1年間の総所得及び納税状況（納税事実の有無）の両方が記載されている証明書であれば，いずれか一方で可
※入国後間もない場合や転居等により，住所地の市区町村役場から発行されない場合は，最寄りの地方出入国在留管理局に相談のこと
㋺　その他（規則別表3第3号）
①　身元保証書　1通
※英語版あり。入管庁ホームページから取得可能。
※身元保証人には，通常，日本に居住している日本人又は永住者がなること

▶ポイント

　一般的には，この場合の身元保証に民事上の責任負担を定めた「身元保証ニ関スル法律」（昭和8年法律42号）が適用されるとは解されていない。また，同法上の身元保証人の責任は相当限定されているところ，「定住者」の在留資格の決定を受ける場合に求められているのは，（本邦における）滞在費及び（自発的意思によるか，退去強制などによるかを問わず）帰国旅費の負担並びに及び法令の遵守に限定されているので，身元保証人の負担すべき責任はさらに限定されていると解すべきである。

　規則22条1項3号，別表3及び3の6において身元保証書の提出が明確に求められているのは入管法別表2の在留資格に限定されている。これは，入管法別表2の在留資格は本邦において有する身分又は地位に着目した在留資格であり，本邦において行うことが可能な活動に制限がないこと，将来的に長期間にわたって在留することが想定されているのが通常であること，したがって，本邦への定着性が強いのが通常であることから，本邦における生活面において，経済的側面のみならず，法令遵守という側面においても，関係者に，入管法別表2の在留資格をもって在留する外国人の支援を求めるべきであるという考え方による。

　そして，本項の「日系3世」の場合については，通常，日本に居住している日本人又は永住者がなることが求められている。

　因みに，これら以外の在留資格においては，就労資格にあっては受入れ

機関が報酬という形で，非就労資格にあっては本人又は扶養者などの生活費負担者の存在という形で滞在費及び帰国旅費が保証されているとの前提の下に，身元保証人は求められていない。

② 申請人の犯罪経歴証明書（本国の機関から発行されたもの）　1通

ポイント

定住者告示の3号又は4号に該当する「日系3世」については「素行が善良であるもの」であることが要件とされており，その確認のために提出が求められることとなっている資料である。法令上の根拠としては，規則6条，6条の2第2項，20条2項，24条5項により準用される20条2項の「その他参考となるべき資料」である。

ポイント

次の③から⑦までは，親子関係及び婚姻関係などの身分関係を証明する文書で，「日系3世」という血統（身分関係）により在留資格の決定を受けようとすることから，それに該当することを確認する資料として必要とされるものである。

③ 祖父母及び両親の本国（外国）の機関から発行された結婚証明書　各1通
④ 両親及び申請人の本国（外国）の機関から発行された出生証明書　各1通
⑤ 申請人の本国（外国）の機関から発行された認知に係る証明書　1通
※認知に係る証明書がある場合のみ提出のこと
⑥ 祖父母及び父母が実在していたことを証明する公的な資料　適宜
　（例：祖父母及び父母の旅券，死亡証明書，運転免許証等）
⑦ 申請人が本人であることを証明する公的な資料　適宜（例：身分証明書（IDカード），運転免許証，軍役証明書，選挙人手帳等）
⑧ 一定の日本語能力があることを証明する次のいずれかの証明書
※在留期間「5年」を希望する場合に提出が必要となる（未成年者を除く。）。
　i　法務大臣が告示（「出入国管理及び難民認定法第7条第1項第2号の基準

を定める省令の留学の在留資格に係る基準の規定に基づき日本語教育機関等を定める件」（平成2年5月30日法務省告示第145号）をいう。以下「定住者」の説明において同じ。）で定める日本語教育機関において6か月以上の日本語教育を受けたことを証明する文書
　ⅱ　日本語能力試験N2に合格したことを証明する文書
　ⅲ　財団法人日本漢字能力検定協会が実施するBJTビジネス日本語能力テストで400点以上を取得したことを証明する文書
　ⅳ　学教法1条に規定する学校（幼稚園を除く。）において1年以上の教育を受けたことを証明する文書

ポイント

　日本語能力は、在留資格「定住者」の取得の要件ではないが、一定程度の能力が認められることにより、規則上最長の「5年」を取得することができるという優遇措置のための要件とするものである。法令上の根拠としては、規則6条、6条の2第2項、20条2項、24条5項により準用される20条2項の「その他参考となるべき資料」である。

㈹　在留資格認定証明書交付申請の場合には返信用封筒（定形封筒に宛先を明記のうえ、必要な額の郵便切手（簡易書留用）を貼付したもの）　1通
㈱　在留資格変更許可申請の場合には旅券等及び在留カードなど（規則20条4項1号）、同取得許可申請の場合には旅券など（規則24条4項）

ポイント

　申請人が現に外国籍者であることの確認、その国籍の属する国の特定、その国が把握している申請人の身分事項の確認、それらに基づく許可証印及び在留カードの交付のためのものである（入管法20条4項。同22条の2第3項による準用の場合を含む。）。

㈹　在留資格取得許可申請の場合は、以上のほかに、以下の区分によりそれぞれ定める書類1通（規則24条2項）
　①　日本の国籍を離脱した者：国籍を証する書類
　②　出生した者：出生したことを証する書類
　③　①及び②以外の者で在留資格の取得を必要とするもの：その事由を証する書類

> ■ポイント

　上記①から③は，在留資格の取得許可の対象となる者であることを確認するための文書である。

イ　「定住者」の在留資格をもって在留する外国人が，在留期間経過後も引き続き在留しようとする場合（在留期間更新許可申請）

　入国後初回申請と2回目以降の申請で提出を要する資料が異なるので，要注意。

イ－1　日本入国後初回申請の場合

(ア)　申請書（規則別記30号の2様式）

(イ)　写真1葉（規則21条2項（例外同3項））

　写真の規格は規則別表3の2にあるとおりである（縦40mm横30mm）。
16歳未満の者は不要

> ■ポイント

　申請人と申請書に記載された人物が同一であることの確認のためのものである。

(ウ)　旅券及び在留カードなど（規則21条4項が準用する同20条4項）

> ■ポイント

　申請人の国籍の属する国の確認，その国が把握している申請人の身分事項の確認，それらに基づく許可証印及び在留カードの交付のためのものである（入管法21条4項が準用する同20条4項）。

(エ)　市区町村役場から発行されるもの（規則別表3の6第1号）

　①　祖父母（日本人）の戸籍謄本又は除籍謄本（全部事項証明書）　1通

> ■ポイント

　①は，祖父母との身分関係を証明する文書で，「日系3世」という血統（身分関係）により在留資格の決定を受けようとすることから，それに該当することを確認するための資料として必要とされるものである。初回の在留期間更新許可申請の際にも提出が求められているのは，その後の身分関係の変更の有無を確認するためのものである。

　②　申請人の住民票（世帯全員の記載のあるもの）　1通

第1章　在留資格の認定要件と立証資料

※個人番号（マイナンバー）は省略，他の事項については省略のないもの

> **ポイント**
>
> 申請人の居住実態及び扶養実態の確認のためのものである。同居していない場合にあっては，相互協力・扶助関係がどのように維持され，所定の在留活動がなされるのかについての説明が求められることがある。

　③　申請人又は配偶者のうち収入の多い方の直近1年分の住民税の課（又は非課税）証明書及び納税証明書（1年間の総所得及び納税状況が記載されたもの）　各1通

※1月1日現在の住所地の市区町村役場から発行される。

※1年間の総所得及び納税状況（納税事実の有無）の両方が記載されている証明書であれば，いずれか一方で可

※入国後間もない場合や転居等により，住所地の市区町村役場から発行されない場合は，最寄りの地方出入国在留管理局に相談のこと

※上記①から③は，発行日から3か月以内のものを提出のこと

(オ)　その他（規則別表3の6第3号）

　①　身元保証書　1通

※英語版あり。入管庁ホームページから取得可能。

※身元保証人には，通常，日本に居住している日本人又は永住者がなる。

> **ポイント**
>
> 一般的には，この場合の身元保証に民事上の責任負担を定めた「身元保証ニ関スル法律」（昭和8年法律42号）が適用されるとは解されていない。また，同法上の身元保証人の責任は限定されているところ，「定住者」の在留資格の決定を受ける場合に求められているのは，「定住者」の在留資格をもって在留する者の（本邦における）滞在費及び（自発的意思によるか，退去強制などによるかを問わず）帰国旅費の負担並びに法令の遵守に限定されているので，身元保証人の負担すべき責任はさらに限定されていると解すべきである。
>
> 規則22条1項3号，別表3及び3の6において身元保証書の提出が明確に求められているのは入管法別表2の在留資格に限定されている。これは，入管法別表2の在留資格は本邦において有する身分又は地位に着目した在

留資格であり，本邦において行うことが可能な活動に制限がないこと，将来的に長期間にわたって在留することが想定されているのが通常であること，したがって，本邦への定着性が強いのが通常であることから，本邦における生活面において，経済的側面のみならず，法令遵守という側面においても，関係者に，入管法別表2の在留資格をもって在留する外国人の支援を求めるべきであるという考え方による。

そして，本項の「日系3世」の場合については，通常，日本に居住している日本人又は永住者がなることが求められている。

因みに，これら以外の在留資格においては，就労資格にあっては受入れ機関が報酬という形で，非就労資格にあっては本人又は扶養者などの生活費負担者の存在という形で滞在費及び帰国旅費が保証されているとの前提の下に，身元保証人は求められていない。

② 申請人の犯罪経歴証明書（本国の機関から発行されたもの）　1通

> **ポイント**

定住者告示の3号又は4号に該当する「日系3世」については，「素行が善良であるもの」であることが要件とされており，その確認のために，提出が求められることとなっている資料である。法令上の根拠としては，規則21条2項「その他参考となるべき資料」である。

> **ポイント**

下記③から⑤は，親子関係及び婚姻関係などの身分関係を証明する文書で，「日系3世」という血統（身分関係）により在留資格の決定を受けようとすることから，それに該当することを立証する資料として必要とされるものである。初回の在留期間更新許可申請の際にも提出が求められているのは，入国後の身分関係の変更の有無を確認するためのものである。

③ 祖父母及び両親の本国（外国）の機関から発行された結婚証明書　各1通
④ 両親及び申請人の本国（外国）の機関から発行された出生証明書　各1通
⑤ 申請人の本国（外国）の機関から発行された認知に係る証明書　1通
　※認知に係る証明書がある場合のみ提出のこと

第1章　在留資格の認定要件と立証資料

⑥　一定の日本語能力があることを証明する次のいずれかの証明書
※在留期間「5年」を希望する場合に提出が必要となる（未成年者を除く。）。
　ⅰ　法務大臣が告示で定める日本語教育機関において6か月以上の日本語教育を受けたことを証明する文書
　ⅱ　日本語能力試験N2に合格したことを証明する文書
　ⅲ　財団法人日本漢字能力検定協会が実施するBJTビジネス日本語能力テストで400点以上を取得したことを証明する文書
　ⅳ　学教法1条に規定する学校（幼稚園を除く。）において1年以上の教育を受けたことを証明する文書

▶ポイント

日本語能力は，在留資格「定住者」の在留期間更新許可の要件ではないが，一定程度の能力が認められることを，規則上最長の「5年」を取得することができるという優遇措置のための要件としているものである。法令上の根拠としては，規則21条2項の「その他参考となるべき資料」である。

(カ)　職業・収入に関する資料（規則別表3の6第2号）
※この項で「申請人」とは「日系3世」を指す
①　申請人及びその配偶者のうち収入の多い者が会社等に勤務している場合
　収入の多い者の在職証明書　1通
②　申請人及びその配偶者のうち収入の多い者が自営業等である場合
　収入の多い者の確定申告書の控えの写し及び営業許可書（ある場合）各1通
※自営業等の場合，職業等について自ら立証のこと
③　申請人及びその配偶者がいずれも無職である場合
　預貯金通帳の写し　適宜
※Web通帳の画面の写し等（取引履歴が分かるもの）でも可。ただし，加工等できない状態で印刷されたものに限る（Excelファイル等は不可）。
④　申請人が被扶養者（親等の扶養を受けている）の場合
　ⅰ　扶養者が会社に勤務している場合

　　　　扶養者の在職証明書　1通
　　ⅱ　扶養者が自営業等の場合
　　　　扶養者の確定申告書の控えの写し　1通
　　　　扶養者の営業許可書の写し（ある場合）　1通
　※自営業等の場合，職業等について自ら立証のこと
　　ⅲ　扶養者が無職である場合
　　　　預貯金通帳の写し　1通
　※Web通帳の画面の写し等（取引履歴が分かるもの）でも可。ただし，加工等できない状態で印刷されたものに限る（Excelファイル等は不可）。

イ－2　入国後2回目以降の申請の場合

(ア)　申請書（規則別記30号の2様式）

(イ)　写真1葉（規則21条2項（例外同3項））
　　写真の規格は規則別表3の2にあるとおりである（縦40㎜横30㎜）。
　　16歳未満の者は不要

　ポイント
　申請人と申請書に記載された人物が同一であることの確認のためのものである。

(ウ)　旅券及び在留カードなど（規則21条4項が準用する同20条4項）

　ポイント
　申請人の国籍の属する国の確認，その国が把握している申請人の身分事項の確認，それらに許可証印及び在留カードの交付のためのものである（入管法21条4項が準用する同20条4項）。

(エ)　市区町村役場から発行されるもの（規則別表3の6第1号）
　　①　申請人の住民票（世帯全員の記載のあるもの）　1通
　※個人番号（マイナンバー）は省略，他の事項については省略のないもの

　ポイント
　申請人の居住実態及び扶養実態の確認のためのものである。同居していない場合にあっては，相互協力・扶助関係がどのように維持され，所定の在留活動がなされるのかについての説明が求められることがある。

　　②　親等の扶養を受けているなど申請人（日系3世）が被扶養者の場合は，

第1章　在留資格の認定要件と立証資料

　　扶養者の，その他の場合は，申請人又は配偶者のうち収入の多い方の直近1年分の住民税の課税（又は非課税）証明書及び納税証明書（1年間の総所得及び納税状況が記載されたもの）　各1通
※1月1日現在の住所地の市区町村役場から発行される。
※1年間の総所得及び納税状況（納税事実の有無）の両方が記載されている証明書であれば，いずれか一方で可
※入国後間もない場合や転居等により，住所地の市区町村役場から発行されない場合は，最寄りの地方出入国在留管理局に相談のこと
※上記①及び②は，発行日から3か月以内のものを提出のこと
(オ)　その他（規則別表3の6第3号）
　①　身元保証書　1通
※英語版あり。入管庁ホームページから取得可能。
※身元保証人は，通常，日本に居住している日本人又は永住者がなること

■ポイント■

　一般的には，この場合の身元保証に民事上の責任負担を定めた「身元保証ニ関スル法律」（昭和8年法律42号）が適用されるとは解されていない。また，同法上の身元保証人の責任は限定されているところ，「定住者」の在留資格の決定を受ける場合に求められているのは，「定住者」の在留資格をもって在留する者の（本邦における）滞在費及び（自発的意思によるか，退去強制などによるかを問わず）帰国旅費の負担並びに法令の遵守に限定されているので，身元保証人の負担すべき責任はさらに限定されていると解すべきである。

　規則22条1項3号，別表3及び3の6において身元保証書の提出が明確に求められているのは入管法別表2の在留資格に限定されている。これは，入管法別表2の在留資格は本邦において有する身分又は地位に着目した在留資格であり，本邦において行うことが可能な活動に制限がないこと，将来的に長期間にわたって在留することが想定されているのが通常であること，したがって，本邦への定着性が強いのが通常であることから，本邦における生活面において，経済的側面のみならず，法令遵守という側面にお

いても，関係者に，入管法別表２の在留資格をもって在留する外国人の支援を求めるべきであるという考え方による。

そして，本項の「日系３世」の場合については，通常，日本に居住している日本人又は永住者がなることが求められている。

因みに，これら以外の在留資格においては，就労資格にあっては受入れ機関が報酬という形で，非就労資格にあっては本人又は扶養者などの生活費負担者の存在という形で滞在費及び帰国旅費が保証されているとの前提の下に，身元保証人は求められていない。

② 申請人の犯罪経歴証明書（本国の機関から発行されたもの） １通
※一度も入管当局へ提出したことがない申請人のみ提出のこと

ポイント

定住者告示の３号又は４号に該当する日系３世については，「素行が善良であるもの」であることが要件とされており，その確認のために，提出が求められることとなっている資料である。法令上の根拠としては，規則21条２項「その他参考となるべき資料」である。

③ 一定の日本語能力があることを証明する次のいずれかの証明書
※在留期間「５年」を希望する場合に提出のこと（未成年者を除く。）

　ⅰ　法務大臣が告示で定める日本語教育機関において６か月以上の日本語教育を受けたことを証明する文書
　ⅱ　日本語能力試験Ｎ２に合格したことを証明する文書
　ⅲ　財団法人日本漢字能力検定協会が実施するBJTビジネス日本語能力テストで400点以上を取得したことを証明する文書
　ⅳ　学教法１条に規定する学校（幼稚園を除く。）において１年以上の教育を受けたことを証明する文書

ポイント

日本語能力は，在留資格「定住者」の在留期間更新許可の要件ではないが，一定程度の能力が認められることを，規則上最長の「５年」を取得することができるという優遇措置のための要件としているものである。法令上の根拠としては，規則21条２項の「その他参考となるべき資料」である。

第1章　在留資格の認定要件と立証資料

(カ)　職業・収入に関する資料（規則別表3の6第2号）
　①　申請人又はその配偶者のうち収入の多い者が会社等に勤務している場合
　　収入の多い者の在職証明書　1通
　②　申請人又はその配偶者のうち収入の多い者が自営業等である場合
　　収入の多い者の確定申告書の控えの写し及び営業許可書（ある場合）各1通
　※自営業者等の場合，職業等について自ら立証のこと
　③　申請人及びその配偶者がいずれも無職である場合
　　預貯金通帳の写し　適宜
　※Web通帳の画面の写し等（取引履歴が分かるもの）でも可。ただし，加工等できない状態で印刷されたものに限る（Excelファイル等は不可）。
　④　申請人が被扶養者である（親等の扶養を受けている）場合
　　ⅰ　扶養者が会社に勤務している場合
　　　扶養者の在職証明書　1通
　　ⅱ　扶養者が自営業等の場合
　　　扶養者の確定申告書の控えの写し　1通
　　　扶養者の営業許可書の写し（ある場合）　1通
　※自営業等の場合，職業等について自ら立証のこと
　　ⅲ　扶養者が無職である場合
　　　預貯金通帳の写し　1通
　※Web通帳の画面の写し等（取引履歴が分かるもの）でも可。ただし，加工等できない状態で印刷されたものに限る（Excelファイル等は不可）。

4−(2)　日系2世の配偶者（夫又は妻）の場合

ア　新たに「定住者」の在留資格を取得しようとする者の場合（上陸許可，在留資格認定証明書の交付，在留資格変更許可及び在留資格取得許可の申請）
(ア)　申請書（規則別記6号の3様式（交付），30号様式（変更），36号様式（取得））
(イ)　写真1葉（規則6条の2第2項，20条2項（例外同3項），24条2項（例外同3

項)）

写真の規格は規則別表3の2にあるとおりである（縦40㎜横30㎜）。
16歳未満の者は不要
> ポイント

申請人と申請書に記載された人物が同一であることの確認のためのものである。

㈦　市区町村役場から発行されるもの（規則別表3第1号）
　①　婚姻届出受理証明書　1通
　※日本の市区町村役場に届出している場合のみ提出のこと
> ポイント

日系2世の配偶者であることの確認のためのものである。

　②　在留資格認定証明書交付申請の場合には日系2世である配偶者の在留資格変更及び取得申請の場合には申請人の住民票（世帯全員の記載があるもの）　1通
　※個人番号（マイナンバー）は省略，他の事項については省略のないもの
> ポイント

「日本人の配偶者等」の在留資格中，日本人の配偶者の場合にあっては，第一次的には申請人とその日本人である配偶者が同居し，相互に協力し，扶助しあっており（参考：民法752条），在留資格「日本人の配偶者等」に定める身分又は地位を有する者としての活動に継続的に従事すること（入管法2条の2第2項及び7条1項2号）の確認のために配偶者（日本人）の世帯全員の記載のある住民票の写しの提出が求められている。また，同居していない場合にあっては，相互協力・扶助関係がどのように維持され，所定の在留活動がなされるのかについての説明が求められることがあるとされているところである。

「定住者」の在留資格のうち，いわゆる日系人の配偶者の場合にあっても，「日本人の配偶者等」の在留資格と同様，本邦において行うことが可能な活動に制限がないこと，将来的に長期間にわたって在留することが想定されているのが通常であること，したがって，本邦への定着性が強いのが通常であるという共通点から，以上のような考え方が類推適用されてい

第1章　在留資格の認定要件と立証資料

る。
　③　在留資格認定証明書交付申請においては日系2世である配偶者の，それ以外の申請においては申請人又は配偶者のうち収入が多い者の直近1年分の住民税の課税（又は非課税）証明書及び納税証明書（1年間の総所得及び納税状況が記載されたもの）　各1通
　※1月1日現在の住所地の市区町村役場から発行される。
　※1年間の総所得及び納税状況（納税事実の有無）の両方が記載されている証明書であれば，いずれか一方で可
　※入国後間もない場合や転居等により，住所地の市区町村役場から発行されない場合は，最寄りの地方出入国在留管理局に相談のこと
㈐　職業・収入に関する資料（規則別表3第2号）
㈐-1　在留資格認定証明書交付申請においては次の資料
　①　申請人の配偶者（日系2世）が会社等に勤務している場合
　　　その配偶者の在職証明書　1通
　②　申請人の配偶者（日系2世）が自営業等の場合
　　　その配偶者の確定申告書控えの写し及び営業許可書の写し（ある場合）　1通
　※自営業等の場合，職業等について自ら立証のこと
㈐-2　他の申請において申請人及び配偶者のうち収入が多い者の次の資料
　①　会社等に勤務している場合
　　　在職証明書　1通
　②　自営業等である場合
　　　確定申告書の控えの写し及び営業許可書（ある場合）　各1通
　※自営業者等の場合，職業等について自ら立証のこと
㈐-3　全ての申請において申請人及び配偶者がいずれも無職である場合
　　　預貯金通帳の写し　適宜
　※Web通帳の画面の写し等（取引履歴が分かるもの）でも可。ただし，加工等できない状態で印刷されたものに限る（Excelファイル等は不可）。
㈔　その他（規則別表3第3号）

① 身元保証書　1通
※英語版あり。入管庁ホームページから取得可能。
※身元保証人は，通常，日系2世である配偶者

> ポイント

　一般的には，この場合の身元保証に民事上の責任負担を定めた「身元保証ニ関スル法律」（昭和8年法律42号）が適用されるとは解されていない。また，同法上の身元保証人の責任は限定されているところ，「定住者」の在留資格の決定を受ける場合に求められているのは，「定住者」の在留資格をもって在留する者の（本邦における）滞在費及び（自発的意思によるか，退去強制などによるかを問わず）帰国旅費の負担並びに法令の遵守に限定されているので，身元保証人の負担すべき責任はさらに限定されていると解すべきである。

　規則22条1項3号，別表3及び3の6において身元保証書の提出が明確に求められているのは入管法別表2の在留資格に限定されている。これは，入管法別表2の在留資格は本邦において有する身分又は地位に着目した在留資格であり，本邦において行うことが可能な活動に制限がないこと，将来的に長期間にわたって在留することが想定されているのが通常であること，したがって，本邦への定着性が強いのが通常であることから，本邦における生活面において，経済的側面のみならず，法令遵守という側面においても，関係者に，入管法別表2の在留資格をもって在留する外国人の支援を求めるべきであるという考え方による。

　そして，本項の日系2世の配偶者の場合については，通常，日本に居住している日系2世がなることが求められている。

　因みに，これら以外の在留資格においては，就労資格にあっては受入れ機関が報酬という形で，非就労資格にあっては，本人又は扶養者などの生活費負担者の存在という形で滞在費及び帰国旅費が保証されているとの前提の下に，身元保証人は求められていない。

② 申請人の本国（外国）の機関から発行された結婚証明書　1通
③ 質問書（日本語版のほか各国語版あり。入管庁ホームページからPDFで取得可能。）　1通

第1章　在留資格の認定要件と立証資料

※質問書とは，日本人若しくは「永住者」（特別永住者を含む。）又は日系2世若しくは日系3世である「定住者」の在留資格を有する者のいずれかの配偶者としての在留資格の決定を受けようとするときに提出を求められる書類で，申請人の身分事項から始まり，結婚に至った経緯，配偶者間における使用言語，日本における婚姻届出時の証人の氏名，結婚式（披露宴）の開催日時・場所，婚姻歴，夫婦双方の本国への渡航歴，婚姻前の申請人の退去強制歴の有無，夫婦の親族一覧など詳細な質問が記載されているので，それに回答し，提出するものとされている。

④　夫婦間の交流が確認できる資料
　　ⅰ　スナップ写真（夫婦二人で写っており，容姿がはっきりと確認できるもの。アプリ加工したものは不可。）　2～3葉
　　ⅱ　その他（以下で提出できるもの）
　　　・SNS記録
　　　・通話記録

● ポイント

婚姻の継続性・真摯性＝在留資格該当性の確認のためのものである。

㈹　一定の日本語能力があることを証明する次のいずれかの証明書
※在留期間「5年」を希望する場合に提出が必要（未成年者を除く。）
①　法務大臣が告示で定める日本語教育機関において6か月以上の日本語教育を受けたことを証明する文書
②　日本語能力試験N2に合格したことを証明する文書
③　財団法人日本漢字能力検定協会が実施するBJTビジネス日本語能力テストで400点以上を取得したことを証明する文書
④　学教法1条に規定する学校（幼稚園を除く。）において1年以上の教育を受けたことを証明する文書

● ポイント

日本語能力は，在留資格「定住者」の取得の要件ではないが，一定程度の能力が認められることを，規則上最長の「5年」を取得することができるという優遇措置のための要件としているものである。法令上の根拠とし

ては，規則6条，6条の2，20条2項，24条5項により準用される20条2項の「その他参考となるべき資料」である。
(キ) 在留資格認定証明書交付申請の場合には返信用封筒（定形封筒に宛先を明記のうえ，必要な額の郵便切手（簡易書留用）を貼付したもの）　1通
(ク) 在留資格変更許可申請の場合には旅券及び在留カードなど（規則20条4項），同取得許可申請の場合には旅券など（規則24条4項）

●ポイント●
申請人が現に外国籍者であることの確認，その国籍の属する国の特定，その国が把握している申請人の身分事項の確認，それらに基づく許可証印及び在留カードの交付のためのものである（入管法20条4項。同22条の2第3項による準用の場合を含む。）。

(ケ) 在留資格取得許可申請の場合は，以上のほかに，以下の区分によりそれぞれ定める書類1通（規則24条2項）
　① 日本の国籍を離脱した者：国籍を証する書類
　② 出生した者：出生したことを証する書類
　③ ①及び②以外の者で在留資格の取得を必要とするもの：その事由を証する書類

●ポイント●
上記①から③までは，在留資格の取得許可の対象となる者であることを確認するための文書である。

イ　「定住者」の在留資格をもって在留する外国人が，在留期間経過後も引き続き在留しようとする場合（在留期間更新許可申請）
(ア) 申請書（規則別記30号の2様式）
(イ) 写真1葉（規則21条2項（例外同3項））
　写真の規格は規則別表3の2にあるとおりである（縦40mm横30mm）。
　16歳未満の者は不要

●ポイント●
申請人と申請書に記載された人物が同一であることの確認のためのものである。

第1章　在留資格の認定要件と立証資料

㋒　旅券及び在留カードなど（規則21条4項が準用する同20条4項）
🔲ポイント
　申請人の国籍の属する国の確認，その国が把握している申請人の身分事項の確認，それらに基づく許可証印及び在留カードの交付のためのものである（入管法21条4項が準用する同20条4項）。

㋓　市区町村役場から発行されるもの（規則別表3の6第1号）
　①　申請人の住民票（世帯全員の記載のあるもの）　1通
　※個人番号（マイナンバー）は省略，他の事項については省略のないもの
🔲ポイント
　「日本人の配偶者等」の在留資格中，日本人の配偶者の場合にあっては，第一次的には申請人とその日本人である配偶者が同居し，相互に協力し，扶助しあっており（参考：民法752条），在留資格「日本人の配偶者等」に定める身分又は地位を有する者としての活動に継続的に従事すること（入管法2条の2第2項及び7条1項2号）の確認のために配偶者（日本人）の世帯全員の記載のある住民票の写しの提出が求められている。また，同居していない場合にあっては，相互協力・扶助関係がどのように維持され，所定の在留活動がなされるのかについての説明が求められることがあるとされているところである。
　「定住者」の在留資格のうち，いわゆる日系人の配偶者の場合にあっても，「日本人の配偶者等」の在留資格と同様，本邦において行うことが可能な活動に制限がないこと，将来的に長期間にわたって在留することが想定されているのが通常であること，したがって，本邦への定着性が強いのが通常であるという共通点から，以上のような考え方が類推適用されている。

　②　日系2世である配偶者又は申請人のうち収入の多い者の直近1年分の住民税の課税（又は非課税）証明書及び納税証明書（1年間の総所得及び納税状況が記載されたもの）　各1通
　※1月1日現在の住所地の市区町村役場から発行される。
　※1年間の総所得及び納税状況（納税事実の有無）の両方が記載されている証明書であれば，いずれか一方で可

※入国後間もない場合や転居等により、住所地の市区町村役場から発行されない場合は、最寄りの地方出入国在留管理局に相談のこと
(オ) 職業・収入に関する資料（規則別表3の6第2号）
① 申請人又はその配偶者のうち収入の多い者が会社等に勤務している場合
収入の多い者の在職証明書　1通
② 申請人又はその配偶者のうち収入の多い者が自営業等である場合
収入の多い者の確定申告書の控えの写し及び営業許可書（ある場合）各1通
※自営業等の場合、職業等について自ら立証のこと
③ 日系2世である配偶者及び申請人が無職の場合
預貯金通帳の写し　適宜
※Web通帳の画面の写し等（取引履歴が分かるもの）でも可。ただし、加工等できない状態で印刷されたものに限る（Excelファイル等は不可）。
(カ) その他（規則別表3の6第3号）
① 身元保証書　1通
※英語版もあり。入管庁ホームページから取得可能。
※身元保証人には、通常、日系2世である配偶者がなる。

> ポイント

　一般的には、この場合の身元保証に民事上の責任負担を定めた「身元保証ニ関スル法律」（昭和8年法律42号）が適用されるとは解されていない。また、同法上の身元保証人の責任は限定されているところ、「定住者」の在留資格の決定を受ける場合に求められているのは、「定住者」の在留資格をもって在留する者の（本邦における）滞在費及び（自発的意思によるか、退去強制などによるかを問わず）帰国旅費の負担並びに法令の遵守に限定されているので、身元保証人の負担すべき責任はさらに限定されていると解すべきである。
　規則22条1項3号、別表3及び3の6において身元保証書の提出が明確に求められているのは入管法別表2の在留資格に限定されている。これは、入管法別表2の在留資格は本邦において有する身分又は地位に着目した在

第1章　在留資格の認定要件と立証資料

留資格であり，本邦において行うことが可能な活動に制限がないこと，将来的に長期間にわたって在留することが想定されているのが通常であること，したがって，本邦への定着性が強いのが通常であることから，本邦における生活面において，経済的側面のみならず，法令遵守という側面においても，関係者に，入管法別表2の在留資格をもって在留する外国人の支援を求めるべきであるという考え方による。

そして，本項の日系2世の配偶者の場合については，通常，日本に居住している日系2世がなることが求められている。

因みに，これら以外の在留資格においては，就労資格にあっては受入れ機関が報酬という形で，非就労資格にあっては本人又は扶養者などの生活費負担者の存在という形で滞在費及び帰国旅費が保証されているとの前提の下に，身元保証人は求められていない。

② 申請人及びその配偶者の婚姻が継続していることを証明する資料
　適宜
③ 一定の日本語能力があることを証明する次のいずれかの証明書
※在留期間「5年」を希望する場合に提出が必要（未成年者を除く。）
　　i　法務大臣が告示で定める日本語教育機関において6か月以上の日本語教育を受けたことを証明する文書
　　ii　日本語能力試験N2に合格したことを証明する文書
　　iii　財団法人日本漢字能力検定協会が実施するBJTビジネス日本語能力テストで400点以上を取得したことを証明する文書
　　iv　学教法1条に規定する学校（幼稚園を除く。）において1年以上の教育を受けたことを証明する文書

ポイント

日本語能力は，在留資格「定住者」の在留期間更新許可の要件ではないが，一定程度の能力が認められることを，規則上最長の「5年」を取得することができるという優遇措置のための要件としているものである。法令上の根拠としては，規則21条2項の「その他参考となるべき資料」である。

4-(3) 日系3世の配偶者(夫又は妻)の場合

ア 新たに「定住者」の在留資格を取得しようとする者の場合(上陸許可,在留資格認定証明書の交付,在留資格変更許可及び在留資格取得許可の申請)

(ア) 申請書(規則別記6号の3様式(交付),30号様式(変更),36号様式(取得))

(イ) 写真1葉(規則6条の2第2項,20条2項(例外同3項),24条2項(例外同3項))

写真の規格は規則別表3の2にあるとおりである(縦40mm横30mm)。
16歳未満の者は不要

●ポイント●
申請人と申請書に記載された人物が同一であることの確認のためのものである。

(ウ) 市区町村役場から発行されるもの(規則別表3第1号)
　① 婚姻届出受理証明書　1通
　※日本の市区町村役場に届出している場合にのみ提出のこと
　② 在留資格認定証明書交付申請の場合には日系3世の,在留資格変更及び同取得許可申請の場合には申請人の住民票(世帯全員の記載があるもの)　1通
　※個人番号(マイナンバー)は省略,他の事項については省略のないもの

●ポイント●
「日本人の配偶者等」の在留資格中,日本人の配偶者の場合にあっては,第一次的には申請人とその日本人である配偶者が同居し,相互に協力し,扶助しあっており(参考:民法752条),在留資格「日本人の配偶者等」に定める身分又は地位を有する者としての活動に継続的に従事すること(入管法2条の2第2項及び7条1項2号)の確認のために配偶者(日本人)の世帯全員の記載のある住民票の写しの提出が求められている。また,同居していない場合にあっては,相互協力・扶助関係がどのように維持され,所定の在留活動がなされるのかについての説明が求められることがあるとされているところである。

「定住者」の在留資格のうち,いわゆる日系人の配偶者の場合にあって

第1章　在留資格の認定要件と立証資料

も,「日本人の配偶者等」の在留資格と同様, 本邦において行うことが可能な活動に制限がないこと, 将来的に長期間にわたって在留することが想定されているのが通常であること, したがって, 本邦への定着性が強いのが通常であるという共通点から, 以上のような考え方が類推適用されている。

　③　在留資格認定証明書交付申請においては申請人の配偶者（日系3世）の, その他の申請においては, 申請人又はその配偶者のうち収入が多い者の直近1年分の住民税の課税（又は非課税）証明書及び納税証明書（1年間の総所得及び納税状況が記載されたもの）　各1通

※1月1日現在の住所地の市区町村役場から発行される。

※1年間の総所得及び納税状況（納税事実の有無）の両方が記載されている証明書であれば, いずれか一方で可

※入国後間もない場合や転居等により, 住所地の市区町村役場から発行されない場合は, 最寄りの地方出入国在留管理局に相談のこと

(エ)　その他（規則別表3第3号）

　①　身元保証書　1通

※英語版もあり。入管庁ホームページから取得可能。

※身元保証人は, 通常, 日系3世の配偶者

● ポイント ●

　一般的には, この場合の身元保証に民事上の責任負担を定めた「身元保証ニ関スル法律」（昭和8年法律42号）が適用されるとは解されていない。また, 同法上の身元保証人の責任は限定されているところ,「定住者」の在留資格の決定を受ける場合に求められているのは,「定住者」の在留資格をもって在留する者の（本邦における）滞在費及び（自発的意思によるか, 退去強制などによるかを問わず）帰国旅費の負担並びに法令の遵守に限定されているので, 身元保証人の負担すべき責任はさらに限定されていると解すべきである。

　規則22条1項3号, 別表3及び3の6において身元保証書の提出が明確に求められているのは入管法別表2の在留資格に限定されている。これは, 入管法別表2の在留資格は本邦において有する身分又は地位に着目した在

留資格であり，本邦において行うことが可能な活動に制限がないこと，将来的に長期間にわたって在留することが想定されているのが通常であること，したがって，本邦への定着性が強いのが通常であることから，本邦における生活面において，経済的側面のみならず，法令遵守という側面においても，関係者に，入管法別表２の在留資格をもって在留する外国人の支援を求めるべきであるという考え方による。

そして，本項の日系３世の配偶者の場合については，通常，日本に居住している日系３世がなることが求められている。

因みに，これら以外の在留資格においては，就労資格にあっては受入れ機関が報酬という形で，非就労資格にあっては本人又は扶養者などの生活費負担者の存在という形で滞在費及び帰国旅費が保証されているとの前提の下に，身元保証人は求められていない。

② 申請人の本国（外国）の機関から発行された結婚証明書　１通
③ 申請人の本国（外国）の機関から発行された出生証明書　１通
④ 質問書（各国語版あり。入管庁ホームページからPDFで取得可能。）　１通

※質問書とは，日本人若しくは「永住者」（特別永住者を含む。）又は日系２世若しくは日系３世である「定住者」の在留資格を有する者のいずれかの配偶者としての在留資格の決定を受けようとするときに提出を求められる書類で，申請人の身分事項から始まり，結婚に至った経緯，配偶者間における使用言語，日本における婚姻届出時の証人の氏名，結婚式（披露宴）の開催日時・場所，婚姻歴，夫婦双方の本国への渡航歴，婚姻前の申請人の退去強制歴の有無，夫婦の親族一覧など詳細な質問が記載されているので，それに回答し，提出するものとされている。

⑤ 夫婦間の交流が確認できる資料
　ⅰ　スナップ写真（夫婦二人で写っており，容姿がはっきりと確認できるもの。アプリ加工したものは不可。）　２～３葉
　ⅱ　その他（以下で提出できるもの）
　　・SNS記録
　　・通話記録

第1章　在留資格の認定要件と立証資料

> **ポイント**

　婚姻の継続性・真摯性＝在留資格該当性・告示要件適合性の確認のためのものである。
　⑥　申請人の犯罪経歴証明書（本国の機関から発行されたもの）　1通
　⑦　申請人が本人であることを証明する公的な資料　適宜（例：身分証明書（IDカード），運転免許証，軍役証明書，選挙人手帳等）
　⑧　一定の日本語能力があることを証明する次のいずれかの証明書
　※在留期間「5年」を希望する場合に提出のこと（未成年者を除く。）
　　ⅰ　法務大臣が告示で定める日本語教育機関において6か月以上の日本語教育を受けたことを証明する文書
　　ⅱ　日本語能力試験N2に合格したことを証明する文書
　　ⅲ　財団法人日本漢字能力検定協会が実施するBJTビジネス日本語能力テストで400点以上を取得したことを証明する文書
　　ⅳ　学教法1条に規定する学校（幼稚園を除く。）において1年以上の教育を受けたことを証明する文書

> **ポイント**

　日本語能力は，在留資格「定住者」の取得の要件ではないが，一定程度の能力が認められることを，規則上最長の「5年」を取得することができるという優遇措置のための要件としているものである。法令上の根拠としては，規則6条，6条の2第2項，20条2項，24条5項により準用される20条2項の「その他参考となるべき資料」である。
(オ)　職業・収入に関する資料
(オ)-1　在留資格認定証明書交付申請においては次の資料
　①　申請人の配偶者（日系3世）が会社等に勤務している場合
　　　その配偶者の在職証明書　1通
　②　申請人の配偶者（日系3世）が自営業等の場合
　　　その配偶者の確定申告書控えの写し及び営業許可書の写し（ある場合）　1通
　※自営業等の場合，職業等について自ら立証のこと
(オ)-2　さらに，他の申請において申請人及び配偶者のうち収入が多い者

の次の資料
① 会社等に勤務している場合
　在職証明書　1通
② 自営業等である場合
　その確定申告書の控えの写し及び営業許可書（ある場合）　各1通
※自営業者等の場合，職業等について自ら立証のこと
㈮-3　全ての申請において申請人及び配偶者がいずれも無職である場合
　預貯金通帳の写し　適宜
※Web通帳の画面の写し等（取引履歴が分かるもの）でも可。ただし，加工等できない状態で印刷されたものに限る（Excelファイル等は不可）。
㈯　在留資格認定証明書交付申請の場合には返信用封筒（定形封筒に宛先を明記のうえ，必要な額の郵便切手（簡易書留用）を貼付したもの）　1通
㈷　在留資格変更許可申請の場合には旅券及び在留カードなど（規則20条4項），同取得許可申請の場合には旅券など（規則24条4項）

●ポイント
申請人が現に外国籍者であることの確認，その国籍の属する国の特定，その国が把握している申請人の身分事項の確認，それらに基づく許可証印及び在留カードの交付のためのものである。

㈰　在留資格取得許可申請の場合は，以上のほかに，以下の区分によりそれぞれ定める書類1通（規則24条2項）
① 日本の国籍を離脱した者：国籍を証する書類
② 出生した者：出生したことを証する書類
③ ①及び②以外の者で在留資格の取得を必要とするもの：その事由を証する書類

●ポイント
上記①から③までは，在留資格の取得許可の対象となる者であることを確認するための文書である。

イ 「定住者」の在留資格をもって在留する外国人が，在留期間経過後も引き続き在留しようとする場合（在留期間更新許可申請）
⑺　申請書（規則別記30号の2様式）
⑷　写真1葉（規則21条2項（例外同3項））
　　写真の規格は規則別表3の2にあるとおりである（縦40㎜横30㎜）。
　　16歳未満の者は不要
▶ポイント◀
　　申請人と申請書に記載された人物が同一であることの確認のためのものである。
㈦　旅券及び在留カードなど（規則21条4項が準用する同20条4項）
▶ポイント◀
　　申請人の国籍の属する国の確認，その国が把握している申請人の身分事項の確認，それらに基づく許可証印及び在留カードの交付のためのものである（入管法21条4項が準用する同20条4項）。
㈡　市区町村役場から発行されるもの（規則別表3の6第1号）
　　①　申請人の住民票（世帯全員の記載のあるもの）　1通
　　※個人番号（マイナンバー）は省略，他の事項については省略のないもの
▶ポイント◀
　　「日本人の配偶者等」の在留資格中，日本人の配偶者の場合にあっては，第一次的には申請人とその日本人である配偶者が同居し，相互に協力し，扶助しあっており（参考：民法752条），在留資格「日本人の配偶者等」に定める身分又は地位を有する者としての活動に継続的に従事すること（入管法2条の2第2項及び7条1項2号）の確認のために配偶者（日本人）の世帯全員の記載のある住民票の写しの提出が求められている。また，同居していない場合にあっては，相互協力・扶助関係がどのように維持され，所定の在留活動がなされるのかについての説明が求められることがあるとされているところである。
　　「定住者」の在留資格のうち，いわゆる日系人の配偶者の場合にあっても，「日本人の配偶者等」の在留資格と同様，本邦において行うことが可能な活動に制限がないこと，将来的に長期間にわたって在留することが想

定されているのが通常であること，したがって，本邦への定着性が強いのが通常であるという共通点から，以上のような考え方が類推適用されている。

② 日系3世である配偶者又は申請人のうち収入の多い者の直近1年分の住民税の課税（又は非課税）証明書及び納税証明書（1年間の総所得及び納税状況が記載されたもの）　各1通

※1月1日現在の住所地の市区町村役場から発行される。

※1年間の総所得及び納税状況（納税事実の有無）の両方が記載されている証明書であれば，いずれか一方で可

※入国後間もない場合や転居等により，住所地の市区町村役場から発行されない場合は，最寄りの地方出入国在留管理局に相談のこと

(オ) 職業・収入に関する資料（規則別表3の6第2号）

① 申請人及びその配偶者のうち収入の多い者が会社等に勤務している場合

収入の多い者の在職証明書　1通

② 申請人及びその配偶者のうち収入の多い者が自営業等である場合

収入の多い者の確定申告書の控えの写し及び営業許可書（ある場合）各1通

※自営業等の場合，職業等について自ら立証のこと

③ 申請人及び配偶者がいずれも無職である場合

預貯金通帳の写し　適宜

※Web通帳の画面の写し等（取引履歴が分かるもの）でも可。ただし，加工等できない状態で印刷されたものに限る（Excelファイル等は不可）。

(カ) その他（規則別表3の6第3号）

① 身元保証書　1通

※英語版もあり。入管庁ホームページから取得可能。

※身元保証人は，通常，日系3世

▶ポイント

一般的には，この場合の身元保証に民事上の責任負担を定めた「身元保証ニ関スル法律」（昭和8年法律42号）が適用されるとは解されていない。ま

た，同法上の身元保証人の責任は限定されているところ，「定住者」の在留資格の決定を受ける場合に求められているのは，「定住者」の在留資格をもって在留する者の（本邦における）滞在費及び（自発的意思によるか，退去強制などによるかを問わず）帰国旅費の負担並びに法令の遵守に限定されているので，身元保証人の負担すべき責任はさらに限定されていると解すべきである。

規則22条１項３号，別表３及び３の６において身元保証書の提出が明確に求められているのは入管法別表２の在留資格に限定されている。これは，入管法別表２の在留資格は本邦において有する身分又は地位に着目した在留資格であり，本邦において行うことが可能な活動に制限がないこと，将来的に長期間にわたって在留することが想定されているのが通常であること，したがって，本邦への定着性が強いのが通常であることから，本邦における生活面において，経済的側面のみならず，法令遵守という側面においても，関係者に，入管法別表２の在留資格をもって在留する外国人の支援を求めるべきであるという考え方による。

そして，本項の日系３世の配偶者の場合については，通常，日本に居住している日系３世がなることが求められている。

因みに，これら以外の在留資格においては，就労資格にあっては受入れ機関が報酬という形で，非就労資格にあっては本人又は扶養者などの生活費負担者の存在という形で滞在費及び帰国旅費が保証されているとの前提の下に，身元保証人は求められていない。

② 申請人と配偶者の婚姻が継続していることを証明する資料　適宜

 ポイント

「日系３世の配偶者」ということで入国が認められたものにつき，婚姻の継続性の確認のためのものである。法令上の根拠としては，規則21条２項「その他参考となるべき資料」である。

③ 申請人の犯罪経歴証明書（本国の機関から発行されたもの）　１通

※一度も出入国在留管理当局へ提出したことがない場合のみ提出のこと

 ポイント

定住者告示の５号ハに該当する日系３世については，「素行が善良であ

定住者

るもの」であることが要件とされており，その確認のために，提出が求められることとなっている資料である。法令上の根拠としては，規則21条2項「その他参考となるべき資料」である。

④　一定の日本語能力があることを証明する次のいずれかの証明書
※在留期間「5年」を希望する場合に提出のこと（未成年者を除く。）
　　i　法務大臣が告示で定める日本語教育機関において6か月以上の日本語教育を受けたことを証明する文書
　　ii　日本語能力試験N2に合格したことを証明する文書
　　iii　財団法人日本漢字能力検定協会が実施するBJTビジネス日本語能力テストで400点以上を取得したことを証明する文書
　　iv　学教法1条に規定する学校（幼稚園を除く。）において1年以上の教育を受けたことを証明する文書

【ポイント】
日本語能力は，在留資格「定住者」の在留期間更新許可の要件ではないが，一定程度の能力が認められることを，規則上最長の「5年」を取得することができるという優遇措置のための要件としているものである。法令上の根拠としては，規則21条2項の「その他参考となるべき資料」である。

4-(4)　「永住者」，「定住者」又は「特別永住者」の扶養を受けて生活する未成年で未婚の実子の場合

ア　新たに「定住者」の在留資格を取得しようとする者の場合（上陸許可，在留資格認定証明書の交付，在留資格変更許可及び在留資格取得許可の申請）

(ｱ)　申請書（規則別記6号の3様式（交付），30号様式（変更），36号様式（取得））
(ｲ)　写真1葉（規則6条の2第2項，20条2項（例外同3項），24条2項（例外同3項））
　　写真の規格は規則別表3の2にあるとおりである（縦40mm横30mm）。
　　16歳未満の者は不要

【ポイント】
申請人と申請書に記載された人物が同一であることの確認のためのもの

第1章　在留資格の認定要件と立証資料

である。
㈦　市区町村役場から発行されるもの（規則別表3第1号）
　①　扶養者の直近1年分の住民税の課税（又は非課税）証明書及び納税証明書（1年間の総所得及び納税状況が記載されたもの）　各1通
　※1月1日現在の住所地の市区町村役場から発行される。
　※1年間の総所得及び納税状況（納税事実の有無）の両方が記載されている証明書であれば，いずれか一方で可
　※入国後間もない場合や転居等により，住所地の市区町村役場から発行されない場合は，最寄りの地方出入国在留管理局に相談のこと
　②　申請人の出生届出受理証明書　1通
　※日本の市区町村役場に届出をしている場合にのみ提出のこと
　③　在留資格認定証明書交付申請の場合には扶養者の，在留資格変更及び取得許可申請の場合には申請人の住民票（世帯全員の記載があるもの）1通
　※個人番号（マイナンバー）は省略，他の事項については省略のないもの

▶ポイント

申請人の居住実態及び扶養実態の確認のためのものである。同居していない場合にあっては，相互協力・扶助関係がどのように維持され，所定の在留活動がなされるのかについての説明が求められることがある。

㈢　職業・収入に関する資料（規則別表3第2号）
　①　扶養者が会社に勤務している場合
　　扶養者の在職証明書　1通
　②　扶養者が自営業等の場合
　　 ⅰ　扶養者の確定申告書の控えの写し　1通
　　 ⅱ　扶養者の営業許可書の写し（ある場合）　1通
　※自営業等の場合，職業等について自ら立証のこと
　③　扶養者が無職である場合
　　預貯金通帳の写し　適宜
　※Web通帳の画面の写し等（取引履歴が分かるもの）であっても可。ただし，加工等できない状態で印刷されたものに限る（Excelファイル等は不可）。

(オ) その他（規則別表3第3号）

① 身元保証書　1通
※英語版もあり。入管庁ホームページから取得可能。
※身元保証人は、通常、申請人の扶養者

> **ポイント**

　一般的には、この場合の身元保証に民事上の責任負担を定めた「身元保証ニ関スル法律」（昭和8年法律42号）が適用されるとは解されていない。また、同法上の身元保証人の責任は限定されているところ、「定住者」の在留資格の決定を受ける場合に求められているのは、「定住者」の在留資格をもって在留する者の（本邦における）滞在費及び（自発的意思によるか、退去強制などによるかを問わず）帰国旅費の負担並びに法令の遵守に限定されているので、身元保証人の負担すべき責任はさらに限定されていると解すべきである。

　規則22条1項3号、別表3及び3の6において身元保証書の提出が明確に求められているのは入管法別表2の在留資格に限定されている。これは、入管法別表2の在留資格は本邦において有する身分又は地位に着目した在留資格であり、本邦において行うことが可能な活動に制限がないこと、将来的に長期間にわたって在留することが想定されているのが通常であること、したがって、本邦への定着性が強いのが通常であることから、本邦における生活面において、経済的側面のみならず、法令遵守という側面においても、関係者に、入管法別表2の在留資格をもって在留する外国人の支援を求めるべきであるという考え方による。

　そして、本項の申請人の場合については、通常、日本に居住している扶養者がなることが求められている。

　因みに、これら以外の在留資格においては、就労資格にあっては受入れ機関が報酬という形で、非就労資格にあっては本人又は扶養者などの生活費負担者の存在という形で滞在費及び帰国旅費が保証されているとの前提の下に、身元保証人は求められていない。

② 理由書（扶養を受けなければならないことを説明したもの、適宜の様式）　1通

③　申請人の本国（外国）の機関から発行された出生証明書　1通
④　申請人の本国（外国）の機関から発行された認知に係る証明書（認知に係る証明書がある場合のみ提出のこと。）　1通
⑤　申請人の犯罪経歴証明書（本国の機関から発行されたもの）　1通

🔵 ポイント

定住者告示6号ハに該当する者については，「素行が善良であるもの」であることが要件とされており，その確認のために提出が求められることとなっている資料である。法令上の根拠としては，規則21条2項「その他参考となるべき資料」である。ただし，「永住者」「定住者」又は「特別永住者」の扶養を受けて生活する未成年で未婚の実子の中には必ずしも定住者告示6号ハに該当しない者も含まれているが，入管庁ホームページでは，これら該当しない者についても「犯罪経歴証明書」の提出が求められている。

⑥　祖父母及び父母が実在していたことを証明する公的な資料　適宜
　　（例：祖父母及び父母の旅券，死亡証明書，運転免許証等）
⑦　申請人が本人であることを証明する公的な資料（例：身分証明書（IDカード），運転免許証，軍役証明書，選挙人手帳等）　適宜

※上記⑤から⑦は，申請人が「定住者」の扶養を受ける日系人である場合にのみ必要

㋕　在留資格認定証明書交付申請の場合には返信用封筒（定形封筒に宛先を明記のうえ，必要な額の郵便切手（簡易書留用）を貼付したもの）　1通
㋖　在留資格変更許可申請の場合には旅券及び在留カードなど（規則20条4項），同取得許可申請の場合には旅券など（規則24条4項）

🔵 ポイント

申請人が現に外国籍者であることの確認，その国籍の属する国の特定，その国が把握している申請人の身分事項の確認，それらに基づく許可証印及び在留カードの交付のためのものである。

㋗　在留資格取得許可申請の場合は，以上のほかに，以下の区分によりそれぞれ定める書類1通（規則24条2項）
　　①　日本の国籍を離脱した者：国籍を証する書類

② 出生した者：出生したことを証する書類
③ ①及び②以外の者で在留資格の取得を必要とするもの：その事由を証する書類

ポイント

上記①から③までは，在留資格の取得許可の対象となる者であることを確認するための文書である。

イ 「定住者」の在留資格をもって在留する外国人が，在留期間経過後も引き続き在留しようとする場合（在留期間更新許可申請）

(ア) 申請書（規則別記30号の2様式）

(イ) 写真1葉（規則21条2項（例外同3項））
写真の規格は規則別表3の2にあるとおりである（縦40㎜横30㎜）。
16歳未満の者は不要

ポイント

申請人と申請書に記載された人物が同一であることの確認のためのものである。

(ウ) 旅券及び在留カードなど（規則21条4項が準用する同20条4項）

ポイント

申請人の国籍の属する国の確認，その国が把握している申請人の身分事項の確認，それらに基づく許可証印及び在留カードの交付のためのものである（入管法21条4項が準用する同20条4項）。

(エ) 市区町村役場から発行されるもの（規則別表3第1号）
① 申請人の住民票（世帯全員の記載があるもの） 1通
※個人番号（マイナンバー）は省略，他の事項については省略のないもの

ポイント

申請人の居住実態及び扶養実態の確認のためのものである。同居していない場合にあっては，相互協力・扶助関係がどのように維持され，所定の在留活動がなされるのかについての説明が求められることがある。

② 扶養者の直近1年分の住民税の課税（又は非課税）証明書及び納税証明書（1年間の総所得及び納税状況が記載されたもの） 各1通

※1月1日現在の住所地の市区町村役場から発行される。
　※1年間の総所得及び納税状況（納税事実の有無）の両方が記載されている証明書であれば，いずれか一方で可
　※入国後間もない場合や転居等により，住所地の市区町村役場から発行されない場合は，最寄りの地方出入国在留管理局に相談のこと
(オ)　職業・収入に関する資料（規則別表3第2号）
　①　扶養者が会社に勤務している場合
　　扶養者の在職証明書　1通
　②　扶養者が自営業等の場合
　　 i 　扶養者の確定申告書の控えの写し　1通
　　 ii 　扶養者の営業許可書の写し（ある場合）　1通
　※自営業等の場合，職業等について自ら立証のこと
　③　扶養者が無職である場合
　　預貯金通帳の写し　適宜
　※Web通帳の画面の写し等（取引履歴が分かるもの）であっても可。ただし，加工等できない状態で印刷されたものに限る（Excelファイル等は不可）。
(カ)　その他（規則別表3第3号）
　①　身元保証書　1通
　　身元保証書の様式には，英語版もあり。入管庁ホームページからPDFで取得可能。
　※身元保証人には，通常，申請人の扶養者がなる。

●ポイント●

　一般的には，この場合の身元保証に民事上の責任負担を定めた「身元保証ニ関スル法律」（昭和8年法律42号）が適用されるとは解されていない。また，同法上の身元保証人の責任は限定されているところ，「定住者」の在留資格の決定を受ける場合に求められているのは，「定住者」の在留資格をもって在留する者の（本邦における）滞在費及び（自発的意思によるか，退去強制などによるかを問わず）帰国旅費の負担並びに法令の遵守に限定されているので，身元保証人の負担すべき責任はさらに限定されていると解すべきである。

規則22条1項3号，別表3及び3の6において身元保証書の提出が明確に求められているのは入管法別表2の在留資格に限定されている。これは，入管法別表2の在留資格は本邦において有する身分又は地位に着目した在留資格であり，本邦において行うことが可能な活動に制限がないこと，将来的に長期間にわたって在留することが想定されているのが通常であること，したがって，本邦への定着性が強いのが通常であることから，本邦における生活面において，経済的側面のみならず，法令遵守という側面においても，関係者に，入管法別表2の在留資格をもって在留する外国人の支援を求めるべきであるという考え方による。

そして，本項の申請人の場合については，通常，日本に居住している扶養者がなることが求められている。

因みに，これら以外の在留資格においては，就労資格にあっては受入れ機関が報酬という形で，非就労資格にあっては本人又は扶養者などの生活費負担者の存在という形で滞在費及び帰国旅費が保証されているとの前提の下に，身元保証人は求められていない。

② 申請人の犯罪経歴証明書（本国の機関から発行されたもの） 1通

※申請人が「定住者」の扶養を受ける日系人である場合のみ必要である。また，一度も出入国在留管理当局へ提出したことがない者のみ提出のこと。

4−(5) 「日本人の配偶者等」の在留資格をもって在留する日本人の配偶者の扶養を受けて生活する未成年で未婚の実子の場合

ア 新たに「定住者」の在留資格を取得しようとする者の場合（上陸許可，在留資格認定証明書の交付，在留資格変更許可及び在留資格取得許可の申請）

(ア) 申請書（規則別記6号の3様式（交付），30号様式（変更），36号様式（取得））

(イ) 写真1葉（規則6条の2第2項，20条2項（例外同3項），24条2項（例外同3項））

写真の規格は規則別表3の2にあるとおりである（縦40mm横30mm）。

第1章　在留資格の認定要件と立証資料

16歳未満の者は不要
　🔲ポイント
申請人と申請書に記載された人物が同一であることの確認のためのものである。

㈦　市区町村役場から発行されるもの（規則別表3第1号）
　①　申請人の実親の配偶者である日本人の戸籍謄本（全部事項証明書）1通
　②　申請人の実親の配偶者である日本人の住民票（世帯全員の記載があるもの）1通
　※個人番号（マイナンバー）は省略，他の事項については省略のないもの
　🔲ポイント
申請人の居住実態及び扶養実態の確認のためのものである。同居していない場合にあっては，相互協力・扶助関係がどのように維持され，所定の在留活動がなされるのかについての説明が求められることがある。

4の項目中，4－(1)から(4)，(7)及び(8)においては，在留資格変更及び取得並びに在留期間更新の各許可申請において申請人の住民票の提出が求められているのと異なり，本4－(5)（扶養者が日本人の配偶者）及び(6)（扶養者が永住者の配偶者）においては，いずれの申請においても申請人ではなく扶養者の立場にある者の住民票が求められている点に注意を要する。

　③　日本人又は日本人の配偶者（申請人の実親）のうち収入の多い者の直近1年分の住民税の課税（又は非課税）証明書及び納税証明書（1年間の総所得及び納税状況が記載されたもの）各1通
　※1月1日現在の住所地の市区町村役場から発行される。
　※1年間の総所得及び納税状況（納税事実の有無）の両方が記載されている証明書であれば，いずれか一方で可
　※入国後間もない場合や転居等により，住所地の市区町村役場から発行されない場合は，最寄りの地方出入国在留管理局に相談のこと

㈣　職業・収入に関する資料（規則別表3第2号）
　①　日本人又はその配偶者の収入の多い者が会社等に勤務している場合収入の多い者の在職証明書　1通

② 日本人又は配偶者のうち収入の多い者が自営業等である場合
　　収入の多い者の確定申告書の控えの写し及び営業許可書（ある場合）各1通
　※自営業等の場合は，職業等について自ら立証のこと
　③ 日本人及び日本人の配偶者が無職である場合
　　預貯金通帳の写し　適宜
　※Web通帳の画面の写し等（取引履歴が分かるもの）でも可。ただし，加工等できない状態で印刷されたものに限る（Excelファイル等は不可）。
㋔　その他（規則別表3第3号）
　① 身元保証書　1通
　※英語版もあり。入管庁ホームページから取得可能。
　※身元保証人は，通常，申請人の日本人扶養者

> ポイント

　一般的には，この場合の身元保証に民事上の責任負担を定めた「身元保証ニ関スル法律」（昭和8年法律42号）が適用されるとは解されていない。また，同法上の身元保証人の責任は限定されているところ，「定住者」の在留資格の決定を受ける場合に求められているのは，「定住者」の在留資格をもって在留する者の（本邦における）滞在費及び（自発的意思によるか，退去強制などによるかを問わず）帰国旅費の負担並びに法令の遵守に限定されているので，身元保証人の負担すべき責任はさらに限定されていると解すべきである。

　規則22条1項3号，別表3及び3の6において身元保証書の提出が明確に求められているのは入管法別表2の在留資格に限定されている。これは，入管法別表2の在留資格は本邦において有する身分又は地位に着目した在留資格であり，本邦において行うことが可能な活動に制限がないこと，将来的に長期間にわたって在留することが想定されているのが通常であること，したがって，本邦への定着性が強いのが通常であることから，本邦における生活面において，経済的側面のみならず，法令遵守という側面においても，関係者に，入管法別表2の在留資格をもって在留する外国人の支援を求めるべきであるという考え方による。

第1章　在留資格の認定要件と立証資料

　そして，本項の申請人の場合については，通常，日本に居住している扶養者がなることが求められている。
　因みに，これら以外の在留資格においては，就労資格にあっては受入れ機関が報酬という形で，非就労資格にあっては本人又は扶養者などの生活費負担者の存在という形で滞在費及び帰国旅費が保証されているとの前提の下に，身元保証人は求められていない。

　②　理由書（扶養を受けなければならないことを説明したもの，適宜の様式）　1通
　③　申請人の本国（外国）の機関から発行された出生証明書　1通
　④　申請人の本国（外国）の機関から発行された認知に係る証明書（認知に係る証明書がある場合のみ提出のこと。）　1通

㈹　在留資格認定証明書交付申請の場合には返信用封筒（定形封筒に宛先を明記のうえ，必要な額の郵便切手（簡易書留用）を貼付したもの）　1通
㈺　在留資格変更許可申請の場合には旅券及び在留カードなど（規則20条4項），同取得許可申請の場合には旅券など（規則24条4項）

●ポイント

　申請人が現に外国籍者であることの確認，その国籍の属する国の特定，その国が把握している申請人の身分事項の確認，それらに基づく許可証印及び在留カードの交付のためのものである（入管法20条4項。同22条の2第3項による準用の場合を含む。）。

㈻　在留資格取得許可申請の場合は，以上のほかに，以下の区分によりそれぞれ定める書類1通（規則24条2項）
　①　日本の国籍を離脱した者：国籍を証する書類
　②　出生した者：出生したことを証する書類
　③　①及び②以外の者で在留資格の取得を必要とするもの：その事由を証する書類

●ポイント

　上記①から③までは，在留資格の取得許可の対象となる者であることを確認するための文書である。

イ 「定住者」の在留資格をもって在留する外国人が，在留期間経過後も引き続き在留しようとする場合（在留期間更新許可申請）

㋐ 申請書（規則別記30号の２様式）

㋑ 写真１葉（規則21条２項（例外同３項））

写真の規格は規則別表３の２にあるとおりである（縦40㎜横30㎜）。

16歳未満の者は不要

● ポイント

申請人と申請書に記載された人物が同一であることの確認のためのものである。

㋒ 旅券及び在留カードなど（規則21条４項が準用する同20条４項）

● ポイント

申請人の国籍の属する国の確認，その国が把握している申請人の身分事項の確認，それらに基づく許可証印及び在留カードの交付のためのものである（入管法21条４項が準用する同20条４項）。

㋓ 市区町村役場から発行されるもの（規則別表３の６第１号）

① 申請人の実親の配偶者である日本人の戸籍謄本（全部事項証明書）１通

② 申請人の実親の配偶者である日本人又は日本人の配偶者のうち収入の多い者の直近１年分の住民税の課税（又は非課税）証明書及び納税証明書（１年間の総所得及び納税状況が記載されたもの） 各１通

※１月１日現在の住所地の市区町村役場から発行される。

※１年間の総所得及び納税状況（納税事実の有無）の両方が記載されている証明書であれば，いずれか一方で可

※入国後間もない場合や転居等により，住所地の市区町村役場から発行されない場合は，最寄りの地方出入国在留管理局に相談のこと

③ 申請人の住民票（世帯全員の記載があるもの） １通

※個人番号（マイナンバー）は省略，他の事項については省略のないもの

● ポイント

申請人の居住実態及び扶養実態の確認のためのものである。同居していない場合にあっては，相互協力・扶助関係がどのように維持され，所定の

第1章　在留資格の認定要件と立証資料

在留活動がなされるのかについての説明が求められることがある。
(オ)　職業・収入に関する資料（規則別表3の6第2号）
　① 　日本人又はその配偶者の収入の多い者が会社等に勤務している場合
　　　収入の多い者の在職証明書　1通
　② 　日本人又は配偶者のうち収入の多い者が自営業等である場合
　　　収入の多い者の確定申告書の控えの写し及び営業許可書（ある場合）
各1通
　※自営業の場合は，職業等について自ら立証のこと
　③ 　日本人及び日本人の配偶者が無職である場合
　　　預貯金通帳の写し　適宜
　※Web通帳の画面の写し等（取引履歴が分かるもの）でも可。ただし，加工等できない状態で印刷されたものに限る（Excelファイル等は不可）。
(カ)　その他（規則別表3の6第3号）
　①　身元保証書　1通
　※英語版もあり。入管庁ホームページから取得可能。
　※身元保証人は，通常，申請人の日本人扶養者

> ポイント

　一般的には，この場合の身元保証に民事上の責任負担を定めた「身元保証ニ関スル法律」（昭和8年法律42号）が適用されるとは解されていない。また，同法上の身元保証人の責任は限定されているところ，「定住者」の在留資格の決定を受ける場合に求められているのは，「定住者」の在留資格をもって在留する者の（本邦における）滞在費及び（自発的意思によるか，退去強制などによるかを問わず）帰国旅費の負担並びに法令の遵守に限定されているので，身元保証人の負担すべき責任はさらに限定されていると解すべきである。

　規則22条1項3号，別表3及び3の6において身元保証書の提出が明確に求められているのは入管法別表2の在留資格に限定されている。これは，入管法別表2の在留資格は本邦において有する身分又は地位に着目した在留資格であり，本邦において行うことが可能な活動に制限がないこと，将来的に長期間にわたって在留することが想定されているのが通常であるこ

と、したがって、本邦への定着性が強いのが通常であることから、本邦における生活面において、経済的側面のみならず、法令遵守という側面においても、関係者に、入管法別表2の在留資格をもって在留する外国人の支援を求めるべきであるという考え方による。

そして、本項の申請人の場合については、通常、日本に居住している扶養者がなることが求められている。

因みに、これら以外の在留資格においては、就労資格にあっては受入れ機関が報酬という形で、非就労資格にあっては本人又は扶養者などの生活費負担者の存在という形で滞在費及び帰国旅費が保証されているとの前提の下に、身元保証人は求められていない。

② 申請人の犯罪経歴証明書（本国の機関から発行されたもの） 1通
※申請人が「定住者」の扶養を受ける日系人である場合のみ必要で、また、一度も出入国在留管理当局へ提出したことがない者のみ提出のこと

4－(6) 「永住者の配偶者等」の在留資格をもって在留する永住者の配偶者の扶養を受けて生活する未成年で未婚の実子の場合

ア 新たに「定住者」の在留資格を取得しようとする者の場合（上陸許可、在留資格認定証明書の交付、在留資格変更許可及び在留資格取得許可の申請）

(ア) 申請書（規則別記6号の3様式（交付）、30号様式（変更）、36号様式（取得））

(イ) 写真1葉（規則6条の2第2項、20条2項（例外同3項）、24条2項（例外同3項））
写真の規格は規則別表3の2にあるとおりである（縦40㎜横30㎜）。
16歳未満の者は不要

（ポイント）
申請人と申請書に記載された人物が同一であることの確認のためのものである。

(ウ) 市区町村役場から発行されるもの（規則別表3第1号）

① 永住者又はその配偶者のうち収入の多い者の直近1年分の住民税の課税（又は非課税）証明書及び納税証明書（1年間の総所得及び納税状況が記載されたもの）　各1通
※1月1日現在の住所地の市区町村役場から発行される。
※1年間の総所得及び納税状況（納税事実の有無）の両方が記載されている証明書であれば，いずれか一方で可
※入国後間もない場合や転居等により，住所地の市区町村役場から発行されない場合は，最寄りの地方出入国在留管理局に相談のこと
② 申請人の出生届出受理証明書　1通
※日本の市区町村役場に届出をしている場合のみ提出のこと
③ 永住者又は永住者の配偶者（申請人の実親）の住民票（世帯全員の記載があるもの）　1通
※個人番号（マイナンバー）は省略，他の事項については省略のないもの

■ポイント■

申請人の居住実態及び扶養実態の確認のためのものである。同居していない場合にあっては，相互協力・扶助関係がどのように維持され，所定の在留活動がなされるのかについての説明が求められることがある。

4の項目中，4-(1)から(4)，(7)及び(8)においては，在留資格変更及び取得並びに在留期間更新の各許可申請において申請人の住民票の提出が求められているのと異なり，本4-(5)（扶養者が日本人の配偶者）及び(6)（扶養者が永住者の配偶者）においては，いずれの申請においても申請人ではなく扶養者の立場にある者の住民票が求められている点に注意を要する。

(エ)　職業・収入に関する資料（規則別表3第2号）
① 永住者又はその配偶者の収入の多い者が会社等に勤務している場合
収入の多い者の在職証明書　1通
② 永住者又は配偶者のうち収入の多い者が自営業等である場合
収入の多い者の確定申告書の控えの写し及び営業許可書（ある場合）各1通
※自営業等の場合，職業等について自ら立証のこと
③ 永住者及びその配偶者がいずれも無職である場合

預貯金通帳の写し　適宜

※Web通帳の画面の写し等（取引履歴が分かるもの）でも可。ただし，加工等できない状態で印刷されたものに限る（Excelファイル等は不可）。

(オ)　その他（規則別表3第3号）

① 　身元保証書　1通

※英語版もあり。入管庁ホームページから取得可能。

※身元保証人は，通常，永住者（申請人の扶養者）

▶ ポイント

一般的には，この場合の身元保証に民事上の責任負担を定めた「身元保証ニ関スル法律」（昭和8年法律42号）が適用されるとは解されていない。また，同法上の身元保証人の責任は限定されているところ，「定住者」の在留資格の決定を受ける場合に求められているのは，「定住者」の在留資格をもって在留する者の（本邦における）滞在費及び（自発的意思によるか，退去強制などによるかを問わず）帰国旅費の負担並びに法令の遵守に限定されているので，身元保証人の負担すべき責任はさらに限定されていると解すべきである。

規則22条1項3号，別表3及び3の6において身元保証書の提出が明確に求められているのは入管法別表2の在留資格に限定されている。これは，入管法別表2の在留資格は本邦において有する身分又は地位に着目した在留資格であり，本邦において行うことが可能な活動に制限がないこと，将来的に長期間にわたって在留することが想定されているのが通常であること，したがって，本邦への定着性が強いのが通常であることから，本邦における生活面において，経済的側面のみならず，法令遵守という側面においても，関係者に，入管法別表2の在留資格をもって在留する外国人の支援を求めるべきであるという考え方による。

そして，本項の申請人の場合については，通常，日本に居住している扶養者である永住者がなることが求められている。

因みに，これら以外の在留資格においては，就労資格にあっては受入れ機関が報酬という形で，非就労資格にあっては本人又は扶養者などの生活費負担者の存在という形で滞在費及び帰国旅費が保証されているとの前提

の下に，身元保証人は求められていない。

　② 理由書（扶養を受けなければならないことを説明したもの，適宜の様式）　1通

　③ 申請人の本国（外国）の機関から発行された出生証明書　1通

　④ 申請人の本国（外国）の機関から発行された認知に係る証明書（認知に係る証明書がある方のみ）　1通

(カ) 在留資格認定証明書交付申請の場合には返信用封筒（定形封筒に宛先を明記のうえ，必要な額の郵便切手（簡易書留用）を貼付したもの）　1通

(キ) 在留資格変更許可申請の場合には旅券及び在留カードなど（規則20条4項），同取得許可申請の場合には旅券など（規則24条4項）

▶ポイント

申請人が現に外国籍者であることの確認，その国籍の属する国の特定，その国が把握している申請人の身分事項の確認，それらに基づく許可証印及び在留カードの交付のためのものである（入管法20条4項。同22条の2第3項による準用の場合を含む。）。

(ク) 在留資格取得許可申請の場合は，以上のほかに，以下の区分によりそれぞれ定める書類1通（規則24条2項）

　① 日本の国籍を離脱した者：国籍を証する書類

　② 出生した者：出生したことを証する書類

　③ ①及び②以外の者で在留資格の取得を必要とするもの：その事由を証する書類

▶ポイント

上記①から③までは，在留資格の取得許可の対象となる者であることを確認するための文書である。

イ 「定住者」の在留資格をもって在留する外国人が，在留期間経過後も引き続き在留しようとする場合（在留期間更新許可申請）

(ア) 申請書（規則別記30号の2様式）

(イ) 写真1葉（規則21条2項（例外同3項））

　写真の規格は規則別表3の2にあるとおりである（縦40mm横30mm）。

16歳未満の者は不要

ポイント

申請人と申請書に記載された人物が同一であることの確認のためのものである。

㈦ 旅券及び在留カードなど（規則21条4項が準用する同20条4項）

ポイント

申請人の国籍の属する国の確認，その国が把握している申請人の身分事項の確認，それらに基づく許可証印及び在留カードの交付のためのものである（入管法21条4項が準用する同20条4項）。

㈢ 市区町村役場から発行されるもの（規則別表3の6第1号）

① 申請人の住民票（世帯全員の記載があるもの） 1通

※個人番号（マイナンバー）は省略，他の事項については省略のないもの

ポイント

申請人の居住実態及び扶養実態の確認のためのものである。同居していない場合にあっては，相互協力・扶助関係がどのように維持され，所定の在留活動がなされるのかについての説明が求められることがある。

② 永住者又は永住者の配偶者のうち収入の多い者の直近1年分の住民税の課税（又は非課税）証明書及び納税証明書（1年間の総所得及び納税状況が記載されたもの） 各1通

※1月1日現在の住所地の市区町村役場から発行される。

※1年間の総所得及び納税状況（納税事実の有無）の両方が記載されている証明書であれば，いずれか一方で可

※入国後間もない場合や転居等により，住所地の市区町村役場から発行されない場合は，最寄りの地方出入国在留管理局に相談のこと

※上記①及び②は，発行日から3か月以内のものを提出のこと

㈣ 職業・収入に関する資料（規則別表3の6第2号）

① 永住者又はその配偶者の収入の多い者が会社等に勤務している場合
収入の多い者の在職証明書 1通

② 永住者又は配偶者のうち収入の多い者が自営業等である場合
収入の多い者の確定申告書の控えの写し及び営業許可書（ある場合）

各1通
※自営業等の場合は，職業等について自ら立証のこと
③　永住者及び永住者の配偶者がいずれも無職である場合
　預貯金通帳の写し　適宜
※Web通帳の画面の写し等（取引履歴が分かるもの）でも可。ただし，加工等できない状態で印刷されたものに限る（Excelファイル等は不可）。
㈹　その他（規則別表3の6第3号）
　身元保証書　1通
※英語版もあり。入管庁ホームページから取得可能。
※身元保証人は，通常，永住者（申請人の扶養者）

●ポイント

　一般的には，この場合の身元保証に民事上の責任負担を定めた「身元保証ニ関スル法律」（昭和8年法律42号）が適用されるとは解されていない。また，同法上の身元保証人の責任は限定されているところ，「定住者」の在留資格の決定を受ける場合に求められているのは，「定住者」の在留資格をもって在留する者の（本邦における）滞在費及び（自発的意思によるか，退去強制などによるかを問わず）帰国旅費の負担並びに法令の遵守に限定されているので，身元保証人の負担すべき責任はさらに限定されていると解すべきである。

　規則22条1項3号，別表3及び3の6において身元保証書の提出が明確に求められているのは入管法別表2の在留資格に限定されている。これは，入管法別表2の在留資格は本邦において有する身分又は地位に着目した在留資格であり，本邦において行うことが可能な活動に制限がないこと，将来的に長期間にわたって在留することが想定されているのが通常であること，したがって，本邦への定着性が強いのが通常であることから，本邦における生活面において，経済的側面のみならず，法令遵守という側面においても，関係者に，入管法別表2の在留資格をもって在留する外国人の支援を求めるべきであるという考え方による。

　そして，本項の申請人の場合については，通常，日本に居住している扶養者である永住者がなることが求められている。

因みに，これら以外の在留資格においては，就労資格にあっては受入れ機関が報酬という形で，非就労資格にあっては本人又は扶養者などの生活費負担者の存在という形で滞在費及び帰国旅費が保証されているとの前提の下に，身元保証人は求められていない。

4−(7) 日本人の扶養を受けて生活する6歳未満の養子の場合

ア　新たに「定住者」の在留資格を取得しようとする者の場合（上陸許可，在留資格認定証明書の交付，在留資格変更許可及び在留資格取得許可の申請）

(ア)　申請書（規則別記6号の3様式（交付），30号様式（変更），36号様式（取得））

(イ)　写真1葉（規則6条の2第2項，20条2項（例外同3項），24条2項（例外同3項））

写真の規格は規則別表3の2にあるとおりである（縦40㎜横30㎜）。

16歳未満の者は不要

▶ポイント

申請人と申請書に記載された人物が同一であることの確認のためのものである。

(ウ)　市区町村役場から発行されるもの（規則別表3第1号）

下記①から③は，発行日から3か月以内のものを提出のこと。

①　扶養者である日本人（以下4−(7)において同じ。）の戸籍謄本（全部事項証明書）　1通

※養子縁組事実の記載がない場合には，戸籍謄本に加え養子縁組届出受理証明書を提出のこと

▶ポイント

②　在留取得認定証明書交付申請の場合には扶養者である日本人の，在留資格変更及び取得許可申請の場合には申請人の住民票（世帯全員の記載があるもの）　1通

※個人番号（マイナンバー）は省略，他の事項については省略のないもの

▶ポイント

申請人の居住実態及び扶養実態の確認のためのものである。同居してい

ない場合にあっては，相互協力・扶助関係がどのように維持され，所定の在留活動がなされるのかについての説明が求められることがある。

　③　扶養者である日本人の直近1年分の住民税の課税（又は非課税）証明書及び納税証明書（1年間の総所得及び納税状況が記載されたもの）　各1通

※1月1日現在の住所地の市区町村役場から発行される。

※1年間の総所得及び納税状況（納税事実の有無）の両方が記載されている証明書であれば，いずれか一方で可

※入国後間もない場合や転居等により，住所地の市区町村役場から発行されない場合は，最寄りの地方出入国在留管理局に相談のこと

㈡　職業・収入に関する資料（規則別表3第2号）

　①　扶養者である日本人が会社に勤務している場合
　　当該日本人の在職証明書　1通

　②　扶養者である日本人が自営業等の場合
　　ⅰ　扶養者である日本人の確定申告書の控えの写し　1通
　　ⅱ　扶養者である日本人の営業許可書の写し（ある場合）　1通

※自営業等の場合は，職業等について自ら立証のこと

　③　扶養者である日本人が無職である場合
　　預貯金通帳の写し　適宜

※Web通帳の画面の写し等（取引履歴が分かるもの）でも可。ただし，加工等できない状態で印刷されたものに限る（Excelファイル等は不可）。

㈢　その他（規則別表3第3号）

　①　身元保証書　1通

※英語版もあり。入管庁ホームページから取得可能。

※身元保証人は，通常，申請人の扶養者である日本人

> **ポイント**

　一般的には，この場合の身元保証に民事上の責任負担を定めた「身元保証ニ関スル法律」（昭和8年法律42号）が適用されるとは解されていない。また，同法上の身元保証人の責任は限定されているところ，「定住者」の在留資格の決定を受ける場合に求められているのは，「定住者」の在留資格

をもって在留する者の（本邦における）滞在費及び（自発的意思によるか，退去強制などによるかを問わず）帰国旅費の負担並びに法令の遵守に限定されているので，身元保証人の負担すべき責任はさらに限定されていると解すべきである。

　規則22条１項３号，別表３及び３の６において身元保証書の提出が明確に求められているのは入管法別表２の在留資格に限定されている。これは，入管法別表２の在留資格は本邦において有する身分又は地位に着目した在留資格であり，本邦において行うことが可能な活動に制限がないこと，将来的に長期間にわたって在留することが想定されているのが通常であること，したがって，本邦への定着性が強いのが通常であることから，本邦における生活面において，経済的側面のみならず，法令遵守という側面においても，関係者に，入管法別表２の在留資格をもって在留する外国人の支援を求めるべきであるという考え方による。

　そして，本項の申請人の場合については，通常，日本に居住している日本人扶養者がなることが求められている。

　因みに，これら以外の在留資格においては，就労資格にあっては受入れ機関が報酬という形で，非就労資格にあっては本人又は扶養者などの生活費負担者の存在という形で滞在費及び帰国旅費が保証されているとの前提の下に，身元保証人は求められていない。

　②　申請人の本国（外国）の機関から発行された出生証明書　１通
(カ)　在留資格認定証明書交付申請の場合には返信用封筒（定形封筒に宛先を明記のうえ，必要な額の郵便切手（簡易書留用）を貼付したもの）　１通
(キ)　在留資格変更許可申請の場合には旅券及び在留カードなど（規則20条４項），同取得許可申請の場合には旅券など（規則24条４項）

●ポイント●

　申請人が現に外国籍者であることの確認，その国籍の属する国の特定，その国が把握している申請人の身分事項の特定，それらに基づく許可証印及び在留カードの交付のためのものである（入管法20条４項．同22条の２第３項による準用の場合を含む。）。

(ク)　在留資格取得許可申請の場合は，以上のほかに，以下の区分によりそ

第1章　在留資格の認定要件と立証資料

れぞれ定める書類1通（規則24条2項）。

① 　日本の国籍を離脱した者：国籍を証する書類
② 　出生した者：出生したことを証する書類
③ 　①及び②以外の者で在留資格の取得を必要とするもの：その事由を証する書類

● ポイント

上記①から③までは，在留資格の取得許可の対象となる者であることを確認するための文書である。

イ 　「定住者」の在留資格をもって在留する外国人が，在留期間経過後も引き続き在留しようとする場合（在留期間更新許可申請）

㋐ 　申請書（規則別記30号の2様式）
㋑ 　写真1葉（規則21条2項（例外同3項））
　写真の規格は規則別表3の2にあるとおりである（縦40㎜横30㎜）。
16歳未満の者は不要

● ポイント

申請人と申請書に記載された人物が同一であることの確認のためのものである。

㋒ 　旅券及び在留カードなど（規則21条4項）

● ポイント

申請人の国籍の属する国の確認，その国が把握している申請人の身分事項の確認，それらに基づく許可証印及び在留カードの交付のためのものである（入管法21条4項が準用する同20条4項）。

㋓ 　市区町村役場から発行されるもの（規則別表3の6第1号）
① 　扶養者である日本人の戸籍謄本（全部事項証明書）　1通

● ポイント

扶養者である日本人との身分関係の継続の確認のためのものである。

② 　扶養者である日本人の直近1年分の住民税の課税（又は非課税）証明書及び納税証明書（1年間の総所得及び納税状況が記載されたもの）　各1通

※1月1日現在の住所地の市区町村役場から発行される。
※1年間の総所得及び納税状況（納税事実の有無）の両方が記載されている証明書であれば，いずれか一方で可
※入国後間もない場合や転居等により，住所地の市区町村役場から発行されない場合は，最寄りの地方出入国在留管理局に相談のこと
③　申請人の住民票（世帯全員の記載があるもの）　1通
※個人番号（マイナンバー）は省略，他の事項については省略のないもの

> **ポイント**

申請人の居住実態及び扶養実態の確認のためのものである。同居していない場合にあっては，相互協力・扶助関係がどのように維持され，所定の在留活動がなされるのかについての説明が求められることがある。

(オ)　職業・収入に関する資料（規則別表3の6第2号）
　①　扶養者である日本人が会社に勤務している場合
　　　日本人の在職証明書　1通
　②　扶養者である日本人が自営業等の場合
　　　i　扶養者である日本人の確定申告書の控えの写し　1通
　　　ii　扶養者である日本人の営業許可書の写し（ある場合）　1通
※自営業等の場合は，職業等について自ら立証のこと
　③　扶養者である日本人が無職である場合
　　　預貯金通帳の写し　適宜
※Web通帳の画面の写し等（取引履歴が分かるもの）でも可。ただし，加工等できない状態で印刷されたものに限る（Excelファイル等は不可）。

(カ)　その他（規則別表3の6第3号）
　　　身元保証書　1通
※英語版もあり。入管庁ホームページから取得可能。
※身元保証人は，通常，申請人の扶養者である日本人

> **ポイント**

一般的には，この場合の身元保証に民事上の責任負担を定めた「身元保証ニ関スル法律」（昭和8年法律42号）が適用されるとは解されていない。また，同法上の身元保証人の責任は限定されているところ，「定住者」の在

第1章　在留資格の認定要件と立証資料

留資格の決定を受ける場合に求められているのは，「定住者」の在留資格をもって在留する者の（本邦における）滞在費及び（自発的意思によるか，退去強制などによるかを問わず）帰国旅費の負担並びに法令の遵守に限定されているので，身元保証人の負担すべき責任はさらに限定されていると解すべきである。

　規則22条1項3号，別表3及び3の6において身元保証書の提出が明確に求められているのは入管法別表2の在留資格に限定されている。これは，入管法別表2の在留資格は本邦において有する身分又は地位に着目した在留資格であり，本邦において行うことが可能な活動に制限がないこと，将来的に長期間にわたって在留することが想定されているのが通常であること，したがって，本邦への定着性が強いのが通常であることから，本邦における生活面において，経済的側面のみならず，法令遵守という側面においても，関係者に，入管法別表2の在留資格をもって在留する外国人の支援を求めるべきであるという考え方による。

　そして，本項の申請人の場合については，通常，日本に居住している日本人扶養者がなることが求められている。

　因みに，これら以外の在留資格においては，就労資格にあっては受入れ機関が報酬という形で，非就労資格にあっては本人又は扶養者などの生活費負担者の存在という形で滞在費及び帰国旅費が保証されているとの前提の下に，身元保証人は求められていない。

4−(8)　「永住者」，「定住者」又は「特別永住者」の扶養を受けて生活する6歳未満の養子の場合

ア　新たに「定住者」の在留資格を取得しようとする者の場合（上陸許可，在留資格認定証明書の交付，在留資格変更許可及び在留資格取得許可の申請）

㋐　申請書（規則別記6号の3様式（交付），30号様式（変更），36号様式（取得））

㋑　写真1葉（規則6条の2第2項，20条2項（例外同3項），24条2項（例外同3項））

　　写真の規格は規則別表3の2にあるとおりである（縦40㎜横30㎜）。

16歳未満の者は不要

> **ポイント**

申請人と申請書に記載された人物が同一であることの確認のためのものである。

(ウ) 市区町村役場から発行されるもの（規則別表3第1号）
　① 扶養者の直近1年分の住民税の課税（又は非課税）証明書及び納税証明書（1年間の総所得及び納税状況が記載されたもの）　各1通
　※1月1日現在の住所地の市区町村役場から発行される。
　※1年間の総所得及び納税状況（納税事実の有無）の両方が記載されている証明書であれば，いずれか一方で可
　※入国後間もない場合や転居等により，住所地の市区町村役場から発行されない場合は，最寄りの地方出入国在留管理局に相談のこと
　② 申請人の養子縁組届出受理証明書　1通
　※日本の市区町村役場に提出している場合のみ提出
　③ 在留資格認定証明書交付申請の場合には扶養者の，在留資格変更及び取得許可申請の場合には申請人の住民票（世帯全員の記載があるもの）　1通
　※個人番号（マイナンバー）は省略，他の事項については省略のないもの

> **ポイント**

申請人の居住実態及び扶養実態の確認のためのものである。同居していない場合にあっては，相互協力・扶助関係がどのように維持され，所定の在留活動がなされるのかについての説明が求められることがある。

　※上記①から③は，発行日から3か月以内のものを提出のこと

(エ) 職業・収入に関する資料（規則別表3第2号）
　① 扶養者が会社に勤務している場合
　　扶養者の在職証明書　1通
　② 扶養者が自営業等の場合
　　ⅰ　扶養者の確定申告書の控えの写し　1通
　　ⅱ　扶養者の営業許可書の写し（ある場合）　1通
　※自営業等の場合は，職業等について自ら立証のこと

第1章　在留資格の認定要件と立証資料

　　③　扶養者が無職である場合
　　　預貯金通帳の写し　適宜
　　※Web通帳の画面の写し等（取引履歴が分かるもの）でも可。ただし，加工等できない状態で印刷されたものに限る（Excelファイル等は不可）。
(オ)　その他（規則別表3第3号）
　　①　身元保証書　1通
　　※英語版もあり。入管庁ホームページから取得可能。
　　※身元保証人は，通常，申請人の扶養者。

▶ポイント

　一般的には，この場合の身元保証に民事上の責任負担を定めた「身元保証ニ関スル法律」（昭和8年法律42号）が適用されるとは解されていない。また，同法上の身元保証人の責任は限定されているところ，「定住者」の在留資格の決定を受ける場合に求められているのは，「定住者」の在留資格をもって在留する者の（本邦における）滞在費及び（自発的意思によるか，退去強制などによるかを問わず）帰国旅費の負担並びに法令の遵守に限定されているので，身元保証人の負担すべき責任はさらに限定されていると解すべきである。

　規則22条1項3号，別表3及び3の6において身元保証書の提出が明確に求められているのは入管法別表2の在留資格に限定されている。これは，入管法別表2の在留資格は本邦において有する身分又は地位に着目した在留資格であり，本邦において行うことが可能な活動に制限がないこと，将来的に長期間にわたって在留することが想定されているのが通常であること，したがって，本邦への定着性が強いのが通常であることから，本邦における生活面において，経済的側面のみならず，法令遵守という側面においても，関係者に，入管法別表2の在留資格をもって在留する外国人の支援を求めるべきであるという考え方による。

　そして，本項の申請人の場合については，通常，日本に居住している扶養者がなることが求められている。

　因みに，これら以外の在留資格においては，就労資格にあっては受入れ機関が報酬という形で，非就労資格にあっては本人又は扶養者などの生活

費負担者の存在という形で滞在費及び帰国旅費が保証されているとの前提の下に，身元保証人は求められていない。

　② 理由書（扶養を受けなければならないことを説明したもの，適宜の様式）　1通

　③ 養子縁組に係る家庭裁判所の許可書謄本　1通
　※日本において養子縁組を成立させた場合のみ提出のこと

　④ 申請人と養子縁組が成立していることを証明する本国（外国）の機関から発行された証明書　1通

　⑤ 申請人の本国（外国）の機関から発行された出生証明書　1通

㈹　在留資格認定証明書交付申請の場合には返信用封筒（定形封筒に宛先を明記のうえ，必要な額の郵便切手（簡易書留用）を貼付したもの）　1通

㈻　在留資格変更許可申請の場合には旅券及び在留カードなど（規則20条4項），同取得申請の場合には旅券など（規則24条4項）

●ポイント
申請人が現に外国籍者であることの確認，その国籍の属する国の特定，その国が把握している申請人の身分事項の特定，それらに基づく許可証印及び在留カードの交付のためのものである（入管法20条4項。同22条の2第3項による準用の場合を含む。）。

㈷　在留資格取得許可申請の場合は，以上のほかに，以下の区分によりそれぞれ定める書類1通（規則24条2項）

　① 日本の国籍を離脱した者：国籍を証する書類

　② 出生した者：出生したことを証する書類

　③ ①及び②以外の者で在留資格の取得を必要とするもの：その事由を証する書類

●ポイント
上記①から③までは，在留資格の取得許可の対象となる者であることを確認するための文書である。

第1章　在留資格の認定要件と立証資料

イ　「定住者」の在留資格をもって在留する外国人が，在留期間経過後も引き続き在留しようとする場合（在留期間更新許可申請）

(ア)　申請書（規則別記30号の2様式）

(イ)　写真1葉（規則21条2項（例外同3項））
　　また，写真の規格は規則別表3の2にあるとおりである（縦40㎜横30㎜）。16歳未満の者は不要

● ポイント
申請人と申請書に記載された人物が同一であることの確認のためのものである。

(ウ)　旅券及び在留カードなど（規則21条4項）

● ポイント
申請人の国籍の属する国の確認，その国が把握している申請人の身分事項の確認，それらに基づく許可証印及び在留カードの交付のためのものである（入管法21条4項が準用する同20条4項）。

(エ)　市区町村役場から発行されるもの（規則別表3の6第1号）

　①　申請人の住民票（世帯全員の記載があるもの）　1通
　※個人番号（マイナンバー）は省略，他の事項については省略のないもの

● ポイント
申請人の居住実態及び扶養実態の確認のためのものである。同居していない場合にあっては，相互協力・扶助関係がどのように維持され，所定の在留活動がなされるのかについての説明が求められることがある。

　②　扶養者の直近1年分の住民税の課税（又は非課税）証明書及び納税証明書（1年間の総所得及び納税状況が記載されたもの）　各1通
　※1月1日現在の住所地の市区町村役場から発行される。
　※1年間の総所得及び納税状況（納税事実の有無）の両方が記載されている証明書であれば，いずれか一方で可
　※入国後間もない場合や転居等により，住所地の市区町村役場から発行されない場合は，最寄りの地方出入国在留管理局に相談のこと
　※上記①及び②は，発行日から3か月以内のものを提出のこと

(オ)　職業・収入に関する資料（規則別表3の6第2号）

① 扶養者が会社に勤務している場合

　扶養者の在職証明書　1通

② 扶養者が自営業等の場合

　ⅰ　扶養者の確定申告書の控えの写し　1通

　ⅱ　扶養者の営業許可書の写し（ある場合）　1通

※自営業等の場合は，職業等について自ら立証のこと

③ 扶養者が無職である場合

　預貯金通帳の写し　適宜

※Web通帳の画面の写し等（取引履歴が分かるもの）でも可。ただし，加工等できない状態で印刷されたものに限る（Excelファイル等は不可）。

(カ)　身元保証書　1通（規則別表3の6第3号）

※英語版もあり。入管庁ホームページから取得可能。

※身元保証人は，通常，申請人の扶養者

▶ポイント

　一般的には，この場合の身元保証に民事上の責任負担を定めた「身元保証ニ関スル法律」（昭和8年法律42号）が適用されるとは解されていない。また，同法上の身元保証人の責任は限定されているところ，「定住者」の在留資格の決定を受ける場合に求められているのは，「定住者」の在留資格をもって在留する者の（本邦における）滞在費及び（自発的意思によるか，退去強制などによるかを問わず）帰国旅費の負担並びに法令の遵守に限定されているので，身元保証人の負担すべき責任はさらに限定されていると解すべきである。

　規則22条1項3号，別表3及び3の6において身元保証書の提出が明確に求められているのは入管法別表2の在留資格に限定されている。これは，入管法別表2の在留資格は本邦において有する身分又は地位に着目した在留資格であり，本邦において行うことが可能な活動に制限がないこと，将来的に長期間にわたって在留することが想定されているのが通常であること，したがって，本邦への定着性が強いのが通常であることから，本邦における生活面において，経済的側面のみならず，法令遵守という側面においても，関係者に，入管法別表2の在留資格をもって在留する外国人の支

援を求めるべきであるという考え方による。

　そして，本項の申請人の場合については，通常，日本に居住している扶養者がなることが求められている。

　因みに，これら以外の在留資格においては，就労資格にあっては受入れ機関が報酬という形で，非就労資格にあっては本人又は扶養者などの生活費負担者の存在という形で滞在費及び帰国旅費が保証されているとの前提の下に，身元保証人は求められていない。

5　在留期間（規則別表2）

　入管法7条1項2号の告示で定める地位を認められる者にあっては5年，3年，1年又は6か月

6　その他の注意事項

手数料

在留資格認定証明書交付及び在留資格取得許可の場合，発生せず。

在留資格変更許可及び在留期間更新許可の場合，4,000円（入管法67条1号及び2号並びに施行令9条1号及び2号）

永住者

1 概　要

(1) **本邦において行うことができる活動**
　法務大臣が永住を認める者としての活動（事実上制限なし）。

(2) **対象となる主な者**
　法務大臣が永住を認めた者

2 在留資格該当性

「永住者」

ポイント

　入管法上「法務大臣が永住を認める者」としての地位に係るこの在留資格をもって在留する者は，行うことができる在留活動に制限がなく，さらに，在留期間にも期限がない。そのようなことから，一般的には，その生涯を本邦に生活の本拠を置いて過ごす者をいうとされる。しかし，退去強制事由（同法24条）の適用があること，場合により，他の国内法により活動に制限が加えられることがあることは他の在留資格を有する外国人と同じである。ただし，入管法上の優遇措置としては，その50条１項１号において，退去強制手続において，法務大臣の裁決の特例としての在留特別許可の対象となっている点がある。

　なお，各国における「永住者」類似の滞在許可に関しても言われるとおり，当事者に生涯を滞在国に生活の本拠を置いて過ごそうという主観的要素，実際にそのような生活をしているとの客観的要素のいずれもが備わっている例というのは事実上減少しつつあり，実際は，在留活動の制限のない，また，

更新手続が不要な半永久的な就労目的の滞在許可として認識され、実際にそのように機能している場合も多いとされている。

また、いわゆる「永住許可」は、「帰化」、「市民権の取得」、「国籍の取得」とは異なり、日本国籍を取得するものではないので、永住許可を受けても日本国籍と結合した選挙権・被選挙権などの権利を得られるわけではない。その結果、国籍取得に伴う重国籍による様々な法的地位又は権利関係の抵触という問題を伴うことのない「永住者」の在留資格の取得に当たっては「国籍を有せず、又は日本の国籍の取得によってその国籍を失うべきこと。」（国籍法5条1項5号）という要件が課せられていない。この帰化許可要件は、在留外国人にとって心理的負担であるのみならず、本国における財産を始めとする諸権利の喪失という実質的負担をもたらすものでもあり得るのである。さらに、帰化許可申請の案内から許否に係る最終判断に至るまでの帰化許可手続が一貫して申請人本人が日本語で行うとの運用がなされている。永住許可の滞在期間要件が帰化許可（例：国籍法5条1項1号、6条及び7条）よりも長いのは、両者の法的地位の重さからして不均衡であるとの批判もあるが、両者の比較においては別途以上のような帰化許可固有の要件及び運用が存在している点を忘れるべきではない。

(1) 在留資格「永住者」の取得

在留活動、在留期間のいずれについても制限がないという点で、他の在留資格と比べて大幅に在留管理が緩和されている。このため、永住許可については、通常の在留資格の変更や取得よりも慎重に審査する必要があることから、「永住者」の在留資格への変更について、一般の在留資格の変更許可とは独立した規定が特に設けられ、それが「永住者」の在留資格の取得許可に準用されている。そして、在留資格「永住者」を取得するための方法は、在留資格変更（入管法22条）及び同取得許可（同法22条の2第4項）に限定されている。

(2) 在留資格の変更による永住許可

「在留資格を変更しようとする外国人で永住者の在留資格への変更を希望

するものは，法務省令で定める手続により，法務大臣に対し永住許可を申請しなければならない。」とされているところ（入管法22条1項），法律上その許可要件も定められている。即ち，次のとおりである（同条2項）。

> 2　（永住許可）の申請があつた場合には，法務大臣は，その者が次の各号に適合し，かつ，その者の永住が日本国の利益に合すると認めたときに限り，これを許可することができる。ただし，その者が日本人，永住許可を受けている者又は特別永住者の配偶者又は子である場合にあつては，次の各号のいずれにも適合することを要せず，国際連合難民高等弁務官事務所その他の国際機関が保護の必要性を認めた者で法務省令で定める要件に該当するものである場合にあつては第二号に適合することを要しない。
> 一　素行が善良であること。
> 二　独立の生計を営むに足りる資産又は技能を有すること。

「素行が善良である」

(ポイント)

素行が日本の社会における通常人として非難されないものであることをいう。

「独立の生計を営むに足りる資産又は技能を有すること」

(ポイント)

いわゆる独立生計要件，独立生計維持能力で，生活の安定を確保しうると認められる程度の資産又は技能により，現に生活の安定を確保しており，さらに，将来においても確保し得るものと認められるということである。

ここにいう「技能」は，「技能」「技能実習」「特定技能」の在留資格における「技能」よりも広い概念であり，生計維持の手段となる能力というようなものである。

ただし，出入国管理令の一部を改正する法律（昭和56年6月12日法律第85号）及びその後の改正により加えられたただし書により，日本人，「永住者」又は「特別永住者」の配偶者又は子である場合には，これらの要件を満たす必

要がないとされている。それは，この三者が本邦に生活の本拠を有する者であることから，その家族についても家族単位で在留の安定化を図ることが相当であると考えられているためである。

なお，難民又は補完的保護対象者の認定を受けている者も，2号の独立生計維持能力に関する要件は不要とされている（同法61条の2の14）。

さらに，2023（令和5）年改正入管法（令和5年6月16日法律第56号）の去る6月10日からの施行に伴い，「国際連合難民高等弁務官事務所その他の国際機関が保護の必要性を認めた者で法務省令で定める要件に該当するもの」についても，22条2項2号の独立生計維持能力に関する要件が不要とされている（22条2項ただし書）。これは，以前から継続してきた国際連合難民高等弁務官事務所その他の国際機関との連携を確認し，明らかにする規定である。

なお，法務省令で定められている内容は，以下のとおりである。

［入管法施行規則22条4項］
4　法第二十二条第二項ただし書に規定する法務省令で定める要件は，次の各号のいずれかに該当することとする。
　一　次のイ及びロのいずれにも該当する者として上陸の許可を受けたものであつて，その後引き続き本邦に在留するものであること。
　　イ　インド，インドネシア，カンボジア，シンガポール，スリランカ，タイ，大韓民国，中華人民共和国，ネパール，パキスタン，バングラデシュ，東ティモール，フィリピン，ブータン，ブルネイ，ベトナム，マレーシア，ミャンマー，モルディブ，モンゴル又はラオス国内に一時滞在している者であつて，国際連合難民高等弁務官事務所が我が国に対してその保護を推薦しているもの
　　ロ　次のいずれかに該当する者
　　　⑴　日本社会への適応能力があり，生活を営むに足りる職に就くことが見込まれる者
　　　⑵　⑴に該当する者の配偶者
　　　⑶　⑴若しくは⑵に該当する者の子，父若しくは母又は未婚の兄弟姉妹

二　次のイからハまでのいずれにも該当する者として上陸の許可を受けたものであつて，その後引き続き本邦に在留するものであること。
　　イ　前号に該当する者の親族
　　ロ　前号イに該当する者
　　ハ　親族間での相互扶助が可能である者

(3)　**在留資格取得許可による永住許可**

　入管法22条の2第4項の規定により，同法22条の在留資格変更許可による永住許可に関する規定が準用される。

3 基準（上陸許可基準）

　なし。
　なお，入管庁「永住許可に関するガイドライン（令和6年6月10日改定）」及び「我が国への貢献があると認められる者への永住許可のガイドライン（平成29年4月26日改定）」が運用上の一種の目安として公表されている。

4 立証資料

　申請人の申請時の在留資格により，次の4つの場合に分類されている。
　①　「日本人の配偶者等」，「永住者の配偶者等」
　②　「定住者」
　③　いわゆる就労資格及び「家族滞在」
　(注)　上記②と③は共通部分が多いため，まとめて説明する。
　④　「高度人材外国人」
　　ア　永住許可申請の時点におけるポイント計算が80点以上のとき
　　イ　永住許可申請の時点におけるポイント計算が70点以上80点未満のとき

第1章　在留資格の認定要件と立証資料

(1) 「日本人の配偶者等」又は「永住者の配偶者等」の場合

（注）「日本人の配偶者等」の「等」には，日本人の子として出生した者及び特別養子が含まれる。

「永住者の配偶者等」には，「永住者」及び「特別永住者」の配偶者並びに「永住者」又は「特別永住者」のいずれかの実子として本邦で出生し，その後引き続き本邦に在留している者も含まれる。

※詳細は「日本人の配偶者等」の在留資格の項を参照のこと

(ア)　申請書（規則別記34号様式）

(イ)　写真1葉（規則22条1項，例外同2項）

写真の規格は規則別表3の2にあるとおりである（縦40㎜横30㎜）。16歳未満の者は不要

▶ポイント◀

申請人と申請書に記載された人物が同一であることの確認のためのものである。

(ウ)　身分関係を証明する資料

① 　申請人が日本人の配偶者である場合

配偶者の戸籍謄本（全部事項証明書）　1通

② 　申請人が日本人の子である場合

日本人親の戸籍謄本（全部事項証明書）　1通

③ 　申請が永住者の配偶者である場合

次のいずれかで，婚姻関係を証明するもの

ⅰ　配偶者との婚姻証明書　1通

ⅱ　上記ⅰに準ずる文書（申請人と配偶者との身分関係を証するもの）　適宜

④ 　申請人が永住者又は特別永住者の子である場合

次のいずれかで，親子関係を証明するもの

ⅰ　出生証明書　1通

ⅱ　上記ⅰに準ずる文書（申請人と永住者又は特別永住者との身分関係を証するもの）　適宜

(エ)　申請人を含む家族全員（世帯）の住民票　1通

※個人番号（マイナンバー）は省略，他の事項については省略のないもの

> ポイント

当事者の同居，別居の事実及び別居している場合の合理的理由の確認のためのものである。

(オ) 申請人又は申請人の扶養者の職業を証明する次のいずれかの資料（規則22条1項2号）

① 会社等に勤務している場合

　在職証明書　1通

② 自営業等である場合

　確定申告書控えの写し　1通

　営業許可書の写し（ある場合）　1通

※自営業等の場合は，自ら職業等について立証のこと

③ その他の場合

　職業に係る説明書（書式自由）及びその立証資料　適宜

※申請人及び配偶者共に無職の場合も，その旨の説明書（書式自由）に記載のうえ提出のこと

(カ) 直近（過去3年分）の申請人及び申請人を扶養する者の所得及び納税状況を証明する資料（規則22条1項1号及び2号）

※日本人，永住者及び特別永住者の実子等の場合は，直近1年分の資料

(注)　1号を引用したのは，納税義務の遵守は，ある意味素行が善良であることとも無関係ではないためである。

① 住民税の納付状況を証明する資料

　i　直近3年分の住民税の課税（又は非課税）証明書及び納税証明書

　　（1年間の総所得及び納税状況が記載されたもの）　各1通

※住所地の市区町村役場から発行される。

※上記については，1年間の総所得及び納税状況（納税事実の有無）の両方が記載されている証明書であれば，いずれか一方で可

※住所地の市区町村役場において，直近3年分の証明書が発行されない場合は，発行される最長期間分について提出のこと

※上記証明書が，入国後間もない場合や転居等により，住所地の市区町

村役場から発行されない場合は，最寄りの地方出入国在留管理局に相談のこと

　ⅱ　直近3年間において住民税を適正な時期に納めていることを証明する資料（通帳の写し，領収証書等）

※直近3年間において，住民税が特別徴収（給与から天引き）されていない期間がある場合にあっては当該期間分について提出のこと

※直近3年間のすべての期間において，住民税が特別徴収（給与から天引き）されている場合にあっては，ⅱの資料は不要。ⅰの資料のみ提出のこと。

※Web通帳の画面の写し等（取引履歴が分かるもの）も可。ただし，加工等できない状態で印刷されたものに限る（Excelファイル等は不可）。

②　国税の納付状況を確認する資料

源泉所得税及び復興特別所得税，申告所得税及び復興特別所得税，消費税及び地方消費税，相続税，贈与税に係る納税証明書（その3）

※住所地を管轄する税務署から発行される。オンラインでも取得可能。税務署の所在地や請求方法などの詳細は国税庁ホームページで確認のこと。

※納税証明書（その3）は，証明を受けようとする税目について，証明日現在において未納がないことを証明するものなので，対象期間の指定は不要

※上記の5税目すべてに係る納税証明書を提出のこと

③　その他

次のいずれかで，所得を証明するもの

　ⅰ　預貯金通帳の写し　適宜

　ⅱ　上記ⅰに準ずるもの　適宜

※Web通帳の画面の写し等（取引履歴が分かるもの）も可。ただし，加工等できない状態で印刷されたものに限る（Excelファイル等は不可）。

㈯　申請人及び申請人の扶養者の公的年金及び公的医療保険の保険料の納付状況を証明する資料（規則22条1項2号）

※過去2年間に加入した公的年金制度及び公的医療保険制度に応じ，次

のうち該当する資料を提出のこと（複数の公的年金制度及び公的医療保険制度に加入していた場合は，それぞれの制度に係る資料の提出が必要）
※日本人の実子又は特別養子，永住者の実子，特別永住者の実子のいずれかである場合は，直近１年分の資料を提出のこと
※基礎年金番号，医療保険の保険者番号及び被保険者等記号・番号が記載されている書類（写しを含む。）を提出する場合には，これらの番号の部分を黒塗りにするなど，基礎年金番号，保険者番号及び被保険者等記号・番号を復元できない状態にしたうえで提出のこと

① 直近（過去２年間）の公的年金の保険料の納付状況を証明する資料

※基礎年金番号が記載されている書類については，当該番号の部分を黒塗りするなど，基礎年金番号を復元できない状態にしたうえで提出のこと
※次のⅰからⅲのうち，国民年金以外の年金（厚生年金など）の加入者は，ⅰ又はⅱの資料を提出のこと
※直近２年間において国民年金に加入していた期間がある場合は，ⅰ又はⅱの資料に加え，ⅲの資料も提出のこと
※直近２年間のすべての期間において引き続き国民年金に加入している場合は，ⅲの資料を提出のこと。直近２年間分（24か月分）のⅲの資料を提出することが困難な場合は，その理由を記載した理由書及びⅰ又はⅱの資料を提出のこと。

　ⅰ 「ねんきん定期便」（全期間の年金記録情報が表示されているもの）

※日本年金機構から封書でねんきん定期便（35，45，59歳の誕生月に送付される）が送付されている方は，同封されている書類のうち〈目次〉において，『〇ねんきん定期便（必ず御確認ください）』欄の枠内に記載されているすべての書類を提出のこと
※毎年送付されるハガキ形式のねんきん定期便ではすべての期間が確認できないため提出書類としての使用は不可
※「ねんきん定期便」（全期間の年金記録情報が表示されているもの）は，日本年金機構の以下の問合せ先への連絡により交付申請を行うことが可能。交付申請の際は，『全期間分（封書）を交付希望』と伝えること

(申請から交付までに2か月程度を要す。)。
【問合せ先電話番号】
　ねんきん定期便・ねんきんネット専用番号：0570-058-555（ナビダイヤル）
　050で始まる電話でかける場合：03-6700-1144
　ⅱ　ねんきんネットの「各月の年金記録」の印刷画面
※「ねんきんネット」は日本語のみの対応
※日本年金機構のホームページ（以下のURLを参照）から，ねんきんネットに登録することが可能。なお，登録手続には最大5営業日程度かかる場合がある。
　https://www.nenkin.go.jp/n_net/index.html
※申請時の直近2年間において，国民年金の被保険者であった期間がある方は，「各月の年金記録」のなかにある，「国民年金の年金記録（各月の納付状況）」の印刷画面も併せて提出のこと
　ⅲ　国民年金保険料領収証書（写し）
※直近2年間において国民年金に加入していた期間がある場合は当該期間分の領収証書（写し）をすべて提出のこと。提出が困難な場合はその理由を記載した理由書を提出のこと。
※直近2年間のすべての期間において国民年金に加入していて，直近2年間（24か月分）の国民年金保険料領収証書（写し）を提出できる場合は，上記ⅰ又はⅱの資料の提出は不要
②　直近（過去2年間）の公的医療保険の保険料の納付状況を証明する資料
※保険者番号及び被保険者等記号・番号が記載されている書類（写しを含む。）を提出する場合には，これらの番号の部分を黒塗りにするなど，保険者番号及び被保険者等記号・番号を復元できない状態にしたうえで提出のこと
　ⅰ　健康保険被保険者証（写し）
※現在，健康保険に加入している場合は提出のこと
※直近2年間のすべての期間において引き続き健康保険に加入している

場合はiiからivの資料は不要
　　ii　国民健康保険被保険者証（写し）
※現在，国民健康保険に加入している場合は提出のこと
　　iii　国民健康保険料（税）納付証明書
※直近２年間において国民健康保険に加入していた期間がある場合は提出のこと
　　iv　国民健康保険料（税）領収証書（写し）
※直近２年間において国民健康保険に加入していた期間がある場合は当該期間分の領収証書（写し）をすべて提出のこと。提出が困難な者は，その理由を記載した理由書を提出のこと。
③　申請人が申請時に社会保険適用事業所の事業主である場合
　申請時に，社会保険適用事業所の事業主である場合は，上記の「公的年金の保険料納付状況を証明する資料」及び「公的医療保険の保険料の納付状況を証明する資料」に加え，直近２年間のうち当該事業所で事業主である期間について，事業所における公的年金及び公的医療保険の保険料に係る次のi又はiiのいずれかを提出のこと
※健康保険組合管掌の適用事業所であって，iの保険料領収証書（写し）の提供が困難である場合は，日本年金機構が発行するiiの社会保険料納入証明書又は社会保険料納入確認（申請）書に加え，管轄の健康保険組合が発行する健康保険組合管掌健康保険料の納付状況を証明する書類を提出のこと
　　i　健康保険・厚生年金保険料領収証書（写し）
※申請人（事業主）が保管している直近２年間のうち事業主である期間における，すべての期間の領収証書（写し）を提出のこと。すべての期間について領収証書（写し）が提出できない場合は下記iiを提出のこと。
　　ii　社会保険料納入証明書又は社会保険料納入確認（申請）書（いずれも未納の有無を証明・確認する場合）
※申請書の様式や申請方法等は日本年金機構ホームページを参照。
　　社会保険料納入証明書については，以下のURLから，「１．社会保

険料納入証明書」の申請様式「社会保険料納入証明申請書」により，出力区分「一括用のみ」及び証明範囲区分「延滞金含む」を選択して申請のこと。

　また，「社会保険料納入確認（申請）書」については，以下のURLから，「２．社会保険料納入確認書」のうち，申請様式「社会保険料納入確認（申請）書（未納の有無を確認する場合）」により申請のこと。

https://www.nenkin.go.jp/service/kounen/jigyonushi/sonota/20140311.html

※日本年金機構ホームページトップ画面右上の

「サイトマップ」＞「年金について（しくみや手続き全般）」＞「厚生年金保険」欄の「事業主向け情報」＞「事業主向け情報（その他）」＞「納入証明書・納入確認書」

からアクセス可能

(ク)　旅券又は在留資格証明書　提示（規則22条3項の引用する同20条4項）

※旅券又は在留資格証明書の提示ができない場合は，その理由を記載した理由書を提出のこと

(ケ)　在留カード　提示（規則22条3項の引用する同20条4項1号）

※申請人以外の者が，当該申請人に係る永住許可申請を行う場合には，在留カードの写しを申請人に携帯させて，来庁する者が申請人の在留カードを持参のこと

※資格外活動許可書の交付を受けている場合は，資格外活動許可書も提示のこと

㋺　身元保証に関する資料（規則22条1項3号）

①　身元保証書　1通

※英語版もあり。入管庁ホームページから取得可能。

※身元保証人は，通常，配偶者

②　身元保証人に係る次の資料

身元保証人の身分事項を明らかにする書類（運転免許証写し等）

(サ)　身分を証する文書等　提示

※本件文書は，申請人本人以外の者が申請書類を提出する場合において，申請書類を提出できる者かどうかの確認のために必要。なお，この場合であっても，上記(ク)及び(ケ)の「申請人の旅券及び在留カードの提示」は必要。

(シ) 了解書　1通（各国語版あり。入管庁ホームページから取得可能。）

※了解書とは，永住許可申請に際し，審査結果を受領するまでの間に就職先，家族関係，税金及び各種公的保険料の納付状況，生活保護など公的扶助の受給開始，刑事裁判で有罪判決が確定したなどの永住許可申請の許否判断に影響を与えるべき重要な事情の変更が生じた場合には，速やかに申請先の出入国在留管理局に連絡する必要があることを了解した旨明らかにする申述書である。この連絡を怠ったまま永住許可を受けた場合，当該永住許可が取消しの対象となり得る（入管法22条の4）。

(2) 「定住者」，就労資格又は「家族滞在」の場合

(ア)　申請書（規則別記34号様式）

(イ)　写真1葉（規則34条1項，例外同2項）

写真の規格は規則別表3の2にあるとおりである（縦40㎜横30㎜）。

16歳未満の者は不要

ポイント

申請人と申請書に記載された人物が同一であることの確認のためのものである。

(ウ)　理由書　1通

※永住許可を必要とする理由。形式自由。

※日本語以外で記載する場合は，和訳文を要す

(エ)　身分関係を証明する次のいずれかの資料（「定住者」及び「家族滞在」の場合のみ）

①　戸籍謄本（全部事項証明書）　1通

②　出生証明書　1通

③　婚姻証明書　1通

④　認知届の記載事項証明書　1通
　⑤　上記①から④に準ずるもの
㈪　申請人を含む家族全員（世帯）の住民票　1通
　※個人番号（マイナンバー）は省略，他の事項については省略のないもの
▶ポイント
　申請人の居住実態及び扶養実態の確認のためのものである。同居していない場合にあっては，相互協力・扶助関係がどのように維持され，所定の在留活動がなされるのかについての説明が求められることがある。
㈫　申請人又は申請人の扶養者の職業を証明する次のいずれかの資料（規則22条1項2号）
　①　会社等に勤務している場合
　　在職証明書　1通
　②　自営業等である場合
　　確定申告書控えの写し　1通
　　営業許可書の写し（ある場合）　1通
　※自営業等の場合は職業等について自らの立証のこと
　③　その他の場合
　　職業に係る説明書（書式自由）及びその立証資料　適宜
　※申請人及び配偶者共に無職の場合も，その旨を説明書（書式自由）に記載のうえ提出のこと
㈭　直近（過去5年分）の申請人及び申請人の扶養者の所得及び納税状況を証明する資料（規則22条1項1号及び2号）
　（注）　1号を引用したのは，納税義務の遵守は，ある意味素行が善良であることとも無関係ではないためである。
　①　住民税の納付状況を証明する資料
　　ⅰ　直近5年分の住民税の課税（又は非課税）証明書及び納税証明書
　　　（1年間の総所得及び納税状況が記載されたもの）　各1通
　※住所地の市区町村役場から発行される。
　※上記については，1年間の総所得及び納税状況（納税事実の有無）の両方が記載されている証明書であれば，いずれか一方で可

※住所地の市区町村役場において，直近5年分の証明書が発行されない場合は発行される最長期間分について提出のこと
※また，上記の証明書が，入国後間もない場合や転居等により，住所地の市区町村役場から発行されない場合は，最寄りの地方出入国在留管理局に相談のこと
　ⅱ　直近5年間において住民税を適正な時期に納めていることを証明する資料（通帳の写し，領収証書等）
※直近5年間において，住民税が特別徴収（給与から天引き）されていない期間がある場合は当該期間分について提出のこと
※直近5年間のすべての期間において，住民税が特別徴収（給与から天引き）されている場合は，ⅱの資料は不要。ⅰの資料のみ提出のこと。
※Web通帳の画面の写し等（取引履歴が分かるもの）でも可。ただし，加工等できない状態で印刷されたものに限る（Excelファイル等は不可）。
②　国税の納付状況を確認する資料
　源泉所得税及び復興特別所得税，申告所得税及び復興特別所得税，消費税及び地方消費税，相続税，贈与税に係る納税証明書（その3）
※住所地を管轄する税務署から発行される。オンラインでも取得可能。税務署の所在地や請求方法などの詳細は国税庁ホームページで確認のこと。
※納税証明書（その3）は，証明を受けようとする税目について，証明日現在において未納がないことを証明するものなので，対象期間の指定は不要
※上記の5税目すべてに係る納税証明書を提出のこと
③　その他
　次のいずれかで，所得を証明するもの
　　ⅰ　預貯金通帳の写し　適宜
　　ⅱ　上記ⅰに準ずるもの　適宜
※Web通帳の画面の写し等（取引履歴が分かるもの）でも可。ただし，加工等できない状態で印刷されたものに限る（Excelファイル等は不可）。
(ケ)　申請人及び申請人を扶養する者の公的年金及び公的医療保険の保険料

の納付状況を証明する資料
※過去2年間に加入した公的年金制度及び公的医療保険制度に応じ，次のうち該当する資料を提出のこと（複数の公的年金制度及び公的医療保険制度に加入していた場合は，それぞれの制度に係る資料が必要。）
※基礎年金番号，医療保険の保険者番号及び被保険者等記号・番号が記載されている書類（写しを含む。）を提出する場合には，これらの番号の部分を黒塗りにするなど，基礎年金番号，保険者番号及び被保険者等記号・番号を復元できない状態にしたうえで提出のこと
① 直近（過去2年間）の公的年金の保険料の納付状況を証明する資料
※基礎年金番号が記載されている書類については，当該番号の部分を黒塗りするなど，基礎年金番号を復元できない状態にしたうえで提出のこと
※次のiからⅲのうち，国民年金以外の年金（厚生年金など）に加入者は，i又はⅱの資料を提出のこと
※直近2年間において国民年金に加入していた期間がある場合は，i又はⅱの資料に加え，ⅲの資料も提出のこと
※直近2年間のすべての期間において引き続き国民年金に加入している場合は，ⅲの資料を提出のこと。直近2年間分（24か月分）のⅲの資料を提出することが困難な場合は，その理由を記載した理由書及びi又はⅱの資料を提出のこと。
　　i 「ねんきん定期便」（全期間の年金記録情報が表示されているもの）
※日本年金機構から封書でねんきん定期便（35，45，59歳の誕生月に送付される。）が送付されている場合は，同封されている書類のうち〈目次〉において，『○ねんきん定期便（必ず御確認ください）』欄の枠内に記載されているすべての書類を提出のこと
※毎年送付されるハガキ形式のねんきん定期便ではすべての期間が確認できないため提出書類としては使用不可
※「ねんきん定期便」（全期間の年金記録情報が表示されているもの）は，日本年金機構の以下の問合せ先への連絡により交付申請を行うことが可能。交付申請の際は，『全期間分（封書）を交付希望』と伝えること

（申請から交付までに2か月程度を要す。）。

【問合せ先電話番号】

　　ねんきん定期便・ねんきんネット専用番号：0570-058-555（ナビダイヤル）

　　050で始まる電話でかける場合：03-6700-1144

　　ⅱ　ねんきんネットの「各月の年金記録」の印刷画面

※「ねんきんネット」は日本語のみの対応

※日本年金機構のホームページ（以下のURLを参照）から，ねんきんネットに登録することも可能。なお，登録手続には最大5営業日程度かかる場合がある。

　　https://www.nenkin.go.jp/n_net/index.html

※申請時の直近2年間において，国民年金の被保険者であった期間がある場合は，「各月の年金記録」のなかにある「国民年金の年金記録（各月の納付状況）」の印刷画面も併せて提出のこと

　　ⅲ　国民年金保険料領収証書（写し）

※直近2年間において国民年金に加入していた期間がある場合は当該期間分の領収証書（写し）をすべて提出のこと。提出が困難な場合はその理由を記載した理由書を提出のこと。

※直近2年間のすべての期間において国民年金に加入していて，直近2年間（24か月分）の国民年金保険料領収証書（写し）を提出できる場合は，上記ⅰ又はⅱの資料の提出は不要

② 　直近（過去2年間）の公的医療保険の保険料の納付状況を証明する資料

※保険者番号及び被保険者等記号・番号が記載されている書類（写しを含む。）を提出する場合には，これらの番号の部分を黒塗りにするなど，保険者番号及び被保険者等記号・番号を復元できない状態にしたうえで提出のこと

　　ⅰ　健康保険被保険者証（写し）

※現在，健康保険に加入している場合は提出のこと

※直近2年間のすべての期間において引き続き健康保険に加入している

場合は，ⅱからⅳの資料は不要
　ⅱ　国民健康保険被保険者証（写し）
※現在，国民健康保険に加入している場合は提出のこと
　ⅲ　国民健康保険料（税）納付証明書
※直近2年間において国民健康保険に加入していた期間がある場合は提出のこと
　ⅳ　国民健康保険料（税）領収証書（写し）
※直近2年間において国民健康保険に加入していた期間がある場合は当該期間分の領収証書（写し）をすべて提出のこと。提出が困難な場合はその理由を記載した理由書を提出のこと。
③　申請人が申請時に社会保険適用事業所の事業主である場合
　申請時に，社会保険適用事業所の事業主である場合は，上記の「公的年金の保険料の納付状況を証明する資料」及び「公的医療保険の保険料の納付状況を証明する資料」に加え，直近2年間のうち当該事業所で事業主である期間について，事業所における公的年金及び公的医療保険の保険料に係る次のⅰ又はⅱのいずれかを提出のこと
※健康保険組合管掌の適用事業所であって，ⅰの保険料領収証書（写し）の提供が困難である場合は，日本年金機構が発行するⅱの社会保険料納入証明書又は社会保険料納入確認（申請）書に加え，管轄の健康保険組合が発行する健康保険組合管掌健康保険料の納付状況を証明する書類を提出のこと
　ⅰ　健康保険・厚生年金保険料領収証書（写し）
※申請人（事業主）が保管している直近2年間のうち当該事業の事業主である期間における，すべての期間の領収証書（写し）を提出のこと。すべての期間について領収証書（写し）が提出できない場合は下記ⅱを提出のこと。
　ⅱ　社会保険料納入証明書又は社会保険料納入確認（申請）書（いずれも未納の有無を証明・確認する場合）
※申請書の様式や申請方法等は日本年金機構ホームページを参照のこと
　社会保険料納入証明書は，以下のURLから，「1．社会保険料納入

証明書」の申請様式「社会保険料納入証明申請書」により，出力区分「一括用のみ」及び証明範囲区分「延滞金含む」を選択して申請のこと。また，「社会保険料納入確認（申請）書」については，以下のURLから，「２．社会保険料納入確認書」のうち，申請様式「社会保険料納入確認（申請）書（未納の有無を確認する場合）」により申請のこと。

https://www.nenkin.go.jp/service/kounen/jigyonushi/sonota/20140311.html

※日本年金機構ホームページトップ画面右上の

「サイトマップ」＞「年金について（しくみや手続き全般）」＞「厚生年金保険」欄の「事業主向け情報」＞「事業主向け情報（その他）」＞「納入証明書・納入確認書」

からアクセス可能

(ケ) 申請人又は申請人の扶養者の資産を証明する次のいずれかの資料（規則22条1項3号）

① 預貯金通帳の写し　適宜

※Web通帳の画面の写し等（取引履歴が分かるもの）でも可。ただし，加工等できない状態で印刷されたものに限る（Excelファイル等は不可）。

② 不動産の登記事項証明書　1通

③ 上記①及び②に準ずるもの　適宜

※登記事項証明書は，法務局のホームページからオンラインによる交付請求を行うことが可能

https://houmukyoku.moj.go.jp/homu/static/online_syoumei_annai.html

(コ) 申請人の旅券又は在留資格証明書　提示（規則22条3項の引用する同20条4項）

※旅券又は在留資格証明書の提示ができない場合はその理由を記載した理由書を提出のこと

(サ) 申請人の在留カード　提示（規則22条3項の引用する同20条4項1号）

※申請人以外の者が当該申請人に係る永住許可申請を行う場合には，在

留カードの写しを申請人に携帯させて，来庁する者が申請人の在留カードを持参のこと。

資格外活動許可書の交付を受けている場合は，資格外活動許可書も提示のこと（就労資格及び「家族滞在」のとき）。

(シ) 身元保証に関する資料（規則22条1項3号）

① 身元保証書　1通

※英語版もある。入管庁ホームページから取得可能。

② 身元保証人に係る次の資料

身元保証人の身分事項を明らかにする書類（運転免許証写し等）

(ス) 我が国への貢献に係る資料（※ある場合のみ。）

① 表彰状，感謝状，叙勲書等の写し　適宜

② 所属会社，大学，団体等の代表者等が作成した推薦状　適宜

③ その他，各分野において貢献があることに関する資料　適宜

(セ) 身分を証する文書等　提示

※申請人本人以外の者が申請書類を提出する場合において，申請書類を提出できる者であるかを確認するために必要。また，これとは別に上記(コ)及び(サ)の「申請人の旅券及び在留カードの提示」が必要。

(ソ) 了解書　1通（各国語版あり。入管庁ホームページから取得可能。）

※了解書とは，永住許可申請に際し，審査結果を受領するまでの間に就職先，家族関係，税金及び各種公的保険料の納付状況，生活保護など公的扶助の受給開始，刑事裁判で有罪判決が確定したなどの永住許可申請の許否判断に影響を与えるべき重要な事情の変更が生じた場合には，速やかに申請先の出入国在留管理局に連絡する必要があることを了解した旨明らかにする申述書である。この連絡を怠ったまま永住許可を受けた場合，当該永住許可が取消しの対象となり得る（入管法22条の4）。

(3) 「高度人材外国人」の場合

「高度人材外国人」とは，「高度専門職」の在留資格をもって在留する外国人をいうが，「高度専門職」の在留資格が新設される前に「特定活動」の在

留資格を取得した外国人もいる。出入国管理及び難民認定法別表第1の2の表の高度専門職の項の下欄の基準を定める省令に規定するポイント計算(以下「ポイント計算」という。)を行った場合に70点以上となることが必要とされる。

なお、入管庁ホームページには「高度専門職2号」から「永住者」への在留資格の変更許可申請に関する説明はない。したがって、この申請を要する具体的な事例が発生したときの対応は、最寄りの地方出入国在留管理局に相談のこと。

また、「永住者」と「高度専門職2号」の相違点に関しては、「高度専門職」に関する説明の「5　在留期間(規則別表2)」(226頁以下)を参照のこと。

(3)-1　永住許可申請時点のポイント合計が80点以上の場合
(3)-1-1　「高度人材外国人」として「高度専門職」又は「特定活動」の在留資格をもって1年以上継続して在留しているとき

(ｱ)　申請書(規則別記34号様式)

(ｲ)　写真1葉(規則34条1項、例外同2項)

写真の規格は規則別表3の2にあるとおりである(縦40㎜横30㎜)。
16歳未満の者は不要

▸ ポイント ◂

申請人と申請書に記載された人物が同一であることの確認のためのものである。

(ｳ)　理由書　1通

※永住許可を受けることを必要とする理由。形式自由。
※日本語以外で記載する場合は、和訳文が必要

(ｴ)　申請人を含む家族全員(世帯)の住民票　1通

※個人番号(マイナンバー)は省略、他の事項については省略のないもの

▸ ポイント ◂

申請人の居住実態及び扶養実態の確認のためのものである。同居していない場合にあっては、相互協力・扶助関係がどのように維持され、所定の在留活動がなされるのかについての説明が求められることがある。

(ｵ)　申請人の職業を証明する次のいずれかの資料(規則22条1項2号)

① 会社等に勤務している場合
在職証明書　1通
② 自営業等である場合
申請人の確定申告書控えの写し又は法人の登記事項証明書　1通
営業許可書の写し（ある場合）　1通
※自営業等の場合は，自ら職業等について立証のこと
③ その他の場合は，職業に係る説明書（書式自由）及びその立証資料適宜
㈹ 直近（過去1年分）の申請人及び申請人の扶養者の所得及び納税状況を証明する資料（規則22条1項1号及び2号）
（注）　1号を引用したのは，納税義務の遵守は，ある意味素行が善良であることとも無関係ではないためである。
① 住民税の納付状況を証明する資料
　ⅰ　直近1年分の住民税の課税（又は非課税）証明書及び納税証明書（1年間の総所得及び納税状況が記載されたもの）　各1通
※住所地の市区町村役場から発行される。
※上記については，1年間の総所得及び納税状況（納税事実の有無）の両方が記載されている証明書であれば，いずれか一方で可
※入国から1年以内に永住許可申請を行う場合など，上記証明書が提出できない場合は，上記証明書に代えて，給与所得の源泉徴収票（写し）又は給与明細書（写し）等の資料を提出のこと
※また，上記の証明書が，入国後間もない場合や転居等により，住所地の市区町村役場から発行されない場合は，最寄りの地方出入国在留管理局に相談のこと
　ⅱ　直近1年間において住民税を適正な時期に納めていることを証明する資料（通帳の写し，領収証書等）
※直近1年間において，住民税が特別徴収（給与から天引き）されていない期間がある場合は，当該期間分について提出のこと
※直近1年間のすべての期間において，住民税が特別徴収（給与から天引き）されている者は，ⅱの資料は不要。ⅰの資料のみ提出のこと。

※Web通帳の画面の写し等（取引履歴が分かるもの）であっても可。ただし，加工等できない状態で印刷されたものに限定（Excelファイル等は不可）。
② 国税の納付状況を証明する資料
　源泉所得税及び復興特別所得税，申告所得税及び復興特別所得税，消費税及び地方消費税，相続税，贈与税に係る納税証明書（その３）
※住所地を管轄する税務署から発行。オンラインでも取得可能。税務署の所在地や請求方法などの詳細は国税庁ホームページ参照のこと。
※納税証明書（その３）は，証明を受けようとする税目について，証明日現在において未納がないことを証明するものであり，対象期間の指定は不要
※上記の５税目すべてに係る納税証明書を提出のこと
③ その他
　次のいずれかで，所得を証明するもの
　ⅰ　預貯金通帳の写し　適宜
　ⅱ　上記ⅰに準ずるもの　適宜
※Web通帳の画面の写し等（取引履歴が分かるもの）でも可。ただし，加工等できない状態で印刷されたものに限る（Excelファイル等は不可）。
㈯　申請人及び申請人の扶養者の公的年金及び公的医療保険の保険料の納付状況を証明する資料（規則22条１項２号）
※過去１年間に加入した公的年金制度及び公的医療保険制度に応じ，次のうち該当する資料を提出のこと（複数の公的年金制度及び公的医療保険制度に加入していた場合は，それぞれの制度に係る資料が必要。）
※基礎年金番号，医療保険の保険者番号及び被保険者等記号・番号が記載されている書類（写しを含む。）を提出する場合には，これらの番号の部分を黒塗りにするなど，基礎年金番号，保険者番号及び被保険者等記号・番号を復元できない状態にしたうえで提出のこと
① 直近（過去１年間）の公的年金の保険料の納付状況を証明する資料
※基礎年金番号が記載されている書類について，当該番号の部分を黒塗りするなど，基礎年金番号を復元できない状態にしたうえで提出のこと

※次のⅰからⅲのうち，国民年金以外の年金（厚生年金など）の加入者は，ⅰ又はⅱの資料を提出のこと
※直近1年間において国民年金に加入していた期間がある人は，ⅰ又はⅱの資料に加え，ⅲの資料も提出のこと
※直近1年間のすべての期間において国民年金に加入している者は，ⅲの資料を提出のこと。直近1年間分（12か月分）の(ウ)の資料を提出することが困難な場合は，その理由を記載した理由書及びⅰ又はⅲの資料を提出のこと。

 ⅰ　「ねんきん定期便」（全期間の年金記録情報が表示されているもの）
※日本年金機構から封書でねんきん定期便（35，45，59歳の誕生月に送付される。）が送付されている場合は，同封されている書類のうち〈目次〉において，『○ねんきん定期便（必ず御確認ください）』欄の枠内に記載されているすべての書類を提出のこと
※毎年送付されるハガキ形式のねんきん定期便では，すべての期間が確認できないため提出書類としては使用不可
※「ねんきん定期便」（全期間の年金記録情報が表示されているもの）は，日本年金機構の以下の問合せ先への連絡により交付申請を行うことが可能。交付申請の際は，『全期間分（封書）を交付希望』と伝えること（申請から交付までに2か月程度を要す。）。

【問合せ先電話番号】
 ねんきん定期便・ねんきんネット専用番号：0570-058-555（ナビダイヤル）
 050で始まる電話でかける場合：03-6700-1144

 ⅱ　ねんきんネットの「各月の年金記録」の印刷画面
※「ねんきんネット」は日本語のみの対応
※日本年金機構のホームページ（以下のURLを参照）から，ねんきんネットに登録可能。なお，登録手続には最大5営業日程度かかる場合がある。
 https://www.nenkin.go.jp/n_net/index.html
※申請時の直近1年間において，国民年金の被保険者であった期間があ

る場合は,「各月の年金記録」のなかにある,「国民年金の年金記録（各月の納付状況）」の印刷画面も併せて提出のこと
　　ⅲ　国民年金保険料領収証書（写し）
※直近1年間において国民年金に加入していた期間がある場合は,当該期間分の領収証書（写し）をすべて提出のこと。提出が困難な場合はその理由を記載した理由書を提出のこと。
※直近1年間のすべての期間において国民年金に加入していて,直近1年間（12か月分）の国民年金保険料領収証書（写し）を提出できる場合は,上記ⅰ又はⅱの資料の提出は不要
②　直近（過去1年間）の公的医療保険の保険料の納付状況を証明する資料
　　※保険者番号及び被保険者等記号・番号が記載されている書類（写しを含む。）を提出する場合には,これらの番号の部分を黒塗りするなど,保険者番号及び被保険者等記号・番号を復元できない状態にしたうえで提出のこと
　　ⅰ　健康保険被保険者証（写し）
※現在,健康保険に加入している場合は提出のこと
※直近1年間のすべての期間において引き続き健康保険に加入している場合は,ⅱからⅳの資料は不要
　　ⅱ　国民健康保険被保険者証（写し）
※現在,国民健康保険に加入している場合は提出のこと
　　ⅲ　国民健康保険料（税）納付証明書
※直近1年間において,国民健康保険に加入していた期間がある場合は提出のこと
　　ⅳ　国民健康保険料（税）領収証書（写し）
※直近1年間において国民健康保険に加入していた期間がある場合は当該期間分の領収証書（写し）をすべて提出のこと。
　　　提出が困難な場合はその理由を記載した理由書を提出のこと。
③　申請人が申請時に社会保険適用事業所の事業主である場合
　　申請時に,社会保険適用事業所の事業主である場合は,上記の「公的

年金の保険料の納付状況を証明する資料」及び「公的医療保険の保険料の納付状況を証明する資料」に加え，直近1年間のうち当該事業所で事業主である期間について，事業所における公的年金及び公的医療保険の保険料に係る次の資料ⅰ又はⅱのいずれかを提出のこと

※健康保険組合管掌の適用事業所であって，ⅰの保険料領収証書（写し）の提供が困難である場合は，日本年金機構が発行するⅱの社会保険料納入証明書又は社会保険料納入確認（申請）書に加え，管轄の健康保険組合が発行する健康保険組合管掌健康保険料の納付状況を証明する書類を提出のこと

　　ⅰ　健康保険・厚生年金保険料領収証書（写し）

※事業主である申請人が保管している直近1年間のうち当該事業の事業主である期間における，すべての期間の領収証書（写し）を提出のこと。
　　すべての期間について領収証書（写し）が提出できない場合は下記ⅱを提出のこと。

　　ⅱ　社会保険料納入証明書又は社会保険料納入確認（申請）書（いずれも未納の有無を証明・確認する場合）

※申請書の様式や申請方法等は日本年金機構ホームページを参照のこと。
　　社会保険料納入証明書については，以下のURLから，「1．社会保険料納入証明書」の申請様式「社会保険料納入証明申請書」により，出力区分「一括用のみ」及び証明範囲区分「延滞金含む」を選択して申請のこと。
　　また，「社会保険料納入確認（申請）書」については，以下のURLから，「2．社会保険料納入確認書」のうち，申請様式「社会保険料納入確認（申請）書（未納の有無を確認する場合）」により申請のこと。
https://www.nenkin.go.jp/service/kounen/jigyonushi/sonota/20140311.html

※日本年金機構ホームページトップ画面右上の
　「サイトマップ」＞「年金について（しくみや手続き全般）」＞「厚生年金保険」欄の「事業主向け情報」＞「事業主向け情報（その他）」＞「納

入証明書・納入確認書」
から閲覧可能
(ケ) 高度専門職ポイント計算表等
(注) 高度専門職ポイント計算表とは，高度専門職基準省令1条に定められた内容に基づいて，申請人の学歴，職歴，年齢，加点事項その他の項目ごとの配点を明らかにした計算表のことで，その具体例は入管庁ホームページにおいて閲覧可能である（https://www.moj.go.jp/isa/content/930001657.pdf）。さらに，「高度専門職」に関する各申請に係る参考書式も同ホームページから閲覧・取得可能である（https://www.moj.go.jp/isa/publications/materials/newimmiact_3_evaluate_index.html）。

なお，このポイント制においては，70点以上で「高度専門職」に関する在留資格認定証明書交付並びに在留資格変更許可及び在留期間更新許可の対象となるほか，在留資格の変更による永住許可においても同じく70点以上が許可基準とされている。この永住許可においては，80点以上の場合，許可基準及び申請の際に求められる立証資料の種類において運用上優遇措置が採られている。

① 活動の区分（高度専門職1号イ，ロ，ハ）に応じ，永住許可申請の時点で計算した，いずれかの分野のもの（80点以上のものに限る。） 1通
② ポイント計算の結果，80点以上の点数を有すると認められ，「高度人材外国人」として1年以上継続して本邦に在留している場合
高度専門職ポイント計算結果通知書の写し（規則別記27号の2様式）
※「高度人材外国人」と認められて在留資格認定証明書の交付又は在留資格変更の許可等を受けた場合に通知されるものである。
③ 上記②の高度専門職ポイント計算結果通知書により80点以上を有する旨の通知を受けていない場合
活動の区分（高度専門職1号イ，ロ，ハ）に応じ，永住許可申請の1年前の時点で計算した，いずれかの分野のもの（80点以上のものに限る。） 1通
※永住許可申請の1年前の時点でのポイントは現在のポイント計算表に基づき計算のこと。ただし，下記(ケ)の資料のほか，1年前の時点の高度専門職ポイント計算表や当該時点でポイント対象とされていた項目

第1章　在留資格の認定要件と立証資料

が分かるものも併せて提出のうえ，1年前の時点での高度専門職ポイント計算表に基づく計算により当時80点以上を有していたことを立証できる場合は，この限りではない。

> ポイント

　これは，永住許可申請時点において，申請人が入管庁から80点以上とのポイント計算の結果通知を受けていなくても，実際に80点以上であるとの事実が同申請の1年前において生じている者に同申請許可の可能性を開き，入管庁としてその申請の審査に当たってその事実を考慮に入れることとする旨明らかにし，実態に即した判断を実施することを明らかにしたものである。

(ケ)　ポイント計算の各項目に関する疎明資料

　（注）　入管庁ホームページ参照

　　　　https://www.moj.go.jp/isa/publications/materials/newimmiact_3_evaluate_index.htmlにおいて「ポイント計算参考書式（Excel形式）」が閲覧・取得可能である。

　　　　なお，同書式に関する説明内容は，次の資料の説明内容と共通である。
　　　　「高度専門職1号（イ，ロ，ハ）」に関する説明資料
　　　　https://www.moj.go.jp/isa/content/930001668.pdf（交付申請）
　　　　https://www.moj.go.jp/isa/content/930001669.pdf（変更申請）
　　　　https://www.moj.go.jp/isa/content/930001670.pdf（更新申請）
　　　　「高度専門職2号」に関する説明資料
　　　　https://www.moj.go.jp/isa/content/930001671.pdf（変更申請）

　※ポイントの合計が80点以上であることを確認できる資料を提出のこと。該当する項目すべての疎明資料を提出する必要はない。
　※高度専門職ポイント計算結果通知書を提出した場合は，当該時点における疎明資料の提出は不要
　※疎明資料の基本例は高度専門職ポイント計算表（入管庁ホームページから取得可能）に記載のとおり

(二)　申請人の資産を証明する次のいずれかの資料（規則22条1項2号）
　①　預貯金通帳の写し　適宜

※Web通帳の画面の写し等（取引履歴が分かるもの）でも可。ただし，加工等できない状態で印刷されたものに限る（Excelファイル等は不可）。
② 不動産の登記事項証明書　1通
③ 上記①及び②に準ずるもの　適宜

㈹ 申請人の旅券又は在留資格証明書　提示（規則22条3項が準用する同20条4項）

※旅券又は在留資格証明書の提示ができない場合は，その理由を記載した理由書を提出のこと

㈾ 申請人の在留カード　提示（規則22条2項1号が準用する同20条4項1号及び2号）

※申請人以外の者が，当該申請人に係る永住許可申請を行う場合には，在留カードの写しを申請人に携帯させて，来庁する者が申請人の在留カードを持参のこと。
　資格外活動許可書の交付を受けている場合は，資格外活動許可書も提示のこと。

㈿ 身元保証に関する資料（規則22条1項3号）
① 身元保証書　1通
※英語版もあり。入管庁ホームページから取得可能。
② 身元保証人に係る次の資料
身元保証人の身分事項を明らかにする書類（運転免許証写し等）

㈷ 了解書　1通（各国語版あり。入管庁ホームページから取得可能。）

※了解書とは，永住許可申請に際し，審査結果を受領するまでの間に就職先，家族関係，税金及び各種公的保険料の納付状況，生活保護など公的扶助の受給開始，刑事裁判で有罪判決が確定したなどの永住許可申請の許否判断に影響を与えるべき重要な事情の変更が生じた場合には，速やかに申請先の出入国在留管理局に連絡する必要があることを了解した旨明らかにする申述書である。この連絡を怠ったまま永住許可を受けた場合，当該永住許可が取消しの対象となり得る（入管法22条の4）。

第1章　在留資格の認定要件と立証資料

(3)-1-2　永住許可申請時点でのポイントは80点以上であり，「高度人材外国人」としての「高度専門職」及び「特定活動」以外の在留資格をもって1年以上継続して在留中で，永住許可申請の1年前の時点でのポイントが80点以上の場合

　▶ポイント◀

　これは，永住許可申請時点において，申請人の有する在留資格に関わらず，また，申請人が入管庁から80点以上とのポイント計算の結果通知を受けていなくても，実際に80点以上であるとの事実が同申請の1年前において生じている者に同申請許可の可能性を開き，入管庁としてその申請の審査に当たってその事実を考慮に入れることとする旨明らかにし，実態に即した判断を実施することを明らかにしたものである。

(3)-1-2-1　申請人の在留資格が「日本人の配偶者等」又は「永住者の配偶者等」のときは，(1)に掲げた資料の提出を要する。

　(注)　入管庁ホームページには上記のような記載となっているが，(1)の(カ)及び(キ)の重複部分は，以下該当部分に注記してあるとおり，下記(ア)及び(イ)により直近1年間の資料を提出のこと。

(3)-1-2-2　申請人の在留資格が「定住者」，就労関係の在留資格（入管法別表1の1表の在留資格及び同1の2の表の「技能実習」及び「特定技能1号」を除いた在留資格並びに同1の5の表の「特定活動」の在留資格中就労活動を指定されたもの）又は「家族滞在」のときは，(2)に掲げた資料の提出を要する。

　(注)　入管庁ホームページには上記のような記載となっているが，(2)の(キ)及び(ク)の重複部分は，以下該当部分に注記してあるとおり，それぞれ下記(ア)及び(イ)により直近1年間の資料を提出のこと。

　これ以外上記(3)-1-2-1及び(3)-1-2-2の共通の提出を要する資料は次のとおりである。

(ア)　直近（過去1年分）の申請人及び申請人の扶養者の所得及び納税状況を証明する資料

　①　住民税の納付状況を証明する資料（規則22条1項1号及び2号）

　(注)　1号を引用したのは，納税義務の遵守は，ある意味素行が善良であることとも無関係ではないためである。

ⅰ 直近１年分の住民税の課税（又は非課税）証明書及び納税証明書（１年間の総所得及び納税状況が記載されたもの）　各１通

※住所地の市区町村役場から発行されるもの

※上記については，１年間の総所得及び納税状況（納税事実の有無）の両方が記載されている証明書であれば，いずれか一方で可

※就労関係の在留資格（入管法別表１の１の表の在留資格及び同２の表の「技能実習」及び「特定技能１号」を除いた在留資格並びに同５の表の「特定活動」の在留資格中就労活動を指定されたもの），「日本人の配偶者等」「永住者の配偶者等」又は「定住者」の在留資格で在留している場合であっても，上記(3)－１－２－１及び(3)－１－２－２にかかわらず，直近１年分の資料を提出のこと

※入国から１年後に永住許可申請を行う場合など，上記証明書が提出できない場合は，上記証明書に代えて，給与所得の源泉徴収票（写し）又は給与明細書（写し）等の資料を提出のこと

※上記の証明書が，入国後間もない場合や転居等により住所地の市区町村役場から発行されない場合は，最寄りの地方出入国在留管理局に相談のこと

ⅱ 直近１年間において住民税を適正な時期に納めていることを証明する資料（通帳の写し，領収証書等）

※直近１年間において，住民税が特別徴収（給与から天引き）されていない期間がある場合は，当該期間分についてすべて提出のこと

※直近１年間のすべての期間において，住民税が特別徴収（給与から天引き）されている場合は，②の資料は不要。①の資料のみ提出のこと。

※Web通帳の画面の写し等（取引履歴が分かるもの）であっても可。ただし，加工等できない状態で印刷されたものに限る（Excelファイル等は不可）。

② 国税の納付状況を証明する資料

　源泉所得税及び復興特別所得税，申告所得税及び復興特別所得税，消費税及び地方消費税，相続税，贈与税に係る納税証明書（その３）

※住所地を管轄する税務署から発行されるもの。オンラインでも取得可能。税務署の所在地や請求方法などの詳細は国税庁ホームページを確

第1章　在留資格の認定要件と立証資料

　　　認のこと。
　　※納税証明書（その３）は，証明を受けようとする税目について，証明日現在において未納がないことを証明するものであるが，対象期間の指定は不要
　　※上記の５税目すべてに係る納税証明書を提出のこと
　③　その他
　　　次のいずれかで，所得を証明するもの
　　　ⅰ　預貯金通帳の写し　適宜
　　　ⅱ　上記ⅰに準ずるもの　適宜
　　※Web通帳の画面の写し等（取引履歴が分かるもの）であっても可。ただし，加工等できない状態で印刷されたものに限る（Excelファイル等は不可）。
㈦　申請人及び申請人の扶養者の公的年金及び公的医療保険の保険料の納付状況を証明する資料（規則22条１項２号）
　　※過去１年間に加入した公的年金制度及び公的医療保険制度に応じ，次のうち該当する資料を提出のこと（複数の公的年金制度及び公的医療保険制度に加入していた場合は，それぞれの制度に係る資料が必要）
　　※就労関係の在留資格（入管法別表１の１の表の在留資格及び同２の表の「技能実習」及び「特定技能１号」を除いた在留資格並びに同５の表の「特定活動」の在留資格中就労活動を指定されたもの），「日本人の配偶者等」「永住者の配偶者等」又は「定住者」の在留資格で在留している場合であっても，上記(3)－１－２－１及び(3)－１－２－２にかかわらず，直近１年分の資料を提出のこと
　　※基礎年金番号，医療保険の保険者番号及び被保険者等記号・番号が記載されている書類（写しを含む。）を提出する場合には，これらの番号の部分を黒塗りにするなど，基礎年金番号，保険者番号及び被保険者等記号・番号を復元できない状態にしたうえで提出のこと
　①　直近（過去１年間）の公的年金の保険料の納付状況を証明する資料
　　※基礎年金番号が記載されている書類について，当該番号の部分を黒塗りするなど，基礎年金番号を復元できない状態にしたうえで提出のこ

と
※次のⅰからⅲのうち，国民年金以外の年金（厚生年金など）に加入している場合は，ⅰ又はⅱの資料を提出のこと
※直近1年間において国民年金に加入していた期間がある場合は，ⅰ又はⅱの資料に加え，ⅲの資料も提出のこと
※直近1年間のすべての期間において国民年金に加入している場合は，ⅲの資料を提出のこと。直近1年間分（12か月分）のⅲの資料を提出することが困難な場合は，その理由を記載した理由書及びⅰ又はⅱの資料を提出のこと。

ⅰ 「ねんきん定期便」（全期間の年金記録情報が表示されているもの）
※日本年金機構から封書でねんきん定期便（35，45，59歳の誕生月に送付される。）が送付されている場合は，同封されている書類のうち〈目次〉において，『○ねんきん定期便（必ず御確認ください）』欄の枠内に記載されているすべての書類を提出のこと
※毎年送付されるハガキ形式のねんきん定期便は，すべての期間が確認できないため提出書類としては使用不可
※「ねんきん定期便」（全期間の年金記録情報が表示されているもの）は，日本年金機構の以下の問合せ先への連絡により交付申請を行うことが可能。交付申請の際は，『全期間分（封書）を交付希望』と明示のこと（申請から交付までに2か月程度を要する。）。
【問合せ先電話番号】
　ねんきん定期便・ねんきんネット専用番号：0570-058-555（ナビダイヤル）
　050で始まる電話でかける場合：03-6700-1144
ⅱ ねんきんネットの「各月の年金記録」の印刷画面
※「ねんきんネット」は日本語のみの対応
※日本年金機構のホームページ（以下のURLを参照）から，ねんきんネットに登録可能。なお，登録手続には最大5営業日程度かかる場合がある。
　https://www.nenkin.go.jp/n_net/index.html

※申請時の直近1年間において，国民年金の被保険者であった期間がある場合は，「各月の年金記録」のなかにある，「国民年金の年金記録（各月の納付状況）」の印刷画面も併せて提出のこと
　　ⅲ　国民年金保険料領収証書（写し）
　※直近1年間において国民年金に加入していた期間がある場合は，当該期間分の領収証書（写し）をすべて提出のこと。提出が困難な場合は，その理由を記載した理由書を提出のこと。
　※直近1年間のすべての期間において国民年金に加入していて，直近1年間（12か月分）の国民年金保険料領収証書（写し）を提出できる場合は，上記ⅰ又はⅱの資料を提出は不要
②　直近（過去1年間）の公的医療保険の保険料の納付状況を証明する資料
　※保険者番号及び被保険者等記号・番号が記載されている書類（写しを含む。）を提出する場合には，これらの番号の部分を黒塗りするなど，保険者番号及び被保険者等記号・番号を復元できない状態にしたうえで提出のこと
　　ⅰ　健康保険被保険者証（写し）
　※現在，健康保険に加入している場合は提出のこと
　※直近1年間のすべての期間において引き続き健康保険に加入している場合は，ⅰからⅳの資料は不要
　　ⅱ　国民健康保険被保険者証（写し）
　※現在，国民健康保険に加入している場合は提出のこと
　　ⅲ　国民健康保険料（税）納付証明書
　※直近1年間において，国民健康保険に加入していた期間がある場合は提出のこと
　　ⅳ　国民健康保険料（税）領収証書（写し）
　※直近1年間において国民健康保険に加入していた期間がある場合は，当該期間分の領収証書（写し）をすべて提出のこと。提出が困難な場合は，その理由を記載した理由書を提出のこと。
③　申請人が申請時に社会保険適用事業所の事業主である場合

申請時に，社会保険適用事業所の事業主である場合は，上記の「公的年金の保険料の納付状況を証明する資料」及び「公的医療保険の保険料の納付状況を証明する資料」に加え，直近１年間のうち当該事業所において事業主である期間について，事業所における公的年金及び公的医療保険の保険料に係る次の資料ⅰ又はⅱのいずれかを提出のこと
※健康保険組合管掌の適用事業所であって，ⅰの保険料領収証書（写し）の提供が困難である場合は，日本年金機構が発行するⅱの社会保険料納入証明書又は社会保険料納入確認（申請）書に加え，管轄の健康保険組合が発行する健康保険組合管掌健康保険料の納付状況を証明する書類を提出のこと
　ⅰ　健康保険・厚生年金保険料領収証書（写し）
※申請人（事業主）が保管している直近１年間のうち当該事業の事業主である期間における，すべての期間の領収証書（写し）を提出のこと。すべての期間について領収証書（写し）が提出できない場合は下記ⅱを提出のこと。
　ⅱ　社会保険料納入証明書又は社会保険料納入確認（申請）書（いずれも未納の有無を証明・確認する場合）
※申請書の様式や申請方法等は日本年金機構ホームページ参照
　社会保険料納入証明書については，以下のURLから，「１．社会保険料納入証明書」の申請様式「社会保険料納入証明申請書」により，出力区分「一括用のみ」及び証明範囲区分「延滞金含む」を選択して申請のこと。
　また，「社会保険料納入確認（申請）書」については，以下のURLから，「２．社会保険料納入確認書」のうち，申請様式「社会保険料納入確認（申請）書（未納の有無を確認する場合）」により申請のこと。
　https://www.nenkin.go.jp/service/kounen/jigyonushi/sonota/20140311.html
※日本年金機構ホームページトップ画面右上の
　「サイトマップ」＞「年金について（しくみや手続き全般）」＞「厚生年

金保険」欄の「事業主向け情報」＞「事業主向け情報（その他）」＞「納入証明書・納入確認書」
からアクセス可能

(ウ) 高度専門職ポイント計算表等

(注) 高度専門職ポイント計算表とは，高度専門職基準省令1条に定められた内容に基づいて，申請人の学歴，職歴，年齢，加点事項その他の項目ごとの配点を明らかにした計算表のことで，その具体例は入管庁ホームページにおいて閲覧可能である（https://www.moj.go.jp/isa/content/930001657.pdf）。さらに，「高度専門職」に関する各申請に係る参考書式も同ホームページから閲覧・取得可能である（https://www.moj.go.jp/isa/publications/materials/newimmiact_3_evaluate_index.html）。

なお，このポイント制においては，70点以上で「高度専門職」に関する在留資格認定証明書交付並びに在留資格変更許可及び在留期間更新許可の対象となるほか，在留資格の変更による永住許可においても同じく70点以上が許可基準とされている。この永住許可においては，80点以上の場合，許可基準及び申請の際に求められる立証資料の種類において運用上優遇措置が採られている。

① 活動の区分（高度専門職1号イ，ロ，ハ）に応じ，永住許可申請の時点で計算した，いずれかの分野のもの（80点以上のものに限る。）　1通

② 活動の区分（高度専門職1号イ，ロ，ハ）に応じ，永住許可申請の1年前の時点で計算した，いずれかの分野のもの（80点以上のものに限る。）　1通

※永住許可申請の1年前の時点でのポイントは，現在のポイント計算表に基づき計算のこと。ただし，下記(エ)の資料のほか，1年前の時点の高度専門職ポイント計算表や当該時点でポイント対象とされていた項目が分かるものも併せて提出のうえ，1年前の時点での高度専門職ポイント計算表に基づいて計算した結果，当時80点以上を有していたことを立証できる場合は，この限りではない。

※ポイント計算の結果70点以上80点未満であった場合は，(3)-2-2を参照のこと

(エ) ポイント計算の各項目に関する疎明資料

（注）　入管庁ホームページ参照。

https://www.moj.go.jp/isa/publications/materials/newimmiact_3_evaluate_index.htmlにおいて「ポイント計算参考書式（Excel形式）」が閲覧・取得可能である。

なお，同書式に関する説明内容は，次の資料の説明内容と共通である。

「高度専門職1号（イ，ロ，ハ）」に関する説明資料

https://www.moj.go.jp/isa/content/930001668.pdf（交付申請）

https://www.moj.go.jp/isa/content/930001669.pdf（変更申請）

https://www.moj.go.jp/isa/content/930001670.pdf（更新申請）

「高度専門職2号」に関する説明資料

https://www.moj.go.jp/isa/content/930001671.pdf（変更申請）

※ポイントの合計が80点以上であることを確認できる資料を提出のこと。該当する項目すべての疎明資料の提出は不要。

(3)-2　永住許可申請時点のポイント合計が70点以上80点未満の場合

(3)-2-1　「高度人材外国人」として「高度専門職」又は「特定活動」の在留資格をもって3年以上継続して在留しているとき

(ｱ)　申請書（規則別記34号様式）

(ｲ)　写真1葉（規則34条1項，例外同2項）

写真の規格は規則別表3の2にあるとおりである（縦40㎜横30㎜）。

16歳未満の者は不要

●ポイント●

申請人と申請書に記載された人物が同一であることの確認のためのものである。

(ｳ)　理由書　1通

※永住許可を受けることを必要とする理由。形式自由。

※日本語以外での記載には和訳文が必要（規則62条）

(ｴ)　申請人を含む家族全員（世帯）の住民票　1通

※個人番号（マイナンバー）は省略，他の事項については省略のないもの

●ポイント●

申請人の居住実態及び扶養実態の確認のためのものである。同居していない場合にあっては，相互協力・扶助関係がどのように維持され，所定の

第1章　在留資格の認定要件と立証資料

在留活動がなされるのかについての説明が求められることがある。
(オ)　申請人の職業を証明する次のいずれかの資料（規則22条1項2号）
　　①　会社等に勤務している場合
　　　在職証明書　1通
　　②　自営業等である場合
　　　申請人の確定申告書控えの写し又は当該法人の登記事項証明書　1通
　　　営業許可書の写し（ある場合）　1通
　　※自営業等の場合は，自ら職業等についての立証のこと
　　③　その他の場合
　　　職業に係る説明書（書式自由）及びその立証資料　適宜
(カ)　直近（過去3年分）の申請人及び申請人の扶養者の所得及び納税状況を証明する資料（規則22条1項1号及び2号）
　　（注）　1号を引用したのは，納税義務の遵守は，ある意味素行が善良であることとも無関係ではないためである。
　　①　住民税の納付状況を証明する資料
　　　ⅰ　直近3年分の住民税の課税（又は非課税）証明書及び納税証明書
　　　（1年間の総所得及び納税状況が記載されたもの）　各1通
　　※住所地の市区町村役場から発行されるもの
　　※上記については，1年間の総所得及び納税状況（納税事実の有無）の両方が記載されている証明書であれば，いずれか一方で可
　　※住所地の市区町村役場において，直近3年分の証明書が発行されない場合は，発行される最長期間分について提出のこと
　　※上記の証明書が，入国後間もない場合や転居等により，住所地の市区町村役場から発行されない場合は，最寄りの地方出入国在留管理局に相談のこと
　　　ⅱ　直近3年間において住民税を適正な時期に納めていることを証明する資料（通帳の写し，領収証書等）
　　※直近3年間において，住民税が特別徴収（給与から天引き）されていない期間がある場合は，当該期間分について提出のこと
　　※直近3年間のすべての期間において，住民税が特別徴収（給与から天引

き）されている場合は，ⅱの資料は不要。ⅰの資料のみ提出のこと。
※Web通帳の画面の写し等（取引履歴が分かるもの）でも可。ただし，加工等できない状態で印刷されたものに限る（Excelファイル等は不可）。
② 国税の納付状況を確認する資料
　源泉所得税及び復興特別所得税，申告所得税及び復興特別所得税，消費税及び地方消費税，相続税，贈与税に係る納税証明書（その３）
※住所地を管轄する税務署から発行されるもの。オンラインでも取得可能。税務署の所在地や請求方法などの詳細は国税庁ホームページで確認のこと。
※納税証明書（その３）は，証明を受けようとする税目について，証明日現在において未納がないことを証明するものであり，対象期間の指定は不要
※上記の５税目すべてに係る納税証明書を提出のこと
③ その他
　次のいずれかで，所得を証明するもの
　ⅰ　預貯金通帳の写し　適宜
　ⅱ　上記ⅰに準ずるもの　適宜
※Web通帳の画面の写し等（取引履歴が分かるもの）でも可。ただし，加工等できない状態で印刷されたものに限る（Excelファイル等は不可）。

㈓　申請人及び申請人の扶養者の公的年金及び公的医療保険の保険料の納付状況を証明する資料（規則22条１項２号）
※過去２年間に加入した公的年金制度及び公的医療保険制度に応じ，次のうち該当する資料を提出のこと（複数の公的年金制度及び公的医療保険制度に加入していた場合は，それぞれの制度に係る資料が必要）
※基礎年金番号，医療保険の保険者番号及び被保険者等記号・番号が記載されている書類（写しを含む。）を提出する場合には，これらの番号の部分を黒塗りにするなど，基礎年金番号，保険者番号及び被保険者等記号・番号を復元できない状態にしたうえで提出のこと
① 直近（過去２年間）の公的年金の保険料の納付状況を証明する資料
※基礎年金番号が記載されている書類について，当該番号の部分を黒塗

第1章　在留資格の認定要件と立証資料

りするなど，基礎年金番号を復元できない状態にしたうえで提出のこと
※次のiからうち，国民年金以外の年金（厚生年金など）に加入している場合は，i又はiiの資料を提出のこと
※直近2年間において国民年金に加入していた期間がある場合は，i又はiiの資料に加え，iiiの資料も提出のこと
※直近2年間のすべての期間において国民年金に加入している場合は，iiiの資料を提出のこと。

　　直近2年間分（24か月分）のiiiの資料を提出することが困難な場合は，その理由を記載した理由書及びi又はiiの資料を提出のこと。
　i　「ねんきん定期便」（全期間の年金記録情報が表示されているもの）
※日本年金機構から封書でねんきん定期便（35，45，59歳の誕生月に送付される。）が送付されている場合は，同封されている書類のうち〈目次〉において，『○ねんきん定期便（必ず御確認ください）』欄の枠内に記載されているすべての書類を提出のこと
※毎年送付されるハガキ形式のねんきん定期便は，すべての期間が確認できないため，提出書類としては使用不可
※「ねんきん定期便」（全期間の年金記録情報が表示されているもの）は，日本年金機構の以下の問合せ先への連絡により交付申請が可能。交付申請の際は，『全期間分（封書）を交付希望』と明示のこと（申請から交付までに2か月程度を要す。）。
【問合せ先電話番号】
　　ねんきん定期便・ねんきんネット専用番号：0570-058-555（ナビダイヤル）
　　050で始まる電話でかける場合：03-6700-1144
　ii　ねんきんネットの「各月の年金記録」の印刷画面
※「ねんきんネット」は日本語のみの対応
※日本年金機構のホームページ（以下のURLを参照）から，ねんきんネットに登録することが可能。なお，登録手続には最大5営業日程度かかる場合がある。

https://www.nenkin.go.jp/n_net/index.html

※申請時の直近2年間において,国民年金の被保険者であった期間がある場合は,「各月の年金記録」のなかにある,「国民年金の年金記録（各月の納付状況）」の印刷画面も併せて提出のこと

 iii 国民年金保険料領収証書（写し）

※直近2年間において国民年金に加入していた期間がある場合は,当該期間分の領収証書（写し）をすべて提出のこと。提出が困難な場合は,その理由を記載した理由書を提出のこと。

※直近2年間のすべての期間において国民年金に加入し,直近2年間（24か月分）の国民年金保険料領収証書（写し）を提出できる場合は,上記 i 又は ii の資料は不要

② 直近（過去2年間）の公的医療保険の保険料の納付状況を証明する資料

※保険者番号及び被保険者等記号・番号が記載されている書類（写しを含む。）を提出する場合には,これらの番号の部分を黒塗りにするなど,保険者番号及び被保険者等記号・番号を復元できない状態にしたうえで提出のこと

 i 健康保険被保険者証（写し）

※現在,健康保険に加入している場合は提出のこと

※直近2年間のすべての期間において引き続き健康保険に加入している場合は, ii から iv の資料は不要

 ii 国民健康保険被保険者証（写し）

※現在,国民健康保険に加入している場合は提出のこと

 iii 国民健康保険料（税）納付証明書

※直近2年間において,国民健康保険に加入していた期間がある場合は提出のこと

 iv 国民健康保険料（税）領収証書（写し）

※直近2年間において国民健康保険に加入していた期間がある場合は,当該期間分の領収証書（写し）をすべて提出のこと。提出が困難な場合はその理由を記載した理由書を提出のこと。

③　申請人が申請時に社会保険適用事業所の事業主である場合

　申請時に，社会保険適用事業所の事業主である場合は，上記の「公的年金の保険料の納付状況を証明する資料」及び「公的医療保険の保険料の納付状況を証明する資料」に加え，直近2年間のうち当該事業所において事業主である期間について，当該事業所における公的年金及び公的医療保険の保険料に係る次の資料ⅰ又はⅱのいずれかを提出のこと

※健康保険組合管掌の適用事業所であって，ⅰの保険料領収証書（写し）の提供が困難である場合は，日本年金機構が発行するⅱの社会保険料納入証明書又は社会保険料納入確認（申請）書に加え，管轄の健康保険組合が発行する健康保険組合管掌健康保険料の納付状況を証明する書類を提出のこと

　ⅰ　健康保険・厚生年金保険料領収証書（写し）

※申請人（事業主）が保管している直近2年間のうち事業主である期間における，すべての期間の領収証書（写し）を提出のこと。すべての期間について領収証書（写し）が提出できない場合は，下記ⅱを提出のこと。

　ⅱ　社会保険料納入証明書又は社会保険料納入確認（申請）書（いずれも未納の有無を証明・確認する場合）

※申請書の様式や申請方法等は日本年金機構ホームページを参照のこと。

　社会保険料納入証明書については，以下のURLから，「1．社会保険料納入証明書」の申請様式「社会保険料納入証明申請書」により，出力区分「一括用のみ」及び証明範囲区分「延滞金含む」を選択して申請のこと。

　また，「社会保険料納入確認（申請）書」は，以下のURLから，「2．社会保険料納入確認書」のうち，申請様式「社会保険料納入確認（申請）書（未納の有無を確認する場合）」により申請のこと。

https://www.nenkin.go.jp/service/kounen/jigyonushi/sonota/20140311.html

※日本年金機構ホームページトップ画面右上の

　「サイトマップ」＞「年金について（しくみや手続き全般）」＞「厚生年

金保険」欄の「事業主向け情報」＞「事業主向け情報（その他）」＞「納入証明書・納入確認書」

からアクセス可能

(ク) 高度専門職ポイント計算表等

(注) 高度専門職ポイント計算表とは，高度専門職基準省令1条に定められた内容に基づいて，申請人の学歴，職歴，年齢，加点事項その他の項目ごとの配点を明らかにした計算表のことで，その具体例は入管庁ホームページにおいて閲覧可能である（https://www.moj.go.jp/isa/content/930001657.pdf）。さらに，「高度専門職」に関する各申請に係る参考書式も同ホームページから閲覧・取得可能である（https://www.moj.go.jp/isa/publications/materials/newimmiact_3_evaluate_index.html）。

なお，このポイント制においては，70点以上で「高度専門職」に関する在留資格認定証明書交付並びに在留資格変更許可及び在留期間更新許可の対象となるほか，在留資格の変更による永住許可においても同じく70点以上が許可基準とされている。この永住許可においては，80点以上の場合，許可基準及び申請の際に求められる立証資料の種類において運用上優遇措置が採られている。

活動の区分（高度専門職1号イ，ロ，ハ）に応じ，永住許可申請の時点で計算した，いずれかの分野のもの　1通

(ケ) ポイント計算の各項目に関する疎明資料

(注) 入管庁ホームページ参照。

https://www.moj.go.jp/isa/publications/materials/newimmiact_3_evaluate_index.htmlにおいて「ポイント計算参考書式（Excel形式）」が閲覧・取得可能である。

なお，同書式に関する説明内容は，次の資料の説明内容と共通である。

「高度専門職1号（イ，ロ，ハ）」に関する説明資料

https://www.moj.go.jp/isa/content/930001668.pdf（交付申請）

https://www.moj.go.jp/isa/content/930001669.pdf（変更申請）

https://www.moj.go.jp/isa/content/930001670.pdf（更新申請）

「高度専門職2号」に関する説明資料

https://www.moj.go.jp/isa/content/930001671.pdf（変更申請）

第1章　在留資格の認定要件と立証資料

　　※ポイントの合計が70点以上であることを確認できる資料を提出のこと。該当する項目すべての疎明資料を提出する必要はない。
㈠　申請人の資産を証明する次のいずれかの資料（規則22条1項2号）
　①　預貯金通帳の写し　適宜
　※Web通帳の画面の写し等（取引履歴が分かるもの）でも可。ただし，加工等できない状態で印刷されたものに限る（Excelファイル等は不可）。
　②　不動産の登記事項証明書　1通
　③　上記①及び②に準ずるもの　適宜
　※登記事項証明書は，法務局のホームページからオンラインによる交付請求可能。
　　https://houmukyoku.moj.go.jp/homu/static/online_syoumei_annai.html
㈹　申請人の旅券又は在留資格証明書　提示（規則22条3項が準用する同20条4項1号及び2号）
　※旅券又は在留資格証明書の提示ができない場合は，その理由を記載した理由書を提出のこと
㈼　申請人の在留カード　提示（規則22条4項が準用する同20条4項1号）
　※申請人以外の人が，該申請人に係る永住許可申請を行う場合には，在留カードの写しを申請人に携帯させて，来庁する者が申請人の在留カードを持参のこと。資格外活動許可書の交付を受けている場合は，資格外活動許可書も提示のこと。
㈽　身元保証に関する資料（規則22条1項3号）
　①　身元保証書　1通
　※英語版あり。入管庁ホームページから取得可能。
　②　身元保証人に係る次の資料
　　身元保証人の身分事項を明らかにする書類（運転免許証写し等）
㈾　我が国への貢献に係る資料（※ある場合のみ）
　①　表彰状，感謝状，叙勲書等の写し　適宜
　②　所属会社，大学，団体等の代表者等が作成した推薦状　適宜
　③　その他，各分野において貢献があることに関する資料　適宜

(ソ) 身分を証する文書等　提示

※本件文書は，申請人本人以外の者（入管庁ホームページ参照。）が申請書類を提出する場合において，申請書類を提出できる者であるかの確認のために必要。

　また，申請人以外の者が申請書類を提出する場合であっても，上記(サ)の「申請人の旅券及び在留資格証明書の提示」が必要。

(タ) 了解書　1通（各国語版あり。入管庁ホームページから取得可能。）

※了解書とは，永住許可申請に際し，審査結果を受領するまでの間に就職先，家族関係，税金及び各種公的保険料の納付状況，生活保護など公的扶助の受給開始，刑事裁判で有罪判決が確定したなどの永住許可申請の許否判断に影響を与えるべき重要な事情の変更が生じた場合には，速やかに申請先の出入国在留管理局に連絡する必要があることを了解した旨明らかにする申述書である。この連絡を怠ったまま永住許可を受けた場合，当該永住許可が取消しの対象となり得る（入管法22条の4）。

(3)-2-2　永住許可申請の時点のポイントが70点以上であるが，「高度人材外国人」としての「高度専門職」及び「特定活動」以外の在留資格をもって3年以上継続して在留中で，永住許可申請の3年前の時点のポイント計算も70点以上のとき

ポイント

　これは，永住許可申請時点において，申請人の有する在留資格に関わらず，また，申請人が入管庁から70点以上とのポイント計算の結果通知を受けていなくても，実際に70点以上であるとの事実が同申請時及びその3年前において生じている者に同申請許可の可能性を開き，入管庁としてその申請の審査に当たってその事実を考慮に入れることとする旨明らかにし，実態に即した判断を実施することを明らかにしたものである。

(3)-2-2-1　申請人の在留資格が「日本人の配偶者等」又は「永住者の配偶者等」のときは，上記(1)に掲げた資料の提出を要する。

（注）入管庁ホームページには上記のような記載となっているが，(1)の(カ)及び(キ)と下記(ア)及び(イ)はそれぞれ同一内容である。

第1章　在留資格の認定要件と立証資料

(3)−2−2−2　申請人の在留資格が「定住者」，就労関係の在留資格（入管法別表1の1の表の在留資格及び同1の2の表の「技能実習」及び「特定技能1号」を除いた在留資格並びに同1の5の表の「特定活動」の在留資格中就労活動を指定されたもの）又は「家族滞在」のときは，上記(2)に掲げた資料の提出を要する。

（注）　入管庁ホームページには上記のような記載となっているが，(2)の(キ)及び(ク)の重複部分は，以下該当部分に注記してあるとおり，それぞれ下記(ア)及び(イ)により直近3年間の資料を提出のこと。

これら以外に(3)−2−2−1及び(3)−2−2−2のいずれの場合にも共通の提出を要する資料は次のとおりである。

(ア)　直近（過去3年分）の申請人及び申請人の扶養者の所得及び納税状況を証明する資料（規則22条1項1号及び2号）

　　（注）　1号を引用したのは，納税義務の遵守は，ある意味素行が善良であることとも無関係ではないため。

　①　住民税の納付状況を証明する資料
　　　i　直近3年分の住民税の課税（又は非課税）証明書及び納税証明書
　　　　（1年間の総所得及び納税状況が記載されたもの）　各1通

※住所地の市区町村役場から発行される。

※上記については，1年間の総所得及び納税状況（納税事実の有無）の両方が記載されている証明書であれば，いずれか一方で可

※就労関係の在留資格（入管法別表1の1の表の在留資格及び同2の表の「技能実習」及び「特定技能1号」を除いた在留資格並びに同5の表の「特定活動」の在留資格中就労活動を指定されたもの）又は「定住者」の在留資格で在留している場合であっても，上記(3)−2−2−2にかかわらず，直近3年分の資料を提出のこと

※住所地の市区町村役場において，直近3年分の証明書が発行されない場合は，発行される最長期間分について提出のこと

※上記の証明書が，入国後間もない場合や転居等により，住所地の市区町村役場から発行されない場合は，最寄りの地方出入国在留管理局に相談のこと

　　　ii　直近3年間において住民税を適正な時期に納めていることを証明

する資料（通帳の写し，領収証書等）
※直近3年間において，住民税が特別徴収（給与から天引き）されていない期間がある場合は，当該期間分について提出のこと
※直近3年間のすべての期間において，住民税が特別徴収（給与から天引き）されている場合は，ⅱの資料は不要。ⅰの資料のみ提出のこと。
※Web通帳の画面の写し等（取引履歴が分かるもの）でも可。ただし，加工等できない状態で印刷されたものに限る（Excelファイル等は不可）。

② 国税の納付状況を確認する資料
  源泉所得税及び復興特別所得税，申告所得税及び復興特別所得税，消費税及び地方消費税，相続税，贈与税に係る納税証明書（その3）
※住所地を管轄する税務署から発行される。オンラインでも取得可能。税務署の所在地や請求方法などの詳細は国税庁ホームページを確認のこと。
※納税証明書（その3）は，証明を受けようとする税目について，証明日現在において未納がないことを証明するものであり，対象期間の指定は不要
※上記の5税目すべてに係る納税証明書を提出のこと

③ その他
  次のいずれかで，所得を証明するもの
  ⅰ 預貯金通帳の写し　適宜
  ⅱ 上記ⅰに準ずるもの　適宜
※Web通帳の画面の写し等（取引履歴が分かるもの）でも可。ただし，加工等できない状態で印刷されたものに限る（Excelファイル等は不可）。

(イ) 申請人及び申請人の扶養者の公的年金及び公的医療保険の保険料の納付状況を証明する資料（規則22条1項2号）
※過去2年間に加入した公的年金制度及び公的医療保険制度に応じ，次のうち該当する資料を提出のこと（複数の公的年金制度及び公的医療保険制度に加入していた場合は，それぞれの制度に係る資料が必要）
※基礎年金番号，医療保険の保険者番号及び被保険者等記号・番号が記載されている書類（写しを含む。）を提出する場合には，これらの番号

の部分を黒塗りにするなど，基礎年金番号，保険者番号及び被保険者等記号・番号を復元できない状態にしたうえで提出のこと
① 直近（過去2年間）の公的年金の保険料の納付状況を証明する資料
※基礎年金番号が記載されている書類について，当該番号の部分を黒塗りするなど，基礎年金番号を復元できない状態にしたうえで提出のこと
※次のⅰからⅲのうち，国民年金以外の年金（厚生年金など）に加入している場合は，ⅰ又はⅱの資料を提出のこと
※直近2年間において国民年金に加入していた期間がある場合は，ⅰ又はⅱの資料に加え，ⅲの資料も提出のこと
※直近2年間のすべての期間において国民年金に加入している場合はⅲの資料を提出のこと。直近1年間分（12か月分）のⅲの資料を提出することが困難な場合は，その理由を記載した理由書及びⅰ又はⅱの資料を提出のこと。
　ⅰ　「ねんきん定期便」（全期間の年金記録情報が表示されているもの）
※日本年金機構から封書でねんきん定期便（35，45，59歳の誕生月に送付される。）が送付されている場合は，同封されている書類のうち〈目次〉において，『○ねんきん定期便（必ず御確認ください）』欄の枠内に記載されているすべての書類を提出のこと
※毎年送付されるハガキ形式のねんきん定期便は，すべての期間が確認できないため提出書類としては使用不可
※「ねんきん定期便」（全期間の年金記録情報が表示されているもの）は，日本年金機構の以下の問合せ先への連絡により交付申請が可能。交付申請の際，『全期間分（封書）を交付希望』と明示のこと（申請から交付までに2か月程度を要す。）。
【問合せ先電話番号】
　ねんきん定期便・ねんきんネット専用番号：0570-058-555（ナビダイヤル）
　　050で始まる電話でかける場合：03-6700-1144
　ⅱ　ねんきんネットの「各月の年金記録」の印刷画面

※「ねんきんネット」は日本語のみの対応
※日本年金機構のホームページ（以下のURLを参照）から，ねんきんネットへの登録が可能。なお，登録手続には最大５営業日程度かかる場合がある。
https://www.nenkin.go.jp/n_net/index.html
※申請時の直近２年間において，国民年金の被保険者であった期間がある場合は，「各月の年金記録」のなかにある，「国民年金の年金記録（各月の納付状況）」の印刷画面も併せて提出のこと
　iii　国民年金保険料領収証書（写し）
※直近２年間において国民年金に加入していた期間がある場合は，当該期間分の領収証書（写し）をすべて提出のこと。提出が困難な場合は，その理由を記載した理由書を提出のこと。
※直近２年間のすべての期間において国民年金に加入し，直近２年間（24か月分）の国民年金保険料領収証書（写し）を提出できる場合は，上記ⅰ又はⅱの資料は不要
②　直近（過去２年間）の公的医療保険の保険料の納付状況を証明する資料
※保険者番号及び被保険者等記号・番号が記載されている書類（写しを含む。）を提出する場合には，これらの番号の部分を黒塗りにするなど，保険者番号及び被保険者等記号・番号を復元できない状態にしたうえで提出のこと
　ⅰ　健康保険被保険者証（写し）
※現在，健康保険に加入している場合は提出のこと
※直近２年間のすべての期間において引き続き健康保険に加入している場合は，ⅱからⅳの資料は不要
　ⅱ　国民健康保険被保険者証（写し）
※現在，国民健康保険に加入している場合は提出のこと
　ⅲ　国民健康保険料（税）納付証明書
※直近２年間において，国民健康保険に加入していた期間がある場合は提出のこと

ⅳ　国民健康保険料（税）領収証書（写し）
※直近2年間において国民健康保険に加入していた期間がある場合は，当該期間分の領収証書（写し）をすべて提出のこと。提出が困難な場合はその理由を記載した理由書を提出のこと。
　③　申請人が申請時に社会保険適用事業所の事業主である場合
　申請時に，社会保険適用事業所の事業主である場合は，上記の「公的年金の保険料の納付状況を証明する資料」及び「公的医療保険の保険料の納付状況を証明する資料」に加え，直近2年間のうち当該事業所において事業主である期間について，当該事業所における公的年金及び公的医療保険の保険料に係る次の資料ⅰ又はⅱのいずれかを提出のこと
※健康保険組合管掌の適用事業所であって，ⅰの保険料領収証書（写し）の提供が困難である場合は，日本年金機構が発行するⅱの社会保険料納入証明書又は社会保険料納入確認（申請）書に加え，管轄の健康保険組合が発行する健康保険組合管掌健康保険料の納付状況を証明する書類を提出のこと
　　ⅰ　健康保険・厚生年金保険料領収証書（写し）
※申請人（事業主）が保管している直近2年間のうち事業主である期間における，すべての期間の領収証書（写し）を提出のこと。すべての期間について領収証書（写し）が提出できない者は，下記ⅱを提出のこと。
　　ⅱ　社会保険料納入証明書又は社会保険料納入確認（申請）書（いずれも未納の有無を証明・確認する場合）
※申請書の様式や申請方法等は日本年金機構ホームページを参照のこと。
　社会保険料納入証明書については，以下のURLから，「1．社会保険料納入証明書」の申請様式「社会保険料納入証明申請書」により，出力区分「一括用のみ」及び証明範囲区分「延滞金含む」を選択して申請のこと。
　また，「社会保険料納入確認（申請）書」については，以下のURLから，「2．社会保険料納入確認書」のうち，申請様式「社会保険料納入確認（申請）書（未納の有無を確認する場合）」により申請のこ

と。

https://www.nenkin.go.jp/service/kounen/jigyonushi/sonota/20140311.html

※日本年金機構ホームページトップ画面右上の

「サイトマップ」＞「年金について（しくみや手続き全般）」＞「厚生年金保険」欄の「事業主向け情報」＞「事業主向け情報（その他）」＞「納入証明書・納入確認書」

からアクセス可能

(ウ) 高度専門職ポイント計算表等

(注) 高度専門職ポイント計算表とは，高度専門職基準省令１条に定められた内容に基づいて，申請人の学歴，職歴，年齢，加点事項その他の項目ごとの配点を明らかにした計算表のことで，その具体例は入管庁ホームページにおいて閲覧可能である（https://www.moj.go.jp/isa/content/930001657.pdf）。さらに，「高度専門職」に関する各申請に係る参考書式も同ホームページから閲覧・取得可能である（https://www.moj.go.jp/isa/publications/materials/newimmiact_3_evaluate_index.html）。

なお，このポイント制においては，70点以上で「高度専門職」に関する在留資格認定証明書交付並びに在留資格変更許可及び在留期間更新許可の対象となるほか，在留資格の変更による永住許可においても同じく70点以上が許可基準とされている。この永住許可においては，80点以上の場合，許可基準及び申請の際に求められる立証資料の種類において運用上優遇措置が採られている。

① 活動の区分（高度専門職１号イ，ロ，ハ）に応じ，永住許可申請の時点で計算した，いずれかの分野のもの　１通

② 活動の区分（高度専門職１号イ，ロ，ハ）に応じ，永住許可申請の３年前の時点で計算した，いずれかの分野のもの　１通

※永住許可申請の３年前の時点でのポイントは，現在のポイント計算表に基づき計算のこと。ただし，下記(エ)のほか，３年前の時点の高度専門職ポイント計算表や当該時点でポイント対象とされていた項目が分かるものを併せて提出し，３年前の時点での高度専門職ポイント計算表に基づく計算により当時70点以上を有していたことを立証できる場

合は，この限りではない。
(エ) ポイント計算の各項目に関する疎明資料
　(注) 入管庁ホームページ参照。
　　https://www.moj.go.jp/isa/publications/materials/newimmiact_3_evaluate_index.htmlにおいて「ポイント計算参考書式（Excel形式）」が閲覧・取得可能である。
　　なお，同書式に関する説明内容は，次の資料の説明内容と共通である。
　　「高度専門職1号（イ，ロ，ハ）」に関する説明資料
　　https://www.moj.go.jp/isa/content/930001668.pdf（交付申請）
　　https://www.moj.go.jp/isa/content/930001669.pdf（変更申請）
　　https://www.moj.go.jp/isa/content/930001670.pdf（更新申請）
　　「高度専門職2号」に関する説明資料
　　https://www.moj.go.jp/isa/content/930001671.pdf（変更申請）

※ポイントの合計が70点以上であることを確認できる資料を提出のこと。該当する項目すべての疎明資料を提出する必要はない。

※疎明資料の基本例は高度専門職ポイント計算表に記載（入管庁ホームページから取得可能）

5　在留期間（規則別表2）

無期限

6　その他の注意事項

(1)　手数料

在留資格変更許可の場合は，8,000円（入管法67条3号及び施行令9条3号）

在留資格取得許可の場合は，発生しない。

(2)　資料転用願い

※資料転用願出書参考様式あり。入管庁ホームページから取得可能。

これは，直近の各種申請において提出済みの立証資料を他の申請のために

転用することを願い出ることであり，運用上の対応である。

　事実上，在留資格の変更及び取得の許可及び在留期間更新許可の各申請と永住許可申請との間において行われることが多いと思われる。

(3)　永住許可申請における公租公課納入事実の確認―2024（令和6）年法改正との関係において

　以上のとおり，永住許可申請においては，他の在留資格以上に，源泉所得税，復興特別所得税，申告所得税，消費税，地方消費税，相続税，贈与税，住民税などの国税及び地方税の納入状況確認のために提出を求められる資料並びに国民年金，厚生年金などの公的年金及び健康保険，国民健康保険などの公的医療保険の保険料の納入状況，すなわち公租公課の納入状況確認のために提出を求められる資料の多さが際立っている。このことから，入管庁が永住許可においてこれらの公租公課の納入事実を他の在留資格以上に重視していることが分かる。

　実際に，公租公課の納入事実は，2024（令和6）年6月10日改訂の永住許可要件に関する「永住に関するガイドライン」の1⑶イにおいて「その者の永住が日本国の利益に合すると認められること」の一つとして「罰金刑や懲役刑を受けていないこと」と並列的に掲げられているところである。これは，2023（令和5）年4月21日改訂時点の規定を維持したものであり，さらに，2012（平成24）年時点において既に同ガイドラインの同一箇所，即ち1⑶イの「納税義務等公的義務を履行していること」という文言にまで遡ることができる。このように法務省入国管理局（当時）及び入管庁がこの点を重視する背景には，研究者による最近のある調査に表れているとおり，税金制度に対する国民の厳格な意識を背景としたものということができる。

　他方，2018（平成30）年の入管法改正により外国人の受入環境整備に関する総合調整機能を法務省が担うことになって以降（法務省設置法4条1項33号及び同2項），急増した国及び地方の関係機関からの入管庁に対する適正な公的義務の履行への協力要請に対応して，2024（令和6）年6月14日に国会で成立し，同21日に公布された出入国管理及び難民認定法及び外国人の技能実習の適正な実施及び技能実習生の保護に関する法律の一部を改正する法律（同

法律第60号）によって改正される入管法22条2項において公租公課の適正な納入が永住許可の要件として明文化され，さらに，同22条の4第8号において，その違反が「永住者」の在留資格の取消し（行政法学上の撤回に該当）事由として規定されている。これらの条項は，交付日から3年以内に施行されることになっているところ，以上見たとおり，「永住に関するガイドライン」において入管庁の公租公課に対する基本的考え方が示された時期及び2019（令和元）年4月の2018年改正入管法施行以降，例えば入管庁監修『生活・就労ガイドブック』(2024年現在6訂版）(https://www.moj.go.jp/isa/support/portal/guidebook_index.html）により外国人向けに多言語で年金・福祉・税金の重要性に関する広報が繰り返されていることからすれば，以上のような法改正が「永住者」の在留資格を有する者及び永住許可申請者・申請予定者に対して即不意打ちになるものではないと考えられる。

　また，改正後の22条の6第1項には法務大臣の職権による救済措置が定められており，「永住者」の在留資格の取消しに際しては，「法務大臣は，（その取消しの対象となった）外国人が引き続き本邦に在留することが適当でないと認める場合を除き，職権で，「永住者」の在留資格以外の在留資格への変更を許可するもの」とされ，永住許可が取り消されたとしても，原則として，他の在留資格により本邦での在留が認められることになっている点に注意が必要である。通常「永住者」は，在留歴，家族関係，日本への貢献度など永住許可を受けるに相当する日本との関係性の存在が認められることから，入管法24条の退去強制事由に該当したときでさえも退去強制令書発付は事実上相当程度限定される。とするならば，退去強制事由より違法性の弱い在留資格取消事由において「引き続き本邦に在留することが適当でないと認め」られる場合はごく限定的なものになるものと予測される。したがって，永住許可の取消し即本邦からの退去が求められるということにはならない。

　また，本件改正部分に関して出入国管理政策懇談会への諮問がなかったことも本改正法への批判理由とされたところであるが，以上の経緯を見れば，そのような批判が形式的にも実質的にも正鵠を射たものといい難いことは明らかであろう。肝心の立法府及びその周辺においても，その批判者がその実質的理由を示さなかったため，形式的批判以上の議論の深まりはなく，事前手

続の「欠缺」を補完し得るような実質的な議論（熟議）には至らなかったようである。

　さらに，以上の改正法は，明文上明らかなとおり，「永住者」とは異なる「特別永住者」には適用されないので，以上の改正法施行によって「特別永住者」という法的地位が取り消されることはない。歴史的経緯に配慮して特別の立法措置により設けられた法的地位である以上当然の帰結であり，この点誤解のないよう注意を要する。

　他方，以上の改正法公布後の2024（令和6）年6月25日付けで，国連人種差別撤廃委員会から日本国政府宛て以上の点を含む関連改正「法案」に関する情報提供を求める「書簡（letter）」(注)と称する文書が送達された。しかし，この書簡には次のような疑問がある。

（注）https://tbinternet.ohchr.org/_layouts/15/treatybodyexternal/Download.aspx?symbolno=INT%2FCERD%2FALE%2FJPN%2F10004&Lang=en

　確かに，日本は，1995（平成7）年にあらゆる形態の人種差別の撤廃に関する国際条約（平成7年12月20日条約第26号）（通称：人種差別撤廃条約）に加入している。国連人種差別撤廃委員会は，一方において，同条約8条1項前段の規定に基づいて設置されたものであるが，同項中段において，各委員が個人の資格で職務を執行するものとされている。このことから，委員と国連の関係が曖昧であり，本委員長名義の本件書簡（letter）が委員会としての意見であったとしても，それが直ちに国連としての見解と言い切れるのか条約上明らかではない。他方において，同14条1項後段は，同「委員会は，宣言を行っていない締約国についての通報を受理してはならない」と規定している。日本は，同項前段の規定によるいわゆる個人通報制度を受け入れるための宣言はしていない。ということは，同委員会に日本に対する個人通報を受理する権限はないということである。

　また，同委員会の今回の書簡（letter）は，同委員会が独自に設けた「早期警戒と緊急手続」に基づく事実上のもので，そもそも拘束力はない。であるにしても，今回の同委員会の対応は，同委員会が個人通報らしきもの（注：同委員会は情報源を明らかにしていない。）を受け付け，それに対応しているかのような外観を伴っていることは明らかである。ゆえに，委員会のこの対応と

同条約14条1項後段との整合性には疑問がないとはいえない。この措置が締約国に対して拘束力のない事実上のものであることを理由としてその措置を正当化する意図であるとすれば、個人通報を受け入れていない締約国にそれを押し付けるに等しく、以上の条項との整合性に関する疑問はますます否定しがたいものとなる。

　次に、この書簡発出の根拠として同書簡では同条約9条1項及び手続規則65条が引用されているところ、これらはいずれも同条約9条1項（a）の規定により行われる締約国の2年ごとの定期報告に関する規定であり、趣旨を異にしている。

　さらに、同書簡は、2004（平成16）年の一般的勧告（第30号）の各段落を引用しているところ、この勧告自体策定経緯が不透明であるのみならず、同委員会による勧告であり、そもそも拘束力を有するものではない。

　以上の点に関する問題がなかったとしても、本書簡の内容がそもそも「早期警戒と緊急手続」の対象となるかという点に関する疑問は残る。

　以上から、日本国政府にはそもそも拘束力を欠いた同委員会の本件書簡に対応する条約上の応答義務はない。したがって、書簡に対する応答は、条約の趣旨を尊重した結果であり、同委員会に対する儀礼的なものに留まると解すべきである。

　本件「書簡」に類する2021（令和3）年の入管法改正法案、2023（令和5）年の入管法改正法（案）その他の入管行政に関連した国連のいわゆる「恣意的拘禁作業部会」の日本国政府宛ての「意見書」がある。

　これら「書簡」及び「意見書」といった文書を引用して国内の法制度・運用を批判する見解が散見される。しかし、これらの文書には、国内の法制度・運用の実態を調査・把握したうえで発出されたのか、それ以前に文書発出主体にそのような権限があるのかという疑問がある。さらに、それらの内容を日本国政府において尊重すべきとの見解に立つのであれば、これら文書を自説の論拠とする者においても、単にその補強材料にして終わるのではなく、これらの文書の位置付け及び法的拘束力の有無を明らかにし、有無いずれの場合においても、その尊重すべき範囲、程度及び根拠を法律学的見地から展開し、建設的な議論につなげるべきである。

特別永住者

1　概　要

(1)　本邦において行うことができる活動
　制限なし。

(2)　対象となる者
　いわゆる在日韓国・朝鮮・台湾人
　日本国との平和条約発効日である1952（昭和27）年4月28日において日本国籍を離脱した者のうち，1945（昭和20）年9月2日(注)以前から引き続き本邦に在留する者など入管特例法2条1項各号のいずれかに該当する者（以下「平和条約国籍離脱者」という。）及びその直系卑属として本邦で出生しその後引き続き本邦に在留する者で入管特例法2条2項各号のいずれかに該当する者（以下「平和条約国籍離脱者の子孫」という。）が該当する。
　(注)　東京湾上の米艦ミズーリにおいて，日本側及び連合国側双方の代表が「降伏文書」に署名を行い，これによって日本の降伏が確定した日付である。

2　在留の資格該当性

「特別永住者」
　ポイント
　入管法2条の2第1項の「他の法律に特別の規定がある場合」との規定にある「他の法律」として制定された日本国との平和条約に基づく日本の国籍を離脱した者等の出入国管理に関する特例法（平成3年5月10日法律第71号。以下「入管特例法」という。）により定められた特別な法的地位（外国人登録法時代においては，この法的地位と入管法上の在留資格の総称として「在留の資格」という用語

が用いられていた。）である。

　この「特別永住者」という法的地位は，日本国との平和条約（昭和27年4月28日条約第5号）2条(a)及び(b)の規定に基づいて日本国が朝鮮及び台湾等に対する「すべての権利，権原及び請求権を放棄する」ことによって日本国の主権（ここでは「国家権力」又は「統治権」そのものの意味）が及ばなくなったため，朝鮮人及び台湾人などが同条約の発効に伴って自己の意思とは関係なく日本国籍を離脱[注]したという歴史的経緯に鑑み，これらの者及びその子孫の法的地位の一層の安定化を図ることを目的として設けられたものである。

（注）　入管特例法においては，日本国との平和条約の発効という事実に伴い自己の意思とは関係なく自動的に日本国籍を失うに至ったことを「国籍を離脱」と表現している。これに対して，国籍法では，自己の意思に基づく場合に「離脱」（例：国籍法13条，16条1項）又は「放棄」（例：同14条2項），自己の意思に基づかない場合に「喪失」（例：同11条，12条，16条2項）という用語が用いられ，両者が区別されている。このように，入管特例法と国籍法において用語法に相違があるので，注意を要する。

　　　なお，平和条約発効により日本国籍の「喪失」が起きたことを確認したものとして，昭和27（1952）年4月19日付け法務府民事局長通達「平和条約に伴う朝鮮人，台湾人等に関する国籍及び戸籍事務の処理について（通達）」が法務局長及び地方法務局長宛て発出された。この通達で日本国籍を喪失するのは，主として，日本本土外に本籍を有する日本国籍者である朝鮮人及び台湾人のほかに，内地（日本本土）に本籍を有していた日本国籍者のうち，朝鮮人及び台湾人など内地に本籍を有しない日本国籍者と婚姻又は養子縁組など一定の身分関係により，内地籍から除籍されるべき者であることが確認された（https://www.digital.archives.go.jp/DAS/meta/listPhoto?LANG=default&BID=F0000000000000389517&ID=M0000000000001470951&TYPE=）。

　以上の入管特例法上の日本国籍の「離脱」が法学的に「喪失」又は「剥奪」のいずれに当たるのか，さらに，この国籍問題に関して日本国政府はいかなる対応を採るべきであったのかという法政策論に関しては憲法学，国際法学及び国際私法学の関連文献を参照願いたい。「喪失」又は「離脱」と捉えて現状を肯定する見解，「剥奪」又は「喪失」と捉えて同条約発効時において国籍の選択権を認めるべきであったとの見解，憲法違反の「剥奪」であ

り，当事者は日本国籍を保有し続けているとしつつ，理念がイデオロギーとして機能する事態を回避するために現実的な問題への接近を要するとの見解がある。

特別永住者は，入管法19条の3の中長期在留者ではないため，在留カードは交付されないが，入管特例法は，特別永住者証明書を交付するものとしている（同法6条，7条）。

また，特別永住者については，その本邦における生活の安定に資するという観点から，同法により，みなし再入国許可を含む再入国許可を受けている場合の上陸審査の特例（20条。上陸審査の対象となる上陸のための条件の限定），退去強制の特例（22条。退去強制事由の特例），再入国許可の有効期間の特例（23条。再入国できる期間の長期化等）などが定められている。

特別永住者には，入管特例法3条の規定により当然にその法的地位が与えられた「法定特別永住者」と同法4条又は5条の規定により，申請に基づいて特別永住許可を受けて特別永住者となった者がいる。

なお，平和条約国籍離脱者の子孫は，出生により，又は自己の意思により様々な国の国籍を取得することがあるところ，そのこと自体によって平和条約国籍離脱者の子孫という法的地位を消滅させるものではない。したがって，特別永住者が所持する特別永住者証明書上の国籍・地域欄の記載は必ずしも「韓国」，「朝鮮」及び「台湾」に限定されるものではない。

「法定特別永住者」

ポイント

入管特例法2条及び3条に定められているとおり，そこに定められた要件に該当する平和条約国籍離脱者及びその子がこれに該当し，当事者の申請を待つまでもなく，法律上当然特別永住者としての地位が認められる。

「特別永住許可」

ポイント

入管特例法4条及び5条の規定に定められているとおり，平和条約国籍離脱者の子孫[注]が対象で，「出生その他の事由により（中略）本邦に在留すること」となった場合に当該対象者からの申請に基づいて入管庁長官が許可をするものである。この許可は，申請の手続及び内容が法定要件を満たしてい

る限りにおいて，許可されるもので，自由裁量行為ではなく覊束行為である。
（注）　平和条約国籍離脱者の子孫とは平和条約国籍離脱者の直系卑属として本邦で出生しその後引き続き本邦に在留する者（以下「申請人」という。）で，平和条約国籍離脱者から申請人の前の世代に至るすべての世代の者が，本邦で出生し（終戦前に出生した平和条約国籍離脱者のみ出生地は問わない。），申請人の出生のときまで（申請人の出生前に死亡したときは，死亡のときまで）引き続き本邦に在留していたことを要する。ただし，申請人が国外で出生した場合にあっても，その出生日がその両親の再入国許可の有効期間内であり，かつ，その有効期間内に本邦に上陸したときは，特別永住許可の対象となる場合があるので，地方出入国在留管理局に相談のこと。

「その他の事由」

ポイント

日本人と平和条約国籍離脱者又はその子孫との間に本邦で日本国籍と外国籍の重国籍者として出生した子が，その後日本の国籍を離脱又は喪失した場合（国籍法11条以下）を指す。

3　基準（上陸許可基準）

なし。

4　立証資料

本項において，引用している条文は，いずれも入管特例法施行規則のものである。

　(ア)　特別永住許可申請書（1条1項1号及び別記1号様式又は2条1項1号及び別記2号様式）　1通
　　※住所地の市区町村役場に備え付けられている。
　(イ)　日本で出生したことを証する書類（出生届記載事項証明書又は出生届受理証明書）（1条1項3号）　1通
　　※出生届受理証明書の場合，子の氏名，生年月日，出生地，父母の氏名

及び性別の記載のあるものが必要
(ｳ) その他の事由の生じたことを証する資料（除籍謄本等）（1条1項4号）
(ｴ) 平和条約国籍離脱者の子孫であることを証する資料（1条1項5号又は2条1項3号）「平和条約国籍離脱者」又は「平和条約国籍離脱者の子孫」である父又は母の住民票の写し又は特別永住者証明書等
※特別永住許可を受けようとする者の父又は母が所持する旧外国人登録証明書は，特別永住者証明書等に含まれる。
※特別永住者証明書等は提示のみ
(ｵ) 写真（16歳未満の者は不要）（1条1項2号，2項及び別表1又は2条1項2号，3項及び別表1）　1葉
(ｶ) 特別永住許可を受けようとする者の住民票の写し　1通
※住民基本台帳法30条の45に規定する区分，国籍・地域，世帯主の氏名及び世帯主との続柄の記載のあるものが必要

▶ ポイント

上記(ｴ)及び本人確認のためのものである。
(ｷ) 特別永住許可を受けようとする者が旅券を所持する場合は，その旅券
※旅券は提示のみ

▶ ポイント

申請人が実在し，現に外国籍者であることの確認，その国籍の属する国の特定，その国が把握している申請人の身分事項の特定及び当該旅券の名義人として記載されている人物と申請人の同一性確認（本人確認）のためのものである。
(ｸ) 申請行為者が未成年後見人又は代理人である場合は，それを証明する資料
(ｹ) 上記2「特別永住許可」の ▶ポイント の（注）で述べたとおり，外国で出生した子の場合にあっても，次の要件を満たす場合には特別永住許可の対象となる場合があるので，詳細は，地方出入国在留管理局において相談のこと
① 申請人である出生子の父又は母が特別永住者であること
② 母の再入国許可の有効期間内の出生子であること

③ 申請人の上陸許可の日から60日以内（入管特例法4条2項の類推適用）に特別永住許可申請がなされていること

地方出入国在留管理局に相談する場合にあっては，次の資料を確保しておくことが有用である。

　ⅰ　申請人である出生子の現地における出生証明書及びその和訳

ポイント

申請人の同一性と特別永住者の父又は母との親子関係の確認のためのものである。

　ⅱ　申請人の本邦への上陸許可証印のある旅券又はその他の渡航文書

ポイント

申請人の同一性及び申請人が本邦に適法に入国し，在留していることの証明のほか，上陸許可日から60日以内の申請であることの確認のためのものである。

　ⅲ　母に関しては，特別永住者であるか否かを問わず，再入国許可証印及び出国証印，みなし再入国許可の場合にあっては，出国認印（ただし，みなし再入国許可による出国ある旨申告のこと）のある旅券若しくは渡航文書又はその写し

　　父のみが特別永住者の場合にあっては，当該父の再入国許可証印及び当該許可による出国証印，みなし再入国許可の出国認印（ただし，みなし再入国許可による出国ある旨申告のこと）のある旅券若しくは渡航文書又はその写し

ポイント

申請人が母の再入国許可の期間内の出生子であり，かつ，特別永住者である父又は母の再入国許可の有効期間内において上陸を許可されたことの証明のためのものである。

5　在留期間（入管特例法3条柱書）

無期限

6 その他の注意事項

手数料は，発生しない。

第1章　在留資格の認定要件と立証資料

短期滞在

1　概　要

(1)　本邦において行うことができる活動

> 本邦に短期間滞在して行う観光，保養，スポーツ，親族の訪問，見学，講習又は会合への参加，業務連絡その他これらに類似する活動

(2)　対象となる主な者

　対象となる者は，次に例示的に列挙するとおり，就労活動（第2章2(3)②を参照）以外の活動を行う外国人が，非常に幅広く対象となる。
　①　通過，観光，娯楽，保養の目的を有する者
　②　日本語，文化その他の科目の短期コースの参加者
　③　国外の大学における教育課程の一環として行うサマージョブに参加しようとする者
　④　知人，友人，親族などを訪問しようとする者（病気見舞，冠婚葬祭などへの出席を含む。）
　⑤　見学，視察などの目的を有する者（例：工場見学，見本市の視察）
　⑥　民間団体主催の講習，会議などに民間人として参加する者
　⑦　本邦に基盤を有することなく行う，商談，契約調印，業務連絡，アフターサービス，宣伝，市場調査，その他いわゆる短期商用の活動を行う者
　⑧　短期の社内講習を受けようとする者
　⑨　参詣，宗教会議参加，教会設立に関する業務連絡などを行うことを目的として，短期間滞在しようとする者

⑩　報道,取材などのうち一時的用務（例：日本への国公賓又はスポーツ選手などに同行して行う取材活動）を遂行しようとする者
⑪　姉妹都市又は学校からの親善訪問者（親善使節の行う広報,宣伝の活動を行うことを含む。）
⑫　日米領事条約17条1項(e)(ii)の規定により領事が行う「派遣国の裁判所その他の司法当局のために,その者が自発的に提供する証言（の）録取」（デポジション）への立会を目的とする者
⑬　その他,短期間滞在しようとする者（例：短期間の病気治療を目的とする者,大学入学試験受験者,外国法事務弁護士となるための承認手続をすることを目的とする者）

2　在留資格該当性

本邦に短期間滞在して行う活動を指す。
「短期間」
◆ポイント◆
　期間が短いこと,一時的であることという客観的要素と本人がそのように意識しているとの主観的要素によって決まる。具体的な期間としては,規則別表2は,最長90日としている。
　「短期滞在」の在留資格に対応する活動には就労活動は含まれない（入管法19条1項）。したがって,就労活動又は就労活動が含まれている活動を行う場合は,「短期滞在」の在留資格には該当しない。
　ただし,「短期滞在」の在留資格をもって在留する者も,入管法上「報酬」に該当しないものとされている「業として行うものではない講演に対する謝金,日常生活に伴う臨時の報酬その他の法務省令で定める報酬」,具体的には,入管法施行規則19条の3に定められている報酬を受ける活動を行うことは可能である。
　なお,「短期滞在」の在留資格から他の在留資格への変更は,「やむを得ない特別の事情」がない限り許可しないこととされている（入管法20条3項ただし書）。例えば,あらかじめ日本国在外公館において上陸目的に適合した査

第1章　在留資格の認定要件と立証資料

証を取得して上陸を申請すべきところ，便法としてより手続が簡単で時間を要しない短期滞在査証の発給を受けて，又は二国間の短期滞在査証免除取決めの適用を受けるものとして査証の発給すら受けずに，上陸の申請に至り，たとえ「短期滞在」の在留資格の決定を受けて上陸を許可されたとしても，本来の上陸目的に適合した在留資格を取得するために在留資格の変更許可申請を行った際に，当初から適正な査証を取得しなかったものとして消極的な評価を受けることになるので，在留資格の変更許可は難しくなる。それ以前に，そもそも，このような上陸の申請をすれば，本来の上陸目的に適合した査証の発給を受けていないものとして入管法7条1項1号に該当しないものと判断され（いわゆる「無査証事案」），上陸が認められず，退去を命じられることになりかねない。したがって，事前に上陸目的に適合した査証を取得しておくことが不可欠である。

3　基準（上陸許可基準）

なし。

4　立証資料

ア　新たに「短期滞在」の在留資格を取得しようとする者の場合（上陸許可，在留資格変更許可及び在留資格取得許可の申請）

（注）　在留資格認定証明書交付申請は対象外。

(ア)　申請書（規則別記6号の3様式，30号様式（変更），36号様式（取得））

(イ)　在留資格変更許可申請の場合には旅券及び在留カードなど（規則20条4項，別表3第2号），同取得許可申請の場合には旅券など（規則24条4項が準用する同20条4項，別表3第2号）

▶ポイント

申請人の国籍の属する国の確認，その国が把握している申請人の身分事項の確認，それらに基づく許可証印のためのものである（入管法20条4項。同22条の2第3項による準用の場合を含む。）。

ただし，他の在留資格とは異なり，規則別表3第2号において，旅券の条件として，「本邦以外の国に入国することができる当該外国人の有効な旅券」の提示があげられている。その趣旨は，申請人たる外国人の本邦で予定されている滞在期間が短期であることから，その確実な出国を在留資格「短期滞在」取得又はその拒否の時点で確保しておく必要があるためである。

(ウ) 「短期滞在」への変更・「短期滞在」取得を必要とする理由書（書式自由）　1通

(エ) 出国するために必要な交通手段を確保していることを明らかにする資料（航空券等）　適宜（提示）（規則別表3第1号）

◆ポイント◆
短期間の滞在であるがゆえに出国手段の確保の有無が許否判断の要素のひとつとなっている。

イ　「短期滞在」の在留資格をもって在留する外国人が，在留期間経過後も引き続き在留しようとする場合（在留期間更新許可申請）

在留期間更新許可申請の際に提出することを要する立証資料を在留資格ごとに列挙した規則別表3の6においては，本在留資格は除外されている。これは，1993（平成5）年の規則改正当時，「短期滞在」の名称どおり，本件在留資格をもって在留する者は，在留期間更新許可の対象として想定されていなかったためである。しかし，それにもかかわらず，当事者又はその関係者の事情により，実際上在留期間の更新許可が行われる場合も少なくないことから，規則には規定がないものの，実情に合わせて当該更新許可の途を開いているものである。

したがって，あらかじめ長期間滞在することが分かっている場合にあっては，その時点において必要な査証を取得したうえで上陸申請に及ぶか，又は上陸後に長期滞在する必要が生じた場合にあっては速やかに在留資格変更許可申請をするべきであるということになる。

(ア) 申請書（規則別記30号の2様式）

(イ) 旅券等（入管法21条4項が準用する同20条4項，規則21条4項が準用する同20条

4項)

> **ポイント**

申請人の国籍の属する国の確認，その国が把握している申請人の身分事項の確認及び許可証印及び在留カードの交付のためのものである（入管法21条4項が準用する同20条4項）。

(ウ) 「短期滞在」の在留資格に係る活動を引き続き行うことを必要とする理由を明らかにする資料　1通

※例えば，病気治療を理由とする場合，診断書

> **ポイント**

在留資格該当性の継続を確認するためのものである。

(エ) 日本に入国してから現在までの活動を説明する資料（書式自由，具体的に記載のこと。）　1通

> **ポイント**

過去の在留中の活動が在留資格内に対応する活動の範囲内の活動であることを確認し，許可を受けた後に行う活動が在留資格内対応する活動の範囲内の活動であることを確認するためのものである。

「短期滞在」の在留資格をもって入国・在留しようとする者については，数多くの国・地域と「短期滞在」に関する査証免除取決めが締結され，相互の人の往来を簡易化していることから，期間的に又は活動の内容においてその範囲を超えて在留を継続しようとする場合にそれまでの在留歴を明らかにさせたうえで許否判断の要素とすることは当然許容されているものと考えられる。

(オ) 滞在中の経費を支弁できることを証する資料及び出国のための手段又は経費を支弁できることを証する資料　1通

※例えば，預金残高証明書や帰国用航空券

5　在留期間（規則別表2）

90日若しくは30日又は15日以内の日を単位とする期間

6　その他の注意事項

手数料

在留資格認定証明書交付及び在留資格取得許可の場合は，発生しない。

在留資格変更許可及び在留期間更新許可の場合は，4,000円（入管法67条1号及び2号並びに施行令9条1号及び2号）

家族滞在

1 概要

(1) 本邦において行うことができる活動

「教授」,「芸術」,「宗教」,「報道」,「高度専門職」,「経営・管理」,「法律・会計業務」,「医療」,「研究」,「教育」,「技術・人文知識・国際業務」,「企業内転勤」,「介護」,「興行」,「技能」,「特定技能2号」,「文化活動」又は「留学」のいずれかの在留資格をもって在留する者の扶養を受ける配偶者又は子として行う日常的な活動

(2) 対象となる主な者

上記の在留資格（以下「家族滞在者の扶養者の在留資格」という。）のいずれかをもって在留する者の被扶養者である。

2 在留資格該当性

「配偶者」

▶ポイント

法律上有効な婚姻状態にある配偶者を指す。したがって，内縁の配偶者はここには含まれない。さらに，現に婚姻中であることを指すので，死亡した配偶者及び離婚した配偶者は含まれない。

「子」

▶ポイント

「子」とは嫡出子のほか，認知された非嫡出子及び養子をいう（法の適用に

関する通則法28条から31条まで)。

「扶養を受ける」
ポイント

　家族滞在者の扶養者の在留資格のいずれかをもって在留する外国人に経済的に依存している状態を意味し，特に子にあっては監護教育を受けている状態を指す。

　したがって，「家族滞在」の在留資格を有する外国人は，その扶養者である配偶者又は親が本邦に在留する限りにおいて，本邦に在留することができるということになる。「家族滞在」の在留資格が決定された場合に，実際に家族滞在者の扶養者の在留資格のいずれかをもって在留する外国人の扶養を受けて生活することが必要である。

　以上の点は，在留資格「日本人の配偶者等」のところでも述べたとおり，形式的に列挙された在留資格のいずれかをもって在留する者の配偶者である，又は，その子であるという外形又は形式が整っていれば「家族滞在」の在留資格に自動的に該当するというものではなく，実質的な夫婦関係又は親子関係の存在を必要とするものであることを示している(参照：入管法7条1項2号)。

「日常的な活動」
ポイント

　家事に従事する活動など家族共同体の構成員としての地位に基づき通常行われる活動をいう。しかし，就労活動は含まれない（入管法19条1項）。就労活動に従事する場合は資格外活動許可を受ける必要がある。したがって，例えば，教育機関において教育を受ける活動は，家族共同体の一員として在留が認められる趣旨に反しない非就労活動であるので，許容される。

　家族滞在者の扶養者の在留資格に，「外交」，「公用」及び「短期滞在」が含まれていないのは，これらの在留資格の場合，配偶者及び子が各在留資格そのものの対象となるからである。

　「特定技能1号」「技能実習」及び「研修」が除外されているのは，家族帯同が認められていない在留資格であるからである。

第1章　在留資格の認定要件と立証資料

3　基準（上陸許可基準）

> 申請人が法別表第一の一の表若しくは二の表の上欄の在留資格，文化活動の在留資格又は留学の在留資格（この表の法別表第一の四の表の留学の項の下欄に掲げる活動の項第一号イ又はロに該当するものに限る。）をもって在留する者の扶養を受けて在留すること。

ポイント

　家族滞在者の扶養者の在留資格のうち「留学」の在留資格をもって在留する者の扶養を受ける者の場合，扶養者となる「留学」の在留資格をもって在留する者が，本邦の大学，本邦の大学に準ずる機関，専修学校の専門課程，外国において12年の学校教育を修了した者に対して本邦の大学に入学するための教育を行う機関若しくは高等専門学校に入学して教育を受ける外国人（専ら夜間通学して又は通信により教育を受ける場合は除く。）又は本邦の大学に入学して，当該大学の夜間において授業を行う研究科（当該大学が当該研究科において教育を受ける外国人の出席状況及び入管法19条1項の規定の遵守状況を十分に管理する体制を整備している場合に限る。）において専ら夜間通学して教育を受ける外国人のいずれかでなければ，基準に適合しないこととするものである。

「別表第一の一の表」

ポイント

　入管法別表1の1の表の在留資格には「外交」及び「公用」も含まれるのでこの規定の仕方であると恰も在留資格「外交」及び「公用」までもが家族滞在者の扶養者の在留資格に含まれるかのように見えるが，もともと基準は，特定の在留資格について，その在留資格に該当する活動を行う外国人のうち実際に受入れの対象とする外国人の範囲を限定する制度であり，したがって，在留資格による受入れ範囲内での受入れ範囲の調整を行う制度である。それ故，在留資格に該当しないことから受入れの対象とならない外国人を，基準の適用によって受入れ可能とすることはできない。

　したがって，基準上は受入れの対象となるかのように見えたとしても，

「外交」又は「公用」の在留資格をもって在留する者の扶養を受ける配偶者及び子は，「家族滞在」の在留資格の対象とはならない。同様に，入管法別表1の2の表の「特定技能1号」若しくは「技能実習」又は入管法別表1の4の表の「研修」の在留資格をもって在留する者の扶養を受ける配偶者及び子も「家族滞在」の在留資格の対象とはならない。

「扶養」

ポイント

入管法の説明の箇所で述べたとおりである。

4 立証資料

新たに「家族滞在」の在留資格を取得しようとする者の場合（上陸許可，在留資格認定証明書の交付，在留資格変更許可及び在留資格取得許可の申請）及び「家族滞在」の在留資格をもって在留する外国人が，在留期間経過後も引き続き在留しようとする場合（在留期間更新許可申請）（共通）

(ア)　申請書（規則別記6号の3様式（交付），30号様式（変更），30号の2様式（更新），36号様式（取得））

(イ)　写真1葉（規則6条の2第2項，20条2項（例外同3項），21条2項（例外同3項），24条2項（例外同3項））

写真の規格は規則別表3の2にあるとおりである（縦40㎜横30㎜）。

16歳未満の者は不要

ポイント

申請人と申請書に記載された人物が同一であることの確認のためのものである。

(ウ)　次のいずれかで，申請人と扶養者との身分関係を証する文書（規則別表3第1号，同3の6第1号）

① 　戸籍謄本　　1通
② 　婚姻届受理証明書　　1通
③ 　結婚証明書（写し）　　1通
④ 　出生証明書（写し）　　1通

⑤　上記①から④に準ずる文書　適宜
> **ポイント**

在留資格該当性を確認するためのものである。

㈢　扶養者の在留カード又は旅券の写しなど（規則別表3第2号，同3の6第2号）　1通
> **ポイント**

申請人の国籍の属する国の確認，その国が把握している申請人の身分事項の確認のためのものである。

㈣　扶養者の職業及び収入を証する文書（入管法別表1の4，規則別表3第3号，同3の6第3号）
　①　扶養者が就労活動を行っている場合
　　ⅰ　在職証明書又は営業許可書の写し等　1通
　※扶養者の職業が分かる証明書を提出のこと
　　ⅱ　住民税の課税（又は非課税）証明書及び納税証明書（1年間の総所得及び納税状況が記載されたもの）　各1通
　※1月1日現在の住所地の市区町村役場から発行される。
　※1年間の総所得及び納税状況（納税事実の有無）の両方が記載されている証明書であれば，いずれか一方で可
　※入国後間もない場合や転居等により住所地の市区町村役場から発行されない場合は，最寄りの地方出入国在留管理局に相談のこと
　②　扶養者が上記①以外の活動を行っている場合
　　ⅰ　扶養者名義の預金残高証明書又は給付金額及び給付期間を明示した奨学金給付に関する証明書　適宜
　　ⅱ　上記ⅰに準ずるもので，申請人の生活費用を支弁することができることを証するもの　適宜
> **ポイント**

「家族滞在」の在留資格については，別表の下欄において「扶養を受ける」との明文の規定があるので，扶養者の職業，収入及び財産に関する立証資料は，在留資格該当性そのものに関する立証資料である。

㈤　在留資格認定証明書交付申請の場合には返信用封筒（定形封筒に宛先を

明記のうえ，必要な額の郵便切手（簡易書留用）を貼付したもの）　1通
(キ)　在留資格変更及び在留期間更新の各許可の申請の場合は旅券及び在留カードなど（規則20条4項，同21条4項），在留資格取得許可申請の場合は，旅券など（規則24条4項）

> ポイント

申請人の国籍の属する国の確認，その国が把握している申請人の身分事項の確認，それらに基づく許可証印及び在留カードの交付のためのものである（法20条4項。同21条4項及び同22条の2第3項による準用の場合を含む。）。

(ケ)　在留資格取得許可申請の場合は，以上のほかに，以下の区分によりそれぞれ定める書類1通（規則24条2項）
① 日本の国籍を離脱した者：国籍を証する書類
② 出生した者：出生したことを証する書類
③ ①及び②以外の者で在留資格の取得を必要とするもの：その事由を証する書類
④ 質問書

> ポイント

上記①から③までは，在留資格の取得許可の対象となる者であることの確認のためのものである。

④は，在留資格取得許可を受けようとする者の両親の身分事項及び関係事項を申告するためのものとして，運用上提出が求められている資料である。参考書式は，入管庁ホームページから取得可能。

5　在留期間（規則別表2）

5年を超えない範囲内で法務大臣が個々の外国人について指定する期間

6　その他の注意事項

手数料
在留資格認定証明書交付及び在留資格取得許可の場合は，発生しない。

第1章　在留資格の認定要件と立証資料

在留資格変更許可及び在留期間更新許可の場合は，4,000円（入管法67条1号及び2号並びに施行令9条1号及び2号）

特定活動

1 概要

(1) 本邦において行うことができる活動

法務大臣が個々の外国人について特に指定する活動

(2) 対象となる主な者

アマチュアスポーツ選手及びその家族，EPA看護師・EPA介護福祉士の家族，EPA看護師・介護福祉士及びそれらの候補者，医療滞在及びその同伴者，インターンシップ・サマージョブ・国際文化交流，家事使用人，観光・保養等を目的とする長期滞在者及びその配偶者，高度専門職外国人の就労する配偶者，高度専門職外国人又はその配偶者の親，在学中又は卒業後に就職先が内定し採用までの滞在を希望する者，スキーインストラクター，特定研究等活動従事者，特定研究等活動等の特定研究等活動等従事者の家族，特定情報処理活動従事者，日系4世，本邦大学卒業者及びその配偶者等，本邦の大学等を卒業した留学生で起業活動を行うもの，本邦の大学等を卒業した留学生で就職活動を行うもの

2 在留資格該当性

「法務大臣が個々の外国人について特に指定」

ポイント

個々の外国人に対してその者の在留を認めるべき事情に応じて活動を指定し在留資格を法務大臣が個別に在留資格を創設して決定することによりその

第1章　在留資格の認定要件と立証資料

時々の要請に応じて機動的に対応するものである。したがって，他の在留資格によって在留を認めることができない活動を行う者の在留を認める必要が生じた場合に「特定活動」又は「定住者」の在留資格が使われる。

このような告示としては，まず出入国管理及び難民認定法第7条第1項第2号の規定に基づき同法別表第1の5の表の下欄に掲げる活動を定める件（平成2年5月24日法務省告示第131号）などが定められている。なお，「特定活動」及び「定住者」の在留資格については，第2章2(3)①を参照。

(注)　「特定活動」の在留資格は，平成元年法律第79号による入管法の改正で，「定住者」の在留資格とともに新設された。同改正では，透明化，明確化を図る観点から，外国人の受入れ範囲を示す在留資格とそれに対応する活動は，可能な限り具体的，かつ明確に規定するとの方針がとられたが，それでも，同改正の時点で想定されていなかった活動を行う外国人や，想定されていても受け入れないこととした活動を行う外国人を特別に受け入れる必要が生じる可能性があると考えられた。もちろん，このような場合，本来は，入管法を改正して，新たな在留資格を新設するべきであるが，それまでの緊急の一時的対応として，このような外国人を入国・在留させる必要性があると考えられた。

また，このほかに，時限的にしか受入れの対象としない場合や原則としては受け入れないが人道上の理由などにより個々の事情を勘案して特別な措置として受け入れるべき場合もあるのではないかということも考えられた。そこで，法務大臣が，その裁量により他の在留資格に該当しない外国人を受け入れることができるよう，別表1に「特定活動」の在留資格が，別表2に「定住者」の在留資格が新設された。

このように，「特定活動」と「定住者」の在留資格は，法務大臣が個々の外国人について，当該外国人が本邦において行おうとする活動がこれら以外の在留資格に該当しないが特別にその在留を認めるべきであるという場合に決定する在留資格であるので，個々の外国人に対して在留資格を決定するに際して，「特定活動」の場合は活動を指定し，「定住者」の場合は一定の在留期間を指定して居住を認めるという地位を創設して，新たな「特定活動」又は「定住者」の在留資格を創設して決定することとなる。

したがって，同じ「特定活動」又は「定住者」という名称の在留資格であっても，個々の外国人ごとに異なるものである。

ただ,「特定活動」又は「定住者」の在留資格の創設には法務大臣の行為が必要である。それ故,入国審査官限りで行われる上陸許可では,これらの在留資格を決定することができないこととなる。

しかし,他の在留資格には該当しないが上陸を認めるべき外国人の行う在留活動を特定の具体的な活動又は一定の地位を有する者としての活動という形で類型化することができる場合もある。

そこで,このような活動又は地位を法務大臣があらかじめ告示をもって定めた場合には,上陸の申請をした外国人が本邦において行おうとする活動が当該活動又は当該地位を有する者としての活動に該当する場合に,他の在留資格に該当する場合と同様に,「特定活動」又は「定住者」の在留資格を決定することを可能としている。

なお,これらの告示に定めのない活動を指定する事案については,正に個別的に判断されるものであることから,いかなる立証資料を提出すべきであるのか包括的に説明を加えることは困難である。したがって,個別的に地方出入国在留管理局に相談すべきものと考える。

社会の変化に応じて人々が受け入れたいと考える外国人も変化すると共に拡大するなかにおいて,上記告示によって定められている活動がその後累次にわたって追加され,個別に「特定活動」の在留資格を決定する例も増加している。また,従来「特定活動」のなかに位置付けられていた活動がその後独立の在留資格として追加された「技能実習」及び「高度専門職」のような例もある。

3 基準（上陸許可基準）

なし。

ただし,入管法第7条第1項第2号の規定に基づき,同法別表第1の5の表の下欄に掲げる活動を定める件（平成2年5月24日法務省告示第131号）が存在する。したがって以下この告示を中心に説明する。

4 指定内容

(1) アマチュアスポーツの選手及びその家族（特定活動告示6号）

(1)-1 本邦において行うことができる活動

公私の機関に雇用され，その機関のために行うアマチュアスポーツの選手又はその家族としての活動

(1)-2 対象となる者（特定活動告示7号）

アマチュアスポーツ選手及びその家族

(1)-3 告示該当性

> 六 オリンピック大会，世界選手権大会その他の国際的な競技会に出場したことがある者で日本のアマチュアスポーツの振興及び水準の向上等のために月額二十五万円以上の報酬を受けることとして本邦の公私の機関に雇用されたものが，その機関のために行うアマチュアスポーツの選手としての活動

「国際的な競技会」

▶ポイント

直前に例示列挙されているオリンピック大会，世界選手権大会などの国際的規模で開催される競技会である。各国を代表する個人又は団体が参加する競技会をいい，具体的には，オリンピック以外にワールドカップ大会，アジア競技会，欧州大会なども該当する。

「アマチュア」

▶ポイント

収入や報酬を伴う職業的な活動としてではなく，趣味又は余技としてスポーツなどを行うことを指す。なお，入管法19条1項1号が定める「業として行うものではない講演に対する謝金，日常生活に伴う臨時の報酬その他の法務省令（注：規則19条の3）で定める」報酬であれば，報酬を受けても入

特定活動

管法上は報酬としては扱われないので，このような報酬を受けることは差し支えない。いわゆる実業団チームの監督，コーチ，選手などが例である。

「月額二十五万円以上」
◆ポイント◆

　プロスポーツ選手が在留資格「興行」，職業的なスポーツの指導者が同「技能」に該当する者として入国・在留することができるのに対して，特定活動告示6号の活動の指定を受けて「特定活動」の在留資格で在留する者の場合，スポーツを職業とするものではないアマチュアとしての活動を行うものであることから，相対的に低い賃金が最低額として定められているものである。

「本邦の公私の機関」
◆ポイント◆

　会社，国，地方公共団体，独立行政法人，公益法人等の法人のほか，任意団体も含まれる。また，本邦に事務所，事業所等を有する外国の国，地方公共団体（地方政府を含む。），外国の法人等も含まれ，さらに，個人であっても，本邦で事務所，事業所等を有する場合は含まれる。いずれの場合に合っても，外国人を受け入れ，在留資格に該当する活動を行わせ得るだけの態勢を整えていることが必要である。

「雇用」
◆ポイント◆

　雇用契約（労働関係法令上の労働契約）を締結することを指す。委任，請負などの契約に基づいて特定活動告示6号の活動を行うことはできない。

(1)-4　立証資料
　ア　新たに本号の活動の指定を受けて「特定活動」の在留資格を取得しようとする者の場合（上陸許可，在留資格認定証明書の交付，在留資格変更許可及び在留資格取得許可の申請）

▎申請人が選手本人及び家族の場合共通の資料

　(ｱ)　申請書（規則別記6号の3様式（交付），30号様式（変更），36号様式（取得））
　(ｲ)　写真1葉（規則6条の2第2項，20条2項（例外同3項），24条2項（例外同3

項))

写真の規格は規則別表3の2にあるとおりである（縦40㎜横30㎜）。

16歳未満の者は不要

●ポイント●

申請人と申請書に記載された人物が同一であることの確認のためのものである。

㈦　在留資格認定証明書交付申請の場合には返信用封筒（定形封筒に宛先を明記のうえ，必要な額の郵便切手（簡易書留用）を貼付したもの）　1通

㈣　在留資格変更許可申請の場合には旅券及び在留カードなど（規則20条4項），同取得許可申請の場合には旅券など（規則24条4項）

●ポイント●

申請人が現に外国籍者であることの確認，その国籍の属する国の特定，その国が把握している申請人の身分事項の確認，それらに基づく許可証印及び在留カードの交付のためのものである（入管法20条4項。同22条の2第3項による準用の場合を含む。）。

㈱　在留資格取得許可申請の場合は，以上のほかに，以下の区分によりそれぞれ定める書類1通（規則24条2項）

①　日本の国籍を離脱した者：国籍を証する書類

②　出生した者：出生したことを証する書類

③　①及び②以外の者で在留資格の取得を必要とするもの：その事由を証する書類

●ポイント●

上記①から③までは，在留資格の取得許可の対象となる者であることの確認のためのものである。

以下申請人が選手本人の場合

㈹　雇用契約書の写し（活動の内容，雇用期間，報酬等の待遇を記載したもの）1通（規則別表3第1号，特定活動告示6号）

㈺　申請人の履歴書及び履歴を証明する資料（卒業証明書，職歴を証明する文書等）　適宜

㈻　競技会の出場歴及び当該競技会における成績を示す資料　適宜（特定

活動告示6号)

(ケ) 申請人を雇用する日本にある機関の概要を明らかにする資料
 ① 登記事項証明書　1通
 ② 貸借対照表又は損益計算書　1通
 ③ 会社の概要が分かるパンフレット等　適宜

以下申請人が選手の家族の場合

(カ) 申請人（選手の家族）と扶養者（選手本人）との身分関係を証する文書（結婚証明書，出生証明書等）　1通（規則別表3第2号イ，特定活動告示6号）

(キ) 扶養者の在留カード又は旅券の写し　1通（特定活動告示6号）

(ク) 扶養者の在職証明書　1通（規則別表3第2号）

(ケ) 扶養者の住民税の課税（又は非課税）証明書及び納税証明書（1年間の総所得及び納税状況が記載されたもの）　各1通（規則別表3第2号ロ）

 ※1月1日現在の住所地の市区町村役場から発行される。
 ※1年間の総所得及び納税状況（納税事実の有無）の両方が記載されている証明書であれば，いずれか一方で可
 ※入国後間もない場合や転居等により，住所地の市区町村役場から発行されない場合は，最寄りの地方出入国在留管理局に相談のこと
 ※上記(ク)及び(ケ)は，既に扶養者が日本に在留している場合に提出のこと

イ　「特定活動」の在留資格をもって在留する外国人が，在留期間経過後も引き続き在留しようとする場合（在留期間更新許可申請）

申請人が選手本人及びその家族の場合の共通資料

(ア) 申請書（規則別記30号の2様式）

(イ) 写真1葉（規則21条2項（例外同3項））
写真の規格は規則別表3の2にあるとおりである（縦40㎜横30㎜）。
16歳未満の者は不要

ポイント

申請人と申請書に記載された人物が同一であることの確認のためのものである。

(ウ) 旅券及び在留カードなど（規則21条4項が準用する同20条4項）

第1章　在留資格の認定要件と立証資料

> **ポイント**

申請人の国籍の属する国の確認，その国が把握している申請人の身分事項の確認，それらに基づく許可証印及び在留カードの交付のためのものである（入管法21条4項が準用する同20条4項）。

㈤　選手の住民税の課税（又は非課税）証明書及び納税証明書（1年間の総所得及び納税状況が記載されたもの）　各1通（規則別表3の6）

※1月1日現在の住所地の市区町村役場から発行される。

※1年間の総所得及び納税状況（納税事実の有無）の両方が記載されている証明書であれば，いずれか一方で可

※入国後間もない場合や転居等により，住所地の市区町村役場から発行されない場合は，最寄りの地方出入国在留管理局に相談のこと

※選手と家族が同時に申請する場合には1通で可

以下申請人が選手本人の場合

㈥　申請人の雇用契約書の写し（活動の内容，雇用期間，報酬等の待遇を記載したもの）　1通

以下申請人が選手の家族の場合

㈥　選手の在職証明書　1通（規則別表3の6）

申請人が，選手と同時に申請を行う場合には提出不要。

(2)　スキーインストラクター（告示50号告示別表第12）

(2)-1　本邦において行うことができる活動

特定活動告示別表第12第1号に掲げる資格を有する者が，本邦の公私の機関との契約に基づいてスキーの指導に従事する活動

(2)-2　対象となる者

特定活動告示別表12第1号に掲げる資格を有するスキー指導者

(2)-3　告示該当性

　五十　別表第十二に掲げる要件のいずれにも該当する者が，本邦の公私

の機関との契約に基づいてスキーの指導に従事する活動

別表第十二
一　次のいずれかに該当すること。
　イ　公益社団法人日本プロスキー教師協会（SIA）が認定する次に掲げるいずれかの資格を有していること
　　(1)　アルペンスキー・ステージⅠ
　　(2)　アルペンスキー・ステージⅡ
　　(3)　アルペンスキー・ステージⅢ
　　(4)　アルペンスキー・ステージⅣ
　ロ　公益社団法人日本プロスキー教師協会（SIA）がイに掲げるものと同等以上と認めるスキーの指導に関する資格を有していること。

ポイント

　入管庁ホームページにおいて日本プロスキー教師協会が認定した各国及び国際的なスキー関係団体（アルゼンチン，オーストラリア，カナダ，ドイツ，英国，イタリア，ニュージーランド，韓国及び日本並びに国際スキー教師連盟）の資格が一覧表に列挙されている（https://www.moj.go.jp/isa/content/001334628.pdf）。

二　日本人が従事する場合に受ける報酬と同等額以上の報酬を受けること。

ポイント

　国内労働市場保護のため，低賃金での業務従事を認めないことを意味する。上記の業務に従事する者は，同様の業務に従事する日本人が受ける平均的な報酬以上の報酬を受けることが必要である。さらに，同じ職場で同様の業務に従事する日本人が受ける報酬以上の報酬を受けることも要する。
　「報酬」とは，「一定の役務の給付の対価として与えられる反対給付」をいい，通勤手当，扶養手当，住宅手当等の実費弁償の性格を有するもの（課税対象となるものを除く。）は含まない。

第1章　在留資格の認定要件と立証資料

三　十八歳以上であること。

(2)-4　立証資料

　入管庁ホームページにはスキーインストラクターに関するこの在留資格に係る在留資格の取得及び在留期間の更新の許可に関する説明がない。したがって，これらの申請を要する具体的な事例が発生したときの対応は，最寄りの地方出入国在留管理局に相談のこと。
　その背景としては，日本ではスキーが可能な時期がほぼ冬期に限定され，日本での活動はその時期に限定されること，さらに，それ以外の季節は南半球のスキー場での活動が予想されることがあげられよう。

　新たに「特定活動（スキーインストラクター）」の在留資格を取得しようとする者の場合（上陸許可，在留資格認定証明書の交付及び在留資格変更許可の申請）
　㋐　申請書（規則別記6号の3様式（交付），30号様式（変更））
　㋑　写真1葉（規則6条の2第2項，20条2項（例外同3項））
　　　写真の規格は規則別表3の2にあるとおりである（縦40㎜横30㎜）。
　🔹ポイント
　　　申請人と申請書に記載された人物が同一であることの確認のためのものである。
　㋒　申請人の活動内容を明らかにする資料として以下のいずれかの資料1通
　　①　雇用契約書の写し及び労働条件を明示する文書の写し（活動の内容，雇用期間，報酬等の待遇を記載したもの）
　　②　雇用以外の契約を締結する場合は，当該契約書の写し
　㋓　申請人の技能を証明する以下のいずれかの資料
　　①　公益社団法人日本プロスキー教師協会（SIA）が認定する次に掲げるいずれかの資格を有することを証明する資料
　　　・アルペンスキー・ステージⅠ

・アルペンスキー・ステージⅡ
　　　・アルペンスキー・ステージⅢ
　　　・アルペンスキー・ステージⅣ
　② 公益社団法人日本プロスキー教師協会（SIA）が上記①に掲げるものと同等以上と認めるスキーの指導に関する資格を有することを証明する資料
　※対象となる資格一覧は入管庁ホームページにおいて閲覧可能
(オ) 申請人が勤務する本邦の機関の概要を明らかにする次のいずれかの資料
　① 勤務先等の沿革，役員，事業内容等が詳細に記載された案内書（パンフレット等） 1通
　② 勤務先等の作成した上記①に準ずるその他の文書 1通
　③ 登記事項証明書 1通
(カ) 在留資格認定証明書交付申請の場合には返信用封筒（定形封筒に宛先を明記のうえ，必要な額の郵便切手（簡易書留用）を貼付したもの） 1通
(キ) 在留資格変更許可申請の場合には旅券及び在留カードなど（規則20条4項）

▶ポイント◀

　申請人が現に外国籍者であることの確認，その国籍の属する国の特定，その国が把握している申請人の身分事項の確認，それらに基づく許可証印及び在留カードの交付のためのものである（入管法20条4項）。

(3) EPA看護師・介護福祉士及びそれらの候補者（告示16，17，20，22，27から29号）

　EPA：Economic Partnership Agreementの略で，経済上の連携に関する協定（略称「経済連携協定」）を指す。

　これまでのところ，各国との経済連携協定（E.P.A.）の効力発生により，インドネシアとの間においては2008（平成20）年度から，フィリピンとの間においては翌2009（平成21）年度から，また，ベトナムとの関係においては交換公文に基づいて2014（平成26）年度から，これらの国々の看護師及び介護

第1章　在留資格の認定要件と立証資料

福祉士の国家資格を目指す候補者の受入れが開始されている。この制度は，本国の看護師資格を有することなど一定の要件を満たす外国人が，日本の国家資格の取得を目的とすることを条件として，一定の要件を満たす病院・介護施設において就労・研修することを特例的に認めるものとして導入されたものである。ただし，この受入れは，日本と相手国それぞれとの間の経済連携の強化を目的としたもので，単に労働者の雇用のみを目的としたものではない点に留意が必要とされているところである。

　以上に関する協定及び交換公文に基づいて受け入れられるインドネシア，フィリピン及びベトナム人の看護師，介護福祉士及びそれらの候補者の受入れに関しては，対象者の滞在期間の延長に関して閣議決定が繰り返されてはいるものの，出入国管理の面においては法務省の特定活動の告示（16号から24号及び27号から31号）のほかに「指針」及び「指針の特例を定める件」が法務省告示として，また，対象者受入れの実施及び制度運用に関しては厚生労働省の「指針」が同省告示として定められている。即ち，看護師及び介護福祉士の各候補者の入国に先立ち，各国の送出し調整機関が，候補者に代わって一括で査証申請を行う。それに対して日本国政府が審査の後にその在外公館（大使館，総領事館）を経由して，査証を発給し，各候補者は，この査証を受けた自国旅券を所持して上陸申請を行って，許可を受けることになる。なお，査証申請時に，各国の送出し調整機関が，日本国政府に対して，JICWELS（公益社団法人国際厚生事業団）に求人登録され，雇用契約書等に記載された受入れ機関や受入れ施設を通報する。この時に通報された受入れ機関及び受入れ施設が候補者の就労場所として指定される。本件入国・在留手続は協定の枠組みのなかにおいて実施されているので，在留資格認定証明書交付申請の対象とはならない。さらに，他の在留資格により在留中の外国人が在留資格変更許可申請により本件枠組みに参入することも想定されていない。したがって，本件項目においては，これらの申請に関する説明はない。

　さらに，各候補者においても，家族の帯同は前提とされていないので，この点に関する説明もない。

　在留期間は，各協定に基づいた法務省告示により，次のとおりである。

> 上陸時

看護師及び介護福祉士は3年，各候補者は1年

> 在留期間更新及び在留資格変更時

看護師及び介護福祉士は3年又は1年，各候補者は，原則1年（フィリピン人においては6か月の場合がある。）で，4年，3年，養成課程修了までの期間といった上陸許可以後の合計在留期間の上限が設けられている。

いずれの場合も在留資格は「特定活動」である。

なお，「特定活動」の説明中，「特定活動（EPA家族）」などと括弧書きを記載することがあるが，それは飽くまでも説明のための便宜的なものであって，法令に基づくものではないことをあらかじめ断っておく。

次のとおり5類型に分類されるので，それに従って説明することにする。

(3)-1 在留中の外国人が，EPA看護師候補者からEPA看護師又はEPA介護福祉士候補者（就労コース含む。）からEPA介護福祉士への変更を希望する場合，又は，就労先を変更したうえで継続して在留を希望する場合

EPA看護師候補者：経済上の連携に関する日本国とインドネシア共和国及びフィリピン共和国との間の協定に基づき保健師助産師看護師法（昭和23年法律203号）第7条第3項に規定する看護師の免許を受けることを目的として協定口上書においてその者について指定された本邦の公私の機関との雇用契約に基づき同法第5条に規定する看護師（以下「看護師」という。）の監督の下で看護師として必要な知識及び技能に係る研修として当該機関の業務に従事している者を指す。

EPA看護師：看護師国家試験に合格することにより看護師免許を受けた者が，従前から勤務している公私の機関において継続して看護師としての業務に従事する場合を指す。

EPA介護福祉士候補者（就労コース）：候補者経済上の連携に関する日本国とインドネシア共和国及びフィリピン共和国との間の協定に基づき社会福祉士及び介護福祉士法（昭和62年法律第30号）第39条に規定する介護福祉士となる資格を取得することを目的として，協定口上書におい

てその者について指定された本邦の公私の機関との雇用契約に基づき同法第2条第2項に規定する介護福祉士（以下「介護福祉士」という。）の監督の下で介護福祉士として必要な知識及び技能に係る研修として当該機関の業務に従事している者を指す。

EPA介護福祉士：介護福祉士国家資格に合格することにより介護福祉士資格を取得した者が，従前から勤務している公私の機関において継続して介護福祉士としての業務に従事する場合を指す。

これらの場合は，在留資格変更許可申請が必要である。

(ア) 申請書（規則別記30号様式（変更））

(イ) 写真1葉（規則20条2項（例外同3項））

写真の規格は規則別表3の2にあるとおりである（縦40㎜横30㎜）。

16歳未満の者は不要

▶ポイント

申請人と申請書に記載された人物が同一であることの確認のためのものである。

(ウ) 旅券及び在留カードなど（規則20条4項）

▶ポイント

申請人が現に外国籍者であることの確認，その国籍の属する国の特定，その国が把握している申請人の身分事項の確認，それらに基づく許可証印及び在留カードの交付のためのものである（入管法20条4項）。

(エ) 活動の内容，期間，地位及び報酬の記載のある雇用契約書の写し　1通

(オ) 住民税の課税（又は非課税）証明書及び納税証明書（1年間の総所得及び納税状況が記載されたもの）　各1通

※1月1日現在の住所地の市区町村役場から発行される。

※1年間の総所得及び納税状況（納税事実の有無）の両方が記載されている証明書であれば，いずれか一方で可

※入国後間もない場合や転居等により，住所地の市区町村役場から発行されない場合は，最寄りの地方出入国在留管理官局に相談のこと

(カ) 看護師免許若しくは看護師免許登録済証明書又は介護福祉士登録証の

写し
　※就労先変更の場合を除く
(キ)　JICWELS（公益社団法人国際厚生事業団）が発行する「EPAに基づく看護師／介護福祉士の受入れ要件確認の結果について」の写し　1通
　※就労先との雇用契約がJICWELSのあっせんによらなかった場合に必要

(3)-2　在留中の外国人が，EPA介護福祉士候補者（就学コース）からEPA介護福祉士への変更を希望する場合，又は，就労先を変更したうえで継続して在留を希望する場合

EPA介護福祉士候補者（就学コース）：経済上の連携に関する日本国とフィリピン共和国との間の協定に基づき社会福祉士及び介護福祉士法（昭和62年法律第30号）第39条に規定する介護福祉士となる資格を取得することを目的として，協定口上書においてその者について指定された社会福祉士及び介護福祉士法第39条第1号に規定する養成施設において介護福祉士として必要な知識及び技能を習得する活動の延長を希望する場合を指す。

EPA介護福祉士：介護福祉士国家資格に合格することにより介護福祉士資格を取得した者が，本邦の公私の機関との契約に基づき介護福祉士としての業務に従事する活動の延長を希望する場合を指す。

これらの場合は，在留資格変更許可申請が必要である。

(ア)　申請書（規則別記30号様式（変更））
(イ)　写真1葉（規則20条2項（例外同3項））
　　写真の規格は規則別表3の2にあるとおりである（縦40㎜横30㎜）。
　　16歳未満の者は不要

　●ポイント●
　　申請人と申請書に記載された人物が同一であることの確認のためのものである。
(ウ)　旅券及び在留カードなど（規則20条4項）

第1章　在留資格の認定要件と立証資料

> **ポイント**

　申請人が現に外国籍者であることの確認，その国籍の属する国の特定，その国が把握している申請人の身分事項の確認，それらに基づく許可証印及び在留カードの交付のためのものである（入管法20条4項）。

(エ)　介護福祉士登録証の写し　　1通
(オ)　介護福祉士養成施設の卒業証明書　　1通
(カ)　受入れ機関の法人登記簿謄本及び決算報告書
　※登記事項証明書は，法務局のホームページからオンラインによる交付請求が可能
(キ)　受入れ施設のパンフレット，案内等
(ク)　日本人と同等以上の報酬額を支払うことを証明する資料

> **ポイント**

　国内労働市場保護のため，低賃金での業務従事を認めないことを意味する。上記の業務に従事する者は，同様の業務に従事する日本人が受ける平均的な報酬以上の報酬を受けることが必要である。さらに，同じ職場で同様の業務に従事する日本人が受ける報酬以上であることも要する。
　「報酬」とは，「一定の役務の給付の対価として与えられる反対給付」をいい，通勤手当，扶養手当，住宅手当等の実費弁償の性格を有するもの（課税対象となるものを除く。）は含まない。

(3)-3　在留中の外国人が，引き続き，「EPA看護師候補者」又は「EPA介護福祉士候補者（就労コース）」としての活動を希望する場合

　EPA看護師候補者：経済上の連携に関する日本国とインドネシア共和国
　　　　　　　　　及びフィリピン共和国との間の協定に基づき保健師助産師看護師法（昭和23年法律203号）第7条第3項に規定する看護師の免許を受けることを目的として協定口上書においてその者について指定された本邦の公私の機関との雇用契約に基づき同法第5条に規定する看護師（以下「看護師」という。）の監督の下で看護師として必要な知識及び技能に係る研修として当該機関の業務に従事する活動の延長を希望する場合を指す。

EPA介護福祉士候補者（就労コース）：経済上の連携に関する日本国とインドネシア共和国及びフィリピン共和国との間の協定に基づき社会福祉士及び介護福祉士法（昭和62年法律第30号）第39条に規定する介護福祉士となる資格を取得することを目的として，協定口上書においてその者について指定された本邦の公私の機関との雇用契約に基づき同法第2条第2項に規定する介護福祉士（以下「介護福祉士」という。）の監督の下で介護福祉士として必要な知識及び技能に係る研修として当該機関の業務に従事する活動の延長を希望する場合を指す。

これらの場合は，在留期間更新許可申請が必要である。

(ア)　申請書（規則別記30号の2様式）
(イ)　写真1葉（規則21条2項（例外同3項））
　　写真の規格は規則別表3の2にあるとおりである（縦40㎜横30㎜）。
　　16歳未満の者は不要

● ポイント

申請人と申請書に記載された人物が同一であることの確認のためのものである。

(ウ)　旅券及び在留カードなど（規則21条4項が準用する同20条4項）

● ポイント

申請人の国籍の属する国の確認，その国が把握している申請人の身分事項の確認，それらに基づく許可証印及び在留カードの交付のためのものである（入管法21条4項が準用する同20条4項）。

(エ)　次のいずれかで，活動の内容，期間，地位及び報酬を証する文書
　①　本邦の機関からの在職証明書　1通
　②　本邦の機関からの雇用契約書の写し　1通
(オ)　住民税の課税（又は非課税）証明書及び納税証明書（1年間の総所得及び納税状況が記載されたもの）　各1通
　※1月1日現在の住所地の市区町村役場から発行される。
　※1年間の総所得及び納税状況（納税事実の有無）の両方が記載されている証明書であれば，いずれか一方で可
　※入国後間もない場合や転居等により，住所地の市区町村役場から発行

されない場合は，最寄りの地方出入国在留管理局に相談のこと
- (カ) 研修・就労の内容，場所，期間，進捗状況を証する文書　1通
   ※EPA看護師候補者又はEPA介護福祉士候補者の受け入れ機関については，インドネシア厚生労働省告示又はフィリピン厚生労働省告示に基づき，毎年1月1日現在でJICWELS（公益社団法人国際厚生事業団）に対し定期報告を行うこととなっているところ，その定期報告に使用した厚生労働省通知様式各号の写しの使用でも可。なお，厚生労働省通知様式はJICWELSのホームページから取得可能。

(3)-4　在留中の外国人が，引き続き，「EPA介護福祉士候補者（就学コース）」としての活動を希望する場合

EPA介護福祉士候補者（就学コース）：経済上の連携に関する日本国とフィリピン共和国との間の協定に基づき社会福祉士及び介護福祉士法（昭和62年法律第30号）第39条に規定する介護福祉士となる資格を取得することを目的として，協定口上書においてその者について指定された社会福祉士及び介護福祉士法第39条第1号に規定する養成施設において介護福祉士として必要な知識及び技能を習得する活動の延長を希望する場合を指す。

この場合は，在留期間更新許可申請が必要である。
- (ア)　申請書（規則別記30号の2様式）
- (イ)　写真1葉（規則21条2項（例外同3項））
   写真の規格は規則別表3の2にあるとおりである（縦40mm横30mm）。
   16歳未満の者は不要
   【ポイント】
   申請人と申請書に記載された人物が同一であることの確認のためのものである。
- (ウ)　旅券及び在留カードなど（規則21条4項が準用する同20条4項）
   【ポイント】
   申請人の国籍の属する国の確認，その国が把握している申請人の身分事項の確認，それらに基づく許可証印及び在留カードの交付のためのもので

ある（入管法21条4項が準用する同20条4項）。
　㈓　申請人が教育を受けている機関からの在学証明書（在学期間の明記されたもの），出席証明書及び成績証明書　各1通
　㈔　次のいずれかで，申請人の日本在留中の経費支弁能力を証する文書
　　①　申請人が学費・生活費を支弁する場合
　　　ⅰ　本人名義の銀行等における預金残高証明書　1通
　　　ⅱ　奨学金給付証明書　1通
　　②　本国からの送金により学費・生活費等を支弁する場合
　　　ⅰ　送金証明書又は本人名義の預金残高証明書（送金事実が記入されたもの）　1通
　　　ⅱ　送金者名義の銀行等における預金残高証明書　1通
　　③　申請人以外の本邦に居住するものが経費を支弁する場合
　　　ⅰ　送金証明書又は本人名義の預金残高証明書（送金事実が記入されたもの）　1通
　　　ⅱ　経費支弁者の住民税の課税（又は非課税）証明書及び納税証明書又は預金残高証明書　1通
　※1月1日現在の住所地の市区町村役場から発行される。
　※1年間の総所得及び納税状況（納税事実の有無）の両方が記載されている証明書であれば，いずれか一方で可
　※入国後間もない場合や転居等により，住所地の市区町村役場から発行されない場合は，最寄りの地方出入国在留管理局に相談のこと

⑶-5　在留中の外国人が，引き続き，「EPA看護師」又は「EPA介護福祉士」としての活動を希望する場合

EPA看護師：看護師国家試験に合格することにより看護師免許を受けた者が，従前から勤務している公私の機関において継続して看護師としての業務に従事する場合を指す。

EPA介護福祉士：介護福祉士国家資格に合格することにより介護福祉士資格を取得した者が，従前から勤務している公私の機関において継続して介護福祉士としての業務に従事する場合を指す。

第1章　在留資格の認定要件と立証資料

　これらの場合には，在留期間更新許可申請が必要である。
　ただし，勤務先を変更する場合には，在留資格変更許可申請が必要である。この場合の必要な立証資料については，入管庁ホームページに説明がないので，最寄りの地方出入国在留管理局に確認のこと。

在留期間更新許可申請

　㋐　申請書（規則別記30号の2様式，変更の場合は同30号様式）
　㋑　写真1葉（規則21条2項（例外同3項），変更の場合は同20条2項（例外同3項））
　　　写真の規格は規則別表3の2にあるとおりである（縦40㎜横30㎜）。
　　　16歳未満の者は不要

　ポイント
　　申請人と申請書に記載された人物が同一であることの確認のためのものである。

　㋒　旅券及び在留カードなど（規則21条4項が準用する同20条4項）

　ポイント
　　申請人の国籍の属する国の確認，その国が把握している申請人の身分事項の確認，それらに基づく許可証印及び在留カードの交付のためのものである（入管法21条4項が準用する同20条4項）。

　㋓　次のいずれかで，活動の内容，期間，地位及び報酬を証する文書
　　①　本邦の機関からの在職証明書　　1通
　　②　本邦の機関からの雇用契約書の写し　　1通
　㋔　住民税の課税（又は非課税）証明書及び納税証明書（1年間の総所得及び納税状況が記載されたもの）　各1通
　　※1月1日現在の住所地の市区町村役場から発行される。
　　※1年間の総所得及び納税状況（納税事実の有無）の両方が記載されている証明書であれば，いずれか一方で可
　　※入国後間もない場合や転居等により，住所地の市区町村役場から発行されない場合は，最寄りの地方出入国在留管理局に相談のこと

(3)-6　EPA看護師・EPA介護福祉士の家族

EPA看護師家族滞在活動：EPAの枠組みにより日本の看護師免許を取得し，看護師として在留する外国人の方と同居し，かつ扶養を受ける配偶者又は子として日常的な活動の延長を希望する場合

EPA介護福祉士家族滞在活動：EPAの枠組みにより日本の介護福祉士資格を取得し，介護福祉士として在留する外国人と同居し，かつ扶養を受ける配偶者又は子として日常的な活動の延長を希望する場合を指す（告示19（インドネシア），24（フィリピン）及び31号（ベトナム））。

これらの中には，看護師及び介護福祉士の候補者の家族は在留を認める対象とされていない。したがって，ここでいう「家族」の入国・在留の場面として前提とされているのは，新規入国者と既に「家族」として在留中の者だけであるので，想定されている申請も在留資格認定証明書交付申請及び在留期間更新許可申請のみである。在留資格の変更又は取得の許可申請を要する具体的な事例が発生したときの対応は，最寄りの地方入国在留管理局に相談のこと。

ア　新たに「特定活動（EPA家族）」の在留資格を取得しようとする者の場合（在留資格認定証明書交付）

(ｱ)　申請書（規則別記6号の3様式（交付））

(ｲ)　写真1葉（規則6条の2第2項）

写真の規格は規則別表3の2にあるとおりである（縦40㎜横30㎜）。

16歳未満の者は不要

◆ポイント

申請人と申請書に記載された人物が同一であることの確認のためのものである。

(ｳ)　次のいずれかで，申請人と扶養者との身分関係を証する文書

① 婚姻届受理証明書　　1通
② 結婚証明書（写し）　1通
③ 出生証明書（写し）　1通
④ 上記①から③までに準ずる文書　適宜

(エ) 扶養者の在留カード又は旅券の写し等　1通
(オ) 次のいずれかで，扶養者の活動の内容，期間，地位及び報酬を証する文書
　① 本邦の機関からの在職証明書　1通
　② 本邦の機関からの雇用契約書の写し　1通
(カ) 扶養者の住民税の課税（又は非課税）証明書及び納税証明書（1年間の総所得及び納税状況が記載されたもの）　各1通
　※1月1日現在の住所地の市区町村役場から発行される。
　※1年間の総所得及び納税状況（納税事実の有無）の両方が記載されている証明書であれば，いずれか一方で可
　※入国後間もない場合や転居等により，住所地の市区町村役場から発行されない場合は，最寄りの地方出入国在留管理局に相談のこと
(キ) 返信用封筒（定形封筒に宛先を明記のうえ，必要な額の郵便切手（簡易書留用）を貼付したもの）　1通

イ 「特定活動」の在留資格をもって在留する外国人が，在留期間経過後も引き続き在留しようとする場合（在留期間更新許可申請）

(ア) 申請書（規則別記30号の2様式）
(イ) 写真1葉（規則21条2項（例外同3項））
写真の規格は規則別表3の2にあるとおりである（縦40㎜横30㎜）。
16歳未満の者は不要

ポイント
申請人と申請書に記載された人物が同一であることの確認のためのものである。

(ウ) 旅券及び在留カードなど（規則21条4項が準用する同20条4項）

ポイント
申請人の国籍の属する国の確認，その国が把握している申請人の身分事項の確認，それらに基づく許可証印及び在留カードの交付のためのものである（入管法21条4項が準用する同20条4項）。

(エ) 次のいずれかで，申請人と扶養者との身分関係を証する文書

① 婚姻届受理証明書　1通
② 結婚証明書（写し）　1通
③ 出生証明書（写し）　1通
④ 上記①から③までに準ずる文書　適宜
(オ) 扶養者の在留カード又は旅券の写し等　1通
(カ) 次のいずれかで，扶養者の活動の内容，期間，地位及び報酬を証する文書
① 本邦の機関からの在職証明書　1通
② 本邦の機関からの雇用契約書の写し　1通
(キ) 扶養者の住民税の課税（又は非課税）証明書及び納税証明書（1年間の総所得及び納税状況が記載されたもの）　各1通
※1月1日現在の住所地の市区町村役場から発行される。
※1年間の総所得及び納税状況（納税事実の有無）の両方が記載されている証明書であれば，いずれか一方で可
※入国後間もない場合や転居等により，住所地の市区町村役場から発行されない場合は，最寄りの地方出入国在留管理局に相談のこと

(4) 高度専門職外国人の就労する配偶者（告示33号，告示別表5）
(4)-1　本邦において行うことができる活動
① 研究を行う業務に従事する活動
② 本邦の小学校（義務教育学校の前期課程を含む。），中学校（義務教育学校の後期課程を含む。），高等学校，中等教育学校，特別支援学校，専修学校又は各種学校若しくは設備及び編制に関してこれに準ずる教育機関において語学教育その他の教育をする活動
③ 自然科学若しくは人文科学の分野に属する技術若しくは知識を必要とする業務又は外国の文化に基盤を有する思考若しくは感受性を必要とする業務に従事する活動（入管法別表1の2の表の「研究」の項，「教育」の項及び「興行」の項の下欄に掲げる活動を除く。）
④ 興行に係る活動以外の芸能活動で次に掲げるもののいずれかに該当するもの

ⅰ　商品又は事業の宣伝に係る活動
　　　ⅱ　放送番組（有線放送番組を含む。）又は映画の製作に係る活動
　　　ⅲ　商業用写真の撮影に係る活動
　　　ⅳ　商業用のレコード，ビデオテープその他の記録媒体に録音又は録画を行う活動

(4)-2　対象となる者
在留資格「高度専門職」をもって在留中の者の同居配偶者

(4)-3　告示該当性

> 出入国管理及び難民認定法第七条第一項第二号の規定に基づき同法別表第一の五の表の下欄に掲げる活動を定める件（平成二年五月二十四日法務省告示第百三十一号）
> 三十三　高度専門職外国人の配偶者（当該高度専門職外国人と同居する者に限る。）が，本邦の公私の機関との契約に基づいて，日本人が従事する場合に受ける報酬と同等額以上の報酬を受けて行う別表第五に掲げるいずれかの活動

「本邦の公私の機関」
ポイント

　会社，国，地方公共団体，独立行政法人，公益法人等の法人のほか，個人であっても，本邦で事務所，事業所等を有する場合は含まれる。また，本邦に事務所，事業所等を有する外国の国，地方公共団体（地方政府を含む。），外国の法人等も含まれる。いずれの場合にあっても，外国人を受け入れ，在留資格に該当する活動を行わせ得るだけの態勢を整えていることが必要である。

「契約」
ポイント

　一般的には雇用契約であると考えられるが，委任，請負等の契約も排除されるわけではない。

「日本人が従事する場合に受ける報酬と同等額以上の報酬」

ポイント

　国内労働市場保護のため，低賃金での業務従事を認めないことを意味する。上記の業務に従事する者は，同様の業務に従事する日本人が受ける平均的な報酬以上の報酬を受けることが必要である。さらに，同じ職場で同様の業務に従事する日本人が受ける報酬以上であることも要する。

　「報酬」とは，「一定の役務の給付の対価として与えられる反対給付」をいい，通勤手当，扶養手当，住宅手当等の実費弁償の性格を有するもの（課税対象となるものを除く。）は含まない。

(4)-4　立証資料

　「特定活動（高度専門職の同居配偶者）」の在留資格を取得しようとする者の場合（上陸許可，在留資格認定証明書の交付及び在留資格変更許可の申請）及びこの在留資格をもって在留する外国人が，在留期間経過後も引き続き在留しようとする場合（在留期間更新許可申請）

ポイント

　入管庁ホームページには在留資格取得許可申請に関する説明はない。したがって，その申請を要する具体的な事例が発生したときの対応は，最寄りの地方出入国在留管理局に相談のこと。

　(ア)　申請書（規則別記6号の3様式（交付），30号様式（変更），30号の2（更新））

　　予定される活動に応じて，「研究」，「教育」，「技術・人文知識・国際業務」，「興行」用のものを使い分けること。

　(イ)　写真1葉（規則6条の2第2項，20条2項（例外同3項），24条2項（例外同3項））

　　写真の規格は規則別表3の2にあるとおりである（縦40mm横30mm）。

　　16歳未満の者は不要

ポイント

　申請人と申請書に記載された人物が同一であることの確認のためのものである。

　(ウ)　在留資格「高度専門職」で在留中の配偶者の旅券又は在留カードの写

第1章　在留資格の認定要件と立証資料

しなど
(エ)　提出資料がカテゴリーにより分かれている場合は，所属機関がいずれかのカテゴリーに該当することを証する文書　1通
(オ)　申請人が該当する規則別表3に規定する在留資格の項の下欄に掲げる文書
　（注）　申請人が従事しようとする活動の内容に応じて，「研究」，「教育」，「技術・人文知識・国際業務」，「興行」の在留資格に応じて規則別表3に規定されている立証資料を指す。その詳細に関しては，それぞれの在留資格の立証資料を参照のこと。

※所属する企業がカテゴリー1（「教育」），カテゴリー1又は2（「研究」，「技術・人文知識・国際業務」）に該当する場合，申請書のみを提出資料とし，その他の資料の提出は原則不要

※いずれのカテゴリーであっても，申請人の学歴及び職歴その他経歴等を証明する文書（「研究」，「技術・人文知識・国際業務」），申請人の履歴を証明する資料（「教育」），申請人の芸能活動上の実績を証する資料（「興行」）の提出は不要

(カ)　次のいずれかで，高度専門職外国人との身分関係を証する文書（特定活動告示33号）
　①　戸籍謄本
　②　婚姻届受理証明書
　③　結婚証明書（写し）
　④　上記①から③までに準ずる文書
(キ)　在留資格認定証明書交付申請の場合には返信用封筒（定形封筒に宛先を明記のうえ，必要な額の郵便切手（簡易書留用）を貼付したもの）　1通
(ク)　在留資格変更許可及び在留期間更新許可の申請の場合
　①　旅券及び在留カードなど（規則20条4項。規則21条4項による準用の場合を含む。）

🔹ポイント

申請人の国籍の属する国の確認，その国が把握している申請人の身分事項の確認，それらに基づく許可証印及び在留カードの交付のためのものである

(入管法20条4項。同21条4項で準用される場合を含む。)。
　② 高度専門職外国人と同居することを明らかにする資料　1通
　ただし，上記(ウ)で高度専門職外国人の在留カードの写しを提出しており，その居住地（住居地）が申請人と同一の場合は，提出不要

(5) 家事使用人（告示1号から2号の3並びに別表1及び2）
(5)-1　本邦において行うことができる活動
　家事使用人は，告示に4種類の形態が定められている。1つ目は，外交官・領事官などとして本邦に在留する者の家事使用人（告示1号及び別表1），2つ目はそれ以外の地位にある者として在留している外国人の家事使用人である。後者は，さらに，入国帯同型（告示2号の2），家庭事情型（告示2号及び別表2）及び金融人材型（告示2号の3）に区分されている。
　これらの家事使用人が本邦において従事する活動は，いずれも本邦に在留する特定の外国人に個人的使用人として雇用され，当該外国人の家事に従事する活動である。

(5)-2　対象となる者
　個人的に雇用された家事使用人

(5)-3　告示該当性

> 一　別表第一に掲げる外国人に当該外国人が使用する言語により日常会話を行うことができる個人的使用人として雇用された十八歳以上の者が，当該雇用した外国人の家事に従事する活動

「当該外国人が使用する言語」
ポイント
　当該外国人にとって母語（母国語，第一言語）である必要はなく，雇用主である「当該外国人」とその被用者である家事使用人との間に意思疎通が可能な共通言語が存在すれば良い。

「日常会話」

ポイント

家事使用人である以上，家事に関する会話能力が必要であることはいうまでもないであろう。

「個人的使用人」

ポイント

この用語の意味を検討するに当たり，外交関係に関するウィーン条約1条(h)の定義規定「使節団の構成員の家事に従事する者で派遣国が雇用するものでないもの」及び領事関係に関するウィーン条約1条(i)の定義規定「専ら領事機関の構成員の個人的な役務のために雇用されている者」が参考となる。これら個人的使用人は，条約上一部の特権・免除が認められている（それぞれ37条4項，48条2項）。いずれの場合にあっても，雇用主である外国人が，その所属する機関とは別に，自らの個人的な役務のために自らの名義と計算（責任と負担）において雇用した者を指す。

以下，いずれの型の家事使用人においても使用される用語であり，その意味，内容は同じである。

「十八歳以上」

ポイント

民法4条の定める成年に合わせたものである。雇用契約自体は労基法58条1項の規定により未成年者であっても本人が締結することとされてはいるものの，家事使用人にとっては外国での労働への従事であることに鑑み，雇用契約締結以外の法律行為を単独で行い得る成人であることを求めたものである。なお，本規定においては，一種若しくは数種の営業許可による行為能力取得（民法6条1項）や旧民法753条（2022（令和4）年4月1日の民法の一部を改正する法律の施行により削除。）の婚姻による成年擬制にも言及していないことから，当事者が18歳に達しているかどうかのみが基準となる。

（補足）　次頁の告示本則2号のように「月額二十万円以上の報酬」への言及がない点について

雇用主が特権・免除を認められた外交官・領事官であることから，報酬の点に関しては，国際礼譲として，言及しなかったものと考えられる。

別表第一
一　日本国政府が接受した外交官又は領事官
二　条約又は国際慣行により外交使節と同様の特権及び免除を受ける者
三　申請人以外に家事使用人を雇用していない日本国政府の承認した外国政府又は国際機関の公務に従事する者（外交官及び領事官を除く。）
四　申請人以外に家事使用人を雇用していない台湾日本関係協会の本邦の事務所の代表又は副代表
五　申請人以外に家事使用人を雇用していない駐日パレスチナ総代表部の代表
六　申請人以外に家事使用人を雇用していない少佐以上の階級にある日本国とアメリカ合衆国との間の相互協力及び安全保障条約第六条に基づく施設及び区域並びに日本国における合衆国軍隊の地位に関する協定（昭和三十五年条約第七号）第一条(a)に規定する合衆国軍隊の構成員又は日本国における国際連合の軍隊の地位に関する協定（昭和二十九年条約第十二号）第一条(e)に規定する国際連合の軍隊の構成員

「2号以下について」

ポイント

　外交使節団及び領事機関ではなくとも、条約又は国際慣行によってこれらと同様の特権・免除など特別の地位を認められる者がいる。条約によるものの例としては、国際連合の特権及び免除に関する条約（5条及び7条）のほか、国際連合大学、世界貿易連合（W.T.O.）、経済協力開発機構（O.E.C.D.）、欧州共同体委員会代表部などの職員及びその家族の例があり、これらの者の在留資格は「外交」又は「公用」である。

二　別表第二に掲げる外国人に当該外国人が使用する言語により日常会話を行うことができる個人的使用人として雇用された十八歳以上の者が、月額二十万円以上の報酬を受けて、当該雇用した外国人の家事に従事する活動

「個人的使用人」

ポイント

以下は，在留資格「高度専門職」，「経営・管理」又は「法律・会計業務」をもって在留する外国人に対する優遇措置のひとつとして，当該外国人が，自らが所属する機関とは別に，自らの個人的な役務のために自らの名義と計算（責任と負担）において雇用した者を指す。

以下，いずれの型の家事使用人においても使用される用語であり，その意味，内容は同じである。

「月額二十万円以上の報酬」

ポイント

雇用主としてその家事使用人に対して保障すべき最低賃金である。

継続して1年間という過去の雇用期間，雇用主と共に出国することを義務付けていることと相俟って，本人の雇用の安定化と国内の労働市場の安定性を維持しようとするものである。

以下，家事使用人との雇用契約上の共通要件となっている。

別表第二
一　申請人以外に家事使用人を雇用していない高度専門職外国人で，申請の時点において，十三歳未満の子又は病気等により日常の家事に従事することができない配偶者を有し，かつ，世帯年収が千万円以上であるもの
二　申請人以外に家事使用人を雇用していない法別表第一の二の表の経営・管理の在留資格をもって在留する事業所の長又はこれに準ずる地位にある者で，申請の時点において，十三歳未満の子又は病気等により日常の家事に従事することができない配偶者を有するもの
三　申請人以外に家事使用人を雇用していない法別表第一の二の表の法律・会計業務の在留資格をもって在留する事務所の長又はこれに準ずる地位にある者で，申請の時点において，十三歳未満の子又は病気等により日常の家事に従事することができない配偶者を有するもの

この別表2には，いわゆる「家庭事情型」と称される告示2号の各種事由が列挙されている。特定の在留資格をもって在留する外国人に対する優遇措置のひとつである。

まず，ここにいう家事使用人を雇用することができるのは，1号では世帯年収が1,000万円以上である高度専門職外国人，2号では在留資格「経営・管理」をもって在留する者，3号では同じく「法律・会計業務」をもって在留する者とされている。

これらの者が家事使用人を雇用し，本邦に入国・在留させることができる事由として「申請の時点において，13歳未満の子（中略）により日常の家事に従事することができない配偶者を有する」とき，又は，「申請の時点において，（中略）病気等により日常の家事に従事することができない配偶者を有する」こととされている。

以上の要件中，「13歳未満の子」，「病気等」及び「世帯年収が千万円以上」の各要件は，申請時，即ち，基準省令が上陸時に適用され，さらに，運用上，在留資格変更及び在留期間更新の各許可の際にも原則として適合することが求められているのと同様，本号の活動を指定する「特定活動」の在留資格に係る許可の場合に関しても満たしていることが必要とされる。その結果，事後的にこれらの要件を欠くことになった場合，在留期間の更新は認められないことになる。

その反面，「入国帯同型」と異なり，特段の制限事由が明記されていないので，雇用主の変更は可能であるとされている。

「申請人以外に家事使用人を雇用していない」

▶ポイント

ここでいう「家事使用人」の国籍については言及がない。したがって，申請人を家事使用人として雇用し，本邦に入国・在留させるためには，日本国籍者と外国籍者のいかんを問わず，ほかに本邦内で家事使用人を雇い入れていないことが要件となる。

この点は，以下いずれの類型においても共通要件となっている。

「申請の時点において」

> **ポイント**

子が13歳未満などの要件の判断基準時を許可の申請の時点とする規定である。

「世帯年収が千万円以上」

> **ポイント**

高度専門職外国人及びその配偶者が受ける報酬年額のみの合計額を基準とする。家事使用人を雇用するだけの経済的背景（財力・資力）を求めたものである。

以下，高度専門職外国人が家事使用人を雇用し，入国・在留させるための共通要件となっている。

> 二の二　申請人以外に家事使用人を雇用していない法別表第一の二の表の高度専門職の在留資格をもって在留する外国人（以下「高度専門職外国人」という。）（申請の時点において，当該高度専門職外国人が受ける報酬の年額と，その配偶者が受ける報酬の年額とを合算した額（以下「世帯年収」という。）が千万円以上であるものに限る。）に当該高度専門職外国人が使用する言語により日常会話を行うことができる個人的使用人として雇用された十八歳以上の者（当該高度専門職外国人と共に本邦に転居する場合にあっては，継続して一年以上その者に個人的使用人として雇用されている者，当該高度専門職外国人と共に本邦に転居しない場合にあっては，その者が本邦に転居するまで継続して一年以上その者に個人的使用人として雇用され，かつ，その者の転居後引き続きその者又はその者が本邦に転居する前に同居していた親族に個人的使用人として雇用されている者であって，当該高度専門職外国人の負担においてその者と共に本邦から出国（法第二十六条の規定により再入国許可を受けて出国する場合を除く。）することが予定されているものに限る。）が，月額二十万円以上の報酬を受けて，当該高度専門職外国人の家事に従事する活動

本号は，いわゆる「入国帯同型」であり，在留資格「高度専門職」をもって在留する外国人に対する優遇措置のひとつである。

「入国帯同型」には文字どおり「（雇用主である）高度専門職外国人と共に本邦に転居する場合」と後から当該高度専門職外国人の日本滞在中の家事に従事するため転居する場合とがある。前者にあっては，「継続して一年以上その者に個人的使用人として雇用されている」ことが，後者にあっては，さらに，「その者の転居後引き続きその者又はその者が本邦に転居する前に同居していた親族に個人的使用人として雇用されている」ことが要件となっている。これは，当該高度専門職外国人自身又はその同居親族という近い立場にある者と家事使用人との過去のある程度の期間継続した雇用関係を要求することにより，入国後も当該雇用関係の継続性が見込まれることを求めるものである。このことによって，実際上家事使用人が本邦入国後解雇される可能性は低くなり，その結果，予期せぬ不安定な立場に置かれることが防止できるのである。

それ以外にも，雇用主である高度専門職外国人が再入国許可によることなく出国する際には，その負担において当該家事使用人も再入国許可によることなく出国することが予定されていることも要件となっている。これは，本邦入国後の雇用主の変更が認められないということであり，このことも家事使用人が予期せぬ解雇その他により不安定な立場に置かれ，そのまま放置されることを防止するための方策のひとつである。

　二の三　次のいずれにも該当する高度専門職外国人に当該高度専門職外国人が使用する言語により日常会話を行うことができる個人的使用人として雇用された十八歳以上の者が，月額二十万円以上の報酬を受けて，当該高度専門職外国人の家事に従事する活動
　　イ　金融商品取引法（昭和二十三年法律第二十五号）第二十八条第二項に規定する第二種金融商品取引業，同条第三項に規定する投資助言・代理業又は同条第四項に規定する投資運用業に係る業務に従事していること。
　　ロ　当該高度専門職外国人の世帯年収に係る次の区分に応じそれぞれ

第1章　在留資格の認定要件と立証資料

> 次に定める要件に該当すること。
> (1)　千万円以上三千万円未満　申請人以外に家事使用人を雇用していないこと。
> (2)　三千万円以上　申請人以外に家事使用人を雇用していない又は申請人以外に雇用している家事使用人の数が一人であること。

　本号は，いわゆる「金融人材型」であり，在留資格「高度専門職」をもって在留する外国人に対する優遇措置のひとつである。
　ロは，雇用主である高度専門職外国人の経済的背景（財力・資力）に応じて雇用し，入国・在留させることのできる家事使用人の数を定めたものである。

(5)-4　立証資料
(5)-4-1　外交官などの家事使用人（告示1号及び別表1並びに同2号及び別表2の2号及び3号）
　ア　新たに「特定活動（家事使用人）」の在留資格を取得しようとする者の場合（上陸許可，在留資格認定証明書の交付，在留資格変更許可及び在留資格取得許可の申請）
　㈠　申請書（規則別記6号の3様式（交付），30号様式（変更），36号様式（取得））
　㈡　写真1葉（規則6条の2第2項，20条2項（例外同3項），24条2項（例外同3項））
　　写真の規格は規則別表3の2にあるとおりである（縦40㎜横30㎜）。
　▶ポイント
　　申請人と申請書に記載された人物が同一であることの確認のためのものである。
　㈢　雇用契約書の写し（活動の内容，雇用期間，報酬等の待遇を記載したもの）1通（規則別表3第1号）
　㈣　雇用主が日常生活において使用する言語について，申請人が会話力を有することを明らかにする資料　適宜（特定活動告示1号）
　　※例えば，雇用主が英語を日常会話に使用している場合は，申請人の英語能力を明らかにする資料を提出のこと

㋪　雇用主の身分事項，地位及び在留資格を明らかにする資料（特定活動告示別表１）
　①　旅券（又は在留カード）の写し　１通
　②　在職証明書　１通
　③　組織図（事務所の長を含む組織図で，事務所の長と雇用主との関係がわかるもの）　１通
㋕　その他
　※雇用主の在留資格が「経営・管理」，「法律・会計業務」の場合は，雇用主と同居する家族の旅券又は在留カードの写しを提出のこと
　この場合にあっては，特定活動告示別表２号の適用を受けるので，「13歳未満の子又は病気等により日常の家事に従事することができない配偶者」の存在が要件となる。この点について，入管庁ホームページには説明はないものの，告示でこのように定められている以上，次の点を証明する必要があるものと考えられる。
　①　雇用主に配偶者がいること
　②　雇用主とその配偶者の間に13歳未満の子がいること
　③　配偶者に病気等の事情があること
　④　配偶者が日常の家事に従事することができないこと
　⑤　②又は③のいずれかの事情と④との間に因果関係があること
　したがって，その申請を要する具体的な事例が発生したときの対応は，最寄りの地方出入国在留管理局に相談のこと。
㋖　在留資格認定証明書交付申請の場合には返信用封筒（定形封筒に宛先を明記のうえ，必要な額の郵便切手（簡易書留用）を貼付したもの）　１通
㋗　在留資格変更許可申請の場合には旅券及び在留カードなど（規則20条４項），同取得許可申請の場合には旅券など（規則24条４項）

▶ポイント

　申請人が現に外国籍者であることの確認，その国籍の属する国の特定，その国が把握している申請人の身分事項の確認，それらに基づく許可証印及び在留カードの交付のためのものである（入管法20条４項。同22条の２第３項による準用の場合を含む。）。

第1章　在留資格の認定要件と立証資料

(ケ)　在留資格取得許可申請の場合は，以上のほかに，以下の区分によりそれぞれ定める書類1通（規則24条2項）
　①　日本の国籍を離脱した者：国籍を証する書類
　②　①以外の者で在留資格の取得を必要とするもの：その事由を証する書類

◆ポイント◆

いずれも在留資格の取得許可の対象となる者であることを確認するための文書である。

イ　「特定活動（家事使用人）」の在留資格をもって在留する外国人が，在留期間経過後も引き続き在留しようとする場合（在留期間更新許可申請）

(ア)　申請書（規則別記30号の2様式）
(イ)　写真1葉（規則21条の2項（例外同3項））
　写真の規格は規則別表3の2にあるとおりである（縦40mm横30mm）。16歳未満の者は不要

◆ポイント◆

申請人と申請書に記載された人物が同一であることの確認のためのものである。

(ウ)　旅券及び在留カードなど（規則21条4項が準用する同20条4項）

◆ポイント◆

申請人の国籍の属する国の確認，その国が把握している申請人の身分事項の確認，それらに基づく許可証印及び在留カードの交付のためのものである（入管法21条4項が準用する同20条4項）。

(エ)　雇用契約書の写し（活動の内容，雇用期間，報酬等の待遇を記載したもの）1通（特定活動告示1号）

(オ)　住民税の課税（又は非課税）証明書及び納税証明書（1年間の総所得及び納税状況が記載されたもの）　各1通（規則別表3の6）
　※1月1日現在の住所地の市区町村役場から発行される。
　※1年間の総所得及び納税状況（納税事実の有無）の両方が記載されている証明書であれば，いずれか一方で可

※入国後間もない場合や転居等により，住所地の市区町村役場から発行されない場合は，最寄りの地方出入国在留管理局に相談のこと
※外交使節団の構成員の家事使用人である場合には，提出不要
(カ) 雇用主の在留カードの写し　1通（特定活動告示1号）

(5)-4-2 「高度専門職」の在留資格を有する者の入国帯同型（特定活動告示2号の2）

入管庁ホームページには，在留資格認定証明書交付申請及び在留期間更新許可申請に関してのみ説明されている。したがって，それ以外の申請を要する具体的な事例が発生したときの対応は，最寄りの地方出入国在留管理局に相談のこと。

在留期間更新許可申請に関しては，下記(5)-4-5において説明する。

新たに「特定活動（家事使用人）」の在留資格を取得しようとする者の場合（上陸許可及び在留資格認定証明書の交付の申請）

※日本で発行される証明書はすべて，発行日から3か月以内のものを提出のこと

(ア) 申請書（規則別記6号の3様式（交付））
(イ) 写真1葉（規則6条の2第2項）
写真の規格は規則別表3の2にあるとおりである（縦40㎜横30㎜）。

●ポイント●
申請人と申請書に記載された人物が同一であることの確認のためのものである。

(ウ) 返信用封筒（定形封筒に宛先を明記のうえ，必要な額の郵便切手（簡易書留用）を貼付したもの）　1通
(エ) 申請人の活動の内容，期間，地位及び報酬を証する文書　1通（規則別表3第1号）
(オ) 雇用主である高度専門職外国人の在留資格認定証明書交付申請の受理票，在留資格認定証明書又は在留カードいずれかの写し　1通（特定活動告示2号の2）

※高度専門職外国人と同時に申請する場合は不要

㈹ 雇用主である高度専門職外国人の世帯年収（予定）を証する文書　1通

㈺ 雇用主である高度専門職外国人が申請人以外に家事使用人を雇用していない旨を記載した文書　1通（特定活動告示2号の2）

㈻ 雇用主である高度専門職外国人が日常生活において使用する言語について会話力を有することを明らかにする資料　1通（特定活動告示2号の2）

㈾ 雇用契約書（写し）及び労働条件を理解したことを証する文書　1通（特定活動告示2号の2）

※高度外国人材に対するポイント制による出入国管理上の優遇制度における優遇措置用の雇用契約書を使用のこと（参照：https://www.mhlw.go.jp/bunya/koyou/gaikokujin-koyou/dl/pointmodel_j.pdf）

🔹 ポイント

労契法4条において労働契約の内容の理解促進のため，労働者と使用者は，労働契約の内容について，できる限り書面により確認するものとする（同法同条2項）とされていることを踏まえたものである。

㈿ 高度専門職外国人が出国する場合は，その者の負担により共に出国することが予定されていることを誓約する文書　1通（特定活動告示2号の2）

※雇用契約書に当該条項がある場合は不要

㋚ 上陸申請を行う直前までに継続して1年以上雇用されていることを明らかにする資料（雇用契約書の写し等）　1通（特定活動告示2号の2）

㋛ 高度専門職外国人が先に本邦に入国した後，引き続き当該高度専門職外国人が本邦へ入国する前に同居していた親族に雇用されている場合のみ，以下の資料（特定活動告示2号の2）

① 高度専門職外国人が本邦に入国するまで継続して1年以上雇用されていたことを明らかにする資料（雇用契約書の写し等）　1通

② 高度専門職外国人が本邦へ入国した後，上陸申請を行う直前まで引き続き親族に雇用されていることを明らかにする資料（雇用契約書等）

1通
③　高度専門職外国人と親族との親族関係を立証する資料　1通
④　高度専門職外国人と親族との同居事実を立証する資料（同一住所に居住していたことを証明する資料）　1通

⑸−4−3　「高度専門職」の在留資格を有する者の家庭事情型（特定活動告示2号及び別表2第1号）

入管庁のホームページには、在留資格取得許可申請に関する説明はない。したがって、その申請を要する具体的な事例が発生したときの対応は、最寄りの地方出入国在留管理局に相談のこと。

在留資格変更許可申請に関しては、下記⑸−4−5において説明する。

新たに「特定活動（家事使用人）」の在留資格を取得しようとする者の場合（上陸許可、在留資格認定証明書の交付及び在留資格変更許可の申請）

　　※日本で発行される証明書はすべて、発行日から3か月以内のものを提出のこと

(ア)　申請書（規則別記6号の3様式（交付）、30号様式（変更））
(イ)　写真1葉（規則6条の2第2項、20条2項（例外同3項））
　　写真の規格は規則別表3の2にあるとおりである（縦40㎜横30㎜）。

▶ポイント
申請人と申請書に記載された人物が同一であることの確認のためのものである。

(ウ)　申請人の活動の内容、期間、地位及び報酬を証する文書　1通（規則別表3第1号）
(エ)　雇用主である高度専門職外国人に係る次のいずれかの資料（特定活動告示2号）
①　高度専門職外国人の旅券又は在留カードの写し等　1通
②　当該高度専門職外国人と共に入国する場合は、当該高度専門職外国人に係る在留資格認定証明書交付申請の受理票写し又は在留資格認定証明書写し　1通

579

第1章　在留資格の認定要件と立証資料

※①及び②は高度専門職外国人と同時に申請する場合は不要
※②は家事使用人たる申請人の在留資格認定証明書交付申請の場合のみ必要

(オ)　雇用主である高度専門職外国人の世帯年収（予定）を証する文書　1通
(カ)　雇用主である高度専門職外国人が申請人以外に家事使用人を雇用していない旨を記載した文書　1通
(キ)　雇用主である高度専門職外国人が日常生活において使用する言語について会話力を有することを明らかにする資料　1通
(ク)　雇用契約書（写し）及び労働条件を理解したことを証する文書　1通
（規則別表3第1号）

※高度外国人材に対するポイント制による出入国管理上の優遇制度における優遇措置用の雇用契約書を使用のこと（参照：https://www.mhlw.go.jp/bunya/koyou/gaikokujin-koyou/dl/pointmodel_j.pdf）

●ポイント●

労契法4条において労働契約の内容の理解促進のため，労働者と使用者は，労働契約の内容について，できる限り書面により確認するものとする（同法同条2項）とされていることを踏まえたものである。

(ケ)　高度専門職外国人が13歳未満の子又は病気等により日常の家事に従事することができない配偶者を有することを証する文書　1通
(コ)　在留資格認定証明書交付申請の場合には返信用封筒（定形封筒に宛先を明記のうえ，必要な額の郵便切手（簡易書留用）を貼付したもの）　1通
(サ)　在留資格変更許可申請の場合には申請人の旅券及び在留カードなど
（規則20条4項）

●ポイント●

申請人の国籍の属する国の確認，その国が把握している申請人の身分事項の確認，それらに基づく許可証印及び在留カードの交付のためのものである（入管法20条4項）。

(5)-4-4 「高度専門職」の在留資格を有する者の金融人材型（特定活動告示2号の3）

入管庁ホームページには，在留資格の取得許可申請に関する説明はない。したがって，その申請を要する具体的な事例が発生したときの対応は，最寄りの地方出入国在留管理局に相談のこと。

在留期間更新許可申請に関しては，下記(5)-4-5において説明する。

新たに「特定活動（家事使用人）」の在留資格を取得しようとする者の場合（上陸許可，在留資格認定証明書の交付及び在留資格変更許可の申請）
　　※日本で発行される証明書はすべて，発行日から3か月以内のものを提出のこと
(ｱ)　申請書（規則別記6号の3様式（交付），30号様式（変更））
(ｲ)　写真1葉（規則6条の2第2項，20条2項（例外同3項））
　　写真の規格は規則別表3の2にあるとおりである（縦40㎜横30㎜）。

● ポイント ●
　　申請人と申請書に記載された人物が同一であることの確認のためのものである。
(ｳ)　申請人の活動の内容，期間，地位及び報酬を証する文書　1通
(ｴ)　雇用主である高度専門職外国人に係る次のいずれかの資料
　　①　高度専門職外国人の旅券又は在留カードの写し　1通
　　②　当該高度専門職外国人と共に入国する場合は，当該高度専門職外国人に係る在留資格認定証明書交付申請の受理票写し又は在留資格認定証明書写し　1通
　　※①及び②は高度専門職外国人と同時に申請する場合は不要
　　※②は家事使用人たる申請人の在留資格認定証明書交付申請の場合のみ必要
(ｵ)　雇用主である高度専門職外国人の世帯年収（予定）を証する文書　1通
(ｶ)　雇用主である高度専門職外国人が申請人以外に家事使用人を雇用していない又は雇用主である高度専門職外国人の世帯年収（予定）が3,000万

第1章　在留資格の認定要件と立証資料

　　円以上の場合において，申請人以外に雇用している家事使用人の数が1人である旨を記載した文書　1通
(キ)　雇用主である高度専門職外国人が日常生活において使用する言語について会話力を有することを明らかにする資料　1通
(ク)　雇用契約書（写し）及び労働条件を理解したことを証する文書　1通
　　（規則別表3第1号）
　　※高度専門職外国人に対するポイント制による出入国管理上の優遇制度における優遇措置用の雇用契約書を使用のこと（参照：https://www.mhlw.go.jp/bunya/koyou/gaikokujin-koyou/dl/pointmodel_j.pdf）

▶ポイント

労契法4条において労働契約の内容の理解促進のため，労働者と使用者は，労働契約の内容について，できる限り書面により確認するものとする（同法同条2項）とされていることを踏まえたものである。

(ケ)　雇用主である高度専門職外国人の所属機関の金融商品取引法28条2項に規定する第二種金融商品取引業，同条3項に規定する投資助言・代理業又は同条4項に規定する投資運用業に係る登録済通知書写し等　1通
(コ)　雇用主が上記(ケ)のいずれかの業務に従事することを説明する資料（参考様式）　1通
(サ)　在留資格認定証明書交付申請の場合には返信用封筒（定形封筒に宛先を明記のうえ，必要な額の郵便切手（簡易書留用）を貼付したもの）　1通
(シ)　在留資格変更許可申請の場合には申請人の旅券及び在留カードなど
　　（規則20条4項）

(5)-4-5　入国帯同型，家庭事情型及び金融人材型家事使用人の在留期間更新許可申請に必要な立証資料

「特定活動（家事使用人）」の在留資格をもって在留する外国人が，在留期間経過後も引き続き在留しようとする場合（在留期間更新許可申請）
　　※日本で発行される証明書はすべて，発行日から3か月以内のものを提出のこと

㋐　申請書（規則別記30号の2様式）
㋑　写真1葉（規則21条の2項（例外同3項））
　　写真の規格は規則別表3の2にあるとおりである（縦40㎜横30㎜）。16歳未満の者は不要

> **ポイント**

申請人と申請書に記載された人物が同一であることの確認のためのものである。

㋒　旅券及び在留カードなど（規則21条4項が準用する同20条4項）

> **ポイント**

申請人の国籍の属する国の確認，その国が把握している申請人の身分事項の確認，それらに基づく許可証印及び在留カードの交付のためのものである（入管法21条4項が準用する同20条4項）。

㋓　申請人の年間の収入及び納税額に係る証明書（規則別表3の6）
　　住民税の課税（又は非課税）証明書及び納税証明書（1年間の総所得及び納税状況が記載されたもの）　各1通（規則別表3の6第1号）

※住所地の市区町村役場から発行される。

※上記の証明書については，1年間の総所得及び納税状況（納税事実の有無）の両方が記載されている証明書であれば，いずれか一方で可

㋔　雇用主である高度専門職外国人の旅券又は在留カードの写し　1通
㋕　雇用主である高度専門職外国人の世帯年収（予定）を証する文書　1通
㋖　雇用主である高度専門職外国人が申請人以外に家事使用人を雇用していない旨を記載した文書（家事使用人（金融人材型）については，雇用主である高度専門職外国人が申請人以外に家事使用人を雇用していない又は当該高度専門職外国人の世帯年収（予定）が3,000万円以上の場合において申請人以外に雇用している家事使用人の数が1人である旨を記載した文書）　1通
㋗　雇用契約書（写し）及び労働条件を理解したことを証する文書　1通
　　（規則別表3の6）
　　※高度外国人材に対するポイント制による出入国管理上の優遇制度における優遇措置用の雇用契約書を使用のこと（参照：https://www.mhlw.

go.jp/bunya/koyou/gaikokujin-koyou/dl/pointmodel_j.pdf)

▶ポイント

労契法4条において労働契約の内容の理解促進のため，労働者と使用者は，労働契約の内容について，できる限り書面により確認するものとする（同法同条2項）とされていることを踏まえたものである。

(ケ) 次の①から③のいずれかの資料
① 家事使用人（入国帯同型）の場合
　雇用主である高度専門職外国人が出国する場合は，その者の負担により共に出国することが予定されていることを誓約する文書　1通
　（注）　雇用契約書に当該条項がある場合は不要。
② 家事使用人（家庭事情型）の場合
　雇用主が変更になった場合には，新たな雇用主である高度専門職外国人が13歳未満の子又は病気等により日常の家事に従事することができない配偶者を有することを証する文書　1通
③ 家事使用人（金融人材型）の場合
　i　雇用主である高度専門職外国人の所属機関の金融商品取引法28条2項に規定する第二種金融商品取引業，同条3項に規定する投資助言・代理業又は同条4項に規定する投資運用業に係る登録済通知書写し等　1通
　ii　雇用主が上記iのいずれかの業務に従事することを説明する資料
　（参考様式は入管庁ホームページからPDFで取得可能）　1通

(6) 日系4世（告示43号）

(6)-1　本邦において行うことができる活動

　これは，在留資格「日本人の配偶者等」及び「定住者」でいういわゆる日系人とは異なり，本邦での定住を目的とせず，特定活動告示43号及び別表10により，特定の個人又は団体から支援を受けて行う日本の文化及び一般的な生活様式の理解を目的とする活動並びにこれらの活動に必要な資金を補うために必要な範囲内の報酬を受ける活動に従事するものである。
　通算在留期間は5年が限度である。

なお，この活動を行う日系地については出入国管理及び難民認定法第7条第1項第2号の規定に基づき同法別表第1の5の表の下欄に掲げる活動を定める件第43号に掲げる活動を指定されて在留する者の在留手続の取扱いに関する指針（平成30年3月30日法務省告示第107号）が定められている。

　上記「支援」を行う特定の個人又は団体は，「日系四世受入れサポーター」と称されるもので，日系4世に対して日本文化・日本語教育情報を始め，生活・医療情報の提供や入管手続の援助等の支援を無償で行う。この在留資格による入国・在留のためには必ず確保しなければならないものである。申請人の親族，ホストファミリー，雇用主等の個人又は国際交流若しくは地域社会への奉仕を目的として活動する非営利団体がなることができる。

(6)-2　対象となる者

　いわゆる日系4世であり，国籍は問わない。

(6)-3　告示該当性

　特定活動告示43号及び別表10には，次のとおり定めているところ，出入国管理及び難民認定法第7条第1項第2号の規定に基づき同法別表第1の5の表の下欄に掲げる活動を定める件第43号に掲げる活動を指定されて在留する者の在留手続の取扱いに関する指針（平成30年3月30日法務省告示第107号）と共にその内容を大まかに見ると，制度目的が一定程度共通していることから，本邦における活動内容，年齢制限，帰国手段及び生活手段の確保，素行要件，健康条件など同告示5号，5号の2及び別表3に掲げられたワーキング・ホリデーに関する規定に類似している。

　異なる点は，本件「日系四世の更なる受入れ制度」のほうが，対象者が厳格に限定されている点である。また，その反面，合計在留期間が5年とワーキングホリデーの1年よりも長い点である。

> 四十三　別表第十に掲げる要件のいずれにも該当する者が，本邦において通算して五年を超えない期間，特定の個人又は団体から本号に規定する活動の円滑な遂行に必要な支援を無償で受けることができる環境

> の下で（ただし，本号に掲げる活動を指定されて本邦に在留する期間が通算して三年を超えた日以後は，当該環境下にあることを要しない。），日本文化及び日本国における一般的な生活様式の理解を目的とする活動（日本語を習得する活動を含む。）並びにこれらの活動を行うために必要な資金を補うため必要な範囲内の報酬を受ける活動（風俗営業活動を除く。）

「本邦において通算して五年を超えない期間」
ポイント

いわゆる日系人に関しては，その3世までが定住者告示により入国・在留が認められることになっているところ，「日系四世」に関しては，日本又は日本人との関係性により日本文化又は日本の一般的な生活様式などを理解したうえで，帰国後は，日本と現地日系社会との架け橋として活躍することが期待されている（入管庁ホームページより：https://www.moj.go.jp/isa/publications/materials/nyuukoku_kanri_07_00166.html）。そのような制度趣旨から，定住までは認めず，制度目的に適した期間として通算の合計在留期間が5年に限定されているものである。

ただし，「定住者」の在留資格変更許可への途が開かれている。

「特定の個人又は団体から（本邦における）活動の円滑な遂行に必要な支援を無償で受ける」
ポイント

「特定の個人又は団体」は，「日系四世受入れサポーター」ともいわれる個人又は団体で，特定活動の告示43号に該当する日系4世が本邦における活動を円滑に行ううえで必要な無償支援を行うものを指す。そのための適格要件は，別途出入国管理及び難民認定法施行規則別表第4の法別表第1の5の表の特定活動の項の下欄に掲げる活動の項下蘭の規定に基づき法務大臣が定める者を定める件（平成22年12月17日法務省告示第623号。以下「特定活動告示」という。）7号に定められており，別途地方出入国在留管理局に承諾書を提出し，適格性審査のうえ，認定されるが，要件充足性は，各申請の際に審査される。

「日本文化及び日本国における一般的な生活様式の理解を目的とする活動（日本語を習得する活動を含む。）」

> **ポイント**

本件制度における本邦における主たる活動の内容を定めたものである。

「これらの活動を行うために必要な資金を補うため必要な範囲内の報酬を受ける活動（風俗営業活動を除く。）」
「必要な資金を補うため必要な範囲内」

> **ポイント**

しばしば他の在留資格においても見られるように，本件制度が，就労活動を行うために濫用されることのないように一定の歯止めをかけたものである。本件制度の主たる目的が日本の文化及び一般的な生活様式の理解であることを再確認し，その目的に必要な範囲内での就労を認めるということである。

「（風俗営業活動を除く。）」

> **ポイント**

風俗営業活動とは，特定活動の告示5号により風俗営業等の規制及び業務の適正化等に関する法律（昭和23年7月10日法律第122号）2条1項に規定する風俗営業，同条6項に規定する店舗型性風俗特殊営業若しくは同条11項に規定する特定遊興飲食店営業が営まれている営業所において行うもの又は同条7項に規定する無店舗型性風俗特殊営業，同条8項に規定する映像送信型性風俗特殊営業，同条9項に規定する店舗型電話異性紹介営業若しくは同条10項に規定する無店舗型電話異性紹介営業に従事するものをいう。以前から不法就労事案として人身取引にもつながる大きな問題となってきた典型的な行為であり，制度目的と乖離することが明らかであることから，除外されたものである。

別表第十
一　次のイ又はロのいずれかに該当すること。
　イ　日本人の子として出生した者の実子の実子（日本人の子として出生した者でかつて日本国民として本邦に本籍を有したことがあるものの実子の実子を除く。）

第1章　在留資格の認定要件と立証資料

> **ポイント**

括弧書きは，定住者告示4号に該当する地位を有する者を除いたものである。

> ロ　日本人の子として出生した者でかつて日本国民として本邦に本籍を有したことがあるものの実子の実子の実子（イに該当する者を除く。）
> 二　申請時の年齢が十八歳以上三十五歳以下であること。

> **ポイント**

日本の文化又は一般的な生活様式などを理解し，帰国後日本と現地日系社会との架け橋として活躍するという目的にかなうよう，若年層に絞ったものである。

> 三　帰国のための旅行切符又は当該切符を購入するための十分な資金を所持していること。

> **ポイント**

帰国手段の確保を要件としたものである。

> 四　申請の時点において，本邦における滞在中，独立の生計を営むことができると見込まれること。

> **ポイント**

制度目的達成のために，専ら就労活動に従事するなど制度の濫用に至らないよう，一定程度の生計維持能力を課したものである。

> **ポイント**

制度目的を達成するため，一定の要件を課したたものである。

五　健康であること。
六　素行が善良であること。
七　本邦における滞在中に死亡し，負傷し，又は疾病に罹患した場合における保険に加入していること。
八　次のいずれかに該当していること。ただし，申請人が本則第四十三号に掲げる活動を指定されて，通算して三年を超えて本邦に在留することとなる場合は，日常的な場面で使われる日本語をある程度理解することができる能力を有していることを試験により証明され，かつ，当該活動を指定されて本邦に在留していたときの活動を通じて日本文化及び日本国における一般的な生活様式の理解が十分に深められていること。

　イ　申請時の年齢が十八歳以上三十歳以下である者が本則第四十三号に掲げる活動を指定されて，通算して一年を超えて本邦に在留することとなる場合は，基本的な日本語を理解することができる能力を有していることを試験その他の方法により証明されていること。
　ロ　イに規定する場合を除き，申請時の年齢が十八歳以上三十歳以下である者については，基本的な日本語をある程度理解することができる能力を有していることを試験により証明されていること。
　ハ　申請時の年齢が三十一歳以上三十五歳以下である者については，日常的な場面で使われる日本語をある程度理解することができる能力を有していることを試験により証明されていること。

九　法第七条の二第一項の申請をした日が，本則第四十三号に掲げる活動を指定されて交付された在留資格認定証明書の総数（当該申請のあった日の属する年の一月一日から十二月三十一日までの間における総数をいう。）が地域社会への影響等の観点から法務大臣が関係行政機関の長と協議して相当と認める数を超えたと認められる日の翌日までであること。

1　運用上，必要とされる日本語能力の概要は次のとおりである。

第1章　在留資格の認定要件と立証資料

(1) 上陸申請時
　ア　18歳以上30歳以下の場合
　　・基本的な日本語を理解することができる能力を有していることが試験その他の方法により証明されていること（日本語能力試験Ｎ４相当）
　　又は
　　・基本的な日本語をある程度理解することができる能力を有していることが試験により証明されていること（日本語能力試験Ｎ５相当以上）
　イ　31歳以上35歳以下の場合
　　・日常的な場面で使われる日本語をある程度理解することができる能力を有していることが試験により証明されていること（日本語能力試験Ｎ３相当以上）
(2) 在留期間更新許可申請時
　ア　通算して1年を超えて在留しようとするとき
　　基本的な日本語を理解することができる能力を有していることが試験により証明されていること（日本語能力試験Ｎ４相当（入国時点でそれ以上の能力があることが試験その他の方法により証明されている場合を除く。））
　イ　通算して3年を超えて在留しようとするとき
　　日常的な場面で使われる日本語をある程度理解することができる能力を有していることが試験により証明されていること（日本語能力試験Ｎ３相当（入国時点でそれ以上に相当する試験に合格している場合を除く。））

◆ポイント◆
　在留歴により必要とされる日本語能力に差を設け、日本語能力向上の動機付けとしたものである。

2　日本文化及び日本国における一般的な生活様式の理解
　通算3年を超えて日本に在留しようとする場合には、そのための申請までに日本文化及び日本国における一般的な生活様式等の理解が十分に深められていることが必要。
　（例）　日本語能力試験Ｎ２以上の取得、日本文化（茶道、華道、柔道など）に関する資格取得若しくは試験合格、地方公共団体の活動や地域住民との交流会などに積極的に参加し、地域社会の一員としての地位を確

立していると認められることなど。
 3　家　族
　家族帯同は認められていない。

(6)-4　立証資料
　ア　新たに「特定活動（日系4世）」の在留資格を取得しようとする者の場合（上陸許可，在留資格認定証明書の交付の申請）

　　入管庁ホームページ（https://www.moj.go.jp/isa/content/001344915.pdf）には，在留資格の変更及び取得の申請に関する説明はない。したがって，これらの申請を要する具体的な事例が発生したときの対応は，最寄りの地方出入国在留管理局に相談のこと。

　(ア)　申請書（規則別記6号の3様式）
　(イ)　写真1葉（規則6条の2第2項）
　　写真の規格は規則別表3の2にあるとおりである（縦40㎜横30㎜）。

　◆ポイント◆
　　申請人と申請書に記載された人物が同一であることの確認のためのものである。

　(ウ)　申請人が「日系4世であること」を証明する資料
　　・曾祖父母（日本人）の戸籍謄本又は除籍謄本（全部事項証明書）
　　・本国（外国）の機関が発行した曾祖父母，祖父母及び両親の結婚証明書
　　・本国（外国）の機関が発行した祖父母，両親及び日系4世である申請人の出生証明書
　　・本国（外国）の機関が発行した日系4世である申請人の認知に係る証明書（認知に係る証明書がある場合のみ）
　　・申請人の出生届受理証明書又は認知届受理証明書（日本の役所に届出をしている場合のみ）。

　　（注）　祖父母又は両親のうちいずれかの者が日系人（日系2世又は3世）として本邦に在留している場合は，原則として，上記のすべての資料ではなく，当該日系人と日系4世である申請人の身分関係を立証する資料のみで可。

(エ) 申請人が「18歳以上35歳以下であること」を証明する資料
　・身分証明書（旅券，IDカード，運転免許証，選挙人手帳等）
(オ) 申請人が「帰国のための旅行切符又は当該切符を購入するための十分な資金を所持していること」「申請の時点において，本邦における滞在中，独立の生計を営むことができると見込まれること」を証明する資料
　・預金残高証明書及び雇用予定証明書（ある場合）等
(カ) 申請人が「健康であること」を証明する資料
　・健康診断書
(キ) 申請人の「素行が善良であること」を証明する資料
　・犯罪経歴証明書又は無犯罪証明書（日系4世の者の国籍国又は日本に入国する前に居住していた居住国における権限のある機関が発行したもの）
(ク) 申請人が「本邦における滞在中に死亡し，負傷し，又は疾病に罹患した場合における保険に加入していること」を証明する資料
　・申告書（参考様式は入管庁ホームページから取得可能）
(ケ) 日本語能力
　ⅰ　申請人（18歳以上30歳以下）が「基本的な日本語を理解することができる能力を有していることを試験その他の方法$^{(注1)}$により証明されていること」又は「基本的な日本語をある程度理解することができる能力を有していることを試験$^{(注2)}$により証明されていること」を証明する資料
　・日本語能力を立証する資料
　（注1） 試験その他の方法とは，現時点においては，過去に学校教育法第1条に規定する学校（幼稚園を除く。）において，1年以上教育を受けた場合等が該当する（この場合の日本語能力を立証する資料としては，1年以上の教育を受けたことを証する卒業証明書，成績表等の手元にある書類の写し又は通学した期間の申告等が必要）。詳しくは地方出入国在留管理局に相談のこと。
　（注2） ここでいう試験には，以下が該当する。
　　　・　日本語能力試験N5以上
　　　・　J.TEST実用日本語検定（特定非営利活動法人日本語検定協会が実施

特定活動

するJ.TEST実用日本語検定）のF－Gレベル試験250点以上
・日本語NAT－TEST（株式会社専門教育出版が実施する日本語NAT－TEST）の5級以上

ⅱ　申請人（31歳以上35歳以下）が「日常的な場面で使われる日本語をある程度理解することができる能力を有していることを試験(注)により証明されていること」を証明する資料
・日本語能力を立証する資料
（注）ここでいう試験には，以下が該当する。
・日本語能力試験N3以上
・J.TEST実用日本語検定のD－Eレベル試験500点以上
・日本語NAT－TESTの3級以上

㈜　その他，入国目的や入国後の活動内容等を明らかにする資料
・申告書（参考様式は入管庁ホームページから取得可能）

㈹　返信用封筒（定形封筒に宛先を明記のうえ，必要な額の郵便切手（簡易書留用）を貼付したもの）　1通

イ　「特定活動（日系4世）」の在留資格をもって在留する外国人が，在留期間経過後も引き続き在留しようとする場合（在留期間更新許可申請）
㈦　申請書（規則別記30号の2様式）
㈑　写真1葉（規則21条2項（例外同3項））
写真の規格は規則別表3の2にあるとおりである（縦40mm横30mm）。

●ポイント●
申請人と申請書に記載された人物が同一であることの確認のためのものである。

㈡　旅券及び在留カードなど（規則21条4項が準用する同20条4項）

●ポイント●
申請人の国籍の属する国の確認，その国が把握している申請人の身分事項の確認，それらに基づく許可証印及び在留カードの交付のためのものである（入管法21条4項が準用する同20条4項）。

㈢　日本文化等習得状況報告書（参考様式は入管庁ホームページから取得可能）

※申請人が本制度で行ってきた日本文化等の習得の状況を，本人が記載し，署名する必要あり。
(オ) 預貯金残高証明書，在職証明書又は雇用契約書
(カ) 住民税の課税（又は非課税）証明書及び納税証明書（1年間の総所得及び納税証明書が記載されたもの）
(キ) 健康保険証の写し
※保険者番号，被保険者等記号・番号を黒塗りするなどして，復元できない状態にしたうえで提出のこと
(ク) 生活状況報告書（参考様式は入管庁ホームページから取得可能。日系4世受入れサポーターが記入したものを提出のこと。通算3年を超えて在留する申請人は不要）
(ケ) 1年を超えて在留しようとする場合には，日本語能力試験に係る証明書（N4相当(注)）が必要（入国時点ですでにN4以上相当の試験に合格し，証明書を提出している場合及び基本的な日本語を理解することができる能力を有していることを試験その他の方法により証明されている場合を除く。）。申請の前に試験等に合格したうえで，在留期間更新許可申請の添付書類として，証明書を提出のこと。
(注) ここでいう試験には，以下が該当する。
・ 日本語能力試験N4以上
・ J.TEST実用日本語検定のD－Eレベル試験350点以上
・ 日本語NAT－TESTの4級以上
(コ) 3年を超えて在留しようとする場合には，日本語能力試験に係る証明書（N3相当(注)）が必要（入国時点でN3相当以上の試験に合格していた場合を除く。）。日本文化等習得状況報告書（入管庁ホームページからWordで取得可能）において，在留中の活動を通じて日本文化及び日本国における一般的な生活様式の理解が十分に深められていることを記載のこと。
(注) ここでいう試験には，以下が該当する。
・ 日本語能力試験N3以上
・ J.TEST実用日本語検定のD－Eレベル試験500点以上
・ 日本語NAT－TESTの3級以上

㋙　直近の在留期間更新許可から，日系４世受入れサポーターに変更があった場合に提出を要する資料（通算３年を超えて在留する申請人が，同サポーターによる支援を受けない場合は提出不要．しかし，引き続き同サポーターによる支援を受ける場合には提出が必要）

① 日系４世受入れサポーター誓約書（参考様式は入管庁ホームページから取得可能）
② 日系４世受入れサポーターの住民票（個人の場合）
③ 日系４世受入れサポーターの登記簿謄本（団体の場合）
④ 日系４世受入れサポーターが当該団体の職員であることを立証する資料
⑤ 当該団体に係る役員及び活動支援担当者一覧表（参考様式あり）
⑥ 日系４世受入れサポーター変更に係る理由書

ウ　「特定活動（日系４世）」として５年間在留した者が「定住者」への在留資格変更許可の申請を行う場合

㋐　申請書（規則別記30号様式）

㋑　写真１葉（規則20条２項（例外同３項））
　写真の規格は規則別表３の２にあるとおりである（縦40㎜横30㎜）。

● ポイント
　申請人と申請書に記載された人物が同一であることの確認のためのものである。

㋒　申請人の旅券及び在留カードなど（提示）（規則20条４項）

● ポイント
　申請人の国籍の属する国の確認，その国が把握している申請人の身分事項の確認，それらに基づく許可証印及び在留カードの交付のためのものである（入管法20条４項）。

㋓　日本文化等習得状況報告書（参考様式は入管庁ホームページから取得可能）

㋔　日本語能力試験に係る証明書（Ｎ２相当）
　（注）　ここでいう試験には，以下が該当する。
　　・ 日本語能力試験Ｎ２以上

・ BJTビジネス日本語能力テスト400点以上
(カ) 預貯金残高証明書，在職証明書又は雇用契約書
(キ) 住民税の課税（又は非課税）証明書及び納税証明書（1年間の総所　得及び納税額が記載されたもの）
(ク) 健康保険証の写し
　　※保険者番号，被保険者等記号・番号を黒塗りするなどして，復元できない状態にしたうえで提出のこと

(7)　本邦の大学等を卒業した留学生が就職活動を行う場合（告示外）
(7)-1　概　要
　ア　卒業後1年目の就職活動
　大学を卒業し又は専修学校専門課程において専門士の称号を取得してこれらの教育機関を卒業した留学生等が，付与されている「留学」の在留資格の在留期間満了後も日本に在留して，継続して就職活動を行うことを希望する場合は，当事者の在留状況に問題がなく，就職活動を継続することについて卒業した教育機関の推薦があるなどの場合は，就職活動を行うための在留資格（特定活動，在留期間は6月）への変更が認められ，更に1回の在留期間の更新が認められるため，大学等を卒業後も就職活動のために1年間本邦に滞在することが可能である。

　イ　卒業後2年目の就職活動
　大学等を卒業後，上記アにより就職活動を行うための在留資格への変更を認められ就職活動を行っている留学生等が，地方公共団体が実施する就職支援事業（入管庁の設定する要件に適合するものに限る。）の対象となる。また，地方公共団体から当該事業の対象者であることの証明書の発行を受け，大学等を卒業後2年目に当該事業に参加してインターンシップへの参加を含む就職活動を行うことを希望し，当事者の在留状況に問題がないなどの場合には，当該事業に参加して行う就職活動のための在留資格（特定活動，在留期間は6か月）への変更が認められ，更に1回の在留期間の更新が認められる。このため，当該事業に参加して行う就職活動のため，更に1年間（卒業後2年目）本

邦に滞在することが可能となる。

ウ 海外大卒者の日本語教育機関卒業後の就職活動
　海外の大学又は大学院を卒業又は修了し，一定の要件を満たす本邦の日本語教育機関に留学している者が，日本語教育機関を卒業後も日本に在留し，継続して就職活動を行うことを希望する場合には，特例的に就職活動を行うための在留資格（特定活動，在留期間は6か月）への変更を認め，更に1回の在留期間の更新が認められる。
　この場合，次のような事項が要件となる。
(ア)　留学生の要件
　　・海外の大学等を卒業等し，学士以上の学位を取得していること。
　　・在籍していた日本語教育機関における出席状況がおおむね9割以上と良好であること。
　　・就職活動を継続するための適切な経費支弁能力を有していること。
　　・日本語教育機関在籍中から本邦での就職活動を行っていること。
　　・在籍していた日本語教育機関と卒業等後も定期的に面談を行い，就職活動の進捗状況を報告するとともに，当該日本語教育機関から就職活動に関する情報提供を受けること。
　　・日本語教育機関を卒業等した後も就職活動を継続することに関して，在籍していた日本語教育機関から推薦状を取得していること。
(イ)　日本語教育機関の要件
　　・日本語教育の適正かつ確実な実施を図るための日本語教育機関の認定等に関する法律（令和5年法律第41号）に基づき，文部科学大臣の認定を受けた日本語教育機関に置かれた留学のための課程であること。
　　（注）　2029（令和11）年3月31日までの間は，出入国管理及び難民認定法第7条第1項第2号の基準を定める省令の留学の在留資格に係る基準の規定に基づき日本語教育機関等を定める件（平成2年法務省告示第145号）別表第1に掲げる日本語教育機関であることをもって，本要件を満たすものとみなす。

　　・直近3年間において，在籍管理が適切に行われていること。

(注) 原則として，問題在籍率（在籍者数に占める問題在籍者数の割合。問題在籍者数とは，不法残留した者，在留期間更新許可申請が不許可となった者，在留資格を取り消された者，退去強制令書が発付された者，資格外活動の許可を取り消された者の総数をいう。）が5％を超えること等の事情が認められるときは，在籍管理が適切に行われていないものとして取り扱われる場合がある。

・職業安定法（昭和22年法律第141号）に基づく職業紹介事業の許可の取得若しくは届出を行っていること又は就職を目的とするコースを備えていること。
　在籍していた留学生の本邦における就職について，直近1年間において1名以上又は直近3年間において2名以上の実績があること。
・本件措置を活用する留学生の就職支援のため，当該留学生と卒業等後も定期的に面談し，就職活動の進捗状況の確認及び就職活動に関する情報提供を行うこと。
・本件措置を活用する留学生が，就職活動の継続のための在留資格「特定活動」の在留期間内に就職が決定しなかった場合又は就職活動を取り止める場合には，適切な帰国指導を行うこと。

アからウまでいずれも特定活動の告示に定められていない活動の指定である。

(7)-2　本邦において行うことができる活動

　大学等を卒業した留学生が，卒業後，「就職活動」を行うこと。
　卒業前であっても，教育機関からの推薦状，卒業見込み証明書及びその他の必要書類があればここに該当するものとされる（したがって，この場合，在留資格変更許可申請の対象となる。）。

(7)-3　対象となる者

　次の三者が対象となる。
　継続就職活動大学生：在留資格「留学」をもって在留する本邦の学教法上

の大学（短期大学及び大学院を含む。以下同じ。）を卒業した外国人（ただし，別科生，聴講生，科目等履修生及び研究生は含まない。）で，かつ，卒業前から引き続き行っている就職活動を行うことを目的として本邦への在留を希望する者（高等専門学校を卒業した外国人についても同じ。）

継続就職活動専門学校生：在留資格「留学」をもって在留する本邦の学教法上の専修学校専門課程において，専門士の称号を取得し，同課程を卒業した外国人（以下「専門学校生」という。）で，かつ，卒業前から引き続き行っている就職活動を行うことを目的として本邦への在留を希望する者のうち，当該専門課程における修得内容が「技術・人文知識・国際業務」等，就労に係るいずれかの在留資格に該当する活動と関連があると認められる者

継続就職活動日本語教育機関留学生（海外大卒者のみ）：海外の大学又は大学院を卒業又は修了した後，在留資格「留学」をもって在留する一定の要件を満たす本邦の日本語教育機関を卒業した外国人で，かつ，当該日本語教育機関を卒業する前から引き続き行っている就職活動を行うことを目的として本邦への在留を希望する者

(7)-4　立証資料

本件は，既に本邦に在留資格「留学」で在留中の者が対象である。それ故，在留資格変更許可申請及び当該在留資格の変更許可を受けて在留する者が活動を継続しようとする場合における在留期間更新許可申請のみが想定されている。

ア　新たに「特定活動（就職活動）」の在留資格を取得しようとする者の場合（在留資格変更許可申請）

(ｱ)　申請書（規則別記30号様式（変更））

(ｲ)　写真1葉（規則20条2項（例外同3項））
　　写真の規格は規則別表3の2にあるとおりである（縦40㎜横30㎜）。
　　16歳未満の者は不要

第1章　在留資格の認定要件と立証資料

> ポイント

申請人と申請書に記載された人物が同一であることの確認のためのものである。

(ウ)　旅券及び在留カードなど（規則20条4項）

> ポイント

申請人の国籍の属する国の確認，その国が把握している申請人の身分事項の確認，それらに基づく許可証印及び在留カードの交付のためのものである（入管法20条4項）。

(エ)　申請人の在留中の一切の経費の支弁能力を証する文書　適宜（規則別表3第2号ロ）

　※申請人以外の者が経費支弁をする場合には，その者の支弁能力を証する文書及びその者が支弁するに至った経緯を明らかにする文書を提出のこと

継続就職活動大学生の場合

(オ)　直前まで在籍していた大学の卒業証書（写し）又は卒業証明書　1通

(カ)　直前まで在籍していた大学による継続就職活動についての推薦状　1通

　※推薦状の参考様式は入管庁ホームページから取得可能

(キ)　継続就職活動を行っていることを明らかにする資料　適宜

　※大学院生について，研究活動等に専念する必要があり，在学中，就職活動を十分に行うことができなかった場合は，最寄りの地方局宛て相談のこと

継続就職活動専門学校生の場合

(ク)　直前まで在籍していた専修学校の発行する専門士の称号を有することの証明書　1通

(ケ)　直前まで在籍していた専修学校の卒業証書（写し）又は卒業証明書及び成績証明書　1通

(コ)　直前まで在籍していた専修学校による継続就職活動についての推薦状　1通

　※推薦状の参考様式は入管庁ホームページから取得可能

㈥　継続就職活動を行っていることを明らかにする資料　適宜（規則別表3第2号イ）

㈦　専門課程における修得内容の詳細を明らかにする資料　1通

継続就職活動日本語教育機関留学生の場合　（海外大卒者のみ）

㈧　直前まで在籍していた日本語教育機関の卒業（又は修了）証書（写し）又は卒業（又は修了）証明書　1通

㈨　直前まで在籍していた日本語教育機関が発行する出席状況の証明書　1通

㈩　海外の大学又は大学院を卒業（又は修了）し，学士以上の学位を取得していることを証する文書（海外の大学又は大学院の卒業（又は修了）証書（写し）若しくは卒業（又は修了）証明書　1通

㊀　直前まで在籍していた日本語教育機関による継続就職活動についての推薦状　1通
　　※推薦状の参考様式は入管庁ホームページから取得可能

㊁　継続就職活動を行っていることを明らかにする資料　適宜（規則別表3第2号イ）

㊂　直前まで在籍していた日本語教育機関と定期的に面談を行うとともに，就職活動に関する情報提供を受ける旨の確認書　1通
　　※在留資格変更許可申請時に提出する確認書の参考様式は入管庁ホームページから取得可能

㊃　直前まで在籍していた日本語教育機関が一定の要件を満たしていることが確認できる資料　1通
　　※確認資料の参考様式は入管庁ホームページから取得可能

イ　「特定活動（就職活動）」の在留資格をもって在留する外国人が，在留期間経過後も引き続き在留しようとする場合（在留期間更新許可申請）

㈎　申請書（規則別記30号の2様式）

㈏　写真1葉（規則21条2項（例外同3項））
　　写真の規格は規則別表3の2にあるとおりである（縦40㎜横30㎜）。
　　16歳未満の者は不要

> ポイント

　申請人と申請書に記載された人物が同一であることの確認のためのものである。

(ウ)　旅券及び在留カードなど（規則21条4項が準用する同20条4項）

> ポイント

　申請人の国籍の属する国の確認，その国が把握している申請人の身分事項の確認，それらに基づく許可証印及び在留カード交付のためのものである（入管法21条4項が準用する同20条4項）。

(エ)　申請人の在留中の一切の経費の支弁能力を証する文書　適宜
　※申請人以外の者が経費支弁をする場合には，その者の支弁能力を証する文書及びその者が支弁するに至った経緯を明らかにする文書を提出のこと

■継続就職活動大学生の場合

(オ)　直前まで在籍していた大学による継続就職活動についての推薦状　1通
　※推薦状の参考様式は入管庁ホームページから取得可能

(カ)　継続就職活動を行っていることを明らかにする資料　適宜

■継続就職活動専門学校生の場合

(キ)　直前まで在籍していた専修学校による継続就職活動についての推薦状　1通
　※推薦状の参考様式は入管庁ホームページから取得可能

(ク)　継続就職活動を行っていることを明らかにする資料　適宜

■継続就職活動日本語教育機関留学生の場合　（海外大卒者のみ）

(ケ)　直前まで在籍していた日本語教育機関による継続就職活動についての推薦状　1通
　※推薦状の参考様式は入管庁ホームページから取得可能

(コ)　継続就職活動を行っていることを明らかにする資料　適宜

(サ)　直前まで在籍していた日本語教育機関と定期的に面談を行うとともに，就職活動に関する情報提供を受ける旨の確認書　1通
　※在留期間更新許可申請時に提出する確認書の参考様式は入管庁ホーム

ページから取得可能
(ﾆ) 直前まで在籍していた日本語教育機関が一定の要件を満たしていることが確認できる資料　1通
※確認資料の参考様式は入管庁ホームページから取得可能

(7)-5　在留期間
いずれも新たに在留資格「特定活動（就職活動）」を付与された場合は6か月，1回の更新が6か月の在留期間で認められる。

(8)　在学中又は卒業後に就職先が内定し採用までの滞在を希望する場合（告示外）

(8)-1　概　要
(8)-1-1　本邦において行うことができる活動
大学等の在学中に就職先が内定した者，大学等を卒業後，継続就職活動中に就職先が内定した者が，企業に採用されるまでの間本邦に滞在することを希望する場合，一定の要件を満たせば，採用時期までの滞在を目的とした「特定活動」の在留資格への変更が認められ，本邦に継続して滞在することができる。

(8)-1-2　対象となる者
大学等の在学中に就職先が内定した者，大学等を卒業後，継続就職活動中に就職先が内定した者

(8)-2　申請対象者と許可要件
ア　申請対象者
　・「留学」の在留資格で在留中の者
　・継続就職活動を目的とする「特定活動」の在留資格で在留中の者
イ　許可要件
　・本邦の教育機関を卒業したこと又は教育機関の課程を修了したこと
　・内定後1年以内であって，かつ，卒業後1年6月以内に採用されるこ

と
- 企業等において従事する活動が就労関係の在留資格（入管法別表1の1の表の在留資格及び同2の表の「技能実習」及び「特定技能1号」を除いた在留資格並びに同5の表の「特定活動」の在留資格中就労活動を指定されたもの。）への変更が見込まれること
- 内定者の在留状況に問題がないこと
- 内定者と一定期間ごとに連絡をとること，内定を取り消した場合は遅滞なく地方出入国在留管理局に連絡することについて内定先の企業が誓約すること

(8)-3　立証資料

在留資格「留学」又は「特定活動（就職活動）」で在留中の者が対象者であるので，在留資格変更許可申請のみが想定されている。

新たに「特定活動（就職内定者）」の在留資格を取得しようとする者の場合（在留資格変更許可申請）

(ア)　申請書（規則別記30号様式（変更））

(イ)　写真1葉（規則20条2項（例外同3項））

　　写真の規格は規則別表3の2にあるとおりである（縦40㎜横30㎜）。
　　16歳未満の者は不要

　●ポイント●

　　申請人と申請書に記載された人物が同一であることの確認のためのものである。

(ウ)　旅券及び在留カードなど（規則20条4項）

　●ポイント●

　　申請人の国籍の属する国の確認，その国が把握している申請人の身分事項の確認，それらに基づく許可証印及び在留カードの交付のためのものである（入管法20条4項）。

(エ)　申請人の在留中の一切の経費の支弁能力を証する文書　適宜（規則別表3第2号ロ）

※当該申請人以外が経費支弁をする場合には，その者の支弁能力を証する文書及びその者が支弁するに至った経緯を明らかにする文書を提出のこと

(オ) 内定した企業において採用後に行う活動に応じて変わる就労関係の在留資格への在留資格変更許可申請に必要な資料　1通（規則別表3第2号イ）

なお，内定した企業がカテゴリー1，2^(注)に該当する場合であっても，以下の項目が記載された文書を1通提出のこと。

① 内定した企業名
② 主たる勤務場所（支店・事業所名および所在地，電話番号）
※派遣契約に基づく就労を予定している場合は，派遣先の勤務場所についても記載のこと
③ 事業内容
④ 給与（報酬）額
⑤ 職務内容
※派遣契約に基づく就労を予定している場合は，派遣先での職務内容について記載のこと

(注)　**カテゴリー1**とは次のいずれかに該当する機関
・日本の証券取引所に上場している企業
・保険業を営む相互会社
・日本又は外国の国・地方公共団体
・独立行政法人
・特殊法人・認可法人
・日本の国・地方公共団体認可の公益法人
・法人税法別表第1に掲げる公共法人
・高度専門職基準省令1条1項各号の表の特別加算の項の中欄イ又はロの対象企業（イノベーション創出企業）
　※対象は入管庁ホームページ掲載の「イノベーション促進支援措置一覧」を確認のこと
　https://www.moj.go.jp/isa/content/930001665.pdf
・「一定の条件を満たす企業等」（入管庁ホームページ参照。https://

www.moj.go.jp/isa/content/930004712.pdf)
　　　カテゴリー2とは次のいずれかに該当する機関
　・前年分の給与所得の源泉徴収票等の法定調書合計表中，給与所得の源泉徴収合計表の源泉徴収税額が1,000万円以上ある団体・個人
　・在留申請オンラインシステムの利用申出の承認を受けている機関（カテゴリー1及び4の機関を除く。）
　　　カテゴリー3とは前年分の職員の給与所得の源泉徴収票等の法定調書合計表が提出された団体・個人（カテゴリー2を除く。）
　　　カテゴリー4とはカテゴリー1から3までのいずれにも該当しない団体・個人

㈹　内定した企業からの採用内定の事実及び内定日を確認できる資料　1通（規則別表3第2号イ）

㈺　採用先から入管庁に対する連絡義務等の遵守が記載された誓約書　1通

　※参考様式は入管庁ホームページから取得可能

㈻　採用までに行う研修等の活動の内容を確認できる資料（該当する研修等の活動が予定されている場合に限る。）　適宜

(8)-4　在留期間

5年を超えない範囲内で法務大臣が個々の外国人について指定する期間（規則別表2第3号）。ただし，許可要件に「内定後1年以内であって，かつ，卒業後1年6月以内に採用されること」とあること，在留期間更新許可申請がなされることが前提とされていない点に注意を要する。

(9)　本邦の大学等を卒業又は修了した留学生が起業活動を行う場合（告示外）

(9)-1　概　要

(9)-1-1　本邦において行うことができる活動

本邦の大学等を卒業又は修了して企業活動を開始し，又は継続すること。

⑼－1－2　対象となる者

本邦の大学等を卒業又は修了して起業活動を行うことを希望する者（下記⑼－3）及び本邦において優秀な留学生の受入れに意欲的に取り組んでいる大学等を卒業又は修了して起業活動を行うことを希望する者（下記⑼－4及び⑼－5）

⑼－2　区　分

前項から明らかなとおり，この制度は一般の起業の場合（⑼－3）と本邦において優秀な留学生の受入れに意欲的に取り組んでいる大学等を卒業又は修了した者の起業に分かれている。さらに，後者は，本邦の大学等を卒業又は修了後直ちに本制度を利用する場合（以下「優良起業」という。）（⑼－4）と外国人起業活動促進事業又は国家戦略特別区域外国人創業活動促進事業の利用後に本制度を利用する場合（以下「優良起業促進事業」という。）（⑼－5）に分かれる。

以上，相互に共通点は多いのであるが，説明を簡単にするために，この三者に関しては，以降それぞれ独立した項目において個別に説明を加えていくことにする。

⑼－3　一般起業の場合
⑼－3－1　制度趣旨

大学，大学院，短期大学，高等専門学校又は専修学校の専門課程（専門士）（以下この⑼－3において同じ。）を卒業又は修了後6か月以内に，会社法人を設立し起業して在留資格「経営・管理」に在留資格変更許可申請を行うことが見込まれる場合である，優れた起業・経営能力を有する留学生について，卒業又は修了した大学による推薦を受け，起業に必要な資金並びに店舗又は事務所が確保されており，大学による起業活動の把握・管理が適切に行われるため必要な措置が講じられている場合には，「特定活動」への在留資格変更許可をすることとし，さらに在留期間の更新を認めることにより，最長で卒業後6か月間滞在することを可能とする。

本措置の適用を受けるためには，具体的には以下の要件を満たす必要があ

る。
　(ア)　対象者に係る要件
　　本措置の適用を受けようとする外国人（以下「起業活動外国人」という。）が，次の要件を満たすこと。
　　① 　在留資格「留学」をもって在留する本邦の学校教育法上の大学（ただし短期大学を除く。）の学部又は大学院を卒業（又は修了）した者であること。
　　② 　在学中の成績及び素行に問題がなく，在学中から起業活動を開始しており，大学が推薦する者であること。
　　③ 　事業計画書が作成されており，当該計画書及び会社又は法人の登記事項証明書その他の書面により本邦において開始しようとする事業内容が明らかであって，卒業後6か月以内に，会社法人を設立し起業して在留資格「経営・管理」に在留資格変更許可申請を行うこと及びその申請内容が基準省令に定める「経営・管理」の基準にも適合することが見込まれること。
　　④ 　滞在中の一切の経費（起業に必要な資金については，別途要件を定める。）を支弁する能力を有していること（当該申請人である起業活動外国人以外の者が当該申請人の滞在中の経費を支弁する場合を含む。）。
　(イ)　事業規模に係る要件
　　① 　起業に必要な資金として，500万円以上の資金を調達していること，2人以上の常勤職員を雇用することが確実であること又はこれらに準ずる規模であることが認められること。
　　※500万円以上の資金を調達していることは，現に500万円以上の資金を有していることのほか，国，地方公共団体，金融公庫又は銀行等から，助成，補助又は融資等を受けることが決定している場合を含む。
　　　また，個人事業として経営を行おうとする場合は，これまでの起業活動の過程で既に投資した資金についても，客観的に投資金額が立証できる場合には，調達した資金として含む。
　　※2人以上の常勤職員を雇用することが確実であることとは，雇用契約を締結している場合等のことである。

㈦　物件調達に係る要件
　起業に必要な事業所（店舗，事務所等）用の施設が確保されることが確実であること。
　※既に物件を取得している場合や賃貸契約を締結している場合のほか，地方公共団体等から物件の提供を受けることが決定している場合，現に物件の取得手続を進めている（手付け金を支払っている等）場合を含む。
㈣　起業支援に係る要件
　大学等により，起業活動外国人に対し以下の支援措置のいずれかが行われていること。
　① 　起業家の教育・育成に係る措置（各種教育セミナーの開設，企業との交流会やシンポジウムの開催等）
　② 　事業計画の策定支援
　③ 　資金調達又は物件調達に係る支援措置（助成金，ベンチャーキャピタルの紹介，インキュベーション施設への入居支援等）
㈤　在留管理に係る要件
　① 　大学等は，毎月の起業活動の状況を確認すること。
　② 　6か月以内に起業することができなかった場合に備え，起業活動外国人において，帰国のための手段（航空券及び帰国費用）が確保されていること。
㈥　起業に失敗した場合の措置
　起業活動外国人による起業活動が行われていないか，又は起業活動の継続が困難になったと思われる状況があるときは，大学は，起業活動外国人の所在を確認のうえ，直ちに地方出入国在留管理局に報告するとともに，当該外国人の帰国に協力すること。

(9)-3-2　立証資料

新たに「特定活動（一般起業）」の在留資格を取得しようとする者の場合

　制度趣旨，即ち，在留資格「留学」で在留中の者が対象であること，及び，合計最長6か月の在留が認められることから，事実上，在留資格変更許可申請のみが想定される。その立証資料は次のとおりである。

(ア) 申請書（規則別記30号様式）
(イ) 写真1葉（規則20条2項（例外同3項））
　　写真の規格は規則別表3の2にあるとおりである（縦40㎜横30㎜）。
　　16歳未満の者は不要

🔷ポイント
申請人と申請書に記載された人物が同一であることの確認のためのものである。

(ウ) 旅券及び在留カードなど（規則20条4項）

🔷ポイント
申請人の国籍の属する国の確認，その国が把握している申請人の身分事項の確認，それらに基づく許可証印及び在留カードの交付のためのものである（入管法20条4項）。

(エ) 直前まで在籍していた大学の卒業（又は修了）証書又は卒業（又は修了）証明書　1通（規則別表3第2号イ）
(オ) 直前まで在籍していた大学による推薦状　1通（規則別表3第2号イ）
　　※推薦状の参考様式は入管庁ホームページから取得可能
(カ) 事業計画書　1通（規則別表3第2号イ）
(キ) 本邦において開始しようとする事業内容を明らかにする資料（会社又は法人の登記事項証明書等）　適宜（規則別表3第2号イ）
(ク) 申請人の在留中の一切の経費の支弁能力を証する文書　適宜（規則別表3第2号ロ）
　　※当該申請人以外の者が経費支弁をする場合には，その者の支弁能力を証する文書及びその者が支弁するに至った経緯を明らかにする文書を提出のこと
(ケ) 起業に必要な資金が調達されていることを証明する文書　適宜（規則別表3第2号イ）
(コ) 事業所の概要を明らかにする資料又は当該事業所が確保されることが確実であることを証明する文書　適宜（規則別表3第2号イ）
(サ) 大学による起業支援の内容を明らかにする資料　適宜（規則別表3第2号イ）

⑼ 帰国のための手段が確保されていることを明らかにする資料　適宜

⑼－３－３　在留期間
通算で最長６か月間

⑼－４　本邦において優秀な留学生の受入れに意欲的に取り組んでいる大学等を卒業して直ちにこの制度を利用する場合

⑼－４－１　制度趣旨
2020（令和２）年７月17日に閣議決定された「まち・ひと・しごと創生基本方針2020」等において，外国人留学生による我が国での起業の円滑化を実現すべきことが盛り込まれたことを受け，一定の要件の下に，大学卒業後も継続して起業活動を行う留学生に最長２年間の在留を認めることとされたが，そのなかで，本邦において優秀な留学生の受入れに意欲的に取り組んでいるとされる大学等（※）に在籍中から起業活動を行っていた留学生が卒業後も継続して起業活動を行うことを希望する場合に，下記⑼－４－２の要件を満たすことを前提として，在留資格「特定活動」による最長２年間の在留を認めることとするものである。

　　※「留学生就職促進プログラム」(https://www.mext.go.jp/a_menu/koutou/ryugaku/1394574.htm) の採択校若しくは参画校又は「スーパーグローバル大学創成支援事業」(https://tgu.mext.go.jp/) の採択校（大学，大学院，短期大学又は高等専門学校。以下この⑼－４において「大学等」という。)

⑼－４－２　要件
　㋐　申請人が本邦において優秀な外国人留学生の受入れに意欲的に取り組んでいるとされる大学等を卒業又は修了していること。
　㋑　申請人が上記㋐の大学等に在学中から起業活動を行っていたこと。
　㋒　上記㋐の大学等が，申請人が起業活動を行うことについて推薦すること。
　㋓　上記㋐の大学等が，申請人の起業活動について支援をすること。
　㋔　申請人が起業活動の状況を上記㋐の大学等に報告すること。

第1章　在留資格の認定要件と立証資料

　㈹　上記㈰の大学等が申請人の起業活動の継続が困難になった場合等に帰国指導・支援を行うこと。
　（注）　要件㈪から㈹までについては，上記㈰の大学等から提出された誓約書（参考様式は入管庁ホームページから取得可能）をもって判断される。

⑼−4−3　立証資料

　ア　新たに「特定活動（優良起業）」の在留資格を取得しようとする者の場合

制度趣旨，即ち，在留資格「留学」で在留中の者が対象であること，及び，合計最長2年の在留が認められることから，事実上，在留資格変更及び在留期間更新の許可申請のみが想定される。前者の立証資料は次のとおりである。

　㈰　申請書（規則別記30号様式）
　㈪　写真1葉（規則20条2項（例外同3項））
　　　写真の規格は規則別表3の2にあるとおりである（縦40㎜横30㎜）。
　　　16歳未満の者は不要

　ポイント

　　申請人と申請書に記載された人物が同一であることの確認のためのものである。

　㈫　旅券及び在留カードなど（規則20条4項）

　ポイント

　　申請人の国籍の属する国の確認，その国が把握している申請人の身分事項の確認，それらに基づく許可証印及び在留カードの交付のためのものである（入管法20条4項）。

　㈬　直前まで在籍していた大学等の卒業（又は修了）証書の写し又は卒業（又は修了）証明書　1通
　　　※卒業前に卒業（又は修了）見込証明書をもって申請することも可能。ただし，許可時には上記資料の提出が必要。

　㈭　上記㈬の大学等が本邦において優秀な外国人留学生の受入れに意欲的に取り組んでいるとされる，文部科学省の実施する「留学生就職促進プログラム」の採択校若しくは参画校又は「スーパーグローバル大学創成

支援事業」の採択校に該当することが分かる資料（HP写し等）　適宜
(カ)　上記(オ)の大学等による誓約書（参考様式は入管庁ホームページから取得可能）
　　 １通
　　※上記誓約書の様式は，地方出入国在留管理局においても入手可能
　　※誓約書は発行日から１か月以内のものを提出のこと

イ　「特定活動（優良起業）」の在留資格をもって在留する外国人が，在留期間経過後も引き続き在留しようとする場合（在留期間更新許可申請）
(ア)　申請書（規則別記30号の２様式）
(イ)　写真１葉（規則21条２項（例外同３項））
　　 写真の規格は規則別表３の２にあるとおりである（縦40㎜横30㎜）。
　　 16歳未満の者は不要
　　● ポイント ●
　　 申請人と申請書に記載された人物が同一であることの確認のためのものである。
(ウ)　旅券及び在留カードなど（規則21条４項が準用する同20条４項）
　　● ポイント ●
　　 申請人の国籍の属する国の確認，その国が把握している申請人の身分事項の確認，それらに基づく許可証印及び在留カードの交付のためのものである（入管法21条４項が準用する同20条４項）。
(エ)　本邦において卒業又は修了した大学等による誓約書（参考様式は入管庁ホームページから取得可能）　１通（規則別表３の６）
　　※上記誓約書の様式は，地方出入国在留管理局においても入手可能
　　※誓約書は発行日から１か月以内のものを提出のこと

(9)－5　本邦において優秀な留学生の受入れに意欲的に取り組んでいる大学等を卒業し，外国人起業活動促進事業又は国家戦略特別区域外国人創業活動促進事業の利用後に本制度を利用する場合

(9)－5－1　制度趣旨
2020（令和２）年７月17日に閣議決定された「まち・ひと・しごと創生基

本方針2020」等において，外国人留学生による我が国での起業の円滑化を実現すべきことが盛り込まれたことを受け，一定の要件の下に，大学卒業後も継続して起業活動を行う留学生に最長2年間の在留を認めることとされたが，そのなかで，本邦の大学等（大学，大学院，短期大学，高等専門学校又は専修学校の専門課程(注)以下この(9)-5において「大学等」という。）を卒業した後に引き続き外国人起業活動促進事業又は国家戦略特別区域外国人創業活動促進事業を利用して本邦に在留していたものの，期間内に起業に至らなかった外国人の場合においても，下記(9)-5-2の要件を満たすことを前提として，当該事業利用後に新たな措置への移行を認め，当該事業に基づく在留と合わせて最長2年間の在留を認めることとするものである。

（注）　専修学校の専門課程とは，学教法125条1項に規定する専修学校の専門課程であり，「専修学校の専門課程の修了者に対する専門士及び高度専門士の称号の付与に関する規程」（平成6年6月21日文部省告示第84号）2条により，同条の各号に定める要件を満たすものとして文部科学大臣が認めたものの修了者は，専門士と称することができるものとされている。

(9)-5-2　要　件

(ア)　申請人が本邦の大学等を卒業又は修了したこと。

(イ)　申請人が上記(ア)の大学等を卒業又は修了後，外国人起業活動促進事業又は国家戦略特別区域外国人創業活動促進事業に基づく支援を受けて本邦に在留していた者であること。

(ウ)　申請人が外国人起業活動促進事業又は国家戦略特別区域外国人創業活動促進事業を活用したものの起業に至らず，その後，引き続き本邦に在留して起業活動を継続しようとする者であること。

(エ)　新たな措置への移行に際して，外国人起業活動促進事業における外国人起業活動促進団体（地方公共団体）又は国家戦略特別区域外国人創業活動促進事業における関係地方公共団体が上記(ウ)の起業に至らなかった理由について合理的説明を行い，かつ，今後起業を行うことの確実性が高いことの評価を行うこと。

(オ)　上記(エ)の地方公共団体又は上記(ア)の大学等が，申請人が起業活動を行

㈹ 上記㈧の地方公共団体又は上記㈦の大学等が，申請人の起業活動について支援をすること。

㈭ 申請人が起業活動の状況を上記㈧の地方公共団体又は上記㈦の大学等に報告すること。

㈰ 上記㈧の地方公共団体又は上記㈦の大学等が申請人の起業活動の継続が困難になった場合等に帰国指導・支援を行うこと。

※要件㈬及び㈧に関しては，上記㈧の地方公共団体から提出された評価書（参考様式は入管庁ホームページから取得可能）をもって判断する。

※要件㈺から㈰までに関しては，上記㈧の地方公共団体又は上記㈦の大学等から提出された誓約書（参考様式は入管庁ホームページから取得可能）をもって判断する。

(9) – 5 – 3　立証資料

新たに「特定活動（優良起業促進事業）」の在留資格を取得しようとする者の場合

制度趣旨，即ち，在留資格「留学」で在留中の者が対象であること，起業のための各種促進事業を活用していること，及び，最長2年の在留が認められることから，事実上，在留資格変更のみが想定される。立証資料は次のとおりである。

㈦　申請書（規則別記30号様式）

㈩　写真1葉（規則20条2項（例外同3項））

写真の規格は規則別表3の2にあるとおりである（縦40㎜横30㎜）。

16歳未満の者は不要

ポイント

申請人と申請書に記載された人物が同一であることの確認のためのものである。

㈮　旅券及び在留カードなど（規則20条4項）

ポイント

申請人の国籍の属する国の確認，その国が把握している申請人の身分事

項の確認，それらに基づく許可証印及び在留カードの交付のためのものである（入管法20条4項）。

(エ) 外国人起業活動促進事業又は国家戦略特別区域外国人創業活動促進事業の利用直前まで在籍していた本邦の大学等（大学，大学院，短期大学，高等専門学校又は専修学校の専門課程（専門士））の卒業（又は修了）証書又は卒業（又は修了）証明書　1通（規則別表3第2号イ）

(オ) 外国人起業活動促進事業又は国家戦略特別区域外国人創業活動促進事業において申請人を支援していた地方公共団体による評価書（参考様式は入管庁ホームページから取得可能）　1通（規則別表3第2号イ）
　※上記評価書の様式は，地方出入国在留管理局においても入手可能
　※誓約書は発行日から1か月以内のものを提出のこと

(カ) 上記(オ)の地方公共団体又は上記(エ)の大学等による誓約書（参考様式は入管庁ホームページから取得可能）　1通（規則別表3第2号イ）
　※上記誓約書の様式は，地方出入国在留管理局においても入手可能
　※誓約書は発行日から1か月以内のものを提出のこと

(9)-5-4　在留期間（規則別表2）
　最長2年

(10)　本邦大学卒業者及びその配偶者等（告示46号）
(10)-1　概　要
(10)-1-1　本邦において行うことができる活動
　本邦大学卒業者（大学又は大学院を修了し，学位を取得した者）が法務大臣の指定した公私の機関との契約に基づいて，その常勤職員として当該機関の業務に従事する活動又はその家族としての活動

(10)-1-2　対象となる者
　本邦大学卒業者及びその配偶者又は子

(10)-2　告示該当性

> 四十六　別表第十一に掲げる要件のいずれにも該当する者が，法務大臣が指定する本邦の公私の機関との契約に基づいて，当該機関の常勤の職員として行う当該機関の業務に従事する活動（日本語を用いた円滑な意思疎通を要する業務に従事するものを含み，風俗営業活動及び法律上資格を有する者が行うこととされている業務に従事するものを除く。）

「法務大臣が指定する本邦の公私の機関」
ポイント

法務大臣が指定することとされている。ゆえに，この在留資格は，個別の公私の機関を指定して決定されるものである。したがって，機関変更には在留資格の変更を要する。

「契約」
ポイント

「雇用の」との限定が付されていないことから，その形態としては，雇用のほか，委任，請負などの契約が含まれることになる。しかし，多くの場合は雇用契約であろうし，各種申請に際して提出を要する立証資料においても，労基法15条1項の労働条件の明示条項を適用する旨明示され，労働者に交付された当該文書の写し及び雇用契約書の提出が求められ，雇用契約（労基法上は「労働契約」）の存在が前提とされている。

「常勤の職員」
ポイント

「常勤の職員」とは，所定の勤務時間中，常時勤務をする職員をいう。

（注）「常勤」とは，労働関係の法律上の用語ではなく，したがって，労働関係の法律でその意義を定義したものも存在しないが，短時間労働者及び有期雇用労働者の改善等に関する法律2条1項の「1週間の所定労働時間が同一の事業主に雇用される通常の労働者（当該事業主に雇用される通常の労働者と同種の業務に従事する当該事業主に雇用される労働者にあっては，厚生労働

省令で定める場合を除き，当該労働者と同種の業務に従事する当該通常の労働者）の1週間の指定労働時間に比し短い労働者をいう。」との「短時間労働者」の定義に依拠して，一般的にはフルタイム労働と同一視され，就業規則などに定められた事業所の所定労働時間と，雇用契約などで定めた職員の労働時間が同じことを常勤，それより少ないことを非常勤というなどとされているところである。

「風俗営業活動（中略）を除く」

ポイント

風俗営業活動とは，特定活動の告示5号により風俗営業等の規制及び業務の適正化等に関する法律（昭和23年7月10日法律第122号）2条1項に規定する風俗営業，同条6項に規定する店舗型性風俗特殊営業若しくは同条11項に規定する特定遊興飲食店営業が営まれている営業所において行うもの又は同条7項に規定する無店舗型性風俗特殊営業，同条8項に規定する映像送信型性風俗特殊営業，同条9項に規定する店舗型電話異性紹介営業若しくは同条10項に規定する無店舗型電話異性紹介営業に従事するものをいう。以前から不法就労事案として人身取引にもつながる大きな問題となってきた行為であり，制度目的と乖離することが明らかであることから，明示的に除外されたものである。

「法律上資格を有する者が行うこととされている業務（中略）を除く」

ポイント

業務独占とされている業務を指す。業務独占とは，その資格がなければその業務を行うことができないことをいい，国民の生命・財産の安全を護るうえで重大な役割を果たす業務であることから，資格者に業務を独占させると共に業務上の一定の義務が課されることになっている。弁護士や医師などがその例である。この業務が告示46号では除外されている。

> 四十七　前号に掲げる活動を指定されて在留する者の扶養を受ける配偶者又は子として行う日常的な活動

「日常的な活動」
ポイント
　在留資格「家族滞在」と同様の活動内容である。家事に従事する活動など家族共同体の構成員としての地位に基づき通常行われる活動をいう。しかし，就労活動は含まれないので，就労活動に従事する場合にあっては資格外活動許可を受ける必要がある。なお，教育機関において教育を受ける活動は，家族共同体の一員として在留が認められることに反しない活動として許容される。

> 別表第十一
> 一　次のいずれかに該当していること。
> 　　イ　本邦の大学（短期大学を除く。以下同じ。）を卒業して学位を授与されたこと。

「本邦の大学（短期大学を除く。）」
ポイント
　「本邦の」とあるとおり，学教法上の大学（同法83条）及び放送大学学園法上の放送大学（同法2条）をいう。本来は，大学の別科，専攻科，短期大学，大学院及び大学付属研究所も含まれるが，本基準省令においては，括弧書きにおいて短期大学が除外されている。

「短期大学」
ポイント
　上記「本邦の大学」から短期大学を除外する規定である。「短期大学」とは一定程度の高度な知識及び能力を求めたものである。学教法108条1項の「第83条第1項に規定する目的に代えて，深く専門の学芸を教授研究し，職業又は実際生活に必要な能力を育成することを主な目的」として設置され，「その修業年限を2年又は3年とする」大学である（同法108条2項）。なお，この「短期大学」には同条4項に定める専門職短期大学も含まれる。

> 　　ロ　本邦の大学院の課程を修了して学位を授与されたこと。

> ハ　本邦の短期大学（専門職大学の前期課程を含む。）又は高等専門学校を卒業した者（専門職大学の前期課程にあっては，修了した者）で，大学設置基準（昭和三十一年文部省令第二十八号）第三十一条第一項の規定による単位等大学における一定の単位の修得又は短期大学若しくは高等専門学校に置かれる専攻科のうち独立行政法人大学改革支援・学位授与機構が定める要件を満たすものにおける一定の学修その他学位規則（昭和二十八年文部省令第九号）第六条第一項に規定する文部科学大臣の定める学修を行い，かつ，独立行政法人大学改革支援・学位授与機構が行う審査に合格して，学士の学位を授与されたこと。

「専門職大学」

ポイント

　一般の大学が，専門教育と教養教育や学術研究を併せて行うという機関の性格から，比較的，学問的色彩の強い教育が行われる傾向にあるのに対して，専門職大学は，特定の専門職業人を養成することを明確な目的として掲げ，産業界と連携した豊富な実習・実技の機会を用意し，一般の教員のほか実務家教員や企業現場の者が指導・教授する。また，産業界や地域の意見を聴いて，業界の動向に合わせて常にカリキュラムの見直しを行う。一方，教養などの幅広い知識・技能や学術的な専門の理論について学ぶ点は，一般の大学と同じであるが，専門職大学は専門性が求められる職業を担うための実践的かつ応用的な能力を育てる形態の大学で，高度な実践力の裏付けとなる理論や，豊かな創造力の基盤となる関連他分野についても学ぶ（学校教育法83条の2）という点において一般の大学とは異なる。卒業者には「学士（○○専門職）」が付与される（同法104条2項）。

　実際には，学校名に「専門職大学」を冠した学校が多い。

「専門職大学の前期課程」

ポイント

　専門職大学の課程は，4年一貫制のほか，4年の課程を前期（2年又は3年）・後期（2年又は1年）に区分する学科を設けることが制度上可能となっ

ており，前期課程においては，「専門性が求められる職業を担うための実践的かつ応用的な能力を育成することを実現するために行われるものとする」とされている（学教法87条の2）。

「高等専門学校」

ポイント

学教法105条以下の規定に定められた「深く専門の学芸を享受し，職業に必要な能力を育成することを目的と」した学校で（同法105条1項），卒業者は「準学士」と称することができる（同法121条）。

「独立行政法人大学改革支援・学位授与機構」

ポイント

独立行政法人大学改革支援・学位授与機構法（平成15年法律第114号）に基づいて設立された大学以外の国内有いつの学位付与機関であり，また，大学評価機関でもある（同法3条）。

「学士」

ポイント

大学（専門職大学及び短期大学を除く。）を卒業した者に付与される称号である（学教法104条1項）。

> ニ　本邦の専修学校の専門課程の学科（専修学校の専門課程における外国人留学生キャリア形成促進プログラムの認定に関する規程（令和五年文部科学省告示第五十三号）第二条第一項の規定により文部科学大臣の認定を受けたものに限る。）を修了し，専修学校の専門課程の修了者に対する専門士及び高度専門士の称号の付与に関する規程（平成六年文部省告示第八十四号）第三条の規定により，高度専門士と称することができること。

「専修学校」

ポイント

学教法1条で定められた「幼稚園，小学校，中学校，義務教育学校，高等学校，中等教育学校，特別支援学校，大学及び高等専門学校」「以外の教育

施設で，職業若しくは実際生活に必要な能力を育成し，又は教養の向上を図ることを目的とし」，修業年限が1年以上，授業時数が文部科学大臣の定める授業時数以上，教育を受ける者が常時40人以上という要件に「該当する組織的な教育を行うもの（当該教育を行うにつき他の法律に特別の規定があるもの及び我が国に居住する外国人を専ら対象とするものを除く。）」をいう（同法124条）。

「専修学校の専門課程」

ポイント

学教法125条3項に定められた「高等学校若しくはこれに準ずる学校若しくは中等教育学校を卒業した者又は文部科学大臣の定めるところによりこれに準ずる学力があると認められた者に対して，高等学校における教育の基礎の上に，」同法124条の規定に適合する教育を行う過程を指す。なお，「専門課程を置く専修学校は，専門学校と称することができる」（同法126条2項）。

「高度専門士」

ポイント

上記告示別表11の1号ニの規定が引用する専修学校の専門課程の修了者に対する専門士及び高度専門士の称号の付与に関する規程3条に定められているとおり，専修学校専門課程の課程で，修業年限が4年以上であるなど一定の要件を満たすと文部科学大臣が認めるものを修了した者に付与される称号である。

> 二 日本人が従事する場合に受ける報酬と同等額以上の報酬を受けること。

ポイント

国内労働市場保護のため，低賃金での業務従事を認めないことを意味する。上記の業務に従事する者は，同様の業務に従事する日本人が受ける平均的な報酬以上の報酬を受けることが必要である。さらに，同じ職場で同様の業務に従事する日本人が受ける報酬以上であることも要する。

「報酬」とは，「一定の役務の給付の対価として与えられる反対給付」をいい，通勤手当，扶養手当，住宅手当等の実費弁償の性格を有するもの（課

税対象となるものを除く。）は含まない。

> 三　日常的な場面で使われる日本語に加え，論理的にやや複雑な日本語を含む幅広い場面で使われる日本語を理解することができる能力を有していることを試験その他の方法により証明されていること。
> 四　本邦の大学，大学院，短期大学，高等専門学校，第一号ハに規定する短期大学等の専攻科又は同号ニに規定する専修学校の専門課程の学科において修得した学修の成果等を活用するものと認められること。

「短期大学等の専攻科」
ポイント
短期大学を卒業した者又はこれと同等以上の学力があると認められた者に対し，特定事項についての教授研究を行うことを目的として設置されているものである（学教法91条）。なお，独立行政法人大学評価・学位授与機構の認定を受けた専攻科（いわゆる認定専攻科）を修了した場合は，同機構の審査を経た後，4年制大学卒業に相当する学士の学位を得ることもできる。

(10)-3　立証資料
(10)-3-1　本邦大学卒業者
ア　新たに「特定活動（本邦大学卒業者）」の在留資格を取得しようとする者の場合（上陸許可，在留資格認定証明書の交付，在留資格変更許可及び在留資格取得許可の申請）

(ｱ)　申請書（規則別記6号の3様式（交付），30号様式（変更），36号様式（取得））

(ｲ)　写真1葉（規則6条の2第2項，20条2項（例外同3項），24条2項（例外同3項））

写真の規格は規則別表3の2にあるとおりである（縦40mm横30mm）。
16歳未満の者は不要

ポイント
申請人と申請書に記載された人物が同一であることの確認のためのものである。

㈦　申請人の労基法15条１項及び同法施行規則５条に基づき，労働者に交付される労働条件を明示する文書（写し）　１通（規則別表３第１号，特定活動告示別表11第２号）

🔸ポイント

労契法４条において労働契約の内容の理解促進のため，労働者と使用者は，労働契約の内容について，できる限り書面により確認するものとする（同法同条２項）とされていることを踏まえたものである。

㈣　雇用理由書（特定活動告示別表11第３号）

※上記㈦の書類の内容から，日本語を用いた業務等，本制度に該当する業務に従事することが明らかな場合は提出不要

※所属機関が作成したもの。様式は自由。所属機関名及び代表者の記名押印のこと。

㈥　申請人の学歴を証明する文書（特定活動告示別表11第１号）
　①　申請人の学歴等を証明する文書
　　ⅰ　本邦の大学卒業者又は大学院修了者
　　　卒業（修了）証書（写し）又は卒業（修了）証明書（学位の確認が可能なものに限る。）
　　ⅱ　本邦の短期大学若しくは高等専門学校を卒業又は専門職大学の前期課程を修了し，独立行政法人大学改革支援・学位授与機構が行う審査に合格して，学士の学位を授与された者
　　　（ⅰ）　本邦の短期大学又は高等専門学校卒業者　卒業証書（写し）又は卒業証明書
　　　　　専門職大学前期課程修了者　修了証書（写し）又は修了証明書
　　　（ⅱ）　独立行政法人大学改革支援・学位授与機構が交付した学位記（写し）又は学位授与証明書
　　ⅲ　外国人留学生キャリア形成促進プログラムとして認定を受けた専修学校専門課程の学科を修了し，高度専門士の称号を付与された者　高度専門士の称号を付与されたことを証明する文書

㈠　申請人の日本語能力を証明する文書（特定活動告示別表11第３号）
　日本語能力試験Ｎ１又はBJTビジネス日本語能力テスト480点以上の成

績証明書(写し)

　※外国の大学において日本語を専攻した場合は，当該大学の卒業証書(写し)又は卒業証明書

(キ)　事業内容を明らかにする次の①から④のいずれかの資料(特定活動告示別表11第4号)

　①　勤務先の沿革，役員，組織，事業内容(主要取引先と取引実績を含む。)等が記載された案内書
　②　その他の勤務先等の作成した上記①に準ずる文書
　③　勤務先のホームページの写し(トップページのみで可)
　④　登記事項証明書

【ポイント】

　申請人の受入れ機関の法律上の存在(静的存在)又は活動実体の存在(動的存在)の確認のためのものである。

(ク)　在留資格認定証明書交付申請の場合には返信用封筒(定形封筒に宛先を明記のうえ，必要な額の郵便切手(簡易書留用)を貼付したもの)　1通

(ケ)　在留資格変更許可申請の場合には旅券及び在留カードなど(規則20条4項)

【ポイント】

　申請人の国籍の属する国の確認，その国が把握している申請人の身分事項の確認，それらに基づく許可証印及び在留カードの交付のためのものである(入管法20条4項)。

(二)　在留資格取得許可申請の場合は，以上のほかに，以下の区分によりそれぞれ定める書類1通(規則24条2項)

　①　日本の国籍を離脱した者：国籍を証する書類
　②　①以外の者で在留資格の取得を必要とするもの：その事由を証する書類

【ポイント】

　いずれも在留資格の取得許可の対象となる者であることの確認のためのものである。

イ 「特定活動(本邦大学卒業者)」の在留資格をもって在留する外国人が，在留期間経過後も引き続き在留しようとする場合（在留期間更新許可申請）

(ア) 申請書（規則別記30号の2様式）

(イ) 写真1葉（規則21条2項（例外同3項））

　写真の規格は規則別表3の2にあるとおりである（縦40mm横30mm）。16歳未満の者は不要

●ポイント●

　申請人と申請書に記載された人物が同一であることの確認のためのものである。

(ウ) 旅券及び在留カードなど（規則21条4項が準用する同20条4項）

●ポイント●

　申請人の国籍の属する国の確認，その国が把握している申請人の身分事項の確認，それらに基づく許可証印及び在留カードの交付のためのものである（入管法21条4項が準用する同20条4項）。

(エ) 申請人の住民税の課税（又は非課税）証明書及び納税証明書（1年間の総所得及び納税状況が記載されたもの）　各1通

　※1月1日現在の住所地の市区町村役場から発行される。

　※1年間の総所得及び納税状況（納税事実の有無）の両方が記載されている証明書であれば，いずか一方で可

　※入国後間もない場合や転居等により，住所地の市区町村役場から発行されない場合は，源泉徴収票及び当該期間の給与明細書の写し，賃金台帳の写し等を提出のこと

(10)-3-2　配偶者

ア　新たに「特定活動（家族滞在（本邦大学卒業者））」の在留資格を取得しようとする者の場合（上陸許可，在留資格認定証明書の交付，在留資格変更許可及び在留資格取得許可の申請）

(ア) 申請書（規則別記6号の3様式（交付），30号様式（変更），36号様式（取得））

(イ) 写真1葉（規則6条の2第2項，20条2項（例外同3項），24条2項（例外同3項））

写真の規格は規則別表3の2にあるとおりである（縦40㎜横30㎜）。
16歳未満の者は不要

> **ポイント**

申請人と申請書に記載された人物が同一であることの確認のためのものである。

(ウ) 次の①から⑤のいずれかで，扶養者（⑽－3－1の本邦大学卒業者をいう。以下，同じ。）との身分関係を証する文書（規則別表3第2号イ，特定活動告示47号）

① 戸籍謄本
② 婚姻届受理証明書
③ 結婚証明書
④ 出生証明書
⑤ 上記①から④までに準ずる文書

(エ) 扶養者の在留カード又は旅券の写し等若しくは住民票
※旅券は，身分事項，在留資格及び在留期間の記載のある頁のみ

(オ) 扶養者の職業及び収入を証する次の文書（規則別表3第2号ロ）

① 在職証明書
② 住民税の課税（又は非課税）証明書及び納税証明書（1年間の総所得及び納税状況が記載されたもの） 各1通

※1月1日現在の住所地の市区町村役場から発行される。
※1年間の総所得及び納税状況（納税事実の有無）の両方が記載されている証明書あれば，いずれか一方で可
※入国後間もない場合や転居等により，住所地の市区町村役場から発行されない場合は，源泉徴収票及び当該期間の給与明細の写し，賃金台帳の写し等を提出のこと
※上記(エ)及び(オ)の資料は，申請人が，扶養者と同時に申請を行う場合には提出不要
※上記(オ)は，在留資格認定証明書交付申請においては，扶養者が既に日本に在留中の場合に提出のこと

(カ) 在留資格認定証明書交付申請の場合には返信用封筒（定形封筒に宛先を

明記のうえ，必要な額の郵便切手（簡易書留用）を貼付したもの）　1通
(キ)　在留資格変更許可申請の場合には旅券及び在留カードなど（規則20条4項）

●ポイント

申請人の国籍の属する国の確認，その国が把握している申請人の身分事項の確認，それらに基づく許可証印及び在留カードの交付のためのものである（入管法20条4項）。

(ク)　在留資格取得許可申請の場合は，以上のほかに，以下の区分によりそれぞれ定める書類1通（規則24条2項）
① 　日本の国籍を離脱した者：国籍を証する書類
② 　①以外の者で在留資格の取得を必要とするもの：その事由を証する書類

●ポイント

いずれも在留資格の取得許可の対象となる者であることの確認のためのものである。

イ　「特定活動（家族滞在（本邦大学卒業者））」の在留資格をもって在留する外国人が，在留期間経過後も引き続き在留しようとする場合（在留期間更新許可申請）

(ア)　申請書（規則別記30号の2様式）
(イ)　写真1葉（規則21条2項（例外同3項））
　　写真の規格は規則別表3の2にあるとおりである（縦40mm横30mm）。
　　16歳未満の者は不要

●ポイント

申請人と申請書に記載された人物が同一であることの確認のためのものである。

(ウ)　旅券及び在留カードなど（規則21条4項が準用する同20条4項）

●ポイント

申請人の国籍の属する国の確認，その国が把握している申請人の身分事項の確認，それらに基づく許可証印及び在留カードの交付のためのもので

ある（入管法21条4項が準用する同20条4項）。
(エ) 次の①から⑤のいずれかで，扶養者との身分関係を証する文書（特定活動告示47号）
  ① 戸籍謄本
  ② 婚姻届受理証明書
  ③ 結婚証明書
  ④ 出生証明書
  ⑤ 上記①から④までに準ずる文書
  ※在留期間更新許可申請時において身分関係に変更がない場合で，下記(オ)の住民票の提出をするときは，いずれも提出不要
(オ) 扶養者の在留カード又は旅券の写し等若しくは住民票（特定活動告示47号）
  ※旅券は，身分事項，在留資格及び在留期間の記載のある頁のみ
(カ) 扶養者の職業及び収入を証する次の文書（規則別表3の6）
  ① 在職証明書
  ② 住民税の課税（又は非課税）証明書及び納税証明書（1年間の総所得及び納税状況が記載されたもの）　各1通
  ※1月1日現在の住所地の市区町村役場から発行される。
  ※1年間の総所得及び納税状況（税金を納めているかどうか）の両方が記載されている証明書であれば，いずれか一方で可
  ※入国後間もない場合や転居等により，住所地の市区町村役場から発行されない場合は，源泉徴収票及び当該期間の給与明細の写し，賃金台帳の写し等を提出のこと
  ※上記(オ)及び(カ)の資料は，申請人が扶養者と同時に申請を行う場合には提出不要

(10)-4　在留期間（規則別表2）

5年を超えない範囲内で法務大臣が個々の外国人について指定する期間

⑽-5　その他の注意事項

手数料

在留資格認定証明書交付及び在留資格取得許可の場合，発生しない。

在留資格変更許可及び在留期間更新許可の場合，4,000円（入管法67条1号及び2号並びに施行令9条1号及び2号）

⑾　ウクライナ避難民（告示外）

⑾-1　概　要

　2022（令和4）年3月16日にウクライナから来日する避難民に対する支援を適時適切に行うため，内閣官房長官を議長とするウクライナ避難民対策連絡調整会議が設置され，同18日の第1回会合において「ウクライナから避難を余儀なくされ，日本への避難を希望するウクライナの方々について，本日以降，いつでも受け入れ」ることを確認して以降，累次の関係会議が開催されている。その結果を踏まえて，まずは，在外公館(注)において短期滞在査証を発給し，在留資格「短期滞在」をもって上陸許可，その後在留資格を「特定活動」に変更し，ウクライナ情勢が安定するまでの間，在留を認めようとするものである。

　特定活動の告示に定められていない活動の指定が行われる。

（注）「避難民」としているのは，これらの人々が，入管法2条2号で定義された「難民」，即ち，難民の地位に関する条約1条の規定及び難民の地位に関する議定書1条の規定による「人種，宗教，国籍若しくは特定の社会的集団の構成員であること又は政治的意見を理由に迫害を受けるおそれがあるという十分に理由のある恐怖を有するために，国籍国の外にいる者であって，その国籍国の保護を受けることができないもの又はそのような恐怖を有するためにその国籍国の保護を受けることを望まないもの及び常居所を有していた国の外にいる無国籍者であって，当該常居所を有していた国に帰ることができないもの又はそのような恐怖を有するために当該常居所を有していた国に帰ることを望まないもの」という「難民」の定義に該当しないと想定されるので，それと区別するためのものである。そのような中において，これらの人々の受入れは，かかる難民認定手続によるのではなく，通常の上陸・在留手続の運用における法務大臣の自由裁量によることとされた。しかし，この

ことは当事者が難民認定申請をした場合の認定を排除するものではない。難民認定が法務大臣の自由裁量ではなく羈束行為であることから，当然の帰結である。

⑾－1－1　本邦において行うことができる活動

　ウクライナにおける情勢が安定するまでの間，本人が希望する限り本邦において同国における危難を回避するために在留すること。
　また，就労活動が許されることとなっている。

⑾－2　対象となる者

　2022（令和4）年2月24日に開始されたロシアによるウクライナ侵略により，避難を目的としてウクライナから本邦に「短期滞在」の在留資格で入国したウクライナ国籍者又はウクライナに常居所を有する外国人であって，本邦において行おうとする活動が「特定活動」以外のいずれの在留資格にも該当しないもの。

⑾－3　立証資料

ア　査証発給申請（外務省ホームページによる。）
　①　ウクライナから退避した者が日本に在住する親族・知人を頼って日本への退避を希望する場合
　　ⅰ　査証申請書
　　ⅱ　顔写真（縦45㎜×横35㎜，又は縦2inch×横1.4inch）
　　ⅲ　旅　券
　　　日本国政府の承認した外国政府又は権限のある国際機関の発行した旅券又は難民旅行証明書を提出のこと。これらの旅券や証明書を所持していない避難民の場合は，日本国領事官等が渡航証明書を発行できる場合もあるので，日本国大使館又は総領事館に相談のこと。
　　ⅳ　身元保証書（日本に滞在する親族や知人の者が作成したもの）
　※身元保証書は紙での提出が望ましい。不可能な場合は，PDFファイルでの送付も可。その場合，確認に時間を要することがある。

※顔写真を取得できない場合，有効期限切れの旅券，IDカードや出生証明書しか所持していない場合は，個別に相談のこと
② 日本への退避を希望する者が日本に知人や親族がいない場合
個別に近隣諸国の日本国大使館又は総領事館に相談のこと。

イ 在留資格変更許可申請（在留資格の「短期滞在」から「特定活動」への変更）及び在留期間更新許可申請(注)
（注） 更新申請で想定されるのは，在留資格「特定活動」（通常は，就労を可能とするものが付与される。）による在留の継続の場合である。というのは，在留資格「短期滞在」で在留中の者がそのままの在留資格で在留期間の更新申請に至るということは理論的にはあり得ても，実際上はほとんど考えられないからである。

また，入管庁のホームページには，在留資格取得許可申請に関する説明はない。したがって，その申請を要する具体的な事例が発生したときの対応は，最寄りの地方出入国在留管理局に相談のこと。

なお，入管局のホームページには，日本に在留しているウクライナ人向けのサイトが併設され，ウクライナ語訳も併記されている（https://www.moj.go.jp/isa/support/fresc/ukraine_support.html）。

(ｱ) 申請書（規則別記30号様式（変更），36号様式（取得），30号の2様式（更新））
(ｲ) 写真1葉（規則20条2項（例外同3項），24条2項（例外同3項），21条2項（例外同3項））
写真の規格は規則別表3の2にあるとおりである（縦40㎜横30㎜）。
16歳未満の者は不要

（ポイント）

申請人と申請書に記載された人物が同一であることの確認のためのものである。

(ｳ) 旅券の写し，旅券の出入国印など本措置の対象者であることが分かる資料

（ポイント）

通常は，申請者の国籍の属する国の確認，その国が把握している申請人

の身分事項の確認，それらに基づく許可証印及び在留カードの交付のために，在留資格の変更許可又は在留期間の更新許可申請の場合にあっては，旅券及び在留カードなど（規則20条4項，同21条4項），在留資格取得許可申請の場合には旅券など（規則24条4項）が求められる。

　しかし，特に旅券に関しては，既に在外公館における査証発給の時点において，所持していない，所持していても旅券の有効期間が経過している，日本への入国・在留に至る過程において紛失・棄損・滅失してしまったなどが想定されていることから，これを前提として，写しでも可としたものと考えられる。

　さらに，地方出入国在留管理局において，在留カードとは別に発行される「ウクライナ避難民であることの証明書」を所持している場合にあっては，その証明書も現在の法的地位を証明する資料として有用である。

(エ) 理由書

(オ) 身元保証書

　※(ア)の様式用紙並びに(ウ)，(エ)及び(オ)の参考様式は入管庁ホームページからPDFで取得可能

ウ　補完的保護者としての認定

　補完的保護者としての認定を受けた場合，原則として申請に基づいて在留資格変更許可により「定住者（5年）」の在留資格・期間が付与される（61条の2第3項及び61条の2の3）。

⑾-4　在留期間

　1年間とされている。

⑾-5　ウクライナ避難民に対する支援

　ロシアによるウクライナ侵略を逃れて来日したウクライナ国籍を有する避難民及び同国に常居所を有する避難民の受入れに関して，入管庁は，そのホームページにおいて，査証発給申請から，日本の空港到着，生活支援住居，身元引受先又は国・地方公共団体による支援を経て，ウクライナへの帰国・

第三国定住・日本での定住の支援に関する情報を提供している。

　特に，日本での在留に関しては，上記(11)－3のイの「特定活動」への在留資格の変更に関しては，日本語のほかにウクライナ語による説明が加えられているほか，(注1)帰国に不安を抱く在留ウクライナ人について，引き続き日本国内に留まることができるよう在留許可の判断を適切に行っていくこと，退去強制令書が発付されている場合でも本人の意思に反して送還することはしないこと，ウクライナにおける情勢が改善されていないと認められる間は同様に対応することを，日本語及びウクライナ語で明らかにしている。(注2)さらに，メンタルヘルス相談を含む「ウクライナ避難民ヘルプデスク」を開設し，ウクライナ語，ロシア語，英語，日本語で対応している。(注3)そのほか，日常生活で必要な各種情報に関しても，ウクライナ語版を準備している。(注4)

　（注1）　https://www.moj.go.jp/isa/support/fresc/01_00252.html
　（注2）　https://www.moj.go.jp/isa/support/fresc/01_00253.html
　（注3）　https://www.moj.go.jp/isa/support/fresc/01_00254.html
　（注4）　次のホームページからは，以上の他にも各種関連情報入手可能
　　　　　https://www.moj.go.jp/isa/support/fresc/ukraine_support.html

(12)　**未来創造人材制度（J-Find）（特定活動告示51号及び52号）**

　上記「(7)本邦の大学等を卒業した留学生が就職活動を行う場合（告示外）」及び「(9)本邦の大学等を卒業又は修了した留学生が起業活動を行う場合（告示外）」のいわば発展形態として新設された制度である。この制度の対象大学（参照：入管庁ホームページ　https://www.moj.go.jp/isa/applications/status/designatedactivities51.html）を卒業，又はその大学の大学院の課程を修了して学位又は専門職学位を授与されている者が，その日から5年以内に本邦において「就職活動」又は「起業準備活動」を行う場合，滞在当初の生計維持費として，申請の時点において，申請人の預貯金の額が日本円換算で20万円以上であれば，在留資格「特定活動（未来創造人材）」が付与され，最長2年間の在留が可能となった（参照：入管庁ホームページ。同上）。

　ア　新たに本制度を利用して「特定活動（未来創造人材）又は（未来創造人材

の配偶者等）」の在留資格を取得しようとする者の場合（上陸許可，在留資格認定証明書の交付及び在留資格変更許可）

　入管庁ホームページにはこの在留資格の取得許可申請に関する説明はない。したがって，この申請を要する具体的な事例が発生したときの対応は，最寄りの地方出入国在留管理局に相談のこと。

(ア)　申請書　1通（規則別記6号の3号様式）
(イ)　写真　1葉（規則6条の2第2項）
　写真の規格は規則別表3の2にあるとおりである（縦40mm横30mm）
　16歳未満の者は不要

● ポイント ●

　申請人と申請書に記載された人物が同一であることの確認のためのものである。

(ウ)　大学又は大学院を卒業（又は修了）し，学士以上の学位を取得していることを証する文書（大学又は大学院の卒業（又は修了）証書（写し）若しくは卒業（又は修了）証明書　1通
(エ)　経歴書（入管庁ホームページから参考様式取得可能）
(オ)　滞在予定表（入管庁ホームページから参考様式取得可能）
(カ)　申請人名義の銀行等の預貯金口座の現在残高が分かる資料（預貯金通帳の写し等）
(キ)　在留資格認定証明書交付申請の場合は返信用封筒（定型封筒に宛先を明記のうえ，必要な額の郵便切手（簡易書留用）を貼付したもの）　1通
(ク)　在留資格変更許可申請の場合には，旅券及び在留カードなど（規則20条4項）

● ポイント ●

　申請人の国籍の属する国の確認，その国が把握している申請人の身分事項の確認，それらに基づく許可証印及び在留カードの交付のためのものである（入管法20条4項）。

　配偶者及び子の場合は上記(ア)(イ)(キ)及び(ク)が共通，これら以外に次の資料が必要

(ケ)　申請人と扶養者との身分関係を証する文書（結婚証明書，出生証明書等）

１通
(ロ)　扶養者の在留カード又は旅券の写し　１通

イ　本制度による「特定活動（未来創造人材）又は（未来創造人材の配偶者等）」の在留資格をもって在留する外国人が，在留期間経過後も引き続き在留しようとする場合（在留期間更新許可申請）
(ア)　申請書（規則別記30号の２様式）
(イ)　写真１葉（規則21条２号（例外同３項））
　　　写真の規格は規則別表３の２にあるとおりである。
●ポイント
　　　申請人と申請書に記載された人物が同一であることの確認のためのものである。
(ウ)　旅券及び在留カードなど（規則24条４項が準用する同20条４項）
●ポイント
　　　申請人の国籍の属する国の確認，その国が把握している申請人の身分事項の確認，それらに基づく許可証印及び在留カードの交付のためのものである（入管法21条４項が準用する同20条４項）。
(エ)　就職活動又は起業準備活動を行っていることを明らかにする資料
(オ)　滞在予定表（参考様式入管庁ホームページから取得可能）
　　　配偶者及び子の場合は，上記(ア)から(ウ)のみ。

(13)　デジタルノマド（国際的なリモートワーク等を目的として本邦に滞在する者）及びその配偶者・子（特定活動告示53号及び54号）
(13)-１　概　要
(13)-１-１　本邦において行うことができる活動
　①　本　人
　　本邦において６月を超えない期間滞在して国際的なリモートワーク等を行う活動で次のいずれかに該当するもの
　　　ⅰ　外国の法令に準拠して設立された法人その他の外国の団体との雇用契約に基づいて，本邦において情報通信技術を用いて当該団体の外国

にある事業所における業務に従事する活動
　ⅱ　外国にある者に対し，情報通信技術を用いて役務を有償で提供し，若しくは物品等を販売等する活動
※活動内容について，本邦に入国しなければ提供又は販売等できないものを除く。
※資格外活動許可は原則認められない。本邦の公私の機関との雇用契約等に基づく就労活動は不可。

▶ポイント

デジタルノマドの原語と思しき英語表現digital nomad又はdigital nomadeとは，直訳すれば，「計数型・コンピュータの遊牧民」という意味である。しかし，英語その他の言語でも，例えば，nomad workerなど類似した内容を表現する用語が多数存在し，digital nomad(e)という表現が正確に定義づけられて定着した用語となっているわけではなさそうである。ということから，本件告示の内容を正確に理解するためには，外国語の表現や外来語の片仮名表記（和製英語などの和製外国語）に過度に囚われるべきではない。この用語の定義は，上記の括弧書きにあるとおりであるところ，その括弧書きの「リモートワーク」は下記特定活動告示53号（及び上記ⅱ）に定義されているとおりである。

②　本人の配偶者又は子
本邦において6月を超えない期間滞在して国際的なリモートワーク等を行う者に帯同する配偶者又は子としての活動で本邦において6月を超えない期間滞在して国際的なリモートワーク等を行う者として特定活動の在留資格を決定された者の扶養を受ける配偶者又は子として行う日常的な活動
　　※資格外活動許可は原則認められない。

⑬-1-2　**対象となる者**

本邦において6月を超えない期間滞在して国際的なリモートワーク等を行おうとする者又はその配偶者若しくは子

⒀－2　告示該当性

> 五十三　次のいずれにも該当する者が、外国の法令に準拠して設立された法人その他の外国の団体との雇用契約に基づいて、本邦において情報通信技術を用いて当該団体の外国にある事業所における業務に従事する活動又は外国にある者に対し、情報通信技術を用いて役務を有償で提供し、若しくは物品等を販売等する活動（本邦に入国しなければ提供又は販売等できないものを除く。）
> イ　本邦に上陸する年の一月一日から十二月三十一日までのいずれかの日において開始し、又は終了する十二月の期間の全てにおいて、本邦での本号に規定する活動を指定されて滞在する期間が六か月を超えないこと。

「六か月」

◆ポイント◆

　活動内容の性質に由来する在留期間の制限である。したがって、在留期間更新は、原則として許可されない。その結果、在留カードの交付対象外である。ただし、運用上、出国後6か月以降は再度本在留資格で本邦滞在が可能とされている。

　この点、本人の配偶者及び子に関しても、6か月以内という制限及び在留期間更新が許可されないとの原則が適用されるところ、出国後6か月以降の再度この在留資格での本邦滞在が可能であるかどうかは、本人の滞在によって判断されるものと考えられる。

　因みに、上記のような滞在期間の算定方法は、日本の入管法にとっては新たな手法である。しかし、このような滞在期間の制限は既に締約国相互間における国境検問を原則廃止するシェンゲン協定締約国においては以前から存在している。例えば、同締約国であるドイツにおいては、在留法6条において、同締約国内で有効な短期滞在査証（通称シェンゲン査証）又は短期滞在査証免除取決めに基づいて同締約国に入国した場合の同締約国内での滞在期間が連続180日間のうち合計90日以内と制限されている。日本の「短期滞在」

の在留資格においては飽くまでも各上陸申請時における在留資格該当性及び在留期間該当性に関して個別判断がなされているところであり，本来日本では見られなかった発想である。

> ロ　我が国が租税条約（租税条約等の実施に伴う所得税法，法人税法及び地方税法の特例等に関する法律（昭和四十四年法律第四十六号）第二条第一号に規定する租税条約をいう。）を締結している締約国若しくは締約者又は外国居住者等の所得に対する相互主義による所得税等の非課税等に関する法律施行令（昭和三十七年政令第二百二十七号）第二条において指定する外国であり，かつ，短期滞在査証免除国のうち，別表第十四に掲げるものの国籍者等であること。

ポイント

対象国を短期滞在査証免除国に更に絞りを掛けたものである。

> ハ　申請の時点において，年収が千万円以上であること。

「年収」

ポイント

申請の時点で，本人個人の年収が1,000万円以上であることとされている。なお，本人の配偶者及び子に関しては，特段の年収の要件はない。

> ニ　本邦における滞在中に死亡し，負傷し，又は疾病に罹患した場合における保険に加入していること。

「保険」

ポイント

死亡，負傷及び疾病に係る海外旅行傷害保険等の医療保険に加入していること（滞在予定期間中有効なもの）が必要。

※傷害疾病への治療費用補償額は1,000万円以上であることが必要

以上の点は，本人の配偶者及び子においても同じである。

別表第十四

アイスランド共和国，アイルランド，アメリカ合衆国，アラブ首長国連邦，イスラエル国，イタリア共和国，インドネシア共和国，ウルグアイ東方共和国，エストニア共和国，オーストラリア連邦，オーストリア共和国，オランダ王国，カタール国，カナダ，グレートブリテン及び北アイルランド連合王国，クロアチア共和国，シンガポール共和国，スイス連邦，スウェーデン王国，スペイン王国，スロバキア共和国，スロベニア共和国，セルビア共和国，タイ王国，大韓民国，チェコ共和国，チリ共和国，デンマーク王国，ドイツ連邦共和国，トルコ共和国，ニュージーランド，ノルウェー王国，ハンガリー，フィンランド共和国，ブラジル連邦共和国，フランス共和国，ブルガリア共和国，ブルネイ・ダルサラーム国，ベルギー王国，ポーランド共和国，ポルトガル共和国，マレーシア，メキシコ合衆国，ラトビア共和国，リトアニア共和国，ルーマニア，ルクセンブルク大公国，台湾，香港

五十四　短期滞在査証免除国のうち，別表第十五に掲げるものの国籍者等であって，前号ニに該当するものが，前号に掲げる活動を指定されて在留する者の扶養を受ける配偶者又は子として行う日常的な活動

別表第十五

アイルランド，アメリカ合衆国，アラブ首長国連邦，アルゼンチン共和国，アンドラ公国，イスラエル国，イタリア共和国，インドネシア共和国，ウルグアイ東方共和国，エストニア共和国，エルサルバドル共和国，オーストラリア連邦，オーストリア共和国，オランダ王国，カタール国，カナダ，北マケドニア共和国，キプロス共和国，ギリシャ共和国，グアテマラ共和国，グレートブリテン及び北アイルランド連合王国，ク

ロアチア共和国，コスタリカ共和国，サンマリノ共和国，シンガポール共和国，スイス連邦，スウェーデン王国，スペイン王国，スリナム共和国，スロバキア共和国，スロベニア共和国，セルビア共和国，タイ王国，大韓民国，チェコ共和国，チュニジア共和国，チリ共和国，デンマーク王国，ドイツ連邦共和国，ドミニカ共和国，トルコ共和国，ニュージーランド，ノルウェー王国，バハマ国，バルバドス，ハンガリー，フィンランド共和国，ブラジル連邦共和国，フランス共和国，ブルガリア共和国，ブルネイ・ダルサラーム国，ベルギー王国，ポーランド共和国，ポルトガル共和国，ホンジュラス共和国，マルタ共和国，マレーシア，メキシコ合衆国，モーリシャス共和国，モナコ公国，ラトビア共和国，リトアニア共和国，リヒテンシュタイン公国，ルーマニア，ルクセンブルク大公国，レソト王国，台湾，香港，マカオ

⒀－3　立証資料
⒀－3－1　本人の在留資格認定証明書交付申請
※本人に関しては，この申請のみが想定されている。
(ア)　申請書（規則別記6号の3様式）
(イ)　写真1葉（規則6条の2第2項）
写真の規格は規則別表3の2にあるとおりである（縦40㎜横30㎜）。
16歳未満の者は不要
◆ポイント◆
申請人と申請書に記載された人物が同一であることの確認のためのものである。
(ウ)　返信用封筒（定形封筒に宛先を明記の上，必要な額の郵便切手（簡易書留用）（要検討）を貼付したもの
(エ)　申請人の滞在中の活動予定を説明する資料（参考様式あり。入管庁ホームページから取得可能）
※申請書に詳細に記載している場合は，別途提出の必要なし
(オ)　申請人個人の年収額（1,000万円以上）を証明する資料として申請人が就

労した国等において発行された納税証明書又は所得証明書

※納税証明書等の提出ができない場合は，提出することができない理由を文書で説明の上，外国の法令に準拠して設立された法人等の雇用契約書，取引先との契約書（契約金額が明記されているもの），年収に係る入金記録が分かる申請人名義の銀行等の預貯金口座の資料（預貯金通帳等の写し）

※Web通帳の画面の写し等（取引履歴が分かるもの）であっても可。ただし，加工等できない状態で印刷されたものに限る（Excelファイル等は不可）。

(カ) 民間医療保険の加入証書及び約款の写し（適宜）

※本邦の滞在予定期間に応じた保険期間となっており，また補償内容に本邦在留中の死亡，負傷，疾病に罹患した場合が含まれているものを提出のこと

※傷害疾病への治療費用補償額は1,000万円以上

※クレジットカードに付帯する保険で当該補償内容を担保できる場合は当該補償内容等を証明する資料等を提出のこと

⒀－3－2　本人の配偶者及び子の在留資格認定証明書交付申請

※本人の配偶者に関しては，この申請のみが想定されている。同じく，子に関しては，この申請及び次の項の出生による在留資格取得許可の申請のみが想定されている。

(ア) 申請書（規則別記6号の3様式）

(イ) 写真1葉（規則6条の2第2項）

写真の規格は規則別表3の2にあるとおりである（縦40㎜横30㎜）。

16歳未満の者は不要

　◆ポイント◆

申請人と申請書に記載された人物が同一であることの確認のためのものである。

(ウ) 返信用封筒（定形封筒に宛先を明記の上，必要な額の郵便切手（簡易書留用）（要検討）を貼付したもの）

(エ) 申請人の滞在中の活動予定を説明する資料（参考様式あり。入管庁ホーム

特定活動

ページから取得可能）

※申請書に詳細に記載している場合は，別途提出の必要なし

(オ) 申請人の配偶者又は親との身分関係を証する文書（結婚証明書等）　1通

(カ) 民間医療保険の加入証書及び約款の写し（適宜）

※本邦の滞在予定期間に応じた保険期間となっており，また補償内容に本邦在留中の死亡，負傷，疾病に罹患した場合が含まれているものを提出のこと

※傷害疾病への治療費用補償額は1,000万円以上

※クレジットカードに付帯する保険で当該補償内容を担保できる場合は当該補償内容等を証明する資料等を提出のこと

※告示53号に掲げる活動を指定されて本邦に在留している又は在留しようとしている者が有する民間保険における家族補償による場合は当該者が有する民間保険の補償範囲等が確認できる資料を提出のこと

(キ) 告示53号に掲げる活動を指定されて本邦に在留している又は在留しようとしている者の旅券の写し

(13)-3-3　出生による子の在留資格取得許可の申請

※子に関しては，この申請及び前の項の在留資格認定証明書交付申請のみが想定されている。

(ア) 申請書（規則別記3第6号様式）

(イ) 出生したことを証する書類

(ウ) 旅券　提示

▶ポイント

申請人の国籍の属する国の確認，その国が把握している申請人の身分事項の確認，それらに基づく許可証印のためのものである（入管法22条の2第3項）。

(エ) 申請人の滞在中の活動予定を説明する資料（参考様式あり。入管庁ホームページから取得可能）

※申請書に詳細に記載している場合は，別途提出の必要なし

第1章　在留資格の認定要件と立証資料

　(オ)　申請人の扶養者との身分関係を証する文書（出生証明書等）（適宜）
　(カ)　民間医療保険の加入証書及び約款の写し　（適宜）
　　※本邦の滞在予定期間に応じた保険期間となっており，また補償内容に本邦在留中の死亡，負傷，疾病に罹患した場合が含まれているものを提出のこと
　　※傷害疾病への治療費用補償額は1,000万円以上
　　※クレジットカードに付帯する保険で当該補償内容を担保できる場合は当該補償内容等を証明する資料等を提出のこと
　　※告示53号に掲げる活動を指定されて本邦に在留している又は在留しようとしている者が有する民間保険における家族補償による場合は当該者が有する民間保険の補償範囲等が確認できる資料を提出のこと

⒀－4　**在留期間**（告示53号イ及び同54号）
　6か月　在留期間の更新は不可
この点に関しては，⒀－2の告示53号イのポイントを参照のこと。

資格外活動許可

1 概　要

(1) 資格外活動許可を受けて行うことができる活動

現に有している在留資格に対応する活動の遂行を阻害しない範囲内で行う当該活動に属しない収入を伴う事業を運営する活動又は報酬を受ける活動

(2) 対象となる主な者

別表1の在留資格（就労資格を有する者や留学生など）をもって在留する者

別表2の在留資格（「永住者」、「定住者」など）の在留資格をもって在留する者の場合、行うことが可能な就労活動に制限がないため、別表2の在留資格をもって在留する者は資格外活動許可の対象とはならない。

許可の具体例は次のとおりである。(注)

（注）「包括許可」及び「個別許可」については、4の「許可の種類」の解説を参照。

包括許可の場合

次の者が、在留資格に対応する活動を行う傍ら、当該活動の遂行を阻害しない範囲内で当該活動に属しない就労活動を行う場合（いずれも1週間に28時間以内）

・「留学」、「家族滞在」の在留資格を有する者
・在留資格をもって在留する外国人の扶養を受ける配偶者又は子として行う日常的な活動などを指定されて、「特定活動」の在留資格をもって在留する者
・「教育」、「技術・人文知識・国際業務」又は「技能（スポーツ指導者に限る）」の在留資格をもって在留する者で、地方公共団体等との雇用契約に基づいてこれらの在留資格に対応する活動に従事する者

第1章　在留資格の認定要件と立証資料

>[!個別許可の場合]
- 留学生が就業体験を目的とするインターンシップに従事することを目的として週28時間を超える資格外活動に従事する場合
- 大学に所属して就労する「教授」の在留資格の者が民間企業で語学講師として就労する場合（「技術・人文知識・国際業務」の在留資格に該当する活動である。）
- 個人事業主として活動する場合
- 客観的に稼働時間を確認することが困難である活動に従事する場合

2　法令上の根拠

> (1)　入管法
> （活動の範囲）
> 第十九条　別表第一の上欄の在留資格をもって在留する者は、次項の許可を受けて行う場合を除き、次の各号に掲げる区分に応じ当該各号に掲げる活動を行つてはならない。

>[!ポイント]

　在留資格制度における別表1の在留資格をもって在留する者の活動の管理について規定したものである。

　在留外国人がその在留の目的として行う活動（在留活動）に基づき受入れの対象となる外国人の範囲を決定する在留資格制度の下では、入管法の定めるいずれかの在留資格に対応する活動に該当する活動を行う者として在留することが、在留資格の取得の要件となると同時に、当該在留資格による在留を継続する要件となる。

　19条1項の規定は、このことを前提として、在留資格をもって在留する外国人が、在留活動として行わなければならない当該在留資格に対応する活動以外の活動を行う場合には、許可を受けなければならないことを規定したものである。

ただ，この規制は，就労活動を行うことのみに限定され，また，別表2の在留資格をもって在留する外国人については定められていない。

このうち，規制の対象が就労活動に限定されているのは，日本の経済，社会に大きな影響を与えるのは就労活動であることと，それ故，別表1の在留資格が外国人就労者の受入れ範囲を定めることを目的のひとつとしているからである。

一方，別表2の在留資格をもって在留する者が，19条1項の規定に基づく規制の対象とされていないのは，身分又は地位に着目して在留を認める在留資格である別表2の在留資格が外国人就労者の受入れなどとは別の観点から，外国人の在留（居住）を認めるものであるからである。

> 一　別表第一の一の表，二の表及び五の表の上欄の在留資格をもって在留する者　当該在留資格に応じこれらの表の下欄に掲げる活動に属しない収入を伴う事業を運営する活動又は報酬（業として行うものではない講演に対する謝金，日常生活に伴う臨時の報酬その他の法務省令で定めるものを除く。以下同じ。）を受ける活動

「当該在留資格に応じこれらの表の下欄に掲げる活動に属しない」
ポイント

例えば，在留資格「教授」をもって在留する外国人が，ある大学の常勤職員として英文学を教えている場合に，この他に別の大学において非常勤職員として語学を教えるときには資格外活動許可は不要であるが，企業において英語を教え，又は企業の委託を受けて翻訳に従事する場合には，このような活動は，「教授」ではなく「技術・人文知識・国際業務」の在留資格に該当するので，この場合には資格外活動許可を要することになる。

「業として」
ポイント

入管法上は，反復継続し，又は反復継続して行う意思をもってという意味で，事業性，営利目的，対価の取得は要しないものとされている。

以上から，「業として行うものではない」とは，反復継続性及びその意思

を欠いたものということで，単発的・個別的なものであることを指す。

「法務省令で定めるもの」

> ポイント

具体的には，規則19条の3により定められている報酬を指す。かかる報酬を受ける活動を行うことに関しては，本条による資格外活動許可を受ける必要はない。

> 二　別表第一の三の表及び四の表の上欄の在留資格をもつて在留する者　収入を伴う事業を運営する活動又は報酬を受ける活動

「別表第一の三の表及び四の表の上欄の在留資格」

> ポイント

1号の「当該在留資格に応じこれらの表の下欄に掲げる活動に属しない」とされていないのは，本号が対象としている別表1の3の表と4の表の各在留資格に対応する活動が19条1項1号に規定されている別表1の1の表と2の表の在留資格の場合と異なり，そもそも就労活動ではないためである。

> 2　出入国在留管理庁長官は，別表第一の上欄の在留資格をもつて在留する者から，法務省令で定める手続により，当該在留資格に応じ同表の下欄に掲げる活動の遂行を阻害しない範囲内で当該活動に属しない収入を伴う事業を運営する活動又は報酬を受ける活動を行うことを希望する旨の申請があつた場合において，相当と認めるときは，これを許可することができる。この場合において，出入国在留管理庁長官は，当該許可に必要な条件を付することができる。

> ポイント

別表1の在留資格をもって在留する外国人が，許可を受けて当該在留資格に対応する活動以外の就労活動を行う場合の許可の要件を定めるとともに，当該許可（資格外活動の許可）には，条件を付することができることを定めたものである。

「当該在留資格に応じ同表の下欄に掲げる活動の遂行を阻害しない範囲内で」とされているのは，在留資格をもって在留する外国人は，その外国人が現に有する在留資格に対応する活動を行う者として在留しなければならないことから，当該在留資格に対応する活動に属しない就労活動を行う場合，その在留資格に対応する活動の遂行を阻害しない範囲内で行おうとするのでなければ，資格外活動の許可の対象とならないことを定めたものである。

3　出入国在留管理庁長官は，前項の許可を受けている者が同項の規定に基づき付された条件に違反した場合その他その者に引き続き当該許可を与えておくことが適当でないと認める場合には，法務省令で定める手続により，当該許可を取り消すことができる。
4　（略）

(2)　入管法施行規則
（資格外活動の許可）
第十九条　法第十九条第二項の許可（以下「資格外活動許可」という。）を申請しようとする外国人は，別記第二十八号様式による申請書一通並びに当該申請に係る活動の内容を明らかにする書類及びその他参考となるべき資料各一通を地方出入国在留管理局に出頭して提出しなければならない。
2　前項の申請に当たつては，次の各号に掲げる書類を提示しなければならない。この場合において，旅券又は在留資格証明書を提示することができない者にあつては，その理由を記載した書類一通を提出しなければならない。
　一　中長期在留者にあつては，旅券及び在留カード
　二　中長期在留者以外の者にあつては，旅券又は在留資格証明書
3　（略）
4　資格外活動許可は，別記第二十九号様式による資格外活動許可書を交付すること又は旅券若しくは在留資格証明書に別記第二十九号の二

様式による証印をすることによつて行うものとする。この場合において，資格外活動許可が中長期在留者に対するものであるときは，在留カードに法第十九条の四第一項第七号及び第十九条の六第九項第一号に掲げる事項の記載（第十九条の六第十項の規定による法第十九条の四第一項第七号に掲げる事項及び新たに許可した活動の要旨の記録を含む。第六項において同じ。）をするものとする。

5　法第十九条第二項の規定により条件を付して新たに許可する活動の内容は，次の各号のいずれかによるものとする。

一　一週について二十八時間以内（留学の在留資格をもつて在留する者については，在籍する教育機関が学則で定める長期休業期間にあるときは，一日について八時間以内）の収入を伴う事業を運営する活動又は報酬を受ける活動（風俗営業等の規制及び業務の適正化等に関する法律（昭和二十三年法律第百二十二号）第二条第一項に規定する風俗営業，同条第六項に規定する店舗型性風俗特殊営業若しくは同条第十一項に規定する特定遊興飲食店営業が営まれている営業所において行うもの又は同条第七項に規定する無店舗型性風俗特殊営業，同条第八項に規定する映像送信型性風俗特殊営業，同条第九項に規定する店舗型電話異性紹介営業若しくは同条第十項に規定する無店舗型電話異性紹介営業に従事するものを除き，留学の在留資格をもつて在留する者については教育機関に在籍している間に行うものに限る。）

二　教育，技術・人文知識・国際業務又は技能の在留資格をもつて在留する者（我が国の地方公共団体その他これに準ずるもの（以下「地方公共団体等」という。）と雇用に関する契約を締結しているものに限り，技能の在留資格をもつて在留する者にあつてはスポーツの指導に係る技能を要する業務に従事するものに限る。）が行う一週について二十八時間以内の法別表第一の二の表の教育の項，技術・人文知識・国際業務の項又は技能の項の下欄に掲げる活動（現に有する在留資格をもつて行うものを除き，当該地方公共団体等との雇用に関する契約に基づいて行うもの又は当該地方公共団体等以

外の地方公共団体等との雇用に関する契約（当該契約の内容について現に有する在留資格に係る契約の相手方である地方公共団体等が認めるものに限る。）に基づいて行うものに限り，技能の項の下欄に掲げる活動にあつてはスポーツの指導に係る技能を要するものに限る。）
　三　前各号に掲げるもののほか，地方出入国在留管理局長が，資格外活動の許可に係る活動を行う本邦の公私の機関の名称及び所在地，業務内容その他の事項を定めて個々に指定する活動
6　法第十九条第三項の規定により資格外活動許可を取り消したときは，その旨を別記第二十九号の三様式による資格外活動許可取消通知書によりその者に通知するとともに，その者が所持する資格外活動許可書を返納させ，又はその者が所持する旅券若しくは在留資格証明書に記載された資格外活動の許可の証印を抹消するものとする。この場合において，資格外活動許可の取消しが中長期在留者に対するものであるときは，第四項の規定により在留カードにした記載を抹消するものとする。
第十九条の二　法第六条第一項の申請をした外国人であつて，法第九条第三項（法第十条第九項及び第十一条第五項の規定において準用する場合を含む。）の規定により在留資格を決定された次の各号に掲げる者が，その後引き続き資格外活動許可の申請を行うとき（三月の在留期間を決定された後に行うときを除く。）は，前条第一項の規定にかかわらず，当該各号に定める申請書一通を提出して行うものとする。

▶ポイント◀
　資格外活動許可申請を上陸の申請に引き続いて（実際上は同時に）行うことを認め，許可又は不許可に至る手続を定めたものである。

　一　留学の在留資格を決定された者　別記第二十九号の四様式による申請書
　二　教育，技術・人文知識・国際業務又は技能の在留資格を決定され

た者（地方公共団体等と雇用に関する契約を締結し，かつ，在留資格認定証明書の交付を受けているものに限り，技能の在留資格を決定された者にあつてはスポーツの指導に係る技能を要する業務に従事するものに限る。）　別記第二十九号の四の二様式による申請書
2　前項の申請を受けた地方出入国在留管理局長は，必要があると認めるときは，当該外国人に対し申請に係る参考となるべき資料の提出を求めることができる。
3　（略）
4　第一項の申請に対し，法第十九条第二項の規定により条件を付して新たに許可する活動の内容は，第一項第一号に該当する者である場合には前条第五項第一号によるものとし，第一項第二号に該当する者である場合には同条第五項第二号によるものとする。

（臨時の報酬等）
第十九条の三　法第十九条第一項第一号に規定する業として行うものではない講演に対する謝金，日常生活に伴う臨時の報酬その他の報酬は，次の各号に定めるとおりとする。
一　業として行うものではない次に掲げる活動に対する謝金，賞金その他の報酬
　　イ　講演，講義，討論その他これらに類似する活動
　　ロ　助言，鑑定その他これらに類似する活動
　　ハ　小説，論文，絵画，写真，プログラムその他の著作物の制作
　　ニ　催物への参加，映画又は放送番組への出演その他これらに類似する活動
二　親族，友人又は知人の依頼を受けてその者の日常の家事に従事すること（業として従事するものを除く。）に対する謝金その他の報酬
三　留学の在留資格をもって在留する者で大学又は高等専門学校（第四学年，第五学年及び専攻科に限る。）において教育を受けるもの（専ら日本語教育（日本語教育の適正かつ確実な実施を図るための日本語教育機関の認定等に関する法律（令和五年法律第四十一号）第一条に規定する日本語教育をいう。以下同じ。）を受けるものを

除く。）が当該大学又は高等専門学校との契約に基づいて行う教育又は研究を補助する活動に対する報酬

3 許可要件（一般原則）

ア　申請人が申請に係る活動に従事することにより現に有する在留資格に係る活動の遂行が妨げられるものでないこと。
イ　現に有する在留資格に係る活動を行っていること。
ウ　申請に係る活動が入管法別表１の１の表又は２の表の在留資格の下欄に掲げる活動（「特定技能」及び「技能実習」を除く。）に該当すること。
（注）　包括許可においては要件ではない。
エ　申請に係る活動が次のいずれの活動にも当たらないこと。
(ｱ)　法令（刑事・民事を問わない）に違反すると認められる活動
(ｲ)　風俗営業，店舗型性風俗特殊営業若しくは特定遊興飲食店営業が営まれている営業所において行う活動又は無店舗型性風俗特殊営業，映像送信型性風俗特殊営業，店舗型電話異性紹介営業若しくは無店舗型電話異性紹介事業に従事して行う活動
オ　収容令書の発付又は意見聴取通知書の送達若しくは通知を受けていないこと。
カ　素行が不良ではないこと。
キ　本邦の公私の機関との契約に基づく在留資格に該当する活動を行っている者については，当該機関が申請に係る活動を行うことについて同意していること。

4 許可の種類

　包括許可と個別許可の２種類があり，両方の許可を受けることも可能である。ただし，既にひとつの許可を有する者が新たに別の許可を受けようとする場合，既に受けている許可も含めて現に有する在留資格に係る活動を阻害

第1章　在留資格の認定要件と立証資料

しない範囲で行い得ると判断される場合にのみ許可される。

(1) **包括許可**

　１週について28時間以内の収入を伴う事業を運営する活動又は報酬を受ける活動について申請があった場合，上記３のウを除くいずれの要件にも適合すると認められるときは，包括的に資格外活動が許可される。

　上陸申請時に申請を行い，上陸許可と同時に許可を受けることも可能である。

(2) **個別許可**

　原則として，上記３の許可要件（一般原則）に適合する必要がある。

　上記アに掲げるの許可では行うことができない活動について許可の申請があった場合や就労資格を有する者が，他の就労資格に該当する活動を行う場合は，当該活動を行う本邦の名称及び事業内容その他必要な事項を定めて個々に許可される。

5　立証資料

共通提出資料

　㋐　申請書（規則19条１項及び別記28号様式，同19条の２第１項及び別記29号の４様式又は同29号の４の２様式）

　　（注）　規則19条１項は，上陸許可後に行う申請の場合についての，規則19条の２は，上陸の申請に引き続いて行う申請の場合についての規定である。後者の場合は，次の㋑から㋓までのうち，㋓は本人申請であるため，不要（規則19条の２第３項），㋑及び㋒は上陸の申請に引き続いて行われていることから，既に提示中の状態にあることから，規則で敢えて規定する必要のない事項である。

　　　　また，規則別記29号の４様式は「留学」，同29号の４の２様式は「教育」，「技術・人文知識・国際業務」又は「技能」の在留資格を決定された者が当該上陸許可に引き続いて資格外活動許可を申請する場合の様式である。

ただし，地方公共団体等と雇用契約を締結し，かつ，在留資格認定証明書の交付を受けているものに限られ，「技能」の在留資格を決定された者の場合はスポーツの指導に係る技能を有する業務に従事するものに限られている（規則19条の2第1項）。

(イ)　在留カード（提示）（規則19条2項1号）
　※申請人以外の方が，当該申請人に係る資格外活動許可申請を行う場合には，在留カードの写しを申請人に携帯させて，来庁する人が申請人の在留カードを持参のこと

ポイント

　本人確認のためのものであると共に，中長期在留者の場合にあっては，資格外活動許可に関する必要事項を記載するためである（規則19条4項）。

(ウ)　旅券又は在留資格証明書（提示）（規則19条2項2号）
　旅券又は在留資格証明書を提示することができないときは，その理由を記載した理由書

ポイント

　本人確認のためのものであると共に，中長期在留者以外の者の場合にあっては，資格外活動許可に関する必要事項の記載のある証印を旅券又は在留資格証明書上に行うためのものである（規則19条4項）。

(エ)　身分を証する文書等（提示）（申請取次者が申請書類を提出する場合）
(オ)　当該申請に係る活動の内容を明らかにする書類　1通（規則19条1項）

以下在留資格ごとに提出を要する立証資料

　いずれも就労資格ではない在留資格に関して求められる立証資料である。元々就労活動に従事することを前提としていない在留資格であることから，就労目的のためにこれらの在留資格及び資格外活動許可が濫用されることを防止するために行われている運用上の対応である（規則19条1項の「その他参考となるべき資料」及び同19条の2第2項）。

(1)　「留学」
(1)-1　包括許可
　1週28時間以内

第1章　在留資格の認定要件と立証資料

教育機関の長期休業期間にあっては，1日について8時間以内の収入を伴う事業を運営する活動^(注)又は報酬を受ける活動

（注）　包括許可における「事業を運営する活動」は，雇用契約書等により従事しようとする時間が明確である管理者等としての活動のほか，個人事業主として配達等の依頼を受注し，成果に応じた報酬を得る活動で，稼働時間を客観的に確認することができるものである。これに該当しない場合は，次の資格外活動の個別許可が必要。

その他の提出を要する立証資料はない。

(1)-2　個別許可
(1)-2-1　就職活動の一環として職業体験を目的とするインターンシップに従事する場合

ア　対象者

(ｱ)　在留資格「留学」をもって大学（短期大学を除く。）の学部に在籍し，インターンシップを行う年度末で修業年度を終える者で，かつ，卒業に必要な単位をほぼ修得している者

※卒業に必要な単位のうち，9割以上の単位を取得した最終学年生が想定されている。

(ｲ)　在留資格「留学」をもって大学院に在籍し，インターンシップを行う年度末で修業年度を終える者

※修士2年生又は博士3年生が想定されている。

（注）　上記に該当しない場合であっても，単位を取得するために必要な実習等，専攻科目と密接な関係がある場合等には，1週について28時間を超える資格外活動許可を受けることが可能。

イ　必要書類

いずれも，入管法19条2項の「（申請人が現に有する在留資格）の活動の遂行を阻害しない範囲」にとどまっているかどうかの確認のためのものである（規則19条1項）。即ち，下記(ｱ)は活動の具体的内容，(ｲ)及び(ｳ)は申請時までの在留状況の確認が目的である。

(ｱ)　活動予定機関が作成した資格外活動について証明する文書，又は，活

動予定機関との契約書（具体的な活動内容，活動期間及び活動時間，活動場所並びに報酬等の待遇が記載されているもの）
　(ｲ)　大学の学部生・大学院生の場合は，在学する大学からの在学証明書
　(ｳ)　大学の学部生は，卒業に必要な単位数及びその修得状況が確認できる文書（成績証明書等）

(1)-2-2　次のいずれかに該当する場合

　ア　申請に係る活動が語学教師，通訳，家庭教師その他留学生と密接な関係にある職種又は社会通念上学生が通常行っているアルバイトの範囲内にある職種であること。
　イ　本邦での起業を目的とした準備活動であること。

(1)-2-2-1　必要書類

活動内容や活動時間，報酬等について説明する文書（任意様式）（入管法19条2項，規則19条1項）

(1)-3　その他

(1)-3-1　個人事業主等として活動する場合等，客観的に稼働時間を確認することが困難である活動に従事する場合は資格外活動の個別許可が必要である。

　（注）雇用契約書等により従事しようとする時間が明確である管理者等としての活動のほか，個人事業主として配達等の依頼を受注し，成果に応じた報酬を得る活動を行う場合についても，稼働時間を客観的に確認することができるものについては，上記(1)-1の包括許可のみで就労可能である。
　　　　資格外活動として事業を運営する活動に従事する場合とは，単独で比較的小規模な事業の運営を行う場合等を想定しているものであり，新たに法人を設立する場合や従業員を雇用する場合，事業所を設けて活動する場合等は，その形態から「経営・管理」の在留資格への変更が必要である。

(1)-3-1-1　必要書類

当該事業の運営に係る計画について説明する文書（任意様式）（入管法19条2項，規則19条1項）

(1)-3-2　業務委託契約や請負契約等を結んで稼働する場合
　ア　業務委託契約や請負契約等により，標準的に従事することとなる労働時間が明確でない場合，資格外活動の個別許可が必要。
　　（注）当該契約について標準的に従事することとなる労働時間が明確である場合は，上記(1)-1の資格外活動の包括許可のみで就労可能である。
　イ　必要書類
　　当該契約内容について説明する文書（任意様式）（入管法19条2項，規則19条1項）

(1)-3-3　「文化活動」の在留資格をもって在留する者のうち，いわゆる外国大学の日本分校，日本研究センター又は国立研究開発法人等において留学生と同様の活動を行っているもの
　原則として「留学」の在留資格に係る取扱いに準じる。

(2)　「家族滞在」
(2)-1　包括許可（1週について28時間以内で稼働する場合）
　1週について28時間以内の収入を伴う事業を運営する活動(注)又は報酬を受ける活動を行う場合は，資格外活動の包括許可が必要。
　（注）包括許可における「事業を運営する活動」とは，雇用契約書等により従事しようとする時間が明確である管理者等としての活動のほか，個人事業主として配達等の依頼を受注し，成果に応じた報酬を得る活動で，稼働時間を客観的に確認することができるものを指す。これに該当しない場合は，下記(2)-2の資格外活動の個別許可が必要である。

　その他の提出を要する立証資料なし。

(2)-2　個別許可（包括許可の範囲外の活動に従事する場合）
　以下の要件のいずれにも適合すると認められる場合，活動を行う本邦の公私の機関の名称及び業務内容その他必要な事項を定めて個々に許可される。
　ア　資格外活動許可の要件（上記3の一般原則）の各要件に適合していること。
　イ　当該活動に従事する期間が，決定されている在留資格に係る在留期間

の過半を超えないこと。

(注) 活動内容，契約内容から在留目的が実質的に変更されていると判断される場合は，在留資格変更許可が必要である。

更に提出を要する立証資料

活動の内容及び時間，報酬等について説明する文書（任意様式）（入管法19条2項，規則19条1項）

(2)-3 その他

(2)-3-1 個人事業主等として活動する場合等，客観的に稼働時間を確認することが困難である場合

資格外活動の個別許可が必要である。

(注) 雇用契約書等により従事しようとする時間が明確である管理者等としての活動のほか，個人事業主として配達等の依頼を受注し，成果に応じた報酬を得る活動を行う場合についても，稼働時間を客観的に確認することができるときは，上記(2)-1の包括許可のみで就労可能である。

単独で比較的小規模な事業の運営を行う場合等を想定しているものであり，新たに法人を設立する場合や従業員を雇用する場合，事業所を設けて活動する場合等は，「経営・管理」の在留資格への変更が必要である。

更に提出を要する立証資料

当該事業の運営に係る計画について説明する文書（任意様式）（入管法19条2項，規則19条1項）

(2)-3-2 業務委託契約や請負契約等を結んで稼働する場合

業務委託契約や請負契約等により，標準的に従事することとなる労働時間が明確でない場合，資格外活動の個別許可が必要である。

(注) 当該契約について標準的に従事することとなる労働時間が明確である場合は，上記(2)-1の資格外活動の包括許可のみで就労可能である。

更に提出を要する立証資料

当該契約内容について説明する文書（任意様式）

(3) 継続就職活動又は内定後就職までの在留を目的とする「特定活動」の在留資格

(3)-1　包括許可（1週について28時間以内で稼働する場合）

　1週について28時間以内の収入を伴う事業を運営する活動(注)又は報酬を受ける活動を行う場合は，資格外活動の包括許可が必要。

　　（注）　包括許可における「事業を運営する活動」とは，雇用契約書等により従事しようとする時間が明確である管理者等としての活動のほか，個人事業主として配達等の依頼を受注し，成果に応じた報酬を得る活動で，稼働時間を客観的に確認することができるものを指す。これに該当しない場合は，下記(3)-2の資格外活動の個別許可が必要である。

　更に提出を要する立証資料なし。

(3)-2　個別許可（包括許可の範囲外の活動に従事する場合）

　活動を行う本邦の公私の機関の名称及び業務内容その他必要な事項を定めて個々に許可される。資格外活動許可の要件（一般原則）の各要件に適合していることが必要。

(3)-2-1　就職活動の一環として職業体験を目的とするインターンシップに従事する場合

　対象となる者

　(ア)　在留資格「特定活動」をもって在留する就職活動を行っている者（短期大学卒業者及び専修学校専門課程修了者を含む。）

　(イ)　在留資格「特定活動」をもって在留する就職内定者（短期大学卒業者及び専修学校の専門課程修了者を含む。）

　　（注）　専修学校の専門課程修了者は，専攻した科目との関連性が認められる活動に限る。

　更に提出を要する立証資料

　(ア)　活動予定機関が作成した資格外活動として行う活動の内容（職場体験を目的とする活動等，抽象的な内容ではなく，雇用契約書等において，行おうとする具体的な活動が記載されたもの），期間及び時間，場所並びに報酬等の待遇を証する文書（入管法19条2項，規則19条1項）

(ｲ) 専修学校専門課程修了者は，専修学校からの成績証明書（入管法19条2項，規則19条1項）

(3)-2-2 教育機関による推薦状から資格外活動許可が消去されている場合

資格外活動の個別許可が必要である。

(注) ここにいう「推薦状」とは，大学等を卒業した留学生が，卒業後「就職活動」を行うことを希望し，それを目的とする資格外活動許可などの申請をするに際して，当該留学生が直前まで所属していた教育機関側が当該留学生のそれらの許可を受けることが適当な者として推薦する文書を指す（詳細は，「特定活動」の項の4の(7)を参照）。上記説明中「資格外活動許可が消去」とあるのは，入管庁ホームページにおいて公表されている当該「推薦状」の参考様式において，資格外活動許可を受けることが適当な者として推薦する旨の不動文字が消去されていること，即ち，当該教育機関として当該申請人が同許可を受けることが適当なものである者としては推薦しないことを示す。

更に提出を要する立証資料

活動内容や活動時間，報酬について説明する文書（任意様式）（入管法19条2項，規則19条1項）

(3)-3 その他

(3)-3-1 個人事業主等として活動する場合等，客観的に稼働時間を確認することが困難である活動に従事する場合

資格外活動の個別許可が必要である。

(注) 雇用契約書等により従事しようとする時間が明確である管理者等としての活動のほか，個人事業主として配達等の依頼を受注し，成果に応じた報酬を得る活動を行う場合についても，稼働時間を客観的に確認することができるときは，上記(3)-1の包括許可のみで就労可能である。

資格外活動として事業を運営する活動に従事する場合は，単独で比較的小規模な事業の運営を行う場合等を想定しているものであり，新たに法人を設立する場合や従業員を雇用する場合，事業所を設けて活動する場合等は，その形態から「経営・管理」の在留資格への変更が必要である。

第1章 在留資格の認定要件と立証資料

更に提出を要する立証資料
当該事業の運営に係る計画について説明する文書（任意様式）（入管法19条2項，規則19条1項）

(3)-3-2 業務委託契約や請負契約等を結んで稼働する場合
業務委託契約や請負契約等により，標準的に従事することとなる労働時間が明確でない場合，資格外活動の個別許可が必要である。

　(注)　当該契約について標準的に従事することとなる労働時間が明確である場合は，上記(3)-1の資格外活動の包括許可のみで就労可能である。

更に提出を要する立証資料
当該契約内容について説明する文書（任意様式）（入管法19条2項，規則19条1項）

6　その他

(1)　許可期間
入管法及び規則上規定はないが，実際上は，現に有する在留期間の終期に合わせて許可されることが多い。

(2)　手数料
発生しない。

参考資料

　本文中の在留資格，基準省令及び告示に関する説明部分は，主として1の入管法及び入管特別法に関する説明，確定した判例及び2の入管庁ホームページにおいて公表されている各種要領，「各種手続」その他の項目並びに3の外務省及び4の厚生労働省のホームページの記載に基づいて，筆者が，編集，加工して作成した。
1　出入国管理法令研究会編『注解・判例　出入国管理実務六法　令和6年版』日本加除出版2023年
2　入管庁　https://www.moj.go.jp/isa/applications/status/index.html
3　外務省　https://www.ua.emb-japan.go.jp/itpr_ja/11_000001_00178.html
4　厚生労働省
　　　　　　https://www.mhlw.go.jp/stf/seisakunitsuite/bunya/koyou_roudou/koyou/jigyounushi/page11.html

第2章
入管制度の概要

執筆者 髙宅 茂
（本章の記述は，現行入管法の規定に基づいている。）

1 出入国在留管理行政

(1) 入管法の目的と出入国在留管理庁の任務及び所掌事務

　出入国管理及び難民認定法（昭和26年政令319号。「入管法」という。）は，その目的として，次の3つを定めている（入管法1条）。

　　A　本邦に入国し，又は本邦から出国するすべての人の出入国の公正な管理
　　B　本邦に在留するすべての外国人の在留の公正な管理
　　C　難民の認定手続の整備

　この入管法を基本法として行われる行政が出入国在留管理行政であり，出入国在留管理庁（「入管庁」という。）が担当している。

　入管庁は，出入国及び外国人の在留の公正な管理を図ることを任務とし（法務省設置法（平成11年法律第93号）28条1項），次の事務をつかさどる（同法29条1項）。

　　a　日本人の出国及び帰国並びに外国人の入国及び出国の管理に関すること
　　b　本邦における外国人の在留に関すること
　　c　難民の認定及び補完的保護対象者の認定に関すること
　　d　所掌事務に係る国際協力に関すること
　　e　政令で定める文教研修施設において所掌事務に関する研修を行うこと
　　f　これらのほか法律（法律に基づく政令を含む。）に基づき法務省に属させられた事務

　このうち，aはAに，bはBに，cはCに対応し，この3つが，入管庁の担当する主要業務である。

　また，各省大臣は，「それぞれ，その分担管理する行政事務に係る各省の任務に関連する特定の内閣の重要政策について，当該重要政策に関して閣議において決定された基本的な方針に基づいて，行政各部の施策の統一を図るために必要となる企画及び立案並びに総合調整に関する事務を掌理する」（国家行政組織法5条2項）とされ，入管庁は，出入国及び外国人の在留の公正な管理を図る任務に関連する特定の内閣の重要政策に関する内閣の事務を助

けることを任務とし（法務省設置法28条2項），この任務を達成するため，出入国及び外国人の在留の公正な管理を図る任務に関連する特定の内閣の重要政策に関して閣議において決定された基本的な方針に基づいて，行政各部の施策の統一を図るために必要となる企画及び立案並びに総合調整に関する事務をつかさどる（同法29条2項）。

そして，平成30年7月24日の閣議決定「外国人の受入れ環境の整備に関する業務の基本方針について」は，「出入国の管理，本邦における外国人の在留，人権の擁護等を所掌する法務省が，外国人の受入れ環境の整備に関する企画及び立案並びに総合調整を行うこととし，その司令塔的機能の下，関係府省が連携を強化し，地方公共団体とも協力しつつ，外国人の受入れ環境の整備を効果的・効率的に進めることとする。」(注)と定めた。

（注）　出典：首相官邸ホームページ（https://www.kantei.go.jp/jp/singi/gaikokujinzai/kaigi/dai1/siryou2.pdf）

この結果，出入国在留管理行政は，出入国管理，在留管理，難民及び補完的保護対象者の認定を主たる業務として行うほか，関係府省と連携し，また，地方公共団体とも協力して，外国人の受入れ環境の整備に関する企画及び立案並びに総合調整の事務を担当する。

(2)　出入国管理

出入国管理は，日本人の出国の管理，日本人の帰国の管理，外国人の入国の管理，外国人の上陸の管理，(注)外国人の出国の管理に分かれるが，中心は外国人の上陸の管理である。

（注）　「外国人の上陸の管理」は，通常「外国人の入国の管理」に含まれるものとして扱われているが，ここでは，「外国人の入国の管理」とは別の項目とした。

①　外国人の入国の管理

入管法は，日本の領域に入ることを「入国」とし，日本の領土に入ることを「上陸」としている。

そのうち，外国人の入国については，次の2つのことが定められている（入管法3条）。

ⅰ　有効な旅券を所持していない外国人は，有効な乗員手帳を所持する乗員を除いて，日本の領域に入ってはならない。
　ⅱ　入国審査官から上陸の許可等^(注)を受けないで本邦に上陸する目的を有する外国人は，日本の領域に入ってはならない。
（注）「上陸の許可等」は，上陸許可の証印若しくは入管法9条4項の規定による記録又は上陸の許可をいうと定められている（3条1項2号）が，「上陸許可の証印」及び「9条4項の規定による記録」は，許可の方式により表現された一般上陸許可を意味し，「上陸の許可」は，特例上陸許可を意味する。したがって，「上陸の許可等」は，一般上陸許可及び特例上陸許可を意味すると考えて差し支えない。一般上陸許可及び特例上陸許可については，本章1(2)②アを参照。

　この3条の規定に違反して，本邦の領域に入ることが，「不法入国」である。
　なお，入国審査官から上陸の許可等を受けないで上陸することは「不法上陸」であり。上記ⅱは，不法上陸の目的で入国することを意味する。
　不法入国した外国人（不法入国者）については罰則が定められているほか，退去強制の対象となる。
　退去強制制度は，本邦の領域内にいる外国人が，不法入国をしたこと，不法上陸をしたこと若しくはその外国人について不法入国若しくは不法上陸をしたこと以外の一定の問題となる行為を行ったという事実などの一定の事実が存在することから，当該外国人が本邦の領域内にいることを認めるべきではない場合又は本邦に在留する外国人が，不法に在留している場合若しくは当該外国人について，在留中に不法に在留する行為以外の一定の行為を行ったという事実などの一定の事実が存在することから当該外国人の在留の継続を認めるべきではない場合に，当該外国人を本邦の領域外に強制的に退去させる制度である。
　入管法は，24条において上記のような事実の存在する者を退去強制事由として定め，そのいずれかに該当する外国人については，同法第5章に規定する手続（退去強制手続）により本邦からの退去を強制し，又は55条の2第1項の規定による命令（退去の命令）により本邦から退去させることができるとす

第2章　入管制度の概要

る。

　退去強制手続は，前半と後半の2つの手続に分かれ，前半の手続では，本邦の領域内にいる外国人が退去強制事由のいずれかに該当する疑いがある場合に，入国警備官による違反調査，入国審査官による違反審査，特別審理官による口頭審理，法務大臣の裁決の4段階の慎重な手続において，当該外国人が退去強制対象者に該当するかどうかを審理，判断する。そして，この退去強制手続において当該外国人が退去強制対象者に該当するとの判断が確定した場合には，法務大臣が在留特別許可をする場合を除き，主任審査官が退去強制令書を発付する。ただし，前半の手続において24条の3の定める出国命令対象者に該当することが判明した場合には出国命令手続に移行する。退去強制令書が発付された場合，その退去強制令書の発付を受けた者を国外に退去させる手続が後半の退去強制手続である。退去強制令書は，原則として入国警備官が執行し，退去強制令書の発付を受けた外国人を53条に規定する送還先に送還する。ただし，55条の2第1項は，主任審査官が，退去強制令書の発付を受けた外国人を一定の事由により53条に規定する送還先に送還することが困難である場合は，相当の期間を定めて本邦からの退去を命ずることができることとする。

　なお，「退去強制対象者」とは，入管法24条の各号（退去強制事由）のいずれかに該当し，「出国命令対象者」に該当しない外国人をいい（同法45条1項），「出国命令対象者」とは，同法24条2号の4，4号ロ，6号，6号の2，6号の3，6号の4又は7号の退去強制事由のいずれかに該当し，同法24条の3第1項の各号の要件（違反調査の開始前に速やかに本邦から出国する意思をもって自ら出入国在留管理官署に出頭したこと又は違反調査の開始後入国審査官による退去強制対象者に該当すると認定した旨の通知を受ける前に入国審査官若しくは入国警備官に対して速やかに本邦から出国する意思がある旨を表明したこと，速やかに本邦から出国することが確実と見込まれることなど）のいずれにも該当する外国人をいう（同法24条の3第1項）。

② 外国人の上陸の管理
ア　上陸許可制度
(上陸の申請)
　本邦に上陸しようとする外国人（乗員を除く。）はその者が上陸しようとする出入国港において，入国審査官に対し上陸の申請をして，上陸のための審査を受けなければならない（6条2項）。
　ただし，入管法は，第3章第4節において，上陸の特例を定めており，この第3章第4節の規定による上陸許可（「特例上陸許可」という。）を受けて上陸しようとする者は，6条2項の規定による上陸の申請ではなく，それぞれの特例上陸許可に関する規定に従って，特例上陸許可の申請をしなければならない。「特例上陸許可」については，後述（本章1(2)②イ）を参照。
　なお，この6条2項の規定による上陸の申請を，特例上陸許可の申請と区別して「一般上陸の申請」という。
(上陸許可)
　外国人は，入管法第3章第4節に特別の規定がある場合を除き，9条1項，10条8項若しくは11条4項の規定による上陸許可の証印又は9条4項の規定による記録を受けなければ上陸してはならない（9条7項）。
　このうち，9条1項の規定による上陸許可の証印は，上陸のための審査の結果，入国審査官が，上陸の申請をした外国人が上陸のための条件（「上陸のための条件」については，本章3(2)②ア(ア)を参照。）に適合すると認定した場合に行う上陸許可の証印であり，10条8項の規定による上陸許可の証印は，入国審査官が上陸許可の証印をしなかった場合に，特別審理官が，口頭審理の結果として上陸の申請をした外国人が上陸のための条件に適合すると認定した場合に行う上陸許可の証印，11条4項の規定による上陸許可の証印は，入国審査官も特別審理官も上陸許可の証印をしなかった場合において，上陸の申請をした外国人が法務大臣に対して異議を申し出たときに，法務大臣が，当該異議の申出に理由があると裁決した場合又は当該異議に理由がないと認めるが当該外国人の上陸を特別に許可するとした場合（この許可を「上陸特別許可」という。「上陸特別許可」については，本章1(2)②オを参照。）に主任審査官が行う上陸許可の証印である

第2章　入管制度の概要

　また，9条4項の規定による記録は，同項が，上陸の申請を行った外国人が，一定の要件に適合する9条8項の登録（この記録を受けて上陸するための登録）を受けた者である場合に，入国審査官が，当該外国人が上陸のための条件に適合すると認定したときに，当該外国人の氏名，上陸年月日，上陸する出入国港その他の法務省令で定める事項を上陸許可の証印に代わる記録のために用いられるファイルであって法務省令で定める電子計算機に備えられたものに記録することができるとし，この記録をする場合には上陸許可の証印をすることを要しないと定めているところ，この記録をいう。なお，この9条4項の規定による記録を，「上陸許可の証印に代わる記録」という。

　このように，上陸許可の証印及び上陸許可の証印に代わる記録は，いずれも，一般上陸の申請に対して行われる許可の方式であり，「9条1項，10条8項若しくは11条4項の規定による上陸許可の証印又は9条4項の規定による記録」は，許可の方式により，一般上陸の申請に対する許可を表現したものであるので，これを「一般上陸許可」という。

（上陸許可による上陸の管理）

　9条7項は，外国人は，特例上陸許可を受けて上陸する場合を除き，一般上陸の許可を受けなければならないとする。

　したがって，入管法は，外国人の入国については，3条1項において，本邦に入ってはならない外国人を定め，これに該当しない外国人が日本の領域に入ることを禁止するが，その管理は，許可制度や届出制度によって行うのではなく，退去強制制度及び罰則の適用に委ね，日本の領域に入ろうとする外国人が3条1項の禁止に違反するかどうかの審査等は行わないが，外国人の上陸については，本邦に上陸しようとする外国人は，上陸の申請をして審査を受けなければならないとし，上陸するためには許可を受けなければならないとする。

　そして，入国審査官から上陸の許可等（一般上陸の許可又は特例上陸の許可）を受けないで上陸（不法上陸）した者は，退去強制事由に該当し，罰則の適用の対象ともなる（24条2号，70条1項1号）。

　このように，外国人の上陸の管理は，上陸許可制度の運用によって行われ，退去強制制度及び罰則がその実効性を確保するという仕組みとなっている。

1　出入国在留管理行政

イ　特例上陸許可

前述したように，上陸許可には，入管法第3章第1節又は第2節の規定による一般上陸許可と同章第4節の規定による特例上陸許可とがある。特例上陸許可には，寄港地上陸の許可（14条），船舶観光上陸の許可（14条の2），通過上陸の許可（15条），乗員上陸の許可（16条），緊急上陸の許可（17条），遭難による上陸の許可（18条），一時庇護のための上陸許可（18条の2）があり，いずれも，入国審査官が行う上陸と短期間の在留を認める許可である。なお，船舶観光上陸の許可及び乗員上陸の許可については，数次のものが定められている。

後述するように（本章1(3)①を参照。），入管法は，外国人の在留について，在留資格をもって在留することを原則としているが，上陸許可のうち，在留資格を取得することができるのは，一般上陸許可に限られ，特例上陸の許可を受けることによって在留資格を取得することはできない。

ウ　仮上陸の許可等

一般上陸許可及び特例上陸許可のほかに，主任審査官が，入管法第3章に規定する上陸の手続（一般上陸許可又は特例上陸許可に係る上陸の手続）中において特に必要があると認める場合に，その手続が完了するときまでの間，仮上陸を許可する制度（13条）と一般上陸の申請をしようとしたが個人識別情報の提供をしなかったため退去を命ぜられた者又は一般上陸の申請をしたが上陸のための条件（「上陸のための条件」については，本章3(2)②ア(ア)を参照。）に適合せず許可を受けられなかったため退去を命ぜられた者が，船舶又は航空機の運航の都合その他その者の責めに帰することができない事由により直ちに本邦から退去することができない場合に，特別審理官又は主任審査官がその指定する期間内に限り出入国港の近傍にあるその指定する施設（出国待機施設）にとどまることを許す制度（13条の2）がある。

もともと，航空機に搭乗して本邦に到着した者の場合，到着した空港は本邦の領土内にあるため，上陸の手続を受ける外国人は，上陸許可を受けないで本邦の領土内にいることになる。そのため，国際便の発着する主な空港には直行通過区域[注]と呼ばれる区域が設けられており，上陸の手続をしようとする外国人だけではなく，その空港で，航空機を乗り換えようとする外国

673

人が上陸許可を受けることなくいることができる。また，船舶に乗って本邦に到着した外国人の場合も，上陸の手続のため本邦の領土に入る場合がある。

> （注）「直行通過区域」とは，「航空機を利用して入国する者が降機してから上陸審査場までの経路及び他の航空機に乗り換える者が搭乗までの間とどまることができる場所を合わせた国際空港内に設置される特別の区域」とされている（出入国在留管理庁編『2022年版出入国在留管理』87頁）。

このように，現実には，上陸許可（一般上陸許可又は特例上陸許可）を受けないで，本邦の領土に入り，本邦の領土内にいることが認められる場合がある。ただし，上陸の手続を行う目的や空港で航空機を乗り換える目的で直行通過区域などにいる外国人は，入管法上は「上陸」をしていない状態である。

上記の仮上陸の許可及びとどまることを許す制度も，いずれも上陸を認めるものではなく，したがって，仮上陸の許可を受けた者及びとどまることを許された者は，いずれも，入管法にいう「上陸」をしていない外国人であると解される。(注1) ただし，仮上陸した外国人やとどまることを許された外国人は，入管法の特別な規定により本邦に在留する外国人と解されている。(注2) したがって，仮上陸の許可及びとどまることを許す行為は，限定的なものではあるが，本邦に在留すること，したがって，本邦を基盤として一定の活動を行うことを認める行政処分であると解される。

> （注1） 仮上陸許可は，仮に上陸を認める許可ではなく，「仮上陸」という形で本邦の領土に入ることを認める許可であると解される。
> （注2） 仮上陸の許可を受けた外国人及びとどまることを許された外国人は，後述する（本章1(3)①参照。）入管法2条の2第1項の「出入国管理及び難民認定法又は他の法律に特別の規定がある場合」に当たり，本邦に在留する外国人となると解されている（出入国管理法令研究会編『令和6年版注解・判例 出入国管理実務六法』（2023年日本加除出版）12頁）。

エ 一般上陸の申請

一般上陸許可を受けて上陸しようとする外国人は，一般上陸の申請をして上陸のための審査を受けなければならない。

一般上陸の申請は，上陸しようとする出入国港において入国審査官に対してしなければならない（6条3項）。

1 出入国在留管理行政

(個人識別情報の提供)

一般上陸の申請をしようとする外国人は,
- ㋐ 特別永住者
- ㋑ 16歳に満たない者
- ㋒ 本邦において「外交」若しくは「公用」の在留資格に対応する活動を行おうとする者
- ㋓ 国の行政機関の長が招へいする者
- ㋔ ㋒又は㋓に準ずる者として法務省令で定めるもの(注)

のいずれかに該当する者を除き,電磁的方式によって個人識別情報を提供しなければならない(同法6条3項)。

(注) 具体的には,入管法施行規則5条11項により定められている。

オ 一般上陸の審査

(上陸のための審査)

一般上陸の申請を受けた入国審査官は,当該申請をした外国人が上陸のための条件(「上陸のための条件」については,本章3(2)②ア(ア)を参照。)に適合しているかどうかを審査する(同法7条1項)。

この審査の結果,入国審査官が,当該外国人が上陸のための条件に適合していると認定したときは,当該外国人の上陸が許可される。

一般上陸の申請をした外国人の上陸の手続は,入国審査官による審査,特別審理官による口頭審理,法務大臣の裁決の3段階となっており,入国審査官による審査で上陸が許可されない場合でも特別審理官による口頭審理で,特別審理官による口頭審理でも上陸が許可されない場合でも法務大臣による裁決で上陸が許可される場合がある。

(上陸特別許可)

法務大臣は,一般上陸の申請をした外国人が,上陸のための条件に適合しない場合でも,当該外国人の上陸を特別に許可することができる(同法12条1項。この許可を「上陸特別許可」という。)。(注)

(注) 入管法は,上陸と在留に関して「特別許可」という名称の許可を定めている。「特別許可」は,本来許可の対象とならない外国人に対して行われる例外的な許可であり,いずれも法務大臣の権限で行われ,その許否の判断は,

法務大臣の裁量に委ねられている。

（在留資格と在留期間の決定）
　一般上陸の許可が行われる場合には，一般上陸の申請を行った外国人が後述する（本章1(2)②カ）再入国許可等を有する者である場合を除き，在留資格と在留期間の決定が行われ（入管法9条3項，10条9項，11条5項），[注]これにより当該許可を受けた外国人は在留資格と在留期間を取得し，決定された在留期間が経過するまでの間，その在留資格をもって本邦に在留することができる。「在留資格」及び「在留期間」ついては，後述する。

　（注）　外国人が在留資格を取得し当該在留資格をもって本邦に在留するためには，入管法に基づく一定の許可を受けることが必要であるが，入管法は，許可を受けた外国人が在留資格を，当該許可そのものによって取得するのではなく，当該許可をする権限を有する公務員が当該許可をする場合に，在留資格の決定という行為を行うことによって，その決定を受けた外国人が在留資格を取得するという構成をとっている。それ故，このような，許可に際して在留資格の決定が行われる許可を「在留資格の決定を伴う許可」という。なお，在留資格の決定が行われる場合には，在留期間も決定される。

　　カ　再入国上陸許可
　一般上陸許可が行われる場合には，在留資格及び在留期間が決定されるのが原則であるが，一般上陸の申請を行った外国人が，再入国許可等を有する者である場合は，在留資格及び在留期間の決定は行なわれない。後述する再入国許可等を有する者に対して行われる一般上陸許可を「再入国上陸許可」という。

（再入国許可等）
　入管法は，出入国在留管理庁長官は，本邦に在留する外国人（仮上陸の許可を受けている者及び一時庇護のための上陸許可以外の特例上陸の許可を受けている者を除く。）が，その在留期間（在留期間を有しない外国人の場合は本邦に在留し得る期間）の満了の日以前に本邦に再び入国する意図をもって出国しようとするときは，その者の申請に基づいて再入国の許可を与えることができると定めている（26条1項）。
　また，一定の要件に該当する本邦に在留資格をもって在留する外国人（3

か月以下の在留期間が決定された者及び「短期滞在」の在留資格が決定された者を除く。）が，入国審査官に対し，再び入国する意図を表明して出国するとき，及び一定の要件に該当する本邦に「短期滞在」の在留資格をもって在留する外国人が，入国審査官に対し，指定旅客船(注)で再び入国する意図を表明して当該指定旅客船で出国するときは，再入国の許可を受けたものとみなすとしている（入管法26条の２第１項，26条の３第１項，これらの規定により受けたものとみなされる再入国の許可を「みなし再入国許可」という。）。

(注)　「指定旅客船」とは，「本邦と本邦外の地域との間の航路に就航する旅客船であって，乗客の本人確認の措置が的確に行われていることその他の事情を勘案して出入国在留管理庁長官が指定するものをいう。」（同法14条の２第１項）。

さらに，入管法は，難民の地位に関する条約（「難民条約」という。）28条の規定を受けて難民旅行証明書の制度を設けている。難民旅行証明書は，本邦に在留する外国人で難民の認定を受けているものが出国しようとするときに交付を受けることができる（61条の２の15第１項）。

難民旅行証明書は，入管法上の旅券として扱われ（２条５号イ），難民旅行証明書の交付を受けている者は，当該証明書の有効期間内は，本邦に入国し及び出国することができ，(注)この場合において，入国については再入国の許可を要しないとされている（61条の２の15第４項）。

(注)　難民旅行証明書については，有効期間とは別に，出入国在留管理庁長官が，有効期間の範囲内で当該難民旅行証明書により入国することのできる期限を定めることができる（61条の２の15第５項）。

そこで，有効な再入国の許可及びみなし再入国許可並びに入国について再入国の許可を要しない難民旅行証明書を「再入国許可等」ということとする。

(本邦外の地域に赴く意図を有する出国)

入管法は，本邦外の地域に赴く意図をもって出国しようとする外国人は，その者が出国する出入国港において，入国審査官から出国の確認を受けなければならないと定めている（26条１項）。

入管法は，在留資格などの在留するための法的地位（「在留するための法的地位」については本章１(3)①を参照。）や在留の終期を明確に定めていないが，本邦

に在留する外国人が本邦外の地域に赴く意図をもって出国した場合には，原則として，当該外国人の有する在留資格などの在留するための法的地位が失われ，当該法的地位に基づく在留も終了すると解される。

この例外を認めるのが再入国許可等で，再入国許可等を有する外国人は，その効果として，本邦外の地域に赴く意図をもって出国しても，その外国人の有する在留するための法的地位が維持され，当該法的地位に基づく在留も継続する。

ただし，再入国許可等により再入国することができる期間内に再入国し上陸許可を受けることが必要である。

具体的には，本邦に在留する外国人が，再入国の許可（後述するみなし再入国許可を含む。）を受け又は難民旅行証明書の交付を受けて当該証明書を所持して出国し，当該許可の有効期間（難民旅行証明書を所持する者の場合は，当該証明書により再入国の許可を要することなく入国することができる期間）内に再び本邦に入国して上陸許可を受けることが必要である。

（再入国許可等の効果）

入管法は，再入国の許可の効果についての明確な規定を置いていないが，中長期在留者について，次のように定めている。

中長期在留者(注)に対しては在留カードが交付される（19条の3）が，在留カードは，再入国許可（みなし再入国許可を含む。）を受けている者の在留カードを除き，当該中長期在留者が出国の確認を受けたときに効力を失う。また，再入国許可（みなし再入国許可を含む。）を受けている者の在留カードは，その者が当該再入国許可の有効期間内に再入国しなかったときに効力を失う（19条の14第1項3号，4号）。

　（注）　中長期在留者とは，3か月以下の在留期間が決定された者及び「外交」，「公用」又は「短期滞在」の在留資格が決定された者など19条の3の各号に掲げられている者以外の本邦に在留資格をもって在留する外国人である（同条）。

在留カードは，中長期在留者に交付されるもので（19条の3）あってその名義人が中長期在留者であることを証明する公的文書である。中長期在留者とは，一定の在留資格と在留期間を有して本邦に在留する外国人である（19

条の3）。

　したがって，在留カードが効力を失うのは，その有効期間が満了した場合又は新たな在留カードの交付を受けた場合のほかは，その名義人が中長期在留者でなくなった場合である。在留カードの名義人である外国人が中長期在留者ではなくなる原因としては，日本国籍の取得，死亡のほか在留資格の取消し又は退去強制令書の発付により在留資格を失ったこと，在留特別許可などにより新たな在留するための法的地位を取得しそれまで有していた在留資格を失い中長期在留者ではなくなったこと，在留資格の変更許可又は在留期間の更新許可を受けて19条の3の各号に定める者（本邦に在留資格をもって在留する外国人のうち中長期在留者ではないもの）となったことがあるが，上記19条の14は，1号において「在留カードの交付を受けた中長期在留者が中長期在留者ではなくなったとき。」を定めるのとは別に，3号において再入国の許可（みなし再入国許可を含む。）を有しない中長期在留者が出国の確認を受けたこと及び4号において再入国の許可（みなし再入国許可を含む。）を有する中長期在留者が出国し，当該再入国の許可の有効期間内に再入国しなかったことを在留カードの失効事由として定めている。

　外国人が，出国の確認を受けるのは，本邦外の地域に赴く意図をもって出国する場合であり，19条の14第3号における「出国」は本邦外の地域に赴く意図をもって出国することを意味すると解されるので，上記19条の14第3号及び4号の規定は，在留資格をもって本邦に在留する者である中長期在留者は，再入国許可（みなし再入国許可を含む。）を有する者を除き，本邦外の地域に赴く意図をもって出国したことによって在留資格を失い，かつ，当該在留資格に基づく在留が終了すること，また，再入国の許可（みなし再入国許可を含む。）を有する外国人が本邦外の地域に赴く意図をもって出国した場合は，その者の有する在留資格は維持され当該在留資格に基づく在留も継続するが，当該再入国の許可（みなし再入国許可を含む。）の有効期間内に再入国しなかった場合には，その時点で，その者は在留資格を失い，かつ，当該在留資格に基づく在留が終了することを意味すると解される。

　なお，この規定は，在留資格をもって在留する外国人のうち中長期在留者に関するものであるが，中長期在留者以外の在留資格をもって在留する者及

び在留資格以外の在留するための法的地位に基づいて在留する者についても同様と解される。

(単純出国)

再入国許可等を有しない外国人が，本邦外の地域に赴く意図をもって出国した場合には，当該外国人の有する在留資格などの在留するための法的地位とそれに基づく在留が終了する。このような出国を「単純出国」という。

(新規入国と再入国)

「新規入国」と「再入国」という言葉がある。再入国許可は，本邦に在留する外国人が本邦に再び入国する意図をもって出国しようとするときに受ける許可である（26条1項）。

そこで，再入国許可等を有する外国人が本邦外の地域に赴く意図をもって出国後，再び本邦に入国することを「再入国」という。そして，再入国以外の外国人の入国を「新規入国」という。ただし，本邦に在留する外国人が，本邦外の地域に赴く意図なく出国し本邦外の地域に赴くことなく再び本邦に入国することは「再入国」とはいわないので，本邦に在留する外国人以外の外国人の入国を「新規入国」という方が正確である。

なお，入管の統計などにおいては，再入国上陸許可を受けて上陸した者を「再入国者」とし，それ以外の上陸許可を受けて上陸した外国人を「新規入国者」という場合が多い。また，この場合の上陸許可は一般上陸許可のみを意味する場合が多い。

> **（注）** 令和6年3月22日出入国在留管理庁報道発表資料「令和5年における外国人入国者数及び日本人出国者数等について」（出典：出入国在留管理庁ホームページ（https://www.moj.go.jp/isa/publications/press/13_00042.html）には，「「新規入国者数」とは，我が国への入国時に在留資格を受けて上陸を許可された者の数です。」「「再入国者数」とは，我が国に，中長期にわたり在留している外国人（特別永住者を含む。）で，一時的に我が国を出国し，再び入国した者の数です。」と記載されている。

これは，「新規入国者」及び「再入国者」を外国人の在留との関係でとらえる必要があることによると思われる。すなわち，新たに在留を開始するのは，再入国上陸許可以外の上陸許可を受けた外国人であり，そのうち，在留

資格をもって在留することとなるのは，在留資格及び在留期間の決定が行われる一般上陸許可を受けた外国人であるので，再入国上陸許可以外の一般上陸許可を受けて上陸し在留資格に基づく在留を開始した外国人を「新規入国者」としていると考えられる。

ただ，本邦に入国する外国人には，前述した本邦外の地域に赴く意図なく出国し本邦外の地域に赴くことなく再び本邦に入国した外国人もいるだけではなく，本邦に上陸する意思を有しない外国人や上陸を拒否された外国人もいる。

そこで，本章においては，再入国許可等を有する者の入国を「再入国」といい，再入国した者及び本邦外の地域に赴く意図なく出国し本邦外の地域に赴くことなく再び本邦に入国した外国人を除いた外国人，すなわち本邦に在留する外国人以外の外国人の入国を「新規入国」ということとし，再入国上陸許可を受けて上陸した外国人を「再入国した者」，再入国上陸許可以外の上陸許可を受けて上陸した外国人を「新規入国した者」ということとする。

（再入国許可等を有する外国人の出国と在留管理）

再入国許可等を有する外国人は，その再入国許可等の効果として，本邦外の地域に赴く意図をもって出国しても，単純出国とはならず，出国前に有していた在留資格などの在留するための法的地位を出国後も失わない。また，当該在留するための法的地位に基づく在留も終了しない。再入国後に本邦の領土に入るためには，上陸許可（再入国上陸許可）を受けなければならないが，この上陸許可は，本邦の領土に入ることを認める許可であり，在留の開始を認める許可ではない。それ故，一般上陸許可を受けた場合も在留資格及び在留期間の決定は行われない。

このように，再入国許可等を有する外国人は，本邦外の地域に赴く意図をもって出国し，本邦の領域外にいる間も，さらに，再入国後再入国上陸許可を受けて上陸するまでの間も本邦に在留する外国人であり続ける。日本人が出国の確認を受けて本邦外の地域に赴く意図をもって出国しても，日本人であることに変わりがないのと同じである。それ故，在留するための法的地位を有して在留する外国人が再入国許可等を有して本邦外の地域に赴く意図をもって出国した場合，出国中及び再入国後上陸するまでの間も在留管理の

対象となり，本邦外において行った行為や本邦外において発生した事実，本邦に再入国後再入国上陸許可を受けて上陸するまでの間に行った行為やその間に発生した事実も本邦に在留中の行為又は本邦に在留中に生じた事実として，退去強制の理由となる事実となる。

この点は，本邦に在留する外国人が，本邦外の地域に赴く意図なく出国し本邦外の地域に赴くことなく再び本邦に入国し，更に本邦の領土に入った場合も同様である。この場合には，再入国許可等を有する必要はない。

ただし，ここで在留管理の対象となるということは，日本の領域外において直ちに公権力の行使の対象となるということではない。日本の領域内にいない外国人は退去強制手続の対象とならない。

③　日本人の帰国の管理

本邦外の地域から本邦に帰国（入国）する日本人（乗員を除く。）は，入国審査官から帰国の確認を受けなければならない（入管法61条）。

「帰国」は，「入国」と同様，本邦の領域に入ることを意味するが，帰国の確認の対象となるのは，「本邦外の地域から本邦に帰国する日本人（乗員を除く。）」であり（同条），日本人が領海，あるいは公海，さらには，外国の領海に赴き，そこから戻ってきても，帰国の確認の対象とはならない。

また，帰国の確認は「上陸する出入国港において」行うこととされている（同条）。

帰国の確認の対象となる本邦外の地域から本邦に帰国する日本人（乗員を除く。）は，有効な旅券を所持することが必要であるが，有効な旅券を所持することができないときは，日本の国籍を有することを証する文書を所持していれば足りる（同条）。

なお，日本人が帰国の確認を受けないで帰国した場合についての罰則は定められていない。また，日本人であるので，退去強制手続の対象とはならない。

④　外国人の出国の管理
（出国の確認）

前述したように，本邦外の地域に赴く意図をもって出国しようとする外国人は，乗員を除き，出国する出入国港において，入国審査官から出国の確認

を受けなければならない（入管法25条1項）。出国の確認を受けないで出国し，又は出国することを企てた者については，罰則が定められている（71条）。

出国の確認の対象となる外国人は，「本邦外の地域に赴く意図をもって出国しようとする外国人」である。したがって，日本の領土から離れても日本の領海内にとどまる場合はもちろん，公海や他国の領海に入る場合も，本邦外の地域に赴く意図がなければ，出国の確認の対象とはならない。

25条1項は，出国の確認を受けなければならない外国人を「本邦外の地域に赴く意図をもって出国しようとする外国人」と規定するだけで，本邦に在留する外国人とは規定していない。しかし，もともと，外国人の上陸を伴わない入国については，許可を受けることも届出をすることも必要とされておらず，一定の要件は定められているもののその要件に適合するかどうかを確認して入国を認めるという制度は定められていない。出国の確認についても，このような入国をしたが上陸をしなかった外国人は対象とはならないと解される。

したがって，出国の確認は，本邦に在留する外国人が，本邦外の地域に赴く意図をもって本邦の領土を出て，さらに，本邦の領域からも出ることを確認する行為である。

なお，後述する出国の確認の留保を定める25条の2第1項は，「本邦に在留する外国人が本邦外の地域に赴く意図をもって出国しようとする場合において，」出国の確認を留保をすることができると定めている。

ただし，本邦に在留する外国人であれば，合法的に在留している外国人でなくても，本邦外の地域に赴く意図をもって出国する場合には，出国の確認を受けなければならないと解される。

（出国の確認の留保）

外国人の出国の確認は，基本的には，本邦外の地域に赴く意図をもって出国するという事実の確認を行うものであり，許可の場合のようにその可否の判断が行われるわけではない。

ただし，逮捕状が発せられている外国人などの国外逃亡を防止するため，出国の確認の留保の制度が設けられている。

出国の確認の留保の対象となるのは，①死刑若しくは無期若しくは長期3

年以上の懲役若しくは禁錮に当たる罪につき訴追されている者又はこれらの罪を犯した疑いにより逮捕状，勾引状，勾留状若しくは鑑定留置状が発せられている者，②禁錮以上の刑に処せられ，その刑の全部につき刑の執行猶予の言渡しを受けなかった者で，刑の執行を終わるまで，又は執行を受けることがなくなるまでのもの（当該刑につき仮釈放中の者及びその一部の執行猶予の言渡しを受けて執行猶予中の者を除く。），③逃亡犯罪人引渡法（昭和28年法律第68号）の規定により仮拘禁許可状又は拘禁許可状が発せられている者である。

入国審査官は，関係機関から，本邦外の地域に赴く意図をもって出国しようとする本邦に在留する外国人が上記①から③までのいずれかに該当する者である旨の通知を受けているときは，出国の確認を受けるための手続がされた時から24時間を限り，出国の確認を留保することができる（同法25条の3第1項）。

⑤ 日本人の出国の管理

本邦外の地域に赴く意図をもって出国する日本人（乗員を除く。）は，有効な旅券を所持し，出国する出入国港において入国審査官から出国の確認を受けなければならない（入管法60条1項）。

出国の確認を受けないで出国し，又は出国することを企てた者については，罰則が定められている（同法71条）。

なお，日本人の出国の確認については，外国人の出国の場合のように出国確認の留保制度は定められていない[注]が，出国しようとする日本人が出国の確認を受けるためには有効な旅券の所持が必要とされている。死刑若しくは無期若しくは長期2年以上の刑に当たる罪につき訴追されている者やこれらの罪を犯した疑いにより逮捕状等が発せられている旨が外務大臣に通報されている者など旅券法13条1項の各号のいずれかに該当する者の場合，外務大臣又は領事官は，一般旅券の発給又は渡航先の追加をしないことができることとされており（同条同項），また，一般旅券の名義人が，当該一般旅券の交付の後に同法13条1項の各号のいずれかに該当する者であることが判明した場合や同条同項各号のいずれかに該当するに至った場合には，外務大臣又は領事官は，期限を付けて，旅券の返納を命ずることができ（同法19条1項），当該旅券がこの期限内に返納されなかったときなどには，その効力を失うも

のとされている（同法18条1項）。

　旅券発給が拒否された場合及び旅券返納命令により当該旅券が失効した場合には，旅券の発給を拒否された者又は当該失効旅券の所持者は，有効な旅券を所持していないので，出国の確認を受けることはできないこととなる。

（注）　令和5年法律第28号により，日本人の出国確認の留保を定める60条の2が新設されたが，本書執筆の段階において，未だ施行されていない。

(3)　外国人の在留の管理
①　在留の原則

　入管法2条の2第1項は，本邦に在留する外国人は，入管法及び他の法律に特別の規定がある場合を除き，在留資格をもって在留するものとすると定めている。

　この規定は，在留資格が，外国人の在留の根拠となる法的地位であり，本邦に在留する外国人は，在留資格を取得し，現に有する在留資格に基づいて在留することが原則であることを意味する。

　例外は，「入管法及び他の法律に特別の規定がある場合」であり，この場合には，在留資格を有することなく在留することが可能である。

　例えば，前述した，特例上陸の許可に基づく在留は，入管法に特別の規定がある場合であり，特別永住者(注)としての在留は，「他の法律に特別の規定がある場合」に当たる。

（注）　入管法6条3項により，「日本国との平和条約に基づき日本の国籍を離脱した者等の出入国管理に関する特例法」（平成3年法律71号）に定める特別永住者をいう。

　なお，在留資格及び入管法又は他の法律の特別な規定に基づく在留の根拠となる法的地位を「在留するための法的地位」ということとする。

②　在留の開始と継続
ア　在留の開始
（上陸許可）

　外国人は，新規入国した者の場合，上陸許可（一般上陸許可又は特例上陸の許可）を受けることにより在留を開始することとなる。上陸許可（一般上陸許可

又は特例上陸の許可)は，外国人の上陸を認めるだけではなく，在留の開始を認める許可でもある。

ただし，外国人の原則的在留形態は，在留資格に基づく在留であるが，上陸許可のうち特例上陸許可では，在留資格の決定は行なわれない。もっとも，一時庇護のための上陸許可を受けた外国人は，在留資格を取得すれば，当該取得した在留資格に基づく在留を開始することができる。

なお，この他に，新規入国した外国人が在留を認められる場合として，仮上陸の許可(13条1項)を受けた場合及び退去命令を受けた外国人が，出国待機施設にとどまることを許される(13条の2第1項)場合がある。本章1(2)②ウを参照。

これらの場合には，上陸許可を受けることなく本邦の領土に入り在留することが認められるが，認められるのは，暫定的な在留である。ただし，仮上陸の許可は，上陸の手続中の外国人に対して行われる許可であるので，当該上陸の手続において，一般上陸許可を受けた場合には，在留資格の決定が行われ，在留資格に基づく在留を開始することができ，特例上陸許可を受けた場合には，当該特例上陸許可に基づく在留を開始することができる。

(在留資格の取得許可)

日本国内で外国人として出生した者や，日本国内で日本の国籍を離脱して外国人となった者など上陸の手続を経ることなく本邦に在留することとなる外国人は，入管法22条の2第1項の規定により在留を開始する。そして，それらの事由が生じた日から60日間は，在留資格を有することなく在留することができる(この同法22条の2第1項の規定による在留を「経過滞在」といい，経過滞在をしている外国人を「経過滞在者」という。)。

しかし，経過滞在者が，この期間を超えて在留を継続するためには，在留資格の取得許可(22条の2第3項)又は永住許可(22条の2第4項)を受けて在留資格を取得しなければならない。

この他の在留資格を取得する許可としては，前述したように，一時庇護のための上陸許可を受けて在留する者が対象となる在留資格の取得許可(「永住者」の在留資格の取得の場合は永住許可)(22条の3)があるほか，在留特別許可(50条1項。在留資格の決定が行われる場合に限る。)，[注1] 難民の認定又は補完的保護

対象者の認定を受けた者が在留資格未取得外国人(注2)である場合に行われる在留資格の取得許可（61条の2の2第1項），難民の認定又は補完的保護対象者の認定を申請し仮滞在の許可(注2)を受けた者に対する在留資格の取得許可（61条の2の5第1項）がある。

(注1) 法務大臣は，外国人が退去強制対象者であっても，法務大臣が特別に在留を認めるべき事情があると認めるときなどには，その外国人の在留を特別に許可することができる（50条1項本文）。この許可を「在留特別許可」という。なお，在留特別許可は，退去強制手続において退去強制対象者に該当する旨の判断が確定した者を対象として行われる（50条4項）。

(注2) 「仮滞在の許可」とは，難民の認定又は補完的保護対象者の認定を申請した外国人が在留資格未取得外国人（61条の2の2第1項により，在留資格をもって在留する外国人，一時庇護のための上陸許可を受けた者で当該許可書に記載された期間を経過していないもの及び特別永住者以外のものをいう。）である場合に，難民の認定又は補完的保護対象者の認定手続中の法的地位の安定化の観点から，当該外国人が仮に本邦に滞在することを認める許可であり（61条の2の4第1項），難民の認定又は補完的保護対象者の認定を申請した外国人が在留資格未取得外国人である場合は，入管法61条の2の4第1項各号に定める事由に該当する場合を除き，羈束的に許可される。

なお，これらの許可は，本邦に在留する外国人（不法に在留する外国人を含む。）に対して行われるのが通常であるが，その場合は，在留を開始することを認める許可ではなく在留資格に基づく在留を開始することを認める許可となる。

(在留資格の変更許可)

本邦に在留することを認める対象とする外国人の行う在留活動を類型化して，それぞれの活動ごとに当該活動を行うことができる法的地位として在留資格を定める在留資格制度の下においては，在留資格をもって在留する外国人の在留は，在留資格ごとに異なるものとしてとらえるべきところ，在留資格をもって在留する外国人が，現に有する在留資格とは異なる在留資格を取得してその在留資格をもって在留することができる許可として，在留資格の変更許可（20条3項）と永住許可（22条2項）がある。前者は，「永住者」以外

の在留資格への変更を認める許可であり，後者は，「永住者」の在留資格への変更を認める許可である。(注)

> (注) 永住許可は，このように，「永住者」以外の在留資格をもって在留する外国人が受けることができるが，前述したように，経過滞在者又は一時庇護のための上陸許可を受けて在留する者が受けることもできる（22条の2第4項による22条の準用及び22条の3による22条の2第4項の準用による22条の準用）。前者の永住許可は在留資格の変更許可としての永住許可であり，後者の永住許可は，「永住者」の在留資格の取得許可としての永住許可である。

イ 在留期間と在留の継続

在留資格をもって在留する外国人が，在留資格に基づいて在留することができる期間を「在留期間」といい（2条の2第3項），在留資格の決定が行われる場合には，在留期間も決定される。

在留期間には，確定期限のあるものとそうでないものとがあるが，確定期限のある在留期間を有する在留資格をもって在留する外国人は，当該在留期間を経過した場合には，その在留資格に基づく在留を継続することができなくなる。ただし，在留期間の更新制度が定められており，確定期限のある在留期間を有する外国人が在留期間の更新許可を受けた場合には，新たな在留期間が決定され，当該在留期間が経過するまでの間．当該在留資格をもって在留することができる。

入管法2条の2第3項は，在留期間は，各在留資格について法務省令で定めるとし，「外交」「公用」「永住者」及び「高度専門職」のうち後述する「高度専門職2号」に伴う在留期間を除き，原則として，5年を超えることができないとしている。

在留期間は，出入国管理及び難民認定法施行規則（昭和56年法務省令第54号。「入管法施行規則」という。）により定められているが，「外交」「高度専門職2号」及び「永住者」を除き，その終期は確定期限として定められている。

なお，「外交」の在留資格に伴う在留期間は，「外交」の在留資格に対応する活動を行う期間であり，「高度専門職2号」及び「永住者」の在留資格に伴う在留期間は「無期限」である。

前述したように，確定期限を有する在留期間を決定されている外国人は，

在留期間経過後も在留を継続するためには，在留期間の更新許可（同法21条3項）を受けなければならないので，在留資格に基づく在留の開始は，一般上陸許可のほか在留資格の決定を伴う許可を受けることによって可能となるが，在留資格をもって在留する外国人の当該在留資格に基づく在留の継続は，在留期間の更新許可を受けることによって可能となる。

なお，在留資格の変更許可（20条3項），永住許可（22条2項），在留資格の取得（「永住者」の在留資格の取得を除く。）許可（22条の2第3項，22条の3），「永住者」の在留資格の取得に係る永住許可（22条の2第4項，22条の3）及び在留期間の更新許可は，いずれも，入管法第4章第2節に定められており，入管法においては，入管法第4章第2節の「規定による許可」として定められている（22条の4第1項第2号）が，「在留関係許可」ということとする。

2 在留資格制度

我が国における外国人の原則的在留形態は在留資格に基づく在留であり，外国人の上陸の管理及び在留の管理は，在留資格制度を基本として行われている。

(1) **外国人の受入れ政策と在留資格**
  ① **在留資格と在留資格による外国人の受入れ**

現代の国民国家においては，通常，自国民ではない外国人を無制限に受け入れてその在留を認めることはなく，国内外の現在の状況と今後の展望を踏まえ，自国の安全・安定の確保と経済，社会の一層の発展を期する観点から，一定の政策（「外国人の受入れ政策」という。）に基いて，受入れの対象とする外国人の範囲を限定して外国人の受入れ[注]を行っている。

（注）　ここにいう外国人の「受入れ」は，国家による外国人の受入れを意味し，したがって，外国人の在留を認めることにとどまらず，受入れ環境を整備し，特に，その国に中長期間在留してその国において生活を営む外国人がその国において安定した生活を営むことの確保などいわゆる社会統合的観点からの施策も含めた意味である。ただ，いずれにしても，本邦に在留しようとする外国人の受入れは，その外国人の在留を認めることが前提となるので，受入

れの対象となる外国人の範囲は，在留を認められる外国人の範囲である。

　この受入れの対象とする外国人を限定して受け入れる外国人の受入れ政策が，日本の場合，在留資格制度として法制化され，外国人の上陸管理及び在留管理により実現されている。

　その考え方は，次のようなものである。

　まず，日本が受入れの対象とする外国人について，その外国人が日本に在留する目的として行う活動（「在留活動」という。）を類型化して列挙する。

　その場合に，外交官や日本人の配偶者のように，活動というよりは，その人の身分や地位に着目して受け入れる場合も，そのような身分や地位を有する者としての活動という形で類型化する。

　そして，この列挙された活動のそれぞれに対応するものとして，日本に在留することを可能とする資格として在留資格を定める。

　したがって，在留資格は，類型化された活動ごとに複数あり，それぞれの在留資格には1対1で一定の活動（「在留資格に対応する活動」という。）が対応することとなる。

　したがって，在留資格と在留資格に対応する活動は，日本が受入れの対象とする（ことができる）外国人の，在留活動の観点からのポジティブリストであるということができる。

　ただし，在留資格による外国人の受入れ範囲の限定は絶対的なものではなく，一定の調整が可能であり，それも制度化されているが，この点は後述する。

② **在留資格の役割**

　在留資格に基づいて外国人の上陸，在留の管理を行うのが在留資格制度であるが，次に，外国人の在留について，在留資格の果たす役割について見ていくこととしたい。

(在留開始の要件としての在留資格)

　外国人が本邦において行おうとする活動(注)が，いずれかの在留資格に対応する活動（類型）に属する場合に，「在留資格に該当する」あるいは「在留資格該当性がある」というが，外国人が本邦において行おうとする活動がいずれかの在留資格に該当することが当該在留資格の決定を伴う許可を受ける

2 在留資格制度

要件となる。

　これにより，本邦において在留（を開始）する外国人は,，原則として（入管法又は他の法律の在留に関する特別な規定に基づいて在留する場合を除き），在留資格に対応する活動に該当する活動を行う者に限定される。

　　(注)　「本邦において行おうとする活動」という語は，入管法7条1項において使われている語である。この語は，一般上陸許可を受けて上陸し本邦に在留しようとする外国人が，本邦において行うことを予定している在留活動，従って，本邦に上陸し在留することが認められた場合に本邦を基盤として行う活動のうち主たる活動を意味する。しかし，このような活動は，一般上陸許可を受けようとする者に限らず存在する。

　そこで，「本邦において行おうとする活動」を在留資格の決定を伴う許可又は在留期間の更新許可を受けようとする外国人が当該許可を受けた場合に本邦において在留活動として行うことを予定している活動を意味する語として使うこととする。

(在留継続の要件としての在留資格)

　在留資格に基づいて在留する外国人の本邦において行おうとする活動が入管法の定める在留資格に対応する活動のいずれかに該当するということは，その外国人が，在留の開始の時点において，在留資格に対応する活動に該当する活動を在留活動として行うことを予定しているということである。

　しかし，外国人の受入れ範囲を在留資格に対応する活動を在留活動として行う外国人に限定するという在留資格制度の趣旨を実現するためには，在留資格の決定を受けて在留する外国人が，在留開始の時点においてだけではなく，当該在留資格をもって在留する間，当該在留資格に対応する活動を行って在留していなければならない。

　それ故，在留資格に基づく在留の継続を認める在留期間の更新許可も，当該許可を受ける外国人の本邦において行おうとする活動がその外国人の有する在留資格に対応する活動に該当することが必要となる。また，在留資格をもって在留する外国人が在留資格に対応する活動に該当する活動を行っていない場合には，当該在留資格を取り消されることがある。

第2章　入管制度の概要

(活動の規制の根拠としての在留資格)

　在留資格は，本邦に在留することを可能とする法的地位である。

　在留資格制度は，外国人は，何らかの活動を行うことを目的として本邦に在留するということ（又は本邦を基盤として一定の活動を行う外国人を受け入れること）を前提としており，したがって，「在留する」とは，本邦を基盤として一定の活動を行うことを意味し，在留資格を有する外国人は，本邦を基盤として当該在留資格に対応する活動を行うことができる（2条の2第2項）。

　このように，在留資格は，在留資格を有する外国人が，在留資格に対応する活動に該当する活動を本邦を基盤として行うことを可能とするが，逆に，在留資格を有する外国人であっても，在留資格に対応する活動に属しない活動を行うことを認めない。また，入管法及び他の法律に特別の規定がある場合を除き，在留資格を有しない外国人が，在留資格に基づいて行うべき活動を行うことを認めない。

　在留資格に基づいて在留する外国人であっても，当該在留資格に対応する活動以外の活動を在留活動として行う場合には，その活動が該当する在留資格を取得することが必要である。もし，その外国人が行おうとする活動が，いずれの在留資格に対応する活動にも該当しない場合には，そのような活動を在留活動として行う外国人は我が国が受入れの対象としていない外国人であるということであり，在留活動をそのような活動に変更して在留を継続することは認められない。在留資格に対応する活動を在留活動として行う外国人を，当該在留資格により受け入れ（在留を認め），それ以外の外国人は受け入れない（在留を認めない）のが，外国人の受入れ範囲を在留活動により限定する在留資格制度の趣旨であるからである。

　しかしながら，本邦に在留する外国人は，在留活動以外にも様々な活動を行う。特に中長期間にわたって在留資格をもって本邦に在留し，本邦において生活を営む外国人の場合は，在留資格に対応する活動に該当する活動以外にも，生活上様々な活動を行う。このような活動を，在留資格に対応する活動に属しないという理由で，すべて禁止することは合理的ではない。

　そこで，入管法は，規制の対象とする活動を，我が国の経済，社会に及ぼす影響の大きい「収入を伴う事業を運営する活動又は報酬を受ける活動」に

限定し，さらに，「報酬を受ける活動」の「報酬」から「業として行うものではない講演に対する謝金，日常生活に伴う臨時の報酬その他の法務省令で定めるもの」を除く（「収入を伴う事業を運営する活動又は報酬（業として行うものではない講演に対する謝金，日常生活に伴う臨時の報酬その他の法務省令で定めるものを除く。）を受ける活動」を「就労活動」という。）。

そして，在留資格を，別表1と別表2に分けて規定し，別表1に定められている在留資格をもって在留する外国人は，当該在留資格に対応する活動に属しない就労活動を行う場合には，資格外活動の許可（「資格外活動の許可」については，本章2(3)③を参照。）を受けなければならないとする（19条1項）。ただし，別表2の在留資格をもって在留する外国人については，このような規制を定めず，在留活動を変更するのでなければ，いかなる活動も行うことができることとする。

なお，資格外活動の許可は，当該許可を受ける外国人が，現に有する在留資格に対応する活動の遂行を阻害しない範囲内で行おうとする場合でなければ受けることができないので，在留活動を変更する場合には，資格外活動の許可を受けることはできない。

(2) 在留資格の種類
① 入管法別表

在留資格は，入管法別表1の上欄又は別表2の上欄に掲げるとおりとする（入管法2条の2第2項）と定められている。

入管法の別表には1と2があり，別表2は1つの表であるが，別表1は1から5までの5つの表で構成されているので，合計6つの表に在留資格が定められている。

別表1及び別表2の各表には，縦の区切り（この縦の区切りを「項」という。）と横の区切り（この横の区切りを「欄」という。）があり，それぞれの項は横の区切りにより上下2つの欄に区切られている。

そして，それぞれの項の上の欄（上欄）には在留資格が，下の欄（下欄）には，別表1の各表の場合には「本邦において行うことができる活動」が，別表2の場合には「本邦において有する身分又は地位」が定められている。

入管法の別表1の各表の上欄に定められている在留資格を「別表1の在留資格」と、別表2の上欄に定められている在留資格を「別表2の在留資格」という。また、別表1の5つの表のうち、1の表、2の表、3の表、4の表、5の表の上欄に定められている在留資格を、それぞれ「1の表の在留資格」「2の表の在留資格」「3の表の在留資格」「4の表の在留資格」「5の表の在留資格」という。

前述したように、在留資格には1対1で一定の活動（類型）が対応するところ、別表1の在留資格の場合は、その下欄に活動が定められているが、別表2の在留資格の場合は、その下欄には身分又は地位が定められている。

在留資格に対応する活動は、それぞれの在留資格を有する者が当該在留資格に基づいて行うことができる活動であるが、別表1の在留資格の場合は、これに対応する別表の下欄に定められている活動が、別表2の在留資格の場合は、これに対応する別表2の下欄に定められている身分又は地位を有する者としての活動が当該在留資格に対応する活動となる（2条の2第2項）。

② 区分在留資格

別表1の在留資格のなかには、別表1各表の下欄の「本邦において行うことができる活動」の区分ごとに1つの在留資格として扱われるものがある。

別表1の在留資格のうち、「高度専門職」の在留資格の場合には、別表1の2の表の高度専門職の項の下欄に掲げる活動が、1号と2号に区分されており、さらに1号の定める活動はイ、ロ、ハに、2号の定める活動はイ、ロ、ハ、ニに区分されている。また、「特定技能」の在留資格の場合には、別表1の2の表の特定技能の項の下欄に掲げる活動が、1号と2号に区分され、「技能実習」の在留資格の場合には、別表1の2の表の技能実習の項の下欄に掲げる活動が、1号、2号及び3号に区分され、さらに、そのそれぞれの号に定める活動が、イ、ロに区分されている。

これらの区分のうち、「高度専門職」の在留資格に対応する別表1の下欄の1号イ、1号ロ、1号ハ及び2号の区分、「特定技能」の在留資格に対応する活動の1号及び2号の区分、「技能実習」の在留資格に対応する活動の1号イ、1号ロ、2号イ、2号ロ、3号イ及び3号ロの各区分は、そのそれぞれが在留資格に含まれるとされている（2条の2第1項）。

このことの意味は、これらのそれぞれの区分ごとに当該区分に掲げられている活動を「本邦において行うことができる活動」とする在留資格（「区分在留資格」という。）が存在し、上欄の在留資格（の名称）は、この区分在留資格の総称としての意味を有するということである。

なお、区分在留資格は、その区分の属する在留資格の名称に区分の名称を付して呼ぶこととする。例えば、「高度専門職」の在留資格の場合であれば、別表１の２の表の高度専門職の項の下欄に掲げる１号のイからハまで又は２号の区分に係る区分在留資格は、それぞれ、「高度専門職１号イ」「高度専門職１号ロ」「高度専門職１号ハ」「高度専門職２号」ということとする。また、特に「高度専門職１号イ」「高度専門職１号ロ」及び「高度専門職１号ハ」を「高度専門職１号」ということとする。

同様に、「特定技能」の在留資格に対応する別表１の下欄の１号及び２号の区分に係る区分在留資格は、それぞれ、「特定技能１号」及び「特定技能２号」と、技能実習の在留資格に対応する別表１の下欄の１号イ、１号ロ、２号イ、２号ロ、３号イ及び３号ロの区分に係る区分在留資格は、それぞれ「技能実習１号イ」「技能実習１号ロ」「技能実習２号イ」「技能実習２号ロ」「技能実習３号イ」及び「技能実習３号ロ」という。

(3) 在留資格に対応する活動と活動の規制
① 行うことができる活動

前述したように、各在留資格には、１対１で、一定の活動（類型化された活動）が対応し、在留資格をもって在留する外国人は、その在留資格に基づいて、その在留資格に対応する活動に該当する活動を行うことができる。

別表１の在留資格の場合は、その在留資格に対応する別表１の各表の下欄に「本邦において行うことができる活動」として定められている活動が当該在留資格に対応する活動となり、別表２の在留資格の場合は、その在留資格に対応する別表２の下欄に定められている「本邦において有する身分又は地位」として定められている身分又は地位を有する者としての活動が、当該在留資格に対応する活動となる。ただし、区分在留資格の場合、当該在留資格に対応する活動は、別表１の当該在留資格に対応する下欄の当該区分に掲げ

られている活動である。

在留資格をもって在留する外国人は、上記の意味で当該在留資格に対応する活動を行うことができる（入管法2条の2第2項）。

在留資格の決定は、一般上陸許可の場合、入国審査官又は特別審理官限りで行われ得ることとされており、上陸の審査を担当する入国審査官及び特別審理官は多数いるので、統一的判断をする必要性から、各在留資格に対応する活動（別表2の在留資格の場合は、その基礎となる身分又は地位）は、明確、かつ、具体的に規定されているが、例外がある。

（「特定活動」と「定住者」）

別表1の在留資格のうち、5の表の下欄に定められている「特定活動」の在留資格に対応する活動は、「法務大臣が個々の外国人について特に指定する活動」であり、具体的な活動の内容は、法務大臣の指定という行為が行われることによって決まるものとなっている。

別表2の在留資格の場合も、「定住者」の在留資格は、同在留資格に対応する別表2の下欄に規定されている地位は、「法務大臣が特別な理由を考慮し一定の在留期間を指定して居住を認める者」であり、「定住者」の在留資格に対応する地位、したがって対応する活動の内容も法務大臣の当該地位を創設する行為が行われることによって初めて決まることとなる。

もっとも、在留資格に対応する活動の内容が確定するために「法務大臣の指定」という行為が行われることが必要な在留資格は、他にもある。「高度専門職1号イ」及び「高度専門職1号ロ」では、「法務大臣が指定する本邦の公私の機関との契約に基づいて」活動を行うことが、「高度専門職1号ハ」では、「法務大臣が指定する本邦の公私の機関において」活動を行うことが要件とされている。

また、「特定技能1号」及び「特定技能2号」の場合も、「法務大臣が指定する本邦の公私の機関との雇用に関する契約」に基づいて活動を行うこと及び「特定技能1号」の場合は、特定産業分野分野であって「法務大臣が指定するものに属する法務省令で定める相当程度の知識又は経験を必要とする業務に従事する」ことが、「特定技能2号」の場合は、特定産業分野であって「法務大臣が指定するものに属する法務省令で定める熟練した技能を要する

業務に従事する」ことが要件として定められている。

　これらの在留資格の場合も，当該在留資格に対応する活動は，法務大臣の指定という行為が行われることによって初めて，具体的な活動内容が確定するという点では，「特定活動」及び「定住者」と同様である。

　ただ，これらの在留資格のうち「高度専門職1号」の場合は，法務大臣により指定されるのは所属機関だけであり，「特定技能1号」及び「特定技能2号」の場合も，所属機関と従事する技能を要する業務に係る産業分野だけである。この点で，在留資格に対応する活動の具体的内容がすべて法務大臣の指定という行為によって決まる「特定活動」及び「定住者」とは異なる。

　ただ，いずれにしても，「法務大臣の指定」という行為は，在留資格の決定を行う場合に，個別に行われるものである。

　言い換えると，「法務大臣の指定」等の行為は，個々の外国人に対して在留資格の決定という行為を行う場合に，その前提として，在留資格の決定を受ける個々の外国人を対象として，個々に行われる行為であり，個々の外国人に対する在留資格の決定という個別の行為を離れて行われる行為ではない。

　しかも，「特定活動」及び「定住者」の在留資格の場合は，これらの在留資格に対応する活動について入管法の別表に規定されているのは，前者の場合は，法務大臣が個々の外国人について特に指定するということだけであり，どのような内容の活動を指定するかは，すべて法務大臣の裁量に委ねられている。また，「定住者」の在留資格の場合も，法務大臣が特別な理由を考慮して居住を認めるということと，一定の在留期間を指定するということしか定められていない。

　つまり，これら2つの在留資格は，どのような活動を対応する活動とするのかが具体的に規定されておらず。在留資格に対応する活動がどのようなものとなるのかは，すべて法務大臣の行為によって決まるという仕組みとなっているのである。

　このような特殊な在留資格が定められている理由は，人の行う活動は様々あり，そのすべてをあらかじめ想定して受入れの対象とする外国人の行う活動を列挙し尽くすことは困難であること，また，時限的にしか存在しない活動もあることなどから一般的な形で規定するのが適当ではない場合もあるこ

と，さらに，国内外の状況の変化により，新たに受入れの対象とすべき活動を行う外国人が現れた場合に，そのような外国人を，入管法の改正を待たずに受け入れることを可能とすることが必要となる場合も考えられることなどによる。

　したがって，「特定活動」と「定住者」の2つの在留資格は，これら以外の在留資格（「通常の在留資格」という。）で受け入れることができない外国人を，法務大臣がその裁量により受け入れる在留資格，すなわち，通常の在留資格による外国人の受入れ範囲を，法務大臣の裁量により補完し，拡大する役割を果たす在留資格である。

　そして，このうち，「特定活動」の在留資格は，法務大臣が，個々の外国人について具体的な活動を指定して決定する在留資格であり，指定される活動（「指定活動」という。）は，その指定を受ける外国人ごとに異なることとなる。もっとも，実際には，同じ内容の活動の指定が行われる場合もあるが，この場合でも，指定される外国人ごとに異なる活動と考えるべきである。

　したがって「特定活動」の在留資格は，個々の外国人の在留を認める場合に，その都度創設される在留資格であり，「特定活動」は，その個々の在留資格の総称と考えるべきである。それ故，指定活動の変更は，在留資格の変更となる（入管法20条1項）。

　もっとも，この点では，「高度専門職1号」の在留資格に係る法務大臣が指定する本邦の公私の機関の変更及び「特定技能」の在留資格に係る法務大臣が指定する本邦の公私の機関の変更や特定産業分野の変更も在留資格の変更となると規定されている（同法同条同項）。

　このことは，「高度専門職1号イ」「高度専門職1号ロ」「高度専門職1号ハ」「特定技能1号」及び「特定技能2号」も，個々の外国人に対してその在留を認める都度創設される在留資格であることを意味し，したがって，これらの在留資格も，個々の外国人ごとに創設される複数の在留資格の総称であるということになる。

　ただし，これらの在留資格の場合，法務大臣の指定の対象が所属機関又は産業上の分野に限定されているため，一定の類型の活動を行う外国人についての所属機関又は産業上の分野の特定という性格を有し，したがって，他の

在留資格による外国人の受入れ範囲の拡大という性格のものとまでは言えないが,「特定活動」の在留資格の場合は,通常の在留資格による受入れ範囲の拡大に当たるということができる。

「特定活動」の在留資格について述べた以上のことは,「定住者」の在留資格についても同様である。

「定住者」の在留資格の場合も,この在留資格を決定するためには,法務大臣が,一定の在留期間を指定して居住を認めるという者という地位を創設することが必要であり,この行為は,法務大臣による特別な理由の考慮に基づいて行われるが,この考慮は,この在留資格の決定を受ける個々の外国人ごとに行われる。

したがって,この場合も,同じ「定住者」の在留資格であっても,その決定を受けている外国人ごとに異なる在留資格であると考える必要がある。

また,通常の在留資格による外国人の受入れ範囲を法務大臣の裁量により拡大する役割を果たすという点も「特定活動」の在留資格の場合と同様である。

ただし,「定住者」の在留資格の場合,在留資格の決定に当たって考慮された「特別の理由」が変わっても,それだけでは,在留資格の変更許可を受けることは必要とならない。

これは,「定住者」の在留資格は別表2の在留資格であり,後述するように別表2の在留資格については,19条1項によって行ってはならない活動が定められていないこと,また,決定された在留資格には,この「特別な理由」の内容が表示されないからである。

しかし,「定住者」の在留資格の決定に当たって考慮された特別の理由が存在しなくなった場合,新たな「特別の理由」が存在しない限り,原則として,在留期間の更新許可を受けることはできないこととなる。

(行わなければならない活動)

前述したように,在留資格をもって在留する外国人は,当該在留資格に基づいて当該在留資格に対応する活動を行うことができる。

ただ,在留資格制度は,在留活動の観点から,日本に在留することを認める外国人の範囲を限定する制度である。したがって,日本に在留しようとす

る外国人に対して在留資格を決定して在留を認めるのは，その外国人が当該在留資格に対応する活動を行うからである。

それ故，在留資格をもって在留する外国人が，当該在留資格に基づいて行うことができる活動は，行わなければならない活動でもある。

② 行ってはならない活動

前述したように，在留資格をもって在留する外国人が，当該在留資格に対応する活動に属しない活動を行うことについては，一定の規制がある。

入管法19条1項は，別表1の在留資格をもって在留する外国人について，行ってはならない活動を定めている。

同項は，別表1の在留資格をもって在留する外国人は，同法19条2項の許可を受けて行う場合を除き，1の表の在留資格，2の表の在留資格及び5の表の在留資格をもって在留する者の場合は，当該在留資格に対応する活動に属しない就労活動を，3の表の在留資格及び4の表の在留資格をもって在留する者の場合は，就労活動を行ってはならないと定めている。

これは，1の表の在留資格及び2の表の在留資格の場合は，当該在留資格に基づいて行うことができる活動である当該在留資格に対応する活動が就労活動（又は就労活動を含む活動）であるからであり，3の表の在留資格及び4の表の在留資格の場合は，当該在留資格に対応する活動が就労活動ではないからである（なお，このことから，1の表の在留資格及び2の表の在留資格を「就労資格」といい，3の表の在留資格及び4の表の在留資格を「非就労資格」という。）。

一方，5の表の在留資格，すなわち「特定活動」の在留資格をもって在留する者の場合は，在留資格の決定に当たって，具体的な活動が指定され，指定された活動が在留資格に対応する活動となるので，この活動が就労活動又は就労活動を含む活動である場合は，当該就労活動以外の就労活動が，指定された活動が就労活動を含まない活動である場合は，就労活動が行ってはならない活動となる。

このように，別表1の在留資格をもって在留する外国人の場合は，当該外国人が有する在留資格に対応する活動に属する就労活動以外の就労活動が行ってはならない活動となるが，この行ってはならない活動が定められているのは，別表1の在留資格をもって在留する者についてだけである。

言い換えれば、別表2の在留資格をもって在留する外国人については、行ってはならない活動は定められておらず、したがって、行うことが可能な活動について、入管法上の制限はない。

なお、行ってはならない活動として定められている活動は、就労活動に限られているので、別表1の在留資格をもって在留する者の場合も就労活動に該当しない活動を行うことについては、入管法上の制限はない。

これは、前述したように、現行入管法が、規制の対象となる活動を就労活動に限定することにより、過度な規制とならないようにしているものである。

③ 資格外活動の許可

別表1の在留資格をもって在留する外国人は、当該在留資格に対応する活動に属しない就労活動を行うことができないのが原則であるが、例外があり、現に有する在留資格に対応する活動の遂行を阻害しない範囲内で行うことを希望する場合には、資格外活動の許可を受けて現に有する在留資格に対応する活動に属しない就労活動を行うことができる

典型的な例は、留学生のアルバイトの許可である。

(資格外活動の許可と在留資格の変更許可)

現に有する在留資格に対応する活動の遂行を阻害しない範囲を超えて当該在留資格に対応する活動に属しない就労活動を行う場合には、資格外活動の許可ではなく、在留資格の変更許可を受けることが必要である。ただし、そのような活動が該当する在留資格がない場合、すなわちその活動がいずれの在留資格にも該当しない場合には、在留資格の変更許可を受けることはできない。

これは、いずれの在留資格にも該当しない活動を在留活動として行う外国人は、その時点における外国人の受入れ政策に基づく受入れの対象ではないからである。(注)

（注）　ただし、その外国人が本邦において行おうとする活動が通常の在留資格に該当しない場合でも、当該活動又は当該活動を含む活動の指定を受けて「特定活動」の在留資格が決定され、あるいは当該活動を在留活動として行うことを可能とするような地位の創設を受けて「定住者」の在留資格が決定されれば、在留資格の変更許可を受けることが可能となる。

ただし，このことは，本邦に在留する外国人が，そのような活動を行うことが禁止されているということではない。在留資格制度は，外国人が本邦において行う在留活動に着目して，我が国の安全・安定を害することなく，また，我が国の経済，社会の一層の発展に資すると考えられる活動を列挙し，そのような活動を行うことを目的として（在留活動として行って）在留しようとする外国人を受け入れる制度であり，したがって，在留の目的を異にする外国人が，そのようないずれの在留資格にも該当しない活動をすることは，必ずしも禁止されない。(注)

(注)　「単純労働者を受け入れない」という政策も，単純労働に従事することを目的として入国・在留する外国人を受け入れないというものであって，本邦に在留する外国人が単純労働に従事することを禁止するというものではない。また，「移民を受け入れない」という政策も，本邦における永住を目的として入国する外国人を受け入れないとするもので，別の目的で入国し在留する外国人が永住者となることを否定するものではない。

　もっとも，その活動が就労活動であれば，別表1の在留資格をもって在留する外国人がその活動を行うことができるのは，当該外国人が現に有する在留資格に対応する活動を行う傍ら，その遂行を阻害しない範囲内で資格外活動の許可を受けて行う場合に限られるが，別表2の在留資格をもって在留する外国人の場合は，当該在留資格に対応する活動の一環として，別表1の下欄に定められていない就労活動を行うことが可能である。

（資格外活動許可の条件）
　出入国在留管理庁長官は，資格外活動の許可をする場合に，当該許可に必要な条件を付することができる（入管法19条2項）。
　入管法施行規則19条5項は，この規定により条件を付して新たに許可する活動の内容は，同項各号のいずれかによるとしている。

3 在留資格制度に基づく外国人の受入れ

(1) **在留資格に基づく在留の開始及び継続を認める許可**
① **在留資格に基づく在留の開始を認める許可**

前述したように，在留資格に基づく在留を開始するためには，在留資格の決定を受けて在留資格を取得しなければならない。

在留資格を有しない外国人は，次の許可のいずれかを受ける場合に，在留資格が決定されて，新たに在留資格を取得する。

○一般上陸許可（再入国上陸許可を除く。）
○経過滞在者又は一時庇護のための上陸許可を受けて在留する外国人に対する在留資格（「永住者」を除く。）許可（22条の2第3項，22条の3）
○経過滞在者又は一時庇護のための上陸許可を受けて在留する外国人で「永住者」の在留資格の取得を希望する外国人に対する永住許可（22条の2第4項，22条の3）
○在留特別許可（在留資格の決定を伴うものに限る。50条1項）
○難民の認定又は補完的保護対象者の認定を受けた在留資格未取得外国人に対する在留資格の取得許可（61条の2の2第1項）
○難民の認定又は補完的保護対象者の認定を申請し仮滞在の許可[注]を受けた者に対する在留資格の取得許可（61条の2の5第1項）

(注) 「仮滞在の許可」とは，難民の認定又は補完的保護対象者の認定を申請した在留資格未取得外国の難民の認定又は補完的保護対象者の認定手続中の法的地位の安定化の観点から，当該外国人が仮に本邦に滞在することを認める許可であり（61条の2の4第1項），その者が退去強制事由のいずれかに該当すると疑うに足りる相当の理由がある場合であっても，当該許可に係る滞在期間（「仮滞在期間」という。）が経過するまでの間は退去強制手続が停止される（61条の2の9第2項）。

なお，仮滞在の許可は，難民の認定又は補完的保護対象者の認定を申請した外国人が在留資格未取得外国人である場合は，入管法61条の2の4第1項各号に定める事由に該当する場合を除き，覊束的に許可される。

また，在留資格をもって在留する外国人は，次の許可のいずれかを受ける

場合に，在留資格が決定されて，新たな在留資格を取得する。
　○在留資格の変更許可（20条3項）
　○「永住者」の在留資格への変更を希望する外国人に対する永住許可（22条2項）
　このように，外国人は，許可に際して在留資格の決定が行われる上記のような在留資格の決定を伴う許可を受けた場合に，在留資格と在留期間が決定され，以後，当該在留資格をもって在留することができる。
　② 在留資格に基づく在留の継続を認める許可
　在留資格の決定を伴う許可は，外国人が在留資格に基づく在留を開始することを認める許可であるが，在留資格の決定を受けて在留資格に基づく在留を開始した外国人が，その在留資格に基づいて在留することができるのは，当該在留資格とともに決定された在留期間が経過するまでの間である。
　在留期間が，「無期限」である「高度専門職2号」及び「永住者」並びに在留資格に対応する活動に該当する活動を行っている間は在留期間が満了しない「外交」の在留資格をもって在留する外国人を除いて，在留資格をもって在留する外国人が，在留期間経過後も当該在留資格に基づく在留を継続するためには，在留期間の更新許可を受けなければならない。
　在留期間の更新許可に際しては，在留資格の決定は行われないが，新たな在留期間が決定される。

(2) 在留資格に基づく在留の開始又は継続を認める許可の要件
① 共通の要件
　在留資格の決定を伴う許可は，在留資格に基づく在留の開始を認める許可である。これに対して，在留期間の更新許可は，在留資格をもって在留する外国人が在留期間経過後も当該在留資格に基づく在留を継続することを認める許可である。これらの許可は，それぞれの許可で対象となる外国人が異なり，その要件もそれぞれの許可で異なる。
　ただし，共通の要件がある。それは，在留資格及び在留期間の決定の要件である在留資格該当性と在留期間適合性（在留期間が，入管法2条の2第3項の規定に基づく法務省令の規定（具体的には，入管法施行規則3条及び別表2）に適合する

ことを「在留期間適合性」という。）である。

　在留資格該当性とは，本邦に在留資格をもって在留することを希望する外国人が在留中に在留活動として行うことを予定している個々具体的な活動が，類型化された活動である在留資格に対応する活動に属することを意味する。

　外国人が在留活動として行った場合に我が国にとって有益と考えられる活動について，当該活動を行うための資格としての在留資格を定め，当該活動を在留活動として行う外国人を当該活動を行うための在留資格により受け入れるのが在留資格制度であるので，在留資格をもって本邦に在留しようとする外国人は，在留資格に対応する活動を在留活動として行うことが必要である。それ故，本邦に在留資格をもって在留しようとする外国人の本邦において行おうとする活動，すなわち，当該許可を受けた後に在留活動として行うことを予定している活動が，入管法の定めるいずれかの在留資格に対応する活動に該当すること（在留資格該当性）が在留資格の決定の要件となるのである。

　また，入管法は，在留資格を取得し，当該在留資格をもって在留する外国人が当該在留資格の決定を受けた時点において在留活動として行うことを予定していた活動を実際に在留活動として行って在留することを確保し，また，その後の在留中の在留状況等に応じた在留管理を行うことを可能とするために，決定された在留資格に基づいて在留することができる期間として在留期間を定め，「永住者」，「高度専門職2号」又は「外交」の在留資格をもって在留する外国人を除き，在留期間を5年以内の期間とすると定めている（入管法上は「公用」の在留資格をもって在留する者についても，確定期限のない在留期間を定めることができるが，入管法施行規則は，5年以下の年又は月を単位とする在留期間を定めている。）。在留資格とそれに伴う在留期間として確定期限のある期間の決定を受けた外国人は，在留期間経過後も当該在留資格に基づく在留を継続するためには，在留期間の更新許可を受けることが必要である。

　なお，在留期間の更新許可が行われる場合には，在留資格の決定は行われないが，在留資格をもって在留する外国人に新たな在留期間を決定して，当該在留期間中，当該在留資格に基づく在留を認めるのが在留期間の更新許可であるので，在留期間の更新許可についても，在留資格該当性が要件となる。

このように，在留資格の決定を伴う許可及び在留期間の更新許可のいずれについても，在留資格該当性と在留期間適合性が共通の要件となる。

在留資格該当性と在留期間適合性が許可の要件となることは，申請に対する処分として行われる許可には限らない。職権で行われるものを含めた在留特別許可（在留資格及び在留期間が決定されるものに限る。），難民の認定又は補完的保護対象者の認定を受けた在留資格未取得外国人を対象として行われる在留資格の取得許可，仮滞在許可を受けた者を対象として行われる在留資格の取得許可の場合も在留資格該当性と在留期間適合性が要件となる。なお，申請に対する処分として行われるものではない許可の場合，申請に係る本邦において行おうとする活動は存在しないが，本邦において行おうとする活動は，許可を受ける外国人からの聴取等により判断される。

② それぞれの許可の要件

在留資格の決定を伴う許可及び在留期間の更新許可の要件は，在留資格該当性と在留期間適合性だけではない。在留資格該当性と在留期間適合性という共通の要件の他に，それぞれの許可に独自の要件がある。

ア 一般上陸許可

㋐ 上陸のための条件

上陸特別許可を除く一般上陸許可の要件は，入管法7条1項に規定する上陸のための条件である。

同項は，1号から4号までの4つの条件を定めているが，在留資格の決定を伴わない再入国上陸許可の場合は1号と4号の条件に適合すれば足りるが，在留資格の決定を伴う一般上陸許可を受けるためには，この4つの上陸のための条件のいずれにも適合していることが必要である。ただし，例外があり，法務大臣は，上陸のための条件に適合しない外国人を対象として上陸特別許可をすることができる。

4つの上陸のための条件の具体的な内容は，次のとおりである。

1号

A 一般上陸の申請をした外国人が所持する旅券が有効であること

B 査証を必要とする場合には，当該旅券に与えられた査証が有効であること

2号

A　申請に係る（一般上陸の申請をした外国人が，その申請に際して申し立てた）本邦において行おうとする活動が虚偽のものでないこと

B　申請に係る（一般上陸の申請をした外国人が，その申請に際して申し立てた）本邦において行おうとする活動が別表1の下欄に掲げる活動（2の表の高度専門職の項の下欄2号に掲げる活動を除き，5の表の下欄に掲げる活動については，法務大臣があらかじめ告示をもって定める活動に限る。）又は別表2の下欄に掲げる身分若しくは地位（永住者の項の下欄に掲げる地位を除き，定住者の項の下欄に掲げる地位については，法務大臣があらかじめ告示をもって定めるものに限る。）を有する者としての活動のいずれかに該当すること

C　入管法別表1の2の表及び4の表の下欄に掲げる活動を行おうとする者については，我が国の産業及び国民生活に与える影響その他の事情を勘案して法務省令で定める基準に適合すること（別表1の2の表の特定技能の項の下欄1号に掲げる活動を行おうとする外国人については，1号特定技能外国人支援計画が同法2条の5第6項及び7項の規定に適合するものであることを含む。）

3号

申請に係る（一般上陸の申請をした外国人が，その申請に際して申し立てた）在留期間が入管法2条の2第3項の規定に適合するものであること

4号

当該外国人が，入管法5条1項各号のいずれにも該当しないこと（入管法5条の2の規定の適用を受ける外国人にあっては，当該外国人が同条に規定する特定の事由によって入管法5条1項4号，5号，7号，9号又は9号の2に該当する場合であって，当該事由以外の事由によっては同項各号のいずれにも該当しないこと。）

（在留資格該当性及び在留期間適合性）

　以上の上陸のための条件のうち，2号のBは在留資格該当性であり，3号は在留期間適合性である。

　これらは，いずれも在留資格及び在留期間の決定の要件であるので，前述したとおり，すべての在留資格の決定を伴う許可及び在留期間の更新許可の共通の要件である。なお，在留資格該当性と在留期間適合性は，上陸特別許可についても要件となる。

（在留資格に該当するが上陸のための条件に適合しない活動）

在留資格該当性に関しては，活動に付された括弧書きの規定により別表1の下欄に掲げる活動から「2の表の高度専門職の項の下欄2号に掲げる活動」，つまり，「高度専門職2号」に対応する活動が，また，身分又は地位に付された括弧書きの規定により別表2の下欄に掲げる身分又は地位から「永住者」に対応する地位が除外されている。

これは，本邦に上陸し在留しようとする外国人の本邦において行おうとする活動が，「高度専門職2号」又は「永住者」の在留資格に対応する活動に該当する場合には，在留資格該当性はあっても上陸のための条件には適合しないということを意味する。したがって，上陸のための条件に適合しない外国人に対して行われる上陸特別許可は別として，上陸特別許可以外の一般上陸許可を受けて「高度専門職2号」や「永住者」の在留資格を取得することはできない。

これらの在留資格は，本邦に一定期間在留した外国人（「高度専門職2号」の場合は「高度専門職1号」の在留資格をもって在留した外国人）が，在留資格の変更許可を受けて取得することが基本とされているからである。

（告示をもって定める活動と地位）

7条1項2号の「別表第1の下欄に掲げる活動」に付された括弧書きの規定で「5の表の下欄に掲げる活動」すなわち，「特定活動」の在留資格に対応する活動については，法務大臣があらかじめ告示をもって定めるものに限るとされている。また，「別表第2の下欄に掲げる身分若しくは地位」に付された括弧書きの規定で「定住者」の項の下欄に掲げられている地位については，法務大臣が告示をもって定めるものに限ると定められている。

これらの規定は，上陸特別許可以外の一般上陸許可においては，本邦に上陸しようとする外国人の本邦において行おうとする活動が「特定活動」の在留資格に対応する活動であるとの申請である場合には，法務大臣があらかじめ告示をもって定めている活動に該当することが必要であり，「定住者」の在留資格に対応する活動であるとの申請である場合には法務大臣があらかじめ告示をもって定めている地位を有する者としての活動に該当することが必要となるということを定めたものである。

これは,「特定活動」及び「定住者」の2つの在留資格は,いずれも,個々の外国人について在留資格の決定を伴う許可をする際に,法務大臣が一定の活動を指定する又は一定の地位を創設するという行為を行って,その都度創設する在留資格であり,法務大臣が関与しない入国審査官又は特別審理官限りで行う一般上陸許可においてこれらの在留資格の決定を行うことができないことから,法務大臣があらかじめ告示をもって定めることにより,入国審査官又は特別審理官限りで,これらの在留資格を決定することを可能としている一種の委任規定である。
　もっとも,前述したように,「高度専門職1号」,「特定技能1号」及び「特定技能2号」の場合も,在留資格の決定に当たって法務大臣の指定という行為が必要であるが,これらの在留資格については,通常は交付を受けるか否かが任意である在留資格認定証明書の交付を受けていることを必要とすることによりこの問題への対応がなされている。
　在留資格認定証明書は,上陸の申請を行う前に法務大臣に申請して法務大臣から交付を受けるものであることから,これにより,上陸審査に法務大臣が関与していない場合でも,法務大臣の指定という行為を行うことが可能となるのである。
　なお,「特定活動」の在留資格について,法務大臣があらかじめ告示をもって定める活動は,「出入国管理及び難民認定法別表第7条第1項第2号の規定に基づき同法別表第1の5の表の下欄に掲げる活動を定める件」(平成2年法務省告示第131号)及び「出入国管理及び難民認定法別表第7条第1項第2号の規定に基づき高度人材外国人等に係る同法別表第1の5の表の下欄に掲げる活動を定める件」(平成24年法務省告示第126号)によって定められている。ただし,後者は,「高度専門職」の在留資格が新設される前に,高度人材外国人を受け入れるために定められた告示であり,現在は経過措置的な意義しか有しない。本章の解説においては,これらの告示を「特定活動の告示」ということとする。
　また,「定住者」の在留資格について,法務大臣があらかじめ告示をもって定める地位は,「出入国管理及び難民認定法別表第7条第1項第2号の規定に基づき同法別表第2の下欄に掲げる地位を定める件」(平成2年法務省告

示第132号）によって定められている。この告示を「定住者の告示」ということとする。

　この関係で重要なことは，「5の表の下欄に掲げる活動については，法務大臣があらかじめ告示をもって定める活動に限る。」及び「定住者の項の下欄に掲げる地位については，法務大臣があらかじめ告示をもって定めるものに限る。」との規定は，逆に，特定活動の告示で定められた活動が別表1の下欄に定められている活動と同様となり，一般上陸の申請をした外国人の本邦において行おうとする活動が特定活動の告示で定められた活動に該当すれば，「特定活動」の在留資格について在留資格該当性を認めて上陸のための条件に適合するものとすることができること，また，定住者の告示で定められた地位も別表2の下欄に定められた地位と同様となり，一般上陸の申請をした外国人が本邦において行おうとする活動が当該地位を有する者としての活動に該当すれば在留資格該当性を認めて上陸のための条件に適合するものとすることができることを意味する。つまり，特定活動の告示及び定住者の告示は，一般上陸許可に関して，別表の下欄に新たな活動又は新たな地位を追加したのと同様の効果を有するということである。

（虚偽のものでないこと）

　次に，2号のAであるが，2号のAは，当然のことを定めたものであり，「申請に係る本邦において行おうとする活動が虚偽のもの」でないことは，在留資格の決定を伴う許可及び在留期間の更新許可の共通の要件である。

　もっとも，2号のAの「申請に係る本邦において行おうとする活動が虚偽のもの」でないこととの規定は，単に，一般上陸の申請をした外国人の当該申請に係る本邦において行おうとする活動の申立てが当該外国人の内心の意思と合致していること（上陸許可を受けて在留することとなった場合に，真に，当該申し立てた活動を在留活動として行って在留しようと考えていること）を意味するにとどまらず，所属機関の状況その他の客観的条件から，実際にその外国人が上陸許可を受けて在留することとなった場合に，申し立てた本邦において行おうとする活動を在留活動として行って在留することができることも含むと解することもできる。ただ，このように解さない場合でも，在留資格の決定を受けようとする外国人が本邦において行おうとする活動が当該在留資格に

対応する活動に該当するためには、当該在留資格の決定を受ける外国人が、その本邦において行おうとする活動を、同時に決定される在留期間中、実際に在留活動として行って在留する意思を有し、かつ、それができるということが前提となるので、一般上陸の申請をした外国人の当該申請における本邦において行おうとする活動の申立てが当該外国人の内心の意思と合致し、かつ、所属機関の状況その他の客観的条件から、実際にその外国人がその申し立てた本邦において行おうとする活動を在留活動として行って在留することができるということは、在留資格該当性の要件でもあると言うことができる。それ故、いずれにしても、在留資格の決定を伴う許可及び在留期間の更新許可の共通の要件である。

（有効な旅券と査証）

次に、1号、2号のC及び4号は、上陸特別許可を除く、一般上陸許可に特有の要件である。ただし、2号のCは、再入国上陸許可については要件とならない。

このうち1号Aの有効な旅券の所持は、入国の要件でもあり（入管法3条1項）、在留関係許可に関しても、その申請に際して旅券を提示しなければならないとされている。ただし、旅券を提示することができない場合は、その理由を記載した書類を提出しなければならないとされている（在留資格の変更許可に関して入管法施行規則20条4項、在留期間の更新に関して同規則21条4項、永住許可に関して同規則22条3項、「永住者」以外の在留資格の取得許可（経過滞在者に係るもの及び一時庇護のための上陸許可を受けている者に係るもの）に関して同規則24条4項、「永住者」の在留資格の取得許可（経過滞在者に係るもの及び一時庇護のための上陸許可を受けている者に係るもの）に関して同規則25条3項）ので、絶対的要件ではない。

また、2号のCも、在留資格の変更許可及び在留期間の更新許可に関して、原則としてではあるが、適合すべき要件とされている（本章3(3)①イ(ウ)参照。）。

次に、1号のBの査証に関する要件であるが、査証は、日本国領事官等（外国に駐在する日本国の大使、公使又は領事官）により発給されるもので、「旅券の所持人が渡航しようとする目的国の官憲……が、当該旅券は目的国への入国に有効であり、当該旅券の所持人がその査証に示されている入国目的であればその入国は一応差し支えなかるべしという判断の表示として裏書（通常

は証印）することをいう。」(注)とされる。

（注）　旅券法研究会編著『旅券法逐条解説』（2016年有斐閣）193頁

　もともと、査証（ビザ）に関することは、外務省設置法（平成11年法律94号）3条1項の定める外務省の任務（平和で安全な国際社会の維持に寄与するとともに主体的かつ積極的な取組を通じて良好な国際環境の整備を図ること並びに調和ある対外関係を維持し発展させつつ、国際社会における日本国及び日本国民の利益の増進を図ること）を達成するため外務省がつかさどる事務の一つとして規定されており（同法4条1項13号）、外務省のホームページには、次のような原則的発給基準が公表されている。(注)

「原則として、ビザ申請者が以下の要件をすべて満たし、かつ、ビザ発給が適当と判断される場合にビザの発給が行われます。

(1)　申請人が有効な旅券を所持しており、本国への帰国又は在留国への再入国の権利・資格が確保されていること。

(2)　申請に係る提出書類が適正なものであること。

(3)　申請人が日本において行おうとする活動又は申請人の身分若しくは地位及び在留期間が、出入国管理及び難民認定法（昭和26年政令第319号。以下「入管法」という。）に定める在留資格及び在留期間に適合すること。

(4)　申請人が入管法第5条第1項各号のいずれにも該当しないこと。」

（注）　出典：外務省ホームページ（https://www.mofa.go.jp/mofaj/toko/visa/tetsuzuki/kijun.html）

　このように、外務省が公表しているビザ（査証）の原則的発給基準は相当程度上陸のための条件と重複しており、査証の発給の審査は、一般上陸の申請が行われる前に行われる事前の上陸のための審査という性格をも有している。

　なお、入管法7条1項1号の「査証が有効であること」との要件（上記1号B）に適合するためには、単に、一般上陸許可を申請した外国人が所持する旅券に査証を受けていて、その査証が査証として有効であるということだけでは足りず、当該外国人が本邦において行おうとする活動に適合した査証であることが必要である。(注)

（注）　査証（ビザ）は、ほぼ在留資格に対応する形で発給される。

それ故，簡単にあるいは迅速に発給を受けることができるという理由だけで短期滞在査証（ビザ）を取得して来日しても，入国・在留目的が「短期滞在」の在留資格に対応する活動を行おうとするものでない場合には，上陸のための条件に適合しない。

（上陸許可基準）

次に，2号Cであるが，本邦において行おうとする活動が2の表の在留資格又は4の表の在留資格に対応する活動である者について，我が国の産業及び国民生活に与える影響その他の事情を勘案して定める法務省令で定める基準（「上陸許可基準」という。）に適合すること（「上陸許可基準適合性」という。）を上陸のための条件に適合する要件としたものである。

なお，上陸許可基準適合性には，上陸しようとする外国人の本邦において行おうとする活動が，「特定技能1号」に対応する活動である場合は，1号特定技能外国人支援計画が入管法2条の5第6項及び7項の規定に適合するものであることも含まれる。

この上陸許可基準適合性の要件は，上陸許可基準が在留資格毎に定められることから，2の表と4の表の在留資格に対応する活動の内容を具体的に定めているかのように見られる場合もあるが，そうではなく，2の表の在留資格及び4の表の在留資格による外国人の受入れを，法務省令により政策的に限定するものである。

なお，上陸許可基準適合性の要件は，上陸特別許可を除く一般上陸許可の要件にとどまり，在留資格該当性の要件（上陸許可基準の場合は2号Bの要件）とは異なり，当該許可を受けて在留資格をもって在留する外国人の在留中の活動を直接規制するものではない。

2の表の在留資格又は4の表の在留資格をもって在留する外国人が，正当な理由なく，当該在留資格に対応する活動に該当する活動を継続して3月（「高度専門職2号」の在留資格をもって在留する者の場合は6月）以上行わないで在留している場合又は当該在留資格に対応する活動に該当する活動を行っておらず，かつ，他の活動を行い若しくは行おうとしている場合には，在留資格を取り消される可能性がある（入管法22条の4第1項5号，6号）が，上陸許可基準に適合することなく現に有する在留資格に対応する活動に該当する活動

を行って在留していても，そのことが直ちに在留資格の取消しの原因とはならない。また，2の表の在留資格をもって在留する外国人が当該在留資格に対応する活動に該当しない就労活動を行うこと，4の表の在留資格をもって在留する外国人が就労活動を行うことは，資格外活動の許可を受けて行う場合を除き禁止されている（入管法19条1項）。そして，この19条1項の規定に違反して就労活動を専ら行っていると明らかに認められる者は，人身取引等（2条7号を参照。）により他人の支配下に置かれている者を除き，退去強制事由に該当する（24条4号イ）。また，19条1項の規定に反して就労活動を行った者は，専ら行っていると明らかに認められる者に限らず，罰則の適用の対象となり得る（70条1項4号，73条1号）。しかし，上陸許可基準に適合しない活動を行うことについては，このような規制は存在しない。

（上陸拒否事由）

最後に，4号であるが，入管法5条1項各号（「上陸拒否事由」という。）のいずれにも該当しないことを要件とするものである。したがって，一般上陸許可の消極的要件である。

ただし，括弧書きの例外がある。入管法5条の2は，一定の事由により5条1項4号，5号，7号，9号又は9号の2の上陸拒否事由に該当する外国人について，法務大臣が，再入国許可を与えた場合など法務省令で定める場合において，相当と認めるときは，当該事由のみによっては上陸を拒否しないことができるという上陸拒否の特例（同法5条の2）を定めている。この上陸拒否の特例の適用を受ける者については，当該事由以外の事由によっても上陸拒否事由に該当するという場合を除いて，4号の条件に適合することとされている。

　(イ)　再入国上陸許可

7条1項の規定する上陸のための条件は，上陸特別許可を除く一般上陸許可の要件となる。ただし，7条1項は，1号から4号までの4つの上陸のための条件を定めているが，再入国許可等を有する者に対する一般上陸許可である再入国上陸許可の場合は，このうち，1号と4号の2つの条件に適合することが求められる。

再入国上陸許可は，在留資格と在留期間を有している再入国した者を対象

とする一般上陸許可であるので，許可に当たって在留資格及び在留期間の決定は行われないことから，一般上陸の申請をした外国人が再入国許可等を有する者である場合は，2号及び3号の条件は，上陸審査の対象とはならず，適合すべき上陸のための条件とはならない。また，1号の要件についても，査証は要しないものとされている（同法6条1項）。

なお，入管特例法20条により，特別永住者であって，再入国の許可（26条の2第1項の規定によるみなし再入国許可を含む。）を受けている者の場合は，上陸のための条件は，1号のみである。

(ウ) 上陸特別許可

7条1項に規定する上陸のための条件が一般上陸許可の要件となることについての例外が，上陸特別許可である。

法務大臣は，本邦に上陸しようとする外国人が上陸のための条件に適合しない場合でも，その外国人の上陸を特別に許可することができる（入管法12条1項）。この許可を「上陸特別許可」という。

上陸特別許可は，新規入国した者だけではなく，再入国許可等を有して再入国した者も対象となる（再入国上陸許可としての上陸特別許可もある。）。一般上陸の手続において入国審査官の審査及び特別審理官の口頭審理のいずれの結果としても上陸を許可されなかった外国人が法務大臣に対して異議の申出を行った場合において，当該異議の申出を行った外国人が，再入国の許可を受けているとき，人身取引等により他人の支配下に置かれて本邦に入ったものであるとき，その他法務大臣が特別に上陸を許可すべき事情があると認めるときに法務大臣が上陸特別許可を行うことができる（同法12条1項）。

このように，上陸のための条件は，入国審査官（特別審理官を含む。）限りで行われる一般上陸許可の要件であり，法務大臣は，上陸のための条件に適合しない外国人に対しても，上陸を許可することができる。そして，上陸特別許可の許否の判断は，法務大臣の広い裁量に委ねられている。

イ 在留関係許可

次に，在留関係許可の要件であるが，在留関係許可は，いずれも法務大臣が許可をする権限を有する。

第2章　入管制度の概要

（在留資格の変更許可）
　そのうち，まず，在留資格の変更（「永住者」の在留資格への変更を除く。）許可について，入管法は，その申請を行った外国人が提出した文書により在留資格の変更を適当と認めるに足りる相当の理由があるときに限り許可することができる。ただし，当該申請を行った外国人が，「短期滞在」の在留資格をもって在留する外国人である場合は，やむを得ない特別な事情に基づくものでなければ許可しないものとすると定めている（入管法20条3項）。

（在留資格の取得許可）
　在留資格の取得（「永住者」の在留資格の取得を除く。）許可には，経過滞在者を対象とする入管法22条の2第2項の規定による在留資格の取得許可と一時庇護のための上陸許可を受けて在留する者を対象とする同法22条の3の規定による在留資格の取得許可があるが，これらの許可の要件については，在留資格の変更に関する同法20条3項本文の規定が一部読み替えのうえで準用されている。
　それ故，経過滞在者又は一時庇護のための上陸許可を受けて在留する者からの申請（「永住者」の在留資格の取得の申請を除く。）に基づく在留資格の取得許可は，その申請を行った外国人が提出した文書により在留資格の取得を適当と認めるに足りる相当の理由があるときに限り許可することができる（同法22条の2第3項，23条）。

（永住許可）
　在留資格の変更でも「永住者」の在留資格への変更を希望する場合，また，在留資格の取得でも経過滞在者又は一時庇護のための上陸許可を受けている者が「永住者」の在留資格の取得を希望する場合は，永住許可を受ける必要がある。
　永住許可の要件は，素行が善良であること，独立の生計を営むに足りる資産又は技能を有すること及び法務大臣がその者の永住が日本国の利益に合すると認めることである。
　ただし，申請をした外国人が日本人，永住許可(注)を受けている者又は特別永住者の配偶者又は子である場合は，このうち「素行が善良であること」及び「独立の生計を営むに足りる資産又は技能を有すること」との要件に適

合することを要しない。また，国際連合難民高等弁務官事務所その他の国際機関が保護の必要性を認めた者で法務省令で定める要件[注2]に該当するものである場合は，「独立の生計を営むに足りる資産又は技能を有すること」との要件に適合することを要しない（同法22条２項）。さらに，難民の認定又は補完的保護対象者の認定を受けている者から22条１項の永住許可の申請[注3]があった場合には，法務大臣は，同項２号の「独立の生計を営むに足りる資産又は技能を有すること」に適合しないときであっても，これを許可することができるとされている（同法61条の２の14）。

　（注）　1　この「永住許可」は，22条の２第４項において準用する22条２項の規定による永住許可及び22条の３において準用する22条の２第４項において準用する22条２項の規定による永住許可を含むものと解される。

　　　　2　この要件は，入管法施行規則22条４項により，次の同項の各号のいずれかに該当することとするとされている。

　　　　　一　次のイ及びロのいずれにも該当する者として上陸の許可を受けたものであって，その後引き続き本邦に在留するものであること。

　　　　　　イ　インド，インドネシア，カンボジア，シンガポール，スリランカ，タイ，大韓民国，中華人民共和国，ネパール，パキスタン，バングラデシュ，東ティモール，フィリピン，ブータン，ブルネイ，ベトナム，マレーシア，ミャンマー，モルディブ，モンゴル又はラオス国内に一時滞在している者であって，国際連合難民高等弁務官事務所が我が国に対してその保護を推薦しているもの

　　　　　　ロ　次のいずれかに該当する者
　　　　　　　(1)　日本社会への適応能力があり，生活を営むに足りる職に就くことが見込まれる者
　　　　　　　(2)　(1)に該当する者の配偶者
　　　　　　　(3)　(1)若しくは(2)に該当する者の子，父若しくは母又は未婚の兄弟姉妹

　　　　　二　次のイからハまでのいずれにも該当する者として上陸の許可を受けたものであって，その後引き続き本邦に在留するものであること。
　　　　　　イ　前号に該当する者の親族
　　　　　　ロ　前号イに該当する者
　　　　　　ハ　親族間での相互扶助が可能である者

3　この「永住許可の申請」は，22条の2第4項おいて準用する22条1項の永住許可の申請及び22条の3において準用する22条の2第4項において準用する22条1項の永住許可の申請を含むものと解される。

（在留期間の更新許可）

在留期間の更新許可の要件については，その申請を行った外国人が提出した文書により在留期間の更新を適当と認めるに足りる相当の理由があるときに限り許可することができると定められている（同法21条3項）。

このように，在留関係許可は，いずれも法務大臣の権限に属し，その裁量の範囲が広いものとなっている。

ウ　在留特別許可

入管法には「特別許可」という名称の許可が2つある。

1つは，前述した上陸特別許可であるが，もう1つは退去強制手続において行われる在留特別許可である。

在留特別許可は，退去強制事由に該当し，本来は国外に退去させるべき外国人に対して例外的に，その在留を認める許可である。

上陸特別許可が一般上陸の申請をした外国人を対象として行われるのに対して，在留特別許可は，在留関係許可を申請した外国人を対象として行われる許可ではなく，当該外国人が退去強制対象者（本章1(2)①を参照。）に該当するかどうかを確認する前半の退去強制手続において，当該外国人が退去強制対象者に該当する者であることが確定した後に，法務大臣が，当該外国人からの申請により，又は職権で行う許可である（入管法50条1項，4項）。

したがって，上陸特別許可が上陸のための条件に適合しない外国人の上陸を特別に認める許可であるのとは異なり，在留特別許可は，在留関係許可の要件に適合しない外国人の在留を特別に認める許可ではない。ただし，在留関係許可を申請したが許可を受けられなかった外国人が，不法残留をするなどして退去強制事由に該当し，在留特別許可を受けるという場合はある。

在留特別許可の要件は，許可を受ける外国人が入管法50条1項の各号のいずれかに該当することである。ただし，当該外国人が無期若しくは1年を超える拘禁刑[注]に処せられた者（刑の全部の執行猶予の言渡しを受けた者及び刑の一部の執行猶予の言渡しを受けた者であってその刑のうち執行が猶予されなかった部分の期

間が1年以下のものを除く。）又は同法24条3号の2，3号の3若しくは4号ハ若しくはオからヨまでのいずれかに該当する者である場合は，本邦への在留を許可しないことが人道上の配慮に欠けると認められる特別の事情があると認めるときに限るとされている（同法50条1項）。

（注）　令和5年法律第56号附則19条1項により，刑法等の一部を改正する法律（令和4年法律第67号）の施行の日の前日までの間における入管法50条1項ただし書きの規定の適用については，「拘禁刑」とあるのは「懲役若しくは禁錮」とするものとされている。また，後述する仮滞在許可を受けた者の在留資格の取得に係る入管法61条の2の5第1項ただし書きの適用についても，「拘禁刑」とあるのは「懲役若しくは禁錮」とするものとされている。なお，刑法等の一部を改正する法律の施行の日以後における同法2条の規定による改正前の刑法（明治40年法律第45号）12条に規定する懲役又は同法13条に規定する禁錮に処せられた者に係る入管法50条1項ただし書き及び同法61条の2の5第1項ただし書きの規定の適用については，無期の懲役又は禁錮に処せられた者はそれぞれ無期拘禁刑に処せられた者と，有期の懲役又は禁錮に処せられた者はそれぞれ刑期を同じくする有期拘禁刑に処せられた者とみなされる（同附則19条2項）。

50条1項の各号の定める要件は，次のとおりである。

1号：永住許可を受けているとき。
2号：かつて日本国民として本邦に本籍を有したことがあるとき。
3号：人身取引等（注）により他人の支配下に置かれて本邦に在留するものであるとき。
4号：難民の認定又は補完的保護対象者の認定を受けているとき。
5号：その他法務大臣が特別に在留を許可すべき事情があると認めるとき。

（注）　「人身取引等」とは，次に掲げる行為をいう（入管法2条7号）
　　イ　営利，わいせつ又は生命若しくは身体に対する加害の目的で，人を略取し，誘拐し，若しくは売買し，又は略取され，誘拐され，若しくは売買された者を引き渡し，収受し，輸送し，若しくは蔵匿すること。
　　ロ　イに掲げるもののほか，営利，わいせつ又は生命若しくは身体に対する加害の目的で，十八歳未満の者を自己の支配下に置くこと。
　　ハ　イに掲げるもののほか，18歳未満の者が営利，わいせつ若しくは生命

若しくは身体に対する加害の目的を有する者の支配下に置かれ，又はそのおそれがあることを知りながら，当該十八歳未満の者を引き渡すこと。

なお，法務大臣は，在留特別許可をするかどうかの判断に当たっては，当該外国人について，在留を希望する理由，家族関係，素行，本邦に入国することとなった経緯，本邦に在留している期間，その間の法的地位，退去強制の理由となった事実及び人道上の配慮の必要性を考慮するほか，内外の諸情勢及び本邦における不法滞在者に与える影響その他の事情を考慮するものとするとされている（同法50条5項）。

法務大臣は，在留特別許可をする場合には，在留資格及び在留期間を決定し，その他必要と認める条件を付することができる（同法50条6項）とされており，この規定により，特例上陸許可の種類と上陸期間を条件として付する場合もあるが，通常は在留資格と在留期間が決定される。

エ　難民の認定又は補完的保護対象者の認定を受けた者に対する在留資格の取得許可

「難民」とは，難民の地位に関する条約（「難民条約」という。）第1条の規定又は難民の地位に関する議定書（「難民議定書」という。）1条の規定により難民条約の適用を受ける難民をいう（同法2条3号）。

難民条約は，その1条Aにおいて，同条約の適用上，「難民」とは，その(1)及び(2)に規定する者をいうとするが，このうち，(1)に定める者は，難民条約成立以前の取極や条約等により難民と認められている者であり，(2)に定める者も，「1951年1月1日前に生じた事件の結果として」などの時間的制限が定められている。そこで，難民議定書が，この時間的制限を定める文言を取り除いた難民条約1条A(2)に定める者を改めて難民議定書の適用上の「難民」と定義し（難民議定書1条2），この定義による「難民」に対して，難民条約の主要な規定を適用することとした（難民議定書1条1）。

この難民議定書によって拡大された難民条約1条A(2)に規定する「難民」が，現在の日本において難民条約の適用の対象となる難民であり，具体的には，「人種，宗教，国籍若しくは特定の社会的集団の構成員であること又は政治的意見を理由に迫害を受けるおそれがあるという十分に理由のある恐怖を有するために，国籍国の外にいる者であって，その国籍国の保護を受ける

3　在留資格制度に基づく外国人の受入れ

ことができないもの又はそのような恐怖を有するためにその国籍国の保護を受けることを望まないもの及び常居所を有していた国の外にいる無国籍者であって，当該常居所を有していた国に帰ることができないもの又はそのような恐怖を有するために当該常居所を有していた国に帰ることを望まないもの」である。

　ただ，入管法2条3号の「難民」は，このような難民議定書1条1により拡大された難民条約1条A(2)又は同条A(1)に規定する者であるということだけでなく，難民条約の適用を受けることが要件とされている。(注)

（注）　難民条約1条A(1)に該当する者も，難民条約の規定上は，難民条約の適用の対象となる難民である。ただ，「このカテゴリーの難民は，実際問題として，今日の我が国においてその適用が問題となることはないと考えられます。」（外務省『難民条約』6頁（出典：外務省ホームページ（https://www.mofa.go.jp/mofaj/press/pr/pub/pamph/pdfs/nanmin2.pdf）とされている。

　難民条約1条は，Bにおいて地理的制限(注)などを，Cにおいて難民条約の適用が終止する場合を，D，E，Fにおいて難民条約を適用しない者を定めているので，これらの規定の適用の結果，難民条約の適用の対象とならない者は，入管法2条3号の「難民」には該当しない。入管法2条3号に定める「難民」に該当するためには，難民条約の適用を受ける者であることが必要である。

（注）　地理的制限については，日本は，難民条約加入に当たって地理的制限を付さないことを宣言している（前出「難民条約」7頁）。

　そして，「難民の認定」とは，本邦にある（本邦に在留しているか否かを問わず，本邦の領域内にいる）外国人からの申請に基づいて行われる，当該外国人が，入管法2条3号の規定する難民である旨の認定をいう（同法61条の2第1項）。

　これに対して，補完的保護対象者の認定制度は，令和5年法律第56号による入管法の改正で新設された制度であり，「補完的保護対象者」とは，難民以外の者であって，難民条約の適用を受ける難民の要件のうち迫害を受けるおそれがある理由が難民条約1条A(2)に規定する理由（人種，宗教，国籍若しくは特定の社会的集団の構成員であることであること又は政治的意見）であること以

外の要件を満たすものをいう（同法2条3号の2）。

そして「補完的保護対象者の認定」とは，本邦にある外国人からの申請に基づいて行われる，当該外国人が，上記入管法2条3号の2の規定する補完的保護対象者である旨の認定をいう（同法61条の2第1項）。

在留資格未取得外国人（在留資格をもって在留する者，一時庇護のための上陸許可を受けた者で当該許可書に記載された期間を経過していないもの及び特別永住者以外の者）が，難民の認定又は補完的保護対象者の認定を受けた場合には，入管法61条の2の2第1項の各号に定める除外事由のいずれかに該当する場合を除き，「定住者」の在留資格の取得が許可される（同項）。

同項各号に定められている除外事由は，同法24条3号から3号の5まで又は同条4号ハからヨまでに掲げる者のいずれかに該当するとき及び本邦に入った後に次の罪により懲役又は禁錮（刑法等の一部を改正する法律の施行に伴う関係法律の整理等に関する法律（令和4年法律第68号）の施行後は「拘禁刑」）に処せられたものであるときである。

○刑法第2編第12章，第16章から第19章まで，第23章，第26章，第27章，第31章，第33章，第36章，第37章若しくは第39章の罪
○暴力行為等処罰に関する法律第1条，1条ノ2若しくは1条ノ3（刑法第222条又は第261条に係る部分を除く。）の罪
○盗犯等の防止及び処分に関する法律の罪
○特殊開錠用具の所持の禁止等に関する法律15条若しくは16条の罪
○自動車の運転により人を死傷させる行為等の処罰に関する法律2条若しくは6条1項の罪

オ　仮滞在の許可を受けた者の在留資格の取得許可

法務大臣は，難民の認定又は補完的保護対象者の認定を申請した在留資格未取得外国人で仮滞在の許可を受けたものが，同法61条の2の5第1項の各号のいずれかに該当するときは，在留資格の取得を許可することができる（同法61条の2の5第1項本文。この許可を「仮滞在の許可を受けた者の在留資格の取得許可」という。）。ただし，当該仮滞在の許可を受けた外国人が無期若しくは1年を超える拘禁刑に処せられた者（刑の全部の執行猶予の言渡しを受けた者及び刑の一部の執行猶予の言渡しを受けた者であってその刑のうち執行が猶予されなかった部分

の期間が1年以下のものを除く。）又は同法24条3号の2, 3号の3若しくは4号ハ若しくはオからヨまでのいずれかに該当すると疑うに足りる相当の理由がある者である場合は，当該外国人に対し，在留資格の取得を許可しないことが人道上の配慮に欠けると認められる特別の事情があると認めるときに限るとされている（同法61条の2の5第1項ただし書き）。

同法61条の2の5第1項の各号の規定は，次のとおりである。

1号：かつて日本国民として本邦に本籍を有したことがあるとき。

2号：人身取引等により他人の支配下に置かれて本邦に在留するものであるとき。

3号：その他法務大臣が在留資格の取得を許可すべき事情があると認めるとき。

このうち，1号と2号は，在留特別許可の要件の2号及び3号と同じであり，3号も，在留特別許可の要件の5号と基本的に同様の規定である。

また，上記入管法61条の2の5第1項のただし書きの規定の内容も，在留特別許可に関する同法50条1項のただし書きの規定と同様である。[注]

(注) この61条の2の5第1項ただし書きの規定の適用については，同法50条1項ただし書きの場合と同様の拘禁刑に関する経過措置も定められている。拘禁刑に関する経過措置については，本章3(2)②ウの719頁の（注）を参照。

さらに，同法61条の2の5第2項は，法務大臣は，この仮滞在の許可を受けた者の在留資格の取得許可をするかどうかの判断に当たっては，当該外国人について，在留を希望する理由，家族関係，素行，本邦に入国することとなった経緯，本邦に在留している期間，その間の法的地位，在留資格未取得外国人となった経緯及び人道上の配慮の必要性を考慮するほか，内外の諸情勢及び本邦における不法滞在者に与える影響その他の事情を考慮するものとすると規定しているが，これも在留特別許可に関する同法50条5項とほぼ同様の内容の規定である。

(3) **在留資格制度による外国人の受入れの基本的考え方**

外国人は，在留資格の決定を伴う許可を受けて在留資格を取得し，その在留資格に基づく在留を開始する。

第2章　入管制度の概要

　在留資格の決定を伴う許可及び在留資格に基づく在留を継続することを認める許可（在留期間の更新許可）には，本邦に在留しようとする外国人からの申請に基づいて行われる一般的な許可と，退去強制手続又は難民認定手続若しくは補完的保護対象者の認定手続において行われる特別な許可がある。
　前者の許可としては，一般上陸の許可（再入国上陸許可を除く。）と在留関係許可がある。後者の許可としては，在留特別許可及び難民の認定又は補完的保護対象者の認定を受けた在留資格未取得外国人に対する在留資格の取得許可と仮滞在許可を受けた者に対する在留資格の取得許可がある。
　このうち，本邦に在留しようとする外国人からの申請に基づいて行われる一般的な許可の要件は，一般上陸許可が基本となっている。

① 一般上陸許可と在留関係許可の関係

　新規入国した外国人を対象として，その上陸と在留を認める許可である一般上陸許可に関しては，上陸のための条件が定められ，許可要件の明確化が図られている。ただし，法務大臣は，上陸のための条件に適合していない外国人に対して上陸特別許可をすることができるとされており，上陸特別許可の許否は，法務大臣の裁量に委ねられている。
　これに対し，在留中の外国人を対象とする在留関係許可の許否は，いずれも，法務大臣の裁量に委ねられている。
　その理由は，在留関係許可は法務大臣の権限に属し，そのため，上陸特別許可に相当するものを含めた運用が行われるということと，在留中の外国人が対象であることから，許可の許否を判断する時点までのその外国人の在留状況を考慮する必要があり，在留状況に係る判断の基準を上陸許可基準のような形で規定することは困難であることによる。
　ただ，もともと，外国人の受入れは，日本の安全・安定を確保しつつ，その経済，社会の一層の発展を図る観点から定められた外国人受入れ政策に基いて行われるのであり，現状においては，新規入国者の在留を認める許可と在留するための法的地位を有し，それに基づいて在留中の外国人の新たな在留又は在留の継続を認める在留関係許可とを全く異なる方針により行うことは合理性がない。
　したがって，現状では，一般上陸許可により在留の開始を認められる外国

人の範囲と在留関係許可により在留を認められる外国人の範囲は，一定程度の相違はあるとしても，基本的には同じであるべきである。ただ，もちろん，一般上陸の許可の要件が，そのまま在留関係許可の要件となるものではないことは当然である。「基本的には同じ」というのは，1つの外国人受入れ政策の実現という観点から，新規入国した者を対象とする一般上陸許可により在留を認められる外国人の範囲と在留中の外国人を対象とする在留関係許可により在留を認められる外国人の範囲が大きく相違することのないような形で，これらの許可が運用されるべきであるという意味である。

そして，実務的には，新規入国した外国人に対するものである一般上陸許可が基本となって，在留関係許可は，これに準ずる形で運用されている。

なお，在留関係許可は，在留するための法的地位（在留資格，経過滞在者としての地位，一時庇護のための上陸許可）を有する外国人が対象となるが，在留特別許可は，在留するための法的地位を有しない不法滞在者などの外国人も対象となるだけではなく，在留するための法的地位を有する外国人の場合も，退去強制事由に該当し，本来は，在留を打ち切って国外に退去を強制させるべき外国人に対して行われる許可であるので，別異の考慮が必要である。また，難民の認定又は補完的保護対象者の認定を受けた在留資格未取得外国人に対する在留資格の取得許可，仮滞在の許可を受けた者の在留資格の取得許可，61条の2の3による難民の認定又は補完的保護対象者の認定を受けている外国人についての在留資格の取得許可及び在留資格の変更許可の特例によるこれらの許可は，後述する庇護の観点からの特例であり，これについても別異の考慮が必要である。

　ア　新規入国した外国人の受入れの考え方

上陸特別許可を除く，一般上陸許可による新規入国した外国人の在留資格による受入れは，通常の在留資格による受入れを基本としつつ，一定の在留資格については，上陸許可基準によりその受入れ範囲を制限的方向で調整し，「特定活動」及び「定住者」の在留資格の運用によりその受入れ範囲を拡大する方向で調整し，併せて，主として日本の安全・安定を護る観点から問題となる外国人又は問題となるおそれのある外国人を，上陸拒否事由の適用により受入れの対象から除外するというやり方で行われている。

イ　在留関係許可による受入れの考え方

　前述したとおり，新規入国した外国人の在留資格による受入れを行う一般上陸許可（再入国上陸許可を除く。）の要件と本邦に在留する外国人の在留資格による受入れを行う在留関係許可の要件は，基本的には同じであるべきであるが，同一ではない。消極要件の適用に関しては，後述するように，制度的に異なる面がある。また，在留関係許可は，許可を受ける外国人のそれまでの在留状況を考慮して行われること，及び法務大臣が許可権限を有することから，一般上陸許可の場合は上陸特別許可として行われる場合も通常の在留関係許可により行われることなどからも，一般上陸許可（再入国上陸許可を除く。）とは異なる面があることも事実である。このほか，「高度専門職2号」及び「永住者」の在留資格についても，これらの在留資格に対応する活動が本邦において行おうとする活動である場合には，上陸のための条件に適合しないが，在留関係許可においては，本邦に在留する外国人がこれらの在留資格の決定を受ける制度が定められている。

(ア)　消極要件

　一般上陸許可の場合，上陸拒否事由の特例の適用を受ける場合を除き，上陸拒否事由に該当しないことが要件として規定されている。

　しかし，上陸拒否事由は，在留関係許可には適用されない。ただし，在留関係許可に係る裁量の中で考慮することは可能である。また，上陸拒否事由の多くについて相当する規定が退去強制事由として規定されている。

　このように，退去強制制度は，在留管理を補完し，支える役割を果たす。

(イ)　「特定活動」と「定住者」の在留資格の運用

　「特定活動」と「定住者」の在留資格による受入れ範囲の拡大は，法務大臣が許可権限者である在留関係許可においても当然可能であるし，実際にも行われている。ただし，この場合，特定活動の告示及び定住者の告示による受入れ範囲外の外国人もこれらの在留資格による受入れの対象となる。このことは，上陸特別許可においても，特定活動の告示及び定住者の告示の適用の対象とならない外国人の受入れが可能であることからも当然であるが，在留関係許可の場合，それまでの在留状況から在留の継続を認めることが適当である場合に，特定活動の告示に定められていない活動を指定して「特定活

動」の在留資格を決定し，あるいは，定住者の告示に定められていない地位を創設して「定住者」の在留資格を決定して在留資格の変更が許可される場合がしばしばある。

具体例としては，日本人の配偶者として「日本人の配偶者等」の在留資格をもって長年在留していた外国人が，配偶者である日本人の死亡により「日本人の配偶者等」の在留資格に該当しなくなった場合に，「定住者」の在留資格への在留資格の変更が許可される場合がある。

(ウ) 上陸許可基準適合性等

次に，上陸許可基準への適合性の要件であるが，これについては，「在留資格の変更，在留期間の更新許可のガイドライン」(「変更・更新ガイドライン」という。)により，在留資格の変更許可と在留期間の更新許可について，原則として適合することが必要であるとされている。

変更・更新ガイドラインは，平成20年3月に策定され，その後何回か改正されているが，現時点では，令和2年2月に改正が行われたものが，最新のものである。(注)

(注) 出典：出入国在留管理庁ホームページ（https://www.moj.go.jp/isa/content/930004753.pdf）

変更・更新ガイドラインは，在留資格の変更許可及び在留期間の更新許可の要件である法務大臣が在留資格の変更又は在留期間の更新を「適当と認めるに足りる相当の理由があるとき」について，相当の理由があるか否かの判断は，専ら法務大臣の自由な裁量に委ねられているとしたうえで，「申請者の行おうとする活動，在留の状況，在留の必要性等を総合的に勘案して行っている」とし，その判断に当たっての考慮事項として，次の8つの項目を挙げている。

1 行おうとする活動が申請に係る入管法別表に掲げる在留資格に該当すること
2 法務省令で定める上陸許可基準等に適合していること
3 現に有する在留資格に応じた活動を行っていたこと
4 素行が不良でないこと
5 独立の生計を営むに足りる資産又は技能を有すること

6　雇用・労働条件が適正であること
　7　納税義務を履行していること
　8　入管法に定める届出等の義務を履行していること

　以上の考慮要素のうち，1は在留資格該当性であり，前述したように，在留資格や在留期間の決定が行われる許可に共通の要件である。変更・更新ガイドラインも「1の在留資格該当性については，許可する際に必要な要件となります。」としている。

　次に，2の法務省で定める上陸許可基準等に適合していることについては，上陸許可基準は，「外国人が日本に入国する際の上陸審査の基準」であるとしつつ，2の表の在留資格及び4の表の在留資格については，在留資格の変更許可及び在留期間の更新許可について，「原則として上陸許可基準に適合していることが求められ」るとしている。

　また，「特定活動」の在留資格については，「出入国管理及び難民認定法第七条第一項第二号の規定に基づき同法別表第一の五の表の下欄に掲げる活動を定める件」に該当するとして上陸を許可され在留している場合は，原則として引き続き同告示に定める要件に該当することが必要であるとし，「定住者」の在留資格についても，「出入国管理及び難民認定法第七条第一項第二号の規定に基づき同法別表第二の定住者の項の下欄に掲げる地位を定める件」に該当するとして上陸を許可され在留している場合は，原則として引き続き同告示に定める要件に該当することが必要であるとしている。ただし，変更・更新ガイドラインは，「申請人の年齢や扶養を受けていること等の要件については，年齢を重ねたり，扶養を受ける状況が消滅する等，我が国入国後の事情の変更により，適合しなくなることがありますが，このことにより直ちに在留期間更新が不許可となるものではありません。」としている。

　(エ)　**在留状況の評価等**

　次に，上記の項目のうちの3以下であるが，変更・更新ガイドラインは，「3以下の事項については，適当と認める相当の理由があるか否かの判断に当たっての代表的な考慮要素であり，これらの事項にすべて該当する場合であっても，すべての事情を総合的に考慮した結果，更新又は変更を許可しないこともあります。」としている。

3　在留資格制度に基づく外国人の受入れ

　このような留保の下にではあるが，3の「現に有する在留資格に応じた活動を行っていたこと」は，前述したように，在留資格に対応する活動は，「行うことができる活動」であると同時に「行わなければならない活動」でもあるので，当然のことではあるが，一般上陸許可の場合にはない在留中の外国人を対象とする許可に特有の在留状況に関する要件である。なお，正当な理由なく現に有する在留資格に対応する活動を行っていない外国人については，在留資格の取消しが行われる場合もある。

　同様に7及び8も，在留状況に関する要件である（ただし，8は中長期在留者に特有の事項である。）。

　また，4の「素行が不良でないこと」も，基本的には，在留状況に関する要件であるが，現に有する在留資格に基づく在留中に行われたものではない行為も対象となり得ると考えられる。

　次に5の「独立の生計を営むに足りる資産又は技能を有すること」は，変更・更新ガイドラインにおいては，「申請人の生活状況として，日常生活において公共の負担となっておらず，かつ，その有する資産又は技能等から見て将来において安定した生活が見込まれること（世帯単位で認められれば足ります。）が求められます」とされているが，この点は，前述したとおり，もともと，在留資格及び在留期間の決定は，決定を受ける外国人が本邦において行おうとする活動に基づいて行われるところ，本邦において行おうとする活動は，単に在留資格及び在留期間の決定を受けようとする外国人が，当該活動を在留活動として行う意思を有しているだけではなく，同時に決定される在留期間中実際にその活動を行って本邦に在留することができることが必要であるので，場合によっては，在留資格該当性の要件となる場合もある。

　なお，新規入国した外国人を対象とする一般上陸許可では，「生活上国又は地方公共団体の負担となるおそれがある」場合は，入管法5条1項3号の上陸拒否事由に該当する。したがって，生活上国又は地方公共団体の負担となるおそれがある新規入国した者に対して上陸を許可するときは，上陸特別許可によることとなる。これに対して，変更・更新ガイドラインでは，「仮に公共の負担となっている場合であっても，在留を認めるべき人道上の理由が認められる場合には，その理由を十分勘案して判断することとなります。」

とされている。

　最後に，6の「雇用・労働条件が適正であること」も，在留資格に対応する活動は適法に行われる活動でなければならないので，在留資格該当性の要件となる場合もある。

　なお，変更・更新ガイドラインでは，「労働関係法規違反により勧告等が行われたことが判明した場合は，通常，申請人である外国人に責はないため，この点を十分に勘案して判断することとなります。」とされている。

(オ)　上陸のための条件に適合しない在留資格

　新規入国した外国人に対する一般上陸許可の場合，その申請をした外国人の本邦において行おうとする活動が「高度専門職2号」又は「永住者」に対応する活動である場合は，上陸のための条件に適合しないこととされている。

　これは，これらの在留資格の取得は，原則として，在留外国人を対象とする在留資格の決定を伴う許可によって行われることとされていることによる。

　それ故，「高度専門職2号」は，在留資格の変更許可において「高度専門職2号」の決定を受けることによって，「永住者」は，永住許可（22条第2項）を受け又は「永住者」の在留資格の取得に係る永住許可（22条の2第4項により準用される22条2項）を受けることによって，取得することが可能であるし，原則である。

（「高度専門職2号」）

　このうち，「高度専門職2号」への在留資格の変更については，入管法20条の2が特則を定めている。

　この特則により，「高度専門職2号」への在留資格の変更許可を受けるためには，「高度専門職1号」をもって本邦に在留していた外国人であること（同条1項）と法務省令で定める基準に適合すること（同条2項）の2つが必要である。

　このうち，「高度専門職1号」をもって在留していたことは，「高度専門職2号」に対応する活動において，「前号に掲げる活動を行った者」であることが要件として定められているので，在留資格該当性の要件に含まれる。実質的に「高度専門職2号」に対応する活動を行ったことでは足りず，「高度専門職2号」の在留資格をもって在留していたことが必要である。

一方，同条2項の「法務省令で定める基準」は，上陸のための条件において本邦において行おうとする活動が「高度専門職2号」に対応する活動に該当することが在留資格該当性の要件を定める7条1項2号の上陸のための条件から除外されているため，一般上陸許可の申請をした外国人の当該申請に係る本邦において行おうとする活動が「高度専門職2号」に対応する活動に該当しても上陸のための条件としての在留資格該当性の要件に適合しないので，入管法7条1項2号において上陸許可基準に適合することが上陸のための条件として規定されていない。したがって，上陸基準省令によって上陸許可基準が定められていない。

そのため，他の2の表の在留資格及び4の表の他の在留資格について定められている上陸許可基準に相当するものを在留資格の変更許可に関して定めたものということができる。なお，この入管法20条の2第2項の規定に基づき法務省令で定める基準は，「出入国管理及び難民認定法第20条の2の基準を定める省令」（平成21年法務省令第51号。「変更基準省令」という。）により定められている（この基準を「変更許可基準」という。）。

「高度専門職2号」に関しては，上陸許可基準に代えて変更許可基準により在留を認める範囲の調整が行われるということである。

(「永住者」)

次に，「永住者」の在留資格への変更は，入管法20条3項の規定による在留資格の変更許可ではなく，同法22条2項の規定による永住許可により行われる（同法20条2項ただし書）。

永住許可の要件は，前述したとおりであるが，永住許可についてもガイドライン（「永住許可に関するガイドライン」(注)及び「「我が国への貢献」に関するガイドライン」）が定められている。

（注）「永住許可に関するガイドライン（令和6年6月10日改訂）」（出典：出入国在留管理庁ホームページ（https://www.moj.go.jp/isa/applications/resources/nyukan_nyukan50.html））

このうち，「永住許可に関するガイドライン」は，令和6年6月10日改定のものが最新のもので，同ガイドラインは，1において，22条2項の定める永住許可の要件について次のように記載している。(注1)

「(1)　素行が善良であること

　法律を遵守し日常生活においても住民として社会的に非難されることのない生活を営んでいること。

(2)　独立の生計を営むに足りる資産又は技能を有すること

　日常生活において公共の負担にならず，その有する資産又は技能等から見て将来において安定した生活が見込まれること。

(3)　その者の永住が日本国の利益に合すると認められること

　　ア　原則として引き続き10年以上本邦に在留していること。ただし，この期間のうち，就労資格（在留資格「技能実習」及び「特定技能1号」を除く。）又は居住資格をもって引き続き5年以上在留していることを要する。

　　イ　罰金刑や懲役刑などを受けていないこと。公的義務（納税，公的年金及び公的医療保険の保険料の納付並びに出入国管理及び難民認定法に定める届出等の義務）を適正に履行していること。

　　ウ　現に有している在留資格について，出入国管理及び難民認定法施行規則別表第2に規定されている最長の在留期間をもって在留していること。

　　エ　公衆衛生上の観点から有害となるおそれがないこと。

※　ただし，日本人，永住者又は特別永住者の配偶者又は子である場合には，(1)及び(2)に適合することを要しない。また，難民の認定を受けている者，補完的保護対象者の認定を受けている者又は第三国定住難民の場合には，(2)に適合することを要しない。」(注)

(注)　1　「永住許可に関するガイドラインの（注1）」において，「本ガイドラインについては，当面，在留期間「3年」を有する場合は，前記1(3)ウの「最長の在留期間をもって在留している」ものとして取り扱うこととする。」とされている。

　　　2　「第三国定住とは，出身国から避難し，隣国の難民キャンプ等で一時的な庇護を受けている難民を，当初庇護を求めた国から新たに受入れに合意した第三国に移動させ，定住を認めるものであり，難民の自発的帰還及び第一次庇護国への定住と並ぶ難民問題の恒久的解決策の一つと位置付けられて」（「出入国在留管理庁「第三国定住による難民の受入れ」」（出典：出入国在留管理庁ホームページ（https://www.moj.go.jp/isa/

refugee/procedures/07_00046.html）ている。この第三国定住により受け入れられる難民を「第三国定住難民」という。「第三国定住難民」の受入れは，「第三国定住による難民の受け入れの実施について」（平成26年1月24日閣議了解，令和元年6月28日一部変更）及び「第三国定住による難民の受入れに関する具体的措置について」（平成26年1月24日難民対策連絡調整会議決定，平成29年6月30日一部改正，令和元年6月28日一部改正）に基づいて行われているが，第三国定住難民の受け入れのため，定住者の告示の1号が定められている。

このうち(3)のアについては，同ガイドラインの2において，「原則10年在留に関する特例」が定められている。

また，同ガイドラインとは別に，「「我が国への貢献」に関するガイドラインが定められているが，これは，「我が国への貢献があると認められる者への永住許可のガイドライン」として定められているもので，最新の同ガイドラインは，平成29年4月26日改定のものである。[注]

（注）「「我が国への貢献」に関するガイドライン」（出入国在留管理庁平成17年3月31日策定，最終改定平成29年4月26日）（出典：出入国在留管理庁ホームページ（https://www.moj.go.jp/isa/content/930002484.pdf））

なお，経過滞在者又は一時庇護のための上陸許可を受けて在留する者による「永住者」の在留資格の取得についても，永住許可に関する入管法22条の規定が準用されており，したがって，法定の要件は，「永住者」の在留資格への変更に係る永住許可と同じであるが，上記の永住許可に関するガイドラインは，この「永住者」の在留資格の取得に係る永住許可については，少なくともそのまま適用されることはないものと考えられる。[注]

（注）「永住者」の在留資格の取得については，入管法22条の2第4項において同法22条の規定が一部読み替えの上で準用され，さらに同法22条の3において，この同法22条の2第4項の規定が準用されているが，経過滞在者や一時庇護のための上陸許可を受けて在留する者が「永住者」の在留資格を取得するためには，永住許可を受けなければならないと規定されているわけではない。しかしながら，入管法は，「永住者」の在留資格をもって在留する者であることではなく，永住許可を受けていることを要件として定めている場合

があり（同法50条１項１号），この場合に，「永住者」の在留資格を取得した経過滞在者や一時庇護のための上陸許可を受けて在留していた者を除外するのは適当ではない。また，同法61条の２の14は，難民の認定又は補完的保護対象者の認定を受けている者から永住許可の申請があった場合についての特則を定めているが，この特則の適用を難民の認定又は補完的保護対象者の認定を受けた経過滞在者や一時庇護のための上陸許可を受けて在留する者が「永住者」の在留資格を取得しようとする（22条の２第４項の規定による申請の）場合に，適用しないとする（入管法61条の２の14は永住許可の申請があった場合についての特則であるので，22条の２第４項の規定による「永住者」の在留資格の取得の申請は永住許可の申請ではないと解するとこのようになってしまうと思われる。）ことも合理性を欠くので，同法22条の２第４項（同法22条の３において準用する場合を含む。）の規定による「永住者」の在留資格の取得も，永住許可により行われるものと解するべきである。

② 難民及び補完的保護対象者等の庇護

迫害から逃れて日本の庇護[注]を求める者などの受入れは，一般の外国人の受入れ政策とは異なる観点から行われる。

（注） 庇護という語は，入管法では，一時庇護のための上陸許可という特例上陸許可の名称として使われているだけで，積極的に定義されてはいないが，本書では，国籍国（無国籍者の場合は常居所を有していた国）（「国籍国等」という）から迫害を受けるおそれがあること，又は，国籍国等自体は迫害を行わないとしても，国籍国等が意図的に迫害から保護せず，若しくは，何らかの事情により迫害から保護することができないことから，国籍国等にいては迫害を受けるおそれがあるため，国籍国等の外にいる者について，他の国が在留を認めて，国籍国等に代わって保護することを意味する語として使っている。なお，「迫害」という語は，生命，身体若しくは身体の自由の侵害又はこれらに相当するような重大な人権侵害を意味する語として使っている。

前述したように，難民の認定又は補完的保護対象者の認定を申請した在留資格未取得外国人は，原則として「定住者」の在留資格の取得を許可される。難民の認定又は補完的保護対象者の認定を申請した在留資格未取得外国人が仮滞在の許可を受けた場合には，難民の認定又は補完的保護対象者の認定を受けなかった場合にも在留資格の取得が許可される場合がある。

3　在留資格制度に基づく外国人の受入れ

　また，在留資格をもって在留する難民の認定又は補完的保護対象者の認定を受けている外国人は，「定住者」の在留資格への在留資格の変更を申請すれば，同法20条3項本文の規定（法務大臣は，当該申請をした外国人が提出した文書により在留資格の変更を適当と認めるに足りる相当な理由があるときに限り，これを許可することができる。）に関わらず許可するものとするとされている。また，経過滞在者又は一時庇護のための上陸許可を受けて在留する外国人が「定住者」の在留資格の取得を申請すれば，同法22条の2第3項（同法22条の3において準用する場合を含む。）において一部読み替えのうえで準用されている同法20条3項本文の規定（法務大臣は，当該申請をした外国人が提出した文書により在留資格の取得を適当と認めるに足りる相当な理由があるときに限り，これを許可することができる。）に関わらず許可するものとするとされている（同法61条の2の3）。
　ただし，この難民の認定又は補完的保護対象者の認定を受けている外国人が在留資格の変更許可又は在留資格の取得許可の申請を行った場合の特例は，難民の認定又は補完的保護対象者の認定に引き続く退去強制の手続（入管法63条1項の規定に基づく退去強制の手続を含む。）において在留特別許可により在留資格を取得した者には適用されない。
　さらに，難民の認定又は補完的保護対象者の認定を受けている者から永住許可の申請があった場合には，22条2項2号（独立の生計を営むに足りる資産又は技能を有すること。）に適合しないときであっても許可をすることができることとされており（61条の2の14），永住許可の申請を行った者が国際連合難民高等弁務官事務所その他の国際機関が保護の必要性を認めた者で法務省令で定める要件に該当するものである場合は，22条2項2号（独立の生計を営むに足りる資産又は技能を有すること。）に適合することを要しない（22条2項ただし書）とされている。
　このように，難民の認定又は補完的保護対象者の認定を受けている者及び難民の認定又は補完的保護対象者の認定を申請し仮滞在の許可を受けた者については，様々な在留資格の取得許可や在留関係許可の特例制度が定められている。
　また，新規入国して庇護を求める者については一時庇護のための上陸許可制度が定められており，一時庇護のための上陸許可を受けて上陸し在留する

外国人が在留資格をもって在留しようとする場合には，難民の認定又は補完的保護対象者の認定を受けていない場合であっても在留資格の取得許可を受けることができる（22条の3）。

　これらの制度は，いずれも，庇護の観点から行われているものであるが，庇護は，一般上陸許可や在留関係許可，さらには在留特別許可の運用によっても行われる。例えば，第三国定住難民の受入れは，定住者の告示の適用により，一般上陸許可によって行われている。

細目次（第1章）

序章

1　提出資料 ─────────────────────────── 3
(1)　提出資料の概要 ──────────────────────── 3
(2)　各許可に対応した提出資料の考え方 ──────────────── 6
(3)　受入れ機関及び管理・監督機関に対応した立証資料の考え方 ─────── 8
(4)　国・地域又は国籍に対応した立証資料の考え方 ─────────── 9
(5)　規則に定める立証資料の意義 ────────────────── 10
(6)　在留資格認定証明書の返信用封筒 ─────────────── 12
2　立証資料提出に当たっての留意事項 ───────────────── 12
3　法律用語に関する留意点 ─────────────────── 13
(1)　「活動」 ─────────────────────────── 13
(2)　「収入」，「報酬」 ───────────────────── 13
(3)　雇用契約 ─────────────────────────── 14
(4)　入管法における「許可」 ─────────────────── 14
(5)　退去強制 ─────────────────────────── 15
(6)　家族統合（家族の呼寄せ） ────────────────── 17

留学

1　概　要 ─────────────────────────── 19
(1)　本邦において行うことができる活動 ────────────── 19
(2)　対象となる主な者 ─────────────────────── 19
2　在留資格該当性 ─────────────────────── 19
(1)　「大学」 ─────────────────────────── 19
(2)　「高等専門学校」 ─────────────────────── 20
(3)　「高等学校」 ─────────────────────── 20
(4)　「中等教育学校の後期課程」 ────────────────── 20
(5)　「特別支援学校の高等部」 ────────────────── 20
(6)　「中学校」 ─────────────────────── 21
(7)　「義務教育学校の後期課程」 ────────────────── 21
(8)　「中等教育学校の前期課程」 ────────────────── 21
(9)　「特別支援学校の中学部」 ────────────────── 21
(10)　「小学校」 ─────────────────────── 21
(11)　「義務教育学校の前期課程」 ────────────────── 22
(12)　「特別支援学校の小学部」 ────────────────── 22
(13)　「専修学校」 ─────────────────────── 22
(14)　「各種学校」 ─────────────────────── 22
(15)　「設備及び編制に関して大学に準ずる機関」 ─────────── 22
(16)　「設備及び編制に関して各種学校に準ずる機関」 ─────────── 23
(17)　「教育を受ける活動」 ─────────────────── 23
3　基準（上陸許可基準） ─────────────────── 23
(1)　「専修学校の専門課程」 ─────────────────── 25
(2)　「外国において十二年の学校教育を修了」（現在削除） ─────── 25

細目次（第1章）

(3) 「専ら夜間通学して教育を受ける場合」 ……………………………………………… 26
(4) 「専ら通信により教育を受ける場合」 ………………………………………………… 26
(5) 「夜間において授業を行う大学院の研究科」 ………………………………………… 26
(6) 「高等学校（定時制（以下略））」 ……………………………………………………… 27
(7) 「中等教育学校の後期課程」 …………………………………………………………… 27
(8) 「専修学校の高等課程」 ………………………………………………………………… 27
(9) 「専修学校の一般課程」 ………………………………………………………………… 27
(10) 2024年4月の上陸許可基準省令改正による付加（2号の2） ……………………… 28
(11) 「研究生」 ………………………………………………………………………………… 28
(12) 「聴講生」 ………………………………………………………………………………… 29
(13) 「告示」 …………………………………………………………………………………… 30
(14) 日本語教育機関認定法（日本語教育の適正かつ確実な実施を図るための日本語教育機関の認定等に関する法律） …………………………………………………………… 31
(15) 告示日本語教育機関と認定日本語教育機関との併存 ……………………………… 32
4　立証資料 ………………………………………………………………………………………… 32
(1) 学校の分類とその趣旨 …………………………………………………………………… 32
(2) 通学先の区分 ……………………………………………………………………………… 33
　① 大学（短期大学，大学院を含む。），大学に準ずる機関，高等専門学校（認定日本語教育機関を除く。） ………………………………………………………………… 33
　② 専修学校，各種学校，設備及び編制に関して各種学校に準ずる機関（告示・認定日本語教育機関を除く。） ………………………………………………………… 34
　③ 告示又は認定日本語教育機関 ………………………………………………………… 34
　④ 高等学校，中学校，小学校 …………………………………………………………… 34
(3) 申請人の所属する国・地域による区分 ………………………………………………… 34
(4) 立証資料 …………………………………………………………………………………… 34
　① 大学（短期大学，大学院を含む。），大学に準ずる機関，高等専門学校 ………… 35
　　ア　新たに「留学」の在留資格を取得しようとする者の場合（上陸許可，在留資格認定証明書の交付，在留資格変更許可及び在留資格取得許可の申請） ……………… 35
　　イ　「留学」の在留資格をもって在留する外国人が，在留期間経過後も引き続き在留しようとする場合（在留期間更新許可申請） ……………………………………… 38
　② 専修学校，各種学校，設備及び編制に関して各種学校に準ずる教育機関（告示・認定日本語教育機関を除く。） ………………………………………………… 42
　　ア　新たに「留学」の在留資格を取得しようとする者の場合（上陸許可，在留資格認定証明書の交付，在留資格変更許可及び在留資格取得許可の申請） ……………… 42
　　イ　「留学」の在留資格をもって在留する外国人が，在留期間経過後も引き続き在留しようとする場合（在留期間更新許可申請） ……………………………………… 45
　③ 日本語教育機関，準備教育機関 ……………………………………………………… 48
　　ア　新たに「留学」の在留資格を取得しようとする者の場合（上陸許可，在留資格認定証明書の交付及び在留資格変更許可の申請） ……………………………………… 48
　　イ　「留学」の在留資格をもって在留する外国人が，在留期間経過後も引き続き在留しようとする場合（在留期間更新許可申請） ……………………………………… 51
　④ 高等学校，中学校，小学校 …………………………………………………………… 54
　　ア　新たに「留学」の在留資格を取得しようとする者の場合（上陸許可，在留資格認定証明書の交付，在留資格変更許可及び在留資格取得許可の申請） ……………… 54
　　イ　「留学」の在留資格をもって在留する外国人が，在留期間経過後も引き続き在留しようとする場合（在留期間更新許可申請） ……………………………………… 57
5　在留期間（規則別表2） ……………………………………………………………………… 59

6 その他の立証資料とその趣旨	59
(1) 日本語能力に係る資料	59
(2) 経費支弁能力に係る資料の内容	62
(3) 奨学金の給付に関する証明書一覧	63
7 その他の注意事項	65

文化活動

1 概　要	66
(1) 本邦において行うことができる活動	66
(2) 対象となる主な者	66
2 在留資格該当性	67
(1) 「収入を伴わない」	67
(2) 「我が国固有の文化若しくは技芸」	67
(3) 「専門的な研究」	67
(4) 「専門家の指導を受けてこれを修得する」	67
3 基準（上陸許可基準）	68
4 立証資料	68
(1) 収入を伴わない学術上若しくは芸術上の活動又は我が国特有の文化若しくは技芸について専門的な研究を行おうとする場合（1-(1)①又は②）	68
ア 新たに「文化活動」の在留資格を取得しようとする者の場合（上陸許可，在留資格認定証明書の交付，在留資格変更許可及び在留資格取得許可の申請）	68
イ 「文化活動」の在留資格をもって在留する外国人が，在留期間経過後も引き続き在留しようとする場合（在留期間更新許可申請）	70
(2) 専門家の指導を受けて我が国特有の文化又は技芸を修得しようとする場合（1-(1)③）（入管法別表1の3）	72
ア 新たに「文化活動」の在留資格を取得しようとする者の場合（上陸許可，在留資格認定証明書の交付，在留資格変更許可及び在留資格取得許可の申請）	72
イ 「文化活動」の在留資格をもって在留する外国人が，在留期間経過後も引き続き在留しようとする場合（在留期間更新許可申請）	72
5 在留期間（規則別表2）	72
6 その他の注意事項	72

技術・人文知識・国際業務

1 概　要	73
(1) 本邦において行うことができる活動	73
(2) 対象となる主な者	73
2 在留資格該当性	73
(1) 「本邦の公私の機関」	73
(2) 「契約」	74
(3) 業務分野	74
① 「理学，工学その他の自然科学の分野」	74
② 「法律学，経済学，社会学その他の人文科学の分野」	74
③ 「外国の文化に基盤を有する思考若しくは感受性を必要とする業務」	75
(4) 括弧内にある在留資格	75
3 基準（上陸許可基準）	75
「専修学校の専門課程」	76
4 立証資料	77

細目次（第1章）

- (1) 所属機関（契約を締結し当該契約に基づいて業務に従事する機関）の分類とその趣旨 …… 77
- (2) 所属機関の分類 …… 78
- (3) カテゴリー該当性に関する立証資料（規則別表3第1号及び2号） …… 79
- (4) 申請の際に提出を要する立証資料 …… 79
  - ア 新たに「技術・人文知識・国際業務」の在留資格を取得しようとする者の場合（上陸許可，在留資格認定証明書の交付，在留資格変更許可及び在留資格取得許可の申請） …… 79
  - イ 「技術・人文知識・国際業務」の在留資格をもって在留する外国人が，在留期間経過後も引き続き在留しようとする場合（在留期間更新許可申請） …… 84
- 5 在留期間（規則別表2） …… 87
- 6 その他の注意事項 …… 87

企業内転勤

- 1 概 要 …… 88
- (1) 本邦において行うことができる活動 …… 88
- (2) 対象となる主な者 …… 88
- 2 在留資格該当性 …… 88
- (1) 「本邦に本店，支店その他の事業所のある公私の機関」 …… 88
- (2) 「外国にある事業所の職員」 …… 89
- (3) 「転勤」 …… 89
- (4) 「期間を定めて転勤して」 …… 89
- (5) 「当該事業所において」 …… 89
- (6) 「在留資格『技術・人文知識・国際業務』に該当する活動」 …… 90
- 3 基準（上陸許可基準） …… 90
- 4 立証資料 …… 91
- (1) 所属機関の分類とその趣旨 …… 91
- (2) 分類基準 …… 91
- (3) カテゴリー該当性に関する立証資料（規則別表3第2号） …… 92
- (4) 申請の際に提出を要する立証資料 …… 93
  - ア 新たに「企業内転勤」の在留資格を取得しようとする者の場合（上陸許可，在留資格認定証明書の交付，在留資格変更許可及び在留資格取得許可の申請） …… 93
  - イ 「企業内転勤」の在留資格をもって在留する外国人が，在留期間経過後も引き続き在留しようとする場合（在留期間更新許可申請） …… 97
- 5 在留期間（規則別表2） …… 98
- 6 その他の注意事項 …… 98

研 修

- 1 概 要 …… 99
- (1) 本邦において行うことができる活動 …… 99
- (2) 対象となる主な者 …… 99
- 2 在留資格該当性 …… 99
- (1) 「本邦の公私の機関に受け入れられて」 …… 99
- (2) 「本邦の公私の機関」 …… 99
- (3) 「技能等の修得」 …… 100
- 3 基準（上陸許可基準） …… 100
- 4 立証資料 …… 103
  - ア 新たに「研修」の在留資格を取得しようとする者の場合（上陸許可，在留資格認定証明書の交付の申請） …… 103

イ　「研修」の在留資格をもって在留する外国人が，在留期間経過後も引き続き在留しようとする場合（在留期間更新許可申請） ──────────── 106
　5　在留期間（規則別表2） ──────────── 107
　6　その他の注意事項 ──────────── 107

技能実習

　1　概　要 ──────────── 108
(1)　本邦において行うことができる活動 ──────────── 108
(2)　対象となる主な者 ──────────── 109
　2　在留資格該当性 ──────────── 109
(1)　「技能等」 ──────────── 110
(2)　「技能実習法」 ──────────── 110
(3)　「技能実習計画」 ──────────── 110
　3　基準（上陸許可基準） ──────────── 111
　4　立証資料 ──────────── 111
　ア　新たに「技能実習」の在留資格を取得しようとする者の場合（上陸許可，在留資格認定証明書の交付，在留資格変更許可及び在留資格取得許可の申請） ──────────── 111
　イ　「技能実習」の在留資格をもって在留する外国人が，在留期間経過後も引き続き在留しようとする場合（在留期間更新許可申請） ──────────── 113
　5　在留期間（規則別表2） ──────────── 114
　6　その他の注意事項 ──────────── 114

特定技能

　1　概　要 ──────────── 115
(1)　本邦において行うことができる活動 ──────────── 115
(2)　対象となる主な者 ──────────── 115
　2　在留資格該当性 ──────────── 116
(1)　「法務省令で定める」 ──────────── 116
(2)　「特定技能1号」 ──────────── 116
(3)　「相当程度の知識又は経験を必要とする技能」 ──────────── 116
(4)　「法務大臣が指定する本邦の公私の機関」 ──────────── 116
(5)　「雇用に関する契約」 ──────────── 117
(6)　「特定技能2号」 ──────────── 117
(7)　「熟練した技能」 ──────────── 117
　3　基準（上陸許可基準） ──────────── 117
「特定技能1号」 ──────────── 118
「特定技能2号」 ──────────── 120
　4　立証資料 ──────────── 122
　ア　新たに「特定技能1号」又は「特定技能2号」の在留資格を取得しようとする者の場合（在留資格認定証明書の交付申請及び在留資格変更許可申請） ──────────── 124
　　ア－1　申請人に関する提出書類 ──────────── 124
　　ア－2　所属機関に関する提出書類 ──────────── 132
　　ア－2－1　過去3年間に指導勧告書（入管法19条の19）の交付を受けていない機関であって，かつ以下のいずれかに該当する場合（一定の実績があり適正な受入れが見込まれる機関） ──────────── 132
　　ア－2－2　法人の場合（一定の実績があり適正な受入れが見込まれる機関） ──────────── 133
　　ア－2－3　個人事業主の場合 ──────────── 136

細目次（第1章）

ア－3　分野に関する提出書類 ………………………………………………………………… 139
ア－3－1　介護（「特定技能1号」の場合に限る。） …………………………………… 140
ア－3－2　ビルクリーニング ……………………………………………………………… 141
ア－3－2－1　「特定技能1号」 ……………………………………………………… 141
ア－3－2－2　「特定技能2号」 ……………………………………………………… 142
ア－3－3　素形材・産業機械・電気電子情報関連製造業分野 ………………………… 143
ア－3－3－1　「特定技能1号」 ……………………………………………………… 143
ア－3－3－2　「特定技能2号」 ……………………………………………………… 144
ア－3－4　建　設 …………………………………………………………………………… 145
ア－3－4－1　「特定技能1号」 ……………………………………………………… 145
ア－3－4－2　「特定技能2号」 ……………………………………………………… 146
ア－3－5　造船・舶用工業 ………………………………………………………………… 147
ア－3－5－1　「特定技能1号」 ……………………………………………………… 147
ア－3－5－2　「特定活動2号」 ……………………………………………………… 149
ア－3－6　自動車整備 ……………………………………………………………………… 149
ア－3－6－1　「特定技能1号」 ……………………………………………………… 149
ア－3－6－2　「特定技能2号」 ……………………………………………………… 152
ア－3－7　航　空 …………………………………………………………………………… 153
ア－3－7－1　「特定技能1号」 ……………………………………………………… 153
ア－3－7－2　「特定技能2号」 ……………………………………………………… 154
ア－3－8　宿　泊 …………………………………………………………………………… 155
ア－3－8－1　「特定技能1号」 ……………………………………………………… 155
ア－3－8－2　「特定技能2号」 ……………………………………………………… 156
ア－3－9　農　業 …………………………………………………………………………… 157
ア－3－9－1　「特定技能1号」 ……………………………………………………… 157
ア－3－9－2　「特定技能2号」 ……………………………………………………… 164
ア－3－10　漁　業 ………………………………………………………………………… 169
ア－3－10－1　「特定技能1号」 …………………………………………………… 169
ア－3－10－2　「特定技能2号」 …………………………………………………… 176
ア－3－11　飲食料品製造業 ……………………………………………………………… 181
ア－3－11－1　「特定技能1号」 …………………………………………………… 181
ア－3－11－2　「特定技能2号」 …………………………………………………… 183
ア－3－12　外食業 ………………………………………………………………………… 183
ア－3－12－1　「特定技能1号」 …………………………………………………… 183
ア－3－12－2　「特定技能2号」 …………………………………………………… 185
イ　「特定技能1号」又は「在留資格2号」の在留資格をもって在留する外国人が，在留
期間経過後も引き続き在留しようとする場合（在留期間更新許可申請） ……………… 185
イ－1　申請人に関する必要書類 …………………………………………………………… 185
イ－2　所属機関に関する必要書類 ………………………………………………………… 189
イ－2－1　過去3年間に指導勧告書の交付を受けていない機関であって，かつ以下のい
ずれかに該当する場合（一定の実績があり適正な受入れが見込まれる機関） ……… 189
イ－2－2　法人の場合 ……………………………………………………………………… 190
イ－2－3　個人事業主の場合 ……………………………………………………………… 192
イ－3　分野に関する必要資料 ……………………………………………………………… 194
イ－3－1　介　護 …………………………………………………………………………… 194
イ－3－2　ビルクリーニング ……………………………………………………………… 194
イ－3－3　素形材・産業機械・電気電子情報関連製造業 ……………………………… 195

イー3-4	建　設	195
イー3-5	造船・舶用工業	195
イー3-6	自動車整備	195
イー3-6-1	「特定技能1号」	195
イー3-6-2	「特定技能2号」	196
イー3-7	航　空	196
イー3-8	宿　泊	197
イー3-9	農　業	197
イー3-10	漁　業	203
イー3-11	飲食料品製造業	209
イー3-12	外食業	209

5　在留期間（規則別表2） ——— 210
6　その他の注意事項 ——— 210

高度専門職

1　概　要 ——— 211
(1)　高度専門職の区分 ——— 211
(2)　本邦において行うことができる活動 ——— 211
(3)　対象となる主な者 ——— 212
(4)　優遇措置 ——— 212
　ア　「高度専門職1号」（以下「高度専門職1号イ」，「高度専門職1号ロ」，「高度専門職1号ハ」をいう。） ——— 212
　イ　「高度専門職2号」 ——— 212
2　在留資格該当性 ——— 213
　「高度の専門的な能力」 ——— 213
　「法務省令で定める基準」 ——— 213
　「本邦の公私の機関」 ——— 214
　「契約」 ——— 214
　「自然科学」 ——— 214
　「人文科学」 ——— 214
　「経営」，「管理」 ——— 215
3　基準（上陸許可基準，変更許可基準） ——— 216
4　立証資料 ——— 217
　ア　新たに「高度専門職1号」の在留資格を取得しようとする者の場合（上陸許可，在留資格認定証明書の交付及び在留資格変更許可の申請）及び「高度専門職1号」の在留資格をもって在留する外国人が在留期間経過後も引き続き在留しようとする場合（在留期間更新許可申請） ——— 217
　イ　「高度専門職2号」の在留資格をもって在留しようとする場合（在留資格変更許可申請） ——— 220
5　在留期間（規則別表2） ——— 226
6　その他の注意事項 ——— 227
7　特別高度人材（J-Skip）制度の新設 ——— 227
(1)　概　要 ——— 227
(2)　要　件 ——— 227
　ア　「高度専門職1号」（類型ごとに異なる。） ——— 227
　イ　「高度専門職2号」 ——— 228
(3)　優遇措置 ——— 228

細目次（第1章）

　　　ア　在留資格「高度専門職1号」の場合 228
　　　イ　在留資格「高度専門職2号」の場合 228
　(4)　立証資料 228

技　能

1　概　要 230
(1)　本邦において行うことができる活動 230
(2)　対象となる主な者 230
2　在留資格該当性 230
「本邦の公私の機関」 230
「契約」 231
「産業上の特殊な分野」 231
「熟練した技能」 231
3　基準（上陸許可基準） 231
4　立証資料 235
(1)　受入れ機関の分類とその趣旨 235
(2)　分類基準 235
(3)　カテゴリー該当性に関する立証資料 236
(4)　申請の際に提出を要する立証資料 237
　　　ア　新たに「技能」の在留資格を取得しようとする者の場合（上陸許可，在留資格認定証明書の交付，在留資格変更許可及び在留資格取得許可の申請） 237
　　　イ　「技能」の在留資格をもって在留する外国人が，在留期間経過後も引き続き在留しようとする場合（在留期間更新許可申請） 244
5　在留期間（規則別表2） 247
6　その他の注意事項 247

経営・管理

1　概　要 248
(1)　本邦において行うことができる活動 248
(2)　対象となる主な者 248
2　在留資格該当性 248
「事業」 248
「本邦において貿易その他の事業の経営を行い」 248
3　基準（上陸許可基準） 249
「事業所が本邦に存在」，「事業所として使用する施設が本邦に確保」 249
「二人以上の常勤の職員」 249
「資本金」，「出資」 250
「大学院」 251
「日本人が従事する場合に受ける報酬と同等額以上の報酬を受けること」 251
4　立証資料 251
(1)　活動母体の分類とその趣旨 251
(2)　分類基準 252
(3)　カテゴリー該当性に関する立証資料 253
(4)　申請の際に提出を要する立証資料 253
　　　ア　新たに「経営・管理」の在留資格を取得しようとする者の場合（在留資格認定証明書の交付，在留資格変更許可及び在留資格取得許可の申請） 253
　　　イ　「経営・管理」の在留資格をもって在留する外国人が，在留期間経過後も引き続き在

細目次（第1章）

　　　留しようとする場合（在留期間更新許可申請） ─── 257
　5　在留期間（規則別表2） ─── 258
　6　その他の注意事項 ─── 259

法律・会計業務

　1　概　要 ─── 260
(1)　本邦において行うことができる活動 ─── 260
(2)　対象となる主な者 ─── 260
　2　在留資格該当性 ─── 261
「外国法事務弁護士」 ─── 261
「外国公認会計士」 ─── 261
「法律上資格を有する者が行うこととされている法律又は会計に係る業務」 ─── 261
　3　基準（上陸許可基準） ─── 261
　4　立証資料 ─── 262
　　ア　新たに「法律・会計業務」の在留資格を取得しようとする者の場合（上陸許可，在留資格認定証明書の交付，在留資格変更許可及び在留資格取得許可の申請） ─── 262
　　イ　「法律・会計業務」の在留資格をもって在留する外国人が，在留期間経過後も引き続き在留しようとする場合（在留期間更新許可申請） ─── 263
　5　在留期間（規則別表2） ─── 263
　6　その他の注意事項 ─── 263

教　授

　1　概　要 ─── 265
(1)　本邦において行うことができる活動 ─── 265
(2)　対象となる主な者 ─── 265
　2　在留資格該当性 ─── 265
「大学」 ─── 265
「本邦の大学に準ずる機関」 ─── 265
「高等専門学校」 ─── 266
　3　基準（上陸許可基準） ─── 266
　4　立証資料 ─── 266
　　ア　新たに「教授」の在留資格を取得しようとする者の場合（上陸許可，在留資格認定証明書の交付，在留資格変更許可及び在留資格取得許可の申請） ─── 266
　　イ　「教授」の在留資格をもって在留する外国人が，在留期間経過後も引き続き在留しようとする場合（在留期間更新許可申請） ─── 267
　5　在留期間（規則別表2） ─── 269
　6　その他の注意事項 ─── 269

研　究

　1　概　要 ─── 270
(1)　本邦において行うことができる活動 ─── 270
(2)　対象となる主な者 ─── 270
　2　在留資格該当性 ─── 270
「本邦の公私の機関との契約に基づいて」 ─── 270
「本邦の公私の機関」 ─── 270
「契約に基づいて」 ─── 271
「研究を行う業務」 ─── 271

細目次（第1章）

```
3  基準（上陸許可基準) ─────────────────────────── 271
「大学（短期大学を除く。）」 ································ 272
「短期大学」 ·············································· 272
「これと同等以上の教育を受け（た）」 ······················ 273
「本邦の専修学校の専門課程」 ······························ 273
4  立証資料 ──────────────────────────────── 274
(1) 所属機関の分類とその趣旨 ···························· 274
(2) 分類基準 ············································ 274
(3) カテゴリー該当性に関する立証資料 ···················· 275
(4) 申請の際に提出を要する立証資料 ······················ 276
  ア 新たに「研究」の在留資格を取得しようとする者の場合（上陸許可，在留資格認定証
     明書の交付，在留資格変更許可及び在留資格取得許可の申請） ·················· 276
  イ 「研究」の在留資格をもって在留する外国人が，在留期間経過後も引き続き在留しよ
     うとする場合（在留期間更新許可申請） ······························ 280
5  在留期間（規則別表２) ──────────────────────── 283
6  その他の注意事項 ───────────────────────────── 283
```

教 育

```
1  概 要 ────────────────────────────────── 284
(1) 本邦において行うことができる活動 ···················· 284
(2) 対象となる主な者 ···································· 284
2  在留資格該当性 ───────────────────────────── 284
「小学校」 ················································ 284
「中学校」 ················································ 284
「義務教育学校」 ·········································· 284
「高等学校」 ·············································· 285
「中等教育学校」 ·········································· 285
「特別支援学校」 ·········································· 285
「専修学校」 ·············································· 285
「各種学校」 ·············································· 286
「設備及び編制に関してこれに準ずる教育機関」 ············ 286
「語学教育その他の教育をする活動」 ······················ 286
3  基準（上陸許可基準) ─────────────────────────── 286
「専修学校の専門課程」 ···································· 287
4  立証資料 ──────────────────────────────── 288
(1) 所属機関と勤務形態による分類とその趣旨 ·············· 288
(2) 分類基準 ············································ 288
(3) カテゴリー該当性に関する立証資料 ···················· 288
(4) 申請の際に提出を要する立証資料 ······················ 289
  ア 新たに「教育」の在留資格を取得しようとする者の場合（上陸許可，在留資格認定証
     明書の交付，在留資格変更許可及び在留資格取得許可の申請） ·················· 289
  イ 「教育」の在留資格をもって在留する外国人が，在留期間経過後も引き続き在留しよ
     うとする場合（在留期間更新許可申請） ······························ 291
5  在留期間（規則別表２) ──────────────────────── 293
6  その他の注意事項 ───────────────────────────── 293
```

芸術

1　概　要 —— 295
(1)　本邦において行うことができる活動 —— 295
(2)　対象となる主な者 —— 295
2　在留資格該当性 —— 295
「収入を伴う」 —— 295
「音楽，美術，文学」 —— 295
3　基準（上陸許可基準） —— 296
4　立証資料 —— 296
　ア　新たに「芸術」の在留資格を取得しようとする者の場合（在留資格認定証明書の交付，在留資格変更許可及び在留資格取得許可の申請） —— 296
　イ　「芸術」の在留資格をもって在留する外国人が，在留期間経過後も引き続き在留しようとする場合（在留期間更新許可申請） —— 298
5　在留期間（規則別表2） —— 299
6　その他の注意事項 —— 299

宗　教

1　概　要 —— 300
(1)　本邦において行うことができる活動 —— 300
(2)　対象となる主な者 —— 300
2　在留資格該当性 —— 300
「外国の宗教団体」 —— 300
「本邦に派遣された」 —— 301
「宗教団体」 —— 301
「布教その他の宗教上の活動」 —— 301
3　基準（上陸許可基準） —— 302
4　立証資料 —— 302
　ア　新たに「宗教」の在留資格を取得しようとする者の場合（上陸許可，在留資格認定証明書の交付，在留資格変更許可及び在留資格取得許可の申請） —— 302
　イ　「宗教」の在留資格をもって在留する外国人が，在留期間経過後も引き続き在留しようとする場合（在留期間更新許可申請） —— 304
5　在留期間（規則別表2） —— 305
6　その他の注意事項 —— 305

報　道

1　概　要 —— 306
(1)　本邦において行うことができる活動 —— 306
(2)　対象となる主な者 —— 306
2　在留資格該当性 —— 306
「外国の報道機関」 —— 306
「契約」 —— 307
「取材その他の報道上の活動」 —— 307
3　基準（上陸許可基準） —— 307
4　立証資料 —— 308
　ア　新たに「報道」の在留資格を取得しようとする者の場合（上陸許可，在留資格認定証明書の交付，在留資格変更許可及び在留資格取得許可の申請） —— 308
　イ　「報道」の在留資格をもって在留する外国人が，在留期間経過後も引き続き在留しよ

細目次（第1章）

うとする場合（在留期間更新許可申請） ……………………………………309
5 在留期間（規則別表２） ……………………………………………………311
6 その他の注意事項 ……………………………………………………………312

医 療

1 概 要 …………………………………………………………………………313
(1) 本邦において行うことができる活動 ………………………………………313
(2) 対象となる主な者 ……………………………………………………………313
2 在留資格該当性 ………………………………………………………………313
「医師，歯科医師その他法律上資格を有する者が行うこととされている業務」…313
「医療に係る業務」………………………………………………………………314
3 基準（上陸許可基準）………………………………………………………314
「申請人が医師，歯科医師，（略）又は義肢装具士としての業務に（略）従事すること。」…………314
「日本人が従事する場合に受ける報酬と同等額以上の報酬を受けて従事すること」………315
「申請人が准看護師としての業務に従事しようとする場合は，」………315
「本邦において准看護師の免許を受けた後四年以内の期間中に」………315
「研修として業務を行うこと」…………………………………………………315
「申請人が薬剤師，歯科衛生士……又は義肢装具士としての業務に従事しようとする場合は，」…………316
「本邦の医療機関又は薬局に招へいされること」……………………………316
4 立証資料 ………………………………………………………………………316
　ア 新たに「医療」の在留資格を取得しようとする者の場合（上陸許可，在留資格認定証明書の交付，在留資格変更許可及び在留資格取得許可の申請）………316
　イ 「医療」の在留資格をもって在留する外国人が，在留期間経過後も引き続き在留しようとする場合（在留期間更新許可申請）……………………………318
5 在留期間（規則別表２）……………………………………………………319
6 その他の注意事項 ……………………………………………………………319

介 護

1 概 要 …………………………………………………………………………320
(1) 本邦において行うことができる活動 ………………………………………320
(2) 対象となる主な者 ……………………………………………………………320
2 在留資格該当性 ………………………………………………………………320
「本邦の公私の機関」……………………………………………………………320
「契約」……………………………………………………………………………320
「介護福祉士」……………………………………………………………………320
「介護」……………………………………………………………………………321
「介護の指導」……………………………………………………………………322
3 基準（上陸許可基準）………………………………………………………322
4 立証資料 ………………………………………………………………………323
　ア 新たに「介護」の在留資格を取得しようとする者の場合（上陸許可，在留資格認定証明書の交付，在留資格変更許可及び在留資格取得許可の申請）………323
　イ 「介護」の在留資格をもって在留する外国人が，在留期間経過後も引き続き在留しようとする場合（在留期間更新許可申請）……………………………325
5 在留期間（規則別表２）……………………………………………………326
6 その他の注意事項 ……………………………………………………………326

興　行

1　概　要 ——————————————————————————————— 327
(1)　本邦において行うことができる活動 ………………………………………… 327
(2)　対象となる主な者 ……………………………………………………………… 327
2　在留資格該当性 ———————————————————————————— 327
「興行」 ………………………………………………………………………………… 327
「興行に係る活動」 …………………………………………………………………… 327
「その他の芸能活動」 ………………………………………………………………… 328
3　基準（上陸許可基準）———————————————————————— 328
　Ⅰ　最近の基準省令の改正 ……………………………………………………… 328
　Ⅱ　活動区分とその趣旨 ………………………………………………………… 329
　　ア　演劇，演芸，歌謡，舞踊又は演奏の場合 …………………………… 330
　　イ　演劇，演芸，歌謡，舞踊又は演奏の興行以外の興行（スポーツなど）の場合（新基準省令2号，旧基準省令3号）…………………………… 331
　　ウ　次の①から④のいずれかに該当する芸能活動を行おうとする場合（新基準省令3号，旧基準省令4号）……………………………………… 331
「一日につき五百万円以上」 ………………………………………………………… 332
「二年以上の期間専攻」 ……………………………………………………………… 332
「二年以上の外国における経験」 …………………………………………………… 333
「月額二十万円以上」 ………………………………………………………………… 333
「外国の民族料理（略）民族音楽」 ………………………………………………… 333
「三年以上の経験」 …………………………………………………………………… 334
「五名以上」 …………………………………………………………………………… 334
「常勤」 ………………………………………………………………………………… 334
「客席で飲食物を有償で提供せず」 ………………………………………………… 342
「括弧書き」 …………………………………………………………………………… 342
「演劇等の興行に係る活動以外の興行に係る活動」 ……………………………… 342
「日本人が従事する場合に受ける報酬と同等額以上の報酬」 …………………… 342
4　立証資料 ——————————————————————————————— 343
(1)　区分別提出資料 ………………………………………………………………… 343
　ア　いずれの区分においても，在留期間更新許可申請のための提出を要するものとして規則上及び入管庁ホームページに掲げられている資料は共通である。………………………………………………………… 343
　イ　いずれの区分においても，入管法施行規則別表3において提出資料が列挙されているものの，入管庁ホームページにおいては，他の就労資格に見られるような在留資格変更及び同取得許可申請のための提出資料に関する説明はない。したがって，これらの申請を要する具体的な事例が発生したときの対応は，最寄りの地方出入国在留管理局に相談のこと。………………………………………………………………… 344
(1)-1　演劇，演芸，歌謡，舞踊又は演奏の場合で，本邦の公私の機関と締結する契約に基づいて，風営法2条1項1号から3号までに規定する営業を営む施設以外の施設で行われるもの ……………………………………………………………………… 344
　ア　新たに「興行」の在留資格を取得しようとする者の場合（上陸許可，在留資格認定証明書の交付の申請）…………………………………… 344
　　①　カテゴリー1 ……………………………………………………… 344
　　②　カテゴリー2 ……………………………………………………… 344
　イ　「興行」の在留資格をもって在留する外国人が，在留期間経過後も引き続き在留しようとする場合（在留期間更新許可申請）…………… 346
(1)-2　次の①から⑤のいずれかの場合 …………………………………………… 348

細目次（第1章）

　　　ア　新たに「興行」の在留資格を取得しようとする者の場合（上陸許可，在留資格認定証明書の交付の申請） ……………………………………………………………………………… 348
　　　イ　「興行」の在留資格をもって在留する外国人が，在留期間経過後も引き続き在留しようとする場合（在留期間更新許可申請） ………………………………………………………… 350
　(1)-3　演劇，演芸，歌謡，舞踊又は演奏の興行に係る活動を行おうとする場合（基準省令1号ハ＝「基準1号イ及びロ」に該当しないもの，即ち，「上記(1)-1及び(1)-2」以外のもの） ………………………………………………………………………………………………… 351
　　　新たに在留資格「興行」の在留資格を取得しようとする者の場合（上陸許可，在留資格認定証明書の交付の申請） ……………………………………………………………………… 351
　(2)　演劇，演芸，歌謡，舞踊又は演奏の興行以外の興行（スポーツなど）の場合（基準省令2号） ………………………………………………………………………………………………… 354
　　　ア　新たに「興行」の在留資格を取得しようとする者の場合（上陸許可，在留資格認定証明書の交付の申請） ……………………………………………………………………………… 354
　　　イ　「興行」の在留資格をもって在留する外国人が，在留期間経過後も引き続き在留しようとする場合（在留期間更新許可申請） ………………………………………………………… 355
　(3)　次の①から④までのいずれかに該当する興行に係る活動に該当しない芸能活動を行おうとする場合 ……………………………………………………………………………………… 357
　　　ア　新たに「興行」の在留資格を取得しようとする者の場合（上陸許可，在留資格認定証明書の交付の申請） ……………………………………………………………………………… 357
　　　イ　「興行」の在留資格をもって在留する外国人が，在留期間経過後も引き続き在留しようとする場合（在留期間更新許可申請） ………………………………………………………… 358
　5　在留期間（規則別表2） ………………………………………………………………………… 360
　6　その他の注意事項 ……………………………………………………………………………… 360

外　交

　1　概　要 ………………………………………………………………………………………………… 361
　(1)　本邦において行うことができる活動 ………………………………………………………… 361
　(2)　対象となる主な者 ……………………………………………………………………………… 361
　2　在留資格該当性 …………………………………………………………………………………… 363
　「日本国政府が接受する」 …………………………………………………………………………… 363
　「外国政府の」 ………………………………………………………………………………………… 363
　「外交使節団の構成員」 ……………………………………………………………………………… 363
　「領事機関の構成員」 ………………………………………………………………………………… 364
　「条約若しくは国際慣行により外交使節と同様の特権及び免除を受ける者」 ………………… 364
　「これらの者」 ………………………………………………………………………………………… 364
　「同一の世帯に属する」 ……………………………………………………………………………… 365
　「家族の構成員」 ……………………………………………………………………………………… 365
　「としての活動」 ……………………………………………………………………………………… 365
　3　基準（上陸許可基準） …………………………………………………………………………… 366
　4　立証資料 …………………………………………………………………………………………… 366
　　　ア　新たに「外交」の在留資格を取得しようとする者の場合（上陸許可，在留資格認定証明書の交付，在留資格変更許可及び在留資格取得許可の申請） ……………………………… 366
　　　イ　在留期間更新許可申請 ……………………………………………………………………… 367
　5　在留期間（規則別表2） ………………………………………………………………………… 367
　6　その他の注意事項 ……………………………………………………………………………… 368

細目次（第1章）

公　用

1　概　要 — 369
(1)　本邦において行うことができる活動 — 369
(2)　対象となる主な者 — 369
2　在留資格該当性 — 370
「日本国政府の承認した外国政府」 — 370
「日本国政府の承認した国際機関」 — 371
「公務」 — 371
「としての活動」 — 371
3　基準（上陸許可基準） — 372
4　立証資料 — 372
　ア　新たに「公用」の在留資格を取得しようとする者の場合（上陸許可，在留資格認定証明書の交付，在留資格変更許可及び在留資格取得許可の申請） — 372
　イ　「公用」の在留資格をもって在留する外国人が，在留期間経過後も引き続き在留しようとする場合（在留期間更新許可申請） — 373
5　在留期間（規則別表２） — 373
6　その他の注意事項 — 375

日本人の配偶者等

1　概　要 — 376
(1)　本邦において行うことができる活動 — 376
(2)　対象となる主な者 — 376
2　在留資格該当性 — 376
「日本人」 — 376
「配偶者」 — 377
「特別養子」 — 378
「日本人の子として出生した」 — 378
3　基準（上陸許可基準） — 379
4　立証資料 — 379
(1)　外国人（申請人）が日本人の配偶者（夫又は妻）である場合 — 379
　ア　新たに「日本人の配偶者等」の在留資格を取得しようとする者の場合（上陸許可，在留資格認定証明書の交付，在留資格変更許可及び在留資格取得許可の申請） — 379
　イ　「日本人の配偶者等」の在留資格をもって在留する外国人が，在留期間経過後も引き続き在留しようとする場合（在留期間更新許可申請） — 384
(2)　外国人（申請人）が日本人の子として出生した実子・特別養子である場合 — 386
　ア　新たに「日本人の配偶者等」の在留資格を取得しようとする者の場合（上陸許可，在留資格認定証明書の交付，在留資格変更許可及び在留資格取得許可の申請） — 386
　イ　「日本人の配偶者等」の在留資格をもって在留する外国人が，在留期間経過後も引き続き在留しようとする場合（在留期間更新許可申請） — 390
5　在留期間（規則別表２） — 393
6　その他の注意事項 — 393

永住者の配偶者等

1　概　要 — 394
(1)　本邦において行うことができる活動 — 394
(2)　対象となる主な者 — 394
2　在留資格該当性 — 394

751

細目次（第1章）

「永住者等」 —————————————————————————————— 394
「配偶者」 ———————————————————————————————— 394
「子として出生」 ——————————————————————————— 395
「本邦で出生しその後引き続き本邦に在留している」 ———————— 395
3　基準（上陸許可基準）————————————————————— 396
4　立証資料 ——————————————————————————— 396
　ア　新たに「永住者の配偶者等」の在留資格を取得しようとする者の場合（上陸許可，在留資格認定証明書の交付，在留資格変更許可及び在留資格取得許可の申請）——— 396
　イ　「永住者の配偶者等」の在留資格をもって在留する外国人が，在留期間経過後も引き続き在留しようとする場合（在留期間更新許可申請）————————————— 400
5　在留期間（規則別表2）————————————————————— 403
6　その他の注意事項 ——————————————————————— 403

■ 定住者 ■

1　概　要 ———————————————————————————— 404
(1)　本邦において行うことができる活動 ——————————————— 404
(2)　対象となる主な者 ——————————————————————— 404
2　在留資格該当性 ———————————————————————— 405
「法務大臣が（中略）居住を認める者」 ———————————————— 405
3　基準（上陸許可基準）—————————————————————— 405
4　立証資料 ——————————————————————————— 405
4 −(1)　日系3世の場合 —————————————————————— 406
　ア　新たに「定住者」の在留資格を取得しようとする者の場合（上陸許可，在留資格認定証明書の交付，在留資格変更許可及び在留資格取得許可の申請）——————————— 406
　イ　「定住者」の在留資格をもって在留する外国人が，在留期間経過後も引き続き在留しようとする場合（在留期間更新許可申請）————————————————— 411
　　イ−1　日本入国後初回申請の場合 ———————————————— 411
　　イ−2　入国後2回目以降の申請の場合 —————————————— 415
4 −(2)　日系2世の配偶者（夫又は妻）の場合 ————————————— 418
　ア　新たに「定住者」の在留資格を取得しようとする者の場合（上陸許可，在留資格認定証明書の交付，在留資格変更許可及び在留資格取得許可の申請）——————————— 418
　イ　「定住者」の在留資格をもって在留する外国人が，在留期間経過後も引き続き在留しようとする場合（在留期間更新許可申請）————————————————— 423
4 −(3)　日系3世の配偶者（夫又は妻）の場合 ————————————— 427
　ア　新たに「定住者」の在留資格を取得しようとする者の場合（上陸許可，在留資格認定証明書の交付，在留資格変更許可及び在留資格取得許可の申請）——————————— 427
　イ　「定住者」の在留資格をもって在留する外国人が，在留期間経過後も引き続き在留しようとする場合（在留期間更新許可申請）————————————————— 432
4 −(4)　「永住者」，「定住者」又は「特別永住者」の扶養を受けて生活する未成年で未婚の実子の場合 ——————————————————————————————— 435
　ア　新たに「定住者」の在留資格を取得しようとする者の場合（上陸許可，在留資格認定証明書の交付，在留資格変更許可及び在留資格取得許可の申請）——————————— 435
　イ　「定住者」の在留資格をもって在留する外国人が，在留期間経過後も引き続き在留しようとする場合（在留期間更新許可申請）————————————————— 439
4 −(5)　「日本人の配偶者等」の在留資格をもって在留する日本人の配偶者の扶養を受けて生活する未成年で未婚の実子の場合 ——————————————————————— 441
　ア　新たに「定住者」の在留資格を取得しようとする者の場合（上陸許可，在留資格認定

　　　　証明書の交付，在留資格変更許可及び在留資格取得許可の申請) ·················· 441
　　　イ　「定住者」の在留資格をもって在留する外国人が，在留期間経過後も引き続き在留し
　　　　ようとする場合（在留期間更新許可申請) ·· 445
　4−(6)　「永住者の配偶者等」の在留資格をもって在留する永住者の配偶者の扶養を受けて
　　　　生活する未成年で未婚の実子の場合 ·· 447
　　　ア　新たに「定住者」の在留資格を取得しようとする者の場合（上陸許可，在留資格認定
　　　　証明書の交付，在留資格変更許可及び在留資格取得許可の申請) ·················· 447
　　　イ　「定住者」の在留資格をもって在留する外国人が，在留期間経過後も引き続き在留し
　　　　ようとする場合（在留期間更新許可申請) ·· 450
　4−(7)　日本人の扶養を受けて生活する6歳未満の養子の場合 ··· 453
　　　ア　新たに「定住者」の在留資格を取得しようとする者の場合（上陸許可，在留資格認定
　　　　証明書の交付，在留資格変更許可及び在留資格取得許可の申請) ·················· 453
　　　イ　「定住者」の在留資格をもって在留する外国人が，在留期間経過後も引き続き在留し
　　　　ようとする場合（在留期間更新許可申請) ·· 456
　4−(8)　「永住者」，「定住者」又は「特別永住者」の扶養を受けて生活する6歳未満の養子
　　　　の場合 ··· 458
　　　ア　新たに「定住者」の在留資格を取得しようとする者の場合（上陸許可，在留資格認定
　　　　証明書の交付，在留資格変更許可及び在留資格取得許可の申請) ·················· 458
　　　イ　「定住者」の在留資格をもって在留する外国人が，在留期間経過後も引き続き在留し
　　　　ようとする場合（在留期間更新許可申請) ·· 462
　5　在留期間（規則別表2) ··· 464
　6　その他の注意事項 ·· 464

永住者

1　概　要 ··· 465
(1)　本邦において行うことができる活動 ·· 465
(2)　対象となる主な者 ··· 465
2　在留資格該当性 ·· 465
「永住者」 ··· 465
(1)　在留資格「永住者」の取得 ·· 466
(2)　在留資格の変更による永住許可 ·· 466
「素行が善良である」 ·· 467
「独立の生計を営むに足りる資産又は技能を有すること」 ·· 467
(3)　在留資格取得許可による永住許可 ··· 469
3　基準（上陸許可基準) ·· 469
4　立証資料 ··· 469
(1)　「日本人の配偶者等」又は「永住者の配偶者等」の場合 ··· 470
(2)　「定住者」，就労資格又は「家族滞在」の場合 ·· 478
(3)　「高度人材外国人」の場合 ··· 484
(3)−1　永住許可申請時点のポイント合計が80点以上の場合 ··· 485
(3)−2　永住許可申請時点のポイント合計が70点以上80点未満の場合 ···························· 501
5　在留期間（規則別表2) ··· 516
6　その他の注意事項 ·· 516
(1)　手数料 ·· 516
(2)　資料転用願い ··· 516
(3)　永住許可申請における公租公課納入事実の確認 ·· 517

753

細目次（第1章）

特別永住者

1　概　要 ———————————————————————— 521
(1)　本邦において行うことができる活動 ————————————— 521
(2)　対象となる者 ———————————————————————— 521
2　在留の資格該当性 ——————————————————— 521
「特別永住者」 —————————————————————————— 521
「法定特別永住者」 ———————————————————————— 523
「特別永住許可」 ————————————————————————— 523
「その他の事由」 ————————————————————————— 524
3　基準（上陸許可基準） ————————————————— 524
4　立証資料 ——————————————————————————— 524
5　在留期間（入管特例法3条柱書） ————————————— 526
6　その他の注意事項 ——————————————————————— 527

短期滞在

1　概　要 ———————————————————————— 528
(1)　本邦において行うことができる活動 ————————————— 528
(2)　対象となる主な者 ————————————————————— 528
2　在留資格該当性 ———————————————————— 529
「短期間」 ———————————————————————————— 529
3　基準（上陸許可基準） ————————————————— 530
4　立証資料 ——————————————————————— 530
　ア　新たに「短期滞在」の在留資格を取得しようとする者の場合（上陸許可，在留資格変更許可及び在留資格取得許可の申請） ————————————————————— 530
　イ　「短期滞在」の在留資格をもって在留する外国人が，在留期間経過後も引き続き在留しようとする場合（在留期間更新許可申請） ————————————————————— 531
5　在留期間（規則別表2） ————————————————— 532
6　その他の注意事項 ——————————————————— 533

家族滞在

1　概　要 ———————————————————————— 534
(1)　本邦において行うことができる活動 ————————————— 534
(2)　対象となる主な者 ————————————————————— 534
2　在留資格該当性 ———————————————————— 534
「配偶者」 ———————————————————————————— 534
「子」 —————————————————————————————— 534
「扶養を受ける」 ————————————————————————— 535
「日常的な活動」 ————————————————————————— 535
3　基準（上陸許可基準） ————————————————— 536
「別表第一の一の表」 ——————————————————————— 536
「扶養」 ————————————————————————————— 537
4　立証資料 ——————————————————————— 537
　新たに「家族滞在」の在留資格を取得しようとする者の場合（上陸許可，在留資格認定証明書の交付，在留資格変更許可及び在留資格取得許可の申請）及び「家族滞在」の在留資格をもって在留する外国人が，在留期間経過後も引き続き在留しようとする場合（在留期間更新許可申請）（共通） ————————————————————————————————— 537
5　在留期間（規則別表2） ————————————————— 539

細目次（第1章）

6　その他の注意事項 ―――――――――――――――――――――― *539*

特定活動

1　概　要 ――――――――――――――――――――――――――― *541*
(1)　本邦において行うことができる活動 ―――――――――――――― *541*
(2)　対象となる主な者 ――――――――――――――――――――― *541*
2　在留資格該当性 ――――――――――――――――――――――― *541*
「法務大臣が個々の外国人について特に指定」―――――――――――― *541*
3　基準（上陸許可基準）――――――――――――――――――――― *543*
4　指定内容 ―――――――――――――――――――――――――― *544*
(1)　アマチュアスポーツの選手及びその家族（特定活動告示6号）―――― *544*
(1)-1　本邦において行うことができる活動 ―――――――――――― *544*
(1)-2　対象となる者（特定活動告示7号）――――――――――――― *544*
(1)-3　告示該当性 ――――――――――――――――――――― *544*
　「国際的な競技会」―――――――――――――――――――――― *544*
　「アマチュア」 ――――――――――――――――――――――― *544*
　「月額二十五万円以上」―――――――――――――――――――― *545*
　「本邦の公私の機関」――――――――――――――――――――― *545*
　「雇用」 ―――――――――――――――――――――――――― *545*
(1)-4　立証資料 ―――――――――――――――――――――― *545*
　ア　新たに本号の活動の指定を受けて「特定活動」の在留資格を取得しようとする者の場合（上陸許可，在留資格認定証明書の交付，在留資格変更許可及び在留資格取得許可の申請）―――――――――――――――――――――――――――― *545*
　イ　「特定活動」の在留資格をもって在留する外国人が，在留期間経過後も引き続き在留しようとする場合（在留期間更新許可申請）――――――――――――――― *547*
(2)　スキーインストラクター（告示50号告示別表第12）――――――― *548*
(2)-1　本邦において行うことができる活動 ―――――――――――― *548*
(2)-2　対象となる者 ―――――――――――――――――――― *548*
(2)-3　告示該当性 ――――――――――――――――――――― *548*
(2)-4　立証資料 ―――――――――――――――――――――― *550*
　新たに「特定活動（スキーインストラクター）」の在留資格を取得しようとする者の場合（上陸許可，在留資格認定証明書の交付及び在留資格変更許可の申請）――― *550*
(3)　EPA看護師・介護福祉士及びそれらの候補者（告示16，17，20，22，27から29号）――――― *551*
(3)-1　在留中の外国人が，EPA看護師候補者からEPA看護師又はEPA介護福祉士候補者（就労コース含む。）からEPA介護福祉士への変更を希望する場合，又は，就労先を変更したうえで継続して在留を希望する場合 ――――――――――――――― *553*
(3)-2　在留中の外国人が，EPA介護福祉士候補者（就学コース）からEPA介護福祉士への変更を希望する場合，又は，就労先を変更したうえで継続して在留を希望する場合 ― *555*
(3)-3　在留中の外国人が，引き続き，「EPA看護師候補者」又は「EPA介護福祉士候補者（就労コース）」としての活動を希望する場合 ―――――――――――― *556*
(3)-4　在留中の外国人が，引き続き，「EPA介護福祉士候補者（就学コース）」としての活動を希望する場合 ――――――――――――――――――――― *558*
(3)-5　在留中の外国人が，引き続き，「EPA看護師」又は「EPA介護福祉士」としての活動を希望する場合 ――――――――――――――――――――――― *559*
(3)-6　EPA看護師・EPA介護福祉士の家族 ――――――――――― *561*
　ア　新たに「特定活動（EPA家族）」の在留資格を取得しようとする者の場合（在留資格認定証明書交付）――――――――――――――――――――――― *561*

細目次（第1章）

　　イ　「特定活動」の在留資格をもって在留する外国人が，在留期間経過後も引き続き在留
　　　しようとする場合（在留期間更新許可申請）... 562
(4)　高度専門職外国人の就労する配偶者（告示33号，告示別表5）............................... 563
(4)－1　本邦において行うことができる活動 563
(4)－2　対象となる者 564
(4)－3　告示該当性 564
　「本邦の公私の機関」.. 564
　「契約」... 564
　「日本人が従事する場合に受ける報酬と同等額以上の報酬」..................................... 565
(4)－4　立証資料 565
　「特定活動（高度専門職の同居配偶者）」の在留資格を取得しようとする者の場合（上陸許
　　可，在留資格認定証明書の交付及び在留資格変更許可の申請）及びこの在留資格をもっ
　　て在留する外国人が，在留期間経過後も引き続き在留しようとする場合（在留期間更新
　　許可申請）... 565
(5)　家事使用人（告示1号から2号の3並びに別表1及び2）.. 567
(5)－1　本邦において行うことができる活動 567
(5)－2　対象となる者 567
(5)－3　告示該当性 567
　「当該外国人が使用する言語」... 567
　「日常会話」.. 568
　「個人的使用人」... 568
　「十八歳以上」.. 568
　「2号以下について」.. 569
　「個人的使用人」... 570
　「月額二十万円以上の報酬」... 570
　「申請人以外に家事使用人を雇用していない」.. 571
　「申請の時点において」.. 572
　「世帯年収が千万円以上」.. 572
(5)－4　立証資料 574
(5)－4－1　外交官などの家事使用人（告示1号及び別表1並びに同2号及び別表2の2号
　　及び3号）... 574
　　ア　新たに「特定活動（家事使用人）」の在留資格を取得しようとする者の場合（上陸許
　　　可，在留資格認定証明書の交付，在留資格変更許可及び在留資格取得許可の申請）..... 574
　　イ　「特定活動（家事使用人）」の在留資格をもって在留する外国人が，在留期間経過後も
　　　引き続き在留しようとする場合（在留期間更新許可申請）...................................... 576
(5)－4－2　「高度専門職」の在留資格を有する者の入国帯同型（特定活動告示2号の2）...... 577
　　新たに「特定活動（家事使用人）」の在留資格を取得しようとする者の場合（上陸許可及
　　び在留資格認定証明書の交付の申請）... 577
(5)－4－3　「高度専門職」の在留資格を有する者の家庭事情型（特定活動告示2号及び別
　　表2第1号）.. 579
　　新たに「特定活動（家事使用人）」の在留資格を取得しようとする者の場合（上陸許可，
　　在留資格認定証明書の交付及び在留資格変更許可の申請）..................................... 579
(5)－4－4　「高度専門職」の在留資格を有する者の金融人材型（特定活動告示2号の3）...... 581
　　新たに「特定活動（家事使用人）」の在留資格を取得しようとする者の場合（上陸許可，
　　在留資格認定証明書の交付及び在留資格変更許可の申請）..................................... 581
(5)－4－5　入国帯同型，家庭事情型及び金融人材型家事使用人の在留期間更新許可申請に
　　必要な立証資料 582

細目次（第1章）

「特定活動（家事使用人）」の在留資格をもって在留する外国人が，在留期間経過後も引き続き在留しようとする場合（在留期間更新許可申請） ………………582
(6)　日系4世（告示43号） ………………584
(6)-1　本邦において行うことができる活動 ………………584
(6)-2　対象となる者 ………………585
(6)-3　告示該当性 ………………585
　「本邦において通算して五年を超えない期間」 ………………586
　「特定の個人又は団体から（本邦における）活動の円滑な遂行に必要な支援を無償で受ける」 ………………586
　「日本文化及び日本国における一般的な生活様式の理解を目的とする活動（日本語を習得する活動を含む。）」 ………………587
　「これらの活動を行うために必要な資金を補うため必要な範囲内の報酬を受ける活動（風俗営業活動を除く。）」 ………………587
　「必要な資金を補うため必要な範囲内」 ………………587
　「(風俗営業活動を除く。)」 ………………587
(6)-4　立証資料 ………………591
　ア　新たに「特定活動（日系4世）」の在留資格を取得しようとする者の場合（上陸許可，在留資格認定証明書の交付の申請） ………………591
　イ　「特定活動（日系4世）」の在留資格をもって在留する外国人が，在留期間経過後も引き続き在留しようとする場合（在留期間更新許可申請） ………………593
　ウ　「特定活動（日系4世）」として5年間在留した者が「定住者」への在留資格変更許可の申請を行う場合 ………………595
(7)　本邦の大学等を卒業した留学生が就職活動を行う場合（告示外） ………………596
(7)-1　概要 ………………596
　ア　卒業後1年目の就職活動 ………………596
　イ　卒業後2年目の就職活動 ………………596
　ウ　海外大卒者の日本語教育機関卒業後の就職活動 ………………597
(7)-2　本邦において行うことができる活動 ………………598
(7)-3　対象となる者 ………………598
(7)-4　立証資料 ………………599
　ア　新たに「特定活動（就職活動）」の在留資格を取得しようとする者の場合（在留資格変更許可申請） ………………599
　イ　「特定活動（就職活動）」の在留資格をもって在留する外国人が，在留期間経過後も引き続き在留しようとする場合（在留期間更新許可申請） ………………601
(7)-5　在留期間 ………………603
(8)　在学中又は卒業後に就職先が内定し採用までの滞在を希望する場合（告示外） ………………603
(8)-1　概要 ………………603
(8)-1-1　本邦において行うことができる活動 ………………603
(8)-1-2　対象となる者 ………………603
(8)-2　申請対象者と許可要件 ………………603
　ア　申請対象者 ………………603
　イ　許可要件 ………………603
(8)-3　立証資料 ………………604
　新たに「特定活動（就職内定者）」の在留資格を取得しようとする者の場合（在留資格変更許可申請） ………………604
(8)-4　在留期間 ………………606
(9)　本邦の大学等を卒業又は修了した留学生が起業活動を行う場合（告示外） ………………606

細目次（第1章）

(9)-1 概　要 ··· 606
(9)-1-1 本邦において行うことができる活動 ······································· 606
(9)-1-2 対象となる者 ··· 607
(9)-2 区　分 ··· 607
(9)-3 一般起業の場合 ··· 607
(9)-3-1 制度趣旨 ··· 607
(9)-3-2 立証資料 ··· 609
　　新たに「特定活動（一般起業）」の在留資格を取得しようとする者の場合 ····· 609
(9)-3-3 在留期間 ··· 611
(9)-4 本邦において優秀な留学生の受入れに意欲的に取り組んでいる大学等を卒業して直ちにこの制度を利用する場合 ··· 611
(9)-4-1 制度趣旨 ··· 611
(9)-4-2 要　件 ··· 611
(9)-4-3 立証資料 ··· 612
　　ア　新たに「特定活動（優良起業）」の在留資格を取得しようとする者の場合 ··· 612
　　イ　「特定活動（優良起業）」の在留資格をもって在留する外国人が，在留期間経過後も引き続き在留しようとする場合（在留期間更新許可申請） ····· 613
(9)-5 本邦において優秀な留学生の受入れに意欲的に取り組んでいる大学等を卒業し，外国人起業活動促進事業又は国家戦略特別区域外国人創業活動促進事業の利用後に本制度を利用する場合 ··· 613
(9)-5-1 制度趣旨 ··· 613
(9)-5-2 要　件 ··· 614
(9)-5-3 立証資料 ··· 615
　　新たに「特定活動（優良起業促進事業）」の在留資格を取得しようとする者の場合 ····· 615
(9)-5-4 在留期間（規則別表2） ··· 616
(10) 本邦大学卒業者及びその配偶者等（告示46号） ·························· 616
(10)-1 概　要 ··· 616
(10)-1-1 本邦において行うことができる活動 ···································· 616
(10)-1-2 対象となる者 ··· 616
(10)-2 告示該当性 ··· 617
　　「法務大臣が指定する本邦の公私の機関」 ··· 617
　　「契約」 ··· 617
　　「常勤の職員」 ··· 617
　　「風俗営業活動（中略）を除く」 ··· 618
　　「法律上資格を有する者が行うこととされている業務（中略）を除く」 ··· 618
　　「日常的な活動」 ··· 619
　　「本邦の大学（短期大学を除く。）」 ··· 619
　　「短期大学」 ··· 619
　　「専門職大学」 ··· 620
　　「専門職大学の前期課程」 ··· 620
　　「高等専門学校」 ··· 621
　　「独立行政法人大学改革支援・学位授与機構」 ······························· 621
　　「学士」 ··· 621
　　「専修学校」 ··· 621
　　「専修学校の専門課程」 ··· 622
　　「高度専門士」 ··· 622
　　「短期大学等の専攻科」 ··· 623

細目次（第1章）

- (10)-3　立証資料 ··· *623*
- (10)-3-1　本邦大学卒業者 ··· *623*
  - ア　新たに「特定活動（本邦大学卒業者）」の在留資格を取得しようとする者の場合（上陸許可，在留資格認定証明書の交付，在留資格変更許可及び在留資格取得許可の申請） ······· *623*
  - イ　「特定活動（本邦大学卒業者）」の在留資格をもって在留する外国人が，在留期間経過後も引き続き在留しようとする場合（在留期間更新許可申請） ································ *626*
- (10)-3-2　配偶者 ·· *626*
  - ア　新たに「特定活動（家族滞在（本邦大学卒業者））」の在留資格を取得しようとする者の場合（上陸許可，在留資格認定証明書の交付，在留資格変更許可及び在留資格取得許可の申請） ··· *626*
  - イ　「特定活動（家族滞在（本邦大学卒業者））」の在留資格をもって在留する外国人が，在留期間経過後も引き続き在留しようとする場合（在留期間更新許可申請） ················ *628*
- (10)-4　在留期間（規則別表２） ··· *629*
- (10)-5　その他の注意事項 ·· *630*
- (11)　ウクライナ避難民（告示外） ·· *630*
- (11)-1　概要 ·· *630*
- (11)-1-1　本邦において行うことができる活動 ·· *631*
- (11)-2　対象となる者 ·· *631*
- (11)-3　立証資料 ··· *631*
  - ア　査証発給申請（外務省ホームページによる。） ·· *631*
  - イ　在留資格変更許可申請（在留資格の「短期滞在」から「特定活動」への変更）及び在留期間更新許可申請(注) ··· *632*
  - ウ　補完的保護者としての認定 ·· *633*
- (11)-4　在留期間 ·· *633*
- (11)-5　ウクライナ避難民に対する支援 ·· *633*
- (12)　未来創造人材制度（J-Find）（特定活動告示51号及び52号） ··································· *634*
  - ア　新たに本制度を利用して「特定活動（未来創造人材）又は（未来創造人材の配偶者等）」の在留資格を取得しようとする者の場合（上陸許可，在留資格認定証明書の交付及び在留資格変更許可） ·· *634*
  - イ　本制度による「特定活動（未来創造人材）又は（未来創造人材の配偶者等）」の在留資格をもって在留する外国人が，在留期間経過後も引き続き在留しようとする場合（在留期間更新許可申請） ··· *636*
- (13)　デジタルノマド（国際的なリモートワーク等を目的として本邦に滞在する者）及びその配偶者・子（特定活動告示53号及び54号） ··· *636*
- (13)-1　概要 ·· *636*
- (13)-1-1　本邦において行うことができる活動 ·· *636*
- (13)-1-2　対象となる者 ·· *637*
- (13)-2　告示該当性 ··· *638*
  - 「六か月」 ·· *638*
  - 「年収」 ·· *639*
  - 「保険」 ·· *639*
- (13)-3　立証資料 ··· *641*
- (13)-3-1　本人の在留資格認定証明書交付申請 ·· *641*
- (13)-3-2　本人の配偶者及び子の在留資格認定証明書交付申請 ···································· *642*
- (13)-3-3　出生による子の在留資格取得許可の申請 ·· *643*
- (13)-4　在留期間（告示53号イ及び同54号） ·· *644*

細目次（第1章）

資格外活動許可

1 概要 ———————————————————————————— 645
(1) 資格外活動許可を受けて行うことができる活動 ……………………… 645
(2) 対象となる主な者 ……………………………………………………… 645
2 法令上の根拠 ————————————————————————— 646
「当該在留資格に応じこれらの表の下欄に掲げる活動に属しない」………… 647
「業として」………………………………………………………………………… 647
「法務省令で定めるもの」………………………………………………………… 648
「別表第一の三の表及び四の表の上欄の在留資格」…………………………… 648
3 許可要件（一般原則）————————————————————— 653
4 許可の種類 —————————————————————————— 653
(1) 包括許可 …………………………………………………………………… 654
(2) 個別許可 …………………………………………………………………… 654
5 立証資料 ——————————————————————————— 654
(1) 「留学」 ……………………………………………………………………… 655
(1)-1 包括許可 ……………………………………………………………… 655
(1)-2 個別許可 ……………………………………………………………… 656
(1)-3 その他 ………………………………………………………………… 657
(2) 「家族滞在」 ………………………………………………………………… 658
(2)-1 包括許可（1週について28時間以内で稼働する場合）…………… 658
(2)-2 個別許可（包括許可の範囲外の活動に従事する場合）………… 658
(2)-3 その他 ………………………………………………………………… 659
(3) 継続就職活動又は内定後就職までの在留を目的とする「特定活動」の在留資格 ……… 660
(3)-1 包括許可（1週について28時間以内で稼働する場合）…………… 660
(3)-2 個別許可（包括許可の範囲外の活動に従事する場合）………… 660
(3)-3 その他 ………………………………………………………………… 661
6 その他 ———————————————————————————— 662
(1) 許可期間 …………………………………………………………………… 662
(2) 手数料 ……………………………………………………………………… 662

出入国管理法令研究会会員紹介

出入国管理法令研究会（2020年8月設立）

多賀谷　一照（たがや　かずてる）

1948年3月14日生まれ
1971年3月　　東京大学法学部卒，同大学院を経て
1978年4月　　千葉大学専任講師，助教授，教授，評議員，副学長などを歴任
2011年4月　　獨協大学法学部教授（2018年3月まで）
　　　　　　千葉大学名誉教授

（主たる公職）　NHK経営委員（2006～2008年），総務省情報通信審議会委員（2001～2008年），情報通信・郵政行政審議会会長（2011～2020年），出入国管理政策懇談会委員（2015年まで），行政書士試験研究センター理事長

（主要著書）
詳解　逐条解説港湾法（第一法規　2012年）
要説個人情報保護法（弘文堂　2005年）
情報ネットワークと法律実務（第一法規，加除式，編者代表）
行政情報化の理論（行政管理研究センター　2001年）
マルチメディアと情報通信法制（第一法規　1998年，共著）
行政とマルチメディアの法理論（弘文堂　1995年）
入管法大全ⅠⅡ（日本加除出版　2015年，共著）

髙宅　茂（たかや　しげる）　第2章執筆者

1951年2月12日生まれ
1977年3月　　東京都立大学大学院社会科学研究科基礎法学専攻修士課程修了
1981年3月　　東京都立大学大学院社会科学研究科基礎法学専攻博士課程単位取得退学
1981年4月　　法務省入省。法務省入国管理局入国在留課長，同総務課長，福岡入国管理局長，大臣官房審議官，東京入国管理局長などを歴任
2010年12月　　法務省入国管理局長
2013年3月　　法務省退官
2015年4月　　日本大学総合科学研究所教授
2016年4月　　日本大学危機管理学部教授
2021年3月　　日本大学退職

(主要著書)

フランスにおける専門職同業団体（法律時報1981年4月号）
諸外国における外国人登録制度に関する研究（法務総合研究所，法務研究報告書73集第2号，1986年2月）
入管法大全ⅠⅡ（日本加除出版　2015年，共著）
高度人材ポイント制―高度専門職の資格と高度専門職外国人の生活―（日本加除出版　2016年）
外国人の受入れと日本社会（日本加除出版　2018年，共著）
入管法概説（有斐閣　2020年）

福　山　　　宏（ふくやま　ひろし）　第1章執筆者

1960年1月23日生まれ	
1984年3月	東京大学法学部第2類（公法コース）卒
1984年4月	法務省入省
1991年4月	独シュパイヤー行政大学院修士取得（憲法・外国人法専攻）
1995年3月	在ニュー・ヨーク日本国総領事館領事，大村入国管理センター総務課長，外務省旅券課長，成田空港支局長，東日本入国管理センター所長，広島，福岡及び大阪入国管理局長などを歴任
2015年3月	東京大学大学院法学政治学研究科総合法政専攻（憲法学）博士課程単位取得満期退学
2018年4月	東京入国管理局長・東京出入国在留管理局長
2021年3月	法務省退官

(主要著書)

戦後ドイツ―旧西独の入国管理政策『国際人流』第62号1992年
ドイツ連邦共和国基本法の庇護権条項の改正『国際人流』第75号～77号1993年
「学会展望」（憲法）Hans Peter Bull, „Informationelle Selbstbestimmung-Vision oder Illusion? Datenschutz im Spannungverhältnis von Freiheit und Sicherheit", 1. und 2. Aufl.『国家学会雑誌』124巻11・12号2011年
出入国管理法令研究会編著『入管関係法大全』日本加除出版2022年（「4　特定技能」担当）
坂東雄介・小坂田裕子・安藤由香里「元東京出入国在留管理局長・福山宏氏に聞く―入管行政の現場に関するインタビュー調査」小樽商科大学『商学討究』第72巻第4号2022年
「出入国管理及び難民認定法（入管法）の構造と行政的理解」広渡清吾・大西楠テア編『移動と帰属の法理論　変容するアイデンティティ』岩波書店2022年
共著「外国人研修・技能実習制度の政策史―成立から定着まで」（ポリシー・ディスカッション・ペーパー）独立行政法人経済産業研究所2023年
改訂担当『3訂版　はじめての入管法』日本加除出版2024年
改訂担当『〈和英対訳〉10訂版　外国人のための入国・在留手続の手引』日本加除出版2024年

会員（他4名）　入管関係法有識者

第2版
外国人の入国・在留資格案内
実務のポイントと立証資料

2023年10月11日　初版発行
2024年11月6日　第2版発行

編　者　出入国管理法令研究会

発行者　和田　裕

発行所　日本加除出版株式会社
本　社　〒171-8516
　　　　東京都豊島区南長崎3丁目16番6号

組版　㈱郁文　　印刷　㈱精興社　　製本　牧製本印刷㈱

定価はカバー等に表示してあります。
落丁本・乱丁本は当社にてお取替えいたします。
お問合せの他、ご意見・感想等がございましたら、下記まで
お知らせください。

〒171-8516
東京都豊島区南長崎3丁目16番6号
日本加除出版株式会社　営業企画課
電話　03-3953-5642
FAX　03-3953-2061
e-mail　toiawase@kajo.co.jp
URL　www.kajo.co.jp

Ⓒ 2024
Printed in Japan
ISBN978-4-8178-4987-8

|JCOPY| 〈出版者著作権管理機構　委託出版物〉

本書を無断で複写複製（電子化を含む）することは、著作権法上の例外を除き、禁じられています。複写される場合は、そのつど事前に出版者著作権管理機構（JCOPY）の許諾を得てください。
また本書を代行業者等の第三者に依頼してスキャンやデジタル化することは、たとえ個人や家庭内での利用であっても一切認められておりません。

〈JCOPY〉HP：https://www.jcopy.or.jp，e-mail：info@jcopy.or.jp
電話：03-5244-5088，FAX：03-5244-5089

入管実務における絶対的コンメンタール

入管関係法大全

立法経緯・判例・実務運用

出入国管理法令研究会 編著

出入国管理法令研究会とは

多賀谷一照（会長、千葉大学名誉教授、元出入国管理政策懇談会委員（座長代理））、
髙宅茂（副会長、元法務省入管局長・元日本大学教授）、福山宏（元東京入管局長）、
野口貴公美（一橋大学副学長）ら、有識者による研究会

  逐条解説　2025年刊行予定
第2版

  在留資格　2021年10月刊
（技能実習、特定技能を除く。）　A5判 348頁
第2版　定価3,630円(本体3,300円)
978-4-8178-4750-8

  技能実習法　2022年3月刊
A5判 492頁
❹ **特定技能**　定価5,060円(本体4,600円)
978-4-8178-4785-0

実務の裏付けとなる確かな知識の習得に欠かせない一冊！

〒171-8516　東京都豊島区南長崎3丁目16番6号
営業部　TEL (03) 3953-5642　FAX (03) 3953-2061
www.kajo.co.jp